EXPLO'74의
역사적 회고와 전망

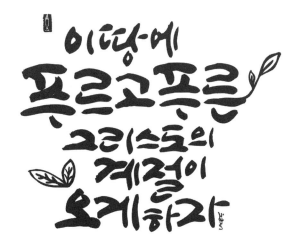
이땅에
푸르고푸른
그리스도의
계절이
오게하자

1971년 1월 1일 0시 제야의 종소리와 함께 선포
— 청현재이 임동규 작가 글—

EXPLO'74의
역사적 회고와 전망

EXPLO'74 희년대회 편집실

세움북스

발간사

두상달

국가조찬기도회명예회장, 전 나사렛형제들중앙회장

EXPLO'74 희년을 맞이하여, 〈EXPLO'74의 역사적 회고와 전망〉을 발간하게 되었습니다. EXPLO'74는 20C에 이루어진 기독교 역사상 세계 최초 최대의 전도훈련 전도집회였습니다.

기적 같은 대회를 치르는 과정에서 많은 장애와 문제점이 있었음에도 불구하고 하나님께서 대사를 행하셨습니다. 거기에는 탁월한 영적거장 김준곤 목사님의 지도력과 한국 교계의 적극적인 호응과 동참이 있었을 뿐만 아니라 배수진을 치고 삶을 바쳐 헌신한 수많은 나사렛형제들과 CCC 간사님들의 눈물과 기도와 땀방울이 맺혀 있습니다. 그리고 수많은 민족복음화 핵심 요원들과 참가자들이 있었습니다.

대회와 관련해서 체험한 수많은 애환과 은혜와 축복 그리고 신앙 간증들이 있습니다. 역사는 기록으로 말합니다. 지혜로운 자는 역사에서 배웁니다. 잊혀져 가는 EXPLO'74 낙수들이 그 주역세대가 끝나기 전 일부나마 남길 수 있게 되어 다행입니다.

성령행전의 기록들이 도서관에 비치되는 것으로 끝나는 완료형이 아니라 또 다른 주님의 지상명령을 수행해 가는 진행형으로 이어져야할 것입니다. 성령은 두나미스입니다. 바람입니다. 생기입니다. 생명입니다.

이 기록들에서 지혜와 영감을 얻고 도전이 되어 CCC와 나사렛형제들 그리고 후세대들이 이어받아 시대적 사명을 다하고 제 3의 성령폭발, 전도폭발로 이어져 민족의 입체적 구원이 이루어지고 나아가 한국교회가 세계선교의 주역을 감당하기를 소원합니다.

기록물이 나오기까지 아쉬움가운데 집념으로 수고해주신 심상법 교수님을 비롯하여 여러 나사렛형제들과 집필에 참여해주신 여러분 모두에게 감사를 드립니다. 주여! 이 소재들이 제3의 성령폭발, 전도폭발로 이어지게 하여 주소서! 할렐루야!

권두언

기억, 감사와 사랑, 참회와 순종
– 신명기를 돌아보며 –

심상법

총신대명예교수, 희년대회준비위원장 및 편집위원장

10년 전 즈음 일인가, 신학대학원 입학시험 중 하나인 면접시험에서 한 교수가 면접 중에 6.25와 8.15가 언제 일어났는지를 물었는데 입시준비생들이 알지 못하여 큰 소동이 난 적이 있다. 이 일로 오후 시간 면접에는 입시를 준비하는 동아리 혹은 그룹들이 정보를 입수하여 이 면접 문항에 대비하느라 난리가 났고, 이후 교수회는 역사의식이 없는 세대로 인해 심각한 토론들이 있었다. 오늘(현재)만 관심이 있고, 과거를 망각하고 있는 세대가 우리 세대이다. 어찌 과거 없이 현재가 있으며, 미래 또한 있겠는가? 성경의 이스라엘 백성에게도 마찬가지의 일이 있었다.

우리가 잘 아는 신명기는 그 이름대로 모압에서 약속의 땅을 앞에 두고 하나님께서 모세를 통해 이스라엘의 광야 세대가 아니라 이스라엘의 다음 세대에게 주신 두 번째 율법(Deuteronomy)이다. 여기에는 세 가지 동사가 강조되어 나타나는데 그것은 '하나님께서 행하신 일을 **잊지 말고 기억하라**(Don't forget and remember)', '하나님을 **사랑하라**(Love)', 그리고 '하나님의 말씀에 **순종하라**(Obey)'이다. 하나님께서 하셨던 일을 기억하는 세대, 그 기억을 통해 하나님을 사랑하는 세대, 그리고 주어진 하나님의 말씀(계명)을 순종하는 세대에게 하나님은 약속의 땅에서 축복(평화와 번영)을 보장하셨다.

우리의 다음 세대에게도 마찬가지다. 하나님께서 우리에게 어떤 은혜를 주셨는지. 일제 통치 후 8.15 해방과 6.25 전쟁을 거치면서 폐허가 된 한국 땅에 하나님은 기도하는 종들을 통해 **민족복음화의 꿈**을 갖게 하시고 이 복음화의 꿈을 기도와 전도로 순종하며 나아가는 '광야 세대', 아마도 일반 역사가 '산업화 세대'라고도 부르는 그 세대는 60년대 말(末)을 시작으로 70년 복음화 대회(빌리 그래함[73], EXPLO'74와 로잔 대회[74])와 80년 세계 선교대회를 통해 한국교회의 부흥과 성장을 견인하였다. 무엇보다 CCC(김준곤 목사)를 중심으로 헌신한 학생과 간사 그리고 나사렛형제들이 3중 헌신(주님에의 헌신, 민족의 입체적 구원에의 헌신, 형제들에의 헌신)과 4대 절대 강령(절대 신앙, 절대 헌신, 절대 훈련, 절대 행동)을 외치며 시작한 학생운동과 나사렛형제들 운동은 "오늘의 학원복음화는 내일의 민족복음화와 세계 선교"라는 구호 아래 젊음을 온전히 드렸다고 해도 과언이 아니다. 필자는 여의도 광장 대순장으로 섬기며 EXPLO'74 대회를 마치고 부산대학교 대표 순장으로 교내 숲속에 기도처('CCC 동산')를 마련하고 학교 수업이 시작하기 전에 함께 모여 기도회를 가지며, 학원 복음화(민족복음화)의 꿈을 이루기 위해 애쓰던 일을 아직도 생생하게 기억한다.

광야의 끝자락인 모압에서 약속의 땅을 바라보고 있는 다음 세대를 향해 모세는 신명기에서 이렇게 권면한다(신 4:9). "오직 너는 스스로 삼가며 네 마음을 힘써 지키라 그리하여 네가 눈으로 본 그 일을 **잊어버리지 말라** 네가 생존하는 날 동안에 그 일들이 네 마음에서 떠나지 않도록 조심하라 너는 그 일들을 네 아들들과 네 손자들에게 **알게 하라**." 그리고 반복하여 '여호와께서 행하신 것을 잊지 말고(6:12; 7:18; 8:14, 19) ⋯ 기억하라'(5:15; 8:18)고 명한다. '잊지 말고 기억하라'(9:7)는 권면은 다음 세대를 향한 모세의 반복된 권면이다. 보지도 못하고 알지도 못한 다음 세대(신 11:2)에게 하나님께서 어떻게 이 일에 역사하시고, 그들을 어떻게 출애굽하여 이곳까지 인도하셨는지를 알릴 필요가 있었다. 모세는 하나님의 은혜로우신 인도 하심과 역사하심, 그리고 광야 세대의 불신앙과 불순종을 돌아보며 약속의 땅을 향해 나아가는 다음 세대를 위해 신명기를 기록하고 이것을 그들의 미래 역사의 주춧돌(foundation stone)로 삼는다. 후대를 위한 신명기의 축복(순종)과 저주(불순종)의 권면은 그들의 '신명기 역사'로 이어지고 펼쳐진다.

확실히 출애굽 광야 세대를 향한 하나님의 은혜로우신 인도 하심과 역사하심은 약속의 땅 세대의 기억의 중심이며, 광야 세대의 불신앙과 불순종 역시도 이들 세대의 기억의 핵심이기도 하다. 이것이 신명기의 기록 목적이기도 하다. 우리의 역사 기록 역시도 다음 세대를 위한 민족복음화의 밑그림으로 이번 책 출간의 근본 목적이기도 하다. 무엇보다 EXPLO'74 희년을 맞이하여 먼저 EXPLO'74 역사의 올바른 기억을 살펴보자.

1. 역사의 기억

EXPLO'74를 돌아보며 하나님께서 어떻게 역사하셨는지를 기억하며 감사와 찬양과 함께 하나님을 사랑하고 그의 명령에 순종하는 일로 이어지기를 소원한다. 어린 소년이 주님께 드린 오병이어 같은 우리의 작은 헌신들을 하나님은 기쁘게 받으시고 은혜로 풍성하게 먹이심(feeding)과 나누어 주심(sharing)의 큰 역사를 이루신 것을 기억하고자 한다. 1부 〈화보집〉을 통해 그때의 모습들을 기억하여 그 모습들을 생생하게 소환하고자 한다. 민족복음화를 위한 강사들(김준곤, 빌 브라잇, 한경직 등)의 불같은 외침과 선포를 돌아보고, 거기에 찬양과 참회와 헌신의 화답을 기억하며 철야(徹夜)기도와 함께 이어지는 새벽기도의 불은 청소년에서 청년 그리고 할머니와 할아버지에 이르기까지 여름의 더위도 비껴갔고, 폭우도 그 불을 꺼지게 할 수 없었다. 62년 이래 입석 수양회에서의 기도 불씨는 1971년 0시 민족복음화 운동의 선포로 마치 올림픽 점화처럼 시작하여 1973년 입석 간사 기도회와 정동회관 CCC 원단 금식기도회를 거쳐 점점 한국 전역을 돌며 마침내 여의도 광장에 헌화되어 기도의 용광로를 이루고 집회 내내 꺼지지 않고 활활 타오르고 있었다. 이 모습의 조각들을 우리는 화보집을 통해 만난다. 광장의 콘크리트 바닥에서, 폭우 속에서도 기도의 불은 집회 내내 꺼지지 않고 계속되었다. 우리는 그때, 참회의 눈물과 헌신의 감격을 잊을 수가 없다. 성령께서 부어주시는 은혜의 자리였다. 이러한 기억의 소환은 1부 〈화보집〉과 2부 〈나와 EXPLO'74〉를 통해 생생하게 만나게 된다.

집회와 함께 이어지는 전도 강습은 EXPLO'74의 백미(白眉)였다. 일주일간 계속된 EXPLO'74는 단순히 부흥 집회가 아니라 대중 전도 훈련 강습회로 수십만이 학교에서와 천막에서 훈련받아 번제처럼 민족복음화의 요원으로 드려졌고, 집회를 마치고 그들은 전도인으로서 삶을 살게 되었다. 이 일로 인해 한국교회는 역사적 통계에서 보는 것처럼, 괄목할 만한 부흥과 성장의 결과를 갖게 된다. 전도와 기도는 예수님의 지상명령이며 교회의 주된 사명이기도 하다. 전도하고 기도하는 교회는 성장을 경험한다. 이 또한 〈화보집〉과 〈나와

EXPLO'74〉를 통해 역사의 현장을 만나게 된다. 무엇보다도 3부의 〈연구 논문들〉은 주관적 경험을 넘어서서 보다 객관적 역사 기억과 평가를 통해 다시 한번 그때의 일을 재조명(re-illumination)하고 재구성(re-construction)하게 된다. 그러나 문제는 찰스 피니의 지적처럼, "역사를 통해 배우는 것은 아무도 역사의 교훈을 배우려고 하지 않는다."는 데에 있다. 역사를 망각하고 역사로부터 배우려고 하지 않는 세대는 현재를 살아가는 방향을 잃어버릴 뿐 아니라 미래 또한 희망적이지 못하다. 이 책은 영적 이스라엘로서 한국교회 및 CCC와 나사렛 형제들의 다음 세대를 향한 우리의 신명기적인 교훈집이기도 하다.

2. 찬양과 감사와 참회

이 책에 기록된 글들은 CCC라는 특정 단체의 업적을 기리는 역사 기록물이 아니다. 우리는 하나님께서 부르신 민족복음화의 요원에 불과하고 여기의 우리 헌신은 오병이어를 드린 어린 소년의 모습에 불과하다. EXPLO'74는 하나님께서 애타게 부르시고, 하나님께서 역사하신 일이었고 우리는 거기에 수종을 든 '무익한 종으로 해야 할 일을 한 것'(눅 17:10)에 불과하다. 우리의 작은 헌신으로 한국교회의 부흥과 성장에 기여하였다면 감사할 뿐이다. 어떤 사람도, 어떤 기관도 이 일로 인해 영광과 찬양을 받아서는 안 된다. 오직 영광과 찬양받으실 분은 하나님 한 분이시다.

무엇보다 그일에 참여케 하신 하나님께 감사를 돌린다. 그러나 50년이 지난 지금 한국교회와 CCC와 나사렛형제들은 민족복음화의 이 부름에 얼마나 순종하며 살아왔는가? 주님에의 헌신, 민족복음화에의 헌신을 지속해 왔는가? 그때와 같은 기도와 전도의 헌신적 삶을 살아왔는가? 한국교회의 침체와 쇠퇴를 보며 EXPLO'74에 드렸던 그 헌신이 추억화되고 화석화되었다면 다시 기도와 전도의 불을 붙여야 할 때가 지금이다. "지금은 우리가 자다가 깰 때"(롬 13:11)가 분명하다. 주님이 오실 날이 가까워진 시점에 우리는 50년 전의 그 일을 돌아보고 회개와 자성과 참회의 시간을 가져야 한다. 그러므로 이 책은 그때의 일을 돌아보고 다시 그때의 기도와 전도의 헌신으로 돌아가는 계기가 되기를 간절히 소원한다.

3. 다시 순종하며 미래로 나아가자

약속의 땅을 바라보며 출애굽 역사를 회상하며 하나님을 사랑하고 다시 하나님의 명령에 순종하며 약속의 땅에 들어서기를 바라며 신명기를 기록한 모세처럼, 우리 역시도 하나님 사랑과 말씀 순종으로 나아가야 한다. 민족복음화의 꿈을 다시 한번 가슴에 품고 "민족의 가슴마다 피 묻은 그리스도를 심어 이 땅에 푸르고 푸른 그리스도의 계절이 오게 하자", "오늘의 학원 복음화는 내일의 민족복음화와 세계 선교", "기도보다 성령보다 앞서지 말자"라는 기치 아래 주께서 주신 지상명령(마 28:16-20)에 순종하여 이 세대 안에 민족복음화의 꿈을 성취하는 우리가 되기를 진정으로 소원한다. 이 책은 그와 같은 사명의 길로 인도하는 기록물이 되기를 소원한다. 이 책을 읽는 독자들, 다음 세대가 민족복음화의 꿈에 기쁘게 참여하는 계기가 되기를 소원한다. 이스라엘의 미래 세대, 약속의 땅 세대가 신명기의 권면 아래 축복의 길을 걷는 보다 밝은 '신명기의 역사'가 우리 세대에도 이어지기를 간절히 소원한다. 이 책을 읽는 모든 독자에게 하나님의 은혜와 축복이 넘쳐나기를 축원한다. 특히 사랑하는 CCC 후배들과 나사렛형제들에게 하나님의 은혜와 평강이 머물기를 축원한다.

무엇보다도 이글을 기록하도록 독려하고 수집하여 교정과 감수를 통해 이 책이 나오기까지 애쓴 편집위원들(김철해, 안명복, 이선상, 손세만, 정봉현)과 물질로 헌신한 분들(두상달, 주수일, 원정희, 이건오, 김선애, CCC)과 교회(특히 지구촌교회와 안산동산교회)에 감사드린다. 특히 EXPLO'74 희년을 기념하여 〈민족 · 복음 · 부흥〉이라는 주제로 2024년 봄 정기학술대회(4.27)를 개최한 한국복음주의신학회(KTES)에 감사를 드리며 무엇보다 출판 감사 예배를 위해 흔쾌히 장소와 점심을 제공한 개포동교회(이풍인 목사)에 감사하며 이 일에 기도와 글로서 참여한 모든 형제와 자매님들에게 감사를 돌린다.

Soli Deo Gloria!

축하의 글

박성민

한국CCC 대표

EXPLO'74대회 50주년을 맞아 기념논문과 회고를 담은 문집을 발행하게 된 것을 기뻐하며 축하를 드립니다. 이 일에 수고하신 한 분 한 분께 우리 구주 예수 그리스도의 은혜와 축복이 함께하시기를 바랍니다. 이 책에서도 다루고 있듯 EXPLO'74대회는 한국 기독교뿐만 아니라 세계 기독교사에 전례 없는 기록을 세운 기념비적인 집회로 평가를 받고 있습니다.

당시 기독교 인구가 270만명에서 300만 명으로 추산되던 때 한국 기독교인의 10분의 1이 넘는 32만3419명이 참가해 5박 6일 동안 여의도광장에서 낮에는 전도훈련을 받고 밤에는 100만 명이 넘는 성도가 모여서 나라와 민족의 복음화를 위해 기도했습니다.

특히 대회 대회 셋째날에는 서울지하철 1호선이 개통하는 역사적인 날이기도 했지만, 8.15 광복절 기념식 중 육영수 여사가 재일동포 문세광이 쏜 총에 맞아 서거하는 엄청난 사건이 일어나기도 했습니다.

하지만, 대회에 참가한 성도들은 "어머니처럼 하나밖에 없는 내 조국, 어디를 찔러 봐도 내 몸같이 아픈 내 조국"을 끌어 안고 눈물로 기도하면서 민족복음화 전도요원으로 훈련을 받고 헌신을 했습니다. 그 결과 한국교회는 1년 후 110만 명이 새롭게 교회에 출석을 했고, 하루에 6개씩 교회가 개척되는 사도행전적 부흥운동이 일어 났습니다. 이 놀라운 주님의 지상명령 성취에 우리 CCC 간사와 대학생들이 불씨가 되고 밀알이 되었다는 것을 하나님의 크신 은혜이고 특권입니다.

그러나 우리가 한 가지 기억할 것은 EXPLO'74는 한국교회 전체가 주인의식을 갖고 참여한 대회입니다. 그렇기 때문에 그 대회는 한국교회의, 한국교회에 의한, 한국교회를 위한 대회였다고 말할 수 있습니다

우리는 김준곤 목사님께서 늘 말씀하셨던 것처럼 이름도 빛도 없는 무명의 전도자가 되어 모든 영광을 하나님께 올려 드리며, 모든 열매는 한국교회가 갖게 한 것을 기뻐하면서 "무익한 종"이라고 고백하면 좋겠습니다.

그리고는 "순례자의 노래"를 부르면서 오늘은 이곳, 내일은 저곳 민족 구석 구석을 누비며 천하보다 귀한 영혼을 살리는 일을 위해 뚜벅 뚜벅 걸어갔으면 합니다.

올해 50주년을 맞아 EXPLO'74 24대회를 은혜 가운데 치렀습

니다. 단순히 행사로 끝나는 것이 아니라 후대에 계승되기를 바랍니다. "제3의 종교개혁"이라고 칭하고, "제3의 성령 폭발이라고 하셨던 고 김준곤 목사님의 말씀을 기억하면서 한국과 세계 도처에 EXPLO'74의 불씨를 점화하는 역할을 할 수 있기를 바랍니다.

이 문집이 EXPLO'74 대회 때 보여주었던 한국교회 연합운동, 전도운동, 기도운동의 민족복음화, 전민족복음화의 비전을 현실에서 실천해가게 하는 좋은 도구가 되기를 바랍니다.

축하의 글

이건오
CCC 아가페 고문, 부산 나사렛형제들

1974년 8월에 여의도 광장에서 있었던 EXPLO'74 전도대회는 한
국 기독교사상 전무후무한 백 만 명 이상이 전도 훈련을 실시한 성
령대회 이었다. 이로 인하여 한국교회는 물론 민족의 의식변화에까
지 큰 영향을 미쳤다. 당시의 정치 이슈와 맞물려 "하면 된다."는 긍
정적이고 적극적인 의식을 심었다. 그 후로 한국사회에서 일어난 경
제성장과 새벽을 깨우는 민족의식이 심화 되어졌다.

한국교회도 건전한 성령운동과 전도운동과 성경공부운동과 기도
운동이 전국교회를 휩쓸었다. 그 결과로 성도는 4배로 증가하게 되
었고, 사랑과 구제 등 건전한 삶의 정착이 일어났다. 많은 국민들이
대부분의 교회를 존경하고 우러러 보았지만 성장신학에 도취된 교
회를 사탄이 여지없이 공격하여 심하게 무너지게 만들었다.

이제 우리는 차가운 가슴과 뜨거운 마음으로 오늘 우리에게 말씀
하시는 EXPLO'74대회를 주관하셨던 성령님 음성을 들어야 할 때다.

이러한 시점에 EXPLO'74 전도대회를 상기하는 회고 논문집과 간
증집이 출판된다고 하니 하나님께 감사드린다. 하나님은 아직도 한

국교회를 들어 사용하시려고 우리들에게 소중한 자료와 하나님이 말씀하시는 매체가 되게 하시려고 주신 선물로 알고 더더욱 깊은 감사를 드린다.

이 책이 '사료 집'으로서의 가치는 물론 하나님께서 오늘에 하시는 말씀을 후대가 듣는 매체가 될 것을 확신한다. 이 책이 출판되기까지 수많은 어려움을 극복하고 이를 위하여 수고하신 모든 주님의 종들에게 감사와 수고와 격려를 드린다. 저들의 노고가 이 시대의 한국교회와 세계교회에 주시는 강한 하나님의 메시지가 되기를 기도한다.

또한 민족복음화를 열망하는 모든 형제자매들과 사랑하는 CCC의 후배들이 김준곤 목사님을 비롯한 일세대의 삶을 재조명하고 오늘날 하나님께서 더 크게 사용하시는 동기부여가 되기를 기도한다. 또한 이 책자가 한국교회사의 또한 면을 넘겨주는 하나님의 역사를 경험하는 중요한 사료들이 될 것을 기도한다.

시대는 지나가고 새로운 날은 계속 온다. 우리가 과거를 조명하고 가치를 일깨워 오늘에 계승하는 것이 오늘을 사는 지혜이다. 지난 시간을 아무 생각 없이 흘려보내는 것은 시간과 인생을 낭비하는 것이고 "세월을 아끼라"는 성경말씀을 불순종 하는 것이다.

민족복음화와 선교한국은 오늘도 남아 있는 우리들의 과제이다. 이 소명은 EXPLO'74 전도대회를 통하여 우리에게 주신 것이다. 선교복음의 촛대가 예루살렘에서 서진을 하여 영국과 미국을 거쳐 지금은 동쪽의 끝자락 한국에 와 있다. 흔히들 이 촛대가 또 다른 민족에게로 옮겨질까 걱정이 태산이라 한다. 필자도 '하나님! 주님 오시는 날까지 한국 선교사들이 열방을 누비며 섬기다가 주님 오시는 것을 보게 하옵소서.'라고 간구한다.

이것들이 우리 후배들의 몫이다. 이 책이 역사적 사료 일 뿐만 아니라 후대들이 시대적 하나님의 뜻을 깨닫고 삶의 동기를 얻는 미래 지향적인 자료가 되를 기도한다. 이 귀한 책을 주신 하나님께 감사 드리고 수고한 여러분들에게 격려를 드린다.

축하의 글

박성근
한국대학생선교회 나사렛형제들 전국회장

성경에는 믿음 없이는 이해할 수 없는 사건들이 수 없이 많습니다. 그 중에서도 모세가 이스라엘 백성을 출애굽 시킬 때 있었던 10가지 재앙과 홍해가 갈라지는 사건을 믿음의 눈으로 보면 흥분과 감격이 넘칩니다. 특히 "모세" 라는 영화를 통해 시각적 영상을 통해 보면 더욱 그렇습니다.

저는 1980년 4월 의대 신입생때 CCC를 통해 예수를 알게되었고 영접한지 4개월도 안 된 8월, 텐트소순장으로 여의도 '80세계복음화 대회에 참석했었습니다. 저의 임무는 큰 바케츠를 양손에 들고 밥과 국을 멀리 배식 장소에서 받아와 텐트 순원들에게 나누는 일이었는데 힘들었습니다. 그냥 4일간 왔다 갔다 하다 마지막 날 선교사 헌신할 사람 일어나라고 해서 선교사가 된다는 것이 무엇을 의미 하는지도 모르고 벌떡 일어났습니다. 그렇게 저는 하나님께 불림을 받게 되었습니다.

EXPLO'74는 저에게 옛날 옛적의 일로 '80세계복음화대회의 "나는 찾았네"와 비슷했겠다 라는 생각을 했고 EXPLO'74와 함께 나와 큰 상관이 없는 또 하나의 집회로 여겨졌습니다.

EXPLO'74 50주년을 맞아 진행된 EXPLO'74 24 CCC 학생 및 나사렛형제들 여름수련회에 참석하면서 당시에 있었던 기적의 사건들을 새롭게 알게 되었는데 EXPLO'74는 이스라엘 백성을 출애굽 시킬 때 있었던 10가지 기사를 보여주셨던 하나님의 권능의 역사였습니다. 김준곤 목사님은 민족복음화를 위한 평신도 제자화를 모세가 홍해를 가르듯, 5일간 하나님의 비젼을 완수하셨습니다.

우리 민족에게 일어났던 EXPLO'74의 성령행전을 후대가 기억하도록 당시 직접 참가하여 섬기고 교육하셨던 CCC 화석과 같은 대선배님들의 논문과 간증들을 모은 책이 발간하게 되어 하나님께 감사하고 영광을 돌립니다. 이 책을 읽게 되면 하나님께서 이 민족을 얼마나 사랑하셨는지 김준곤 목사님을 어떻게 모세처럼 사용하셨는지를 알게 되리라 믿습니다. 지금 이 순간도 EXPLO'74 24에 참석 후 도시전도와 세계선교를 위해 삶을 드리는 사랑하는 CCC 후배들이 있음이 자랑스럽습니다. 민족복음화의 성령행전을 EXPLO'74를 경험한 선배님들로부터 그 정신을 이어 받은 지금의 학생들에게 까지 이어지고 있는 한국대학생선교회 정말 만세입니다.

특별히 이 책 출간을 위해 혼신의 힘 다하신 편집위원들과 발제를 해주신 모든 저자 분들께 하나님의 크신 복이 함께 하기를 기도드립니다.

축하의 글

서용배

나사렛형제들 시니어 회장

1974년 3월 HCCC를 통해 예수님을 소개받고 예수님을 구주로 영접했다. 8월 달에 있을 EXPLO'74 대회를 위해 EXPLO'74 훈련 교재를 가지고 엘리베이터도 없는 18층 정동 빌딩을 오르내리며 훈련을 받았던 기억이 새롭다.

하지만 아쉽게도 훈련만 받아 놓고 저녁 집회 한 번만 참석한 것이 지금도 몹시 후회스럽다. 그러나 같이 훈련 받았던 경성고등학교 기독학생회 동기 중에 여섯 명이 목사로 헌신하고 두 명이 의사로 헌신하여 지금도 열심히 사는 것을 보면 EXPLO'74의 영향은 무척 컸다고 생각된다. 이어 1980년 세계복음화 대성회 때 10만 명이 가는 선교사 보내는 선교사로 헌신하고 우리나라 교회는 급속도로 성장하였다.

이번에 많은 분들의 수고로 EXPLO'74의 의의와 성과를 기념하는 책자를 만들게 되어 참으로 기쁘게 생각한다. 이 책자의 발간을 시작으로 EXPLO'74의 의의를 되새기며 다시 한번 그 의의를 되살리는 기회가 되었으면 좋겠다. 다시 한번 이 책자 발간을 위해 수고하신 분들께 깊은 감사와 존경을 드린다.

축하의 글

김영민
서울지구나사렛형제들 회장

EXPLO'74 전도대회에 대해 논문이 발표되고 간증과 화보집이 한 권의 책으로 발간 됨을 진심으로 축하드립니다. EXPLO'74 이후 1년만에 110만명의 성도가 증가된 전무후무한 집회에 대해 하나님께서 김준곤 목사님과 CCC를 사용하여 민족의 복음화를 어떻게 이끌어 가셨는지 깊이 고찰하여 체계적인 논문이 발간되어 대한민국 교계사에 한줄로 기록되어 기억되고 기념하게 되었음에 큰 감사가 있습니다.

이 책의 발간을 위해 많은 CCC선배님들의 수고를 옆에서 보고 들으며 하나님께서 EXPLO'74에 대해 친히 기록하기를 원하셨다는 생각을 지울 수 없었습니다. 1970년 민족의 복음화를 선포. 1971년 1만명의 전도요원을 훈련. 1973년 정동회관 사랑방성서학교 전도요원 배출. 30만명이 여의도광장에서 숙식이 가능한가에 대한 불가능 100%에 맞서 이 일이 하나님의 뜻이고 하나님이 기뻐하시는 일이라면 하나님은 가능한가라는 질문을 던지시고 불가능의 의식을 무너뜨리신(요일5:14-15) 김준곤 목사님. 민족의 복음화를 향한 간절한 열망과 끊임없는 기도와 구체적인 전도요원 훈련. 여의도 바닥에서 6일연속 10만명의 철야기도회를 통해 대한민국에 하나님의 나라와 성령이 폭발적으로 임하셔서 1,000만 성도 대부흥이 시작 되었다고 보여집니다. 정말 역사적인 전무후무한 전도집회이었습니다. 홍해가 갈라지는 출애굽 사건과 유사하다 생각됩니다. 대형교회들이 탄생하였고 '80세계복음화대성회를 통해 10만성도가 선교사로 자원하는 선교한국의 토대가 된 EXPLO'74 이었습니다. 주님께 완전한 영광을 돌리며 수고하신 CCC 간사님들과 나사렛선배님들이 자랑스럽습니다.

세월은 흘렀고 대한민국 성도는 500만으로 반토막이 났고 청년들의 복음화율은 너무나 낮은 오늘, EXPLO'74 희년을 맞이하여 책이 출간됨이 의미있다 생각됩니다. 무너진 성전과 폐허가 된 예루살렘의 성벽 소식을 들으며 금식하며 기도하고 조국을 위해 분연히 떨쳐 일어났던 느헤미야를 생각합니다. 14년간 중단되었던 성전재건을 위해 일어난 스룹바벨을 생각합니다. 민족의 무너진 곳을 붙들고 기도하고 보수하는 또 한명의 느헤미야가 되자. 또 한명의 스룹바벨이 되자 다짐해 봅니다.

이 책을 펼치는 형제 · 자매들마다 삶을 묶고 있는 사슬들을 끊어 버리고 자리에서 분연히 떨쳐 일어나 다시 한번 CCC와 마음을 합하여 민족의 복음화와 세계복음화를 위해 헌신을 다짐하는 역사들을 일으키는 그런 책이 되리라 믿습니다.

축하의 글

김도현
나사렛형제들 신용협동조합 이사장

50주년 출판을 허락하신 하나님께 영광을 드립니다.

저는 1974년도 초등학교 6학년 11월쯤에 친구의 인도로 교회에 첫발을 들이게 되었습니다. EXPLO'74 이후 온 나라가 전도의 불길에 싸여 저에게도 영향이 오지 않았나 생각 됩니다. 1981년도 대학에 처음 와서 CCC에서 사영리로 하나님의 사랑과 계획을 알게 되고 인격적인 만남이 있었습니다.

EXPLO'74 50주년 회고 학술대회를 통해서 그 당시의 생생한 간증을 들을 수 있어서 얼마나 가슴 설레고 감동적인지 모릅니다. 불가능의 이유만 가득했던 대회를 몸으로, 믿음으로 이겨내신 위대한 지도자 김준곤 목사님과 간사님, 순장님들 그리고 참여하심 모든 분들의 기억을 되살려 한국 기독교 역사에 하나님께서 역사하신 기록을 남기는 중요한 일입니다. 이번 회고논문집을 계획하시고 편찬해 내는 작업은 지금의 세대들뿐만 아니라 다음 세대에게 중요한 자료로 남을 것입니다. 원로하신 선배님들의 울먹임 섞인 간증을 들으며 받았던 감동은 이루 말할 수 없는 가슴 벅참이었습니다.

하나님의 일하심이 느껴지고 그때 이후로 한국교회가 부흥하고 세워져 갔습니다. 코로나19이후 교회가 많이 위축되는 이 시점에 다시 부흥을 기도 하며 이 시대에 주시는 메시지를 귀담아 들어야 할 것입니다. 어쩌면 이게 시작일지도 모르겠습니다. 그 정신으로 할 수 없는 일을 꿈꾸고 다음세대에 남길 유산으로 그들에게도 도전하고 이뤄갈 수 있는 역사적인 자료가 될 것입니다.

자료를 찾고 모으고 정리하신 모든 분들의 수고에 감사드립니다. 저희 나사렛형제들 신협도 선배님들께서 신앙공동체 경제공동체를 외치며 기도하며 만드신 중요한 자산입니다. 1,600여 명의 조합원님과 57억의 자산으로 운영되고 있습니다. 긴급하게 자금이 필요하신 분들이 이용하고 있습니다. 어려울 때 큰 힘이 되는 우리의 금융기관입니다.

다시 한 번 EXPLO'74 50주년 회고 논문집 출판을 축하하고 감사하고 함께 기뻐합니다.

목차

제3부 : 연구 논문 · 473

제1부
EXPLO'74 화보

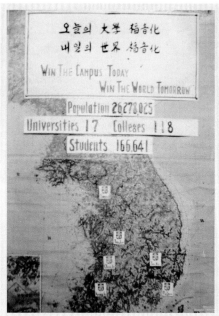

1958년 한국 CCC 창립

1965년 국회조찬기도회

1962년
민족복음화의 환상과 기도

민족 복음화의 환상과 기도

김준곤

어
머니
처럼 하
나 나라에 일
는 내 조
국. 여다를 펼려도
같이 이룬 내 조
국. 이 민족 마을마다, 가정마다,
교회마다, 사회의 구석구석, 금수강
산 자연환경에도 하나님 나라가 임하게
하시고 뜻이 하늘에서처럼 이 땅에서 이루
어지게 하옵소서. 이 땅에 태어나는 어린이마
다 어머니의 신앙의 젖줄, 기도의 젖줄, 말씀
의 젖줄에서 자라게 하시고 집집마다
이 집의 주인은 예수님이라
고 고백하게 하시고, 기
업주들은 이 회사의 사
장은 예수님이고 나는
관리인이라고 고백하는
민족, 두메마을 우물가의 여
인들의 입에서도, 공장의 직공들,
바다의 선원들의 입에서도 찬송이 터
져 나오게 하시고, 각급 학교 교실에서
필수 과목처럼 배워지고 국회나 각   성경이
의가 모일 때도 주의 뜻이
먼저 물어지게 하시고, 국
제시장에서 한국제 물건들
은 한국인의 신앙과 양심이
으게 보증수표처럼 믿어지
는 민족, 여호와를 자기 하나님으
로 삼고 예수 그리스도를 주로 삼
으며 신구약 성경을 신앙과 행위
의 표준으로 삼는 민족, 민족의
식과 예수의식이 하나된 지상 최초
의 민족, 그리하여 수십만의 젊은
이들이 예수의 꿈을 꾸고 인류구원
의 환상을 보며 한 손에는 복음을
다른 한 손에는 사랑을 들고 지
구촌 구석구석을 누비는
거룩한 민족
이 되

게 하옵
소서.

1968년 나사렛형제들여름수련회

1971년 민족복음화운동선언

1971년 민족복음화운동 요원강습회

1971년 민족복음화운동 요원강습회

1972년 민족복음화운동 시범교회강습

1972년 엑스플로72

1972년 엑스플로72

1972년 춘천성시화 운동전도대회

1973년 사랑방성서학교 요원강습회

준비 및 홍보

브로슈어 1

개최기념우표 1

개최기념우표 2

브로슈어 2

교회서신

여객운임활인증

포스터

진행 및 준비 모임

현수막 1

카세트 테이프

현수막 2

대회 진행

경비완장

안내완장

보도완장

헌금완장

간부차량

내빈차량

현수막

명찰   명찰

진행

진행

숙소 및 배식

49

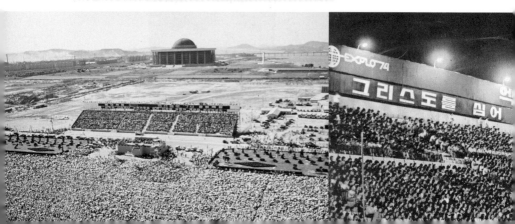

각종 세미나

LTC 전도훈련

사영리

성령 소책자

훈련교재

LTC 전도실습

LTC

LTC

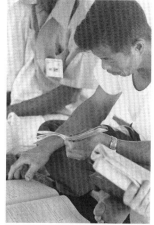

LTC

LTC

사영리 개인전도

65

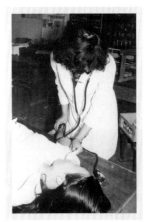

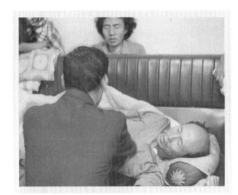

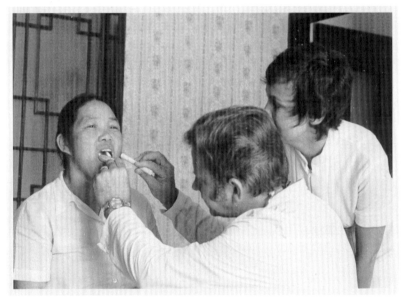

기자 간담회

외국인 리셉션

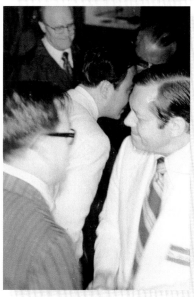

자전거 대행진

제2부(1)
나와 EXPLO'74
(소고)

나의 젊은 날과 CCC

홍정길

남서울은혜교회 원로 목사, 밀알재단 이사장

CCC는 나의 인생에서, 나의 신앙에 있어서 젊은 날 그 자체였다. 주님의 크신 사랑은 충격으로 다가왔고, 서툴렀으나 나를 열정으로 가득하게 했다. 서서평 선교사의 복음 전도로 믿음의 가정에서 자라는 특별한 은혜가 있었지만, 주님을 인격적으로 만나지 못하고 방황했던 어린 시절을 떠나 대학 시절 입석수양회를 통해서 만난 주님은 나의 삶을 온전하고도 확연하게 변화시켜 주셨다. 그러했기에 CCC는 나의 젊은 날 그 자체인 것이다.

1. 젊은 날의 우리 시대

공허한 젊은 날

안타깝게도 처음 고향 함평에서 부푼 꿈을 않고 서울로 대학을 오게 된 나의 현실은 젊음이라는 단어처럼 싱그럽거나 빛나는 형태는 아니었다. 이는 비단 개인의 현실뿐 아니라 1960년대의 우리나라의 모두가 그러했기 때문이다.

한국전쟁이 일어난 지도 10년이 지났지만 여전히 당시 한국 사회는 부족했고 혼란스러웠으며 공허했다. 국가는 전쟁으로 인한 나라의 재건에 정신이 없었고 대다수의 국민들은 생존하는 문제로 하루하루를 살아갔다. 그러한 현실을 염려하고 변화된 미래를 꿈꾸고자 했던 젊은이들에게는 안타깝게도 한 줄기의 희망도 쉽사리 보이지 않았다. 참으로 목마른 시대였다. 때로는 인간에게 배고픔보다 희망에 굶주림이 더 크게 다가온다고 했던가? 덩치만 컸지 늘 배고픈 젊은 대학생들을 그래도 조금이나마 위로했던 것은 바로 음악이었다.

당시는 젊은이들이 갈 곳이 부족한 때였다. 요즘처럼 볼거리가 넘쳐나고 국내뿐 아니라 전 세계의 유흥을 제공하는 한국의 모습을 보면 도저히 지난날이 연결되지 않는다. 서울이 세계 유행의 중심이라는데, 1960년, 당시 나에게 최고로 큰 도시였던 그 서울에 처음 생긴 **다방이 규모가 작은 '돌체'와, 규모가 큰 '르네상스'에서 음악을 듣는 것이 우리의 유일한 여가였다.** 담배 연기가 자욱한 다방에 대형 스피커를 걸어놓고 음악을 틀어주면 갈 데 없는 젊은이들은 입추의 여지 없이 좁은 공간에 앉아 명곡을 듣곤 했다. 이렇게 집중되는 현상은 4.19로 학교가 문을 닫고 사회적 혼란이 가중되자 더 심해졌고, 그렇게 나는 테너 비욜링을 알게 되고 영화음악에 심취하며 사회자의 해설을 듣고 음악을 앎으로 공허한 마음에 위안을 삼았다.

이렇게 음악다방이라도 가지 않으면 갈 데 없는 학생들은 기껏해야 또 할 수 있던 것이 등산이었다. 지금은 등산로도 좋고 산림도 잘 가꾸어졌지만, 당시는 전쟁으로 산이 헐벗고 등산로도 제대로 닦이지 않았건만 도봉산에 오르면 그나마 막혔던 숨통을 조금 트였다. 그리고 마지막으로 강좌를 경청하는 것이다.

광야의 외치는 자의 소리

무엇보다 젊은이들이 어려웠던 것은 개인적으로도, 국가적으로도 더 나은 미래를 위해 대학을 진학했건만 지식에 대한 목마름이 시원하게 채워지지 않았다는 것이다. 당시 우리나라에 교육전문가가 전무했다. 6.25를 기점으로 지식인을 포함한 많은 사상자가 있었고 그나마 있던 지식인들은 대부분 북으로 갔기에 남겨진 이 땅의 교육자의 수는 터무니없이 부족했다. 그것도 정직하게 이야기하면 대다수의 대학교 교수는 고등학교 교사를 하다가 현저하게 부족한 숫자로 인해 대학 강의를 하게 된 분들이다. 내가 전공한 철학계에도 고등학교에서 윤리를 가르치시던 분들이 대부분이었다. 그런 시대에 학교 밖에서 간혹 들여지던 강좌는 우리에게 그 암담한 시대에 귀를 열고 들어야 할 지식의 보고 그 자체였다. 젊은이들은 오늘 어디에서 강좌가 열린다면 모두 열 일을 제쳐두고 가서 강의를 들으며 지식의 목마름을 해소하고자 했다. 지금도 기억나는 대표적인 강사가 몇 분 있는데 유영모, 노평구, 함석헌 선생 그리고 경동교회의 강원용 목사이다.

내 눈에 비쳤던 유영모 선생은 신선과 같은 분이었다. 그분을 뵐 당시는 74세의 어르신이셨는데, 인왕산을 병풍처럼 뒤로한 체 자문

밖에서 백발에 흰 수염이 가득하고 두루마기 차림으로 강의했기에 90이 넘은, 아니 신선 같은 외모라고 생각했다. 동양사상을 바탕으로 서구문화 그리고 기독교를 해석하는 강의는 지금 생각해보면 고개를 갸우뚱거려야 될 일이지만 그분의 위엄에 눌려 모든 것이 이해된 것처럼 느껴지는 매력을 주곤 했다.

거기와 비교하면 노평구 선생의 강의는 쉬운 전달력과 함께 조용히 스며들게 하는 힘이 있었다. 김교신 선생의 무교회주의 입장에서 로마서를 설명했는데, 목요일(일요일)마다 YMCA에서 강의하면서 젊은이들에게 영향을 끼쳤다. 그의 깊은 연구는 우치무라 간조의 사상에 뿌리를 두어 서구학자들과 다르게 동양적 전략으로 청중을 인도했기에 집으로 돌아가는 길이면 그의 메시지를 곱씹으며 자주 고개를 끄덕이곤 했다.

함석헌 선생은 노평구 선생처럼 YMCA에서 자주 강좌를 했는데 동서양을 넘나드는 사고와 지식이 담긴 메시지가 당시 뜻있는 젊은이들의 심금을 울렸다. 특별히 그의 방대한 독서 범위는 듣는 이로 하여금 놀라움을 주었다. 쉘리, 횔덜린, 토마스 칼라일, 칼릴 지브란 등 서구의 저명한 시인, 철학자, 명상가들의 사상을 통해 우리가 이 땅에서 살아야 할 이유를 힘 있게 말해주었고, 청년들이 가장 애독하던 잡지인 '사상계'에 계속해서 나왔기에 당시 사상가 중에서 그의 영향력이 가장 컸다고 볼 수 있을 것이다. 또한 '씨알의 소리'를 창간하여 그의 사상은 더 깊이 민중 속으로 들어갔다.

교회 안에서는 경동교회의 강원용 목사가 유일하게 청년에 대한 메시지가 있었다고 기억된다. 일반적으로 목회자들이 교회와 교리라는 틀에 갇혀 메시지를 전했기에 의문이 많은 청년들이 '사회보다 왜 기독교는 이처럼 왜소한가?', '왜 경직되어 있는가?'라는 고민을 할 때에 그는 청년의 시선에 맞추어 신학 안에서 자유롭게 젊은이들에게 필요한 메시지를 전해주었다.

미래가 보이지 않는 내일

젊은이들이 이처럼 강좌를 찾아다니며 귀를 기울였던 것은 지식에 대한 목마름도 컸지만, 당시 우리나라는 경제적으로, 정치적으로도 매우 혼란스러웠기 때문일 것이다. 아침에 눈을 뜨면 날마다 신문 사회면에 지난날 발생한 아사자에 대한 소식이 있는 지독하게도 가난한 나라였다. 젊은 시절 내 월급이 8,000원이었는데, 당시 환율이 450~480원 정도였으니 달러로 계산하면 18달러가 고작 내가 받은 월급이었다. 어떻게 그런 박봉으로 살았는지 지금도 이해하기 어렵다. 이런 가난을 겪어서인지 나중 아프리카 최빈국에 가게 되었을 때 우리 젊은 날의 어려움이 떠올라 돕지 않을 수가 없었다.

정치 환경은 혼란 그 자체였다. 시시각각 변하여 사람들은 놀라고 분노했으며 두려워했다. 사실 우리나라는 조선시대에 이어 일제강점기를 지났기에 자유 민주주의라는 뜻을 아는 사람이 없었다고 해도 과언이 아닐 것이다. 우리나라에 민주주의를 도입하고 실행한 이

승만 전 대통령 역시 지금의 눈으로 보면 아쉬운 부분이 보이는 것이 사실이다. 그러나 하나님의 은혜로 그를 통하여 우리나라는 전혀 준비되지 않은 상태였으나 민주주의가 들어섰다. 민주주의. 눈으로 본 적도 실행한 적도 없던 사람들이 방향도 모른 체 대통령의 지도로 시작되었으니 얼마나 많은 갈등과 또 서로가 서로에 대한 적대감으로 투쟁했던지 국민들은 정치에 아무런 생각을 실을 수가 없었고 희망을 품을 수가 없었다. 이승만 대통령이 하야하고 하와이로 떠났다. 다음으로 윤보선 대통령에 장면 총리가 정치적 지도자가 되었다. 그리고 4.19가 일어나고 1년이 채 못 되어 5.16 군사정변이 일어났으며, 어설프게 뿌리를 내린 민주주의의 기초 위에 군부독재 시대를 맞이하여 대학가는 몹시 혼란스러웠다. 정변이 일어날 때면 학교는 자연스럽게 문을 닫고 청년들은 더욱더 갈 곳을 잃어버렸다. 휴교령이 내려지면 그나마 고향이 서울인 친구들은 집으로 갔으나 나처럼 지방에서 올라온 학생들은 언제 다시 휴교령이 철회될지 몰라 고향 집으로 돌아갈 수도 무작정 하숙집에 있을 수도 없는 노릇이었다. 처음 집을 떠나 타향살이하며 외롭고 힘듦은 정치적 혼란에 비할 것이 아니었다. 정치, 경제, 사회적 현실은 젊은이를 더 외롭고 공허하게 했으며 고통스럽게 했다.

이런 무기한 답답함 속에서 간혹 학교 문이 일시적으로라도 열리면 교수님들의 강좌를 놓칠세라 들었다. 철학 입문은 김형석, 윤리는 안병욱, 미학은 조요한, 칸트는 박종호 교수께 배웠고 김태길 교수도 특강으로 자주 뵈었다. 조가경 교수는 당시도 유명한 석학이 었는데 다시 독일로 가셨고, 김주현 교수는 사실 학력이 없었는데 영어 구문론을 잘 강의하셔서 좋은 수업을 하시곤 했다. 지금 생각 하면 학문적으로 뛰어난 교수가 많지 않았으나, 그래도 그분들에게 사람으로서 살아야 할 도리와 새로운 민주주의 국가에서 국민으로 서 가져야 할 올바른 사고를 데카르트의 사상으로 배웠다.

젊은이들은 잦은 휴교령에 지식의 부족분을 개인적으로 책을 통 해서 채워갔는데 마침, 정음 출판사에서 세계 명작 시리즈를 출간 하기 시작했다. 지금처럼 훌륭한 번역본은 아니었다. 기존에 일본 에 출판된 역서를 다시 한글로 재번역하여 책이 출간되었기에 한 달 에 한, 두 권 나오는 것이 전부였다. 2년 뒤에는 을유문화사라는 곳 에서도 책이 나와 더딘 속도가 조금 빨라지긴 했어도 여전히 부족 했다. 목마른 자가 수도꼭지에 뚝뚝 떨어지는 물방울이라도 갈급하 게 목을 축이듯, 우리는 급급 책이 나오는 대로 읽었는데, 토마스 만 의 '선택된 인간', 도스토옙스키의 '카라마조프가의 형제들', 소포클 레스의 '안티고네', '선택된 인간', 셰익스피어, 괴테, 플라톤의 책을 통해 인간의 삶에 대해, 기독교의 본질에 대해 깊이 고뇌하고 사색 할 수 있었다. 사실 어찌 보면 아이러니하게도 습득해야 할 지식의 분량에 한계가 있었기에 책장이 닳도록 정독에 정독할 수 있었고 더 깊이 사색하며 어려운 현실과 부딪히며 씨름할 수 있었는지도 모른 다. 혼란기에서 학업이란 참 어렵고도 고난 그 자체였기에 단순히 책 속에만 존재하는 지식이 아니었다.

꿈꾸는 선지자, 김준곤

이런 희망이 없던 혼란의 어느 날, 한 친구가 명강사가 있다고 함께 가서 듣기를 청했다. 친구를 따라 정동 태극당 앞에 갔더니 김준곤이라는 목사가 강좌를 열고 있었다. 다양한 청년들이 많이 모이기 시작했다. 앞서 서울 내에 강좌란 강좌는 다 다녔던 나였기에 새로운 강사가 과연 무슨 소리를 할지 궁금한 마음에 주변인에게 저 사람은 어떤지 물어보았다. 그러자 그는 귀에 속삭이고 마음에 말씀하시는 분이라고 했다. 이전에 많은 강사들은 지성에 호소한 설명이었고, 의지를 향한 권면이었다. 그런데 김준곤 목사의 메시지는 이 두 가지를 다 가지고 있으면서도 듣는 이의 마음속에 조용히 들어왔고, 강의를 듣고 나면 새로운 힘을 경험하게끔 하였다. 그래서 나는 기존에 다니던 강좌에서 발걸음을 돌려 그의 강좌를 듣다가 결국 나중에 CCC에 출석하게 되었다. 누군가 비욜링의 오페라를 듣고 '그의 노래는 떨어지기 직전에 고여 있는 눈물의 아름다움과 깊은 슬픔의 연약함이 있는가 하면 범접할 수 없는 강함으로 마음을 단단히 붙잡아주는 힘이 있다.'고 평했는데, 김준곤 목사의 강의가 꼭 그러했다. 대게 다른 강사들은 행동과 사고의 방향을 제시하며 강조했다면, 그는 나사렛 예수께 나의 시선을 이끌어 주었다. 소망의 빛이었다. 이것이 김준곤 목사 강의의 특별함이었다. 그는 민족의 장래에 대한 비전을 우리로 보게끔 눈을 뜨게 했고, 그 결과 4~5백 명에 이르는 젊은이들이 매주 태극당 앞을 꽉 채웠다. 시온의 영광이 빛나는 아침. 그 찬송처럼 꿈꾸는 복을 제시하는 선지자 같았다. 그 꿈이, 그 소망의 빛이 우리가 가진 현실적인 어려움을 일시에 걷어내고 우리의 시선을 예수 그리스도께 집중시켰다.

세월이 흘러 나중에 그의 생애를 곰곰이 들여다보니 그는 정말 꿈꾸는 선지자였다. 나도 젊은 날부터 그분과 함께 사역했지만, 동역하셨던 또 다른 이들의 말을 들어보면 확실히 꿈꾸는, 비전의 사람이었다. 대개 사람들이 하늘에 구름이 흘러가면 그냥 아무 생각 없이 쳐다본다. 그런데 김준곤 목사는 그 흘러가는 구름이 땅에 내려온다고 가르친다. 그래서 사람들이 깜빡 속지만. 그래서 모두 그를 꿈꾸는 소년 같다고 이야기하곤 했다. 한번은 CCC를 떠난 한참 뒤인 1995년에 나에게 찾아오시더니 함께 세계 선교사대회를 준비하자고 눈물로 호소하시는 간절함에 대회를 준비한 적이 있다. 전 세계의 선교단체 책임자들이 다 모였고, 주 경기장에 7만 2천 명의 학생들이 모여 함께 찬송하고 춤추는, 성령께서 역사하시는 장면을 목도했다. 그렇게 그는 80이 넘는 삶을 사셨다.

최근에 아주 오랜만에 나사렛형제들이 모여 김 목사님과 함께했던 민족복음화운동 이야기를 하게 되었는데, 내가 처음 CCC에 갔을 때 그가 민족이 복음화되는 꿈을 강력하게 설파하던 것을 지근거리에서 듣던 일을 형제들과 함께 나누었다. 그는 민족이 복음화 되는 꿈을 직접 실현하기 위해 온 생애를 헌신 했는데, 교회 밖의 일이라도 민족복음화를 이루는 일에 필요하다고 여겨지는 것은 만들거나 돕고 성장시켜 나가는 분이었다. 그 대표적인 예로 우리나라에 처음으로 국가조찬기도회를 창설하여 기독교 지도자들이 기도로 모이게 했고, 당시 'CCC편지'라는 소식지를 발간하고 있던 강용원 간사도 국가조찬기도회 준비를 담당했다. 또한 박정희 대통령이 자언을 요청할 때면 도움을 주곤 했는데, 당시에 군대 내 좌익 침투에 대한 우려가 있어 대통령께서 고민하자, 김준곤 목사는 신앙 전력화가 군대 내 반공 운동과 정신력 무장에 큰 도움이 될 것이라 조언하여 대통령의 동의하에 전군신자화운동을 전개했다. 그 외에도 꿈 많은 두 분은 만나면서 경부고속도로, 포항제철을 건설 등 민족을 부흥케 하는 꿈을 현실화시키는 대화를 자주 나누었다. 물론 대다수가 그 꿈에 반대했다. 그 외에도 나라를 위한 40일 금식 기도, 기독교 법조인 기도회, 창조과학회, 북한 사역 등 평생을 쉼 없이 일해 왔는데 노년에 뵐 때도 마치 처음 뵌 그날처럼 민족복음화의 꿈을 설파하는 것을 보고 역시 내가 생각한 대로 그는 꿈꾸는 선지자가 맞았다고 생각했다. 아쉽게도 소천하시던 날 연락을 받고 하던 일을 제쳐놓고 서둘러 갔으나 임종을 지키지 못했지만, 그는 나의 그리고 공허한 시대의 이 땅 젊은이들의 영적인 아버지요, 스승이었다. 더 이상 이 땅에서 그분과 함께 할 수 없으나 민족복음화의 꿈을 나사렛형제들, 동지들과 함께 갖게 된 이 감동은 전적으로 김준곤 목사님과의 만남에서 비롯된 것이다. 모두 노년의 나이에 이르러 젊은 날의 꿈이 이야기하고 또 천국 소망의 꿈을 꾸는 복을 허락하신 주님. 공허한 젊은 날을 풍족한 노년으로 채워주시니 진정으로 복된 삶을 선물로 받았다.

2. 대지를 뚫고 새순이 올라오다

강좌에서 김준곤 목사님의 메시지에 매료된 나는 CCC에 다니기 시작했다. 1964년 여름에 있었던 입석 수양회에 참석하지는 못했지만, 이를 계기로 CCC 강좌와 모임에서 달라진 사람들의 모습을 종종 볼 수 있었다. 그들은 세상 사람들이 알지 못하는 기쁨과 평안을 가지고 이야기했고, 나는 여전히 강의는 강의라는 생각과 이따금 강의에서 들은 멋진 생각, 좋은 이야기에 감동하는 정도의 소극적인 자세로 모임에 출석했다. 주님을 믿고 결단하라는 권유에도 어떻게 영접하고 초청하는지에 대해 한 번도 반응하지 않았다.

1965년 4월경에 이르러서야 그래도 무언가 나를 흔드는 영향력을 조금씩 느끼고 두려워서 CCC를 갔다가도 다른 모임에도 기웃거렸다. 그러다가 6월에 김준곤 목사님이 입석 수양회에 관해 설명하면서 꼭 참석해야 한다고, 생애 중요한 기회라며 절대 후회하지 않을 것을 강조했다. 장소 역시 시내가 흐르고 녹음이 우거진 경치가 좋은 곳이라는 말에 호기심이 들면서 내심 '사람이 어떻게 하면 저렇게 말에 자신이 있는지?' 하다가도 강요하면 안 된다고 생각했다. 그런 내가 여름이 되었고, 7월 20일, 입석 수양회에 참석하게 되었다. 처음은 도심을 벗어나니 기분은 좋았다. 도착하자마자 친구들과 신나는 마음에 배구를 했는데, 그만 다쳐서 발가락 사이가 파상풍에 걸려 그분이 말하던 경치 좋은 곳에서 꼼짝도 못 하고 누워만 있는 신세가 되었다. 게다가 비가 내려 돌아가고 싶어도 길이 끊겨 갈 수도 없었다. 수양회 첫날부터 상처는 크게 환원되어 3~4일을 앓기만 했고, 내 마음도 불만으로 가득 차올라 집회에서 일어난 은혜는 경험조차 하지도 못했다. 그랬던 나였는데 뜻밖에 주님은 나를 찾아와주셨고, 마지막 순간에 나도 주님을 은혜로 만났음을 고백할 수 있었다. 그때 다들 간단히 고백하는데 혼자서 얼마나 길게 고백했던지 강용원 형이 마치고 따로 불러서 설명이 너무 길었다고 꾸중 들었던 것도 이제 추억이 되었다. 수양회 이후에도 우리는 하나님께서 베푸시는 은혜를 계속해서 경험하는 것에 감격하고 기뻤던 일들이 어제처럼 새롭다.

CCC에서는 나처럼 극적으로 주님을 만난 형제들도 있었고, 어떤 이는 사영리를 통해 그리스도를 영접한 사람, 수많은 권유에도 영접도 안 하고 끝까지 버티다가 나중에 개인적으로 영접한 사람들도 있었다. 그런데 놀라운 것은 그리스도를 영접한 형태는 다 달랐으나 그 변화는 모두 동일했다는 사실이다. 주님은 CCC를 통해 차별 없이 똑같이 구원의 기름을 부어주시고 그분 안에서 새로운 삶을 살게 되는 공동체로 만들어주셨다. 이것은 구원받음으로 예수 그리스도를 만나 교제하게 되는 축복이었다. 그리고 지금까지 동일한 축복과 영광이 지속되는 삶을 살고 있다. 기독교는 교훈이 전부가 아니다. 또 교리나 신학적인 책도 필요하지만, 그것이 전부가 아니며 기독교의 초점이 되지 못한다. 기독교의 중심은 바로 예수 그리스도를 나의 인생에 초청하여 그분과 구체적인 사귐과 교제가 시작되는 것이 성도의 삶인 것이다. 그리스도께서 내 안에 계신 것이 전부다. 그것이 우리를 지혜롭게 하고, 그것이 우리 삶을 축복의 현장으로 만들어주며, 그것이 나로 하나님의 친 백성이 되는 영광도 주는 것이다.

이런 CCC에도 중대한 문제가 한 번 있었다. 1964년, CCC에서 'Medical Society(아가페)'라는 모임이 생겼다. 간호학과와 의학과 학생들이 동아리 이름을 짓다가 그렇게 정했다. 김경수, 홍덕원 할 것 없이 많은 의대생과 간호학과 학생이 모여 함께 시골로 봉사를 다녔다. 그러던 와중에 1965년에 'Economic Welfare Society(EWS)', 경제 복지를 꿈꾸는 그룹이 생기더니 CCC에서 주요 활동을 하던 박성준 부회장, 한명숙 여자 부회장, 김근태, 이창식, 서경석 할 것 없이 CCC 내의 엘리트 모임이 결성되었다. EWS의 회장은 박성준이, 상대 선배이자 당시 육사 교관이었던 신영복의 주도로 유명 강사를 섭외하고 좋은 강좌를 마련했다. 이 모임에는 호소력이 있어서 그런지 곧 젊은이들이 모이는 숫자가 증가하였고, 모임 중에 사회와 경제 중심의 토론과 강의 모임이 시작됐다. 둥지 안에서 또 다른 둥지를 튼 것이다.

국가와 민족을 생각하며 기독교인의 사회 운동을 강조하던 열성적인 EWS와는 달리, 그 외 다른 형제들은 사영리를 들고 학교 밖을 나서서 개인 전도를 하던지 농촌 전도를 하면서 성경 공부에 주력하였다. 나는 후자 그룹에 있었는데 우리에게 가장 중요한 것은 오직 성경이었다. 그래서 CCC는 내부적으로 사회활동을 하는 그룹과 성경을 강조하며 구원의 메시지를 전하는 전도그룹으로 자연스럽게 나뉘게 되었다. 이런 현상은 일제 강점기에도 있었는데, 교회 안에 민족과 국가를 위한다는 사람들 가운데 복음에 중심을 둔 무리와 새로운 세계, 새로운 학문을 추구하는 문화기독교 무리로 나뉘었다. 1919년 3.1운동이 일어나자, 일본은 교회가 조선의 독립을 꿈꾸는 진원지라 결론을 내리고 엄청난 핍박을 가했다. 그때 문화기독교를 믿던 사람들은 모두 교회를 떠났다. 이광수, 명석하기 그지없던 주요한 선생 등, 민족의 뛰어난 수재들이자 인간적으로 위대한 면모가 있었던 그룹들, 문화인들은 모두 기독교를 떠났다. 그러나 예수가 내 생명이라고 확신했던 참 그리스도인들은 죽어가면서까지 예수 그리스도의 증인으로 살다가 생애를 마쳤다. 당시를 경험했던 한 그리스도인은 가라지는 사라지고 알곡만 남은 순전한 그리스도의 교회였다고 고백했다. 그 핍박 속에서 시금석이 된 것은 우리 역사에 중요한 사건이라 생각된다. 이처럼 예수 생명과 연결된 사람들은 끝까지 오직 예수. 오직 복음. 오직 성령을 붙잡고 CCC 안에 있었고, 사회 복지를 생각했던 사람들은 결국 예수 복음을 전하는 것에 지겨운 나머지 CCC를 떠났다. 그때 CCC는 고통스러웠지만 이 일로 결국 우리는 온전한 예수 공동체로 거듭났을 뿐 아니라, 그 공동체가 필요 없는 사람들은 모두 정리가 된 사건이었다. 그리고 진정한 씨알들만 남아서 민족복음화의 새로운 시대를 준비하게 되었다. 우리는 몰랐지만, 그런 고통의 과정을 통해서 우리가 꼭 붙잡아야 할 것과 버려도 되는 것을 정리하는 시기였다.

3. 메시지 그리고 훈련

1960년대 한국 사회, 경제에도 큰 변화가 있었다. 농본사회에서 산업사회로의 전환이 바로 그것이다. 사람들은 이제껏 경험하지 않았던 큰 변화에 무척 혼란스러워했다. 비록 나는 산업화한 곳에서 경제활동을 했던 것은 아니었지만, 고향 함평에서 대도시 서울로 온 나 역시 그 변화를 몸소 충분히 느끼고 있던 터였다. 사회는 확장되었으며, 내가 자란 시대와 달리 이윤을 추구하며 빠르게 변화하는 대도시에서의 혼자 고립된 삶은 삭막하고 외롭기 그지없었다. 그러던 가운데 CCC에서 받은 '하나님은 나를 사랑하시고 나를 향한 놀라운 계획을 가지고 계신다'는 메시지는 엄청난 충격을 안겨주었다. 이 메시지는 성경 전체를 요약해서 전할 때 가장 쉬운 메시지인데, 그 시대 젊은이들에게 엄청난 능력으로 파고들었다. 그냥 길가의 조약돌처럼 아무렇게 던져진 존재가 아니라 천지를 지으신 분이 나에 대한 놀라운 계획이 있다는 사실에 놀라고 감격하며 자연스럽게 앞으로 어떻게, 무엇을 하며 살아야 할지 구체적으로 고민하게 되었다.

1968년, 공동체 순과 사랑방 운동이 시작되었다. 이는 민족복음화를 위한 가장 작은 단위의 모임으로, 이 작은 모임이 대학과 민족의 구석구석까지 조직되어 기도가 끊이지 않게 했으며, 함께 성경을 공부하고 전도하면서 교회가 없는 마을에 교회를 세우기도 했다.

김준곤 목사님은 미국 유학 중에 민족복음화에 대한 소망을 두고 캠퍼스 선교를 통해 CCC를 설립했는데, 순과 사랑방 운동으로 그 범위가 점점 확대되자 1970년 12월 31일 CBS 재야 방송을 통해 '민족복음화 운동'을 공식 선언함으로써 그 꿈은 가속화되었다.

당시에 미국 CCC에서 나일스 베커 선교사 부부를 LTC(Leadership Training Course) 강화를 위해 한국으로 파견하였다. 그는 강의를 통해 사영리와 그리스도인의 삶을 체계적으로 강의하며 한국 복음화를 도왔는데, 하루는 CCC 본부 총무를 맡고 있던 나에게 그런 말을 했다. "홍 총무, 한국 사람들을 보니까 굉장히 헌신적이고 열정이 대단합니다. 이런 민족이 또 어디 있겠습니까? 늘 감탄하고 있습니다. 그런데 딱 한 가지, 마음에 들지 않는 것이 있습니다. 훈련받는 것을 싫어하고 팀을 배려하기보다는 스스로 결정하는 경향이 있습니다." 그 의견을 받아 김준곤 목사님은 LTC의 극대화 및 가속화를 위해 교사를 지도자로 훈련하는 계획을 세웠다. 이들은 이미 가르치는 훈련이 되어 있는 사람들이기에 일반적인 직군의 사람들보다 효과가 빠를 것이라는 이유여서였다. 김 목사님의 생각은 정확히 맞아떨어졌다. 우리는 조를 나누어 전국 각지에서, 군 단위, 면 단위까지 쫓아다니며 초, 중, 고, 대학 교수까지 신앙을 가진 선생님을 초청하여 교회에서 청년들과 함께 LTC를 했다.

그러던 와중에 1970년 12월 겨울, 민족복음화 운동 훈련 요원 강습회로 서울대 수원 캠퍼스에 공동체가 모였다. 집회가 무르익었을 때, 성령께서 우리 안에 놀라운 은혜와 능력을 경험하게 하셨고, 마지막 날, 폭설이 내리는데도 마치 전쟁을 앞두고 사기를 북돋는 군무를 추는 전사처럼 우리는 서로의 어깨에 손을 얹고 이제 민족을 향해 나가는 결의를 다지며 춤을 추었다. 그리고 하나님께서 내 아버지인 것이 사실이라면 우리는 아무것도 소유하지 말고 마치 거지처럼 전도를 하기로 결의했다. 전도의 주 대상은 학교 교사들이었다. 교사들을 전도하고 또 기존 신자인 교사들에게는 LTC를 권하는데, 앞서 수원 강습회에서 거지 전도에 이미 헌신된 우리는 복음에 불이 붙어 곳곳으로 나아갔다. 마치 모라비안처럼, 수도사처럼, 거지처럼 아무것도 없이 주의 말씀만 붙잡고 나아갔다. 한번은 이런 일도 있었다. '정말 네가 예수 그리스도를 구세주와 주님으로 영접하고, 살아계신 하나님이 네 아버지인 것을 믿으면, 또 그분이 너의 모든 길을 인도하시고 필요를 채워주심을 믿는다면 아무것도 없이 전도 길에 오르자.' 정말 많은 젊은이가 거지 전도로 교회에서 쪽잠을 자면서 사영리로 복음을 전했더니, 대접을 받고 적은 액수지만 노잣돈까지 받아가며 전도를 한 특별한 경험이 있었다. 참 놀라운 일이었다. 이렇게 전도에 불이 붙은 우리는 도시에서 시골까지 어디라도 복음을 전하며 다녔는데, 우습게도 다들 가난하여 김준곤 목사님 외에는 아무도 차가 없었다. 물론 운전도 못 했다. 그나마 다행인 것은 부산에 있던 원정희 간사가 자원하여 내가 살던 서울 수유동 맞은편 집으로 이사를 와서 우리는 그분 차로 전국을 돌아다니며 복음을 전했다. 하나님은 참 신기하게도 때마침 경부고속도로를 개통시켜 주셔서 전국 각지에 LTC를 청하는 학교, 교회가 있다면 신나게 달려가게 하셨다. 아니, 미친 듯이 달려갔다는 표현이 더 정확할 것이다. 광주지구를 담당하던 김안신 간사는 우리 모두 목사님을 모시고 당나귀를 타는 산초처럼 뒤따라가자며 너털웃음을 주어 우리는 피곤을 잊고 전국 각지를 돌았다. 민족복음화를 꿈꾸는 돈키호테 김준곤 목사 그리고 그를 따르는 산초 CCC 형제들. 그들은 한국교회에 복음을 전하는 새로운 시대를 만들어갔고 그렇게 전해진 복음의 불씨는 대형 집회로 이어져 수많은 군중이 성령을 체험하는 시대를 열었다.

1971년 8월, 대전 충무체육관에서 훈련 요원 강습회를 열기로 했다. 훈련생 1만 명을 목표로 한 초대형 집회였다. 이런 규모의 집회는 이제껏 대한민국에 없던 규모였다. 그래서 이 일을 하겠다고 나섰을 때 대부분 목사님의 대답은 안 된다는 것이었다. 너희들이 아직 뭘 몰라서 그렇지 어떻게 1만 명이 모이나? 모두 할 수 없는 일이라 단정을 지었다. 그런데 오히려 너무 큰 어른이라 생각되어 만남조차 어렵다고 생각했던 한경직 목사님은 자애로운 미소로 맞이해 주시며 젊은이들은 그렇게 열심히 하는 것이라 격려를 해주었고, 이화여대 김활란 총장은 열심히 기도하겠다며 우리를 지지해 주었다. 그렇게 두 분이 고문으로 도와주시자 도움의 손길이 점점 늘어나 집회가 열리게 되었다. 사실 우리가 1만 명을 목표로 집회를 준비하긴 했으나 언제 어디서 누가 어떻게 올 줄도 모르는 일이었지만, 우리의 염려와는 다르게 각지에서 사람들이 몰려들었다. 대전 충무체육관이 빈자리 하나 없이 가득 찼고, 자리에 있던 모든 사람들은 이렇게 많은 젊은 청년들이 그리스도의 이름으로 모였다는 사실에 서로가 놀라고 기뻐했으며 감격했다. 모임 속에 역사하시는 성령의 감동과 기쁨을 충만히 누리는 집회였다.

대전 강습회는 CCC의 다음이 되는 중요한 기폭제였다. 여기서 축적된 영적인 힘은 이제 CCC가 모든 것을 할 수 있다고 생각되는 단계에 이르게 하여, '춘천 성시화운동'을 시작으로 각 도시에 성시화운동이 일어났고, 1972년 김준곤 목사님이 미국 달라스 EXPLO '72에서 EXPLO'74 한국개최를 선언하여 2년 후 서울 여의도 광장에서 EXPLO'74를 개최하였고 323,419명이 등록했다. 당시 한국 기독교 인구가 약 300만 명이었는데, 등록 수는 32만 명이 넘었으나, 밤에는 100만여 명이 모여서 집회하고 철야기도를 했다. 이렇게 하나님의 크고 놀라운 축복 속에서 참석한 수많은 사람이 성령을 받고 예수 그리스도를 주님으로 고백했으며, 이는 교회를 위한 전도 운동으로 이어져 한국에 영적 부흥을 일으켰고, 5만 9천 마을 대부분에 교회가 세워졌다. 그렇게 EXPLO'74의 은혜는 하나님의 인도로 계속되었고 한국의 경제 발전에도 큰 영향을 주었다. 한국교회의 발전과 한국 경제의 발전은 동일한 그래프를 그리며 급상승했고, 1980년대 800만 크리스천으로 전 국민의 25%가 예수를 믿는 나라로 성장할 때까지 계속 힘차게 부흥의 현장을 걸었다. 이어서 문화, 체육 할 것 없이 발전하여 이제는 세계에서 그 어느 나라보다 빠르게 성장하여 자유민주주의의 복을 누리는 나라가 되었다.

간혹 나의 지난날을 뒤돌아보며 주변의 역사도 함께 볼 때면 어떻게 이런 시간이, 이런 변화가 우리에게 있었는지 믿을 수가 없다. 가까운 나라인 중국만 보아도 하나님이 없고 자유가 없는 사회가 문화혁명과 같은 사건을 일으키며 얼마나 무섭고 억압된 사회로 퇴보하는지 보면서, 비슷한 시기에 영적 부흥을 경험한 축복이야말로 예수 그리스도의 혁명이 우리에게 있었음을 고백한다.

가난하고 공허했던 나의 젊은 시절, 나는 CCC 안에서 예수 그리스도를 주님으로 영접했을 뿐인데, 주님은 나를 위로하셨으며 소망을 주셨고 민족복음화 운동의 꿈을 현실로 실현해주셨다.

이제는 사랑하고 존경하는 많은 사람이 주님 나라에 앞서갔고, 나도 얼마가 있으면 뒤따라갈 터인데 아마도 천국에서도 이 땅에서 받은 은혜는 계속 기억하고 주님께 감사하며 찬양을 드리지 않을까 싶다. 나의 삶을 풍성하게 하신 주님께 영광을 돌린다.

내가 겪고 체험한 EXPLO'74

박영률

하나로선교회 목사, EXPLO'74희년대회 대회장, 전 CCC 총무 간사

1. 들어가는 말

EXPLO'74 세계대회! 말만 들어도 가슴이 뛰는 그 감격이 50년이 지나가고 있는데도 기억 속에 생생하기만 하다. 50년 전이니 필자 나이가 30대 초반이고, 한참 젊은 나이었다. 32살에 당시에는 좀 늦은 나이에 결혼을 했고 결혼한 지 1년이 되어서 EXPLO'74 세계대회가 대한민국 서울 여의도 광장에서 개최된 것이다. 지금에 와서 깨닫는 것은 하나님께서는 깨어 기도하는 한 사람을 택하여 가정과 사회를 깨우고 한 민족 한 국가를 깨우셔서 민족복음화와 세계선교의 길을 여신다는 사실을 알게 된다.

그 한 사람 지도자가 고 김준곤 목사님이시다. 김준곤 목사님은 일제 말기에 젊은 나이에 일찍이 만주에 들어가 몸을 숨기시고 어느 목사님 댁에 묵으면서 많은 책을 읽게 하셨다. 독서량이 남달리 많으셨던 것이다. 해방이 되어 다시 태어난 고향 전라남도 신안군 지도면에 안착하면서 6.25 한국전쟁을 겪으셨다. 지방의 지주로서 평안한 삶도 잠깐 지방 공산당들이 들이닥쳐 부모님을 살해하고 사모

님까지 순교를 당하시고 김준곤 목사님도 26번이나 생명의 위기를 겪으면서도 하나님은 목사님을 지키시고 보호하셨다. 어떤 때는 화장실 잿더미 속에서 간신히 생명을 구하시면서 살기가 등등한 지방 공산당원들의 핍박을 받으셨다고 목사님으로부터 직접 간증을 듣기도 했다. 서로가 죽이고 죽는 살벌한 가운데서도 목사님은 하나님의 사랑을 실천하시기에 힘쓰셨다. 그것은 용서의 믿음이었다. 용서 없이는 살기가 등등한 악순환만 있어서 끝내는 다 불행해 진다고 믿고 있는 차에 당시 전도부인의 영향을 받았다(문준경 전도사). 문준경 전도 부인은 신안 일대를 돌며 예수 복음을 전하셨고 간단히 기도함으로 많은 병을 고쳤는데 하나님께서 문준경 전도사님을 귀하게 사용하셨다.

문준경 전도사는 일찍이 가정에서 소박맞고는 전도하는 일에 매진하셨고 끝내는 공산당원들에게 순교 당하신 하나님의 사람이었다. 전남 신안군에서 문준경 전도사님에게 영향을 받은 분 가운데 그 수는 헤아릴 수 없이 많지만 그중에서도 한국대학생선교회를 창설하신 김준곤 목사, 이만신 목사(부흥사이며 중앙성결교회 담임이며 성결교회 총회장 역임하시고 한국 기독교 총연합회 대표회장 역임), 정태기 목사(치유상담계의 원로, 치유상담신학교 운영), 정치계의 김대중, 문화계의 김환기 화백 등은 신안군이 배출한 유명 인사다.

김준곤 목사님은 광주숭일학교 교목실장과 교장선생님을 역임하시다가 미국 풀러 신학교로 유학을 가신다. 그 풀러 신학교에서 세계적인 전도자 빌 브라이트(Bill bright)라는 키가 작달막하고(미국인치고는) 다무진 입을 가지신 분인데 김준곤 목사님을 만나서 내가 CCC(Campus Crusade for Christ, 대학생선교회)라는 선교단체를 운영하고 있는데 그것은 미래의 지도자가 될 대학생을 말씀으로 양육해서 세계 복음화를 담당케 하자는 제안을 받고 즉시 행동으로 옮기신 일이라 하겠다.

김준곤 목사님은 어렵게 미국 유학을 가서 공부하는 중에 두 분이 의기투합해서 학업을 중단하고 즉시 귀국하여 한국대학생선교회(Campus Crusade for Christ)를 1958년도에 시작하셨다. 김 목사님은 선교는 돈으로 하는 것이 아니라 믿음으로 하는 것이라는 확신 속에 어려운 경제 형편을 극복하면서 당시 고대 앞 종암동에서 약국을 경영하시던 전효심 사모님의 도움을 받으시면서 한국대학생선교회를 시작하셨다. 직접 고려대학교와 여러 대학의 캠퍼스에 나아가 개인 전도하면서 한국 CCC는 점차 확장, 남의 건물을 임대해서 대학생 모임을 가졌던 것이다. 임대한 곳은 명동 수다방 2층, 을지로 엠버서더 호텔 근처, 대학생 회관 지층 등으로 전전하면서 대학생들에게 전도 메시지를 전하셨다. 조곤조곤하면서도 깊이 있게 성경강해를 하게 되자 학생들에게 소문이 나서 입추의 여지없이 학생들이 모여들었다. 그것은 김 목사님은 문학적이면서 학생들의 심금을 울렸다. 그러나 학생들은 돈을 버는 입장이 아니라 부모로부터 학비와 용돈을 타서 쓰기에 어려움이 많았다. 처음에는 후원자도 많지 않았기에 대학생 선교라는 것이 깨진 독에 물을 붓는 것이어서 한도 끝도 없었다. 모여드는 학생들을 위해서 CCC만의 센터의 필요성이 절박했다.

그런 상황에서 우리나라 최초로 대통령 조찬기도회를 여야 국회의원 총무들과 함께 협의하여 열게 되었다. 그것은 미국에서는 이미 정치 지도자들과 대통령 기도회가 실시되고 있었기에 그것을 벤치마킹하여 크리스챤 의원들 가운데 윤인식 의원, 김종필 의원, 김영삼 의원 등을 접촉하여 당시 조선호텔을 중심해서 몇 유명 호텔에서 삼부요인과 대통령을 모시고 "대통령 조찬기도회"라는 명칭으로 실시했는데 제1회, 제2회, 제3회 연속적으로 설교를 담당하셨고 그 실황을 생중계 했던 것이다. 김준곤 목사님은 정치, 경제, 사회, 문화, 종교계에 그 명성이 크게 알려지는 계기가 되었던 것이다. 하나님께서 그렇게 역사하셨다.

그렇게 하면서 세월이 흘러 CCC학생들은 대학을 졸업하게 되고 학창시절 끈끈하고 친하게 모임에 참여했던 사람들이 직장을 갖게 되고 공무원도 되고 사업도 하고 정계에도 진출하게 되면서 CCC는 확장일로에 들어서면서 처음에는 졸업생들을 중심으로 학사단 모임이 자연스럽게 생기게 되고 후일에는 영락교회 베다니 마을이라는 기도원에서 "나사렛형제들 모임"이 결성되었다. 김준곤 목사님은 그러면서도 안주하지 않고 "모이면 기도하고 흩어지면 전도하자"는 구호를 외치며 CCC는 크게 성장했던 것이다. 따라서 김준곤 목사님은 한국 CCC의 대표이면서 국제 CCC의 핵심 브레인으로 빌 브라이트(Bill Bright) 국제 CCC 대표와 모든 것을 상의하고 협의해서 사역하셨다. 세계 CCC운동의 중요핵심이 되셨다.

이즈음 대통령 조찬기도회에 연속 3회에 걸쳐 설교자가 되면서 그곳에 참석한 박정희 대통령을 만나게 되고 우리 민족이 선진화되기 위해서는 "오늘의 캠퍼스 복음화는 내일의 세계 복음화"라는 비전으로 미래의 지도자를 육성하기 위하여 회관(센터)이 필요하니 회관을 지을 수 있는 부지를 물색하다가 처음에는 여의도에서 찾아보는 게 좋겠다고 했지만 마침 러시아 대사관 자리(아관파천했던 곳)가 정동에 있고 서울의 중심가이고 이화여고와 풍문여중, 서울예원학교와 MBC와 경향신문사가 지척에 있고 정동 감리교회와 미대사관이 있으며 덕수궁이 근처이며 서울시청과 광화문이 가깝게 있고 새문안교회도 인근에 있어서 당시로서는 최적임지였던 것이다. 그래서 국가와 서울시로부터 불하받는 형식으로 드디어 CCC회관이 20층 빌딩으로 뼈대를 세우고 주일날 채플을 할 수 있는 강당을 마련할 수가 있었다.

건물 20층의 뼈대만 세워진 상태에서 김준곤 목사님은 59,000의 자연부락과 초.중.고 교사 육성과 교역자 사랑방 운동을 뼈대만 세워진 공간에 가마니와 매트리스를 깔고 소위 LTI를 실시하셨던 것이다(4박 5일 간). 그러나 시간이 지나감에 따라 건물이 완성되지 않아 흉물이 되어 가고 있어서 김 목사님과 CCC 간사들 22명이 40일 금식 기도에 들어가게 되었다. 26가지의 기도제목을 걸고 금식하며 기도하게 되자. 어느 믿는 건설회사가 먼저 건물을 마무리하고 나면 사무실을 임대하여 세를 받아 건축비를 충당하도록 해서 꿈에도 그리던 정동 CCC 회관이 우뚝 20층이 세워지게 되었다.

그렇게 되자 CCC의 영향력은 점차 커지게 되었고 교회에 정착하지 못한 학생들을 일정기간 훈련시키기 위해서 주일날 학생 채플의 필요성을 여러 교계 지도자들에게 협의하고 그들이 졸업하면 현재의 나사렛형제들처럼 개 교회에 보내겠다는 전제로 정동 CCC채플을 하게 되었다. 일부 교계에서는 반발이 있었지만 김 목사님은 지도자 육성을 위해서 결단하셨던 것이다. 어려움이 없는 곳은 없다는 생각 속에 "O는 짖어도 기차는 달린다."는 의지를 가지고 정동 학생 채플을 실시했던 것이다. 지도자의 용단이 있었던 것이다. 바로 직전 60년대가 70년대로 넘어가는 원단에 기독교방송을 통해서 〈민족 복음화 운동〉을 선포하고 지도자의 확신과 탁월한 비전과 지도력에 CCC 간사들의 헌신이 뒤따라 주었기에 가능했던 것이다.

당시 필자는 대학 졸업 후 중.고등학교 교사로 재직하면서 중학생들에게는 한국역사와 도덕, 고등학생들에게는 국어를 가르치고, 웅변지도 교사, 학생주임 등으로 있으면서 나름 교육에 열과 성을 다하고 있었다. 즉, 학생 앞에서는 물론 동료 선생님에게나 학부모 앞에서도 부끄럼 없는 선생이 되려고 노력하고 있었다. 뿐만 아니라 하나님 앞에서 인정받는 삶을 살려고 노력하는 그리스도인이 되려고 애를 쓰며 소임을 다하고 있었다.

그러던 어느 날 서정숙 간호대학 여학생이 찾아 왔다. 지금은 모 대학교 영문과 교수로 은퇴하셨지만 당시엔 간호대학에 다니는 미혼 자매였던 것이다. 그런데 교회에서는 청년회장이며 학교에서는 자기 동생의 담임교사였던 나를 찾아 와 '민족을 복음화해서 하나님이 기뻐하시는 복음국가를 만드는데 박 선생님이 꼭 필요하다'고 했다.

좋은 직장에서 괜찮은 신앙생활을 하고 있던 필자로서는 부끄럽기도 하고 자존심이 상하기도 했다. 그러나 '민족을 복음화하자'는 말이 뇌리에서 맴돌았다. 하나님은 지체 높은 다윗 왕에게 드고아 여인을 보내시어 직언하게 하셨던 것처럼(삼하14:1-) 이런저런 이유로 자긍심을 갖고 있는 필자에게 간호대학 서정숙자매를 보내시어 말씀하신다는 생각을 하기에 이르렀다. 결국은 필자는 교사를 사임하고 CCC 간사가 되었다.

당시 CCC 간사의 생활이라는 것이 교사의 1/3 수준 이어서 간신히 입에 풀칠할 정도였지만 민족을 위해 이 한 몸 바친다는 생각으로 새벽을 살고 밤을 지새우며 기도 최우선 전략으로 15년간이나 CCC 간사, 교육총무, HCCC (중고등부), 서지구대표, 해외선교부장, 기획실장 상임총무를 역임하면서 사역에 최선을 다한 것이 엊그제 같은데 세월이 이렇게 흘러 30대 초반에 참여하여 지금은 80대 중반을 바라보고 있으니 세월의 무상함을 느끼지 않을 수가 없다. 당시 필자의 지도를 받던 제자들이 장로, 목사, 교수, 선교사로 헌신하다가 지금은 70대가 되어 은퇴하고 있으니 같이 늙어 간다는 말이 실감되고 있다.

그 당시 CCC 간사들과 지도 받던 학생들은 민족복음화에 완전히 미쳐도 보통 미친 것이 아니었다는 생각이 든다.

2. .EXPLO'74 회고

1972년 미국 텍사스 달라스(코팀벌)에서 국제 CCC가 주최한 대형 집회가 있었고 (약 7만 명?) 한국에서도 60여 명이 김준곤 목사님과 함께 주로 나사렛형제들이 참여하였다. 마지막 날 한국의 CCC 대표의 인사하는 순서가 있었는데 김준곤 목사님은 세계에서 모여온 CCC맨들에게 지금부터 2년 후인 1974년에 대한민국 서울에서 30만 명을 5박 6일간 훈련시키고 밤에는 전도를 위한 집회를 실시하겠다고 선언하셨다고 한다.

김 목사님은 어느 누구와도 의논하거나 협의가 없이 발표하셨던 것이다. 함께 참석했던 나사렛형제들도 깜짝 놀라며 목사님이 어떻게 하시려고 저러실까? 하면서 걱정도 하고 우려까지 했다는 것이다. 우선 일의 성취를 위해서 저질러 놓으신 것이다. 국제 CCC집회가 마무리되고 귀국하셔서 EXPLO'74 세계대회 준비를 위한 체제를 갖추는 일을 진행하시면서 우선 간사들에게 주지시키고 이해시키기 위해 그 대회가 이루어지려면 힘들 것이라는 74가지를 일일이 칠판에 기록하면서 날씨문제, 한국의 정세 문제, 30만 명의 숙소, 식사 문제 당국의 협조문제 등등을 열거하면서 맨 나중에 민족복음화를 위한 이 집회가 하나님의 뜻인가? 아닌가를 물으셨다.

민족복음화를 위해서 하는 일이 어느 누가 하나님의 뜻이 아니라고 말할 수 있겠는가? 그리하여 하나님의 뜻이라고 모든 간사가 고백하도록 하시고는 하나님의 뜻이라면 하나님께서 반드시 방법도 주시고 동원도 시키고 모든 일에 역사하실 줄 믿는다는 결론을 도출하셨다. 그 간사들 모임에 필자 자신도 참여하고 있었다. 그리고 전국 간사모임, 나사렛형제들, CCC 학생들, HCCC들이 적극적으로 참여하도록 동기를 부여하셨다. 그리고 나서 CCC 체제를 EXPLO'74 체제로 전환 시키셨다.

2.1. EXPLO'74 체제로 조직 구성

평신도 국장에 김성진 목사님을 제1국장으로, 제2국장 (교육시키기 위한 교재개발)은 김안신 간사, 대학생들이 순장을 해야 하기 때문에 제3국(대학생 국장)에 윤수길 간사, 청소년들의 액션과 여러 일을 위해서 제4국 (청소년 국장)에 박영률 간사를 세우시고 홍보를 위해서는 합동측 기독신문을 책임지고 있는 김남식 목사를(홍보국장) 모셔오고, 부족한 일꾼들을 세우기 위해서 CCC 최초로 공모하여 필기시험과 면접을 보도록 하셨다. 신학적인 문제와 신앙적인 문제는 상임 총무 장익 목사님과 김성진 목사님이 출제토록하고 필자는 사회 문제를 출제했고 필기시험에 합격한 사람들을 최종적으로 면접까지 해서 필자도 면접에 참여하였다.

그리고 그 밖에도 기능별로 필요한 간사들을 공모해서 채용하였다. 기획실도 보완하고 외교관계도 보완하고 먼저 간사들이 체제가 잡힌 후에 김 목사님은 "항상 기도회 우선 전략"으로 여러 분과 위원장을 조직하시면서 기도분과 위원장을 중요하게 여겨 선임위원장으로 세우셨던 것이다. 기도에 힘을 쏟도록 하시기 위한 전략이었다.

당시 기도 많이 하시기로 알려진 이기혁 목사(인천제일 장로교회 목사이며 크리스챤신문 사장)님을, 기획분과 위원장에 오재경 박사(기독교 중앙방송 운영 이사장)님을, 신학분과위원장에 김의환 박사(총신대 교수), 교역자 분과위원장에 황금천 목사(홍성교회 담임), 경향목 분과위원장에 박치순 목사(해방촌교회 목사), 군목분과에 문은식 목사 (국방부 군종실장), 장로문과에 김득황 장로(십자군 연맹 총재), 홍보분과에 김형근 목사(아시아 방송국 이사장), 동원분과에 신현균 목사(부흥사, 염천교회 목사) 지방분과에 김지길 목사(아현감리교회 담임), 농촌 전도분과 김용기 장로(가나안 농군학교 교장), 방문전도분과에 허경삼 목사(서울신학대 교수), 문서전도분과에 이창식 장로(한국 가정문서선교회 총무), 훈련분과에 박조준 목사(영락교회담임), 문예분과에 임옥인 권사(건국대 교수, 소설가), 재정실업분과에 박창원 장로(아주공대 이사장), 안내분과에 김봉희 권사(걸스카웃 서울연맹 회장), 진행분과에 조동진 목사(후암교회). 음악분과에 이동훈 교수(전 숙대교수, 필그림합창단 지휘자), 교수분과에 이원설 박사(경희대학교 법정 대학장), 대학분과에 유상근 박사(명지대학교 설립자), 법조인 분과에 방순원 장로(전 대법원 판사), 의료분과에 유기형 박사(부산의대학장), 부녀 분과에 주선애 박사(장신대 교수), 청년분과에 황성수 박사(변호사, 한국법학원 명예원장). 고등학교분과에 이창로 장로(대광고교 교장), 중학분과에 전종옥(배제중 고교 교장), 교육분과에 이귀선 목사(신일고교 교목), 섭외분과에 김일환 (재향군인회 회장) 주교 교사분과에 안성진 목사(어린이 문화원 관장)등등 그 외에도 전국 지역별 위원장을 선임하여 149개 지역에서 영향력 있는 목사님들을 선임했고 문학강연을 위하여 김현승 시인(숭실대학교 대학원장)으로 선임하여 전국 여러 지방을 돌며 강연하셨다. 필자는 대학시절부터 김현승 시인을 잘 알기에 제4 국장을 하면서 문학강연을 준비하여 모시고 다녔다.

EXPLO'74 세계대회의 총 지휘부에는

명예대회장에 한경직 목사(영락교회 한국교회에서 존경받는 목사님)

북미주 명예 대회장에 빌리 그래함 목사(세계적 부흥사)

국제 준비위원장에 빌 브라이트 박사(국제 CCC 대표)

대회장에 김준곤 목사(한국 CCC대표)

아시아지역 책임자에 베일리 막스

상임총무에 장익 목사(CCC전도국장)

제1국장에 김성진 목사(평신도 및 교역자)

제2국장에 김안신 간사(교육, 교재 발행)

제3국장에 윤수길 간사(대학생)

제4국장에 박영률 간사(청소년, HCCC)

홍보국 책임자 김남식 목사(기독신문주필)가 실무 중심을 이루었다.

당시 한국기독교계의 이름 있는 목사님들을 망라했고, 정계, 재계, 학계의 유명 인사들을 모두 이름을 올려 조직의 만전을 기했던 것이다. 이것은 김준곤 목사(대회장)께서 유명 인사들을 조직 속에 참여함으로 첫째는 본인들이 EXPLO'74에 관심을 두도록 했으며 둘째로는 그분들을 따르고 존경하는 많은 사람들도 이 대회에 관심을 갖도록 하기 위한 것이라고 여겨진다. 그래서 조직에 이름을 올린 인사들이 "나는 EXPLO'74를 이렇게 기대한다." 고 한마디씩 하신 말씀을 EXPLO'74 훈련교재-예수혁명, 성령폭발- "민족의 가슴마다 피묻은 그리스도를 심어 이 땅에 성령의 계절이 오게 하자."는 책자 수십 만권을 발행하여 존함과 기대의 말씀을 기록함으로 EXPLO'74의 조직의 일원이기에 다른 말을 할 수가 없었을 것이다. 또한 그들을 따르고 존경하는 사람들까지 생각한 것이다.

이토록 김준곤 목사님은 치밀하게 조직하고 한국교계의 인사들을 묶도록 하신 것은 하나님께서 특별히 기도하는 목사님에게 지혜를 주신 것이라 믿는 것이다. 원정희 간사는 부산지역의 간사를 하다가 서울 중앙에 올라와서 주로 김준곤 목사님의 대외활동을 돕는 섭외에 치중했고, 김준곤 목사님을 자신의 차량으로 모시면서 실무를 담당했다. 원 간사님은 5.16 장학생 출신으로 당시 군사정부였으니 여러 가지로 활동하기가 유리하다고 판단되어 김준곤 목사님께서 서울로 불렀던 것이다. 기획실장 직책으로 대외 섭외를 맡았다.

2.2. EXPLO'74 주제가 작사 및 작곡

나는 주제가 작사를 위해서 기도하고 널리 알려진 시인이며 교수이신 김현승 선생님을 당시 자택을 방문했다. 대학생부터 특별한 관계로 잘 알고 있던 교수님의 자택은 수색의 천주교 뒤편 아담한 집이었다. 그때는 아파트가 거의 없던 때이다.

선생님의 아호가 다형이듯이 선생님은 항상 커피를 탕약을 달이듯이 커피를 끓이고 계셔서 수색 입구만 들어서도 커피향이 진동했다. 그 커피향을 따라가면 다형 김현승 시인의 집이다.

필자가 찾아뵙고 EXPLO'74 대회를 설명하고 주제가를 작사해 달라고 부탁드리니 김현승 선생님께서 하나님께서 이 같은 큰 집회에 주제가를 작시하라고 나를 뇌졸중에서 일으켜 주셨다면서 기꺼이 허락하셨다. 당시 사모님은 아이들에게 피아노를 가리키며 생활을 돕고 계셨는데 인자하셨다. 얼마 전 자신이 쓰러졌는데 지금은 거의 정상이 되었다며 작곡은 널리 알려진 김동진 선생님에게 맡기는 것이 좋겠다고 말씀하셨다. 김현승 선생님 댁을 찾아뵐 때 CCC 서무부장을 하고 계시는 임만호 간사님이 동행한 것으로 기억된다.

"EXPLO'74 주제가"의 내용을 기재하고자 한다.

장엄하고 씩씩하게 김현승 작사, 김동진 작곡

1. 거칠고 허무한 땅 이 삼천리에 복음의 푸른 나무

가득히 심어 겨레의 가슴마다 새-바람 이는

예수의 계-절이 임하게 하자

〈후렴〉 성령의 계절이 오고 있다

　　　겨레의 가슴마다 핏줄마-다 구원의 새-소망

　　　싹-이 트는 성령의 계절이 오-고 있-다

2. 은총의 70년대 이 나라에서 절망과 한-숨의

안개 헤치고 어둠과 주-검을 내어 쫓-으며

저 넓은 온 세계로 퍼져 가는 빛

3 성령이 폭발하는 새 역사의 빛 지상의 암-흑과

공포를 넘어 밝힌다 오직 한 길 우리의-갈길

주예수 밟고 가신 그 발에 닿은

그 당시 최고의 지성과 신앙의 시인 김현승 교수님께서 시대적인 배경과 EXPLO'74의 목적과 취지를 갈파하시고 민족복음화의 열망을 표현하셨다. 김현승 시인은 EXPLO'74 대회를 위하여 필자와 함께 여러 곳을 순회하시며 문학 특강도 마다하지 않으셨다. 마음 아픈 것은 EXPLO'74가 끝나고 '75년도에 김현승 선생님께서 작고하셨다는 연락을 받고서 김준곤 목사님과 함께 바로 수색 자택을 조문한 일이 기억된다. 사모님께서는 필자를 보자마자 선생님께서 박 선생님을 문단에 등단하도록 추천하신다고 했는데 이렇게 떠나셔서 안타깝다고 말씀하셨다. 사실 필자는 1966~67년에 중앙일보에서 머루알, 옥수수, 선거바람이 이은상 시인의 선으로 문학활동을 하고 있었던 것인데 김현승 선생님의 추천을 받았더라면 더 좋았을 것이라는 아쉬운 마음이 들었다. 김현승 선생님은 모란공원 등 너머 조용한 곳에 묻히셨는데 필자는 그곳 장지까지 가서 애도하며 몹시 서운하고 안타까웠던 기억이 지금도 생생하게 기억되고 있다. 대학시절 나의 절친인 중앙대학교 철학과에 다니면서 시간 날 때마다 국문과에 찾아와 내 곁에서 문학 강의를 듣던 고 전주환 친구가 현대문학에 김현승 선생님께서 1회 추천하고 난 후 2회 추천 작품이 통과된 상태에서 ROTC를 받던 그가 여름날 흑석동 한강에 목욕하러 가서 익사해서 마음이 아팠다. 자기는 활진, 나는 철진, 한사람 진을 더 보태서 우리 3진으로 살자던 그가 대학 3학년 때 떠나고 말았다. 그래서 3진의 꿈도 무너지고 말았고 그의 유고 시집을 만들어 보려고 김현승 선생님을 찾아간 것이 김현승 선생님과 필자와의 관계의 시작이었으니 이 또한 기구한 안타까움이라 하겠다.

2.3. 일만 명 성가대석 마련과 이동훈 지휘자의 관계

이동훈 교수님은 당시 필그림 합창단 지휘자로서 음악계에 널리 알려지신 분이시고 대통령 조찬기도회 때 "여호와는 나의 목자시니"의 찬송을 부르신 분이시다. 이분을 지휘자로 일만 명 성가대가 결성되었다. 이동훈 교수님은 HCCC 성가대도 지휘하시고 CCC의 정동채플에 성가대 지휘도 하신 분으로 EXPLO'74 전부터 익히 알고 있었다. 이백호 간사님은 4중창으로 유명하며 HCCC의 성가대도 지휘하신 음악에 탁월하셨다. EXPLO'74 때는 제4국에 속하면서 음영부장과 사진 촬영에 조예가 있어 많은 현장을 사진으로 남기신 분이시다. EXPLO'74때 이동훈 교수의 지휘로 할렐루야와 EXPLO'74 주제가가 울려 퍼질 때 그 넓은 여의도광장이 온통 합창으로 우렁차게 퍼져 나간 것을 잊을 수가 없다.

문제는 1만 명의 성가대가 서서 합창할 수 있는 찬양석이었다. EXPLO'74 강단 바로 뒤에 1만 명이 설 수 있는 계단식 합창단 석을 건설하는 일에 시간이 오래 걸렸고 만일을 대비해서 단단하게 꾸미는 일이었다. 아마도 세계에서 최대의 성가대석이 만들어졌고 1만명의 대형 찬양대가 있었다는 말을 들어본 적이 없다. 참으로 장엄하고 우렁찬 찬양을 잊을 수가 없다.

이백호 간사님의 지도를 받던 제자들이 음대에 교수가 되고 음악계에서 활약하고 있음은 참으로 감사하지 않을 수 없다. 나는 음치로서 노래를 못하기 때문에 옆에서 보는 것으로 만족했고 갈릴리 중창단의 이름을 지어준 것뿐이다. 그들이 모두 목사가 되고 목사님의 사모가 되어서 한국에서 미국에서 사역하고 있는 것은 감사한 일이라 하겠다.

한 가지 안타까운 일은 EXPLO'74가 1974년 8월에 끝나고 얼마 안 있어서 이동훈 교수께서 필그림 합창단을 지휘하고 저녁에 집으로 가시다가 강남 4거리에서 교통사고로 돌아가신 일이다. 그 장례식에 참석해서 오열하시는 사모님과 가족들을 위로할 말이 없었다. 그러나 순간적으로 떠오르는 생각이 있어서 하나님께서 천국에서 찬양 지휘자로 교수님을 모셔 가셨으니 위로 받으시기 바란다는 말은 가족들과 사모님께 말한 것이 기억에 남는다. 워낙 음악계의 거성이셨기에 그런 말씀을 드린 것이라 생각된다. 그 후에는 교수님의 그 멋진 지휘를 다시 볼 수 없었던 것이다.

2.4. 1천 5백 명의 자전거 대행진

EXPLO'74를 위한 홍보의 일환으로 자전거 대행진이 이루어졌고 이것은 당시 대한 뉴스에 크게 보도되기도 했다. 자전거 행진에도 세심한 계획과 준비가 필요했다. 대전지구 당시 정종원 간사(현재는 93세의 목사), 공주지구 최원홍 간사(현재는 장로), 천안지구 조건한 간사, 금산, 논산과 기타군 지구 진공열 간사(나중에는 대전지구), 유정희 간사(수원지구 대표)들이 수차례 모임을 갖고 계획과 준비를 했다.

1천 5백 명이 18살의 학생으로부터 62세의 고령자(당시는 높은 연세)까지 참여했으며 맨 앞에는 현재 일본 요한 교회를 개척하여 큰 교회를 이룬 김기동(당시 대전지구 총순장=학생대표) 학생 대표를 맨 선두에서 자전거 행진을 이끌게 함으로 CCC 대학생들의 자긍심도 심어주었다.

12명을 한 조로하고 맨 앞에 조장의 자전거에는 깃발을 달았으며 사람과 사람 사이(자전거와 자전거)를 5m로 했으며 조별 거리는 10~15m로 했다. 그렇게 하니 1,500여 명의 자전거 행진은 장관을 이루었다. 모든 사람이 EXPLO'74 T셔츠를 유니폼으로 똑같이 입었다. 자전거 자체도 각자 집에서 가지고 나왔기에 좋은 것이 아니라 여러 종류의 자전거가 망라했다. 먼 거리를 달리기 때문에 자전거 자체가 심한 고장을 일으키면 고장 난 자전거를 별도 수리하기 위하여 여러 대의 화물차가 따랐으며 도중에 생기는 환자를 위하여 엑스폴로 자전거 대행진 구급차, 버스가 요소요소에 배차되었다. 그리고 EXPLO'74가 시작되는 1974년 8월 13일에 맞추어 여의도 광장에 도착하도록 계획을 세웠고 그대로 진행했다. 그러니 자연스럽게 EXPLO'74 대회가 홍보되는 효과가 있었으며 자전거 행렬이 각종 홍보에 크게 이바지했던 것이다.

대전, 천안, 공주, 금산, 논산 등에서 출발한 자전거 행렬의 1차 집결지는 수원의 교회와 학교를 빌려 수용했다. 그렇게 수원에서 전열을 가다듬어 다음날 일찍 출발하여 서울 여의도 광장에 입성했을 때 본부의 김준곤 대회장 목사님과 CCC 스탭들과 학생들의 열렬한 환영을 받았었다.

2.5. 십대 청소년 (HCCC)의 활동

대학생들은 주로 CCC 교육을 담당해야 했다. 그러나 안내하는 일이며 무더위에 밥도 제대로 먹지 못하고 뛰어다니다 보니 원기를 회복하지 못하고 픽픽 쓰러지는 학생들이 여럿 있었다. 그러면 140kg의 거구이며 힘이 장사인 백완종(당시 고3) 학생이 쓰러진 학생들을 업어서 의무대나 병원까지 옮기는 과정에서 때로는 소지품을 날치기 당하는 일이 있었다. 그러나 백완종 학생은 건장한 체력으로 추격하여 붙잡아 경찰에 넘긴 일도 있었다. 또한 EXPLO'74 당시 학생들 1000명을 동원하여 서울 시내의 각 교회의 주보를 수집해서 통계를 내고 EXPLO'74 후에 같은 교회 주보를 수집하여 통계를 냈는데 놀랍게도 EXPLO'74를 계기로 성도수가 110만 명이 늘어났으며 헌금은 11배가 늘어났다는 사실을 알게 되었다.

이는 EXPLO'74가 한국교회에 미친 영향이라는 점을 알아야 할 것으로 생각된다. 이 모든 것들은 당시 십대 청소년 (HCCC)의 책임을 맡은 부족한 사람이 앞장서서 봉사했다는 것은 하나님께서 능력과 힘을 주셨다고 말할 수밖에 없는 것이다. 이 모든 것은 EXPLO'74가 시작되기 1달 전부터 500~1000명이 거의 매일 같이 여의도 광장에 집결하여 목이 터지도록 기도한 결과였던 것이다. EXPLO'74 본대회가 1974년 8월 13일에서 8월 18일까지 5박 6일간 민족복음화 요원 훈련을 시키게 되었는데 그들에게 숙소와 식사 문제까지 대단한 난제가 있었지만 군(軍) 당국에 의뢰하여 여의도 광장에 군인 천막 500개를 설치하여 10만 명을 수용했고 나머지는 여의도, 영등포, 마포, 은평, 서대문 일대의 초등학교와 중·고등학교를 빌려서 숙소를 했고 각 학교마다 나사렛형제들이 전순장, 대순장, 순장 등으로 헌신하며 그들을 인솔했던 것이다. CCC 출신의 졸업생들로 휴가를 내거나 일찍 퇴근하여 주어진 일에 헌신하는 모습은 유사 이래 처음 있었던 것이다. 십대 청소년들이 밥차를 안내하거나 모자라는 것은 삼립빵 차가 그 일을 했는데 빵을 싣고 배달하던 차가 도중에 없어지거나 빵이 여러 상자씩 없어졌는데 십대 학생들을 빵 차마다 배치하여 안내하도록 하니 그 후부터는 없어지는 일이 없었다.

그 빵 창고를 관리하는 일도 십대 청소년국(HCCC) 간사들이 맡아서 했으며 그때 수고하신 고등부 간사님들은 저를 비롯하여 박수웅 간사, 최금남 간사, 이백호 간사, 조성무 간사, 임평환 간사, 최원홍 간사, 김철수 간사, 이동 간사, 변상력 간사, 김석환 간사, 서정숙 간사, 김정진 간사, 김수자 간사, 김수희 간사, 정혜숙 간사, 염경선 간사님들이 각자 일을 맡아서 수고하셨다. EXPLO'74 당시 HCCC 간사님들이 20여 분 된 것으로 기억되고 있다. 현장에서 닥치는 대로 이리 뛰고 저리 뛰며 수고했던 백완종(당시 고3) 형제는 현재는 교회의 장로로 봉사하는 칠순이 되었다(백완종 장로의 간증 참조). 확실히 십대의 청소년들이 성령의 역사 가운데 불이 붙으니 몸을 사리지 않고 충성하는 모습은 눈물겨웠던 것이다.

2.6. 유명 부흥사들이 그 기간 동안 철야 집회 인도와 77민족성회 태동

EXPLO'74 본 대회가 세계적인 유명 강사들이 메시지를 전하였고 매일 밤마다 돌아가면서 인사의 말씀과 메시지는 명예 대회장인 한경직 목사님, 북미주 명예 대회장인 빌리 그래함 목사, 국제 준비 위원장인 빌 브라이트 박사, 대회장이신 김준곤 목사, 세계 최대 교회를 이끄시는 조용기 목사님 등의 뜨거운 메시지가 있었고 이어서 부흥사들이 전하는 철야 집회가 있었다. 지금 기억해 보면 부흥사 신현균 목사, 정운상 목사, 강달희 목사, 이호문 목사, 오관석 목사 등 당시 부흥사로서 널리 알려진 부흥사 목사님들께서 철야기도를 인도하시는데 여의도 광장은 은혜의 도가니가 되었다. 사람들이 인산인해로 여의도 광장을 채웠는데 말씀을 증거하는 강사들과 그 말씀을 통해 은혜 받는 성도들은 할렐루야와 아멘이 여의도 광장을 진동시켰던 것이다.

그 때 헌신하셨던 부흥사 목사님들이 힘을 합해 우리 민족을 우리가 복음화 시키자는 취지에서 1977년 민족성회를 개최하게 되었다. EXPLO'74 대회가 개최된 여의도 광장에서 외국인 없이 큰 성회가 개최되었다. 이것은 EXPLO'74 전도집회가 남긴 열매라고 해야 할 것이다. EXPLO'74 대회 당시 매일 밤 참석인원이 뉴욕타임즈의 Joseph 대표기자의 보고에 의하면 첫째 날 310만 명, 둘째 날은 320만 명, 셋째 날 315만 명, 넷째 날은 320만 명, 다섯째 날에는 340만 명이 모였다고 기록하여 밝히고 있음을 보게 된다.

연인원으로 보면 1,605만 명이 되는 것이다. 그러니 세계가 놀라지 않을 수 없었을 것이다. 이 광경을 보고 참여하여 밤마다 부흥집회를 인도했던 목사님들이 힘이 나서 기도하면서, 77 민족성회가 이루어진 것이다. 이 모두가 성령님께서 역사하는 가운데 이루어진 것이다. 그만큼 EXPLO'74의 파장이 일면서 한국교회는 전도의 물결이 출렁거려 110만 명의 성도가 늘어났던 것이다. 그 후 한국의 많은 교회들이 CCC 순모임을 받아들여 성경공부의 열기가 일어났던 것이다. 그것은 단순히 집회로 끝나지 않고 323,419명이 5박 6일간 집중적으로 전도훈련을 받고 각 교회와 지방으로 흩어져 전도운동의 구심점 역할을 했기 때문이다. 그리하여 EXPLO'74 대회는 잠자는 한국교회와 세계 교회를 깨우는 일에 크게 쓰임 받는 역사가 있었던 것이다.

2.7. 하나님께서 섭리하는 방법

우리 하나님께서는 교회를 세우시고 깨우셔서 전도하도록 하시고 역사하시다가 교회가 세상에 빠지고 제 역할을 다하지 못할 때 파라처치인 선교단체들을 세우시고 사명을 주어 새로운 부흥으로 하나님의 뜻을 이루어 가신다는 것이 많은 신학자, 목사님들이 체험한 사실을 말씀하시고 있음을 보게 된다. 한국교회의 부흥의 역사만 보아도 그 사실을 알 수 있다. 그 부흥의 역사는 바로 기도가 선행되고 성령충만, 말씀충만하면 성령은 역사하시는 것을 알 수 있다. 성경을 보면 오순절 마가 다락방에 모였던 120 문도가 전혀 기도에 힘쓸 때 여러 기적이 일어난 것을 볼 수 있다.

우리나라에도 평양 장대현교회를 중심으로 기도하고 회개가 일어나고 온갖 역사가 일어난 것과도 무관치가 않은 것이다. 그보다 먼저 원산에서의 기도운동이 일어났고, 뒤이어 평양으로 그리고 한국전쟁으로 신앙을 지키기 위해 기독인들이 남쪽으로 내려와 교회를 세우고 어려운 가운데서도 믿음을 지키는 성도들이 교회성장과 함께 경제성장도 함께 일어났다.

에스더기도운동은 처음에 광화문 근처의 민병은 박사를 중심으로 기도하는 권사님들이 모여 기도하다가 중앙청과 청와대를 돌며 기도운동을 일으켰고 그분들의 기도가 EXPLO'74와도 무관치가 않았음을 본 필자는 잘 알고 있다. 민병은(외과의원 원장) 박사, 정혜숙 권사 정영숙(당시 집사, 탈랜트) 그 밖에 많은 권사님들의 기도가 있었으며 최전방 대성리까지 가서 기도하는 역사가 있었던 것이고 필자 자신도 그들과 함께 대성리 교회에 가서 기도했던 기억이 새롭다. 뿐만 아니라 CCC출신 하용조 목사님을 통하여 연예인 교회가 세워지고 구봉서, 고은아(배우) 등이 연예인 선교에 크게 이바지한 것도 사실이다. 지금 에스더 기도운동에 앞장서서 동성애 반대 운동을 일으키는 이용희 교수, 부산의 길원평 교수가 중심이 되어 퀴어축제 문제를 제기하는 것도 하나님의 뜻을 이루려는 기도하는 성령의 사람들인 것이다. 교회가 깨어 있으면 하나님은 교회를 통하여 역사하시고 교회가 제 할 사명을 다하지 못하면 하나님은 파라 처치를 일으켜서 잠자는 교회를 깨우시는데 현재는 선교단체나 교회가 모두 무기력해서 더욱 기도해야 한다. 현실이 이러할 때 시니어 〈senior〉 나 사렛형제들이 엑스플로 희년대회를 구상하고 진행하고 있다. 필자와 주수일 장로를 대회장으로 추대하고 진행위원장 심상법교수, 진행총괄 안명복 목사, 사무총장 이선상 장로를 중심으로 "EXPLO'74 역사적 회고와 전망"이란 주제아래 학술대회를 가졌고(2023.10.21.) 다시 논문과 간증과 화보를 망라한 백서를 발간하게 된 것이다. 즉, 조직력, 동원력, 경제력, 영향력, 체력 등에서 2선으로 물러난 시니어는 EXPLO'74를 경험한 사람들이라는 점에서 무엇과도 바꿀 수 없고 비견할 수 없는 '자산'을 가졌기에 EXPLO'74 REMEMBER를 하기로 하고,

시니어의 약점을 모두 가졌고 비교적 보완에 용이한 위치에 있는 한국대학생선교회(대표 박성민 목사)를 중심으로 EXPLO'74 희년 대회를 계획하고 진행하고 있는 것이다. 필자가 조사한 시점에서 9,725명이 2024년 대학생 여름 수련회에 참여하겠다고 등록 했다고 하니 이 또한 새로운 초석이며 불쏘시게가 되길 기도한다.

3. 나오는 말

한국교회를 깨우고 세계 교회를 깨웠던 50년 전의 엑스포로'74 세계 대회를 직접 현장에 실무국장으로 참여했던 한 사람으로서 50년이라는 긴 세월 전의 하나님께서 이루신 역사를 기억하고 더듬어 기록하려니 감개무량하다. 30대 초반에 이루어진 일들을 80대 초반에 이르렀으니 그 모든 일들을 다 헤아릴 수가 없음을 자인한다. 하지만 극히 일부일지라도 자료집에 제출하여 여러 사람이 각자의 시각

과 경험을 간증도 하고 글도 쓰기에 퍼즐 한 조각이 되어 완성체를 이루는데 일익을 감당할 수 있다고 생각한다. 필자의 부족한 부분은 여러 참여자들의 글을 보면서 종합하면 되리라고 믿는다.

또한 역사란 역사가의 사관에 따라 보는 견해가 반드시 일치하지는 않기에 이글은 현장에서 일하고 계획하고 추진했던 한 사람의 실무자로서의 일종의 간증이며 목격한 일의 기록이라는 사실이다. 그 후에 미국 CCC 본부의 기록이 있고 CCC에서도 여러 기록이 있을 것이고 대한민국의 여러 언론의 기록에도 있을 것이고 한국의 대형 집회시마다 사진사들이 현장을 참여하여 사진으로 기록한 것이 있을 것으로 생각된다. 종로 5가에서 사진관을 경영하는 유경선 장로님과 사진부장이 찍은 사진들이 보관되어 있을 것이다. 뿐만 아니라 EXPLO'74 세계대회에 참여했던 분들 중에서도 사진기를 가지고 와서 사진을 찍어 기록했다면 널리 수소문 하면 자료들이 나올 것이라 믿는다. 그러나 50년이라는 세월이 지나 갔으니 그 귀한 자료들이 이사 다니면서 분실할 수도 있고 당시 참가했던 사람들 중에 많은 분들은 이 땅을 떠난 분들이 있으니 그 자녀들이 떠나간 분들의 자료를 대개는 불태워 없어졌을 것으로도 생각된다.

예로 실무국장으로 일했던 제1국장 김성진 목사님도 나이가 많아 세상을 떠났고 제2국으로 교육을 담당하였고 EXPLO'74 훈련 교재를 수 십 만권을 정리하여 출간했던 김안신 간사님도 코로나로 인해 주님 품으로 갔으니 귀한 자료들이 사장(死藏)되었을 가능성이 농후

하다. 그러나 불행중 다행히도 제3국을 맡아 대학생들을 교육시켜 순장으로 교육시키도록 담당한 윤수길 간사와 제4국의 십대 청년 (HCCC)을 맡아 기도, 안내, 경비, 식사, 차량과 빵 차량마다 조수석에 탑승하여 일했던 백완종, 김기일, 정승우, 조기열 등 당시 고등학생들과 각종 행동대원들은 닥치는 대로 일을 했던 수많은 HCCC들의 산 증인이 건재하기에 그나마도 자료 수집과 증빙에도 정확성에 문제가 없다고 생각된다.

또한 CCC를 졸업하고 나사렛형제들은 직장을 일시 휴가를 내거나 일찍 조퇴하여 EXPLO'74대회에서 지방에서 올라온 수많은 사람들이 숙소로 사용했던 영등포구, 마포구, 은평구, 서대문구, 용산구 등의 초등학교 중고등학교를 맡아서 책임을 졌으며 저녁에는 그들이 여의도 집회에 참석토록 했으며 끝나면 또 인솔하며 숙소(각급학교)로 안내하고 기도회를 인도했던 일들, 자영업을 하던 분들 중에는 아예 문을 닫고 EXPLO'74 대회에 헌신 했던 분들 모두가 하나님께서 귀하게 쓰셨던 분들이었다.

요컨데 CCC 간사, 학생, 나사렛형제들이 대회장인 김준곤 목사님을 중심으로 혼연일체가 되어 죽으면 죽으리라는 각오로 식사도 제대로 하지 못하며 이리 뛰고 저리 뛰고 누가 봐도 성령에 취했고 세상적으로는 미쳐도 보통 미친 것이 아니었다. 생각하면 엊그제 같은데 50년이라는 세월이 흐른 것이다. 그래도 하나님께서 지금껏 살아 있게 하셔서 50년 전의 일을 기억을 더듬어서 이렇게라도 기록하여 자료집을 만들게 하시니 감사할 뿐이며 하나님께 영광을 돌린다.

　이제 농축하면 김준곤 목사님의 비젼과 기도를 실제적으로 현장에서 실천한 수많은 사람들이 있었음을 밝혀 드린다. 첫째 동기부여가 잘 되었으며, 둘째 조직이 국내외적으로 총망라했으며, 셋째 그 조직을 움직이고 현장에서 일하는 실무 국장들과 소속한 스텝진들의 헌신과 노고를 잊을 수가 없다. 대회장이진 김준곤 목사님은 기획실장 겸 섭외를 위하여 불같은 성격의 원정희 간사(현 원로 장로)님으로 하여금 군대, 정부 각 구청장, 정계 인사 등을 김준곤 대회장의 명의로 된 공문을 가지고 순발력 있게 뛰어 다니며 대정부 관계나 대군대 관계 등을 접촉하여 여의도 광장에 군(軍) 천막 500개를 설치했고 식사를 위한 쌀 7천 가마를 확보했으며, 7,000명이 먹을 밥을 짓기 위해 가마 솥 40개를 전기를 끌어들여 스팀으로 밥을 쪄서 공급하고 모자라는 것은 필자가 성남시에 가서 삼립빵 회사의 공장에 찾아가서 EXPLO'74 세계대회를 설명하고 이 일에 참여하시면 틀림없이 회사도 널리 알려지게 되고 홍보차원에서라도 도와달라고 해서 엄청나게 많은 빵을 회사에서 받아 식사대용으로 활용토록 한 것도 주님의 은혜이며 하나님께서 하신 일이었다. 30대 초반의 나이에 지금 생각해도 엄청난 일이었다는 생각이 드는 것이다.

　이 같은 일은 바로 기도 최우선 전략으로 임하신 대회장 김준곤 목사님의 기도의 산물이었고 모든 스텝진들이 일사불란하게 순종하며 실천한 결과로 성령님의 역사였다. 1974년 8월 15일 당시 대통령 영부인 육영수 여사가 총탄에 사망하여 안타깝기도 했다.

더욱 나중에 밝혀진 일이지만 수백만 명이 여의도 광장에 모여 밤 새껏 기도하고 쓰레기가 많이 쌓여서 새벽에 영등포구에서 청소차 량을 동원하여 치웠는데 늦게까지 기도에 몰두하던 한 노파가(여자) 어스름한 새벽에 청소차에 깔려 돌아가신 일이었다. 그분의 자녀들 이 나타나 '우리 어머니는 평소에 소원이 기도하다가 하나님께 가 게 해달라'고 소원하셨는데 그 기도가 이루어지셨으니 오히려 감사 하다면서 문제를 제기하지 않아서 구청당국도 EXPLO'74 본부에도 아무런 책임을 묻지 않은 일이 있었음을 알고는 모두가 놀라지 않을 수가 없었다. 그것 또한 하나님의 은총이며 은혜이며 성령님의 역사 였다. 그 밖에도 많은 간증들이 있었으며 EXPLO'74 대회를 통하여 침체하던 한국교회의 성령의 새바람을 일으켜 교회 성장과 세계 선 교의 계기가 되었다는 사실이다.

뿐만 아니라 EXPLO'74 영향으로 '77민족복음화대성회(한국교회 부 흥사 주도), '80세계복음화대성회는 숫자적으로는 인류역사상 모세의 출애굽사건 후 최대의 인파가 모인 집회로 모두가 "나는 찾았네"라 는 뺏지를 가슴에 달고 무엇을 찾았느냐고 물으며 예수, 새 생명 찾 았다고 한 사건이다. 필자는 이 대회에서는 기획조정실장 겸 총괄 진행위원장으로 헌신하고 있고 이때 10만 선교사 헌신이 있기도 했 다. 그 후에 '84세계교회기도성회(영락교회, 뚝섬유원지)에서는 상임총 무로 앞장서서 일한 바 있고 계속해서 이어지는 '86아시아복음화대성회, 88세계복음화 대성회, 그리고 1994년도 양재동 횃불회관을 사무실로 루이시 부시 선교동원 전략가와 함께 김준곤 목사님께서 준비위원장을 맡으셔서 3년간 준비하실 때 필자는 사무총장으로 홍콩선교사 출신이며 아시아 연합신학원의 교수님이었던 노봉린 박사님이 상임총무로 CCC 정인수 간사가 기획실장으로, 이성우 간사가 총무국장으로, 안강희 간사가 국제국장으로 그리고 많은 CCC 간사들이 참여하여 헌신한 것을 잊을 수가 없다. 그것의 공식명칭은 "기독교 21C 운동본부"였다 이때 4,000명의 선교사 집중 훈련 프로그램을 실시했으며 이때에도 한국교회가 총동원하여 이일에 헌신하였다. 특히 부흥사위원회의 활동이 컸다. 아프리카 케냐의 마차 코스에서 대형 집회도 있었는데 지금 기억으로는 유근만 목사, 한문수 목사, 전석근 목사 그밖에 20여 명이 참석하였고 필자도 대회 총무로 참가하여 설교와 세미나를 인도한 기억이 새롭다. 세월이 지나갔기에 구체적인 참가자들의 명단이 많이 생각이 안 되어 아쉽다. 이때 소강석 목사님께서 개척 교회를 분당으로 옮겨 어려움을 겪고 있을 때 필자를 찾아와 김창인 목사(합동 충현교회)님과 김준곤 목사 그리고 필자가 실명으로 소강석 목사는 건전한 목회자로 신학을 제대로 공부한 목사라는 것을 사진과 함께 전단을 만들어 교회주변에 돌려서 어려움을 극복한 일이 있었으며 그 후부터 독특한 화법과 열정으로 현재는 한국을 대표하는 수만 명의 성도가 출석하는 목회자가 되어서 얼마나 감사한지 모른다. 그밖에도 이곳저곳에서 많은 집회가 있었으며 이 모든 대형집회는 EXPLO'74의 영향이라고 하겠다.

　"기독교 21세기 운동 본부"에서 기획실장으로 헌신했던 정인수 간사가 후일에 "세계 CCC본부에서 행정 부총재"로 일했다. 그가 영어도 능통하고 CCC의 오랜 경험도 있었고 능력을 겸비했기 때문이다. 아시아권에서 국제CCC의 본부 부총재로 일한 것도 처음 있는 일이다. "오늘의 학원 복음화는 내일의 세계 복음화"라는 말이 구호만이 아니라 실제로 이루어진 것이라 믿는다.

　세월이 많이 흘러 자료정리가 미처 안 되었고 다 찾지도 못해서 지금은 진솔하게 마무리 하지만 자료는 계속 보완해서 기록으로 남길 것을 사명으로 알고 더욱 힘쓰겠다고 다짐해본다. 그동안 필자가 가지고 있는 사진들을 정리하여 자료들을 뒷받침한다. 사진에는 간단한 설명을 곁들이며 "내가 겪고 실제 체험한 EXPLO'74 대회를 미약하지만 마무리함을 감사하며 이 모든 영광과 존귀를 살아계신 하나님께 돌려드린다.

EXPLO'74를 돌아보며

주수일

진세골사랑의집 이사장, EXPLO'74희년대회대회장

CCC의 성장 과정

내가 CCC에 처음 나오게 된 때는 1960년이었다. 그 때는 대학교 1학년을 마치고 군대를 2년 동안 다녀오고 2학년에 복학을 했을 때였다. 장소는 영락교회 앞의 작은 빌딩2층에서 70여 명의 대학생들이 모여서 김준곤 목사님의 강의를 들으며 성경공부를 하는 모임이었다.

이 모임이 1년에 50%이상을 계속 성장하여 내가 대학 4학년 졸업할 때쯤에는 명동의 태극당 건물 2층으로 옮겨 매주 500명 이상이 모이는 큰 모임이 되었다. 나는 대학교 4학년 때 김 목사님에 의하여 지금으로 말하면 학생 총순장 격인 학생회장을 맡게 되었다. 당시에는 목사님 밑에 간사가 현재 미국에 가있는 강 용원 간사 1명밖에 없었기 때문에 나와 학생회의 모든 임원들은 힘을 합하여 CCC의 모든 운영을 직접 했었다.

우리들은 매년 여름에 경기도에 있는 입석수양 관에서 4박5일의 여름수련회를 가졌었다. 그런데 이 모임은 CCC가 성장하는 데 아주 획기적인 역할을 했다. 주일 정기모임의 참석인원은 100명 정도 명밖에 되지 않았었는데 여름철이 되면 회원들이 주위 친구들에게 여름수련회가 아주 좋다고 열심히 홍보하여 많이 데리고 왔다. 예쁜 여학생들도 많고 우리들의 미래에 비전을 찾아주는 좋은 강의도 많이 들을 수가 있어서 방학 때 어디 다른데 가서 노는 것보다 훨씬 더 유익할 것이라고 설득한 것이었다.

그래서 당시에는 믿지 않는 친구들이 많이 참석을 했다. 그래서 수련회가 시작되는 첫날에는 대체적으로 좀 썰렁한 분위기로 나갔었다. 하지만 김 목사님의 강의가 너무 좋았다. 그동안 일반 교회나 학교에서는 별로 듣지 못했던 인생의 궁극적인 문제점들을 날카롭게 파헤쳐서 분석하고 가르쳐주는 명 강의였다.

이 시대의 젊은이들이 무엇을 하며 어떻게 살 것인가?

인류역사의 강은 어디로 흐르고 있는가?

인간은 왜 구원을 받아야만 되는 존재인가?

예수그리스도는 어떠한 분이신가?

하나님은 우리들을 위한 어떠한 놀라운 계획을 가지고 계시는가? 등의 내용들을 철학적으로 역사적으로 문학적으로 분석을 하여 유창하게 강의를 하셨다. 그렇게 하니까 마지막 날에는 대부분의 학생들이 예수를 영접하였다. 그리고 이들 중 많은 학생들이 뒤에 CCC

정기모임에 참석하여 회원들이 계속 늘어나게 되었던 것이다. 이런 CCC 수련회가 처음에는 서울지구만의 행사였다. 그러나 나중에는 전국의 각지구들과 같이 연합행사로 하다 보니까 참석 인원이 많아졌다. 그래서 결국 장소가 협소한 입석시대를 마감을 하고 더 넓은 장소인 옥천의 심천 미루나무 섬, 몽산포 해수욕장 등으로 옮기면서 수만 명이상의 대학생들이 전국에서 모이는 대형 수련회로 발전이 되었다.

당시에는 국민 소득이 별로 높지가 않아서 학교교실이나 기도원의 마루 위나 텐트에 모여서 하면서도 전혀 불평이 없이 많은 은혜를 받았다. 그러나 근래에 와서는 국민소득이 높아지면서 장소도 많이 고급화 되어 콘도나 호텔로 바뀌었다. 수련회 참가비도 녹녹치 않게 됐다. 그럼에도 불구하고 CCC 수련회는 전국에서 1만 명이상이 참석하는 국내 유일한 대학생 수련회가 된 것이다. 이것은 다 하나님의 은혜이고 김준곤 목사님의 영적지도력이 남긴 아름다운 유업이고 CCC의 전통을 계승하려는 후배들의 노력이라 생각하니 자랑스럽기 그지없다.

나사렛형제들의 탄생과 EXPLO'74 에서의 역할

이렇게 CCC에서 훈련을 받은 학생들은 대학을 졸업하고 계속 CCC 정기모임에 나왔다. 필자도 대학을 졸업한 후에도 직장생활과 개인 사업을 하면서도 '학사회'라는 이름으로 계속 정기모임에 참석하고 있었다.

그러던 중 1968년 김준곤 목사님은 우리들을 베다니 마을에 모아 놓고 예수님의 고향과 같은 나사렛 마을에 뿌리를 둔 '나사렛형제들' 이라는 형제단을 만드셨다. 그리고 1970년에는 전국의 나사렛형제 들을 대전의 충무체육관에 모아놓고 민족복음화와 세계복음화를 공 식적으로 선포하셨다. 그때는 잘 몰랐는데 이러한 CCC 활동과 성 장과정은 후에 김 목사님이 EXPLO'74라는 역사적인 행사를 하게 되신 계기가 되었고 나 자신도 개인적으로 이 행사에 직접 참여할 수 있는 결정적인 동기가 되었다.

당시에 '나사렛형제들'이라는 중앙조직은 잘 형성되어 있었다. 그러나 서울지구는 별도의 정기적인 모임을 가지지 못하고 있었다. 그런 상황에서 목사님은 나를 서울지구 나사렛형제들 회장으로 임 명을 하셨다(1972년) 그래서 나는 그동안 CCC에 계속 나와서 봉사를 하던 몇몇 형제들을 임원으로 임명하고 서울지구 나사렛형제들의 정기모임을 시작했다. 그때는 나사렛을 담당한 간사도 특별히 없었 기 때문에 직장을 끝낸 10여 명의 임원들이 매주 목요일 회관에 모 여서 순모임으로 성경공부를 해나갔다. 학생 때부터 계속 순모임을 했던 경험들이 있었기 때문에 특별한 간사나 지도 목사가 없이도 모 임을 잘 해나갈 수가 있었다. 성경을 마태복음에서부터 한장 한장 읽고 여기서 깨달은 것들과 생활에 적용한 것들을 나누는 모임으로 계속해나갔다. 그런데 이 모임이 성령의 기름 부으심이 있었고 재미가 있어서 형제들 간의 교제도 깊어졌고 은혜도 넘쳤다. 그래서 이모임이 2년 이상 지속이 되었고 EXPLO'74가 있었던 1974년 도에는 100여 명 정도가 모이는 정기모임으로 성장을 했다.

그리고 여기에 나오던 나사렛형제들이 모두 다 EXPLO'74 때에 대순장과 중순장의 역할을 맡게 되었다. 나도 당시에 마포구에 있는 한 초등학교에 대 순장으로 배치되어 900여 명의 참가자들을 맡아서 낮에는 민족복음화교재로 공부를 하고 저녁에는 마포대교를 건너 여의도광장으로 이들을 인솔하여 저녁집회에 참석을 시켰다.

그 후에 이 정기모임은 나사렛형제들 전임 간사로 강영철 간사, 김 종식 간사, 주서택 간사 등으로 이어지면서 1980년에는 300명 이상이 모이는 나사렛형제들 서울지구 정기모임으로 성장을 했다가 주서택 목사가 청주지구로 파송됨에 따라 인원이 줄어들고 나중에는 CCC 채플로 흡수되었다.

EXPLO'74를 돌이켜보면 행사에서 주체가 되고 열심히 봉사한 사람들은 결국 CCC 간사들과 학생들과 나사렛형제들이었다. EXPLO'74를 준비하던 당시 CCC 정동회관은 한 참 건축 중이었다. 완공하지는 못했지만 어느 정도의 건축은 되어있었기 때문에 나사렛형제들의 서울지구 정기모임이나 EXPLO'74를 위한 준비모임을 하는 데에는 부족함이 없었다. 김 목사님은 1973년부터 이 정동회관을 중심으로 전국교회의 목사님들을 초청하여 숙식을 제공하며 계속 합숙훈련을 시키셨다. 낭시엔 잘 몰랐시만 훗날 생각해보니 이것이 EXPLO'74에 대한 준비 작업이었던 것이었다. 김준곤 목사님은 멀리 앞을 내다보시고 이런 모임을 만드시고 직접 강사로 헌신을 하셨다.

김 목사님은 강의를 하시고 나면 참석한 모든 목사님들을 10명씩 나누어 순모임을 하게 하셨다. 그때 나사렛형제들을 순장으로 배치시켜서 민족복음화 교재를 가지고 순 공부를 인도하게 하셨다. 솔직히 말하면 당시에 우리들의 실력이 신학을 마친 목사님들을 가르칠 수 있는 수준은 아니었다. 그러나 우리들은 김 목사님으로부터 학생 때부터 계속 듣고 배운 것들이 있어서 민족복음화 교재를 가지고 순모임을 인도하기에는 전혀 부족함이 없었다.

우리들이 당시에 목사님들의 순모임을 어떻게 인도했는지 지금은 전혀 기억이 나지 않는다. 그러나 한 가지 확실하게 기억나는 것이 있다. 그것은 당시 목사님들이 순모임에서 우리들에게 '당신들은 CCC에서 무엇을 하는 사람들이냐?', 그리고 '얼마를 받고 이일을 하느냐?' 하는 등의 질문을 많이 했다. 그래서 우리들은 대학생 때부터 김 목사님 밑에서 훈련을 받은 CCC 출신 '나사렛형제들'이라고 설명을 하고 다 직장을 다니고 있지만 시간을 내서 이렇게 봉사를 하고 있다고 설명을 했다. 그랬더니 목사님들이 감동을 받으면서 "아니 이런 청년들이 우리 교회에 1명이라도 있으면 우리교회가 크

게 부흥할 수 있을 텐데…" 하면서 부러워했던 것이 기억난다.   그
런데 그 후에 보니까 이때에 참석했던 대부분의 목사님들이 고향에
내려가서 자기교회의 교인들을 다 데리고 와서 여의도의 EXPLO'74
에 참석을 시켰던 것이다.

EXPLO'74를 돌이켜보면 이 집회는 단순히 설교를 듣는 부흥집
회가 아니었다. 그때까지 매년 여름에 전국의 대학생들 몇 만 명이
상을 모아 수련회를 했던 것과 같이 1974년에는 이것을 확대하여 전
국민을 대상으로 수십만 명을 여의도에서 모아서 전 국민수련회를
가졌던 것이다. 그래서 1974년에 벌렸던 EXPLO'74는 서울여의도
광장에서 전 국민들을 다 모아 놓고 민족복음화를 선포한 대수련회
였다는 생각이 든다. 할렐루야!

CCC가 우리나라에 준 새로운 선교 메시지

우리나라는 1880년경 미국 선교사들에 의해 복음이 들어온 후
100년에 걸쳐 성장을 하여 3백만의 성도가 됐다. 그런데 이때까지의
부흥은 주로 목회자들과 부흥사들에 의해서 사경회와 부흥회로 성
장해왔다. 그런데 이때 부흥회에서 선포된 주 메시지는 회개하고 구
원을 받아 죽은 다음에 천당에 가라는 것이었다. 그래서 당시에 버
스정거장에서는 "예수 천당! 예수 천당!" 하고 노방전도를 하고 다니
는 사람들을 많이 볼 수가 있었다.

이러한 전도방식이 CCC를 통하여 "하나님은 당신을 사랑하시며 "하나님은 당신을 사랑하시며 당신을 향한 놀라운 계획을 가지고 계십니다." 라는 것으로 바뀐 것이었다. 이러한 전도가 당시에는 상당히 새롭고 신선한 메시지였다. 이 말은 결국 십자가로 모든 죄를 용서함 받고 영원한 생명을 얻었으니 내세를 위한 율법적이고 종교적인 신앙을 떠나 이 땅에서부터 자유롭고 풍성한 행복을 누리라는 새로운 메시지였던 것이다(요 3:16, 10:10).

사실 이때까지만 해도 이러한 확실한 은혜의 복음이 많이 선포되지가 않았었다. 그런데 EXPLO'74 이후에 2,000년대까지 CCC에 의하여 복음을 전하는 방법이나 내용 면에서 많은 변화를 가져왔다. 그것은 "하님은 당신을 사랑하시어 당신에 대한 놀라운 계획을 가지고 계십니다. 그러나 모든 사람이 다 죄에 빠졌기 때문에 이것을 누리지 못하고 있습니다. 예수님만이 죄의 문제를 해결할 수 있는 유일한 길이십니다. 그러므로 예수님을 당신의 구주로 영접하십시오." 라고 하는 메시지였던 것이다. 이처럼 새로운 메시지가 선포된 결과 우리나라는 기독교 대 부흥을 이루고 1천 2백만 성도까지 얻게 된 것이다.

이러한 성공을 가능하게 한 전도가 바로 CCC 사영리 전도였으며 CCC 수련회와 순모임을 통한 제자화 성경공부였다는 것을 인정해야 할 것이다. 그래서 EXPLO'74는 단순히 부흥사들에 의한 대형 부흥집회가 아니었고 선교의 패러다임(paradigm)과 신앙의 방향을 바꾸어준 획기적인 선교폭발이었다고 평가할 수가 있는 것이다.

CCC는 이러한 새로운 복음과 제자화의 순모임을 가지고 1958년 이 땅에 상륙했다. 그리고 15년 만에 대학을 복음화 시키고 1974년에는 EXPLO'74를 통해서 민족복음화의 폭발을 이끌어 낸 선교단체인 것이다. 뿐만 아니라 세계 각국에 가장 많은 선교사를 파송하는 계기를 만들어 낸 것이다. 당시 여의도 집회에 참석했던 100만 이상의 사람들에게 선교사로 헌신하고자 하는 사람들은 다 일어나라고 하였다. 그래서 많은 사람들이 자기도 모르게 일어났는데 이들 중에 많은 사람들이 오늘날의 선교사가 되어있다.

사람들은 EXPLO'74를 얘기할 때 흔히 120만 명이 모였다는 저녁 집회의 규모만을 말한다. 그러나 실제로 더 중요한 것은 그 집회의 성격과 형태였다. 그때 당시에 여의도 광장에는 3천여 개의 텐트가 쳐졌다. 그리고 한 텐트에 30여 명씩 배치하여 10만여 명을 숙박시켰다. 그리고 영등포구와 마포구에 있던 200여개 초중등학교에 평균 1000명 정도씩을 배치하여 20만 명을 숙박시켰다. 그래서 공식적으로 이 수련회에 등록한 사람이 323,419명이었다. 그러니까 이 EXPLO'74는 전 국민을 대상으로 한 민족복음화의 대 수련회였다고 말할 수가 있는 것이다. 이런 훈련은 인류역사상 그 어느 때에도 없었던 것이다. 만일 있었다면 3,500년 전 이스라엘의 출 애굽 당시에 광야에서 있었던 훈련이었을 뿐이다.

하나님께서는 1958년에 CCC를 창설하여 15년 동안 대학생 수련회를 통하여 대학교를 복음화 시키시더니 EXPLO'74를 통하여 다시 온 국민을 모아 수련회를 실시하게 하여 민족복음화를 이루게 하신 것이었다.

　이처럼 우리나라를 사랑하시는 하나님을 찬양한다.

　우리나라에 김준곤 목사님과 같은

　영적 지도자를 보내신 하나님을 찬양한다.

　우리나라의 미래를 위하여 EXPLO'74 정신과

　성령사역을 계승할 수 있는

　〈 EXPLO'74 ERMEMBER 역사적 회고와 전망 〉을

　발간할 수 있도록 기회를 주신 하나님을 찬양한다.

　할렐루야!

꿈은 이루어진다

국가조찬기도회명예회장, 전 나사렛형제들중앙회장

하나님 뜻대로 비전을 갖고 꿈을 꾸고 기도하면 이루어진다.

나는 초등학교 시절 달착륙 공상만화를 본 일이 있다. 그런데 꿈 속에서나 볼 수 있는 공상과학이 10년도 안 돼 현실이 된 것을 목도 했다. 1957년 10월 인류 최초 인공위성이 발사됐고 그 후 9년째에 달나라에 착륙했다. 옛날의 공상이 오늘의 현실이 되고 오늘의 공상 이 내일의 현실이 되는 시대다.

EXPLO'74는 1972년 6월 달라스 카튼 볼 축구장에서 발표된 공상 이고 꿈이었다. 그런데 2년 뒤 현실이 되었다. 1972년 6월 미국에서 EXPLO'72가 열렸다. 전 세계 국제 CCC가 8년 동안 준비해서 8만 명의 청장년들과 대학생들이 모였다. 이 집회는 지구상 최대 최초의 대형 전도훈련 집회였다. 이 때 한국에서는 나사렛형제들(정정섭,김인 민,손동아,강영철,김전복,원정희,두상달)7명을 비롯하여 58명의 한국대표 단이 참석했었다.

그 집회 마지막 날 폐회직전에 김준곤 목사님이 전체 앞에서 2년 후에 한국에서 30만 명이 모이는 EXPLO'74를 개최하겠다고 갑자

꿈은 이루어진다 · 두상달 **143**

기 발표하셨다. 그래서 우리들은 3만 명을 30만 명으로 착각하신 것으로 생각했다. 그리고 목사님께 동그라미 하나를 더 붙인 착각이 아니냐고 물었더니 30만 명이 맞다고 하셨다. 달라스에선 전 세계 CCC가 8년 동안 준비해서 8만 명이 모였는데 어떻게 2년 동안 준비해서 30만 명이 모여 훈련 할 수 있단 말인가? 나는 '목사님은 하나님만 바라보니 보이는 게 없고 현실 감각도 없고 숫자개념이 전혀 없으시다.'고 생각을 했다.

그 후 귀국하여 나에게 주문하셨다. CCC 동아시아 본부가 있는 마닐라에 가서 EXPLO'74 준비를 위해 교육을 받고 오라고 주문하신 것이다. 나는 영광스럽고 막중한 책임자로 파송된 것이다. 반신반의(半信半疑)하는 생각, 두렵고 떨리는 마음으로 45여 일 동안 장만기 박사(인간개발연구원창립자)와 같이 가서 교육을 받고 돌아왔다.

EXPLO'74는 세계기독교역사에 어디에서도 시도해 보지 못했던 세계최초이고 최대 전도훈련이다. 지극히 작은 나라 좁은 땅 개발도상국인 후진국 한국에서 이루어진 기적 같은 성령행전이다. 열악한 환경 속에서 30만 명을 합숙하고 배식을 하고 집단훈련을 한다는 것은 인간의 안목으로는 불가능한 일이었다. 그런데 하나님의 능력과 사랑은 이 일이 진행되도록 역사하셨다.

한국교회가 놀랐고 세계교회가 놀랐다. 낮에는 516광장에 펼쳐진 텐트촌과 여의도 근처 여러 학교 등지에 흩어져 30만 명이 순장을 중심으로 전도훈련을 받았다. 그리고 배운 전도 이론과 방법을 실재로 실천을 했고 밤에는 10여만 명이 모이는 대중 집회였다. 대회기간 중 폭포와 같은 억수가 쏟아지는 장대비속에서도 비니루를 쓴 채 비를 맞으며 처절하게 울부짖는 10여만 명의 철야기도가 이어졌다.

"민족의 가슴마다 피 묻은 그리스도를 심어 이 땅에 푸르고 푸른 그리스도의 계절이 오게 하자"는 구호로 민족복음화와 신앙의 부흥과 민족의 부활을 기도했다. 이 광경을 바라본 미국인이 외쳤다 "splendid"(정말 좋은 멋진, 훌륭한=great)를 외치며 "fantastic"(기막히게 좋은, 환상적인, 엄청난, 굉장한) 하고 외치더니 '이렇게 기도하는 민족을 하나님이 어찌 축복하시지 않겠느냐'고 했다.

사실 EXPLO'74 이후 우리들의 기도와 외국인들의 축복대로 한국은 세계 역사상 전무후무한 신앙부흥과 교회성장 및 경제성장을 이룩하는 기적이 일어났다. 영과 육이 풍성해진 것이다.

이처럼 획기적인 변화와 성장을 이룬 것은 하나님의 전적 은혜이고 축복임은 말할 나위없을 것이다. 그러나 이러한 사건은 결코 우연이 아니라 유성 김준곤 목사님의 탁월한 지도력과 영성으로 좋은 인재들을 발굴하고 양육했다는 것을 잊을 수 없을 것이라 여겨진다.

그러기에 한국교회의 절대 다수는 물론 심지어 정부관계자들조차도 EXPLO'74대회를 적극적으로 지원했던 것이다. 즉, 문교부에서는 여의도 인근 학교를 숙소로 사용하도록 배려한 것이다. 또, 체신부에서는 EXPLO'74 기념우표를 발행하기도 하고, 교통부에서는 전국 각지에서 EXPLO'74대회에 참여하기 위하여 상경하는 사람들의 기차 운임을 50% 할인하는 등 특별한 배려가 있었던 것이다. 이러한 일련의 사건들은 하나님의 특별하신 은혜가 아니고는 불가능함을 CCC와 나사렛형제들은 물론 한국교회는 잊어서는 안 될 것이다.

결국 EXPLO'74 전도대회는 한국 교계는 물론 정치 경제 사회 등에 직.간접적으로 커다란 영향이 있었음을 부인할 수 없을 것이다.

이처럼 전무했고 후무할 것으로 생각되는 대형전도대회를 무사히 갖게 하신 하나님의 뜻은 우리만의 안일과 향유거리가 아니라 EXPLO'74 전도대회를 통하여 그리스도인들에게 하시고 싶은 말씀이 있을 것이라고 생각된다. 즉, 남다르고 불가능한 일을 수행하는 축복에는 축복과 더불어 의무와 사명이 따라온다는 사실을 알아야 할 것이다. 세계 역사를 보면 불과 일, 이백년 전에는 앞서가든 선진국들이 지금은 후진국으로 전락한 나라들이 많다. 그 이유가 뭘까? 아마도 부흥과 축복에 따른 사명을 감당하지 못했기 때문일 것이다.

그런 점에서 오늘날 한국의 부흥은 열방을 섬기고 세계와 더불어 나누고 봉사해야하는 사명이 있다는 것을 알아야 할 것이다. EXPLO'74 24가 Remember로 끝나는 것이 아니라 민족과 열방을 향하여 주님의 지상명령을 성취하고 시대적 사명을 재 점화하는 축복이 있기를 기대해 본다. 기독교는 과거 지향적이 아니라 현재가 중요하고 미래 지향적 이여야 한다.

예를 들면, EXPLO'74 전도대회를 계기로 금식기도운동이 전국적으로 확산되기도 했고, 지역별로 민족복음화요원훈련교재(LTC)로 사영리 전도훈련이 요원의 불길처럼 확산되어 갔다. 이어서 전군신 자화운동, 한국창조과학회, 스포츠선교의료선교, 직장선교 등 직능별선교, 성시화운동, '80복음화대성회, '84세계교회기도성회, '85위성중계세계선교대회, 새생명2000마닐라대회, '95세계선교전략회의(GCOWE)등등으로 계속이어졌다. 한국교회 부흥의 오순절이며 민족복음화의 원점이 되기도 한 EXPLO'74는 한국경제부흥의 AD와 BC 같은 전환점이 되기도 했다.

돌이켜 생각해보면 한국과 세계교회 역사상 선교의 큰 획을 그은 EXPLO'74 전도대회는 CCC와 나사렛형제들이 Campus복음화의 영역을 벗어나 민족과 열방을 향하고 민족의 입체적 구원과 세계선교로 지경을 넓혀가는 대회였다. 대회준비과정에 반대의 어려움도 있었다. 외부적으로는 NCC교계 측에서는 "EXPLO'74 문제가 있다."라는 제목으로 반기를 들기도 했고, 친정부집회라고 비난하기도 했다. 내부적으로는 일부 스테프들이 EXPLO'74는 무모한 결정이라고 반발하기도 했고 불가능하다고 부정적 반응으로 72개 항목에 이르는 어려운 이유들을 작성하기도 했다.

그러나 적극적인 김준곤 목사님의 믿음과 전임 간사가 아닌 나사렛형제들의 적극적인 참여와 지지가 동력이 되어 EXPLO'74 전도대회는 가속화되기도 했다. 그런 연고로 필자는 대회직전에 30여 만 명의 배식과 숙소배정 관리를 총괄하는 본부장으로 책임을 맡고 진행본부에서 봉사했다. 광야에서 군중을 이끌던 모세를 생각하며 눈물도 많이 흘리며 섬겼다.

진행본부에서 배수진을 치고 섬겼던 정정섭, 손동아, 김경수 부부 그리고 필자의 아내 김영숙 순장 등 여러분들이 적극적으로 헌신한 것들은 다시없을 추억을 넘어 하나님의 특별한 은혜를 체험하는 기회였던 것이다. 그리고 수많은 헌신된 나사렛형제들이 마포 여의도 용산 영등포 서대문구등 73개 학교 5120교실과 여의도 1000여개의 민군용텐트촌에서 총순장 대순장 중순장 소순장으로 또 진행요원이나 취사요원등으로 헌신을 했다.

대외 섭외 관계는 원정희 간사가 교육은 김안신 간사를 중심으로 전 스테프진과 나사렛형제들의 헌신이 있었고 한경직 목사님을 비롯 한국교계 교육, 문화, 정치계 그리고 군부대, 경찰까지 적극적인 참여와 협조가 있었음을 지금도 잊지 않고 기억하며 감사하고 있다. 특별히 행동대원으로 삶을 바쳐 헌신했던 수많은 나사렛형제들과 간사님들의 기도와 눈물과 땀과 헌신이 있었음을 기억하며 EXPLO'74 대회 정신을 이어 받아 그와 같은 아니 그 이상의 영적파장을 일으켜 줄 것을 기대하고 싶다. 대회 진행과 관련된 수많은 사건과 난관이나 애환, 에피소드나 낙수는 다음으로 미루기로 하고 끝을 맺고자 한다.

"하나님께서 매사를 행하셨습니다."

"이 모든 것이 하나님의 은혜입니다."

EXPLO'74 회고와 우리의 소명

이건오

서울시민교회 원로 장로, 전 아가페의료선교회 이사장

EXPLO'74는 1974년 8월13~18일에 여의도 5.16광장과 주변 학교애서 한국대학생선교회 주관으로 민족복음화운동의 일환으로 약 90%의 한국교회가 참여하여 약 5000여 교실과 천막에서 전도훈련을 받고 전도했던 거 교회적, 거국적 집회 이었다.

전무후무했던 이 집회에 의료, 취사, 위생 담당자로서 섬기게 되었던 필자는 감사와 영광이었고 선교적 삶에로의 큰 변화를 경험한 대회였다. 필자에게는 인생의 전환점이었다.

1. CCC와 나

나는 1962년 의과대학에 입학하여 친구의 권유로 CCC 토요집회에 나갔다가 "Win the Campus Today, Win the World Tommow"라는 슬로건에 매료되어 이것이 우리 시대에 우리를 향하신 주님의 뜻이러고 생각하여 CCC Man이 되었다. 이 설레임이 내 삶의 목적을 주었고 예수와 복음과 전도와 교회와 민족에 대한 개념이 전수되었다. 필자가 고1때 시골의 작은 교회에서 예수님을 만난지 4년만에 새로운 믿음의 세계를 본 것이다. 가끔씩 오셔서 복음을 들려주신 김준곤 목사님과 토요모임의 주강사 이근삼 박사님(당시 고려신학교 조직신학교수)과 우리들의 간사님이신 윤두혁 목사님과 원정희 간사님이 우리들의 마음을 사로 잡았다.

나는 몇 년 후에 부산CCC 학생회 회장을 맡아서 장기 집권한 전설적인 순장으로 불리움을 받았다. 우리들은 매일 학교 강의가 끝나면 약속이나 한 듯이 회관에 모여 열심히 대학복음화를 위하여 전력을 다했다. 각 단과 대학마다 학생대표를 세우고 영향력 있는 학생들을 대상으로 전도하였다. 그 당시에 나온 회원들 중에 목회자, 신학교수, 대학교수, 행정관, 국회의원들이 나왔다. 모두가 교회와 사회에서 중간 기둥의 역할을 했다.

2. 대학복음화 전략과 도전

우리들은 오늘의 대학을 복음화 하면 민족이 바뀌고 새로운 세상이 도래하리라 믿었다. 그래서 우리들은 정말 힘써 캠퍼스를 누볐다. 그때는 사영리 같은 전도 매체가 없었기 때문에 학생들을 찾아가서 말로써 복음을 전했다. CCC 토요강의가 워낙 인기가 있어서 무조건 '와보라'라고 토요집회로 인도했다. 때로는 본부에서 보내는 부흥강사를 맞아 부산시내 가장 큰 교회에서 집회를 열었고, 또한 대학 강의실이나 야외 장소를 빌려 집회를 했다. 많은 학생 결신자들을 거두었다. 이를 위하여 전봇대에 광고지를 붙이고 다니다가 경찰서에 연행되기도 했다. 미국의 빅토리아 농구단이나 아르젠틴 CCC가 파송한 찬양전도단을 통해 많은 불신자들의 관심을 끌었다.

중요한 것은 멤버십 배양을 위하여 달력에 있는 모든 공휴일에는 등산을 갔다. 부산 주변의 산은 안 가본 곳이 없을 정도로 열심히 했다. 때때로 하나님께서 해프닝을 만드셔서 하나님의 살아계심을 우리들에게 보이시기도 했다. 이때 부산서 가장 큰 대학생 모임이 되었다. 인근도시 대구지구 CCC와 잦은 교류를 통하여 전국 CCC 멤버십 강화에도 한 몫을 하였다

성탄절과 부활절에는 '작은 산타크로스 운동'을 하였다. 기말 시험 기간인데도 땅콩장수를 하여 자금을 모을 수 있었다. 우리들은 나환자촌, 달동네, 소년형무소, 군인 해안방위초소, 파출소 등을 방문하여 복음 전도의 범위를 넓혔다. 필자는 의대생이었기 때문에 의대 선배들과 함께 부산의 소외지역, 남해안의 낙도들, 개척교회 설립을 위한 무교회지역을 누비며 정말 열심히 전했다. 여름과 겨울방학은 이 활동으로 집에 갈 기회조차 없었다. 우리들의 기대를 사로잡은 것은 매년 여름 방학에 열리는 입석수양회이었다.

평소에 캠퍼스에서 전도접촉했던 학생들을 초청하여 입석수양회에 가면 모든 학생들이 다 주님을 영접했다. 지방 CCC학생들은 민족을 전도할 동지들을 만나고 또한 평소에 듣지 못하던 명강의들을 들을 수 있어서 입석 수양회는 늘 동경의 대상이었다.

우리 CCC멤버들은 지역을 초월하여 얼마나 사랑했는지는 후배

들은 잘 모를 것이다. 입석에 오면 치약 칫솔이 없어서 냇가에서 모래로 양치질을 했다. 어느 형제가 한 칫솔쓰기를 하자고 해서 한 칫솔쓰기 운동이 생겼고 한 사탕빨기 운동, 헌 이불 덮기 운동도 그 시절에는 애교로 받아 드려졌다.

손목시계도 귀하던 때라 광주형제의 시계를 보자고 하여 내가 차고 부산으로 와서 몇 개월 지나고 다시 만나면 그 친구가 내게 와서 '형제들 끼리 내것, 네것이 있냐'하면서 시계를 받아갔다. 우리는 그 때 사도행전의 유무상통의 모습을 우리 형제들 속에서 경험하였다. 우리들은 인근 도시 진주시에 대학이 있는데 CCC가 없다는 소식을 듣고 버스를 대절하여 학생들이 가서 진주 대학 전도를 하여 개척을 했던 것은 민족 속에 복음의 영역을 넓히고자 했던 열망 때문이었다. 성령님은 우리들에게 이 소원을 일으키셨다

이 무렵에 김준곤 목사님께서 직능별 전도 운동을 제안 하셔서 학생들 전공별로 전도팀을 만들었다. M.S(의료전도), EWS(경제사회 복지회), L.S(문학동호회), A.S(체육동호회) 등이 활동을 주로 했다. 춘천CCC 개척 때나 청주 개척시에는 체육동호회 중에 태권도 동호회가 큰 역할을 했다. MS는 8개 의대가 다 모여 전국 규모로 의료전도를 했다. 어느 여름에는 전라북도 무주군, 충청북도 영동군, 경상북도 금릉군 3개의 군을 이동하며 의료전도를 통하여 민족의 입체적 구원이라는 새로운 명제를 부여받기도 했다. 이러한 활동들을 통하여 우리는 민족이 무엇인가를 배웠다. 그리고 우리가 무엇을 어떻게 해야

하는지를 훈련받았다.

3. EXPLO'74를 위한 하나님의 준비

하나님께서 1962년 원단에 삼각산 기도원에서 김준곤 목사님에게 소명을 주셔서 민족복음화의 기도와 환상을 발표하셨다. "민족의 가슴마다 피 묻은 그리스도를 심어 이 땅에 푸르고 푸른 그리스도의 계절이 오게 하옵소서"는 우리 모두의 가슴에 잘 박힌 못처럼 박혀 우리들에게 계속 민족을 향한 도전과 설레임을 주었다.

수원 농대에서의 여름집회는 민족복음화 요원의 구체적 훈련의 시작이었고 이어서 대전 충무체육관에서 열린 일 만명 민족복음화 요원 훈련은 민족복음화의 가능성을 경험하기에 충분하였다. 일 만명의 동시 합숙 훈련, 공동취사, 대전 시내 일대일 전도, 의료 등 각종 지원부서의 활용 등의 경험은 대규모집회 준비 진행과정을 경험하고 점검하기에 충분하였다. 특히 우리들의 가슴에 민족복음화와 입체적 구원이라는 명제가 실천 가능함을 알게 하였다. 이것이 EXPLO'74를 열수 있는 기본 훈련이 되었다. 이러한 한국CCC의 꿈과 실천이 직능별 전도운동과 함께 미국본부에 보고되어 세계적 이슈가 되었다. 미국CCC는 1972년 EXPLO'72를 택사스 달라스에서 세계적 규모로 개최했다. 이 대회에 한국에서는 55명의 대표가 참가했다. 이 당시에는 한국이 너무 가난했기 때문에 외환관리가 엄격해서 규제가 많아서 수많은 에피소드를 남겼지만 원정희 간사가 인솔자로서 수고를 많이 했다. 각 교회 대표들과 나사렛형제들과 믿족 복음화 요원들이 참가 했다.

이 대회가 종료될 즈음에 한국CCC 대표이신 김준곤 목사님께서 EXPLO'74를 한국에서 열겠다고 선언하였다. 이것이 EXPLO'74의 시작이다. 미국집회를 마치고 온 한국 간사들은 걱정이 태산이었다. 밑그림이 그려지지 않았지만 여의도의 5.16광장에서 8월에 열기로 결정이 되었다. EXPLO'74 대회는 모든 그리스도인들이 '나도 한 사람씩' 전도하여 함께 와서 그 날 여의도 광장에서 복음을 폭발시키자는 기본 계획이었다. 이는 성령님의 명령이었고 성령께서 앞석 가시며 인도하셨디.

이를 위하여 전 교인을 전도훈련시켜 전도자화 하려는 계획이 수립되었고, 먼저 목회자와 중직자들을 중심으로 CCC회관에서 전도훈련을 시작하여 그 후 각교회로 가서 전달 교육훈련을 하도록 진행되었다. 여기서 훈련받고 전도자가 된 사람들을 민족복음화운동 전도 요원으로 인정을 해 주어서 나사렛형제들과 같은 수준의 사람들로 세웠고, 그들이 각 지역의 전도훈련 및 EXPLO'74 대회의 동원책임자로 세웠다. 본부에서는 이들를 발굴하고, 훈련하고, 요원으로 세우기 위하여 많은 간사들과 나사렛형제들이 밤낮없이 전국 59,000개의 부락을 누볐다.

그 당시 이들을 독려하기 위하여 김준곤 목사님과 원정희 간사 등 몇 분의 간사들과 형재들이 동행하여 전국 각 도시를 돌며 전도

집회를 했다. 각 도시별 총동원 전도훈련을 했으며, 이를 통하여 EXPLO'74 대회 홍보와 총동원의 동기부여와 민족복음화 요원들을 만나고 격려하는 기회가 되었다. 필자가 해군 군의관으로 포항의 해병대부대에서 첫 부임을 받아 근무하고 있었을 때이다. 어느 수요일 날 김 목사님이 경주에서 집회를 한다고 하여 밤 집회에 참석했다. 김 목사님은 이미 여러 도시를 순방하여 기력이 거의 바닥이 나 있었다. 설상 가상으로 설사를 하여 집회를 인도할 수 없는 지경이었다. 필자는 근무지로 달려가서 링거수액주사와 의약품을 챙겨와서 치료했다. 그런데 목사님께서 남은 일정에 동행해 달라고 요청하셨다. 필자는 그 날 밤부터 함양, 거창, 마산, 부산까지 응급결에 동행하며 목사님의 건강을 돌보았다. 필자도 피곤하여 녹아떨어졌다. 부산 해운대 호텔에서 잠을 깨어보니 월요일 새벽이었다. 필자는 급히 부대에 전화를 걸었더니 보좌관이 어디 있느냐고 빨리 오라는 것이었다. 오늘 탈영 신고를 할 참이라는 것이다. 급한 상황을 감지한 나는 새벽버스를 타고 출근하였더니 마침 그 날이 사단본부장이 인사이동하는 날이었다. 급히 가서 인사를 드렸더니 가는 사람은 가니까 아무 말이 없고 오는 사람은 아무것도 모르니까 말이 없었다. 필자는 군 탈영에 대한 처벌을 받아야 했는데 하나님께서 묘한 방법으로 넘겨주셨다. 그 당시에는 어떤 상황이라도 민족복음화 요원훈련이라면 모든 것을 희생하고 오로지 최우선 순위로 나사렛형제들은 뛰었다.

필자는 EXPLO'74가 끝나면 민족이 바뀌겠다는 확신을 갖게 되었다. 이 소망으로 무엇을 드려도 아깝지 않았다. 하나님의 성령께서 주관하신다는 믿음도 확고해졌다. 언제나 성령님은 우리보다 한 걸음 앞서 가시며 미리 여호와 이레로 준비해 놓으신 것을 많이 경험했다. 우리는 성령의 내재, 세례, 충만, 동행을 날마다 체험하며 기쁨의 찬송을 부르며 피곤한 줄도 몰랐다.

한편 여의도 광장의 대회준비는 미진하였다. 간사님들과 나사렛 형제들이 함께 원정희 간사를 준비책임자로 하여 대회장을 준비하였다. 김 목사님께서 마지막 점검을 하는 회의에서 분위기는 대회진행이 불가능하다는 결론에 도달했다. 문제는 텐트숙소는 가능한데 상 하수도가 연결되지 않아서 대회 날까지 설치가 불가능하다는 것이었다. 모두가 실의에 빠져 낙심하고 있을 때 서일영 형제가 목사님 가능합니다. 수도꼭지가 꼽혀 있으니 원수와 연결만 하면 된다는 것입니다. 그것이 불가능하다고 부정적인 생각을 하고있는데 할 수 있다는 긍정적인 발언이 나온 것이다 라고 말했다. 김 목사님은 "그렇소 한번 해 봅시다"라고 하여 다시 준비되어 대회 직전에 그 어려운 난공사가 완공되었다. 이러한 에피소드는 수없이 많다.

취사도 문제였다. 필자는 취사의 위생문제를 책임지고 있는 사람으로서 매우 다급하고 중요한 문제였다. 인근 군부대를 비롯해서 온갖 방법을 동원하여 보았지만 100만 명이 넘는 인원을 먹인다는 것은 매우 어려운 문제임라는 것을 풀어갈수록 깊이 느꼈다. 우여곡절 끝에 여의도 시영아파트의 겨울 난방보일러를 운행해서 그 증기로 밥을 찌는 것으로 결론이 났다. 급히 나무로 증기밥 시설을 완공하고, 또한 쌀씻는 큰 방을 만들어 인부들이 약 15명이 한꺼번에 들어가서 장화신고 삽으로 쌀을 씻었다. 이 장관은 전무후무할 것이다. 아침은 빵을 각 숙소로 배달하기로 했다. 여의도 주변의 각 대학 학교 약 5,000여 교실과 여의도 광장의 텐트로 배송했다. 당시에 가장 유명했던 콘티빵을 삼발 오트바이로 배송했다.

그런데 각 학교숙소에서 빵이 오지 않았다고 아우성이다. 원정희 장로와 필자가 그 오트바이를 타고 돌아보니 중간 길거리 상점마다 우리빵이 진열되어 있었다. 아마도 기사들이 중간에 팔았던 것이다. 그래서 본부는 급히 HCCC 학생들을 동원하여 배달 차마다 배치하여 각 숙소마다 정확하게 배달하게 되었다. 점심 밥도 마찬가지였다. 어느 학교 숙소에 밥이 적다는 것이다. 배식부에서는 분명히 각 숙소의 인원수 대로 보냈는데 어떤 학교는 밥이 모자라고 어떤 학교는 남아 썩고 있어서 아우성이었다. 이를 점검하였더니 각 숙소의 인원배치에 문제가 있었다. 시골서 온 참가자들이 지정된 숙소에 가지 않고 친척이나 지인들이 있는 학교로 임의로 간 것이다. 그러니 어떤 숙소에는 사람이 적고, 어떤 학교에는 넘치는 것이었다. 밥 전쟁은 취사책임자가 교체되어 민정웅 목사가 맡고서야 안정이 되었다. 그 밥과 오이냉국과 오이짠지를 반찬으로 공급했지만 위생적으로 한 건의 문제도 발생하지 않은 것은 전적으로 하나님의 섭리하심이었다.

　필자는 의료진료를 담당하는 간이 진료소의 책임자로 임명받았다. 그 때는 Medical Society(M.S.)가 전국의과대학중심으로 운영되고 있었다. 서울팀이 가장 크게 활동했지만 본부는 부산출신인 필자를 책임자로 임명했다. 처음에는 그로 인한 조금의 갈등은 있었지만 평소에 오래동안 함께 활동한 친구 동역자 사이라 곧 안정을 찾았다.

　처음에는 윤중국민학교의 교실 하나를 빌려서 간이 진료소로 운영하였다. 그러나 시간이 갈수록 늘어나는 환자를 감당할 길이 없었다. 인력도 모자라고 장소도 협소하였다.

　경찰차는 뜨거운 뙤약볕에 쓰러지는 환자들을 계속 수송해 왔다. 이들 환우들은 거의 대부분이 산속 기도원에서 있던 환우들인데 큰 집회에 참가하여 하나님의 치유를 받기 위하여 무작정 내려온 환우들이었다. 대부분의 환우들은 지병으로 건강이 매우 좋지 않은 상태였는데 갑자기 노천 뙤약볕 집회에 참가하니 온열질환에 노출되거나 탈수증 등으로 쓰러지는 경우가 많았다. 필자는 실제로 노천 집회의 한 쪽 구석에서 할렐루야를 외치며 갑자기 사람들이 일어서서 찬양하는 것으 보고 현장을 가 보았다. 정말 앉은뱅이가 일어나고 맹인이 눈을 뜨고, 청각장애인이 귀가 열리고 심장병이 나았다는 간증을 보고 들었다. 하나님의 기적은 하나님의 시간에 하나님의 뜻에 따라서 일어나고 있음을 목격한 것이다.

　그러나 진료실에 밀려오는 환우들을 치료하기 위하여 광고를 하여 각 지역에서 참가한 의료인들을 다 모았다. 학교 교실도 3개층 학교 교실을 모두를 개방하여 병실로 사용하고, 간호사들은 3교대 근무를 하게 하여 일반 병원과 방불하게 운영 되었다. 평소에 M.S. 봉사를 통하여 함께 일했던 경험들이 있어서 질서정연하게 병원이 운영되었다 하나님께 감사 또 감사드렸다. 하나님은 우리들의 기도를 들어주시고 한 건의 의료사고도 생기지 않도록 지켜주셨다.

EXPLO'74 대회의 참가자들은 8월 14일 밤의 비오는 가운데 있었던 우중집회를 잊지 못할 것이다. 그 날 아침부터 흐린 날씨에 간간이 내리던 빗방울이 오후가 될수록 호우로 변했다.

비오는 여의도 광장의 장소가 노천이었기 때문에 모임은 불가능했다. 정부 안전기관과 정보기관들이 모두 저녁집회의 취소 또는 장소 변경을 명령했다. 김 목사님에게 강한 압박을 넣은 것이다. 가장 염려되었던 것이 대규모 인사 사고의 가능성이었다. 간사와 진행요원이 모여 의논을 했다 문제는 100만이 넘는 사람이 동시에 들어갈 장소는 어디에도 없었다. 여의도 순복음 교회와 국회의사당이 거론되었지만 턱없이 협소한 장소이었다. 각 숙소에서의 분산 집회도 건의 되었지만 대회 분위기가 허용하지 않았다. 빗줄기는 점점 굵어지고 저녁때가 되어오는데 결론이 나지 않았다. 원정희 간사를 비롯한 진행위원들은 빗속 집회를 강행하자는 것이었다. 이는 정부 안전기관과 큰 갈등을 빚었다. 저녁 집회시간 두시간 전쯤 되었는데 이미 마포대교 쪽에서 비닐 우비를 입은 참가자들이 '우리는 이기리라' 찬송을 부르며 광장으로 들어오고 있었다. 약속이나 한 듯 참가자들은 비닐 우비 차림으로 질서 정연하게 광장을 순식간에 가득 메웠다.

필자는 강단 위에 올라서서 그 장관을 보았다. 100만명 이상이 모이면 임시 광고는 통하지 않고 이미 약속된 프로그램 시간표 그대로 진행이 저절로 되는 것을 보고 대중 모임에서의 특성을 체험했다.

외국에서 온 참가가들도 버스를 타고 광장 강단 뒤편에 와서 버스 속에서 머물고 있었다. 이윽고 광장이 가득 차자 외국 참가자들도 비닐 우비를 입고 차에서 내려 광장속에 합류했다.

집회는 시작되었고 그 찬송 소리는 여리고성을 무너뜨린 것과 같은 함성이었다. 그날 밤 김준곤 목사님의 메시지를 성령께서 사용하셔서 모두가 성령 충만함을 경험했다. 그리고 집회가 끝나자 질서정연하게 철야 기도가 시작되었다. 그리고 한 건의 사고도 없었다. 이를 본 안전기관도 정보기관도 모두 놀라고 진행하는 우리들도 감격과 놀라움으로 감사했다. 필자의 눈에는 이러한 열정이라면 한국교회가 한국 민족을 바꿀 수 있겠다는 확신을 갖게 되었다.

그 다음날은 날씨가 맑았다. 8.15 해방 행사가 열렸고 문세광이라는 조총련 간첩에 의해 육영수 영부인께서 저격을 받아 서거하셨다. 박정희 대통령은 방탄 강단 때문에 무사했다. 이로 인하여 참가자들은 모두가 다 애국자가 되었다. 김일성을 규탄했다. 그리고 이 대회를 무당굿풀이라고 폄하하던 소위 기독교 신신학 진보파들의 언론공격은 육여사 서거의 기사로 신문매체에서 밀려나게 되었다.

EXPLO'74 대회는 하나님께서 주관하신 성령 행전이었다.

마지막 날 대회는 종료되었고, 모두가 돌아가는 새벽녘에 한 건의 사고가 발생했다. 필자는 그 새벽에 우리 의료팀은 제일 나중에 철수한다고 선언하고 의무실을 지키고 그 감격과 감사의 기도에 젖어 있었다. 그 순간 한통의 전화가 걸려 왔다. 마포대교 위에서 참가자 중의 한 여자 성도를 화물차가 덮친 것이다. 현장에 가 보았더니 두개골 파열이 있었다. 우리 대회의 긴급 후송병원인 적십자병원으로 환자를 이송했다. 환자는 의식이 이미 없었고 신경외과 의사는 두개골절, 출혈 뇌 손상으로 가망이 없다는 것이다. 우리는 빨리 보호자에게 알려야 했다. 같이 온 성도에 의하면 그 분은 강원도 강릉에서 왔고 남편이 믿지 않는 집안이어서 친정집에 간다고 속이고 이 집회에 참가 했다는 것이다. 일단은 우리는 보호자에게 상황을 알리기로 하여 간사님이 전화로 알렸다. 그 날 밤에 병원으로 온 남편은 노발대발 이었다. 간사님들이 그 분을 위로하고 설득하여 이틀이 지난 후에야 정신이 안정되었다. 기적은 일어났다. 사망선고를 받은 그 환자가 의식이 돌아온 것이다. 모두가 너무 놀라고 기뻐하고 감사하였다. 그 남편도 마지막에는 이해하고 예수님을 영접했다.

4. EXPLO'74 대회가 남긴 것과 교회와 민족적 변화

1) 한국교회의 변화

약 90%의 교회가 참여한 이 대회를 통하여 통계에 의하면 교회 출석인원이 33% 증가 했고 헌금은 64%가 증가 하였다고 한다. 중요한 것은 훈련받은 전도요원들에 의해 전도의 열풍이 일어났고 그로 인하여 한국교회는 급성장의 기틀이 마련되었다. 그러나 때마침 불어온 미국 신학교발 교회 성장학의 영향으로 교회는 성장했지만 사탄의 놀이터가 되었다는 아프고 쓴 결과를 맞았다.

한국교회 안에 일어난 전도운동은 민족복음화 요원훈련의 영향으로 각 교회마다 폭풍처럼 일어 났다. 그리고 선교에 관한 관심이 팽대해 지고, 성령운동이 목회자들에게서 먼저 일어나고 일반성도들에게 그 영향이 강하게 미쳤다. 이것이 교회 성장의 내, 외적 원동력이 되었다. 교회 안에서 성령충만이라는 용어가 어디서나 일컬어지고 있었다. 이 때처럼 건전한 성령운동이 일어난 적이 없었다. 기존 기독교가 종교적인 수준에서 머물렀다면, EXPLO'74 대회 후에는 성령의 바람이 불어오는 생명운동이 되었다.

2) 한국경제의 발전

경제기획원 통계에 따르면 EXPLO'74 대회가 있었던 1970년부터 1980년 중반까지 약 15년 동안 한국의 경제가 980% 성장했다는 보고가 있었다고 한다. 같은 기간에 교회의 성장은 350%이었다고 보고되었다고 한다.

지인의 전달에 의하면 노태우 대통령이 인도네시아를 순방중에 인도네시아 수상이 한국의 경제 발전의 동인이 무엇인가고 질문을 하였는데 노 대통령은 그것은 기독교 때문이라고 대답했다고 한다. 그 수상이 종교가 경제 발전에 무슨 영향을 미치느냐고 되묻자 노 대통령은 한국의 기독교인들은 새벽부터 새벽종을 쳐서 사람들을 깨워 기도회를 하고 이어서 일을 시작했기 때문에 기독교의 적극성 과 적극적 사고방식이 한국의 개발에 지대한 영향을 끼쳤다고 대답 했다는 말을 들었다. 하나님은교회의 정상적 발전을 한 나라와 민족 을 흥왕하게 하신다. 전 세계를 보면 기독교 국가와 그 외의 국가들 을 비교해보면 확연히 발전이 큰 것을 입증한다.

3) 선교한국의 태동

대회를 통하여 김준곤 목사님의 외침은 선교에 관한 관심을 불러 일으키기에 충분했다. 성도들마다 우리도 한 선교사를 보내자는 운 동과 각교회 마다 선교사 보내기의 열기가 서서히 달아올랐다. 그래 서 김 목사님은 EXPLO'74 대회의 재생 성격으로 진행되었던 '80년 복음화 대회를 통하여 드디어 10만명 선교사 지원자를 대회중에 일 으켜 세웠다. 하나님의 성령께서 선교한국의 비젼을 한국교회 안에 심으신 것이다. 아마도 현재 파송된 선교사들 중에는 이 때 서약한 것을 지키기 위하여 선교에 헌신하고 있는 분들이 대부분이다.

성령께서 심으신 선교의 열기는 식을 줄 모르고 타올라서 지금 세 계 1, 2위의 선교국이 되었다. 특히 9.11 사태로 미국선교를 중심으 로한 서구선교사의 쇄퇴로 그 빈자리를 한국선교사들이 메워가며 오늘의 선교를 주도하고 있는 것이다.

4) 민족복음화 운동의 활성화

민족복음화 전도훈련은 많은 전도자들을 양육했을 뿐만 아니라 '나도 한 사람 전도'의 캐치프레이즈를 따라서 전 교인 전도운동이 전교인 초청전도 등 여러가지 양태로 진행되었다. 그 결과로 전 민족이 복음을 들었고, 한국민족의 약 20%가 그리스도인이 되었다.

한 때는 '복음의 의식이 민족의식이 되게하자'라는 기도가 김 목사님에 의해 주도 되어 기독교 가치관이 이 시대정신이 될 것을 우리는 기대했다. 그러나 교회 성장에 따른 기독교회 내부의 부패가 표출되고 지적되면서 다시 민족 속에 복음의 영향력이 줄어 지금은 반토막이 났다. 우리는 대회를 통하여 '민족'이라는 개념을 전수 받았고 우리가 사랑해야 한 대상이 무엇인지 민족을 위해 헌신할 집단이 누구인가를 배웠다. 우리 나사렛형제들은 바로 이 도구로 태어나 훈련되고 있었다. 나사렛형제들은 잠꼬대로 기도해도 민족복음화와 세계선교를 외쳤다.

5) 성경공부의 활성화와 신학교 지원자의 급증

지속된 민족복음화운동의 일환으로 전도와 함께 각 교회와 소그룹 중심으로 성경공부운동이 강하게 성령의 바람처럼 불었다. 이로 인하여 성도들의 성경에 대한 열정과 그리스도인의 삶에 대한 훈련이 우후죽순처럼 일어났다. 성경공부의 열기는 성도들의 신학교 지원이 많아졌다. 이는 목회자가 되려는 열망도 있었지만 성경공부를 할수록 성경을 알고자 하는 열정이 더 커졌기 때문이었다.

그래서 군소교단마다 신학교를 설립하여 난립상을 보였고 훗날 신학교와 목사수가 너무 많아져 윤리문제를 야기하곤 했다. 그러나 하나님은 이 열기를 통하여 자기 일꾼들을 훈련시켜 냈다. 목사의 수가 많아지고 또한 목사안수 받기가 쉬워져 이들을 통하여 많은 선교사들이 목사 안수를 받고 사역지로 부임했다. 또는 평신도 선교사가 사역의 한 기간을 마치고 안식년 중에 속성과 신학교를 수료하여 목사 안수를 받음으로 목사 선교사가 많아졌다.

이 성경공부는 평신도 가운데서도 강하게 일어나 한국교회 일꾼들의 수준이 많이 상승되었다.

6) 의료선교의 활성화와 아가페 봉사단의 태동과 한국의료선교대회의 태동

EXPLO'74 이전에는 CCC 안에 M.S.(의료전도 봉사단)이 전국 8개 의과대학을 중심으로 활동하였다. 주로 의료 소외지역에서 무료 의료 봉사를 통한 전도를 하였다. 물론 이를 통하여 의대생 및 의료관련 대학생전도와 육성도 매우 강하게 일어났다. 주말이나 공휴일에 우리 CCC본부가 있는 지역 중심으로 전공의 선생님들과 약사와 간호사와 의대, 간호대, 약대 등 의료관련 학생들과 자원봉사자들과 전도자들이 한 팀을 이루어 매우 심도 있는 봉사활동과 전도를 준행하였다. 민족의 입체적 구원이라는 슬로건의 성취라는 의미에서 의료인들의 관심이 커졌고 병원이 없는 마을에서 요청이 오기도 했다. 이 활동으로 의료인 회원 증가와 함께 개척교회가 세워지기도 했다. 또한 기존 개척교회 수준의 교회에서 지역에 사랑봉사의 차원에서 요청이 쇄도하였다. 한국 CCC본부가 주관하는 전국규모의 의료봉사전도도 활성화 되었다 그래서 각 지역M.S.멤버들 간에도 친밀도가 매우 높아져 전국 어디서나 형제들을 만나고 쉽게 교제하였다.

EXPLO'74 대회 이후에 M.S.는 AGAPE 의료전도봉사단으로 활동하게 되었다. EXPLO'74 대회를 준비하기 위하여 미국본부로부터 Dr. GARRISION을 중심으로 하는 의료전도봉사팀이 'AGAPE MEDICAL MOVEMENT'라는 이름으로 의료전도 봉사를 목적으로 파송되어 한국에 왔다. 그들 18명 모두는 한국에 귀화하여 장기봉사를 목적하였다. 이는 선교지에 의료선교사로 온 것이다. 이들은 왕십리에 있는 한강 변 할빈교회(김진홍 전도사)를 중심으로 의료전도봉사를 하였고, 주중에는 각 중·고등학교를 순회하며 사역을 하였다. 이 때 한국측 협력자로서 원정희, 안옥선, 남성호 간사 등이 저들을 가이드하고 도왔다.

원 간사님의 소개로 필자가 그들을 만나니 부끄러운 마음이 들어 미안하다는 인사를 먼저 했다. 한국에도 기독의사가 많은데 이 같은 슬럼지역을 몰랐고 또 우리 동족들을 섬기지 못한 것이 부끄러웠다. 필자는 포항에서 군 복무중이였지만 일주일에 한번씩 매주 수요일에 그 팀들을 도왔다. 그러나 이 아가페팀들이 EXPLO'74 집회후

1976년에 팀자체의 사정으로 해체되어 미국으로 돌아가게 되었다. 필자는 대학원 공부를 위하여 1976년 6월 서울에 취업하여 올라와 있었다.

부득이 필자가 아가페 팀을 맡게 되었다. 그 때 아가페 팀과 같이 하던 의대생들이 모두 자연히 흩어졌다. 필자는 서울지구 M.S.와 함께 하기위하여 그들을 접촉했더니 M.S.는 이미 서울지구 CCC를 탈퇴하여 독자적 모임을 하고 있었다. 할 수 없어서 필자는 안옥선 간사와 그가 인도하던 덕성대학교 약대생 5명과 함께 아가페전도 봉사 모임을 계속하기로 하고 우리를 지도할 간사를 본부에 요청하였으나 워낙 간사 수가 적어서 올 여력이 없다는 통보를 받았다.

하는 수 없이 필자가 직접 월요 성경공부 인도와 토요일 진료전도 봉사활동을 했다. 월요 성경공부는 회관 현숙기도실에서 했다. 토요 진료봉사는 원정희 간사가 마련하여 신축한 작은 진료소가 수유리 샘표간장 공장 옆 신창동에 있었고 미국 아가페팀들이 함께 도와 약 2년간 그 곳에서 봉사하였다. 그래서 진료소는 미국사람병원이라 하여 많은 환우들이 토요일에 몰려 왔다. 심지어 강원도에서도 왔다 앞 마당에서는 떡장수가 떡을 팔곤 했다.

조금씩 학생들이 모이고 진료소도 안정이 되자 M.S. 형제들이 심한 반대를 해 왔다. 그들이 CCC를 탈퇴하면서 CCC안에는 의료의 씨를 말리겠다는 굳은 생각을 가질 정도로 CCC 본부와 감정의 골이 깊어 있었다. 그들 중에는 의대 교수들이 있어서 학생들에게 아가페

출입금지령을 내려 놓은 것이었다. 지방출신인 필자로서는 매우 어려운 상황이었다. 기도밖에는 길이 없었다. 학생들은 과락을 각오하고 봉사에 참여하였다. 어려움이 클수록 우리들의 응집력은 더 커졌다. 우리들은 독자적으로 속초 아야진에서 여름 의료전도 봉사를 시행하였다. 아야진 진료가 마치면 버스로 속초에서 충북 영동군 미루나무 섬으로 가서 CCC 여름집회에 참가하여 많은 은혜를 받고 결신자도 많이 나왔다. 학생들의 만족도는 매우 컸고, CCC본부에서 박정숙 간사등 여자 간사 몇 분을 파견해서 공적으로 CCC 안의 기구가 되었다. 그 후로 김 진철 간사가 오고 장원기 간사, 윤철 간사 등이 계속 사역을 했다.

김준곤 목사님은 필자에게 선교에 관한 것을 많이 주입시키셨다. 필자는 비로소 민족을 알게 되었고 선교를 알게 되었다. 그래서 CCC 아가페가 독자적으로 전국 규모의 의료선교대회를 부암동 회관에서 개최했다. 예상외로 지방에서 많이 참가했다. 대회는 성령님의 인도하심으로 파키스탄 의료선교팀을 파송하기로 결의하고 마쳤다. 이는 한국에서 처음 있는 일이었다.

여기 선교대회에 강사로 오신 NCC 소속의 의료선교 협회 회장이신 이명수 교수님이 오셨다가 지금까지 의료선교대회를 하려고 했던 세미나식 모임을 지양하고 우리와 같은 운동식 대회를 열기로 결정하고, 김준곤 목사를 대회장으로 필자를 총무로 세워서 첫 번째 의료선교대회를 1989년에 개최한 것을 시작으로 오늘 날의 한국기독교 의료선교협회와 한국기독교 의료선대회가 지속적으로 열리게 된 것이다. 이 의료선교대회가 격년으로 열리고 있으며 내년에 제 19차 대회가 열릴 예정이다. 이로인하여 하나님께서는 많은 의료선 교사를 세우시고 의료선교 훈련원의 훈련과 함께 한국의료선교의 지평이 넓어졌다. 지금은 선교지에 의과대학과 병원건립을 하여 괄 목할 만한 결과를 내고 있다. 미주지역에도 한인의료선교대회가 열 리며, 호주지역에도 열리고 있어서 전 세계의 한인의료인들 중에 선 교헌신자들이 선교현장을 뛰고 있으며 선교지 의과대학의 교수로도 헌신하고 있다. 성령님의 역사는 그 주권적 섭리에 따라 기묘하게 세계선교을 주관하고 계신다.

7) 성시화운동의 태동이다

김 목사님은 EXPLO'74의 정신으로 '지구촌의 어느 한 민족만이 라도 모두 예수를 믿어 전도자가 되어 세계를 변화시킬 수 있기를' 기도했다. 또한 이를 위루기 위하여 한 나라에서 어느 한 도시만이 라도 온전히 예수 믿어 예수도시 성시화가 이루어지고 이들을 통하 여 민족이 송두리째 예수믿는 민족이 되어 세계선교 초석이 될 수 있기를 기도했다.

이 기도의 맥락을 따라 김 목사님은 세계 기독교 역사에 남은 칼 빈의 제네바 성시화를 모델로 삼아 한국에도 그와 유사한 입지조건 을 가진 호반의 도시 춘천을 송두리째 전도해서 전 도시가 성시화되는 것을 보자고 하여 춘천에 성시화운동을 춘천의 신실한 그리스도인들을 중심으로 조직하고 시작했다. 그러나 그 활동이 미미하던 터에 춘천 지검 전용태 검사와 법원의 양인평 판사가 부임함으로 그 관사에서 성경공부를 시작하였다. 그들은 요한 웨슬레의 홀리클럽이라는 이름으로 말씀공부와 전도로 도시변화를 시도했다. 이 또한 성령님의 주권적 섭리였다. 그래서 그들은 기존의 성시화운동 헌신자들과 함께 홀리클럽이라는 이름의 성시화운동을 하였다. 그 후에 그들이 인사 이동되어 가는 곳 마다 홀리클럽을 만들어 성령의 바람이 불기 시작했다. 이 운동은 목사님들을 중심으로 하는 성시화운동과 평신도 중심으로 하는 홀리클럽으로 분리 활동했다. 때로는 그 이름이 동일시 되었고 혼용되기도 하였다.

서울 홀리클럽은 이영덕 장로님을 회장으로 활동이 활발히 진행되었다. 구 단위 홀리클럽을 조직하기도 했다. 전용태 장로가 대구지검장으로 근무할 때 필자는 하용조 목사의 보냄을 받아 포항에 한동대학교 선린병원 원장으로 부임하게 되었다. 이영덕 장로님이 한동대학교 이사장으로 계셨기에 포항의 성시화운동은 자연스럽게 태동되었다. 필자에게 하나님이 지혜를 주신 것은 성시화운동과 홀리클럽이 둘로 활동하는 것이 목회자들과 평신도들이 충돌할 여지가 있어서 조직을 다시 만들었다. 포항 성시화운동본부 아래 목회자, 평신도, 여성, 교사 언론인 등 직능별 홀리클럽, 청소년 홀리클럽을 조직하여 홀리클럽운동을 통하여 성시화를 이루는 형태로 조직하였다. 지도자 홀리 클럽의 성경공부를 통한 하나님의 섭리는 놀라왔다. 국회의원과 포항시장을 비롯한 시의회의장, 검찰청지청장, 법원 지원장, 각대학 총장, 소방서장, 기상대장, 시민사회단제 회장 등 포항의 유지들이 다 모여 정말 뜨겁게 성경공부를 했다. 성경공부를 통하여 하나님의 역사하심이 정말 커서 시장을 비롯한 모든 분들의 개인적 삶의 변화가 눈부시게 일어났다. 그들이 어린 아이들처럼 술을 끊고 담배를 끊었다. 따라서 평신도, 여성 및 직능별 홀리 클럽의 사람들의 변화도 현저히 일어났다. 이들의 영향으로 포항 사회의 변화는 시작되었다. 믿는 자의 수가 늘어나고 교회가 성장하고, 범죄수가 감소하고, 어느 추석 전날 남부경찰서 유치장에 유치인이 한 사람도 없었다는 보고도 있었다. 사회질서도 잘지켜지고, 교회를 중심으로 소외된 자들에 대한 사랑나누기도 많아졌다. 포항 시내에 있었던 대학설립의 문제로 두 거대 유지가 심한 갈등을 하여 사회적 문제가 되고 있었던 터에 두 사람의 화해가 지도자 홀리 성경공부를 통하여 일어났다. 이 때의 상황들을 여기서는 다 표현할 수 없음이 안타깝다.

성시화운동은 '전 교회가 전 복음을 전 시민에게 전하자'라는 캐치 프레이즈가 활동의 근간이다. 그런데 한 도시를 복음으로 변화시키는 데는 그 접촉점을 어디에 두어야 할가의 방법론적 문제를 찾아야 했다. 그 도시에 사는 사람인가, 가치관인가, 문화인가, 아니면 시스템인가를 생각해 보았다. 어느 하나도 가능한 것이 없어 보였다. 연못의 뚝을 무너뜨리려면 작은 생쥐 구멍이 필요하듯이 작은 타깃이 필요하였다. 가능성이 보이는 것은 사람의 변화이다. 사람이 변하면 가치관, 사회질서, 문화, 시스템이 바뀔 수 있을 것이다. 그래서 우리는 성경공부를 시작하여 말과 성령이 사람을 변화시켜주시도록 기도하며 도전했다. 이것이 하나님의 방법이고 전략이었다.

5. 오늘 우리에게 주시는 메시지

EXPLO'74는 50년 전에 한국에서 있었던 하나님의 성령의 행전이다. 오늘 우리는 이를 상기하며 오늘 우리가 무엇을 해야할 것인가 그 음성을 듣는 것이 우리가 할 일이다.

1) 교회의 거룩성과 윤리성의 회복이다

교회 성장주의에 따른 교회의 세속화는 불신자들로부터 외면을 당하고 있다. 대형교회의 세습의 문제가 제기 되면서 교회에 대한 지탄은 하늘을 찔렀다. 또한 종종 터져나오는 목회자들의 성윤리 문제도 세간의 눈살을 찌푸리게 하였다. 진실된 신앙가치관에 따른 성도들의 삶이 세상의 것들과 차이가 없다. 성령 충만을 부르짖는 교회에 성령의 열매가 없다.

2) 교회안의 맘몬 주의를 극복해야 한다

요즘 교회는 돈 없으면 아무것도 못하고 오히려 기가죽어 있는 현실이다. 목사가 새 부임교회로 갈 때 지참금을 가지고 가야 한다는 기이한 이야기도 있다. 장로가 되기 위하여 일정 액의 돈을 내야 한다는 것은 매관매직 보다 더하다. 기가막히는 노릇이다. 이러다가는 예수는 없어도 되고 돈은 없으면 안 된다는 소리까지 나올 지경이다. 교회의 세속화는 이미 교회안에 뿌리가 내려 있는 듯하다.

3) '하나님'이라는 우상을 퇴치해야 한다

성도들은 자기가 믿는 하나님을 퍼즐그림을 맞추듯이 그린다. 현대는 설교와 성경공부가 넘쳐나는 시대이다. 성도들은 그 때마다 자기가 믿는 하나님의 퍼즐 조각을 맞춘다. 그러다가 어느날 그 퍼즐이 완성되었을 때 그 하나님은 성경에 계시된 하나님이 아니고 인간이 만든 하나님이다. 이를 하나님으로 섬기는 사람이 많다고 한다. 내가 누구를, 무엇을 믿는가를 잘 모르고 그저 종교라는 울타리 안에서 놀고 있는 것이다. 우리는 다시 성령이 스승이신 온전한 성경에로 돌아와야 한다. 성령의 안경을 쓰고 성경을 보아야 한다. 믿음의 눈이 아닌 세상의 눈으로 성경을 보면 하나님의 능력은 없어지고 자기 종교를 만든다.

4) 교회가 시대정신을 선도해야 한다

우리는 사탄이 만들어 놓은 시대정신에 나도 모르게 휩쓸려 간다. 우리는 하나님의 성경적 가치에서 나오는 시대정신을 세상 속에 전파하여 교회가 먼저 솔선수범하여 행복의 길을 보여야 한다. 우리가 열심히 전도하여 민족 속에 참으로 믿는 사람의 수가 한 사람이라도 많아져야 시대정신을 선도할 수 있다.

5) 참된 사랑의 실천을 명령하신다

물론 말세가 될수록 사랑이 식어질것이다고 말씀하셨다. 그러나 교회의 표지는 사랑이다. 이 사랑이 불신자들이 가지는 교회에 대한 마지막 기대치이다. 교회는 어찌하든지 사랑을 실천하여 세상 사람들이 그 그늘에서 놀도록 교회의 영향력을 회복해야 한다. 교회 안에 이 사랑이 없으면 일반사람들의 교회에 대한 기대치는 없어질 것이다. 이것이 없이면 전도도 문이 닫힌다.

세상에서는 사랑이 없어도 교회에는 심볼처럼 사랑의 삶이 풍성해야 한다. 특히 그리스도에 대한 처음 사랑이 너무도 필요하다. 오늘날에는 의미마저 상실된 사랑을 교회가 살려내어 모든 사람들에게 보여 주어야 한다.

6) 교회 이기주의의 극복이다

자기 것만 고집하여 교만에 사로잡히면 이기주의는 다른 사람을 죽인다. 다시 예수님의 십자가 밑으로 돌아가서 다시 시작을 해야한다. 예수님의 십자가 죽음으로 보이신 원수도 사랑하시던 그 사랑이 그리스도가 내안에 있고 내가 그리스도 안에 있는 신비한 연합이 이루어진 성도들은 예수그리스도께서 하신 것처럼 우리도 해야 한다. 이것이 교회가 보여줄 구별성이다.

7) 전도의 극대화이다

EXPLO'74는 '나도 한 사람 전도 운동'이다. 현대는 코로나 후로 전도가 안 되는 시대라고 하는 도그마에 교회가 갇혀 있다. 그러나 지금도 전도하는 교회는 성장하고 있음을 본다. '전 교회가 전 복음을 전 시민에게'라는 슬로건을 다시 교회의 목표로 삼자. 도시별 전도나 사회별 전도나 마을별 전도나 교회가 적극 주도하고 지원해야 한다. 이것이 한국교회의 살 길이다. 이것 없이는 하나님이 선교의 촛대를 옮기실 것이다.

오늘 하나님 앞에 조용하고 경건된 마음으로 EXPLO'74를 통해 말씀하신 하나님께서 오늘 우리에게 무엇을 하라고 말씀하시는지 그 음성을 듣고싶다. EXPLO'74를 이루신 성삼위 하나님은 오늘도 그대로 변함없이 살아계신다. 같은 성령께서 지금 우리 가운데 계신다. 그런데 이렇게 기독교가 무기력한 것은 우리가 변하여 하나님께 단순히 순종하지 않기 때문이다. 다시금 성령충만 나를 준비하자.

EXPLO'74에 대한 신학적 고찰

서철원

전 총신대교수

1. 민족복음화를 위해 한 EXPLO'74는 신학적으로 정당하다

1.1. 한 사람이 민족복음화를 기획하고 추진하였다

김준곤 목사께서는 1958년 대학생선교회를 조직하여 대학생들에게 부지런히 전도하고 대학 전도로 주 예수를 믿는 자들을 훈련하고 양육하였다. 그것은 캠퍼스 선교로 얻은 열매이지만 그들을 요원들로 양육한 것은 가까운 이웃 사람들에게 전도하기 위한 요원들로 양육하는 것이었고 더 나아가서 민족복음화 요원들로 기름이었다. 처음 대학생들에게 복음을 전해 그들로 예수 믿게 함으로 그들을 다음 세대 전도사역을 이어갈 요원들로 세움이었다. 그리스도인들은 사는 지역을 복음화하면 자기의 민족을 복음화하고 싶은 욕망을 갖는다.

이 욕망은 주의 지상명령 곧 세계 선교 명령에서 왔다고 보는 것이 정당하다. 너희는 가서 모든 족속으로 제자를 삼아 아버지와 아들과 성령의 이름으로 세례를 주고 내가 너희에게 분부한 모든 것을 가르쳐 지키게 하라 (마 28:19-20). 사도행전 1장에 보면 주 예수께서 승천하시기 직전에 '오직 성령이 너희에게 임하시면 너희가 권능을 받고 예루살렘과 온 유대와 사마리아와 땅 끝까지 이르러 내 증인이 되리라 하시니라.' (행 1:8). 복음을 전할 지역적 순서가 나와 있다. 제자들이 살고 있는 예루살렘과 그 나라 그리고 가장 가까운 이방지역인 사마리아, 그다음이 땅 끝까지이다.

그리스도인들이 주 예수를 믿어 복음을 받아들이면 그들이 사는 지역을 복음화 하도록 최선을 다하고 그다음 우리가 사는 나라를 복음화 하는 것이다. 대학생 선교로 학원 복음화를 시작한 김준곤 목사께서도 대학생들을 전도해서 예수 믿게 했으면 그들을 민족복음화의 역군으로 삼는 것은 당연하였다. 김준곤 목사는 대학을 복음화해서 민족을 복음화 하는 욕망을 가졌다.

이 목표를 위해 순모임과 다락방 모임을 시작하고 훈련시켜 민족복음화를 이루려고 꾸준히 기도하면서 준비하였다. 오랜 기간 기도하고 준비하여 1974년을 이일을 성사하기로 하여 1974년을 D-Day로 설정하였다. 그리고 여의도 광장에 일주일 동안 매일 기도와 금식을 하면서 한국교회의 부흥과 한국민의 회심을 위해 기도하였다.

1974년을 민족복음화의 원년으로 삼았다. 민족복음화의 원년으로 삼고 복음화사역을 진행했으므로 1970년도 중반 이후와 1980년대 교회 출석수가 현저히 증가하였다. 이대로 가면 한국 인구의 20%에서 25%까지 신자화 되어 한국이 기독교 국가가 될 가능성이 커졌다. 한 민족이 기독교화 되는 것은 여러 사람이 노력해서 되기보다 한 사람 혹은 두어 명의 열망으로 되었다. 이런 예가 교회 역사에 있었다.

1.2. 콘스탄티누스의 그리스도교 공인

콘스탄티누스가 로마제국의 황제가 되었을 때 (306)는 동로마의 황제는 막센치우스 (Maxentius)였다. 그는 참주여서 동로마 주민들의 원성이 많았다. 306년 콘스탄티누스는 서방에서 로마군대의 사령관이었는 데 황제가 되었다. 그는 군대와 지휘관들에 의해 황제로 추대되었다. 황제가 된 후 동로마 주민들이 참주의 압제에서 구해달라는 요청을 받아들여 군대를 몰고 로마로 진격하여 막센치우스의 군대와 전투를 진행하였지만 쉽게 결말이 나지 않았다. 그런데 콘스탄티누스가 밤에 잠을 자다가 꿈을 꾸었더니 주님이 이 기호로 적을 쳐부수면 승리를 얻으리란 말씀을 받고 아침에 모든 병사들의 창과 방패에 십자가 기호를 붙이게 하고 동방황제와 싸워 그를 티벨 강에 던져 넣고 통일 로마제국의 통일 황제 (306-337)가 되었다. 이 사건에 대해 다른 번안도 있다. 낮에 주님이 공중에 나타나사 이 기호로 적을 치면 이길 것이라고 했다고 한다.

콘스탄티누스는 313년 밀란에서 칙령을 발표하여 핍박받는 그리스도교, 불법 종교인 그리스도교를 합법종교로 승인함으로 핍박이 그치고 그리스도교를 믿고 마음대로 전도할 수 있게 승인하였다.

콘스탄티누스는 핍박받는 그리스도교를 합법적인 종교로 승인할 뿐 아니라 그리스도인들이 믿을 믿음의 대상으로 삼위일체 하나님을 믿을 뿐 아니라 삼위 하나님이 아버지와 완전 동일 동등한 하나님이심을 믿도록 세 위격들이 동일본질 곧 호모우시온임을 정통신앙으로 확정하였다. 그리하여 아들과 성령 하나님이 피조물이 아니라 아버지와 동일 실체이심을 믿는 기독교가 정통 그리스도교임을 믿도록 확정하였다. 그리하여 로마 제국 전체의 믿음과 방향을 확정하였다. 380년 황제 떼오도시오수스가 삼위일체 그리스도교를 로마 제국의 그리스도교가 될 수 있게 하는 바탕을 마련하였다.

1.3. 떼오도시오스 황제의 삼위일체 그리스도교를 로마 국교로 삼음

380년 로마 황제 떼오도시우스는 그리스도교를 국교로 선언하고 381년 공회의를 소집하였다. 제 2차 에큐메니칼 공회의를 콘스탄티노폴리스로 150명의 동방주교들을 소집하여 삼위일체 하나님의 제 3위격이신 성령 조를 확정하였다.

떼오도시우스 황제가 그리스도교를 국교로 삼음으로 다음 세대의 유럽이 그리스도교 세계로 살아남을 수 있었다. 종교개혁으로 유럽이 성경적인 그리스도교로 회복되었다, 지금은 유럽이 비기독교화가 완전해졌다. 그런데도 지금도 유럽이 그리스도교 세력으로 인정받고 있다.

1.4. 칼빈의 제네바 성시화 노력

칼빈은 제2 세대 종교 개혁자였다. 그는 스위스 제네바에서 목회하면서 그가 세운 은혜의 종교가 유럽 전역으로 확장되고 뿌리박기를 바랐다. 또 그는 유럽 여러 나라들의 정치적 문제에도 개입하였다. 더욱 칼빈이 힘쓴 것은 종교개혁 사역이었다. 또한 제네바를 깨끗한 도시로 만들기 위해 처절한 투쟁을 하였다. 마침내 그는 제네바를 깨끗한 도시로 만들었다. 제네바가 교황청의 지배아래 있을 때는 유흥과 환상적인 쾌락과 불륜의 도시였다.

그러다가 칼빈의 불굴의 투쟁으로 개혁신앙의 도시가 되어 지상에서 가장 깨끗한 도시가 되었다. 제네바는 20세기에 이르러서도 깨끗한 도시여서 유엔의 본부가 그 도시에 자리 잡고 많은 국제기구들이 그 곳에 정착하였다. 칼빈 한 사람의 열망과 수고 때문에 제네바가 그런 깨끗한 도시가 되어 지금도 이전의 영광을 누리고 있다.

1.5. 민족복음화 사역진행 시의 미진한 점

1980년대에 많은 사람들이 교회에 가담하였다. 이 때 한국교회가 복음을 선포하고 믿음고백을 하게 권고하고 설득하였더라면 80년대에 교회에 나온 사람들이 그리스도인이 되어 교회에 남았을 것이다. 그들로 믿음 고백하여 그리스도인이 되게 하지 못하였으므로 그들이 거의 다 교회를 떠나게 되었다. 교회에 나와 봤자 아무런 달라짐을 경험하지 못하였으므로 본래 살던 자리로 곧 불신자의 자리로 돌아가고 말았다.

1.6. 민족복음화의 염원의 지속

엑스포74가 목표한 결실을 이루지는 못하였어도, 많은 한국 그리스도인들의 마음에 민족복음화는 기어이 이루어야 할 사명으로 남겨져 있다. 그리하여 다시 한 번 민족복음화의 때가 오기를 갈망하고 복음화로 민족이 변화되기를 열망하는 마음이 그리스도인들의 의식의 바탕에 남아 있다. 김준곤 목사께서는 우리가 민족복음화를 성취하면 그 다음 단계로 세계복음화를 목표할 수 있음을 확인하였다.

이런 열망가운데서 다음과 같은 논의도 일어났다. 곧 민족복음화의 여파로 세계복음화를 역사의 끝에 이루기 위해서 하나님은 아브라함의 윗대 조상 욕단을 동방의 끝에 위치한 한국으로 미리 보내 마지막 때에 욕단의 후손으로 예수 그리스도의 순수한 복음을 전하게 하셨다는 주장도 나오게 되었다. 욕단의 동방 천도설을 주장하는 사람들은 그 욕단이 단군이 되었다고 주장한다.

2. EXPLO'74에 대한 준비는 성경적으로 준비되었다

김준곤 목사께서 대학생선교회를 시작한 것은 실은 민족복음화를 이루기 위해서였다. 민족을 복음화하기 위해 대학생들을 전도하고 그들은 민족복음화의 일꾼으로 양육하였다. 이 양육이 거의 이루어졌다고 보았을 때 EXPLO'74를 개최였다.

가장 작은 생명체의 시작인 순 모임을 만들고 이 보다 큰 모임으로 다락방을 만들어 거기에 합당한 회원들을 모집하여 생활하도록 하였다. 대학시절 예수 믿은 회원들이 대학을 졸업하고 회사에 취직한 사람들로 나사렛 반을 만들어 대학졸업 후에 직장을 가졌어도 복음 전파사역을 계속하게 만들었다. 이렇게 김준곤 목사께서는 합당한 조직을 만들었고 훈련을 계속하게 하였다. 주님은 제자들로 3년을 가르침 받게 하셨는데, 김 목사께서는 대학 기간에 훈련을 받게 하였고, 대학 후에도 대학생선교회에 남아 계속 훈련을 받게 하였다. 이 일을 쉼 없이 진행하였다. EXPLO'74후에도 계속 훈련을 받게 하여 민족복음화 사역을 계속할 수 있게 하였다.

3. 복음 선포만이 교회와 세상을 살린다

3.1. 복음 선포로 전교회가 믿음고백하게 해야 한다

지금껏 한국교회는 복음 선포와 믿음고백을 알지 못했다. 아는 것은 교파 신학 체계뿐이었다. 한국개혁교회의 정통설교는 본문 설교였다. 본문의 내용을 잘 풀어 밝히면 설교의 소임을 다 한 것으로 여겼기 때문이다. 성경은 전체로 하나님의 말씀이므로 본문 설교를 함으로 복음 설교를 한 것으로 여기게 되었다.

그 뒤 이어 일어난 설교는 축복설교였다. 따라서 성경대로 믿고 하나님을 섬긴다고 믿은 한국 장로교회는 복음 선포로만 예수를 믿게 하는 것을 올바르게 알지 못하였다. 따라서 교회 봉사에 열심이고 예배 잘 참석하는 사람이 믿음 좋은 사람이므로 목사 되는 것이 합당하다고 여겼다. 예수 믿어 변화된 경험이 없으므로 열심이 특심한 사람들을 진실히 믿는 자로 여기게 되었다. 이런 성향 때문에 지교회와 노회의 추천을 받아 신학생이 되었어도 불신자로 남아 있었으므로, 믿음 고백하여 예수 믿음의 감격을 모른다. 신학생들과 목사는 많이 나와도 교회가 변화되지 않게 되었다. 복음 선포를 아지 못하기 때문이다. 교회가 변화되고 구원의 감격을 누리는 길은 복음 선포뿐이다. 복음 선포에 성령이 역사하기 때문이다.

한국교회를 변화시켜 전도하는 교회가 되게 하는 길은 목사가 복음을 선포하는 것뿐이다. 복음을 선포하면 성령이 역사하시기 때문이다. 한국교회를 변화시키고 전도하는 교회가 되게 하는 길은 복음 선포이다. 민족복음화와 세계복음화도 오직 예수 그리스도와 그의 구원사역을 선포함으로만 된다.

3. 2. 복음 선포로 믿음고백자들을 복음 전도의 요원으로 만들어야 한다

복음을 선포하면 믿음고백자들이 줄지어 일어난다. 이런 믿음고백자들을 복음전도의 요원들로 만들어야 복음전도자가 될 수 있다.

교회에서 복음 선포로 전도요원들을 양육해야 복음전도가 이루어진다. 복음 선포를 계속하면 믿음고백자가가 생겨난다. 이런 믿음고백자들을 계속해서 믿음고백을 하게 하여 믿음의 담력을 갖게 만들어서 복음전도자로 만들어야 한다. 믿음고백을 반복하게 하여 구원의 확신이 있는 사람들을 복음사역자들로 훈련시켜야 한다.

EXPLO'74 와 '나사렛형제들' 정체성

김철해

광주벧엘교회 목사, 전 횃불트리니티대 교수

1. 들어가는 말

EXPLO'74 희년을 맞아 CCC 본부는 물론 교계와 학계를 막론하여 여러 가지 방향에서 행사와 연구가 계속되고 있다. 본 논문은 EXPLO'74 와 나사렛형제들과의 관계를 통해 발견되는 '나사렛형제들'의 진정한 정체성을 규명하고 더 나아가 나사렛형제들 모임이 나가야 할 방향을 모색하려는 데 있다. 나사렛형제들을 언급하려면 당연히 그 고향인 대학생선교회의 역사 속에서 그리고 한국 대학생선교회를 설립하고, 주님께 가는 날까지 복음을 전했던 한국 CCC 설립자 고 유성 김준곤 목사를 분리해서 언급될 수 없다. 예수님의 뒤를 철저하게 따라 살았던 유성 김준곤은 설교가이고 전도자였지 절대로 개인의 어떤 신학 사상을 강조한 적이 없었다. 그럼에도 그의 설교나 사역 속에는 철저하고 합리적이고 보수적인 신앙 고백과 그 속에 흐르는 여러 가지 신학 사상이 있음을 부인할 수는 없을 것이나 이 논문에서는 그의 여러 가지 신학 중 가장 핵심이 되고 그의 사역을 끌고 가는 동인(動因)이 된 신학, 그것에 굳이 이름을 붙인다면 '민족복음화운동 신학'이라 할 수 있는데 그 '민족복음화운동' 신학에 대한 한국교회사 안에서는 물론, 유성의 사역이 가지고 있는 민족사적 의미 속에서 특히 나사렛형제들 운동의 한국교회사적, 더 나아가서 세계 기독교사적인 관련과 그 의미를 찾고자 한다. 유성 김준곤은 평생을 예수님 위해 살고 예수님 위해 죽을 준비를 하며 평생을 바친 믿음의 사람이다. 그는 오늘날 현대의 많은 사역자들이 빠져 헤매기 쉬운, '사역을 위한 사역'을 하지 않았고 그의 사역은 하나님 나라를 사모하고 주님을 사랑하는 그의 믿음의 자연적인 열매로 맺어진 것이라 할 것이다. 특히 그가 평소에 설교에서 자주 언급했던 아놀드 토인비의 역사의 연구에서 얻어진 결론, 즉 수많은 도전에 바른 응전으로, 그리고 그 일을 감당하는 '창조적 소수'(creative minority)의 중요성을 자연스럽게 자신과 자신의 신앙을 따르는 제자들의 삶과 사역에 적용하면서 자연스럽게 한국 현대사를 이루는 중심 세력이 된 것이다. 따라서 그의 사역 역시 한국 기독교 역사는 물론 현대 한국사의 수많은 도전의 길을 걸어오면서 어떻게 응전했는가의 관점에서 연구할 때 그의 사역의 민족사적 의미가 찾아질 수 있으며 한국 민족사와 교회사가 현재 당하고 있는 새로운 많은 도전들에 지혜롭게 응전하며 바른 길로 나갈 방향을 찾는데 큰 도움이 될 것을 바라며 작지만 중요한 주제를 제시한다. 따라서 본 논문은 당연히 '나사렛형제들'의 연구를 위해서 유성 김준곤의 신학과 평생의 사역 속에서 어떻게 이 조직이 형성되었으며 어떤 사명과 정체성을 가지고 있는가가 연구되어져야 할 것이다.

2. 유성이 마주쳐야 했던 시대와 주변 환경들

2.1. 민족과 신앙

1) 유성 김준곤의 시대

어떤 사람도 자기가 살던 시대와 그가 살고 있었던 주변 환경과 그에게 전해 내려온 모든 전통을 뛰어넘을 수는 없다. 김준곤의 삶과 신학을 논하려면 당연히 그가 살았던 시대를 언급해야 한다. 유성 김준곤의 사고 방식 내지는 신학 사상 역시 그가 살았던 이 나라의 역사적 상황과 그 이전의 민족적, 신앙적 전통 위에 시작되었고 그가 살았던 국내외 시대적 상황에 맞추어 그의 사역도 전개되고 발전되었다 할 것이다. 때로는 국내외 상황이 그의 사역을 인도했고, 어떤 의미로는 역으로, 그의 사역의 결과로 이 나라 내지는 세계 기독교의 역사가 형성되어졌음도 부인할 수 없다. 유성 김준곤의 대표적인 사역의 열매가 바로 '나사렛형제들'이라 할 수 있다.

유성 김준곤 목사는 부친 김 면주와 모친 김 통안 사이에서 전남 신안군 지도읍 봉리에서 1925년 3월 28일 8남중 넷째로 태어났고 2009년 9월 29일 주님 품으로 갔다. 그가 살았던 시대와 세상 그리고 그 속에 들어 있는 작은 땅 덩어리/나라/민족, 한민족은 대혼란과 변화를 겪어야 하는 도전과 혼란의 한 복판이었다. 유성 김준곤이 태어나 한창 꿈을 펼쳐 나가야 할 유년기와 청년기는 제1차 세계대전 (1914-1918) 이후 1929년부터 미국을 중심으로 발생하여 1939년까지 미국은 물론 전 세계 경제계에 엄청난 대혼란을 가져다 준 세계 대공황에 있었고 그 영향을 거의 전 세계가 받았고 우리나라 역시 그 영향을 받지 않았다고 할 수 없다. 특히 1939년에 시작되어 1945년까지 6년이라는 긴 세월 동안 지속된 세계 제2차 대전이 우리나라에 미친 영향은 우리나라를 지배하고 있던 일본이 전쟁 당사자였으며 우리나라는 원하지 않게 전쟁 당사자가 되는 비극을 뒤집어쓰게 되었다. 국내적인 상황을 보면 일본은 물론 구미 열강으로부터 문호 개방을 도전받다가 급기야는 공식적 일본 식민지로 (1919-1945) 전락하게 된 슬프고 아프고 숨 가빴던 세계와 민족의 모든 사건들이 유성 삶의 전 영역에 직,간접적인 영향을 끼치게 되었다. 일본의 식민지에서 해방된 이후 상황은 우리 민족 모든 분야에 불어 닥친 온갖 혼란 속에서도 새로운 창조를 진행해야 하는 큰 도전의 시대가 되었다. 특히 해방이후 공산주의의 도전으로 야기된 대한민국 사회 전체의 혼란과 분렬, 그리고 발생하게 된 민족의 대 비극 6.25 전쟁은 유성 자신과 가정에 최대 비극을 가져왔고 그 이후 유성 김준곤의 삶의 전 방향을 인도하는 최고의 동인(動因)이 되었다. 4.19와 5.16은 근본적으로 그의 사역 한 복판에서 발생된 민족 대 변혁을 가져오는 사건이었고 그 이후 사역 방향이 인도되는 현장이 되었다.

김준곤은 자신의 삶의 시대를 '역사 의식'이란 단어로 축약하고 있다. 즉 유성의 사역은 한 민족의 시대적 대 변혁 시기에 진행된 것이며 그런 의미에서 그의 "민족복음화 운동" 사역 역시 한국 현대 민족사에 중심을 이루는 사건이 되었다 할 수 있다. 당연히 민족복음화 운동의 주역으로 활동한 '나사렛형제들'이란 조직의 태생에는 이런 뼈아프고 눈물나는 민족의 비극이 그 중심 배경이 되고 있다.

2) 유성 신앙의 배경과 사역의 현장

유성이 탄생했을 때 한국 기독교는 40년이란 성숙기를 지나 어떤 의미에서는 도약을 기다리는 시기였으며 그 배경에서 문준경이란 젊은 여전도자를 통해 복음에 완전히 노출된 이후 특별한 하나님의 소명을 받게 된다. 유성 김준곤이 자신의 신앙의 뿌리를 말할 때 자주 언급했던 문준경 전도사는 유성 김준곤의 아버지 김면주의 외사촌과 결혼한 먼 친척 어주머니가 되는 분으로 김준곤 목사 어머니와 가까이 지내면서 예수님을 전해 주었으며 유성은 문준경을 통해 직접적으로 복음을 전해 받지는 않았지만 복음에 온전히 헌신된 삶과 순교에까지 이르는 믿음의 도전이 그의 신앙생활 실천에 간접적인 영향을 평생 주었다 하겠다. 유성이 꿈꾸던 민족복음화의 비젼마져도 중도의 복음화를 위해 주님께 온전히 드려진 문준경 전도사의 삶의 영향이 있음을 부인하지 못할 것이다. 유성은 문준경이 자신의 신앙에 미친 영향을 "내 신앙의 혈액검사를 하고 원초적 뿌리 찾기를 해보면 그 분은 내 신앙의식의 지하실에 예수의 씨앗을 최초로 심어준 분으로 발견될 것이다"라고 고백한다. 그러나 그로 구체적이고 인격적인 신앙을 얻고 그 신앙에 깊이있게 직접적인 영향을 미친 사건은 유성이 만주 '동양척식회사'에서 근무하던 도피 시절이다. 일제의 징집을 피해 소련과 만주의 국경지대인 마창에서 도피생활을 하던 중 만나게 된 김인식 목사를 만나면서 신앙의 성숙과정을 통과하게 되는데 특히 김인식 목사가 가지고 있던 2,000여권의 책을 섭렵하면서 기독교의 깊은 믿음과 민족을 향한 그의 소명의 꿈을 꾸기 시작했다. 강우석은 그의 총신대학교 석사학위 논문에서, "이렇듯 김준곤에게 있어서 '민족복음화'에 대한 의식은 그의 시대적 배경과 삶에서 예수 그리스도를 만남으로 형성된 너무도 자연스런 일이었다. 이처럼 젊은 시절 김준곤의 생애는 민족의 가장 아픈 시기에도 예수 그리스도를 만나 민족의식과 예수 의식이 하나 된 사상을 경험시켜주는 계기가 되었다"고 결론 짓는다.

3) 유성의 절대 신앙의 담금질

소련과 만주의 국경지대인 마창에서의 도피생활이 유성의 삶과 신앙에 넓이를 더해줬다면 그것들보다 더 직접적인 뜨거운 도가니의 연단 과정은 바로 그의 가족과 자신의 몸으로 겪었던 순교의 사건들이었다. 유성 김준곤의 민족복음화 사역은 현대 한국의 다른 사역자들이나 그들의 사역과는 여러 가지 면에서 다른 특징을 가지고 있는데 그런 남다른 사역의 뿌리가 된 것은 바로 그의 삶으로 직접 경험한 고통, 마치 욥의 아픔에 견줄만한, 남다른 사건들을 통해서 뿌리내리게 되었다. 한국 민족 현대사에서 한국 전쟁이 한 민족에게 얼마나 큰 비극이었는지를 보여주는 최악의 사건이 유성 김준곤의 자신과 가족에게 일어난 것이다. 1950년 6.25가 발생했을 때 그는 경기도 파주 금촌리의 한 교회에서 전도사로 있다가 당시 초등학교 교사였던 인정진 사모와 네 살 된 어린 딸과 함께 고향인 전남 신안군 지도읍 봉리로 내려갔다. 그러나 그곳은 이미 공산당의 영향을 받은 사람들이 그 섬을 주장하고 있었고 그 섬 인구 18,000명 중 2,000명을 학살하는 대 비극을 저질렀다. 특별히 1950년 10월 3일 밤, 그들은 머슴을 두고 농토를 갖고 살았던 지주였다는 이유로 유성의 부친을, 그리고 주일학교를 했다는 죄목으로 유성의 아내 인정진을 학살했다. 유성은 그날 밤의 비극을, "한국 동란 중에는 지도 섬에서 석달이나 공산당의 지배를 받았습니다. 제 아버지와 아내를 비롯한 가족들이 제 목전에서 그들에게 죽임을 당했고 저도 죽기만을 기다리게 되었습니다. 이 석 달 동안 저는 21번이나 죽을 고비를 넘겼습니다." 라며 절망적인 신앙의 암흑기를 보냈던 경험을 말하고 있다. 그러나 사실은 그 사건을 통해 유성 김준곤은 평소 그의 제자들 훈련할 때 항상 주문했던 "절대 신앙의 깊이'에 자신이 들어가게 된 것이다: "그런데 사망의 골짜기에서 주님은 저를 부르셨습니다. 그것도 제 가족을 살해한 바로 그 공산당들에게 당신의 증인으로 삼으시기 위해서입니다. 그 전까지 저는 절대 헌신을 못하였습니다. 이때서야 비로소 저는 저의 생에의 전폭을 주님께 드렸고 하나님께로부터 한국 민족복음화를 저의 개인적인 비젼으로 받았습니다." 이처럼 유성 자신이 공산주의자에게서 받은 순교 직전까지 갔던 고난은 물론 그의 아버지와 아내의 순교를 겪으며 이미 그의 민족복음화 사역의 소명은 분명해지고 확실해졌다. 어찌 보면 하나님은 유성으로 아내와 함께 그날 밤 순교 당하는 대신 그의 목숨을 살려두고 유성 김준곤을 민족복음화와 세계 선교와 한국 민족을 위한 특별 소명으로 부르신 것이라 할 것이다.

2.2. 유성 이전의 한국 기독교의 주된 흐름

1) 한국 기독교 역사의 특이성

한국 기독교는 초기 기독교 전파과정부터 지금까지 여러 가지 면에서 독특하다. 이 원인을 한국 민족의 특수성 때문이라고 말하는 사람도 있으나 더 정확하게 말하면 처음부터 한국교회를 특별하게 시작하신 하나님의 계획과 역사라 할 것이다. 그런 의미로 유성의 독특한 사역 역시 한국교회를 붙잡고 계시는 하나님의 계획과 인도함 속에서 이루어졌음을 인정해야 한다. 한국교회는 시작부터 정식 선교사가 외국으로부터 들어오기 이전에 벌써 중국 만주와 일본에서 쪽복음이 한국어로 번역되었고, 거의 자연발생적으로 외부 선교사의 도움없이 한국인 스스로에 의해 복음 전파가 이루어지고 교회가 세워졌고 심지어는 교회 건물까지 마련하고 선교사 목회자를 초청하는 정말 특이한 모양으로 한국 기독교 역사를 열게 되었다. 어떤 면에서는 같은 한자 문화권에 속한 나라로서 한국보다 기독교 전파 역사가 빠른 중국과 일본 선교의 혜택을 한국이 간접적으로 받았음을 인정해야 한다. 한국 최초의 선교사라고 불리는 언더우드는 자신이 접했던 상황을, "복음의 씨앗을 뿌리러 나왔더니 이미 말씀의 씨앗이 뿌려져 있었고 그 열매를 거두는 형국이 되었다"고 표현하고 있다. 복음 전파의 열정을 가진 선교사들의 모습은 당연히 한국인 권서인들과 전도부인들을 통해 초대 한국교회의 대 부흥을 가져다주었다.

2) 한국교회의 자립과 대부흥

특별히 한국교회는 초기에 네비우스의 3자원칙을 채택함으로 선교사들에게 의지하지 않고 철저하게 독립적으로 신앙 생활을 하고 복음을 전파하는 바른 전통이 세워졌고 이 좋은 전통은 오늘날 세계 선교에 헌신한 한국 선교사들의 사역에도 좋은 본이 되었다. 초기부터 보수적이고 바른 복음으로 절대 헌신하는 선교사들에 의해 튼튼하게 세워진 한국교회가 놀랍게 부흥되며 다른 지역의 교회에 도전과 칭찬의 본이 되었다. 로즈(Harry Rhodes)는 미 북 장로교회의 한국 선교 50년을 평하면서, "네비우스 방법 때문에 한국교회가 부흥된 것인지 아니면 한국교회가 성장 과정에 있었기에 그 방법을 수용할 수 있었는지?"의 질문을 던지면서 네비우스 방법이 한국교회 성장의 원인이었다고 결론을 내렸다. 또한 유성 김준곤의 민족복음화 사역의 뿌리로는 1907년의 평양 대부흥도 이미 한국교회에게 주어진 부흥에 관한 선한 모델이라 할 수 있다. 유성 김준곤의 사역은 당연히 이런 한국교회의 풍토 속에서 본격적으로 뿌리를 내리고 아름다운 열매를 맺은 것임을 인정해야 한다. 역사의 모든 영역에서 전통 위에 새로운 것이 세워지듯 신앙의 전통 역시 중요하다. 그런 의미로 '나사렛형제들'의 태반에는 바로 위에 언급된 고통의 한국 역사가 들어있는 것이다.

3) 한국교회에 주어진 세계 선교를 향한 특별한 사명

한국교회는 세계 선교의 열정을 받은 선교사들이 세운 교회답게 처음 개척부터 선교 지향의 교회로 시작되었다. 예를 들어 장로교는 최초의 신학교 졸업생 목사 안수받은 7명 중 한 명이 바로 제주도 선교사로 파송되었고, 한국 독노회가 성립되는 기념으로 목사 중 한 사람이 만주의 선교사로 파송되었고 해외 선교는 끊임없이 계속되었다. 한국교회가 해외 선교에 헌신하고 한국교회가 이어받는 특별한 선교 사명은 유성 김준곤의 민족복음화 신학에도 자연스럽게 연결되었다. 유성은 80세계 복음화 성회를 준비하는 중 학생들에게 도전의 메시지 중에 우리 민족에게 심어진 특별한 소명을 언급하고 있다. "누가 언제부터 심었는지 모르나 우리 민족 성도들의 의식화된 기도가 있습니다. 한국 크리스천들은 '제2의 이스라엘', '예수한국', '선교한국' 등의 꿈을 꾸고 환상을 보고 있습니다(행 2:17)."

3. 민족복음화의 꿈

3.1. 성경적 근거

1) 민족복음화는 모든 인간에게 주어진 창조명령이다.

'생육하고 번성하라'는 창조주의 명령은 모든 생명체에게 주어진 명령이지만 특별히 하나님의 형상으로 만들어진 인간에게는 생육하고 번성할뿐더러 온 우주를 정복하고 다스리는 사명까지 주어졌다. 그 명령에 순종하는 자연적인 과정이 가족과 민족으로 연결되어진다. 하나님이 아담을 창조하신 후 가장 먼저 하신 일이 바로 아담의 배우자를 창조하시고 가족을 이루신 것이다. 아브라함을 시작으로 유대민족이 이루어진 것처럼, 모든 가족의 번성하고 땅위에 충만한 열매는 민족으로 자연스럽게 발전된다. 당연히 아브라함의 자손은 육체적 자손은 물론 아브라함의 믿음의 발자취를 따르는 모든 사람이 아브라함의 자손을 이루는 것 역시 민족복음화 신학과 연관되어 설명될 수 있다. 당연히 '나사렛형제들'의 핏줄에는 이 민족복음화와 세계 선교의 사명이 중심 유전인자가 되어 흐르고 있다 할 것이다.

2) 민족복음화는 모든 성도에게 주어진 지상명령이다.

복음 전파의 지상명령은 신약 성경 중 4복음서 모두가 복음을 결론 맺는 자물쇠인 동시에 또한 사도행전은 그 책을 열어가는 열쇠의 역할을 하고 있다. Geoge W. Peters는 마 28:18-20, 막 16:15-16, 눅 24:46-49. 요 20:21-22, 행 1:8에 나오는 복음전파의 지상명령을 분석하면서 각각 다른 강조점과 함께 전체적인 지상명령의 강조점을 설명하고 있다. 4복음서와 사도행전에서 동일하게 주어지는 지상명령은 모두 다 성령의 임재와 온 땅과 온 민족에게로 복음의 전파가 되어질 것을 명령하고 있다. 당연히 사도행전 역시 성령의 임재로 시작되는 예루살렘과 온 유대와 사마리아와 땅끝까지로 퍼져가는 복음 전파의 방향을 설정하며 지상명령의 성취과정을 전개하고 있다.

3) 자기 민족복음화를 향한 불붙는 소명의식

김성영은 유성 제 5주기 추모 포럼에서, "유성의 민족복음화운동의 출발과 그 궁극적인 지향점인 세계복음화의 구도가 성경적인 구속사의 방향과 일치하고 있는 것으로 이해할 수 있다"고 진술하고 있다. 성경은 한 개인에서 시작되어 가족으로 형성되고 큰 민족을 이루는 과정을 창세기와 출애굽기에서 설명하고 있으며 이 육신적 가족과 민족으로 시작하여 온 땅을 덮는 영적인 하나님 나라가 한 가족으로 완성될 것을 보여주고 있다. 그럼에도 구약의 여호와 하나님을 자기 하나님으로 삼고 그 하나님의 선택받은 백성으로 유지해 가는 언약이 바로 성경의 핵심 주제이며 이 언약은 마태복음의 족보를 시작으로 아브라함과 다윗에게 주어진 언약이 예수를 통해 어떻게 이루어졌는지를 증명하고 있다. 성경은 그 과정에서 두명의 영적인 지도자, 구약의 모세와 신약의 사도 바울이 자신들의 '민족복음화'를 향해 가는 아픔의 과정을 자세히 보여주고 있다. 첫 번째 인물은 모세인데, 자기 민족을 하나님께 드린 '유대 민족 구원을 위한, 민족복음화를 위한 기도'이다. 하나님의 특별한 기적과 보호하심을 통해 애굽에서 탈출한 이스라엘 민족은 약속의 땅 가나안에 들어가기 전 광야에서 40년의 연단 과정을 겪게 되며 결국은 하나님이 약속하신 땅에 자신들도 못 들어가고 심지어는 그들의 출애굽을 주도했던 그들의 지도자 모세와 아론까지도 가나안에 들어가는 것을 방해하고 있다. 이 과정에서 모세는, 금송아지를 만들고 하나님의 계명을 공개적으로 어긴 이스라엘 백성을 진멸하고 모세를 통해 새로운 하나님의 민족을 만들 것을 언급하시는 하나님 앞에서 하나님의 영광을 위해서 또 사랑하는 자기 민족을 위해서 간절히 기도했고 하나님은 그 뜻을 돌이키셨다. 그리고는 실제로 금송아지 우상을 만들어 우상숭배하는 민족을 위해 자신의 생명을 걸고 백성의 죄를 사해달라는 중보의 기도를 들이고 있는 '유대 민족복음화'의 구체적 열정과 헌신을 볼 수 있다.

3.2. 유성에게 주어진 민족복음화의 꿈과 기도

1) 민족복음화는 한국교회에 주어진 시대적 명령

이경선은 그의 Th. M 학위 논문에서, 유성이 민족복음화운동을 벌이게 된 한국의 역사적 배경으로, 초창기 선교사들의 영향은 물론 1909년 10월 장로교와 감리교 연합공의회에서 결정한 '백만인 구령 운동'을 언급한다. 그리고 이어서 1960년대 초교파적인 전도 운동이 영향을 미쳤음도 언급한다. 좀더 구체적인 설명은 1960년 3월 김영환 목사가 교회 연합신문에 발표한 복음화 논문과 1961년 장로교 총회 부회장이었던 이기혁 목사의 복음화 운동 제안이 다음해 총회 결의로 이어지고 1964년 김활란 박사가 각 교파의 75명 지도자를 초청하여 복음화 운동을 위한 모임이 되어 한국교회 내에 본격적인 영향을 미쳤고 1966년 한경직 목사가 빌리 그래함 목사를 초청하는 것으로 민족복음화 운동이 유성의 민족복음화 운동으로 연결되어 있음을 설명하고 있다.

2) 유성에게 주어진 민족을 찾으려는 고통

이경선의 논문은 유성의 민족복음화운동을 한국 현대 교회사의 관점과 한국교회에서 논의되어진 전도학적 운동으로서 의미가 있다. 특히 유성이 김활란이나 한경직 목사와 유지했던 깊은 교제를 인정한다면 유성이 공식적인 민족복음화의 운동의 계기 역시 당시의 한국교회 흐름과 연결돼 있음을 인정해야 한다. 그럼에도 유성 김준곤의 민족복음화운동은 훨씬 깊은 뿌리가 유성 자신의 삶에서 찾아져야 한다. 이미 앞에서 언급되었거니와 민족사의 깊은 고난과 죽음의 한 복판, 골짜기를 통과하면서 유성은 그렇게 사모하고 추구했던 사랑하지 않고는 견딜 수 없는 해방 조국과 그 조국의 복음화를 위한 헌신의 다짐을 여러 차례 여러 곳에서 행했다. 그런 의미로 그의 민족복음화운동은 어느 한 순간 누군가 다른 사람에게 등을 떠밀려 생긴 것이라기보다는 유성의 눈물과 기도의 씨앗이 뿌려지고 세계 열방과 주변의 수많은 도전의 물을 마시고 유성 당시 진행되어지고 있었던 '한국교회 복음화 운동'의 영양분을 받아 먹으며 유성 특유의 독특한 민족복음화운동이 태어나고 자라고 열매 맺었음을 인정해야 한다.

3.3 유성의 민족복음화운동 선언들

1) 유성의 공식적 민족복음화운동 선언

1970년 12월 31일과 1971년 1월 1일 사이, 필자도 함께 참석했었던 제1차 민족복음화요원 강습회의 중간에 진행되었고, CBS 방송을 통해 중계된 송구영신예배를 통해 공식적으로 유성 김준곤의 민족복음화운동이 온 나라에 공식적으로 선언되었다. 그러나 유성의 민족복음화운동은 그 뿌리는 훨씬 이전에 이미 모든 구조와 내용이 갖추어져 있었다. 유성 자신의 고백대로, 9개월간 만주에 피신해 있던 기간동안 기도하면서 '조국 복음화를 위한 헌신의 다짐'을 했고 한걸음 더 나가 욥처럼 가족과 자신의 몸을 통해 겪는 아픔과 고통을 통해서 민족복음화의 씨앗은 자라나고 있었고 그의 고백처럼, "이때서야 비로소 저는 저의 생에의 전폭을 주님께 드렸고 하나님께로부터 한국 민족복음화를 저의 개인적인 비젼으로 받았습니다." 유성은 이처럼 공식적으로 민족복음화운동을 선언하기 이전에도 여러 차례 이 개념의 언어를 사용했었음을 알 수 있다. 때로는 '한국 복음화운동', 또는 '한국 민족 기독화'등 다양한 용어로 동일한 민족복음화운동의 개념이 사용되고 있었음을 찾아볼 수 있다.

2) 한국 CCC와 유성의 민족복음화운동

유성의 민족복음화운동은 모든 면에서 한국의 다른 개인이나 단체가 사용했던 민족복음화운동과 차별화된다. 즉 유성의 민족복음화운동의 핵심에서 용어보다 더 중요한 것은 그 개념이고 방법이다. 유성의 민족복음화운동은 공식적으로 그리고 거국적으로 선포하기 전에 이미 오랫동안 그의 삶 속에 잉태되어 자라고 있었다. 그리고 이 운동을 키운 못자리는 바로 대학생선교회(CCC)라는 선교 단체를 통해서였다. 어떻게 말하면 유성의 이 운동은 한국 CCC를 떠나서는 존재할 수 없다. 이것은 CCC가 이 운동을 만들었다기보다는 유성이 CCC를 사용하여 한국의 민족복음화운동의 씨를 뿌리고 가꾸고 열매 맺었다는 사실이다.

민족의 미래에 자신의 삶을 헌신한 유성은 신학을 마치고 일반 목회 현장에 잠시 있었으나 그곳은 그의 민족복음화운동을 위한 곳이 아님을 느낀 그는 다음세대를 위한 광주 숭일중고등학교 교목과 교장으로 다음세대를 위한 교육에 3년간 헌신하다 1957년 9월 미국 앨

라배마성서대학교를 거쳐 플러신학교에서 공부하던 중 1951년국제 CCC를 창설한 빌 브라이트 박사를 만나, 해외 최초의 해외지부로 한국 CCC 사역을 시작하게 되었다. 두 사람은 지상명령성취에 대한 비젼이 서로 통해서 즉시 세계복음화 사역의 좋은 동역자가 되었다. 유성은 "신학 공부를 해서 학위를 받는 일보다 더 시급히 중요한 일이 전후 혼란기의 캠퍼스를 복음화하는 일임을 깨닫고 학업을 중단하고 귀국, 1958년 10월 한국 CCC를 설립하게 된 것이다." 따라서 유성의 민족복음화운동에는 CCC를 제외할 수 없었던 것과 마찬가지로 빌 브라이트와의 교제를 제외하고는 말할 수 없다. 두 사람은 처음부터 그리고 두 사람 다 하나님께 돌아가는 그날까지 가장 좋은 친구이고 하나님 나라 사역의 최고의 동역자였다. 이 말은 브라이트 박사가 유성에게 민족복음화운동의 비젼을 주었을뿐더러 동시에 유성 김준곤은 빌 브라이트 박사에게 많은 국제 CCC 사역에 방법과 아이디어를 나누었고 국제 CCC의 방향을 결정하는 일을 함께 진행했다는 말이다. 많은 국제 CCC 간사들로부터 국제 CCC 사역 중에 많은 부분은 김준곤 목사의 아이디어였다는 말을 자주 들었다.

3) 오늘의 학원 복음화는 내일의 세계 복음화

(Win the Campus Today, Win the World Tomorrow)

유성이 욥같은 삶의 연단을 받은 것 못지 않게 의미있는 사건은 그가 빌 브라이트을 만난 것이다. 이 만남은 한국 민족을 위한 하나님의 특별하신 경륜이고 축복이었다고 할 수 있다. 특히 국제 CCC의 근본주의 바탕의 건전한 신학 사상과 항상 주님이 주신 지상명령에 온전히 순종하며 주님의 재림을 준비하며 헌신했던 종말론적인 국제 CCC의 사역 정책, 그리고 간단하면서도 효과적인 전도방법과 제자훈련은 6.25 전쟁 이후 폐허 상태에서 절망과 허무가 지배했던 한국 사회와 교회에 건전한 방법으로 세상과 교회의 풍토를 바꿀 수 있는 하나님의 최고의 방법이었다고 할 것이다. 유성 김준곤은 1957년 미네소타에서 열린 새로운 간사들 훈련을 위한 수련회에 참석하여 그들과 함께 캠퍼스 전도를 위한 훈련을 받았고 특히 "하나님의 계획"이라는 전도용 메시지도 암기했다. 이때 사용되었던 빌 브라이트의 "하나님의 계획"이란 메시지는 나중에 간단하게 도형화되고 정리되어 오늘날 우리가 사용하는 사영리 소책자로 지금 전세계에서 즐겨 사용되고 있는 것이다.

특별히 유성이 CCC운동을 본격적으로 시작했던 시기는 6.25로 폐허되고 정치 사회적 사상적으로 심한 혼란에 있던 시기이다. 그리고 경제적으로는 국민 1인당 GNP가 78달러였던 시절이다. 거기에 1961년 시작된 군사독재정권은 유성의 사역에 또 다른 도전이 되었다. 온갖 어려움을 극복하면서 서울공대, 고려대, 연세대, 이화여대 등을 직접 다니며 전도해서 300명 넘는 대학생들이 연결되었고 1960년에는 서울에 이어 부산, 대구, 대전, 광주, 전주에서 지부가 개척되어 캠퍼스 전도 사역이 본격적으로 시작되었다. 특별히 대학생들에게 복음을 전하는 것은 전략적으로 중요하다. 유성 김준곤은 국제 CCC의 구호인 "오늘의 학원 복음화"는 내일의 세계 복음화"라는 구호에 한국 CCC의 상황에 맞게 반드시 거쳐가야 할 중간 정거장으로 '민족복음화를 내 세운 것'은 당연한 결론이라 할 것이다. 그래서 한국 CCC는 "오늘의 학원복음화는 내일의 민족복음화, 오늘의 민족복음화는 내일의 세계 복음화"로 국제 CCC의 구호를 수정 사용하였다. 이 구호가 바로 '나사렛형제들'의 평생의 삶의 구호로 불려졌고 실천되었다.

4) 창조적 소수의 양성

대학생 선교의 중요성은 한국의 역사를 창조할 창조적 소수의 신앙의 자도자를 발굴하고 훈련시킨다는 민족사적으로 볼 때 아주 전략적인 사역이다. 유성은 1979년 9월 2일 주일채플에서 행한 설교에서 예수 믿는 대학생들의 중요성과 역할을 강조하면서 학생들이 창조적 소수가 되어 미래의 지도자가 되어야 할 것을 부탁한다. 특히 20%의 '창조적 소수 미래 지도자'가 될 것을 강조하면서 대학생활이 그런 꿈을 꾸는 온상이 될 것을 설교한다. "대학에서 정신과 영을 지배하는 사람은 예수 믿는 학생이 될 것이고 그 중에서도 CCC 학생들이 민족복음화와 세계 복음화를 위해서 기도하는 사람이 될 것입니다. 여러분의 사명이 얼마나 막중한가를 생각해야 합니다. 우리 중에서 정치 지도자도 나오고 기업주도 나오고 학자도 나오며 교회 지도자도 배출될 것입니다. 우리는 삶의 스타일을 바꿔야 합니다. 세상을 보는 시야가 넓어져야 합니다."

4. 사역의 확장과 그 열매들

4.1. 민족복음화의 꿈

1) 흩어진 창조적 소수들의 사역

유성은 대학생 사역의 중요성을 분명히 알았고 그래서 많은 유혹에도 불구하고 CCC 사역을 계속하였다. 유성이 자주 언급했던 캠퍼스 사역을 강나루의 뱃사공 역할로 비유하면서 입학하고 훈련 받으면 떠나 버리는 제자들의 빈자리 때문에 마음 아파하기도 했지만, 끝까지 캠퍼스 사역을 붙잡고 결국은 아름다운 열매를 거둘 수 있게 된 것이다. 유성 김준곤을 중심으로 1960년대는 학원복음화운동을, 1970년대는 민족복음화운동을 주도하고, 1980년대는 민족과 세계 복음화의 역할을 감당했다. 한국 CCC는 유성 김준곤 한 사람의 온전한 헌신을 통해 수많은 제자들을 길러냈고 그들은 한국 곳곳, 더나가 세계 곳곳에 흩어져 자신들이 훈련받고 꿈꾸었던, 하나님 나라 세우는 일에 귀하게 쓰임받게 되었다. 즉 그의 사역의 열매는 소천하기까지 거의 40여만 명의 대학생과 350만의 평신도를 훈련시켰고 지금도 그 훈련의 열매는 계속 맺혀가고 있다.

2) 열매는 한번에 거두지 않는다

캠퍼스 사역의 열매는 캠퍼스에만 머무르지 않는다. 입학과 졸업
은 매년 반복되고 사람은 항상 바뀐다. 그러면 모든 학생들을 놓친
것 같지만 사실은 유성을 통해 복음의 씨앗을 받은 졸업생들은 계속
유성의 사랑의 수고와 민족복음화를 위한 꿈을 잊지 않는다. 자연스
럽게, 졸업하고도 CCC 모임을 사모하고 모이는 사람들을 중심으로
학사회가 만들어지고 그들은 그 자리에서 자신들이 할 일을 찾고 있
었다. 직장에서 사업터에서 배운 것을 실천하면서 계속적인 제자 만
드는 제자의 삶을 살고 있었다. 그들은 어디에 있든 상황이 변하고
장소가 변해도 어디서 무슨 일을 하든 민족복음화의 꿈 꾸기는 멈추
지 않았다. 시간이 지날수록 졸업생들의 수는 누적되어갔고 그들의
모임은 또 다른 복음화운동의 숨은 잠재력으로 커나갔다.

한국 CCC를 개척하고 10년이 지난 후 졸업생들은 나름대로 할
일이 있었다. 수적으로도 늘어나기 시작했고 졸업후 직장도 가정
도 조금씩 안정되기 시작했다. 이들이 학생 순장 때 도전받았던 민
족복음화의 꿈을 이루기 위해 새로운 전환점이 필요한 때가 무르익
어갔다. 그들이 학생 시절 수련회에서 도전받았던 민족복음화의 비
전을 현실화하는 시도들이 곳곳에서 일어나고 있었다. 1968년 8월
23-26일 영락 베다니마을에서 전국 CCC 학사들 108명이 모여 수
련회를 갖는 가운데 유성 김준곤은 나사렛형제들이 민족복음화를
위한 제3집단이 되어줄 것을 요청하면서 '나사렛형제들'이 정식으로

출범하게 되었다. 나사렛형제들이 맨처음 시작될 때의 상황을 "한국 CCC 첫 순원"으로 자칭했던 고 김안신 간사는 그의 수필집 『돈키호테와 산초들』에서, 1968년 8월 6일부터 8일까지 한경직 목사님의 배려로 공짜로 빌린 영락 양로원(천호동 소재)에 졸업생과 간사들 100여 명이 모였다. 그 모임에서 학사회 형제들은 한국 CCC 회관 설립을 위한 특별 헌금을 작정하였으며 "마지막 날 밤, 드디어 나사렛형제들이 탄생하였다.

주님의 고향 나사렛에서 주님을 위해 평생 살 것을 다짐하면서 우리는 3중 헌신을 삶의 지표로 세웠다. "주님에의 헌신! 민족의 입체적 구원에의 헌신!, 형제들에의 헌신!"역사를 움직일 한 생명체를 주님은 해산의 수고를 통해 이 땅에 허락하신 것이다." 유성 김준곤은 나사렛형제들의 결성에 즈음하여 발행된 CCC 편지에서 막 시작된 나사렛형제들 운동의 방향을 "'오늘의 학원복음화는 내일의 민족복음화, 오늘의 민족복음화는 내일의 세계복음화'를 이루기 위해 민족의 각계각층에서 CCC 훈련을 받은 졸업생들이 생명의 밀알로, 수태자로 누룩처럼 복음을 번식시키는 영친운동"이 되어야 한다고 선언하면서 학사들의 민족복음화운동에 재헌신할 것을 당부했다. 사실 나사렛형제들의 창설은 유성의 민족복음화운동에 아주 큰 힘이 되었다.

공식적으로 도와주는 교단이나 단체가 없이 고군분투하는 유성에게 나사렛형제들의 존재는 유성이 원하는 만큼의 헌신 여부를 떠나서 그 존재만으로도 그에게 큰 위로가 되었다. 뿐만 아니라 한국 CCC의 나사렛형제들 사역은 국제 CCC에 긍적적인 도전을 주어 국제 CCC에서도 캠퍼스 사역만 아니라 사회 각층의 평신도 제자화 사역과 대교회 연합 사역의 좋은 모델로 소개되고 현재도 계속되고 있는 중요한 사역 정책이 되었다.

3) 민족복음화의 꿈

명칭은 어떻게 변했든지 여부와 상관없이 유성의 마음 속에 피어 난 민족복음화의 꿈은 CCC 사역 이전에 그의 삶의 비극의 골짜기 를 지날 때 이미 자라고 있었고 이것은 꿈으로 표현되고 지금도 그 런 이름으로 불리워지고 있지만 유성에게 '민족복음화의 꿈'은 단순 한 꿈이 아니라 그의 간절한 기도였고 이 민족에게 가져다 주고 싶 은 확신이었고 복음화된 조국의 미래의 뚜렷한 모습이었다. 지금 거 의 모든 한국의 기독교인들이 복음 송가로 듣고 있는 '민족복음화의 꿈'의 구체적인 모습으로의 탄생은 이미 1962년 2월 중순 불광동 기 독교 수양관에서 열린 CCC 전국 간사수련회를 마친 후 유성 김준 곤이 친구의 누나가 운영하던 삼각산 기도처에서 영하 20도가 넘는 강추위 속에서 하나님께 드린 기도인데 그 요약의 형태가 오늘날 우 리가 알고 있는 모습으로 세상에 태어났다. 물론 그후로 50년 이상 을 지나면서 조금씩 변형되고 정리된 모습으로 전해지기는 했으나 기본적인 내용은 그의 메시지를 통해서 여러 차례 나누어지고 함께 기도제목으로 이루어져 가고 있었다. 맨 처음 태어날 때의 모습이 어떤 모습이었는지는 남아있지 않지만 적어도 한 가지 확실한 것은 이미 탄생할 때부터 민족복음화의 구체적인 모습이 다 형성되어져 있었고 시간을 따라 조금씩 수정되어져 온 것이다.

4.2. 민족복음화 꿈의 단계적 영역별 실현

1) 전 민족, 전 영역에 걸치 뿌려지는 꿈꾸는 자들의 씨앗

민족복음화의 꿈은 모든 유성의 제자들의 마음에 심어졌고 그 꿈을 받은 나사렛형제들은 우리나라 구석구석 모든 영역에 흩어져서 받은 씨앗을 키워나가기 시작했다. 하나님의 나라 비유에서 주님이 겨자씨로, 그리고 가루 서말에 넣은 누룩으로 설명하신 말씀이 유성의 제자들 마음 속에도 주님의 약속대로 하나님의 나라는 민족복음화의 꿈으로 퍼지고 자라나고 있었다. 70년대에 들어오면서 나사렛형제들은 우리나라 모든 지역과 전공별로 각각 다른 분야에서 민족복음화의 꿈을 펼쳐 나가고 있었다. 그런 의미에서 '나사렛형제들' 구성의 아주 중요한 요소는 '유성 김준곤의 민족복음화의 꿈에 동참하는 사람들' 이라 할 것이다. 그리고 이 형제단은 곳곳에 다니면서 그 복음화의 꿈의 씨앗을 온 천지 다니면서 뿌리며 다녔고 그 싹이 날 때 거기에 물을 주었던 사람들이라 할 것이다.

2) 순모임과 사랑방 성서학교운동의 탄생

빌 브라이트로부터 효과적인 전도 방법을 전수받고 캠퍼스 사역에 매진한 유성은 많은 대학생 제자들을 만들었으며 국제 CCC 전략대로 전도, 육성, 파송의 전략을 실천하면서 유성 특유의 제자훈련 방법을 만들어냈다. 그것은 바로 순모임의 개념이다. 국제 CCC에서는 "셀(Cell)"단위로 제자화 훈련을 시켰으나 유성은 한국 고유의 개념과 언어를 찾아서 새로운 제자훈련의 특별한 전략을 만들었으며 특히 민족복음화운동을 공개적으로, 거국적으로 선포하고 실행하면서 그가 고안한 "순모임"이라는 토착화된 생활, 토착화된 '사랑방 제자화'의 개념을 만들고 적용했다. 특별히 순론을 자세히 정의하고 설명하고 실천방안을 구체화한 '순론노트'를 제시하여 제자화 훈련을 본격적으로 최대화하는 전략으로 승화시켰다.

유성이 제시한 순론에 의하면 단순한 제자화 훈련이거나 소그룹 모임과 전혀 차원이 다른 살아서 역사하는 생명체의 제자화 모임으로 엮어지는 제자화 개념을 제시하고 있다. 사역 초기부터 순론을 펼친 유성은 지금은 한국 모든 교회에 일반화된 개념이지만 이 단어 속에는 아주 깊은 의미를 담고 있다. 유성은, "순이란 원래 조(組)니 반(班)이니 세포(細胞,cell)sl 하는 것과 비슷하지만 그런 용어 속에 우리들의 생명체를 담기에는 용어들이 너무 낡았고 적합하지 않다." 그래서 유성은 예수 공동체의 사람들의 모임을 담을 수 있는 단어를 이사야 11장에서 찾았다. "이새의 줄기에서 뻗어나온 연한 순"(11:1)은 다윗의 자손으로 오시는 예수님을 지칭하는 단어인데 바로 예수에게 연결된 예수의 사람들을 담을 수 있는 단어를 예수를 따르는 사람들의 모임에 사용하였고 지금은 한국의 모든 믿는 자들에게 사용되고 있다. 유성은, "순이란 순수한 우리말이고 한국 토산이다. 순은 우리나라 시인들의 순박한, 구원 (久遠)한 시골 소녀상이기도 하다. 순은 가지에서 움터 무한히 뻗는 동안 잎과 꽃과 열매를 맺는다. 마디마디 순은 순을 낳고 스스로는 가지가 된다." 그의 순론 속에는 마치 예수님이 사랑하는 12제자를 훈련시키듯 순장이 순원들을 돌보아야 하는 기본적인 자세와 방법이 모두 들어있다.

특별히 순이란 단어와 개념은 유성이 제자들을 훈련시키고 그들에게 심어준 민족복음화의 꿈을 함께 담아놓는 특별한 그릇이었다. 순장과 순원들이 함께 모여 순모임을 통해 기도하고 예배드리고 신앙적으로 성숙해 나가는 최상의 틀을 만들어 놓은 것이 바로 순모임이었다. 이것은 단순히 한번 모였다 헤어지는 과정이 아니라 한번 맺어지면 평생을 함께 묶어 놓는 평생순의 비전을 품게 만드는 유성만의 특별한 훈련의 틀이 되었다. 유성이 순론 서론에서 선언한 것처럼 순은 유성이 오랜 기도를 통해 하나님이 주신 지상명령 성취를 위한 구체적으로 "민족복음화운동을 보다 능률적이고 조직적으로 전재하기 위하여 만든 것이며 하루아침에 되어진 것이 아니고 여러 해에 걸쳐 점진적으로 발전된 것이다" 순론을 강의하면서 유성은 그냥 평범한 모임이 아니라 "새 술을 새 가죽 부대에 넣는다(마9:17)"는 주님의 말씀을 따라서 혁명적 개념과 방법을 기도하면서 공산당들의 헌신보다 더 뛰어나고 핵물리학보다 더 폭발적인 "믿음과 기도의 무한한 잠재적 가능성을 활용하고 무진장한 성령의 능력을 힘입어서 한민족을 뿌리째, 송두리째 완전 그리스도화 한다면 이 나라의 인적 자원과 재정적 자원과 영역학(靈力學)을 총동원하여 제 2의 사도행전적 세계 선교 역사가 전개되리라"는 믿음으로 순모임을 인도해 왔고 그 전략을 제자들에게 실천한 것이다.

유성의 사역에서 순론과 함께 늘 항상 따라다니는 단어는 '사랑방 운동 신학'이라 하겠다. 순이 모이는 가장 이상적인 모임 장소는 교회가 아니라 사랑방이다. "순은 사랑방에서 산다. 사랑방은 신라, 백제, 고려 시대보다도 더 오래 전부터 우리 민족사와 더불어 마을마다 존재해 왔다." 유성의 민족복음화운동이 일반 기존 복음화 운동과 다른 점은 교회 중심이라기보다는 생활터전 중심의, 그가 항상 강조했던 5만9천 자연부락 중심으로, 복음전파는 물론 복음이 삶 속에서 생활화되고 실천되어지는 그가 꿈꾸었던대로의 새 술을 담는 새 부대를 사용한 것이다. 사랑방에서는 삶의 전 영역의 사건들이 다루어지는 장소이다. 사랑방 운동을 그는 잃어버린 사랑방 대화를 찾고, 어떤 의회보다 더 자유롭게 "민족과 향토와 인생과 종교를 우리만이 이해하는, 우리만의 낯익은 언어" 찾는 아무도 아무를 지배하지 않고, 형식도 까다로운 체계도 없는 그런 만남의 장소로 잃어버린 사랑방을 찾아야 한다고 사랑방 운동을 설명한다. 특별히 중요한 것은, 사랑방이 기독교의 포교 장소가 되어야 하고, 침투력과 착근력과 생명력을 자유롭게 발휘할 수 있는 곳, "한국의 5만 9천여 자연 부락에 교회를 세우기 위해 그 많은 수의 전문적인 유급 전도자를 파견할 수도 없고 많은 돈이 드는 교회당을 세우는 대신" 사랑방 운동을 제안하고 있다. 교회대신 사랑방에서 성경을 가르치는 '성서학교운동'의 목적은, "당시 한국 농어민의 98%가 비그리스도인이라는 전제하에 5만 9천여 농어촌 자연부락에 사는 1천 7백만 농어민층을 대상으로 예수 세포를 만들고자 사랑방성서학교운동을 시도" 하여 100만 개 정도의 성서연구회를 만들자는 것이었다. 유성 김준곤은 CCC를 통해 학생들 선교를 중심으로 하지만 그의 기도는 농어촌에도 효과적으로 말씀을 통해 복음이 전해지기를 위해 성서연구회를 계획한 것이다.

이 사랑방 운동에서 우리는 김준곤이 '나사렛형제들'이란 자신의 복음화의 꿈을 지닌 조직을 통해 하고 싶었던 형제단 운동의 계획을 엿볼 수 있다. 유성은 자주 계속해서 나사렛형제들에게 모라비안 형제단에 관해 자주 언급했으며 실제로 한국 CCC의 거의 대부분의 지구에서는 캠퍼스 주변에서 순원들이 사랑방을 만들어 공동체 삶을 사는 훈련을 해 왔으며 이 사랑방 운동은 지금도 캠퍼스 주변에서 순장들을 중심으로 계속되고 있다.

형제단 운동보다 더 중요하게 '나사렛형제들' 조직의 특성은 사실은 성경에서 예수 그리스도를 '나사렛 예수'로 부르는 명칭에 있다. 신약시대 나사렛은 갈릴리 작은 마을로 사람들이 무시하는 지역으로 사람들은 예수 그리스도를 낮추어 부르는 명칭이지만 그래서 대부분의 예수 생애를 기록한 많은 전기 작가들이 즐겨 사용하던 명칭이다. 심지어는 예수님의 제자로 부름받았던 나다나엘 조차도, "나다나엘이 이르되 나사렛에서 무슨 선한 것이 날 수 있느냐 빌립이 이르되 와서 보라 하니라" 대답할 정도로 나사렛 사람이란 사람을 낮추어 보는 명칭이었으나 그가 구원자로 오신 분임을 고백하는 명칭이 된 것이다. 원래 나사렛이란 어원은 히브리어로 '싹트다', '솟아나다'에서 유대되었다. 어떤 의미에서는 나사렛이란 명칭은 그의 겸손하심을 나타내는 의미로 승화되었다 하겠다. 그래서 유성 김준곤은 새로 탄생되는 형제들의 모임을 겸손하지만 구원을 완성하신 주님의 뜻에 순종하는 무리들이란 의미로 '나사렛형제들'로 명명하였을 것이다.

3) 정치계에 번지는 민족복음화의 꿈: 국가 조찬 기도회

거듭 말하지만 유성 김준곤의 민족복음화운동이 다른 단체나 개인의 사역과 차별화되는 것은 민족복음화를 단순히 복음을 전하고 믿는 사람이나 교회의 수효를 늘리는 것이 아니고 복음의 역사가 실생활에 이루어지는 지상명령에서, 제자화를 이루는 과정에서, 주님이 분부한 모든 것을 가르쳐 지키게 하는 것이다. 삶과 신앙이 분리되지 않고 하나가 되어 복음의 능력이 삶 속에 나타나게 하는 것이 유성의 민족복음화의 꿈이었다. 유성의 민족복음화운동은 단계적으로 이루어져 왔는데 캠퍼스에서 복음을 전하지만 그 영역은 이 민

족 모든 삶의 영역을 향하고 있다. 그 중 가장 먼저 눈에 띄게 나타
난 민족복음화 꿈의 실현은 정치계에 심어진 경우이다. 유성 김준곤
이 빌 브라이트 박사를 만나서 지상명령 성취에 동행하고 한국 CCC
를 시작하면서 복음으로 사회를 변화시키려는 시도에 제일 먼저 참
여하게 된 것은 국가 조찬 기도회를 통해서였다. 당시의 군사 독재
정권하에서 유성의 민족복음화운동이 가능했던 것에는 분명히 정치
지도자 박정희라는 인물을 국가 조찬 기도회를 통해 만날 수 있도록
하나님이 인도하셨음을 인정해야 한다.

4.3. 박정희에게는 김준곤이 있었다

1) 국가조찬기도회의 창설

박정희와 김준곤의 관계는 그 계기는 유성이 1965년 2월에 우리
나라 최초의 국회 조찬 기도회를 창설하면서였다. 지금은 2021년
12월 2일 스위스그랜드호텔에서 열린 53회 대한민국 국가조찬기도
회에 이르기까지 정기적인 국가 기도회 행사가 되었지만 기독교가
전혀 영향력을 미치치 못하던 당시, 맨 처음 대한민국 정치계에 예
수 그리스도의 믿음의 역사를 시작한 것이 바로 유성 김준곤이 정치
계에 심은 민족복음화운동 사역이다. 이 사역의 계기는 유성 김준
곤 자신이 1963년과 1964년 미국 조찬 기도회에 참석하고 도전받은
후 그는 김종필, 김영삼, 정일권 등 20명 정도의 기독교 정치인들이
참여한 가운데 국회 조찬 기도회를 시작하고 그 후 대통령을 모시고

국가조찬기도회를 열자는 제안을 받아들여 "당시 박정희 대통령의 찬성을 얻어 1966년 3월 8일 구 조선호텔 볼룸에서 제1회 국가 조찬기도회를 시작"하게 되었다.

2) 철저하게 하나님 복음으로 박정희 대통령을 도전하는 유성 김준곤

지금까지 53회에 계속되어 국가조찬기도회를 가지고 있거니와 유성 김준곤이 온갖 위험을 무릅쓰고 이 모임을 시작한 것도 엄청난 일이거니와 더욱 중요한 것은 그가 인도한 국가조찬기도회에서 증거한 그의 메시지의 접근방법에 있다. 지금까지 유성의 뒤를 잇는 많은 한국교회 지도자들이 국가조찬기도회에서 전하는 메시지가 순수한 복음으로 접근하지 못하고 있음을 지적받는 것을 생각할 때, 당시 군사 독재 정권, 절대 권력 앞에서 행해진 국회조찬기도회와 국가조찬기도회의 메시지가 처음부터 끝까지 철저하게 복음적이고 문자 그대로 국가를 위한 말씀이었다는 사실이다. 제 1회 국가조찬기도회에서 유성은 그 모임의 민족사적인 중요성을 언급하여 "이 시간에 일어난 사건은 우리 민족의 정신사에 뜻깊은 전환적 계기가 된다고 생각합니다. 그리스도의 이름으로 이렇게 순수하게 기도를 목적으로 민족의 대표자들이 한자리에 모이기는 우리 민족사상 처음 있는 일입니다"라고 언급하며 철저하게 순수한 하나님 향한 믿음 가지고 나갈 "어린아이처럼 단순하게 그리고 겸허하게 하나님 앞에 선 적나라한 인간이" 될 것을 도전하면서 메시지를 시작한다.

3) 국가조찬기도회에서 선포된 '민족복음화의 꿈'

유성 김준곤이 한국교회에 심어준 '민족복음화의 꿈'을 자주 거론하지만 사실은 그의 민족복음화 꿈은 그의 사역 곳곳에 심겨져 있고 찾아질 수 있다. 특별히 국가조찬기도회 속에는 철저하고 절절한 유성의 민족복음화의 꿈이 담겨져 있다. 제1회 기도회에서 하나님을 향한 믿음을 도전한 유성은 박정희 대통령에게 미국의 링컨처럼 국민들의 존경받는 대통령이 되기를 촉구한다. "저는 우리나라 대통령께서 정치적인 원수일뿐만 아니라 국민의 영혼의 목자로서 아브라함 링컨이 미국인의 가슴에 새겨진 것 같은 구원의 영상이 되기를 기도합니다." 그리고 이어서 박정희에게 민족복음화가 이루어진 미래의 모습을 보여주면서 이 꿈에 동참하기를 초청한다. "이 시간 우리는 우리 조국의 미래상을 생각해 봅시다. 후진국들은 덴마크나 스위스를 부러워합니다. 독일의 부흥상을 기적이라 말합니다. 이스라엘의 복국과 부흥상을 신화처럼 이야기합니다. 우리 멀지 않은 장래에 세계가 '영광스럽고 성스러운 한국을 보라.'고 하는 날이 오게 합시다." 그리고 우리는 유성이 기도하며 꿈꾸었던 나라가 지금 우리 앞에 가고 있는 것을 보고 있는 것이다. 유성 김준곤이 국가조찬기도회에서 설교를 할 때 그는 다른 설교자들처럼 국가 권력자 앞에서 설교하는 특권을 누리는 것에 머무는 것이 아니라 그 앞에서 하나님께 기도하면서 대통령을 통해 변화시키고 축복해 주실 민족복음화의 꿈을 대통령과 함께 꿈꾸고 기도하며 하나님 앞에 서 있었던 것이다.

4) 유성은 박정희와 함께 민족을 위해 기도했다

국가조찬기도회에서 순순한 메시지를 증거하는 유성의 자세는 1969년 5월에 열린 제2회 국가조찬 기도회에서도 "하나님의 주권 앞에 머리 숙이자"는 제목으로 세계 역사의 주인이신 하나님 앞에 서기를 촉구하는 철저하게 신앙 지도 전도 메시지를 선포했다. 독재 정권의 지도자에게 아부하는 모습은 전혀 보이지 않고 오로지 그 지도자와 함께 나라와 민족을 위해 함께 기도로 그리고 정치로 이끌어 가기를 촉구하고 있다. 하나님의 주권 아래 대한민국이 놓이기를 기도하면서 유성은 이번에도 박정희와 함께 기도하고 있다. 말씀을 결론 지으면서 유성 김준곤은 민족복음화된 조국을 미리 보면서 대통령이 자신과 함께 그 꿈을 보기를 강하게 초청하고 있다. "저는 20세기 후반기에 아시아의 일각에서 빛나는 기독교 한국이 이룩되어 세계의 영감의 원천이 되는 비전을 보고 통일 조국의 영광된 미래상을 내다보면서 우리 민족의 축복과 아울러 대통령 각하께서 그 은밀한 곳에 기도의 제단을 쌓고, 한 정치가이기보다 온 민족의 마음 속에 구원한 성자상을 인각해 주시가를 많은 비독교인과 함께 기도하는 사람 가운데 하나입니다."

4.4. 문제의 완전한 해답은 민족복음화 밖에 없다

1) 공의가 지배하고 하나님의 축복이 함께 하는 복음화된 조국

이 복음으로 꿈꾸는 자세는 제3회 국가조찬기도회(1970년 5월 1일)

에서도 전혀 변함이 없다. "먼저 하나님을 바라보자"는 제목으로 주어진 메시지에서 유성은 "하나님은 계시든가 안계시든가 둘중의 하나입니다 하나님이 계신다는 신앙은 산 신앙이요, 안계신다는 신앙은 죽은 신앙입니다"라며 하나님 없이 사는 삶과 하나님 모시고 사는 삶의 모습을 비교하면서 하나님 모신 유신 신앙으로, 긍정적이고 적극적이고 창조적인 삶과 나라를 만들기를 권고하며 우리 사회가 처한 부정 부패 분열이라는 고질병을 회개하고 고치자는 메시지를 선포한다. 유성이 주관한 국가조찬기도회리 공통적인 특징은 절대 독재자에게, 진정한 절대 통치자인 하나님을 소개하면서 그분에게 국정을 맡기고 바른 길로 나가기를 권면하는 세례 요한 같은 메시지를 쏟고 있다. 이곳에서도 마지막은 대통령과 함께 꾸는 민족복음화의 꿈이다. "한국 민족은 중대한 질적 비약의 시점에 서 있습니다 전능하신 창조주의 힘을 활용하면 기적이 일어납니다. 도덕적 혁명을 일으켜야 하겠습니다." 혁명을 일으킨 대통령 앞에서 그는 진정한 혁명가인 예수의 이름으로 도덕적, 사랑의 혁명이 일어나야 함을 역설한다. "신앙의 무에서 유를 창조하고 불가능을 가능케하며, 죽음에서 다시 살고 최악을 최선으로 변화시키는 창조와 혁명의 힘입니다 하나님의 뜻을 따르기만 한다면 한국의 황금 시대가 오고 모든 무한한 가능성은 우리의 것이 될 것입니다." 유성은 결론으로 박정희가 대한민국의 모세가 되어 이 민족을 온전히 출애굽시켜 주기를 기도한다. 어쩌면 유성은 자신은 모세를 도와 출애굽을 시킨 대

제사장 아론의 역할을 생각했는지 모른다. "이스라엘의 모세처럼 각하께서 참으로 하나님의 뜻을 받들고 충성된 기도를 올리면, 하나님은 하늘 문을 여시고 우리 민족을 축복하실 것입니다."

2) 민족복음화운동에 직접 동참할 것을 부탁

1973년 5월1일에 유성이 마지막으로 "민족사의 강은 어디로 흐르는가?"라는 제목으로 설교한 제6회 국가조찬기도회에서 절망과 허무와 불안의 세계에서 이 민족이 나가야 할 길은 언제나 동일한 해답, '하나님 밖에 없음'을 강조한다. 유성의 민족복음화의 꿈은 이곳에서도 주어진다. "꿈같은 이야기일지 모르나 그 어느날 우리도 비록 가난하지만 국가 예산의 상당액을 우리보다 더 가난한 민족을 돕기 위해 사랑의 원조로 사랑의 봉사단과 함께 보낼 수 있다면 세계 평화에 효과적으로 공헌을 할 수 있는 길은 그 이상 없을 것입니다." 늘 도움만 받던 나라가 하나님의 축복으로 사랑으로 변화를 받아 나보다 더 가난한 나라를 원조하는 나라의 꿈이 이미 이루어진 것을 우리 눈앞에서 보고 있다. 그러면서 유성 김준곤은 다시 한번 혁명가 박정희에게 진정한 혁명이 무엇인지, 공산주의 이데올로기와 맞서 싸우고 있는 분단의 현실을 지적하면서 예수의 복음으로 사랑의 혁명만이 문제의 완전한 해결임을 결론 내린다. "마르크스 혁명 이후에 일어나야 할 혁명은 예수의 사랑의 혁명밖에 없으며, 미래의 인류에게 남아 있는 바람직한 단 하나의 기적은 성령과 사랑의 기적 뿐이며, 미래에 살아 남을 단하나의 이데올로기도 사랑밖에 없으며, 무엇보다 급하게 우리에게 일어나야 할 물결은 사랑의 물결입니다." 그의 국가조찬기도회 메시지의 결론은 언제나 '민족복음화운동'으로 귀결된다. "외람되지만 각하의 치하에서 일어나고 있는 전군 신자화 운동이 종교계에서는 이미 세계적 자랑이 되고 있는데 그것이 만일 전민족신자화운동으로까지 확대될 수만 있다면 세계정신사적 새물결을 만들고 신명기 28장에 약속된 성서적 축복을 받을 것입니다"라면서, 유성 자신의 부탁으로 시작된 전군신자화 운동을 민족복음화로 확대해 나가자는 엄청난 요구를 국가 지도자에게 메시지를 통해서 하고 있다.

3) 국가조찬기도회의 전 지방 도시로의 확대

유성은 권력에 대한 두려움이나 아부가 아닌 담대함과 진실된 청원으로 나라와 민족을 하나님의 축복 속으로 함께 끌고 나가기를 대통령에게 부탁했다.

EXPLO'74와 우리의 사명

정인수

CCC원로 간사, 전 CCC국제부총재

1. 들어가며

금년이 EXPLO'74 50주년(희년)이다. CCC의 EXPLO'74 세대들은 EXPLO'74 얘기만 나오면 할 말이 많다. 3년 군대(지금이야 일 년 반이지만) 다녀온 남자들이 모여 군대 얘기만 나오면 끝이 없는데 기적 같은 EXPLO'74의 현장에 있었던 사람들이 어찌 할 말이 없겠는가?

작년부터 EXPLO'74 50주년을 앞두고 간사들 수련회와 CCC전국총단 대표들 등으로부터 EXPLO'74에 대한 강의나 인터뷰 요청을 받았다. EXPLO'74를 소개하면 첫 반응은 와-(Wow)하고 입이 벌어진다. 다음으로는 "어떻게 그런 일이?" 하며 질문(믿어지지 않는 상황)이 이어진다. 지금은 훨씬 더 준비되고 1000명 가까운 간사들이 사역하는데 CCC여름수련회에 10,000명이 모이려면 얼마나 힘든지를 경험한 이 세대가 50년 전에 30만이상이 합숙훈련을 받고 밤이면 100만 명 이상이 모였다는 것 그 자체가 당연히 놀람과 충격일 수밖에 없다.

내가 경험한 EXPLO'74도 정말 부분적이다. 그 현장에 있었다는 감격, 시골 전남 광양에서 고등학교 교사 2년차로 지방 CCC의 협동 간사를 하며 학생과 성도들을 동원하여 서울로 EXPLO'74에 기차를 대절하여 왔다. 당시 북아현국민학교에서 합숙하며 전남 광양군과 구례군에서 온 630여 명을 훈련하는 일을 한 것이 나의 EXPLO'74 현장 경험이다. 그것도 감격스러웠지만 후에 전임 간사가 되고 비서실에서 김준곤 목사님을 보좌하며 사역하면서 EXPLO'74의 큰 그림을 볼 수 있었다. 그간 내가 알던 EXPLO'74는 장님이 코끼리 만지는 것이었구나라고 깨달은 것이다. 그리고 후에 있었던 EXPLO'85를 주도적으로 준비하고 국제사역에 참여하며 이 EXPLO'74가 한국뿐 아니라 국제적으로 어떤 영향을 미쳤는지를 알게 되었다.

CCC에서 공식적으로 EXPLO라는 이름을 사용한 행사는 3번이다. 먼저는 미국 댈러스에서 1972년에 모인 EXPLO'72요, 다음이 EXPLO'74, 그리고 최초의 위성중계로 세계 92개 도시를 연경하여 동시에 열린 EXPLO'85다. EXPLO는 EXPLOsion(폭발)의 약자이다. EXPLO'74는 이 민족복음화를 이루어 가는 과정에 폭발적인 이정표가 된 하나님의 엄청난 축복(마치 이스라엘이 출애굽 하는 과정에 홍해바다를 가르듯이)임을 알게 되었다. 그래서 나는 EXPLO'74를 여의도광장에서 1974년에 모인 한 거대한 집회와 일회적인 훈련의 행사가 아니라 민족복음화를 향한 폭발적인 이정표(Milestone)이라고 말하고 싶다.

2. EXPLO'74란

1) EXPLO'74를 요약 정리하면

이 민족의 입체적인 복음화를 위하여(Why), 1974년 8월 13일부터 18일까지 5박6일 동안(When), 여의도 광장과 인근 100여개 학교를 숙소로 하여(Where), 김준곤 목사님의 지도하에 전적으로 헌신된 한국CCC와 나사렛형제들이(Who), 32만여 명 합숙 전도훈련과, 밤이면 100만 명 이상 예배하며 복음을 전한(What), 성령님 도우심 속에 단계적인 준비로 한국 성도의 1/10을 동원 훈련하며(How), 수많은 기적을 체험한 이 민족의 복음화 여정에 폭발적인 이정표라고 정의하고 싶다.

2) 등록과 참가자 현황

좀 더 구체적으로 상황을 보자. 5박6일의 훈련을 위해 등록한 인원은 323,419명이다(중·고등학생 8만7400명, 대학생 2만5300명, 평신도 19만3200명, 목회자 1만3000명, 교수 500, 의료인 312, 법조인 208, 외국인 3400) 여의도광장에서 모인 저녁집회에는 매일 100만 명 최대 참여자 158만 이었다. 참가한 교회는 약 12,000교회였고 저녁 예배에 10,000명 성가대가 찬양했다.

3) 숙소와 식사 그리고 개인전도

숙소는 여의도 광장 8,000개의 천막에 10만 명이 기거했고 20여만 명은 인근 100여 초중 고등학교를 사용했으며 외국인들은 이화여대 기숙사 등을 사용했다. 집회기간에 훈련 받은 대부분이 개인전도를 나가서 42만 명에게 복음을 전하여 272,000명 결신, 관심자 12만 명, 외국인 1,192명이 결신하였다. 집회기간에 헌금 1억 6,687만 원(현재의 물가로 환산하면 약 67억 원)이 모아졌고, 식사를 위해 쌀 7,000가마(80kg), 빵 360만개, 부식 150톤이 사용되었고 연 3,400명이 식사봉사에 헌신했다.

3. EXPLO'74의 특별한 의미

1) 세계역사상 최대의 전도훈련, 한국교회에 평신도 시대의 문을 열다

밤이면 100만 명 모여 하나님을 예배하고 그곳에서도 많은 결신자가 나와 의미가 있었지만 세계선교의 역사와 민족복음화의 관점에서 가장 큰 의미는 바로 30만 이상의 성도가 5박6일간 합숙하며 전도 훈련을 받은 것이다. 이는 당시 한국 교인의 1/10이 전국에서 모여온 것이며 복음을 전하는 전도자로 훈련을 받았다. 이것은 한국교회에 평신도 시대의 문을 연 것이다. EXPLO'74를 준비할 당시 한국 CCC는 70명이 안 되는 전임 간사가 사역하고 있었고 EXPLO'74를 위해 공채로 간사를 모집하여 300명 이하의 간사가 이 거대한 행사를 감당하며 나사렛형제들은 모두 협동 간사처럼 뛰었고 수많은 자원봉사자가 헌신했다. 그리고 훈련 받은 30여 만이 전국 교회에 흩어져 불씨가 되었으니 한국교회에 평신도 시대가 열린 것이다.

2) 한국교회 부흥의 패러다임 전환과 민족복음화에 폭발적 계기

한국교회의 부흥에 패러다임이 바뀌었다. 당시 한국교회는 부흥사 중심의 부흥 시기였다. 성도들의 전도에 참여는 바로 "우리 교회에 와보라" 는 초청 중심이었다. 특히 부흥회를 중심으로 교회 초청이 이루어졌다. 물론 부흥사분들의 기여를 간과해서는 안 된다. 그럼에도 평신도들이 불신자를 찾아 적극적으로 복음을 전하는 새 시대가 열린 것은 한국교회에 위대한 축복이요 부흥의 새로운 패러다임이 된 것이다.

이렇게 훈련된 성도들이 적극적인 전도의 삶을 살며 한국교회는 200만에서 300만이 되는 데는 10년 이상이 걸렸지만 EXPLO'74를 계기로 300만에서 400만이 되는 것은 불과 1년(1974~1975)이었다. 그 후 1,000만성도가 되기까지 부흥이 이어졌다.

3) 기도운동과 국가적인 위기 상황

새로운 기도운동이 일어났다. EXPLO'74를 위해 전국적으로 기도하며 준비하는 사람들이 있었고 대회기간에 밤이면 10시부터 새벽 4시까지 철야기도에는 평균 10만 명이 참여했다. 당시 한국의 상황은 국내외적으로 많은 도전이 있었다. 1974년 1월 대통령 긴급조치가 발령되었고 국제적으로는 월남의 패망이 가까워 오며 국가 보안에도 위기였다. 또 대회기간 중에 8월 15일 광복절 기념 행사장에서 대통령저격사건이 있었고 대통령은 무사하셨지만 영부인이 현장에서 서거했다. 이런 여건에서 기도는 더욱 뜨겁게 모아졌다.

4. EXPLO'74와 넘어야 했던 장벽들

민족복음화의 여정에 폭발적인 기여를 한 EXPLO'74는 미국에서 열린 EXPLO'72에서 최초로 공표되었다. 80,000명이 댈러스 코튼 볼(Cotton Bowl)에서 열린 EXPLO'72는 미국의 교회사와 CCC역사에 의미 있는 전도훈련이었다. 한국에서 100명의 대표단과 함께 참석한 김준곤 목사님은 대회 마지막 날 단위에 서서 2년 후에 한국에 30만이 모이는 EXPLO'74가 열릴 것을 예고하고 기도를 부탁하며 초청했다. 당시 한국이 처한 국내외적인 현황이나 CCC 상황은 이런 대형집회와 훈련을 감당할 여력이 없었다. 말 그대로 수많은 장벽이 있었다. 후에 김준곤 목사님은 74개의 골리앗이 있었다고 회고하셨다. 이를 일곱 가지로 요약해 보면

1) 동원

가장 큰 장벽은 30만 명의 등록이다. 이는 한국 성도의 1/10로 매우 의미 있는 숫자이지만 과연 전국 각지에서 지금처럼 교통이 편리한 것도 아닌데 30만 명이 합숙훈련을 받기 위해 등록할 것인가? 저녁 집회에 100만 명 모이는 것도 어마어마한 도전이지만 이미 1973년 빌리 그래함 전도대회에서 여의도에 100만 명이 모인 적이 있었다.

2) 합숙

등록한 이 30만 명의 숙식은 과연 어떻게 할 것인가? 당시 대한민국 국군이 60만인데 그 반이니 이를 상상해보라. 김준곤 목사님도 대회를 준비하며 군인이 합숙하며 훈련을 해왔기 때문에 믿음이 좋은 사단장을 찾아서 숙소와 식사 해결을 위해 자문을 구한 적이 있었다. 그 대답은 절망적이었다. "잘 훈련된 군대도 사단보다 적은 단위로 동시 합숙하며 하는 훈련하는데, 훈련되지 않은 전국에서 모인 남녀노소를 한여름 뜨거운 아스팔트 위의 여의도 광장에서 한국 군대의 반에 해당하는 30만을 모아 합숙훈련은 불가능합니다. 사람 죽어 나갑니다." 합리적인 이 설명이 전혀 도움이 되질 않았다.

3) 교육

사람이 모아지고 합숙이 가능하다 할지라도 과연 어떻게 이 30만 명을 교육 훈련할 수 있을 것인가? 30만 교육을 위해서는 적어도 10,000명의 훈련된 순장(한 순장이 30명을 훈련한다 할지라도)이 필요하며 그 장소와 교육환경 등 적절한 교육훈련을 어떻게 시행할 것인가?

4) 안전

8월 한 더위의 아스팔트 여의도광장에서 또 인근 숙소에서 30만 명이 숙식하며 움직이고, 밤이면 100만 명이 모이는 이 과정에 수반될 수 있는 모든 안전 문제이다. 여름 음식은 상하기 쉬운데 식중독 문제, 폭염과 폭우, 전국에서 오는 분들의 교통과 안전 등이 심각한 문제로 대두되었다.

5) 재정

이 거대한 행사를 위해서는 엄청난 재정이 필요했다. 지난 겨울 대학생 3일간의 금식수련회 등록비가 식사를 안 하는 데도 80,000원 이상이었다. 요즘 물가로 한다면 5박 6일의 이 훈련을 위해서 적어도 20만원의 동록비가 실비일 것이다. 32만이면 640억이고 다른 준비 등을 고려한다면 지금이라면 적어도 800억의 예산으로도 힘들 것 같다.(한국CCC의 대집회를 운영한 경험과 국제CCC Global Operation담당 부총재 경험을 토대로)

6) 정부의 허가

이러한 대형 집회는 당연히 정부의 허가가 필요하다. 앞서 언급한 것처럼 EXPLO'74 전에 대통령 긴급조치가 내려지고 월남에서 미군이 철수해가고 월남이 패망을 눈 앞에 두고 한반도의 위기도 고조되고 있는 등 국내외 정세가 어려운 때다. 주변의 모든 학교까지 다 개방하며 사용할 수 있도록 협조가 필요한 이 행사를 과연 정부가 허락할 것인가

7) 강사

특히 저녁 집회는 성도들에게 강사는 매우 중요했다. 감사하게도 1973년 빌리 그래함 전도대회에 오셨던 빌리 그래함 목사님은

EXPLO'74의 국제명예대회장을 맡아 주었고 강사로 오시겠다고 약속했다. 저녁 전체 집회에 100만 명이 모이는데 세계적으로 지명도를 가진 빌리 그래함 목사님이 오시는 것은 큰 힘이 되었다. 그런데 사정이 생겨서 6개월을 앞두고 강사로 올 수 없게 되었다는 통보를 받았다. 후에 김준곤 목사님도 그 통보를 받았을 때 며칠간 매우 힘들었는데 기도 중에 하나님이 물으시기를 "너 빌리 그래함 믿고 이 EXPLO'74를 준비하느냐, 아니면 나를 믿고 하느냐?" 그래서 주님 앞에 회개하고 믿음으로 나아갔다고 간증하셨다.

5. 무엇이 이 모든 장벽을 넘어 가능하게 했는가?

1) 비전과 믿음이다

김준곤 목사님 안에 그리고 그분을 통해서 CCC와 나사렛형제들 안에 민족복음화의 꿈이 잉태되었다. 1970년 제야의 종소리가 울리며 1971년이 밝아오는 시점에 CBS의 전파를 타고 김 목사님은 민족복음화운동을 공식적으로 선언했다. 1960년대 후반과 1970년대 초반의 김준곤 목사님의 설교는 민족복음화를 주제로 학생들과 나사렛 전국의 민족복음화 요원들에게 선포되었다.

2) 비전 있는 탁월한 지도력

국내에서 민족복음화 운동의 공식적인 선언과 준비 그리고 국제적으로 EXPLO'74가 선언되고 난 이후 실제적인 준비 앞에서 수많은 장벽이 있었다. 일차적으로 가장 가까이에 있는 CCC 간사들은 이 위대한 꿈이 현실적으로 무엇을 의미하는가를 생각할 때 불평이 아닌 불가능함을 진지하게 말하지 않을 수 없었다. 김준곤 목사님은 세 개의 질문으로 장벽을 뚫고 나가셨다. 간사들에게 무엇 때문에 불가능한가를 조목조목 말하게 하고 이를 수련회 장소 벽에다 붙였다. 실제적인 장벽(이 장벽들을 골리앗이라 불렀다)을 인정한 것이다. 그리고서 다음 질문이 있었다.

(1)우리 민족이 복음화 되어 앞으로 세계선교에 기여하는 제사장 민족이 되는 것이 하나님이 기뻐하시는 뜻인가? 아멘으로 간사들이 화답한다.

(2) 이를 위해 전 성도의 1/10인 30만을 모아 전도훈련을 하는 것이 하나님이 기뻐하시는 뜻인가? 그간 민족복음화를 함께 외쳐온 간사들이 역시 아멘으로 화답했다

(3) 만일 이것이 하나님이 기뻐하시는 뜻이면 하나님은 이것이 가능한가?" 요일 5:14-15은 "그를 향하여 우리의 가진바 담대함이 이것이니 그의 뜻대로 무엇을 구하면 들으심이라. 우리가 무엇이든지 구하는 바를 들으시는 줄을 안즉 우리가 그에게 구한 그것을 얻은 줄을 또한 아느니라." 여기에 잠시 침묵이 있었고 아멘이 나왔다. 믿음으로 하나님의 말씀 앞에 간사들을 세우니 모든 불가능이라 여겼던 골리앗들이 모두의 기도제목으로 바뀌었다.

3) 기도의 힘이다

앞서 언급한 것처럼 모든 불가능하게 여기던 점들이 기도의 제목으로 바뀌게 되며 기도는 더욱 뜨겁게 모아졌다. 한국전쟁 때 동족이 서로를 그토록 무참히 죽이고 보복하는 것을 보고 이 민족의 죄악 상 앞에 비장한 기도를 시작하셨던 김준곤 목사님은 그 후 평생 아침 금식을 하시며 기도하셨는데 EXPLO'74를 간사들, 나사렛형제들과 함께 기도로 준비하셨다. 전국적으로 조직된 민족복음화요원들과 한국교회의 기도하는 분들이 함께 뜨거운 기도의 불을 지폈다.

그중 생각하면 가슴이 찡한 한 권사님이 있다. EXPLO'74기간 여의도 광장에 매일 철야기도를 하셨다. 비가 내린 날도, 그리고 마지막 18일 밤도 권사님은 철야기도를 했다. 새벽에 이슬이 내려 신문지를 뒤집어쓰고 늦게까지 기도하는 중 소천했다. 집회로 인해 여의도광장에 모아놓은 쓰레기를 치우는 청소차가 권사님을 보지 못하고 친 것이다. EXPLO'74가 은혜롭게 끝나는 날밤에 여의도광장에서 사망 사고가 난 것이다. 당시 비판적인 언론에게는 이보다 더 좋은 기사거리가 없었다. 권사님 소천 소식을 듣고 광명에 살던 가족이 왔다. 갑작스러운 소식에 얼마나 놀라고 마음이 아팠지만 가족을 대표하는 아드님이 기자의 질문에 "어머니가 이렇게 소천하셔서 마음이 아프지만 하나님은 어머니 평생의 기도제목을 들어주셨습니다. 어머니는 기도하다가 하나님 품에 가시기를 원하셨습니다." 모든 사람에게 잔잔한 감동을 주었다. 그 권사님의 손녀가 후에 CCC

간사로 헌신했는데 백OO 간사이다.

4) 영적 운동이다.

성경에 영적운동(Spiritual Movement)라는 단어는 없지만 특히 사도행전에서 우리는 영적운동이 일어나는 것을 볼 수 있고 교회사에서도 수많은 영적운동이 일어났다. 이 영적운동을 어떻게 정의하며 그 근본요소가 무엇인가를 CCC지도자들이 모여 성경 속에서 또 교회사에서 일어난 영적운동을 깊이 있게 살펴본 적이 있다. 그리고 우리는 이 영적운동이 일어나려면 4가지 요소(4 Characteristics of the Spiritual Movements)가 필수적임을 알게 되었다.

(1) 잃은 영혼의 구원에 대한 열정(Passion for the Lost)

(2) 말씀 안에서 변화된 제자들의 삶(Life Changing Discipleship)

(3) 제자 낳는 제자들을 세움(Multiplying Leaders)

(4) 재정을 포함한 자체적인 자원의 조달(Sustainable Resources)

EXPLO'74에서 우리는 민족복음화의 비전은 잃어버린 우리 민족 구원의 열정이었고, CCC학생과 나사렛은 물론 민족복음화 요원 훈련을 받은 사람들이 교회와 그가 속한 사회에서 변화된 증인이 되었으며, 이 훈련은 들풀처럼 번져서 EXPLO'74 이전에 전국의 대부분의 시, 군. 면 단위까지 확산되는 승법번식이 이루어졌고, 이 모든 훈련이 대부분 자비로 헌신하는 가운데 이루어졌고, EXPLO'74 대회의 준비와 진행에도 80% 이상의 재정이 국내 헌금과 등록금으로 이루어졌으니 폭발적인 그러면서도 지속가능한 영적운동의 대표적인 실례가 된 것이다.

5) 단계적인 준비

EXPLO'74는 주님이 주신 특별한 비전으로 시작되었을 뿐 아니라 그 준비와 진행에는 단계적인 준비가 있었다. 민족복음화의 꿈을 이루기 위해 오늘의 캠퍼스복음화는 내일의 민족복음화라는 구호로 이어졌고 이를 위한 순론이 나오고 CCC를 졸업한 형제들이 CCC 학사회에서 나사렛형제들이라는 새로운 꿈을 가진 단체로 발족되었다.(1968년 8월) 핵심훈련인 민족복음화 요원 훈련(LTC)이 1970년에 최초로 번역되어 시범 훈련을 거친 다음 바로 12월 31일 서울농대 수원캠퍼스에서 전국에서 모인 440명이 최초의 전국단위 훈련을 받고 이들이 불씨가 되었다. 그리고 이 훈련은 들풀처럼 번져서 대학 캠퍼스는 물론 전국의 모든 시군에서 교회를 중심으로 훈련이 이루어졌다.

1071년 8월(2일–6일) 5일간 대전 충무체육관에서 전국에서 온 10,000명 단위 최초의 초대형 훈련이 시작되었다. 이는 한국 뿐 아니라 국제적으로도 최초로 만 명 단위의 훈련으로 집회 첫날밤에 김준곤 목사님이 한국의 이 소식을 빌 브라잇 박사에게 전했다. 이는 바로 다음해 EXPLO'72를 준비하는 미국에도 큰 격려가 되었다. 다음 해인 1972년에 춘천에서 춘천성시화운동으로 이어져 전국단위

훈련이 계속되었다. 같은 해 미국 댈러스 EXPLO'72에서 EXPLO'74
가 공식적으로 선포된다.

EXPLO'74의 실제적인 교육을 맡을, 그리고 각 지역에서 동원을
포함한 핵심적인 역할을 할 민족복음화요원 순장훈련(당시 사랑방성서
학교 훈련이라는 이름을 사용함)이 서울 정동 CCC채플과 미완성된 정동
빌딩 6층~13층을 숙소로 만들어 이루어졌다. 1973년 1월, 2월에 계
속 이어진 이 훈련에는 매회 700명에서 1000명이 모여 한 주간씩 집
중 훈련이 이루어졌다.

1973년에 있었던 최초로 100만 명이 모인 빌리 그래함 전도대
회('73 Billy Graham Seoul Crusade)는 CCC가 주최한 대회는 아니었지만
EXPLO'74 직전 해에 있었던 초대형 전도집회로 밀접한 연관이 있
었다. 이 대회의 대회장은 한경직 목사님이었고 한국교회가 연합으
로 이 대회를 준비하며 김준곤 목사님은 한경직 목사님을 도와 전체
기획에 깊이 참여했다. 그리고 빌리 그래함 전도대회는 전도 초청을
하고 영접하면, 이 새 신자를 상담하는 요원이 중요한 역할을 한다.
이 1973년 빌리 그래함 전도대회 상담요원은 많은 수가 민족복음화
요원 훈련을 받은 분 들이었다.

당시 CCC전임 간사는 70명이 채 되지 않았고 공채로 모집한 인
력을 더하여 약 300명, 여기에 헌신된 나사렛형제들과 CCC 학
생들, 이미 훈련된 민족복음화 요원 이들의 절대헌신이 있었기에
EXPLO'74의 꿈은 위대한 현실이 되었다.

6. 한국을 넘어 국제적으로 미친 영향

EXPLO'74에 32만 등록자 중에 3,400명이 외국인이었다. 의미 있는 1%가 외국에서 온 것이다. 이분들의 참여하여 훈련받고 돌아가 각 나라에 엄청난 영향을 끼쳤다. 그래서 국제CCC의 역사에 EXPLO'74는 소중한 기록이요, 영적 이정표로 남아 있다. 이것을 기억하고 당시 영적 감격을 기념하기 위해서 국제본부는 16mm 다큐멘터리 영화가 "Where the life is going?"을 제작했다.

이 영화는 EXPLO'74를 계기로 김준곤 목사님의 생애를 영화화한 것으로 EXPLO'74의 현장 장면으로 시작된다. EXPLO'74에 참석차 한국에 온 한 청년이 도전을 받는다. 캠퍼스 사역에 대학생초청 전도행사인 "College Life"에서 가장 많이 상영된 영화이다. 또 장기간 CCC국제본부를 방문하는 자에게 CCC를 소개하는 데에도 이 영화의 일부가 상영되었다. 이 영화 속에 등장하는 그 청년은 지금 동남아시아 특히 필리핀에서 가장 영향력 있는 교회 CCF(Christ's Commission Fellowship)의 담임 목사인 Dr. Peter Tan-Chi이다.

CCC 많은 나라 지도자들은 EXPLO'74의 현장에서 받은 감격에서 자기 나라의 복음화에 대한 꿈을 갖게 되었다고 말한다. 개인적으로 아는 두 분의 얘기만 소개한다. "목적이 이끄는 삶(The Purpose Driven Life)"으로 유명한 새들백 교회(Saddleback Church)를 세우고 담임했던 릭 워렌(Rick Warren) 목사도 개인적으로 EXPLO'74에 대한 경험을 말한 바 있다. 대학을 졸업하고 젊은 선교사로 일본에 왔던 그는 선교지 일본에서 영적으로 많이 힘들어 고민하는 가운데 한국의 EXPLO'74에 참석하게 되었다. 여의도 광장에 모인 성도들과 훈련 받는 모습을 보며 새로운 꿈을 꾸게 되었고 그때 본인이 찍었던 사진을 새들백 교회 집무실에 두고 늘 기억한다고 했다.

한 사례를 더 소개하면 싱가포르의 Chan Hong Hiok이다. CCC에서 훈련을 받았던 그는 당시 육군 장교로 근무하다 휴가를 얻어 EXPLO'74에 참석하였다. 하나님의 역사에 감격하고 결단 돌아가서 바로 예편하여 CCC 간사를 지원했다. 후에 싱가포르CCC 국가 대표를 역임하고, 중국CCC 대표와 CCC동아시아 책임자를 한 후 지금은 EAST 신학교(East Asia School of Theology) 총장으로 섬기고 있다. 이렇게 EXPLO'74는 한국 뿐 아니라 구체적으로 수많은 지도자들의 삶에 비전을 주고 헌신과 결단의 계기를 만들었다.

7. 50주년을 맞는 우리의 사명

이제 우리는 EXPLO'74의 50주년을 맞는다. 그 현장에서 경험했던 세대들이 이제 70대 이상이 되었다. 나는 오늘의 우리에게 50주년을 맞아 주시는 주님의 음성을 듣고자 신명기를 읽었다. 출애굽 이후 이스라엘이 광야 40년을 보내고 가나안 땅을 앞에 두고 모세를 통해서 하나님이 주시는 말씀이기 때문이다. 신명기의 중요한 단어는 "기억하라(Remember)"이다. 신명기에서 "기억하라"는 단순히 기억만 하는 것이 아니고 하나님과 하나님이 하신 일을 통해 이스라엘과의 관계를 회고하며 하나님을 기대하고 그가 하실 일을 믿음으로 보는 것이다.

1) 신명기에서 모세의 세 메시지

먼저는 하나님이 이스라엘에 행하신 일을 기억하는 것(신 1:1~4:43)이요 다음은 하나님이 이스라엘에 기대하시는 일을 아는 것이다(신 4:44~26:19). 그리고 하나님이 이스라엘에게 하실 일이 무엇인가를 아는 것이다(신 27:1~34:12).

2) 우리 앞에 주어진 민족복음화의 꿈과 세계선교 앞에서

신 6:23 "우리 조상들에게 말씀하신 땅을 우리에게 주어 들어가게 하시려고 우리를 거기서 인도하여 내시고" 말씀에서 인도하여 내시는 하나님(His Power), 하나님의 백성에게 주어 들어가게 하시려는 하나님(His Grace), 조상들에게 약속하신 땅으로 끝까지 인도하시는 하나님(His Faithfulness)을 본다. 우리도 하나님께서 CCC를 통해 우리 민족에게 행하신 역사와, 우리 민족에게 베푸신 은혜와, 약속을 신실하게 지키시는 신실하신 하나님이 우리를 통해 하실 일을 믿음으로 바라보아야 할 것이다.

"역사는 기억하지 않는 자에게 아무 것도 가르치지 않는다."는 말이 있는데, 50주년을 맞는 2024년, EXPLO'74 그 현장에 있던 세대의 우리에게는 사명이 있다. 먼저는 그날의 감격과 하나님이 행하신 일을 다시 기억하며, 기억을 넘어 새롭게 갈렙처럼 다시 일어설 때라고 믿는다. 그리고 EXPLO'74를 경험하지 못한 후대에게 CCC안에, 나사렛형제들 안에 흐르는 우리의 영적 DNA가 무엇인지를 전승해야 한다. 흔히 말하는 "나 때에는" 식의 말이 아니라 우리의 영적인 혈관 속에 흐르는 DNA를 꿈이 있고 헌신된 우리 나사렛형제들의 삶을 통해 전수할 때다.

전도 폭발을 만든 EXPLO'74

강학수

CCC원로 간사, JPM기도운동 대표

EXPLO'74의 목적은 주제에서 볼 수 있듯이, 예수 혁명 - 성령의 제 3폭발 - 바로 예수 그리스도의 지상명령인 전도의 폭발점을 만드는 것이었습니다. EXPLO'74가 지니고 있는 의미는 EXPLO는 EXPLOsion(폭발)의 줄인 말입니다. 엑스플로는 믿는 그리스도인들을 집중적인 훈련으로 정예화시켜 주님의 지상명령을 성취하는데 뭉치고 에너지화 하며 폭발시킨다는 의미를 갖고 있습니다. 집중 전도전략 가운데 하나로 볼 수 있는 대회로 기독교가 지닌 수많은 기능을 모든 분야에서 폭발시켜 모든 영역에 생기를 불어 넣어주는 예수혁명 운동으로 집약됩니다. 이런 영적 혁명의 진원지가 기독교의 처녀지였던 아시아 특히 대한민국이었다는 점에서 큰 의의가 있다고 말할 수 있습니다.

민족복음화요원 전도훈련을 통해 얻을 수 있는 효과는 가장 효과적인 전도훈련 방법에 의해 훈련된 한 사람 한 사람이 유능한 전도자가 되는 것입니다. 그리고 각 교회는 참가하는 수만큼 전도자를 확보하게 되고, 훈련된 이들을 통해 개 교회는 그 지역 복음화와 교회부흥운동이 전개 되고, 민족복음화와 부흥을 이루는데 결정적인 계기가 될 수 있다는 점입니다.

1971년 초부터 타오르기 시작한 민족복음화요원 전도강습회

EXPLO'74가 성공할 수 있었던 배경에는 오랜 기간 동안의 기도와 준비를 거쳐 실행되었고, 철저한 훈련의 과정이 있었기에 가능했습니다. "오늘의 캠퍼스복음화, 내일의 세계 복음화" 라는 슬로건을 갖고 10여 년간 대학생 전도를 해오던 CCC가 1971년 초를 기점으로 그 대상을 전 국민으로 확대시키게 됩니다. 그동안 나사렛형제들 모임을 만들고 순모임을 통해 기도와 성경공부를 행해 온 것은 민족복음화를 하려는 시도의 예행 과정이었습니다.

그리고 매년 겨울에 갖던 LTC 훈련을 확대해 민족복음화를 위해 32개 시와 91개 읍에서 선택된 150여 명의 훈련요원과 CCC회원, 총 450여 명이 참석한 가운데 1970년 12월 30일 – 1971년 1월 4일까지 서울농대 (수원)에서 대망의 민족복음화를 수행하기 위한 첫 민족복음화요원 훈련이 시작됩니다. 그 후로 각지구별로 시, 군, 단위로 행해진 많은 요원강습은 마치 들풀처럼 전국적으로 번져갔습니다. 무엇보다 EXPLO'74의 핵이요 불씨가 될 대학생 헌신요원이 전국적으로 자원해 훈련을 받았고, 지방마다 연합 전도 대회등 대규모 전도 집회가 열립니다. 1971년 초부터 타오르기 시작한 민족복음화 운동의 강한 열풍이 전국적으로 불었습니다.

한국 사상 유례가 없었던 민족단위 전도의 새 물결 운동이었던 대전 충무체육관(1971년 8월)에서 개최된 민족복음화요원 훈련강습회에 10,782명이 참가 (대학생 6,151명, 교파 초월 교역자 426명, 청년지도자 3,965명, 대학교수 120명, 의료인 120명), 대전 시가를 중심한 전도실천(42,151명을 전도, 16,352명이 영접함)의 열매를 얻었습니다. 그 후 요원훈련 여파가 급한 바람처럼 전국을 강타합니다.

1972년 춘천 성시화운동, 면 단위 교회교사 14,600명 전도 훈련 등 1971년부터 1974년까지 크고 작은 민족복음화운동 요원 강습회가 전국적으로 교회마다 지역마다 열리고 EXPLO'74 대회 전까지 전국적으로 평신도를 포함 39만 4천명이 민족복음화 요원 훈련을 받았고, 이들은 목사, 전도사 등 교역자를 비롯해 고등학생에 이르기 까지 다양한 계층들이었습니다. 이들이 자신의 교회와 지역에서 EXPLO'74 대회의 불씨가 되었고 개 교회마다 전도훈련을 통해 모든 교인들 대상으로 그리스도의 제자화 하는 역사가 일어나고 당시 교세가 2-10배까지 급속도로 성장한 교회들이 전국에 600여 개나 되었습니다. CCC 순회교육팀을 파송해 전국적으로 전도훈련을 실시하고 1만 4천 교회에서 추천한 3만 명(한 교회 3명씩)을 교육해 교육순장으로 대회 기간 중 30명을 책임지게 하는 준비를 완료합니다.

민족복음화를 이루고자 하는 우리의 기도는 서울농대에서 열린 민족복음화요원 강습회를 기점으로 1971년 초부터 타오르기 시작한 예수혁명이 강한 열풍으로 전국을 휩쓸었습니다. 이러한 모든 배경이 EXPLO'74 성공의 바탕이 된 것입니다.

저는 EXPLO'74준비 당시 가장 어린 나이에 전국총단 임원으로 섬기며 정동회관 8층 룸에서 순장님들과 함께 숙식하며 등.하교를 하고 주말에 집에 가곤 했습니다. 한 이불을 덮고 EXPLO'74 성공을 위해 밤새워 기도하고 찬송하며 말씀을 연구하는 삶을 나누었습니다. 물론 기도하다 졸기도 하고 깨면 다시 함께 눈물로 부르짖던 날들을 잊을 수가 없습니다.

EXPLO'74를 위해 전국 184개 지구에서 지역복음화대회를 대회 2개월 정도 앞두고 두주 간 걸쳐 일제히 개최된 가운데 서대문구 제4지구 교회연합 민족복음화요원훈련 강습회에 박성록교수님(공주교대)과 함께 교수님은 강의로, 저는 토의로 섬겼습니다.

"우리는 기어이 기어이 우리 세대가 가기 전에 우리 민족을 복음화 시켜야 한다. 반드시 복음화 된다고 믿고 복음화 되도록 힘써 기도하고 노력하는 것은 하나님의 뜻이며 우리는 그 이하를 생각할 수가 없다. 누구의 마음에나 쓰여 있다. 불안하지 않고 죄책과 공포 없이 사는 사람을(그리스도 없이) 나는 한사람도 만난 일이 없다. 예수는 생명이다. 길이다. 진리다. 그 밖에 다른 길은 없다. 천만 성도 중에서도 열 번 죽기로 각오하고 보통 성도의 열도가 50도라면 5000도가 더 되고 거듭나고 거듭난 사람이어야 한다." (김준곤 목사님의 민족의 예수 혁명론에서)

우리 가슴을 뜨겁게 했던 EXPLO'74 주제가를 힘차게 불러봅니다.

1. 거칠고 허무한 땅 이 삼천리에, 복음의 푸른나무 가득히 심어

   겨레의 가슴마다 새 바람이는, 예수의 계절이 임하게 하자

2. 은총의 70년대 이나라에서, 절망과 한숨의 안개 헤치고

   어둠과 주검을 내어 쫓으며, 저넓은 온세계로 퍼져가는 빛

3. 성령이 폭발하는 새역사의 빛, 지상의 암흑과 공포를 넘어

   밝힌다 오직한길 우리의 갈길, 주예수 밟고가신 그발에 닿은

   후렴. 성령의 계절이 오고있다. 계레의 가슴마다 핏줄마다

   구원의 새소망 싹이트는 성령의 계절이 오고있다.

EXPLO'74 를 통해 주님께서 민족복음화에 대한 열정과 헌신으로 우리민족 가운데 성령폭발을 경험하게 하셨던 1970년대를 거울삼아, 오늘을 살아가는 우리는 Explp'74의 정신을 이어받아 사도행전 초대교회 그리스도인들처럼 성령충만해서 말씀과 기도, 사랑과 전도폭발의 역사를 일으켜 민족의 가슴 가슴마다 피 묻은 그리스도를 심어 이 땅에 푸르고 푸른 그리스도의 계절이 오게 하는데 핵이 되고 누룩이 되고 불씨가 되십시다. 다짐해 봅니다.

평생순장으로 살리라

김수읍
하늘빛교회 목사, 서울CCC71학번

하나님이 사람을 쓰시는 방법은 다양하다. 갈대아 우르에서 우상과 더불어 살던 아브람을 일방적으로 불러내어 이스라엘 공동체의 조상이 되게 하신 것은 '아브람'이 '아브라함'이 되는 과정이었으며 그 결과 한 민족의 조상이 되어 그 이름이 역사에 면면히 흐르고 있다. 그런가하면 여리고성의 기생 라합은 자기 나라를 멸하기 위하여 잠입한 정탐꾼을 숨겨주며 탈출시킨 역적 같은 여인이었으나 아무도 그녀를 '배신자, 배반자'라고 손가락질 하지 않는다. 도리어 하나님의 뜻을 헤아리고 순종한 여인으로 존경받으며 예수님의 조상 중에 그 이름이 기록되는 여인이 되었다.

그렇다면 '김수읍'이란 내 이름세자는 어떻게 기억되고 회자 될 인가? 동 시대를 함께 살아가는 오늘날의 세인들에게는 무엇이라 회자되며, 우리 후손들에게 무엇이라 기억될까?

나는 15세였던 1965년에 구원의 확신을 갖게 되었고, 17세 때 성령의 불세례를 받았고, 19세 때부터 주일학교 중고등부, 청년부는 물론 장년들에게까지도 부흥회를 하기 시작했었다. 주의 성령께서 내게 성령의 불을 붙이셨던 것이다. 나는 예루살렘과 온 유대와 사마리아와 땅 끝까지 이르러 복음을 전하라는 예수님의 말씀에 귀를 기우렸다. 그래서 우리 교회 학생회를 먼저 부흥시켜야겠다고 생각한 것이다. 그리고 내가 사는 마을 삼문동과 밀양읍과 밀양군 복음화를 해야겠다는 뜨거운 사명감에 불타 있었다.

이렇게 헌신을 다짐하고 삶으로 표현하려고 노력하던 중에 CCC라는 선교단체 소식을 듣게 되었다. 하지만 CCC라는 선교단체의 관계자들을 만나본 일이 없던 나로서는 수소문을 할 수 밖에 없었다. 그리고 바로 이웃 지방인 김해 어느 교회에서 김우영 간사가 전도 강습회를 인도한다는 소식을 듣고 참석하여 은혜를 받게 되었다. 그리고 김대홍 목사님(고신파교회)의 LTC 전도 강습회에도 참석하였다. 그때 성령의 폭발이 일어나게 되었는데 같이 왔던 강영철 간사의 전도 경험 간증은 활활 타오르는 불길에 기름을 퍼붓는 격이 되었다. 그 후 나는 서울 CCC본부(서대문구 정동)에서 LTC, LTI 교육을 받았고 방학 때면 우리교회 학생들 대표를 뽑아서 훈련을 받게 했다.

이처럼 교회청소 등의 봉사로 마음을 다지고, 기도와 찬양과 예배와 성경공부 등으로 영성을 살찌우고, 심방과 상담 등을 통하여 성도들을 보살피는 이웃사랑을 실천하는 삶을 갈고 닦는 동안 한층 성숙된 신앙이 다져지는 것을 느낄 수 있었다. 그리하여 내 신앙을 전도를 통해 결실을 맺게 해야겠다는 생각으로 본격적인 전도활동에 임했던 것이다. 밀양군의 2읍 10면과 중, 고등학교 10개 학교를 복음화하기 위하여 가슴에 잉태하고 열심히 기도로 자양분을 공급하며 꿈을 키워나간 것이다. 아직은 학생인지라 학업을 소홀히 할수 없어 전도하는 일에 할애하기가 쉽지 않았다. 그러나 점심시간에 교실마다 찾아다니며 사영리를 전했다. 그리고 이웃 학교에까지 달려가 사영리로 전도했다. 학교 수업을 마치고 집에 돌아오면 내가 사는 마을을 중심으로 한 집에 8번 씩나 방문하며 복음을 전했던 것이다.

CCC에서 EXPLO'74 전도대회(1974.8.13~18)를 갖기 전에 국내의 유명한 부흥사들을 초청하여 LTI 전도 강습회를 개최했었다. 이만신 목사님, 강달희 목사님. 고용봉 목사님, 정운상 목사님 등 당대의 기라성 같은 부흥사님들이 모였었다. 그런데 부흥사님들은 대중성을 띄고 있어서 개인전도에는 취약했었나보다. 부흥사님들을 통하여 은혜 받고 두 사람씩 짝을 지어 전도를 나갔지만 결과를 보고할 때는 너무 낙심되었었다. 결국 주최측 CCC 입장이 아주 난처한 분위기가 되고 말았다. 사실 전도의 동기나 전도 방법이나 전도지(사영리) 활용방법 등에 문제가 있었음에도 마치 CCC의 사영리 전도에 문제가 있는 것처럼 전반적으로 부정적인 분위기가 되어버린 것이다.

그때 내 나이 21세였는데 성령님께서 '네가 나가서 전도 간증을 하여라!'는 강한 충동과 알 수 없는 힘을 주신 것이다. 나는 이미 여러 교회에서 여러 번의 부흥회를 인도했었고 사영리 전도에도 많은 경험을 가진 상태였었다. 그리고 교회봉사를 통해 실천적인 삶의 신앙, 예배 기도를 통해 영성을 키우는 신앙, 말씀과 사영리를 통해 무장 군인이 되어 가고 있었던 나에게 두려움이나 주저함이 없었다. 결국 '성령의 인도하심에 민감하라'는 CCC의 성령소책자의 가르침대로 스스로 간증을 청하게 된 것이다. 그리고

"존경하는 부흥사 선배 여러분! 나는 밀양촌에서 온 아기 부흥사 김수읍 전도사입니다"라고 말문을 열었다. 많은 부흥사 중에 나를 아는 분은 아무도 없었다. 하지만 나는 밀양삼문교회에서 일어난 밀양군 복음화와 학원복음화에 일어났던 성령님의 역사와 전도폭발의 간증을 하였다. 마을과 학교에서 사영리 전도를 실시하여 일어났던 사실을 사실대로만 말한 것이다. 그때 강습회에 오신 부흥사들의 마음에 성령님의 불의 역사가 일어났다.

결국 CCC가 명예를 회복하게 되었고, 그 후에 부흥사들이 CCC 전도 사역에 적극적으로 협조하게 되었다고 한다. 이 일로 인하여 김준곤 목사님께서는 나를 알게 되었고 특별한 사랑을 주셔서 하나님 사랑 다음으로 많은 사랑을 받게 되었던 것이다.

나는 대구 박로홍 전도사님을 따라 나사렛형제들 기도회에도 참석하게 되었다. 그리고 김성진 목사님, 홍정길 목사님, 정정섭 장로님, 김안신 간사님, 박영률 간사님, 윤수길 간사님 등 초대 나사렛형제들을 만나게 되었다. 이처럼 CCC와 깊숙이 연을 맺어가는 동안 1974년 3월 성결 신학교(서대문구 행촌동)에 편입하므로써 정동 CCC

본부에 수시로 드나들며 CCC맨으로 성장해가고 있었다. 하나님은 준비된 자를 쓰신다고 하셨던가! 하나님은 나를 EXPLO'74 전도 훈련이 있기 전 이미 사영리를 알고 전도가 무엇인지를 체험하게 하신 것이다.

그렇다면 EXPLO'74 전도 집회가 끝난 후의 행적은 어떠했을까? 이따금 사람들의 간증을 듣다 보면 EXPLO'74준비와 당일의 행사에 대해서는 구체적으로 간증하며 자기는 전순장으로 헌신했다느니, 대순장을 했다느니, 식사와 빵과 자전거 행렬 등을 말하지만 EXPLO'74 이후의 이야기는 별로하지 않는 것이 아쉽기도 하다. 그러기에 필자는 EXPLO'74 전도 집회 이후 10년 이상을 잠깐 언급하고자 한다.

필자는 EXPLO'74가 끝난 이후 많은 교회에 부흥회를 다니게 되었다. 하나님은 수년전 부흥사들 앞에서 간증하게 하시더니 이제는 아예 부흥사로 쓰신 것이다. 그리하여 가는 곳마다 오전에는 전도강습회를 하고 오후에는 전도실습을 나가게 했던 것이다. 결국 교회마다 전도의 불이 붙었고 부흥의 불길이 타올랐던 것이다. 이렇게 하다 보니 필자는 사영리와 교안을 가장 많이 판매한 사람 중에 하나가 된 것이다. 필자의 인생에서 황금기 즉, 성령폭발, 전도 폭발의 시기였다고 할 수 있을 것이다.

그렇게 활동하는 동안에 필자는 '한국 기독교 부흥협의회 대표회장, 영남신학대학교 이사장, 예장총회 7개 신학대학교 이사장협의회 회장, ㈜한국 장로교 총연합회 대표회장, 경기도 기독교 총연합회 대표회장 역임' 등의 직함들을 갖게 되었다. 그만큼 한국 기독교 연합사업에 미력이나마 힘을 보탰다고 생각된다. 뿐만 아니다. 내가 총회 부흥사단체의 장이 된 것, 100개 단체의 장이된 것은 우연이 아니라고 생각된다. 필자가 단체장이 되어 친목회와 다름없었던 연합기관들을 선교단체로 성격을 변화시켰기 때문이다. 그리하여 '보내는 선교사'로서의 역할을 하게 하셨다. 즉, 100여 개의 나라에서 헌신하시는 선교사를 돕는 일을 하게 하셨던 것이다.

사실 기독교의 이단(異端)문제는 심각하다. 특히 신천지와 같은 이단은 기독교의 '암적존재'라고 해도 과언이 아닐 것이다. 이를 오래 전에 간파하신 안명복 목사는 "이단에 미혹된 성도, 어떻게 회심시킬 것인가?"(부제 : 신천지를 중심으로)라는 주제로 박사학위를 받은 것으로 안다. 그는 "이단보다 더 무서운 것이 동성애"라는 주장을 한다. 왜냐하면 이단문제는 '기독교 내부의 문제'라는 것이다. 그러나 동성애는 그리스도인은 물론 비기독인들까지 오염시키고 죽이기 때문이라는 것이다.

또한 이단은 성경을 인정하고 그 안에서 다른 소리로 주장하지만, 동성애는 성경자체를 부인하고 성경 밖에서 말하기 때문에 이단과는 비교가 안 되는 악령의 기독교 말살정책이란 것이다. 그렇기에 안명복 목사는 CTS-TV, 극동방송, 경찰신문, 국민일보 등으로 동성애 반대를 부르짖으며 문재인 정부 때는 청와대 앞에 가서 손가락을 잘라 혈서를 쓰면서 동성애를 반대하신 것으로 안다.

이러한 동성애이기에 필자 또한 한장총 대표회장과 26개교단 42,000교회를 연합시켜 구국기도운동을 전개했으며 대한민국 복음통일을 위하여 뜻있는 국회의원들과 힘을 합하여 차별금지법을 주도하는 박O민, 심O정 등 국회의원들 만나 설득하고 기도한 것은 나라를 구하고 기독교를 보호하시는 하나님의 섭리였다고 생각한다.

이로 보건대, 필자가 100의 단체장이 된 것은 우연이나 나의 노력이나 사람들에게 인정 받아서가 아니라 하나님께서 세계선교와 한국기독교를 보호하시는 방법이었다고 생각된다. 인생의 황혼 길에 접어든 노인들 '추억을 먹고산다.'는 말이 있다. 필자도 예외 없이 석양이 저물어 가는데 추억이나 먹고 살아야 할까? 아니면 '민족의 가슴마다 피 묻은 예수그리스도를 심어 푸르고 푸른 그리스도의 계절이 오게 하자'는 김준곤 목사님의 가르침대로 살아야 할 것인가?

필자 소견으로는 하나님의 특별하신 은혜와 섭리 중에 주어진 각종 단체장은 필자의 생애가 하나님 나라와 이 땅의 삶이 조화를 이룬 결과일 것이라 생각된다. 그러기에 필자는 후손들에게도 당당하고 자랑스럽다. 그리고 기회가 되면 붙잡고 헌신하라고 말하고 싶다. 하지만 이제와 생각하니 문제가 있는 시기였다고 생각된다. 왜냐하면 EXPLO'74 이전에 2-3년 동안 준비시킨 하나님은 EXPLO'74이후에도 10년 동안을 불덩이로 사용하셨다. 사영리 교재를 전국에서 제일 많이 소화할 정도로 사역한 것을 하나님은 아실 것이다.

그리하여 귀한 직함으로 명성을 얻게 되었다. 하지만 이 시기가 가마솥의 개구리처럼 내 신앙이 변해가고 있는 시기였던 것을 나는 느끼지 못한 것이다. 왜냐하면 사영리로 전도하여 많은 영혼을 구원의 길로 안내하던 김수읍은 없어지고 화려한 직함이 주어지는 것에 나도 모르게 안주하고 도취된 것이다.

솔로몬이 최고의 지혜와 은혜로 화려함을 누리는 동안 파고드는 이방신들을 느끼지 못한 것과 같았던 것이다. 삼손이 남다른 하나님의 은혜로 남다른 괴력을 가졌지만 드릴라의 치마폭에 묻혀 있을 때 파고드는 블레셋을 몰랐던 것과 마찬가지였을 것이다. 필자가 가졌던 수많은 직함들을 보라. '하나님의 일', '하나님의 은혜'라는 명분으로 누리던 권력과 명성들이 오늘날 어떻게 되었는가? 그것들은 한결같이 '전(前)'가 붙어 있다는 사실이다. 즉, '과거 완료형'들이다. 필자가 현재 사역하고 있는 '하늘빛교회 담임'이란 직함 역시 은퇴가 눈앞이다. 그러므로 '하늘 빛 교회 담임'마져도 '전(前)'자가 코앞에 있다. 그렇다면 내 인생에서 영원한 '현재 진행형 직함'이 무엇일까? 필자는 과거완료형들의 직함들이 이웃과 교회와 하나님 사역에 필요한 것들이었다고 확신한다.

따라서 '현재진행형의 직함'들도 그러해야 한다. 그것이 무엇일까? 누구를 위하여 무슨 직함을 가져야 하나님이 기뻐하시는 '현재

진행형 직함'을 가질 수 있을까?

필자가 최근에 알게 된 안명복 목사님의 현재진행형이 직함이 부럽고 좋아 보인다. 그분은 나사렛형제들로서 '평생순장'이란 직함으로 산단다. 그러기에 EXPLO'74 희년대회도 기획하고 진행할 수 있었단다. 뿐만 아니라 〈 EXPLO'74의 역사적 회고와 전망 〉이란 책을 편찬하여 한국교회사에 기여할 꿈을 갖게 되었을 것이다.

필자도 흘러 간 '과거완료형의 직함'에서 '현재진행형의 직함'을 갖고 싶다(욜 2:28). 한국 교계에서 인정해주었던 화려한 직함들이나 하나님의 부르심으로 주신 '하늘빛교회 담임'이란 직함도 모두가 흘러간 '과거형 직함'이라면 이제도 있고 장차 하나님 나라에 입성할 때까지 나를 떠나지 않는 '현재형 직함'이 무엇일까? 그래서 필자도 '평생순장'으로 살고 싶다. 이를 위하여 누군가 구체적으로 안내해주고 동행했으면 좋겠다.

EXPLO'74와 순모임

심영기

인제대학교 명예교수, 야곱순

1. 들어가면서

EXPLO '74는 민족복음화의 구체적인 실현 방법으로 전국의 최소 단위 마을마다 사랑방 같은 성경공부 모임을 통해 성경적 민족을 구현하려는 구체적인 방법을 제시하였다. 그 핵심은 소그룹 중심의 모임을 극대화하는 것이었다. 이 소그룹을 '순'이라 칭하고 그룹 리더인 '순장'을 중심으로 규칙적인 모임을 이끌어 나가며 그 안에 '소순장'을 양육하여 세포분열처럼 반복적으로 '순'을 만들어가는 전략을 세웠다. 이 방법은 예수님의 세계복음화 전략과 같은 것으로 베드로, 요한, 야고보를 핵심으로 12명의 제자들을 소그룹으로 교육하고 훈련하여 복음의 4세대 승법 전도 방법을 지속적으로 확대해 나가는 것이었다.

김준곤 목사님의 민족복음화 전략은 예수님의 세계복음화 전략의 대한민국 version 이라 할 수 있으며 그 동력원을 CCC로 정하시고 그 핵심 인력으로 대학생을 순모임, LTC 등을 통한 강도 높은 훈련 프로그램을 거치게 하여 그 목표를 이루어 나가도록 하셨다. 대부분의 대학생들은 CCC를 접하게 되면 소수의 인원으로 구성된 순모임을 통해 예수님만이 유일하신 하나님이심을 '열단계성경공부'를 통해 깨달아 알게 되고 그 날의 감격과 각오로 인생의 목표가 달라지는 획기적인 인생 최대의 경험을 갖게 된다. 초기엔 구원의 감격으로 순모임에 열심을 다해 참석하며 공부하지만 점점 세계복음화의 전략에 참여하고 있다는 자부심을 갖게 된다. CCC가 주창하던 '오늘의 학원 복음화는 내일의 세계 복음화 (Win the Campus Today, Win the World Tomorrow)' 라는 목표가 개인의 인생 목표가 되어 일생이 통째로 변화되는 계기가 되곤 한다.

2. 들어서서

2.1. 소그룹 성경공부와 기독교

기독교에서 소그룹 성경공부는 근대 기독교의 중요한 형태 중 하나다. 이러한 소그룹은 일반적으로 4-10여 명의 작은 그룹으로 구성되어 있으며 지역 교회나 개인의 집에서 모이게 되었다. 이 모임에서는 주로 성경을 연구하고 이해하며 서로에게 영적인 지원을 제공하는 목적으로 만들어졌으며 그룹원 간의 끈끈한 교제로 가족 이상의 유대를 형성하게 된다.

이러한 소그룹 성경공부의 역사는 기독교 초기로 까지 거슬러 올라가며 예수 그리스도 자신도 작은 그룹을 중심으로 제자들을 훈련시키셨으며, 그의 제자들도 스승의 가르침을 공유하고 함께 성경을 연구했다. 그 후로도, 교회 역사에서는 소그룹 성경공부는 그 어떤 것보다 더 중요한 요소로 남아왔다. 특히 18세기와 19세기에, 성경공부 소그룹은 기독교 개혁 운동의 일환으로 부활하였다. 이 기간에 개신교 운동이 세계적으로 확산되면서, 개인적인 성경 연구와 모임이 중요한 역할을 하게 되었다. 이러한 모임은 성경의 깊이 있는 이해와 개인적인 영성의 성장을 촉진하는 데에 기여했다.

20세기에는 성경공부 소그룹이 세계적으로 확대되었다. 특히 미국에서는 이러한 소그룹 성경공부가 큰 인기를 끌었고, 다양한 종류의 그룹이 형성되었다. 이러한 그룹은 성경공부 중심의 그룹이었지만 그 이상으로 성경을 통한 사회 변화의 학습 중심이 되었다. 이러한 활동은 현재에 이르기 까지 교회 내에서 꾸준히 또 활발하게 운영되어지고 있는데, 이러한 모임은 교회 공동체의 중요한 부분으로 여겨지며, 서로에게 영적 지원을 제공하고 심도 깊은 교제를 통해 신앙 생활을 함께 나누는 것으로 이용되고 있다.

CCC는 소그룹 성경공부를 복음과 한국적 문화를 결부시켜 '순'이라는 단위로 이름하였고 그 모임을 '순모임', 지도자를 '순장'으로 명명하였다. 따라서 순모임은 성경적 배경을 갖고 있으며 기독교 역사에 비추어 보아도 매우 적합한 조직과 운영 형태를 띄고 있다.

2.2. 예수님과 소그룹 모임

예수 그리스도의 사역은 그의 제자들과의 개인적인 관계와 소그룹 중심으로 진행되었다. 그의 사역은 큰 군중 앞에서의 전도뿐만 아니라, 작은 그룹과 함께 하는 교제와 교육을 강조했다. 예수님은 많은 시간을 소수의 제자들과 함께 시간을 보내며 교제하셨다. 예를 들어, 그는 베드로, 요한, 야고보와 같은 몇몇 제자들을 자주 특별한 사건에 참여시켰고 이러한 소그룹 모임에서 심도 있는 대화와 교제가 이루어졌다. 예수님의 소그룹 중심 사역은 그의 제자들과의 관계에 중점을 두는 것이었다. 그는 12명의 제자를 베드로, 요한, 야고보 3명의 수장을 핵심으로 하고 그에 따라 또 작은 그룹을 통해 그들에게 하나님의 말씀을 전하고 하나님을 경배하는 훈련을 하셨다. 예수님의 소그룹 운영은 독특하게도 함께 먹고 마시고 함께 자며 하루 종일 밀착된 삶을 함께 살면서 본을 보이셨으며 그러한 헌신적인 삶을 통해 제자들의 신앙을 성장시키고, 예수님의 가르침을 깊이 있게 이해하도록 도우셨다.

예수님의 사역 중에는 큰 군중을 가르치고 전도하는 것도 중요했지만, 소그룹 중심의 사역을 통해 세계 복음화의 방법과 핵심 내용을 전수하셨다. 이를 통해 그분은 제자들에게 개별적으로 관심을 가지시고 그들의 영적 성장을 지원하며, 그들이 그의 가르침을 현실적으로 적용할 수 있도록 하셨다. 이러한 예수님의 사역 방식은 제자들을 통해 전수되면서 기독교 교회에서 소그룹 중심의 사역을 강조하는데 영향을 미쳤고 그것이 한국에서 CCC를 만나면서 순모임이 되었고 이러한 운동이 EXPLO '74를 통해 집단적으로 훈련되면서 전국적인 전도 중심의 신앙운동이 되었음이 자명하다.

2.3. CCC 모임의 출발과 확산

한국대학생선교회(CCC)의 순모임은 1971년 한국에서 시작되었다. 대학생들을 대상으로 기독교적 가치와 믿음을 공유하고 신앙의 성장을 도우면서 대학생 전도와 기독교 지도자를 양성하는 것을 목표로 하였다. CCC의 순모임은 처음에는 한두 명의 학생들이 모여 집단 성경공부 및 기도 모임으로 시작하였는데 이러한 작은 그룹은 점차 확대되어 대학생들 사이에 퍼져나가게 되었다. 대학교 내에서 잔디밭이나 학생회실 등을 이용하여 모임을 가지며, 서로의 신앙을 공유하고 함께 기도하고 성경을 공부하는 시간을 가졌다.

CCC의 순모임은 점차 확산되면서 대학교별로 그 숫자가 늘어나게 되었으며, 이들은 주기적으로 한 곳에 모여 선교 의식을 공유하고 사역을 계획했다. 또한, 전국을 대상으로 수련회를 개최하고 봉사활동이나 선교활동을 펼쳤다. 순 모임은 여러 특징이 있으나 간략하게 설명하며 다음과 같다.

① 소그룹 형성: 순모임은 소그룹 형태로 진행된다. 그룹이 작으면 그 안에서 대학생들 서로의 신앙을 공유하기가 쉽고 친밀감이 증

대되어 신앙이 성장할 수 있는 환경을 제공하게 된다.

② 성경공부와 기도: 순모임은 주로 성경 공부와 기도를 중심으로 진행된다. 대학생들은 성경을 읽고 이해하며, 서로의 생각을 공유하고 함께 기도하는 시간을 갖는다.

③ 영적 성장과 교제: 순모임은 대학생들의 영적 성장을 촉진하고 서로의 교제를 도모하는 데 초점이 맞추어져 있다. 학생들은 서로를 돌봄과 사랑으로 지지하고 함께 성장할 수 있게 된다.

④ 신앙 생활의 지속성: 순모임은 단기적인 활동이 아니라, 학생들의 신앙 생활의 지속성을 중요시했다. 지도 간사의 선도 아래에서 순모임은 대학생활 내내 꾸준히 활동하며 영적 성장을 이루었고 졸업 후 '나사렛형제들'이라는 이름으로 유대관계를 꾸준히 지속해 간다. 또한 CCC는 지도자 양육이 무엇보다도 중요함을 강조하여 '순장훈련'을 강화하였으며 순모임을 효과적으로 이끄는 기술적인 교육과 훈련을 강화하였다. 따라서 순장으로 봉사한 경험을 갖게 되면 후에 교회 등 기독교 단체 모임에서 자연스럽게 그룹 리더가 되는 데 만족할 만한 소양을 갖추게 되곤 한다.

2.4. 한국 기독교에서 소그룹 활동의 역할

한국 기독교에서 소그룹 활동은 한국 기독교 초기부터 교회 생활의 중요한 부분으로 자리매김하고 있다. ① 조선시대의 선교활동: 18세기 말부터 19세기 초반에는 서양 선교사들이 조선에 입국하여 기독교를 전파했는데 이 초기 선교활동은 작은 집단에서 성경을 읽고 기도하였는데 이 모임이 중요한 소그룹 활동으로 진행되었다.

② 조선 후기와 한국교회의 발전: 19세기 후반부터 20세기 초반에 한국교회에 눈부신 발전이 있었는데 이때 소그룹 활동은 기독교 성장의 중요한 동력으로 작용했다. 각 교단마다 '속회' 또는 '구역회'라는 이름으로 주중에 소그룹 모임을 갖도록 강조하였는데 이 모임은 민족적인 운동과 함께 교회 내 소그룹 중심 성경 공부와 기도 모임으로 활발하게 진행되었다.

③ 20세기 중반부터 현재까지: 한국 기독교는 20세기 중반 이후로 꾸준한 발전을 거듭해왔다. 이 기간에는 다양한 소그룹 활동이 확산되었는데 대표적으로는 주일학교, 성경공부 모임, 기도 모임, 청년 그룹 모임, 부부 모임 등이 있다. 이들 소그룹은 교회 내에서 신자들의 영적인 성장과 교제를 도모하며, 교회의 단결력을 높이는 역할을 하고 있다.

④ 디지털 시대의 소그룹 활동: 현재는 디지털 기술의 발전과 함께 온라인 소그룹 활동이 확대되고 있다. 특히 코로나19 팬데믹의 영향으로 온라인 성경공부 모임과 기도 모임 등이 국내적으로 또는 국제적으로 활발히 이루어지고 있다. 이러한 디지털 시대의 변화는 한국 기독교 소그룹 활동의 미래에도 영향을 미칠 것으로 예상된다.

이와 같이 한국 기독교에서의 소그룹 활동은 교회 생활의 중심적인 부분으로 자리매김하고 있으며, 과거부터 현재까지 꾸준한 발전을 거듭하며 미래에도 계속해서 중요한 역할을 할 것으로 전망된다.

순모임이 한국교회에 자연스럽게 스며 들어갈 수 있었던 요인 중에 하나도 오랜 전통의 한국교회의 소그룹 활동 때문이라고 할 수 있다. 실제로 미국 같은 곳에서의 소그룹 성경공부느 가정을 개방하기 어려운 지역적 문화적 이유가 있는데, 한국은 예로부터 사랑방 모임이 자연스럽게 뿌리 내려 있었던 관계로 순모임에 대해 큰 거부감이 없었다. 더욱이 CCC 순모임 장소를 '사랑방'이라고 하고 순모임을 일명 '사랑방 모임'이라고도 하여 자연스럽게 한국교회에 동질화가 될 수 있었다. 이는 사랑방 모임을 통해 대규모 EXPLO '74 집회가 빠른 시간 내에 역동적으로 펼쳐질 수 있었던 이유이기도 하다.

2.5. 평생 순장으로의 발전

CCC 참여는 순모임으로부터 시작된다. 초창기 한국 기독교 역사에서 순모임은 친숙한 용어가 아니었다. '순론'에서 순의 정체성과 운영방법, 목표와 활동 방법이 소개되었으나 구역회, 속회 등에 익숙해 있던 한국기독교인들에게 생소한 이 용어는 설명에 적지않은 노력이 필요했다. 그러나 이제는 많은 교회가 교인 소그룹 모임을 구역회나 속회 대신 순 모임이라고 칭하게 된 것은 그만큼 순모임이 한국 기독교 정서에 맞았던 것 같다.

CCC는 대학생 순모임에서 그치지 않고 민족적인 소그룹 성경공부로 확대해 나갔다. LTC, LTI 등의 훈련 program은 평신도 훈련을 위해 기초성경공부에서부터 난해한 성경 해석까지 교회 중심으로 훈련을 실시하였다. 당시 대학생 순장들은 초청받은 교회에서 민족복음화를 위해 말씀으로 무장되어야 함을 강조하였으며 그 기본 조직은 순모임으로 시작하도록 권면하였다. 개인적으로도 이러한 교회 순방 훈련을 통해 이해가 잘 안되었던 성경 말씀을 잘 이해하게 되었으며 그러한 체험은 더욱 순모임을 통한 민족복음화, 세계복음화를 꿈꾸게 되었다.

CCC는 '한번 순장은 영원한 순장'이라는 구호로 평생을 순모임을 통한 민족복음화를 갈망하도록 내적 동기를 부여하였다. EXPLO '74는 CCC가 그동안 교회 방문을 통해 강조하였던 순모임을 집단적으로 교육하며 전도의 생활화, 민족복음화에 대한 헌신과 훈련을 체험하게 하였다. CCC를 통해 신앙 훈련을 받은 순장과 순원들은 그 훈련을 평생토록 지속하리라는 각오로 대학을 졸업하고 직장생활을 하게 되었다. 현 시점에서도 교회에서나 직장 선교회 또는 여타 기독교 단체에서 적극적으로 복음을 전하고 봉사하는 사람들 중에 CCC 출신이 매우 많은 것은 EXPLO'74와 그 후 계속된 '민족복음화대성회'를 통해 훈련 받은 사람들이 많기 때문이다. 이러한 현실은 실질적으로 EXPLO '74와 순모임이 얼마나 강력하게 지도자들을 변화시켰는지를 잘 알게 해 주는 일례라고 할 수 있다.

CCC는 순모임과 순장 훈련의 결과로 보건데 이는 일시적인 movement가 아니라 민족복음화와 세계복음화를 지속적으로 이루어가게 하는 목표와 방안이 뚜렷하게 있었음을 알 수 있다. 그 때 당시 대학생 시절 CCC를 통해 최고의 신앙 훈련을 받았던 사람들은 평생을 전도, 양육, 파송의 삶을 사는 평생 순장이 된 것은 그 시대에 태어나 그러한 훈련을 받게 하신 하나님의 특별한 은혜였고, 그후로도 평생 순장으로 끊임없이 전도, 양육, 파송의 삶을 살게 된 것은 너무나 크나큰 복이 되었다.

이러한 열망과 각오는 지금 대학 생활에서 CCC를 통해 신앙 훈련을 받고 있는 모든 학생들에게 동일하게 나타나는 현상이다.

2.6. 향후 순모임 활동의 전망

순모임으로써의 기독교 소그룹 활동은 미래에도 계속해서 중요한 역할을 할 것이다. 몇 가지 주요한 전망을 살펴보면 다음과 같다:

① 디지털 기술의 활용 증가: 인터넷과 모바일 기술, AI의 발전으로 온라인 순모임 활동이 더욱 발전할 것으로 예상된다. 가상 현실(VR)이나 확장현실(AR)과 같은 새로운 기술이 도입될 수 있으며, 이를 통해 실제 모임에 참석하지 못하는 사람들도 더 쉽게 참여할 수 있을 것이며 국제적으로도 참여가 가능하다.

② 다문화 및 다양성의 확산: 현대 사회는 다양성과 다문화주의를 더욱 중요시하고 있다. 따라서 순모임과 같은 기독교 소그룹 활동도 이러한 다양성을 반영하고 다양한 문화, 언어, 배경을 가진 사람들이 함께 참여할 수 있는 공간을 제공할 것으로 예상된다.

③ 사회적 참여와 봉사의 중요성 강조: 미래에도 사회적 문제에 대한 관심은 더욱 높아질 것으로 예상된다. 따라서 순모임은 사회적 참여와 봉사를 통해 사회적 변화를 이끌어내는 역할을 계속할 것이며, 사회적 책임을 강조하는 그룹들이 더욱 활성화될 것이다.

④ 온라인 및 오프라인의 융합: 미래에는 온라인 활동과 오프라인 모임이 융합되는 경향이 더욱 강해질 것이다. 실제로 만남과 온라인 모임을 연결하여 더 풍부한 경험을 제공하는 순모임과 같은 소그룹들이 더욱 늘어날 것이다.

⑤ 가족 및 부부 그룹의 중요성 강조: 가족과 부부를 위한 그룹은 미래에도 그 중요성이 더욱 강조 될 것이다. 개인화되고 자기 중심화 되어 가고 있는 현실은 더욱 가정 내에서의 영적 성장과 가족 간의 관계 강화를 요구하게 될 것이다.

종합적으로, 순모임으로 대표되는 기독교 소그룹 활동은 디지털 기술의 발전과 다양성을 존중하는 문화의 확산 등에 의해 더욱 발전하고 다양화될 것으로 전망된다. 이러한 변화는 올바르게 활용한다면 오히려 교회와 사회에 어느 시대보다도 더욱 긍정적인 영향을 미칠 것으로 기대된다.

3. 나가면서

CCC 순모임이 한국 기독교에 끼친 영향은 참으로 막강하다. 모든 크리스찬을 전도의 열망이라는 하나의 테마로 묶어 초교파적으로 하나의 신앙공동체로 만든 것은 한국 기독교 역사에 없었던 기념비적인 사건이었다. 샤마니즘적 신앙 태도가 곳곳에 뿌리 내려 있었던 한국교회를 말씀 중심, 신앙훈련 중심, 영혼 구원에 대한 열망, 예수님의 지상명령 성취에 대한 헌신으로 변화시킨 것이 바로 CCC였다. EXPLO '74 이후까지도 지속적으로 그런 운동이 지속될 수 있었던 것은 단순한 초대형 집회가 아니라 말씀 중심의 순모임이라는 소그룹 성경공부 dynamics가 있었기 때문이다.

우리 삶을 전적으로 섭리하고 계시는 하나님께서 우리를 이 세상에 보내주시고 더욱이 예수님을 믿는 축복을 주시되 CCC에서 훈련을 받게 하셔서 평생 순장으로 살게 하신 은혜는 정말 고맙고 고마운 일이 아닐 수 없다. 누가 이런 일을 계획한다고 이렇게 살아갈 수가 있으며, 혹 계획한다고 하여도 이렇게 풍성한 열매를 맺으며 살수가 있을까? 우리 후대의 모든 자녀들이 신앙 안에서 잘 자랄 뿐만 아니라 교회에서 신뢰 받는 지도자로 잘 성장하도록 돕는 일은 우리가 남기고 가야 할 가장 복된 유산이 될 것이라고 자부한다.

어떤이는 순장으로써 평생 자기 집을 사랑방으로 삼아 늘상 전도 대상자를 집으로 초청하여 식사를 대접하며 복음을 전하고, 어떤이는 순모임으로 시작하여 교회를 세워 순모임으로 교인들을 키우고, 어떤이는 자기가 속한 직장에서 짜투리 시간을 내어 끊임없이 전도 대상자를 찾아 사영리를 전하며, 어떤이는 세계복음화를 몸소 실천하기 위해 세계의 오지를 찾아 선교활동을 하며, 어떤이는 끊임없이

후배 순원과 순장을 키워내는 전도와 양육의 삶을 살며, 또 어떤이는 자기만의 달란트를 활용하여 엔터테인먼트를 통해 즐거움과 함께 말씀을 전해준다. 순장 훈련을 몸소 체질화하기만 하면 그야말로 무궁무진한 활동영역을 펼쳐가며 평생 순장으로의 삶을 살아간다.

우리는 CCC를 통해 또 EXPLO '74, 민족복음화대성회 등을 통해 이 세상에는 두 종류의 사람밖에 없다는 것을 귀에 닳도록 들어 왔다. 예수 믿는 사람과 예수 안 믿는 사람, 예수 믿고 천국가는 사람과 예수 안 믿고 지옥가는 사람. CCC를 통해 훈련 받고 최고의 영향력 있는 삶을 살게 하신 하나님께서 예수 그리스도를 통해 마지막 남긴 지상 최대의 명령을 따라 만나는 사람마다 예수님을 잘 믿으라고, 예수님을 잘 전하라고 권하게 된다. 점점 고도로 디지털화 되어 가고 있는 이 시대에도 모이기를 힘쓰는 순모임을 통해 신앙공동체의 묘미를 맛보게 하고, 헌신과 봉사를 통해 이 사회가 필요로 하는 최고의 리더가 지속적으로 CCC와 나사렛형제들을 통해 배출되기를 기대한다.

참고문헌

1. 김준곤, "십자가의 길", 생명의말씀사, 1975
2. 김준곤, "영원한 갈망", 두란노서원, 2002
3. 김민수, 석사학위 논문: 「대학생 선교단체의 사회적 책임과 윤리적 정체성에 대한 연구 – CCC를 중심으로」, 이화여자대학교, 2004.
4. 이현정, 석사학위 논문: 「한국대학생선교회(CCC)의 대학생 전도 및 제자훈련

프로그램 연구」, 연세대학교, 2005

5. CCC 한국 웹사이트: https://www.kccc.org/

6. 이정훈, 석사학위 논문, 소그룹 성경공부가 교회 공동체 형성에 미치는 영향, 한남대학교 신학 대학원, 2015

7. 김민재, 석사학위 논문, 소그룹 성경공부 프로그램이 교회 공동체의 영적 성장에 미치는 영향총신대학교 신학대학원, 2017

8. 박준호, 석사학위 논문, 소그룹 성경공부와 교회 성장의 상관성 연구, 장로회신학대학교, 2013

9. 김영수, 한국교회에서 소그룹 성경공부의 역사와 그 효과, 장로회신학대학교, 2012

10. 박성환, 한국 기독교 소그룹 운동의 역사적 고찰, 총신대학교 신학대학원, 2009

11. 이정훈, 한국교회 소그룹 운동의 발전과정과 그 영향에 관한 연구, 감리교신학대학교, 2015

12. 송민경, 소그룹 성경공부의 역사적 발전과 현대적 적용 – 한국교회를 중심으로, 연세대학교 신학대학원, 2017

3. 김민지, 한국 기독교 소그룹 운동의 사회적 영향과 그 변화, 한신대학교 신학대학원, 2014년

14. John G. Turner, Ph.D Thesis, *Bill Bright and the Campus Crusade for Christ: The Globalization of Evangelicalism*, University of Notre Dame, 2006

15. Sarah E. Johnson, *The Impact of Bill Bright and Campus Crusade for Christ on Evangelicalism*, Wheaton College, 2010

16. John Turner, *Bill Bright and the Making of Campus Crusade for Christ*, University of North Carolina Press, 2008

17. John G. Turner, *Crusade for Campus: Bill Bright and the Origins of Campus Crusade for Christ*, University of Alabama Press, 2008

18. Michael Parker, *The Evangelistic Strategies of Campus Crusade for Christ: A Historical and Theological Analysis*, Liberty University, 2015

19. 이정훈, 교회 소그룹 성경공부의 역사와 현대적 적용, 총신대학교 신학대학

원, 2012

20. 김영민, 소그룹 성경공부가 교회 성장에 미치는 영향, 장로회신학대학교, 2015

21. 박준호, 한국교회에서의 소그룹 성경공부의 역사적 고찰, 감리교신학대학 교, 2010

22. 랄프 W. 네이버 (Ralph W. Neighbour, Jr.), 소그룹 교회: 성경적 원리와 현대 적 적용, 두란노서원, 1990

23. 랄프 W. 네이버 (Ralph W. Neighbour, Jr.), 셀 교회 혁명, 요단출판사, 1992 년

24. 존 맥아더 (John MacArthur), 소그룹 성경공부의 이론과 실제, 생명의말씀사, 2005

25. Kevin M. Watson, *The Class Meeting: Reclaiming a Forgotten (and Essential) Small Group Experience*, Seedbed Publishing, 2013

26. Mark A. Noll, *The Rise of Evangelicalism: The Age of Edwards*, Whitefield and the Wesleys, IVP Academic, 2003

27. Thomas G. Kirkpatrick, *Small Groups in the Church: A Handbook for Creating Community*, Fortress Press, 1995

28. James D. Smith, *The Evolution of Small Group Ministry in the American Church: 18th to 20th Century*, Princeton Theological Seminary, 2005

29. David Lowes Watson, *John Wesley's Class Meetings and the Development of Methodism*, Vanderbilt University, 1985년

30. Sarah E. Johnson, *The Influence of the Oxford Movement on Small Group Bible Studies in the Anglican Church*, University of Cambridge, 1992

31. D. Michael Henderson, *The Class Meeting: Its Origins and Significance in Early Methodism*, Francis Asbury Press, 1997

EXPLO'74 한국 기독교 역사의 분수령

김호성

국제도시선교회 대표

나는 대학 2학년때 CCC 순장으로 EXPLO'74를 1년간 그 준비를 섬기며 참석했다. 나는 성령의 폭발이 일어나는 것 같은 현장을 직접 눈으로 보고 체험한 것을 글로 적는 것에 지면이 부족하여 안타까우나 요약해 본다.

EXPLO'74 는..

첫째, 평양 대부흥운동 이후 처음 한국교회를 연합했던 대규모 전도 운동이라고 할 수 있다.

둘째, EXPLO'74는 전 성도가 근대 사회에 처음으로 복음을 전 민족에게 전해 준 한국에서 일어난 제2 의 초대 교회 운동과 같은 사도행전의 후속 행전이라고 할 수 있다.

셋째, 150만 명이 저녁 마다 여의도 광장에서 모인 것과 함께 5일 동안 여의도 광장에 끝도 보이지 않는 천막을 치고 30만 명이 전도 훈련을 받은 근대사와 한국 역사에 처음 있었던 민족의 출애굽을 연상하는 모습을 재현한 것과 같은 엄청난 합숙 전도 훈련이었다,

넷째, 한국교회의 성도들이 전도를 통하여 한국 전역의 복음이 강

렬하게 전파된 평신도 중심의 전도의 대폭발 운동이었고 모든 성도들은 생명을 낳고 지상명령을 성취하는 평신도의 선교적 삶이 실천적으로 시작된 역사적인 운동이었다.

1974년 여름 나는 대학 2학년이었고, 서울의 CCC 순장으로, 대학 1학년때부터 그 준비를 섬기며 참가하였다. 여의도는 국회의사당과 몇 채의 아파트 밖에 없는 모래사장에 끝없이 펼쳐진 천막에 그 숫자도 가늠하기 어려운 모래알 같이 모은 무려 30만명의 사람들을 8월의 뙤약볕 밑에서 민족복음화를 위한 그리스도의 군사로 만드는 전도훈련을 한주간 실시하였는데, EXPLO'74는 민족의 엑소더스 같은 성령의 폭발이라고 표현할 수 밖에 없었다. 그 당시 여의도는 서울의 변두리였고 왕복 4차선 밖에 안되는 마포 대교를 통하여야만 건너갈 수 있었던 모래사장이었다.

그 전해인 73 년도는 세계적인 전도자의 "73 빌리 그래함 전도대회"가 여의도 광장에서 매일 저녁 150만 명이 되는 사람들이 모여 빌리 그래함 목사님의 말씀을 듣고 수많은 사람들이 결신 초청에 응했던 놀라운 전도 집회가 있었다. EXPLO'74의 가장 중요한 목표는 저녁마 150만 명이 모인 부흥 저녁 집회와 함께 한국의 전 성도들을 전국 각지의 CCC 간사들이 알리고 모으고 모아 5일 동안 합숙하며 여의도 광장에 천막을 치고 전도 훈련을 하여 모든 성도가 '영혼을 구원할 줄 아는 성도' '생명을 구할 줄 아는 성도'로 만들어내는 것이었으며, 한국 기독교 역사에 처음 있는 대규모 합숙 민족복음화 전도

훈련이었다.

모래 벌판이었던 여의도 광장에는 전국 각지, 두메산골에서까지 모여온 30만 명을 씻길 곳도 없었으나 마치 출애굽을 하는 이스라엘 민족의 모습을 보듯 CCC는 무려 30만 명분의 밥을 하루에 3끼씩 해 먹이면서 여의도 모래바닥 천막 속에서 5일간 먹고 자며 생명구원을 위한 구체적인 방법을 배우는 전도 훈련을 하고, 저녁에는 EXPLO'74 밤집회에서의 뜨거운 말씀과 기도는 참가한 150만 명이 민족복음화와 세계의 복음화의 첨병으로 태어나는 놀라운 변화가 일어 났다.

EXPLO'74의 마지막 날에는 30 만 명의 훈련을 받은 참가자와 서울 시내에 있는 무수한 교회들이 힘을 합쳐 하루 종일 서울시내에 복음을 전했던, 한국 역사에 처음인 대규모 전도가 실행되어 전 서울 시민들은 복음을 들어보지 못한 사람이 없을 정도로 복음의 대물결이 온 서울 시내를 출렁거린 놀라운 날이었고 한국역사에 처음 있었던 대규모 직접전도가 시행된 역사적인 날이었다.

그리스도가 없는 가슴마다 그리스도를 심는 말씀의 선포가 일어나며 전도 훈련을 모든 그리스도인들이 민족의 구석구석마다 그리스도의 복음이 전파될 수 있도록 합숙을 훈련을 하는 초유의 집회와 함께 저녁에는 모든 교단과 교파들이 다 함께 모여 연합한, EXPLO'74는 평양 대부운동 이후에 처음 있는 기독교 연합운동으로 그 역사성이 있다고 할 수 있다.

나는 1973년 대학 1학년 때부터 CCC 총재이셨던 김준곤 목사님께서 민족의 복음화를 외치시며 전 성도가 전 복음을 전 나라로 복음을 전해주는 거대하고 원대한 비전을 듣게 되었을 때, 내마음은 이 비전에 헌신하고자 하여 EXPLO'74는 그 비전을 이룰 수 있는 민족의 출애굽이라 생각하게 되었다.

그 당시 한국교회의 성도들과 특히 청년들은 EXPLO'74가 열리기 전에는 불신자를 전도한다는 개념이 희박했고 교회란 믿는 사람들만 모여 하나님께 예배하는 곳으로만 인식하는 것이 전반적인 분위기 였다. 그런 면에서 EXPLO'74는 전 민족에게 예수 그리스도의 복음을 일반 성도들도 전해줄 수 있어야 한다는 주님의 지상명령을 수행하는 그리스도의 군사라는 점과 또 그 일을 위하여서 구체적으로 어떤 방법으로 해야 하는지를 가르쳐 주는 방법과 훈련은 한국 기독교사에 처음 있는 일이라고 생각할 수 있겠다.

EXPLO'74는 실로 모든 그리스도인들이 복음을 전할 줄 아는 한국기독교 역사에 AB 와 BC를 갈라놓은 것 같은 큰 물결이었고, 예수 그리스도의 지상명령 성취와 한국이 복음화가 되면 헌법과 정치와 경제와 교육과 사법과 군부와 문화와 가정과 직장과 학교와 군대와 모든 것이 변하고 에스겔 서의 골짜기에 마른 뼈와 같이 죽어 있던 사회의 전반에 힘줄이 덮이고 피부가 덮이고 뼛조각이 맞추어지고 생명이 되어 생명의 부흥이 일어날 수 있다는 비전과 가르침에 처음으로 듣는 민족복음화의 비전 앞에 예수 믿는 의식 있는 젊은이들은 열광하게 되었다.

그전에는 예수 믿는 것이 나를 위하여 복을 받고 내가 잘 되는데 하나님이 필요하여 교회에 다니는 의식 구조로부터 민족의 가슴마다 피 묻은 그리스도를 심어 푸르고 푸른 그리스도의 계절이 이 땅에 오게 하여 예수로 말미암아 정치와 경제와 이 모든 것이 바뀔 수 있다는 비전 앞에 우리는 흥분하였다.

그래서 그 비전을 붙들고 가난했던 우리 나라, 뜻있는 젊은이들은 EXPLO'74를 준비하며 기도하였다. 30만 명을 훈련시키기 위한 여의도 광장 모래바닥에는 마치 출애굽을 연상하는 끝없는 천막이 쳐졌으며 한 천막당 약 30여 명의 훈련생들이 대한민국 모든 시 모든 군, 모든 면과 모든 리 소재지로부터 모여올 수 있도록 CCC 간사님들과 순장들은 1년 동안 엑스플로를 홍보하며 신발이 닳도록 한국의 골짜기 골짜기마다 다니며 민족복음화를 외치고 EXPLO'74에 모여 성령의 폭발이 일어나 우리 한국에 푸르고 푸른 그리스도 계절이 오게 하자고 호소하며 엑스플로를 홍보하기 위하여 교회마다 발품으로 다니며 알렸고, 한국교회는 드디어 교단과 교파를 초월하여 여의도 광장에 민족복음화를 위하여 무려 30만 명이나 모여 합숙 전도 훈련을 무려 5일이나 받는 초유의 역사가 일어나게 되었다.

이러한 광경을 보며 평양 대부흥운동의 제2 탄이 1974년 대한민국 수도 서울의 여의도 광장에서 출애굽 때의 모습처럼 그 광경이 펼쳐졌던 것이었다. EXPLO'74를 준비하기 위하여 CCC 대학부 회원이었던 우리 대학생들은 금요일마다 모여 밤을 새며 부르짖었고 있는 힘을 다하여 홍보지와 유인물들을 만들고 배포하고 할 수 있는 모든 것에 봉사하며 헌신하였다. 그 일은 개인의 일생에 엄청난 영향을 미치게 되었고 수많은 선교사들과 목회자들이 출현하게 되어 한국 기독교의 발전과 부흥 그리고 세계 선교에 지대한 영향을 주게 되었고 나 역시 선교사로 현대의 로마 뉴욕에서 대규모 도시전도운동을 일으키고 있다.

한편 30만 명을 천막별로 훈련하기 위해서는 수천 명의 훈련 교관인 지도자들이 필요하여, CCC 회원들 중 순장들과 모든 복음주의 교파의 신학생들과 교회의 청년 회원들을 1년간 지도자로 훈련하였다. EXPLO'74는 마치 큰 기선이 모든 엔진의 힘을 다 가동하여 거센 세상 조류의 파도를 뚫고 힘차게 망망대해로 나가기 위하여 모든 그리스도인들이 엔진이 되어 풀 가동하는 그러한 모습이 73년 빌리 그레이엄 부흥집회가 끝난 직후부터 풀 가동되었다.

EXPLO'74는 실로 전 그리스도인들이 대한민국의 전 복음화를 위하여 실천적인 복음을 전하는 전 성도의 선교사화가 사도행전처럼 강조되어 민족복음화에 뜨거운 소원들이 대한민국 전역으로 흘러 넘쳤던 복된 역사적인 일이었다고 말할 수 있다.

EXPLO'74 기간에 훈련받기 위하여 대한민국 전국으로부터 기차로 버스로 자전거로 각자가 5일 동안 먹을 밑반찬을 준비하여 여의도 광장의 수많은 천막으로 30만 명이 모여든 광경은 지금도 잊을 수 없었던 우리 민족의 출애굽과 같은 사건이었고, 30만 명의 밥을 지어 준다는 상상도 안되는 놀라운 광경은 지금도 잊을 수 없는 광경이었다.

그 수많은 사람들에게 반찬까지 해줄 수 없어 밥과 함께 오이 냉국으로 나온 유일한 국은 마치 사막 같은 그 시대 한국에 생수와 같았다. 샤워도 할 수 없는 5일 동안의 한국의 팔월에 뙤약볕 밑에서 30만 명이 넘는 사람들은 목놓아 한국의 복음화를 부르짖었고, 4일 동안의 전도훈련을 완벽하게 마치고 마지막 5일째 되는 날 실습으로 전 서울시민에게 복음을 전해줄 날을 기대하며 결사 각오로 훈련에 임하였고 엑스플로가 끝나고 이 전도 훈련을 받았던 30만 명의 훈련생들은 자기 고향으로 돌아가 민족의 구석구석마다 엑스플로 때 배우고 체험했던 그 뜨거운 민족복음화의 열기와 비전을 대한민국 방방곡곡 모든 도시와 시골과 산골짝마다 계속하여 복음을 전해 주게 되었다.

이때 훈련을 받았던 가장 중요한 전도의 도구는 사영리였고, 두 번째는 믿는 사람들이 어떻게 성령 충만을 받을 수 있는가를 가르쳐 주는 성령 충만 소책자가 중요한 전도의 도구였다.

그 훈련 과정에 핵심을 이루었던 중요한 신앙 개념은 구원의 확신, 성령 충만을 위하여 죄를 고백하는 삶, 그리고 믿음으로 즉 성경 말씀을 믿음으로 성령 충만을 받을 수 있다는 개념과 선한 생활이 천국으로 갈 수 있지 않다, 다른 종교로는 구원의 길은 없고 구원은 오직 예수 그리스도 밖에 없는 유일성을 누구에게 든 입으로 전해줄 수 있는 개념으로 배우며 기초적인 변증론들과 또한 중요한 전술이며 전략이었던 민족복음화를 구체적으로 할 수 있는 소그룹의 원리인 순론을 4일동안 집중으로 훈련 받게 되었다.

이 과목들과 신앙의 개념들은 실로 설교만을 접했던 한국의 일반 성도들 삶의 놀라운 충격을 주었고 특히 전도를 어떻게 하는지 몰랐던 EXPLO'74 전 까지의 대부분의 한국의 그리스도인들 이제 나도 생명을 구원할 줄 아는, 복음을 전파할 줄 아는 구체적인 방법을 배운 것에 대하여 그 기쁨이 이루 말할 수 없는 충만함으로 가득차게 되었다.

처음 시작할 때와 훈련을 마칠 때에 30만 명의 얼굴의 모습은 광채가 나는 모습으로 변화되었고 신앙이 이론이 아닌 실천하는 그리스도인의 삶을 살아갈 수 있도록 하는 전도의 구체적 실천 방법들은 이 훈련에 참가했던 30만 명의 가슴을 뜨겁게 불태웠던 한국 역사의 대규모적인 전도 훈련이 되어 EXPLO'74는 전도할 줄 아는 성도와 교회 그리고 전도하지 못하는 성도와 교회로 나뉘어졌던 새로운 출발을 알리는 놀라운 집회였다고 할 수 있다.

EXPLO'74 이후에 한국교회는 계속하여 EXPLO'74에 참가했던 성도들이 한국의 곳곳에서 전도를 시행하고 생명을 구원하는 성도들로 변화됨에 따라 한국의 곳곳에서 교회가 개척되며 교회는 급성장하는 부흥을 맞이하게 되었고, 신학교 마다 학생들로 만원을 이루는 놀라운 부흥이 한국에 일어나게 되었다. EXPLO'74는 실로 한 국교회에 주신 사도행전의 모형이었으며 모든 성도들이 믿음으로 성령 충만을 받고 구체적이고 쉬운 전도 방법으로 복음을 전 대한 민국 곳곳으로 전해주었던 제 2의 사도행전 재현이 저 동방에 작은 나라에서 성령의 폭발과 같은 역사들이 일어났던 축복의 한 해이기 도 하다.

EXPLO'74가 열렸던 그 기간에는 그때 당시 대통령의 육영수 여 사가 8월 15일 날 남산 국립극장에서 8.15 기념식 도중에 흉탄에 맞 고 쓰러진 사건이 있었다. 이 어두운 세기에 들어 EXPLO'74와 같이 또 한 번의 뜨거운 민족복음화 운동이 일어나 한국의 영적 회복과 부흥이 다시 한번 일어나기를 우리는 기도하고 있다. 그러나 급변하 는 사회 속에서 천막을 치고 30만 명을 다시 모아서 훈련할 수 있는 그런 장소와 그런 분위기는 찾아볼 수 없는 것 같지만 하나님은 또 다른 방법으로 세계 속에 우뚝 선 우리 대한민국, 우리 민족을 사용 하여 이제는 전 세계를 선교하는 것을 원하시리라 믿는다.

EXPLO'74 이후에 한국교회와 성도들은 더욱 부흥하게 되었고 수 많은 사람들이 하나님 앞으로 돌아와 어려운 시절을 극복하게 해달 라고 골짜기마다 울부짖는 기도의 운동들이 퍼져 갔으며 새벽마다 더욱 부르짖는 기도의 부흥들이 한국교회를 휩쓸었으며 가난하고 어려웠던 그 당시 한국인들은 죽기를 각오하고 금식까지 하며 부르 짖는 뜨거운 금식 기도 운동들이 대한민국 전역에 휩쓰는 성령의 폭발이 지속되었던 축복이 EXPLO'74를 기점으로 70년 80년까지 지속되었다.

EXPLO'74를 통하여 한국에는 민족의 가슴마다 푸르고 푸른 그리스도의 계절이 왔으며 한강의 기적은 사실 기도의 기적이라고 말할 수 있고, EXPLO'74를 기점으로 한국은 급성장하는 경제대국으로 변모하며 그 여파로 수많은 젊은이들이 하나님께 자신을 주의 종이 되어 복음을 선포하기 위하여 신학교로 몰려들었고 신학교를 졸업한 수많은 주의 종들은 한국 산하의 곳곳마다 도시마다 거리마다 교회를 개척하고, 도시마다 하나님께 새벽부터 부르짖는 기도의 용사들이 되었으며 한국 강산 곳곳에 세워진 세포와 같은 개척교회들은 사람들에게 복음을 전하며 무려 1천만의 성도들이 생겨나는 부흥이 불같이 일어나게 되었고, 그 결과로 한국은 세계 두 번째로 선교사를 파송하는 국가로 변모하게 된다.

필자인 본인도 1990년에 CCC 선교사로 김준곤 목사님께서 400개 민족이 있는 북미주 선교사로 파송해 주셔서 지금 세계의 수도라고 할 수 있는 뉴욕에서 한인 디아스포라 2세들에게 복음을 전하여 언어와 문화에 능통한 그들을 훈련하여 수만명의 다른 민족에게 복음을 전하는 대규모 도시전도운동과 '미국 재부흥 운동' 그리고 750만 한인들의 기도를 깨우는 '111부흥기도운동'을 개최하고 있다.

미국 120년 이민역사 처음으로 한국인들이 소수민족인 뉴욕에서 수천의 젊은이들을 훈련하여 해마다 4-5만 명의 미국 다민족들에게 합숙하며 길로 나가 복음을 전해주는 대규모 도시 선교운동을 전개하고 있다. 뉴욕은 400개 민족이 살고 있으며 187개 언어가 쓰이고 있는 문화와 교육과 정치와 경제의 중심인 모든 도시들의 아비 격인 도시로 뉴욕이 복음화 되는 것은 전 세계에 복음화의 지름길임을 선포하며 이민 왔어도 교회를 짓고 새벽부터 기도하는 그리고 다른 민족과 다르게 예수까지 믿고 있는 우리 한인 교회들과 언어에 능통하며 문화에 최적화되어 있는 한인 2세들을 깨워 "우리 민족이 제2의 청교도가 되자! 그리고 청교도로서 나가 미국 안의 400개 민족에게 직접 복음을 전해주자!"를 외치며 실천적인 복음전도의 도시 선교운동을 10년 동안 뜨겁게 전개하였다.

김준곤 목사님의 제자로서 배운 민족과 세계 복음화의 비전은 연인원 수천명의 한인 2세들을 훈련하여 세계를 움직이는 뉴욕과 미동부에서 개최하고 있는 대규모 도시선교 운동으로 '미국 재부흥 운동'과 '뉴욕 총력전도 운동'은 소수민족인 우리 한인들이 이 미국 땅에서 길로 나가 수만명의 다민족에게 해마다 10일 간 씩 복음을 뉴욕 땅에 전해주는 이민 역사 120년에 처음 있는 실천적 전도운동으로 EXPLO'74의 정신과 비전을 계승하고 재현하여 전개하고 있다.

EXPLO'74에 참가하여 민족복음화는 물론이고 세계 복음화의 비전을 받고 마지막 날 밤에 주님께 자신을 헌신하기로 작정하며 일어선 그 당시에 무수한 젊은이들이 시간이 지나며 세계 곳곳에 선교사로 나가 한국 선교의 1세대 선교사가 되어 남미와 유럽과 아시아와 북미주 세계 곳곳에서 복음의 영향력을 끼치게 되었다고 그 삶의 헌신을 고백하는 이야기는 세계 각국의 선교사로부터 글을 쓰고 있는 오늘도 듣고 있는 바이다.

실로 EXPLO'74는 전 민족의 복음화의 길로, 전 세계의 복음화의 길로 우리민족을 엑소더스를 시킨 하나님의 성령의 행전이라고 말할 수 있으며 EXPLO'74를 통하여 하나님께 헌신하여 전 세계로 선교사로 나가는 첫 한국인의 선교운동에 시발점이었다고 말할 수 있으며, 한국교회를 처음으로 교단과 교파를 가리지 않고 오직 예수 그리스도의 복음전도로 하나로 연합한 연합 운동이었기도 했으며, 그 당시에 젊은이들마다 민족복음화의 환상과 꿈을 꾸게 했던 비전 운동이기도 했으며, 모든 성도가 생명 구원의 구체적인 방법을 배워 지상명령 성취를 위하여 그 사명을 실천하는 그리스도인들을 태동시킨 운동이었으며, 성령의 충만이 무엇인지 체험하고 한국의 산하의 골짜기마다 새벽마다 혹은 밤을 새며 혹은 금식까지 하며 뜨겁게 기도로 나아갔던 세계 기독교 역사에 처음 보는 기도 행전이 시작이 되는 출발점이었기도 했으며, 수많은 헌신된 젊은 종들을 통하여 한국의 수많은 개척교회들이 태동하는 민족복음화의 시발이 시작되었던 생 세포 운동이기도 했다고 할 수 있다. EXPLO'74는 한국의 그리스도인의 개개인과 교회와 교단 그리고 한국의 정치와 경제와 교육과 문화에 지대한 영향을 끼친 운동이었다라고 할 수 있다.

그 여파는 선교사로 헌신하여 전 세계로 흩어져 예수 그리스도의 복음을 외친 선교사들에 의하여 세계에도 영향을 준 운동이었다고 할 수 있다. EXPLO'74를 주도하고 인도했던 스승인 김준곤 목사님은 하나님께서 그의 마음에 민족복음화라고 하는 거대한 꿈과 환상을 주셔서 민족의 가슴마다 피 묻은 그리스도를 심어 이 땅에 푸르고 푸른 그리스도의 계절이 오게 하자! 라고 하는 사명을 실천했던 한국교회가 낳은 위대한 인물 중에 하나이셨고, 수많은 그의 제자들 중에 나 하나도 그분의 뜨거운 비전과 민족복음화의 꿈과 세계의 선교에 대한 비전을 받고 제 2의 바울처럼 현대의 로마 뉴욕 땅에 나와 미국의 400개 민족과 187개 언어를 쓰는 이 땅에서 지금도 강렬하게 복음을 전할 수 있는 것은 EXPLO'74의 정신과 비전으로 오늘도 그 사명을 수행하고 있다고 말 할 수 있다.

언제 다시 EXPLO'74와 같은 성령의 폭발적인 역사가 다시 한번 한국과 온 세계에 일어날 수 있을까를 오늘도 간절히 기도하며 이번 주에도 이 시대에 이 어두운 시대의 회복과 부흥을 위하여 또 생명이 다하는 날까지 전 세계 80억 인구가 복음을 들을 수 있도록, 나를 사용해 주시도록, 뉴욕의 한복판에서 부르짖고 있다. 특히 김준곤 목사님께서 "젊은이들을 키우는 것은 한국과 세계의 미래의 지도자를 키우는 것이다."라는 그 비전을 이어 받아 세계의 아이콘인 뉴욕 땅에서 전 세계에 보내지고 심겨져 이제는 세계 각국 각계 각층에서 영향력을 발휘하고 있는 우수한 우리 한인 2세들을 현대판 요셉과 에스더 처럼 현대판 다니엘과 느헤미야 처럼 세계 각국에서 이제는 교육 정치 문화 등 복음의 영향력을 끼치는 지도자로 만들기 위하여 이들을 훈련할 시스템 특히 훈련센터를 뉴욕에 마련하여 전 세계 한인 2세들을 불러 EXPLO'74와 같은 훈련을 시켜 세계를 구원하는 현대판 이민자 요셉이 태동될 수 있도록 우리는 기도하며 하나님께서 이들을 훈련할 센터를 주시기를 뜨겁게 기도하고 있다.

한국뿐만 아니라 전 세계에 나가 있는 선교사 1세대들은 EXPLO'74는 자기들의 가슴에 성령의 불을 지핀 사건이었고, EXPLO'74를 통하여 가라! 라고 명령하신 주님의 명령에 순종하여 각 나라에 나와 복음을 전하고 있다 라고 하는 고백은 실로 EXPLO'74가 우리 민족의 가슴마다 그 뜨거운 불길로 심겨진 영향력은 너무나 강렬했음을 증명하고 있는 한 사례이기도 하다.

다시 한번 다음 세대가 미전도 종족화되고 있는 우리 한국에 EXPLO'74와 같은 성령의 폭발들이 일어나 이제 우리가 우리 민족이 전 세계를 복음화 하는 선교의 민족, 세계 선교를 우리 민족이 끝마침을 하는 민족 되기를 간절히 기도하며 EXPLO'74에 대한 소고를 마친다.

EXPLO'74 대구·경북지구 활동 회고

박정규

서울교회사연구소장, 전 대구신학교교수

EXPLO'74 세계대회가 여의도 5 · 16 민족 광장에서 개최된 지 50년이란 반백 년의 세월이 흘렀건만 그때를 생각하면 지금도 내 가슴을 뛰게 한다. 지난 연초 CCC 나사렛회 담당자로부터 EXPLO'74 당시 최전선에서 활동했던 당시의 인사들을 초청 간담회가 경기도 양주의 모 식당에서 모이니 가능하면 참석해 달라는 연락이 와서 그때 당시 전국 각 지구에서 젊음을 바쳐 열성으로 불태웠던 역전의 용사들이 얼굴도 보고 싶고, 당시의 민족복음화 최일선에서 뛰며 헌신했던 얼굴들이 보고 싶기도 하여 예정된 일시에 맞추어 대회 당시에 김준곤 목사의 영어통역 및 비서였던 원정희 간사로부터 압구정 전철역 부근에서 멀리서 오는 간사들을 위해 봉고차를 타고 양주의 한 식전문식당으로 이동하였다. 그곳에서 그리웠던 역전의 EXPLO'74 세계대회에서 뛰었던 전국에서 모인 간사들이 50여 명 가까이 모여 대화를 나누며, 지난 날의 대회를 회고하며 그동안 흩어져 한국교회 여러 교단에서 목사, 장로가 되고, 사업가, 교수 등 다양한 전문인이 된 역전의 신앙과 헌신의 전사들을 만나 뜻 있는 대화와 맛있는 오찬을 나누었다. CCC를 후원하는 자발적인 후원단체로 초기부터 지금까지 헌신하며 봉사하는 〈나사렛 모임〉 회원들의 성원으로 모임이 성사되었다는 이야기를 들으며 식사 후까지 이어진 간담회는 그 열정이나 민족을 사랑하며 애국하여 선교하는 일에 최선을 다하는 열정은 50년 전이나 지금이나 한결같았다. 나사렛형제들만 아니라 멀리서 경상도, 강원도, 전라도에서 수고했던 역전의 간사들의 달변이나 신앙, 또한 당시보다 더 열정적이고 뜨거워 필자는 한국교회의 미래를 보는 듯해 마음이 흡족하였다.

나는 EXPLO'74 세계대회를 앞두고 전국적인 간사요원 모집을 할 때 신문광고를 보고 당시 목회하던 지역 김천지방에서 갓 목사로 장립 받고 400여 명 모이는 큰 교회 부 목사로 사역하던 때였다. 한 지역의 지도자로 제한적인 사역하는 것도 중요했겠지만 좀 더 넓은 시야에서 구령 사역을 생각하고 있었을 때였다.

당시 CCC 회관이 서울의 중심 정동 15번지에 있을 때였다. 현장에 와보니 84명의 응시자들이 각 교단을 초월해 30대 젊은 목사들이 모여 시험을 치루며 교단별로 1명씩 뽑는 케이스에 필자는 기독교대한성결교회 몫으로 합격, 한 달의 CCC 본부에서 부부 함께 간사 훈련을 마치고 첫 부임지요 경북 김천지구 대표 간사로 첫 발령을 받았다. EXPLO'74 세계대회 전초기지로 내가 받았던 활동지역은 김천시, 금릉군, 선산군, 칠곡군, 성주군 5개 지역을 맡았다. 지역 대표 간사로 1개 시 5개 군 권역이 나의 관할 지역이었다.

첫 번째 과제는 시, 군 단위의 동원계획이었고 두 번째는 지역 내 대학, 고등학교 안에 CCC 클럽을 조직하는 것이었다. 이 과업을 2개월 내 완료하여 서울본부로 보고해야 했다. 필자는 기도하면서 계획하고 있었는데 군 생활을 하면서 터득한 군부대 조직과 한국교회의 총회, 노회, 조직에서 영감을 얻었다. 각 시, 군 교회의 주요교단 지도자들만 연락해 모임에 초청하여 그 자리에서 위원장, 부위원장, 총무, 각 부서장을 가조직하여 조직표를 작성해 해당 위원장 및 위원들에게 서류를 발송하였다. 공문 말미에는 개인 사정이나 교단 사정으로 정히 불가능하신 분만 지역 간사인 저에게 통보해 달라는 주를 달아 조직(가칭)표를 작성해 교단별로 배정해서인지 못하겠다는 인사는 한 사람도 없었다. 이렇게 하며 김천지구 이름으로 조직을 완료 서울본부로 발송하고 구미시에 있는 금오공대 기숙사를 방문 금오공대 CCC가 조직되고, 김천고, 금릉고를 방문 학생선교단를 조직하였다. 마침 필자도 김천 문화원 이사의 한 사람이어서 사무실(3층)을 한 칸 대여할 수 있어, 그곳에서 매주 토요일 오후에 정기예배와 성경 공부반을 개설 운영하였고, 매월 한 차례 지역의 젊은 목회자들을 초청 토요성서대학을 개최하기도 하고 특별 강연을 하기도 하였다. 필자는 김천 문화원 발행 〈김천문화〉지에 CCC와 EXPLO'74 세계대회를 논설 형태로 홍보하는 글을 쓰기도 하고 수필을 기고해 실리기도 하였다. 그때만 해도 전화를 개설하기가 힘든 때라 소위 팔 수도 있고, 살 수도 있는 백색전화를 거금 100만 원을 주고 연락처를 마련하였다.

이렇게 신설 김천지구를 정리해 안정 단계에 이를 즈음 어느 날 새벽 4시도 되기 전인데 밤중에 내 사택 대문 두드리는 소리에 놀라 나갔더니 이게 웬일인가? 그 바쁜 와중에 있는 서울 본부의 김준곤 박사와 전도국장 김선진 목사, 총무 장익 목사 원정희 간사가 대문 앞에 서 계시는 것이 아닌가? 나는 놀라서 '웬 일이십니까? 제가 무엇 잘못 보고 한 것이라도 있습니까?' 사전 통보도 없이… 머뭇거리고 있는데 김준곤 박사님이 '거두절미하고 오늘부로 대구 경북 지역 대표로 전근 발령합니다.'라고 선언하시는 것이 아닌가? 필자로서는 당시 사택도 개인 집이고 김천지구 CCC도 제자리도 채 잡히기 전이라 당장 가기가 어려울 것 같다고 말씀드렸으나 김 목사님의 의지가 보통이 아니었다. 제가 알기로는 대구 지구는 사무실(회관)도 옮겨야 할 상황이고, 간사인 내 주택도 매각되어야 하고 전화도 매각해야 한다는 이야기를 들으시던 총재 김준곤 박사께서 돈 다 대드릴 테니 오늘부로 대구·경북 대표로 부임 명령을 내겠다고 하신 것이다. 함께 오신 총무, 전도국장, 비서 앞에서 잠시 당황했지만 그야말로 한밤중에 홍두깨로 한방 얻어맞은 기분이었지만 더 이상 지체할 상황이 아닌 것 같았다. 서울 본부 임원들은 식사대접할 틈도 시간도 안 주시고 당시 갓 개통한 고속도로로 서울을 향해 떠났다.

후에 들은 이야기이지만 나를 대구·경북지역으로 발령한 첫 번째 이유가 당시 전국 조직망 보고에 내가 1등 하였고, 조직력에 큰 감동을 받았다는 것이다. 두 번째는 대구지역이 보수성이 강해 대구 지구 대표가 어느 교단출신이냐? CCC뿐만 아니라 네비게이토, Y.F.C 대표가 누구냐?에 따라 교회 지도자들의 협력이 좌우되었던 것이다. CCC 대표가 통합 측 목사가 되면 합동 측의 비협조적 분위기가, 대표가 합동 측이면 통합 측이 비협조 분위기가 있었던 것도 한 몫 하였다. 필자는 당시 소속이 기성(기독교 성결교)이어서 양대 교단의 협력을 이끄는데 적합한 것으로 생각된 것이다. 필자가 대구·경북 대표로 부임했을 당시 교계 분위기는 대구제일교회 이상근 목사와 중부교회 인광식 목사는 평양신학교 동기여서 대구의 연합 운동의 어려움은 별로 없었고, 합동측은 이성헌 목사가 서문교회를 이끌고 있어서 연합활동에 큰 장애가 없었다.

필자가 그해 5월 대구로 이사와 대구 대표실에 가보니 자체 건물이 아닌 중앙로 골목 안에 있는 경북사회사업회관 2층에 세 들어 있었고 그것도 1층에는 맥주홀 춤추는 사업체여서 매주 토요일마다 드나드는 여학생들에겐 큰 고역이었다. 그래서 서울본부 김준곤 목사에게 회관을 이전하지 않고는 학생 활동에 제약이 많다고 건의했더니 당시 돈으로 300만원의 거금을 그 이튿날 농협계좌로 송금해 주었다. 필자가 아직 대구를 이사 오기 전이라 김천농협으로 송금했는데 필자는 그 돈을 현금으로 찾아 청색 큰 가방에 가득 채워 이튿날 김천에서 출발하는 통근열차로 대구역까지 오는데 돈이든 가방 때문에 한 순간도 눈을 감을 수 없었다. 돈이 얼마나 무서운지를 그

때 처음 깨달았다. 이 소문을 듣고 다른 지역 간사들이 난리가 났다는 후문이었다. 왜 대구 지구만 돕느냐는 것이었다.

천행인지 다행인지 EXPLO'74의 분위기가 무르익어 갔고, 대학부반 150여 명 모이게 되었고 고등부는 가까이 있는 동로교회 교육관을 이용 300~500여 명까지 모이는 성황을 이루었고 여러 교회 고등부와 대학부 임원들이 CCC에서는 무엇을 가르치기에 HCCC와 대학 CCC가 잘 되냐고 비결을 배우러 각 교회 지도자들이 문의하고 참여하는 이변이 생겼다. 그 이전까지는 대학생 중심의 단순 캠퍼스 선교단체로만 인식되었지만 EXPLO'74 세계대회라는 엄청난 국제대회를 유명한 선교단체가 하는 것이 아니라 대학생 선교단체인 CCC가 한다니 한편 놀라기도 하고 부러워했던 것이 당시 교계의 분위기이기도 하였다. 필자가 알기로는 내 눈에 흙이 들어가기전에는 김준곤 목사의 행사에 협력하지 않겠다고 시기 섞인 인사들도 있었지만, 성경에서 역사하시는 하나님이 계획하신 일을 인간적인 감정으로 교단적인 반대 입장에 선 지도자들을 하나님께서는 가장 싫어하신다는 것을 우리는 알아야 하겠다. 자기 마음에 들지 않으면 가만히 앉아 구경이나 할 일이지 하나님과 대결하려는 것은 무지일 뿐이다.

당시 EXPLO'74 세계대회 전후로 필자와 함께한 지방 김천, 상주, 안동, 영천 간사들이 한 주간도 쉴 수 없었다. 그 이유는 개교회가 요청하는 전도훈련집회(L.T.C) 2박 3일 과정, 3박 4일 과정 요청 때문에 쉴 틈을 주지 않았다. 당시 각 지구 간사들은 전도훈련, 집회요청으로 4박 5일에서 2박 3일 과정으로 축소해도 한 주간도 쉴 수 없었다. 필자는 1년 내내 목이 쉬었으면서 전도훈련집회를 거절할 수 없었다. 한번은 구미시 모 교회에 가서는 마지막 날 연탄가스 중독으로 죽음 직전까지 몰린 적도 있었다.

당시 대구 경북지역에서 서울 여의도 5·16 광장으로 동원수가 15,000명이었다. 당시 분위기는 가능성 50%, 불가능 50%였다. 이것은 인간의 생각이었다. EXPLO'74 세계대회 개최일이 가까워 올수록 분위기가 달아올랐다. 각 지구 학생들은 불철주야 EXPLO'74 세계대회 성공을 위해 기도에 기도의 불을 붙였다. 한 번은 대구지역 위원회 총무인 K 목사에게 본인 교회 동원 인원이 어느 정도 예상하는지 물었더니 한 50명 된다고 했다. 단도직입적으로 다음 주일 밤 헌신예배 강사로 초청해 달라고 했다. 총동원령을 선포하였다고 했더니 오라고 했다. EXPLO'74 세계대회 있기 전 해 7월이었다. 주일 저녁 7시 예배 시작 설교가 저녁 7시 20분에 시작 저녁 11시 10분 전에 설교가 끝났으니 나의 호소가 어느 정도였는지 짐작이 갈 것이다. 예배 끝난 후 차 대접받고 쉬고 있었는데 밖에서 담임 목사인 K 목사를 찾는다는 소리에 나갔다 오더니 "박 목사님 큰일 났소"라고 하는 것이 아닌가? "무슨 일이요?" 어느 여 집사가 저녁 7시 예배 가면 저녁 8시 20분이면 오는데 오늘 왜 이리 늦었는지 담임 목사 확인 (출석체크) 받으러 왔다는 것이다. 그래서인지 EXPLO'74 세계대회엔 그 교회가 차를 대절해 여의도까지 동원하였다. 당시의 잊을 수 없는 것은 안동지역, 의성지역, 상주, 경주지역별로 조직위원회에서 버스를 대절하였고, 대구와 인근지역에서는 대구역에서 열차 8량을 대절 용산까지 운용했는데 정부(철도청)에서도 여비 40% 할인해 준 결과 대구 경북지역 참여 인원이 15,000명을 초과하는 기적을 이루었다. 대회 총재였던 김준곤 목사로부터 영남지역 동원 공로로 상패를 받은 영광을 얻어 두고두고 감사할 분이요, 잊을 수 없는 추억이요, 자랑거리로 남았다.

여의도 광장 5박 6일 동안의 집회 동안에는 경상도 지역 참여자들 독려를 위해 "비가 와서 고생이 많으시죠?"라고 인사하면 " 간사님은 우리보다 더 고생이 많으십니다."라며 아무렇지 않다는 듯 인사를 들었을 때는 감격 감사의 눈물이 흘렀다. 사실 필자는 와이셔츠 윗주머니에 식권을 다발로 가지고 다니면서도 밥 먹을 시간이 없어 굶기도 여러 번 하였다. 당시에 수고했던 권헌일, 김성주, 이성룡, 유정희, 김현국, 유명슬 간사와 대구 지구 나사렛형제들을 잊을 수 없다. 당시 한국교회 교세는 100만여 명이었다. EXPLO'74 대회 이후 800만여 명으로 급성장한 한국교회는 EXPLO'74의 위력을 기억해야 할 것이다. 이 대열에 몸으로, 기도로 헌신할 수 있었던 것은 하나님의 은혜요 주님의 축복이요 성령의 이끌림이었음을 고백한다.

지금도 재현되는 EXPLO'74

김덕수

전 해군제독, (재)손원일선교재단 이사장

나는 EXPLO'74가 뭔지도 모르던 해군사관학교 3학년 시절 헌신적인 해군 중위 수학 교관을 만나게 되었습니다. 그는 평소 자기 봉급으로 사관생도들에게 빵과 책을 사주고, 주말엔 해군사관학교교회에 모여 독서 토론을 주선했습니다. 그리고 자신은 돈이 없으니까 교회 창고에서 야전침대 하나 놓고 생활했습니다. 주일이 되면 성경 공부 인도, 예배참석, 독서토론 및 기도회를 인도하면서 사관생도들에게 큰 영향을 끼쳤고 해사교회에 큰 부흥을 가져왔습니다. 나는 그분의 열정과 헌신에 매료되어 주말이면 교회에서 지내게 되었고 세례도 받았습니다. 이 활동은 4학년 때까지 이어졌고 졸업을 앞두고 동기생 5명이 "등대클럽"을 조직하고 하나님 앞에 이렇게 서원했습니다.

① 술과 담배를 하지 않는다.

② 십일조를 해군사관학교교회에 바쳐서 후배를 양성한다.

③ 해군 복음화에 헌신한다.

그러나 학교를 졸업하고 장교가 된 군인 생활은 녹록치 않았습니다. 쉴 새 없는 교육, 훈련, 평가, 당직근무, 간첩선 출몰로 긴급출동 등 주일이 언제였는지도 모를 정도로 바빴습니다. 특히 술을 먹지 않고 군 생활하는 것은 불가능에 가까웠습니다. 수많은 조롱과 핍박을 받았습니다. 그럴수록 나는 열심히 근무하여 만회하려 했으나 너무나 힘들고 어려웠습니다. 그렇게 1년 반을 견디던 우리들은 서원한 결단을 끝내기로 결정하고 3명이 만났습니다.

바로 그 때 한 교회에서 붙인 부흥회 포스터가 눈에 띄었습니다(아마도 EXPLO'74 전초전이었을 것) 우리들은 '마지막으로 부흥회에 참석하여 하나님께 신고하고 끝내자'는 합의를 이뤄 부흥회 뒷자리에 앉았습니다. 그런데 생각지 않게 큰 은혜를 받게 되었고, 인도하시던 목사님(김선도 목사/광림교회)의 뜨거운 안수기도로 정신을 차리게 되었습니다. 잠에서 깨어나는 것 같은 기분을 느끼고 다시 하라는 하나님의 뜻으로 여기게 되었습니다. 우리들은 개인적으로 흩어져 살기 때문에 외롭고, 유혹도 많으니 함께 모여 살자는 결론을 내리고 일본 적산가옥 다다미방 2층 방 3개를 전세 내어 공동생활을 시작했습니다.

주일아침 9시 해사교회에서 예배, 성경공부 지도, 11시 해군 통제부교회 예배 참석, 오후 2시부터 성경공부, 저녁에는 기도회로 열심히 노력했습니다. 진해 모자 병원장이신 이봉은 장로님께서 로마서를 매주 2시간씩 강의해주셨고 이때 군의관으로 근무 중이던 이건오 해군소령을 만나게 되었는데 그분은 우리에게 CCC를 소개해

주셨습니다. 그러던 어느 날 이건오 소령께서 큰 포스터를 가져와서 벽에다 붙였습니다. 그것은 EXPLO'74 민족 복음화 대성회를 여의도 광장에서 5박 6일 진행한단 내용이었습니다. 그래서 EXPLO'74 민족 복음화가 뭔지 설명해 달랬더니 그것은 집회에 참석해 보면 알게 된다고 하셨습니다.

우리들은 이 집회에 참석하도록 특별 기도를 하기로 했습니다. 그렇게 기도하던 우리는 내용도 모르고 6명이 갔습니다. EXPLO'74 민족 복음화를 위한 전도요원 훈련 집회는 여의도 광장에서 5박 6일 동안 계속되었습니다. 나는 EXPLO'74 대회에 가르치는 내용에 깜짝 놀랐습니다. 그냥 믿기만 하면 되는 것으로 열심히 했는데 기도하는 방법이 있고, 죄 씻음 받는 방법이 있고, 전도하는 사영리도 있고, 훈련하는 LTC도 있고, 순을 만들어서 조직화하는 순론도 있고, 이런 것을 구체적으로 배우니까 신앙생활과 해군 복음화에 대한 기본이 무엇인지, 방향이 보이고 자신감이 생겼습니다. '아하— 이렇게 믿고, 이렇게 해야 되는구나!' 목마른 사슴이 시내를 찾은 것처럼 나는 EXPLO'74를 통하여 생수의 샘을 찾은 것입니다.

그 후, 수소문하여 하용조 전도사(CCC 간사)를 초청해서 3박 4일 동안 옥포다락방에서 함께 생활하면서 야간시간을 이용하여 깊이 있는 내용과 질의응답을 하며 지도받았습니다. 그는 많은 소책자 참고자료를 제공해 주었으며 교육받은 우리들은 기쁨과 확신으로 가득했습니다. 우리는 EXPLO'74의 진가를 재평가하면서 이 절차대로 하기로 했습니다. 그래서 한 달 동안 각자의 근무지에서 전도하기로 했습니다. 기본적인 것은 EXPLO'74 때의 경험을 토대로 하고 한 달에 한 번 전도자들을 모아서 토요일 오후부터 주일 저녁까지 1박 2일로 압축해서 LTC 훈련을 시작했습니다.

우리는 매주 금요일엔 금식을 했습니다. 한 끼를 금식하고 강의 할 때 실수 없이 잘 하도록 옆방에서 기도해주며 최선을 다했습니다. 강의 1주일 전부터 다른 강사들의 시범강의를 들으면서 강평도 하며 EXPLO'74 교재에서 벗어나지 않도록 노력했습니다. 그리고 EXPLO'74 때 주 교제였던 사영리를 나눠주고 주일오후엔 휴양지인 탑산에 가서 외출중인 군인들을 대상으로 전도실습을 했습니다. 그리고 다시모여 전도결과 보고와 강평까지 밤이 늦도록 토론했으며 이때 이건오 소령도 참석하여 많은 조언을 해주셨습니다.

우리는 EXPLO'74의 성령폭발을 삶으로 연장하여 전도하고 교육 하고 토론했습니다. 점점 다락방 LTC가 정착되어 가면서 모든 조직 과 운영을 순론 체제로 바꾸었습니다. 순장 양성에 초점을 맞추고 "한 함정 한 순장 보내기 운동"을 기획하고 진행했습니다. 우리는 순 장 분포도에 의한 "해군복음화 상황판"을 만들어 기도하기에 이르렀 습니다.

이 모든 것은 EXPLO'74에 역사하신 성령이 원동력이 된 것입니 다. 우리는 EXPLO'74 열기로 '원일 다락방'(대지500평, 건물 260평 2층, 30여명의 크리스찬 공동체 생활공간)을 건축했습니다. 그리고 40년이 지났을 때 '손원일 선교센터'로 재건축하여 봉헌했습니다(2024.4.9.)

이 '손원일 센터'는 EXPLO'74에서 배운 원리대로 500명 순장을 양성하여 200함정교회(Moving Church)설립하자는 센타입니다. 오늘 현재도 그 이념을 실현하고 추진 중에 있습니다. EXPLO'74 전도대회는 지금도 생명력을 가지고 들풀처럼 번지고 있는 것입니다. 50년 전 EXPLO'74의 성령폭발이 오늘 날 해군 200함정교회에서도 폭발되기를 소원합니다. '민족의 가슴마다 피 묻은 그리스도를 심어 이 땅에 푸르고 푸른 그리스도의 계절이 오게 하자'는 김준곤 목사님의 가르침과 EXPLO'74의 살아 계시고 운동력 있는 하나님의 성령이 200함정교회에 충만하기를 소원합니다.

EXPLO'74 미래적 제안

안명복

안양초원교회 목사, 희년대회 진행총괄

1953년 우리나라 국민총생산 GNP는 66달러였었다. [1] 그러나 20여년을 사는 동안 1970년 254불로 성장했다. 하지만 여전히 세계최하위에 속했으니 지구촌에서 버림받고 소망이 없는 나라였다고 할 수 있다. 바로 그 때 유성 김준곤 목사는 "사영리에 대하여 들어 보셨습니까?"라는 화두로 말문을 열어 "하나님은 당신을 사랑하십니다."로 시작되는 4영리를 들고 복음을 전하기 시작했다. 당시 젊은 지식층들이 취업할 수 있는 직장이라야 문교부의 교직, 내무부의 행정직, 군 · 경, 우체부 등 극히 소수의 일자리뿐이었기에 젊은이들은 나름의 꿈도 있고 희망은 있었으나 그것들을 성취하기 위하여 구체적인 계획을 세울 수 없는 시대적 상황이었다.

국민들은 우선 매일의 생존이 무엇보다도 우선했으니 호구지책(糊口之策)이 필요했던 것이다. 즉, 시대적 상황이 경제발전과 그 꿈을 이루기 위한 구체적인 방안을 필요로 했던 것이다. [2] 바로 이 때 "하

---

1 https://www.yna.co.kr/view/AKR20150604166100002?input=1195m
2 http://kosis.kr〉FileServiet
  http://montyly.choson.com〉view

나님은 당신을 위하여 놀라운 계획을 가지고 계십니다."라는 사영리의 제 일 원리는 복음이 아닐 수 없었던 것이다.

1957년 김준곤 목사는 풀러신학교에서 수학하던 중 빌 브라잇 박사 만나 비전을 품고 귀국하여 광주지구 개척 준비 모임(1958. 10)을 가짐과 동시에 대구지구를 개척하고, 1958. 11월에는 한국대학생선교회 창립예배(정동 제일감리교회 젠센 기념관)를 가졌다. 그리고 같은 해에 전주지구를 개척하여 확장시키며 오늘에 이르렀다. CCC는 학원에서 복음을 전하는 학생들과 그 학생들을 지도하는 간사들, 그리고 이들과 협력하는 CCC를 졸업한 선배들이 '나사렛형제들'이란 이름으로 공동체를 이루어 기도와 재정적으로 후원하는 선교단체이다. 이들은 4대 절대(절대신앙, 절대헌신, 절대훈련, 절대행동)를 기본정신으로 5대 강령(말씀, 기도, 전도, 사랑, 협심)을 실천하는 사람들이다(약2:18) [3]

이들은 유성 김준곤 목사를 중심으로 EXPLO'74 전도대회(1974.8.13-18일)를 가진바 있다. EXPLO'74 전도대회는 여의도 광장에서 323,419명이 숙식을 하며 100만 명이 모여 전도 집회를 했던 대회였다. [4] 인류역사상 가장 많은 전도대원들이 합숙하며 훈련받고 전도활동을 했던 초유의 사건이다. 유사 이래 전무(前無)했고 후무(後無)할만한 큰 전도대회로 평가된다. [5]

3 한국대학생선교회 CCC-Daum ccc란?

4 https://www.bonhd.net/news/articleView.html?idxno=14791 - 강경규

5 https://ko.wikipedia.org/wiki/%EC%97%91%EC%8A%A4%ED%8F%B4%EB%A1%9C_74

따라서 EXPLO'74 전도대회 정신을 계승하고 유지 발전시킬 필요가 있다. 그렇다면 어떻게 해야 EXPLO'74 정신을 유지(維持)하고 계승하여 발전시킬 수 있을 것인가? 이를 위하여 몇 가지 제언(提言)하고자 한다.

1. 서론

CCC는 EXPLO'74 전도대회 희년을 맞아 Remember와 Again으로 기념한다. 즉, 과거의 EXPLO'74는 나사렛형제들이 주축이 되어 〈 EXPLO'74 Remember 〉로, 현재의 EXPLO'74는 CCC 학생들이 주축이 되어 〈 EXPLO'74 24 Again 〉으로 EXPLO'74 정신과 유성 김준곤 의 영성을 전수하고 계승하며 기념한다. 그렇다면 미래의 EXPLO'74는 어떻게 할 것인가? 여기에 본 연구의 필요성이 제기된다. 즉, CCC학생들과 나사렛형제들의 응집된 역량을 개발하여 예수님의 지상명령(행1:8) 성취에 박차를 가하고 영적 운동 가속화에 기여하자는 차원에서 본 연구의 필요성이 제기된다.

2. 본론

CCC학생들은 대학생들을 선교대상으로 하기에 어떤 면에서는 선교대상이 극히 제한되고 단순화되었다고 할 수 있을 것이다. 그렇게 단조로운 동일집단을 중심으로 복음을 전하든 학생들이 학교를 졸업하고 사회에 나와 각계각층의 새로운 선교대상을 맞게 되었을 때 적응하기 쉽지 않을 것이다. 그들은 취업하여 직장인으로서 적응해야 하고, 결혼하고 자녀를 양육해야 하는 입장에서 선교적 사명도 잃지 않아야 하는 다소 무거운 짐을 진 2030세대들이라고 할 수 있다. [6] 따라서 이들의 특징을 먼저 살피는 것이 필요하다고 생각된다. [7] 즉, CCC학생으로 활동하던 사람들이 사회에 나와 중심축을 이룬 오늘날의 3040세대는

- 깨어있는 시민의식과 공적가치를 중요시한다.
- 위계적, 수직적, 권위적 문화를 배척한다.
- 연륜 있고 의지할 수 있는 목회자를 선호한다.
- 사역의 재량권을 갖고 주도적으로 참여하기를 원한다.
- 획일성을 거부하고 다양성을 존중한다. [8]

이러한 특징을 가진 주니어 나사렛형제들에게 있어서 '선교〈 宣敎, mission 〉'란 무엇일까? '선교'의 사전적 의미는 '종교를 전도하여 널리 펴는 일'이다. [9] 그렇다면 학원선교, 민족복음화, 세계선교를 모토〈 Mtto 〉로 생활하는 '생활선교사'로서의 CCC맨들은 어떻게 하는 것이 바람직하고 효과적으로 지상명령을 성취하는데 헌신하는 것일까?

---

6 https://weekly.khan.co.kr/khnm.html?mode=view&art_id=201202081103021
7 https://www.kmib.co.kr/article/view.asp?arcid=1709622622
8 https://www.kmib.co.kr/article/view.asp?arcid=1709622622&code=23111111&cp=nv
9 https://dic.daum.net/search.do?q=%EC%84%A0%EA%B5%90

- 인재개발 사역을 하자.
- 가정문화원(가정사역학교)을 운영하자.
- 경제공동체를 이루자.
- 모델〈 Model 〉을 제시하자.
- 아이디어 뱅크〈 IDEA BANK 〉 설립하자.

2.1. 인재개발 사역

작금의 한국기독교는 사회로부터 신뢰를 잃었음을 부인할 수 없다. '기독교가 신뢰를 되찾으려면 지도자가 기도와 신앙 안에 바로 서야 한다.'[10]

하나님은 "생육하고 번성하여 땅에 충만하라, 땅을 정복하라, 바다의 물고기와 하늘의 새와 땅에 움직이는 모든 생물을 다스리라"(창1:28)고 했다. 이로건대, 인간들은 하나님이 지으신 모든 세계를 관리할 의무(義務)와 권리(權利)가 있는 청지기인 것이다(벧전4:10)

청지기는 자연(自然)만을 관리하는 것이 아니라 주인의 재물(눅16:2)과 종(눅12:42)이나 품꾼(마20:8) 심지어 상전의 어린 자녀들까지 캐어〈 care 〉할 책임이 있다. 따라서 CCC맨들은 청지기 신학을 생활화하여 지혜로운 청지기로서 사명을 잘 감당하는 '생활선교사'가 되어야 한다(눅16:8) 예를 들면, 연동교회 청년부지도 목사(김윤기, 박주안)는 택시 운전사 복장으로 청년들을 집까지 안전하게 바래다주며

---

10 https://v.daum.net/v/20240528030534686

그들의 고민을 들어주는 상담을 한다. [11] 이처럼 CCC맨들은 '생활선교사'가 되어야 한다는 뜻이다.

그렇다면 CCC맨들이 '청지기 신학'을 생활화하여 지혜로운 '생활선교사'가 될 수 있도록 육성하는 방법이 무엇일까? 이를 위하여 CCC맨들은 순론을 공부하고, 텐스탭 등 성경공부를 하기도 하고, 가르치기도 하며 연구하는 일에도 열심을 낸다. 또, 각종 집회와 기도회 등을 통하여 자질향상을 위하여 노력한다.

목회데이터연구소에서 현재 교회를 출석하는 청년들의 생각을 물은 결과 그들은 '성경에 충실하면서 위로와 용기를 주는 설교'(59%) '좀 더 따뜻한 위로가 있는 예배'(52%) '성경에 근거한 삶의 방향 제시'(55%)를 원하고 있음을 발견했다고 한다. [12] 기독청년들의 이러한 바람은 당연한 것이다. 잘못이라고 말할 수 없다.

그러나 '위로와 용기, 삶의 방향제시' 등을 받고 싶고 필요로 하는 것은 기독청년들만의 문제가 아니라 비기독인 청년들도 똑같이 원하는 바일 것이다. 따라서 그리스도인이라면 비 그리스도인들과 생각하는 것이나 말하는 것이나 행동하는 것에 있어서 차이가 있어야 한다.

예를 들면, 저들이 위로받고, 사랑받고, 도움 받는 등 '받는 일'에 관심이 많다면 그리스도인들은 받는 일보다 '주는 일'에 더 관심을

---

[11] https://v.daum.net/v/20240603030342368
[12] 국민일보 – https://www.kmib.co.kr/article/view.asp?arcid=0924342739&code=23111111&cp=nv

뒤야 한다(행 20:35) 특히 CCC맨들은 저들이 필요로 하는 관심사에 귀 기우리는 사역을 해야 하는 것이다. 그런데 CCC맨 자신들조차 가진 것이 없어 줄 수 없는 입장이라면 문제가 아닐 수 없다. 따라서 CCC맨들의 지정의(知情意) 및 영육혼(靈肉魂)의 풍요와 행복을 위한 것들을 개발하고 보급하는 사역을 해야 하는 것이다. 그 중의 하나가 바로 '인재개발사역'이다.

1) CCC맨 칼럼〈 column 〉코너 개설

4대 중앙일간지를 비롯하여 국민일보, 지방신문 등에 CCC맨 코너를 개설하여 매일 개재하자. 이를 위해 각 지구별로 CCC학생, 나사렛형제들, 간사 등 CCC맨들이 집필진이 되어 칼럼을 쓰고 개재하자. 그리하면 바른 교리와 신앙을 선포하고 포교하는 선교기관이 되어 세인(世人)들을 옳은 데로 안내하는 사람이 될 것이다. 그리고 CCC맨들은 '사회를 바로 잡는 자'로서 회자(膾炙)될 것이다. 지성과 영성을 갖춘 CCC맨이기에 칼럼 또한 높은 수준으로 자리매김할 것이다(마10:16).

결국 CCC맨들은 사회적으로 주목받아 리더의 역량이 쌓일 것이요, 두각을 나타내게 되어 하나님께 영광이요, CCC와 나사렛형제들의 자랑거리가 될 것이다. 청년 논객(論客)을 양성하고 국가 사회에 기여하는 인재로 성장할 기회를 제공하게 될 것이다. 그리하여 정계(政界)에서도 탐내는 지도자로 손꼽히고 등용될 것이다. 동시에

CCC맨 특히 나사렛형제들의 농익은 말씀으로 이단을 척결하여 민족복음화에 기여하게 될 것이다.

이러한 'CCC맨 칼럼'쓰기는 '예수 칼럼'을 남긴 유성 김준곤 목사의 유지를 계승하여 발전시키는 효과가 있을 것이다.

2) 'CCC맨의 소리' 개설

지상파방송(地上波放送)이나 공중파방송(公衆波 放送) 등에 'CCC맨의 시간'을 개설하자. 각 지구별로 CCC맨의 시간을 1~5분정도를 개설하여 CCC학생, 나사렛형제들, 간사 등 CCC맨이 방송에 참여하게 하자. 정론(正論)을 보급하여 정통교회를 지키는 파수꾼이 되어 세인(世人)들이 주목할 것이며 민족복음화에 직간접적으로 기여하는 계기가 될 것이다.

3) 유튜브(YouTube) 방송의 활성화

지금도 그렇거니와 향후 종이책은 더 위축될 것이며 전시용이나 보관용으로 활용될 가능성이 크다. 즉, 종이책은 전자책의 보완용으로 출간될 가능성이 있다. - 따라서 〈 EXPLO'74의 역사적 회고와 전망 〉을 출감함에 있어서도 E-book을 고려해야 할 것이다. 이러한 상황이기에 우리는 SNS를 활용하고 유튜브 방송을 극대화해야 한다.

CCC학생들을 칼럼니스트〈 columnist 〉, 방송사역자, 논객(論客) 등 기고가(寄稿家)로 활동할 수 있도록 장을 만들어 주자. 즉, 다른 선

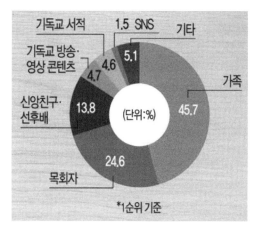

기독교 서적 1.5 SNS 기타
기독교 방송·
영상 콘텐츠 5.1
4.6
4.7
신앙친구·   13.8   (단위:%)   45.7   가족
선후배
24.6
목회자
*1순위 기준

교기관에서 놓치고 있는 부분까지 재정적, 행정적으로 지원하고 관리하여 자족(自足)하는 CCC맨이 되게 하자(빌4:11 ; 딤전6:6).

그러나 방송사역에 대한 찬반이 만만치 않다. 즉, 방송사역에도 장단점이 있음을 알고 이를 대비해야 한다. [13]

표에서 말하듯 개인의 신앙생활에 영향을 준 경우는 '카톡보다 가족'이란 점에서 카톡이 멘토일 수는 없다. 그러나 카톡이 사회적으로 미치는 영향이 크다는 점에서 주목할 필요가 있는 것이다. [14]

4) 축소사회에의 대처

미주 한인 성결교회는 5년간 23곳이 사라졌다. 이민자는 죽고 목회자 고령화 속에 다음세대 사역자 구인난이 심각한 것이다. [15] 이러한 현상은 비단 성결교만의 문제가 아니다.

---

13 https://www.kmib.co.kr/article/view.asp?arcid=1715500943&code=23111113&sid1=yeo
14 https://v.daum.net/v/20240515030344237
15 https://www.kmib.co.kr/article/view.asp?arcid=1715066957

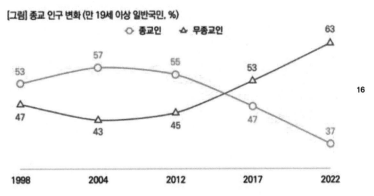

[그림] 종교 인구 변화 (만 19세 이상 일반국민, %)

○ 종교인   △ 무종교인

한국교회의 탈종교화의 가속화를 보여주는 통계. ©목회데이터연구소 웹페이지

　(표1)에서 말하듯이 탈기독교현상은 심화되어가고 있다. 즉, 2000년대 중반에 이르러 종교인과 무종교인은 물고기 형상으로 역전된 것이다. 사실 EXPLO'74 전도대회를 기점으로 한국교회는 양적으로 크게 성장하는 시기에 돌입했었다(1970~90년대) 그리하여 각 교단 앞

다투며 신학대학원 정원을 증원했었다. 그러나 이제는 대폭 늘려 놓은 신학대학원(신대원) 정원을 감축해야 한다. 이는 곧 신학교 자립과 직결되는 문제라 부담이 아닐 수 없다. 뿐만 아니라 고시 경쟁률이 낮아

---

16 https://www.christiandaily.co.kr/news/131106 기독일보

지면서 목회자들의 질적 수준 저하에 대한 우려도 제기된다. [17]

우리나라에 청년 일자리가 없는 것처럼 기존의 신학도들이 나갈 방향 또한 그러하다. 그리하여 변호사 · 파일럿⟨ pilot ⟩ · 도슨트 ⟨ docent ⟩ 등 직장인으로 방향을 전환한 신학대 졸업생이 많아지는 양상이다. [18] 일터속의 사회선교사로 확산되는 추세인 것이다. 즉, 다른 사람의 고통에 응답하는 법조인으로 활동하거나 사진작가로 활동하기도 하고, 항만이나 강의 물길을 안내 하거나, 미술관, 박물관 등에서 자원봉사자로 일하며 일반 관람객들에게 작품, 작가 그리고 각 시대 미술의 흐름 따위를 설명하여 주는 일(도슨트)을 하며 제 2 의 길을 걷는 신학도가 많다는 점에서 본격적인 진로 코칭을 대비할 인재 양성이 필요하다.

이런 상황에서 기독교는 어떻게 해야 할까? 이에 따른 신학자들의 제언은 (표3)과 같다. 오늘날 교회는 오래된 헌법이나 전통으로 운영되는 것을 부인할 수 없다. 그러기에 젊은이들에게 외면당하는 것이라고 생각된다. 당회나 총회 등을 60대 남성들이 장악하고 있기에 여성들과 젊은 이들은 설자리를 잃고 조용히 사라지는 것이다.

CCC맨들은 교회와 사회를 연결하는 희망의 브리지⟨ bridge ⟩가 되어야 한다. 축소사회 속에서도 꿈과 희망을 제시하는 CCC맨이 되어야 한다. 그러기에 '자족하는 마음'(빌4:11 ; 딤전6:6)을 길러줘야

---

17 더미션(https://www.themission.co.kr)
18 https://blog.naver.com/ekeeper21/223464204043

축소사회 이슈에 대한 신학자들의 제언			
	임성빈 장신대 교수	강인수 감신대 교수	주상락 바키대학원대 교수
교회 내 청년 감소 대응 방안	ESG 등 청년 맞춤형 목회	정치·경제·사회 이슈에 신학적 대응 시도	60대 이상, 남성 위주 리그 탈피
사회 문제에 대한 신학적 답변	교계 전문단체 네트워킹	기독교의 본질적 요소 회복 노력	성경 기준으로 비판적 문화 수용
영향력 있는 기독교인 양성 방안	물량주의 뜻대 버리고 진성 교인 양육 추구	공공 영역에서 삶이남을 지체 중심 교육	경청·소통·환대 신학 실천
고령화·저출산 등 사회 이슈에 대한 교회 대응	교회가 지역사회의 중심적인 역할 감당	정부정책을 기독교 정신에 맞게 수정 제안	교회를 노년의 가치를 깨닫는 공간으로 변화 시도
평신도 사역자 양육	교회 밖에서 활약할 전문인 양성	신학교의 관련 커리큘럼이나 교육센터 마련	평신도 사역자가 개신교 전통임을 깨달아야

(표3) 축소사회 이슈에 대한 신학자들의 제언

하는 것이다. 3040세대 특성상 희생이나 봉사만을 요구할 수 없다. 그들은 소그룹리더가 되는 것을 원하는 특성도 가지고 있다. [19] 그러므로 그들에게 활동의 장을 만들어 주어야 한다. 그렇다면 인재 발굴과 양육사역을 통해 기대되는 효과는 무엇일까?

- CCC맨 칼럼 코너를 통해 정치권에도 탐하는 유능하고 참신한 인재를 발굴하고 육성하는 효과가 기대된다.
- 'CCC맨의 소리' 시간을 운영함으로 시니어나사렛형제들 〈 Senior Nazareth Brother 〉과 주니어나사렛형제들〈 Junior Nazareth Brother 〉을 깨우고 응집시킬 수 있을 것이다.
- 유튜브〈 YouTube 〉 방송의 활성화를 통해 CCC학생들에게 활동의 장을 열어줄 뿐 아니라 CCC맨들의 활동에도 크게 기여하

---

19 https://www.kmib.co.kr/article/view.asp?arcid=1709622622

게 될 것이다.

- 축소사회에 능동적으로 대처하여 '가나안성도'를 막고, 컴백시키는 계기가 될 것이다. [20]

물론 이러한 노력이 우리가 원하는 지도자를 발굴하고 육성시킬 수 있는 절대적인 방법이라 할 수 없다. 그럼에도 청년세대를 다시 교회로 이끌려면 영성, 실천, 소통이 조화를 이뤄야 한다는 점에서 인재계발 사역을 하자는 것이다. [21]

5) 시대의 흐름에 능동적인 대처

① 교회 조직 및 리더십의 재편

수영로 교회(이규현 목사)의 금요철야 기도회는 반세기 가까이 자랑스럽게 진행되고 있다. 어떤 제도에 의해서가 아니라 자연스런 현상이 된 것이다.

가정사역단체인 더펠로우십코리아(가정의힘·교육위원장 단혜향)와 공익신탁 내일이 더 강한 교회(실행위원장 우창록 변호사)는 '한국형 생애주기 교육, 어떻게 할 것인가'를 주제로 한 설문 결과를 바탕으로 한국교회가 나아가야 할 새로운 신앙교육 패러다임을 다양한 사례와 함께 제시했다. 설문 응답에선 다음세대를 타깃으로 한 신앙교육 등

---

20 https://search.naver.com/search.naver?where=nexearch&sm=top_hty&fbm=0&ie=utf8&query=%EA%B0%80%EB%82%98%EC%95%88%EC%84%B1%EB%8F%84%E2%80%99%28%EC%95%88+%EB%82%98%EA%B0%80%EB%8A%94+%EC%84%B1%EB%8F%84%29

21 https://www.kmib.co.kr/article/view.asp?arcid=1708585574

교회 사역의 출발점이 부모와 조부모 등 전 세대를 아우르는 동시에 가족이 중심이 돼야 한다는 메시지가 도출됐다고 한다. [22]

이처럼 향후 우리 사회는 지금처럼 세대 간 분리의 사회가 아니다. 즉, 이삭을 중심으로 하는 외형적인 '에서형조직', 리브가를 중심을 하는 내조적인 '야곱형조직' 등과 같이 이원화되거나 다원화된 사회구조가 아니라 모두를 아우르는 '통합형'으로 전개 될 것이다(창 25:27) [23]

또래집단으로 세분화된 구조에서 왜 통합형으로 변화되고 있을까? 그 이유 중의 하나가 대부분 '한 자녀'라는 점에서 자녀는 부모와 별개의 생활영역을 구축하는 것이 아니라 부모와 함께 하며 성장한다는 점에서도 그 요인이 있을 것이다. CCC맨들은 이러한 사회적 특성을 간파하고 능동적으로 대처할 필요가 있는 것이다.

종로구 낙산 교회(한강희 목사)는 1984년 설립당시부터 당회 장로 권사 집사 등 직분이 없는 교회로 알려졌다. 교회운영구조를 민주화하기 위해 청년부터 장년이 참여하는 운영위, 실행위구성하고 '교우님'들이 교회의 모든 사안을 공유한다. [24] 이런 점에서 "꿈미(꿈이 있는 미래) 지향점은 작은교회 절박함을 외면 않고 평신도가 사역자 될 수 있도록 영적 공공재가 되는 것"이라는 주경훈 목사(오륜교회)의 다음 세대 성품 교육의 중요성을 강조하는 설명에 주시할 필요가 있다.

---

22 https://www.themission.co.kr/news/articleView.html?idxno=73815
23 https://v.daum.net/v/20240528030848740
24 https://m.kmib.co.kr/view.asp?arcid=1717058966

주 목사는 엔데믹 시대를 맞은 성경교육의 방향성에 대해 '가정교육과 교회교육의 연결', '대면과 비대면을 융합한 하이브리드 교육', '만남과 소통의 교육' 3가지를 제시했다. 그러면서 "팬데믹을 통과하면서 지식과 정보는 온라인을 통해 제공하고 융합과 창의성, 삶의 적용은 대면 교육을 통해 이뤄지는 방식을 훈련하고 최적화할 수 있었다"고 설명한다. [25]

지금까지처럼 세대 간 분리된 교육방식이나 현실 안주 내지는 적응에 급급한 교육자의 리더십에서 능동적이고 개척자적 지도자로 변신되어 시대의 흐름에 능동적인 대처를 해야 미래가 보장될 것이다. 즉, 시대의 흐름에 능동적인 대처를 위해서는 교회 조직 및 리더십의 재편해야 한다는 말이다.

② 위기 관리팀 개설

김태양 목사(남양주 참빛교회)는 네트워킹 사역을 하고 있다. 교회와 교계단체를 서로 이어서 시너지 효과를 내는 방식이다. 그래서 우크라이나 전쟁이 터졌을 때는 75개 단체를 모아 우크라이나 지원공동대책 위원회를 만들어 지원했다. [26] 우리 CCC맨들의 구성원은 전국적이고 세계적이라는 점을 고려할 때 지구촌 어디서나 어떤 유형의 위기가 발생했을 때 가장 먼저, 가장 효과적으로 대응하고 도울 수

---

25 https://v.daum.net/v/20240516030527776
26 https://www.themission.co.kr/news/articleView.html?idxno=74060

있는 조직체라는 것을 주시할 필요가 있다.

CCC의 위기 관리팀을 통하여 생활 속에서 선교하는 CCC맨들이 된다면 학원복음화 민족복음화 세계복음화에 기여하게 될 것이다. 우리는 조직 확대가 아니라 복음전파에 주력해야 한다.

다시 말하거니와 CCC는 고급인력과, 튼튼한 조직력과, 다양한 재능과, 해박한 경험을 가진 인력자원 등이 풍부한 선교단체이다. 아울러 영성 또한 깊이가 있다. '구슬이 서 말이라도 꿰어야 보배'라고 한다. 자원을 개발하고 인재를 발굴하여 육성하는 일에 집중하자.

시대의 흐름에 능동적인 대처를 하는 방법 중의 하나는 지역주민에게 행복을 선물하는 '교회카페'가 있는 것처럼 [27] CCC에서도 수입원을 고려해야 한다. 선교사들이 자비량으로 선교를 모색할 때 CCC맨들이 옆에 있어야 한다. [28] 선교사들의 최대 고충은 노후대책이라고 한다. [29] 특히 외로운MK〈 Missionnary Kids, 선교사 자녀〉들에게 러브하우스를 제공하여 영성회복을 돕고 MK부모인 선교사들이 한국을 방문하면 임시거처로도 사용할 수 있게 하는 것은 또 다른 위기관리일 것이다. [30] 이제 CCC는 교회나 다른 성도들로부터 후원받는 것으로 만족할 수 없다. 도움 주는 방안을 제고해야 한다. CCC회원 중 많은 학생들이 아르바이를 하고 있다. 그렇다면 그

---

27 https://www.themission.co.kr/news/articleView.html?idxno=74158
28 https://ko.wikipedia.org/wiki/%EC%9E%90%EB%B9%84%EB%9F%89_%EB%AA%A9%ED%9A%8C
29 https://v.daum.net/v/20240529030336321
30 https://v.daum.net/v/20240530030449220

러한 노동력도 활용하여 수입을 창출하는 방안을 모색하자. 학생들에게도 유익하고 CCC에도 좋을 것이다. 경제적 자급자족은 시대의 흐름에 능동적으로 대처하는 일이다(고전9:8-18)

③ 현안문제 연구와 대안제시

성경적인 세계관을 기반으로 하는 각종 교제를 개발하고 인재 양성위한 프로그램을 발굴하자. 이를 위하여 한국교회는 선교적 입장에서 지원할 수 있도록 연구하고 대안을 제시하는 일에 CCC맨들이 앞장서야 할 것이다.

사실 CCC맨들을 김준곤 목사를 통한 성령님의 역사하심을 가장 측근에서 체험한 사람들이다. EXPLO'74 전도대회 이전과 이후의 한국교회가 200만 정도 성장했다는 부흥에서 말하듯이 이 집회는 한국 기독교 역사상 가장 큰 복음전도 집회 중 하나로 기록되었다. 그리하여 기독교가 사회 전반에 더욱 확산되는 계기가 된 시기였다.[31] 이렇게 김준곤 목사를 중심으로 성령님의 역사하심을 눈으로 보고 듣고 함께 체험한 CCC맨들이기에 이를 계승하고 전수하여 새로운 이정표를 세워야 하는 것이다.

2.2. 가정문화원(가정사역학교) 운영

CCC STORY에 "이 땅의 부부들이 서로를 존중하는 마음을 갖게

---

[31] AI ChatGPT

하시고 하나님께서 제정하신 결혼 제도 안에서 주님으로 인해 기뻐하고 주님께만 영광 돌리게 하소서."라는 '가정을 위한 기도'가 있다. [32] 사실 '기도'란 말이나 글만이 아니라 '믿음(信)을 기반으로 하여 행(行)함으로 표현'되어야 한다. 그러므로 '가정을 위한 기도'는 신행일치(信行一致)가 되어야 하는 것이다.

우리나라 기대수명은 82.7세, 결혼적령기는 33~35세 [33] 평균 퇴직 연령은 51.7세이다 [34] 그렇다면 33세에 결혼하여 52세에 은퇴하고 83세에 죽는다는 말이 된다. 즉, 결혼하여 50년간 부부로 살면서 20년 동안 경제활동을 하는 것이다. 그리고 퇴직하여 31년을 소득 없는 부부가 되어 늙어가야 하는 것이다. 여기서도 노후 준비의 필요성이 대두된다. 이희녕은 "형통이 보장 된 축복의 길이든 망하는 저주의 길이든 그 결과는 각자가 선택하게 하셨습니다." [35] 고 한다. 경제활동의 필요성, 노후준비의 필요성도 각자가 선택할 사항이다.

우리나라 CCC맨 가정이 40만으로 추정되며 매년 200여 CCC맨 가정이 생길 것으로 추정된다. 이들에게 결혼 예비학교를 수료할 수 있는 시스템을 구축하여 '하나님의 가정'을 이룰 수 있도록 도와주자. 하나님께서는 이 일에 헌신할 수 있는 재능을 가진 사람을 이미 오래전부터 우리 안에 예비하셨다.

---

32 CCC STORY

33 https://search.naver.com/search.naver?sm=tab_hty.top&where=nexearch&ssc=tab.nx.all&query

34 https://search.naver.com/search.naver?where=nexearch&sm=top_hty&fbm=0&ie=utf8&query

35 하나님 마음듣기(이희녕 저, 두란노, p.85)

예를 들면, 대한민국 가정사역의 원조겪인 주수일 장로, 두상달 장로 등이 CCC 출신 나사렛형제들이다. 그들에게 노하우〈knowhow〉를 기부할 수 있는 장(場)을 만들어 드리고 후배들에게 '하나님의 가정'을 알려 주도록 하자. 즉, CCC안에 가정문화원(가정사역학교)을 개설하고 운영하자.

그리하여 '진새골 가정문화연구원' 등 CCC의 가정사역에서 수강한 사람들은 CCC대표에게 주례를 청원할 자격을 부여하자. 또, CCC맨은 결혼 10주년 주기로 '진새골 가정문화연구원' 등에 입소할 자격을 부여하여 2세대들도 자연스럽게 CCC맨이 되게 하자. 뿐만 아니라 CCC맨의 장례를 CCC에 요청할 수 있는 자격도 부여하자. 그렇게 하여 '가정문화 연구원'은 '영원한 CCC맨'이 되게 하는 산실이 되게 하자.

미국 기독교작가 앨리샤 셜은 결혼 생활이 암울할 때 사랑이 식었을 때 등 가정생활에서 부부를 위한 성경 말씀을 7가지 상황에 맞춘 성경구절을 소개하고 있다 [36] 매사가 그렇지만 특히 그리스도인의 결혼생활은 말씀을 기초로 해야 함에도 대부분의 그리스도인 부부들은 기본적인 것조차 배우지 못하고 결혼하는 경우가 많다. 아는 바가 적은 상태에서 결혼하고 가정을 이루다 보니 불필요한 갈등과 불협화음도 많은 것이 사실이다. 그런 점에서도 그리스도인의 결혼생활을 위한 가정사역은 반드시 필요하다.

---

36 https://www.kmib.co.kr/article/view.asp?arcid=1714549786

2.3. 경제공동체 사역

대학생을 둔 학부모나 당사자 중 다수는 등록금 걱정을 하지 않을 수 없는 형편이다. 정부와 사회에서 이런저런 명목으로 장학금을 지원하지만 그러한 장학제도만으로는 충족이 어려운 게 사실이다. 결국 도서관에 있어야 할 학생들이 삶의 현장에서 생존 경쟁하듯 땀 흘려야 한다. '젊어 고생은 사서 한다'는 말처럼 경험을 위한 학습현장이라면 당연히 권장 사항이겠지만 당장 끼니나 생활비나 등록금 문제라면 문제가 달라진다. 즉, 학습용 아르바이트가 아니라 생계형 일자리라면 기성세대가 생각해봐야 한다. 그래서 일까? 정부는 내년부터 초등생 꿈사다리 장학금을 지급한다고 한다. 장병적금 한도와 액수를 확대한다고 한다.[37]

예수께서는 "네 보물 있는 그 곳에는 네 마음도 있느니라"(마 6:21)고 하셨다. 이러한 가르침을 구현하기 위하여 나사렛형제들은 일찍이 경제공동체를 이루고자 '나사렛형제들 신용협동조합'을 설립하고 운영한다. 이제 더욱 나사렛형제들 신용협동조합의 활성화를 도모하자. 40만 나사렛형제들을 응집시키고, CCC학생들(12,619명/2023.4현재)에게 꿈과 희망을 제공하며 지속적이고 영속적인 관계성을 갖게 하는 계기를 만들어 가는 나사렛형제들 신용협동조합이 되어야 한다.

---

37 https://www.kmib.co.kr/article/view.asp?arcid=1714554305

오늘날 한국교회의 수량적 침체 현상은 심상치 않다. 목회자들 은 되는 가파르게 늘어나고 이에 따른 목회자 연금은 고갈되어 가고 있다. 뿐만 아니라 수급자 증가율보다 자산 증가율은 현저하게 적은 현실이다. [38]

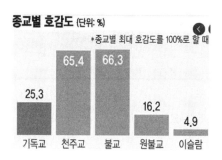

(표 4)종교별 호감도[39]

따라서 향후 한국교회는 선교단체나 선교사들에게 후원은 고사하고 교회 자체의 존폐가 위협받고 있다. (표 5)에서 보는 바와 같이 기독교에 대한 세인들의 시선은 기독교의 향후를 짐작케 한다.

물론 하나님의 능력과 섭리와 뜻은 수치(數値)에 의하여 좌우되는 것은 아니다. 하지만 이성적(理性的)으로 볼 때 기독교의 향후가 염려스럽다는 뜻이다. 상황이 이렇다 보니 목회를 지망하는 학생도 감소하여 유명교단 신학교도 정원을 축소하거나 정원미달 사태가 발생하는 것이다.(표5)

---

38 국민일보 더 The Mission(2024. 2. 5. 33면)

39 https://search.daum.net/search?w=img&q=%ED%86%B5%EA%B3%84%EB%A1%9C+%EB%B3%B8+%EA%B8%B0%EB%8F%85%EA%B5%90&DA=IIM&vimg=63JYMxzCqovrOvMCAZ

대학	2011 정원	2021 정원	정원 증감율	대학	2011 정원	2021 정원	정원 증감
한세대학교	65	25	-61.5%	대신대학교	50	36	-28.0%
부산장신대학교	30	12	-60.0%	칼빈대학교	65	50	-23.1%
한일장신대학교	80	32	-60.0%	총신대학교	90	70	-22.2%
성결대학교	120	50	-58.3%	고신대학교	60	50	-16.7%
영남신학대학교	70	37	-47.1%	광신대학교	50	45	-10.0%
대전신학대학교	60	32	-46.7%	협성대학교	80	75	-6.3%
호남신학대학교	60	35	-41.7%	감리교신학대학교	200	200	0.0%
한국침례신학대학교	100	60	-40.0%	서울장신대학교	52	52	0.0%
목원대학교	93	60	-35.5%	장로회신학대학교	50	50	0.0%
서울신학대학교	75	51	-32.0%	한신대학교	48	50	4.2%

*자료 출처: 대학알리

(표 5) 주요대학 신학과(부) 정원감축현황[40]

결국 교회마다 교육 전도사 모시는 게 큰 숙제라고 한다.[41]

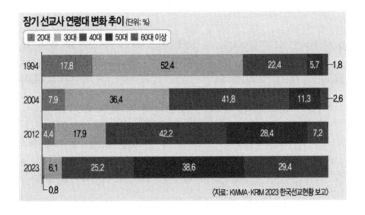

뿐만 아니다. 현재 174개국에 약 2만 2000명의 한인 선교사들이 헌신하고 있다. 그들의 10명중 3명은 10년 내에 은퇴하게 된다. [42]

40 https://search.daum.net/search?w=img&q=%EC%8B%A0%ED%95%99%EA%B5%90+%EB%AF%B8%8B%AC&DA=IIM&vimg=68pgiX9T1MPZjFAQSh

41 https://v.daum.net/v/20240529030647426

42 https://cafe.daum.net/ysoonk/LrOq/528?q=%EC%84%A0%EA%B5%90%EC%82%AC%20

그들의 노후 대책이 있는가? 이러한 상황은 CCC 간사들 후원문제와 연계되지 않을 수 없다. 또, CCC안에 있는 목회자 자녀들 중에 목회자로 헌신하거나 부모님의 목회사역을 계승하고자 할 것인가를 생각하지 않을 수 없다. 상황이 이러기에 장학제도는 더욱 절실해지는 것이다. 사실 정부에서는 대학생 50만 명에게 장학금을 지급하고 있다.[43] 그런가하면 부영그룹은 창신대 신입생 전원에게 1년 전액 장학금을 지원했다.[44]

또, 이랜드재단에서는 자립준비청년에게 3단계 맞춤 지원을 한다.[45] 그리고 삼성희망 디딤돌 대전센터에서는 자립준비 청년들에게 희망의 디딤돌을 제공한다.[46] 이처럼 각계각층에서 '교육은 백년지대계(百年之大計)'라는 신념으로 접근해야 하는 것이다.

그런데 애버랜드가 무료로 증정한 스페셜배지 '푸바오 굿즈'(기념품)를 본떠 제작된 키링(열쇠고리) 원가는 6만원이다. 그런데 6만 원짜리 열쇠고리가 80만원에 거래되었다.[47] 그런가하면 보증금을 잃고 월세로 쫓기다가 끝내 극단적 선택을 한 사람이 8명이나 된다.[48] 또, 몇 천원 이자도 못낸 20대 청년층은 '빚' 경고등이 켜진 상태이다. 소

10%EB%AA%85%20%EC%A4%91%203%EB%AA%85&re=1

43 국민일보 3면 포커스(2024. 3.6)

44 https://v.daum.net/v/20240429104410105

45 https://v.daum.net/v/20240530030446218

46 https://hatdog.co.kr/pc_hatdog/?m1Code=cmm&m2Code=cmm&bcode=freetalk&mode=view&bidx=42906

47 https://v.daum.net/v/20240508021244691

48 https://v.daum.net/v/20240508022245782

액생계 대출받은 20대 24.5%가 미납상태이다. [49] 빈익빈 부익부(貧益
貧 富益富) 자본주의 특성이 유감없이 드러난 현실이다.

이러한 상황에서 대학 새내기들이 CCC회원이 되는 순간 나사렛
신용협동조합에서는 그들 모두에게 소정액(만 원이라도)이 예치된 통
장을 선물하며 조합원으로 등록하게 하자.

나사렛형제들 신용협동조합 통장을 손에 든 새내기들은 생일, 입
학, 미팅백일축하 등 각종 명분으로 기념할 때 다소간(多少間)에 출자
하는 분위기를 조성하자. 또, CCC학생들이 장학금을 받거나 아르
바이트로 얻어지는 수입 등으로 출자할 수 있는 기회를 제공하자.
학생들 사이에서 나사렛 신용협동조합 통장 유무(有無)나 통장의 무
게가 자랑스럽게 회자(膾炙)될 것이다. 또한, 나사렛 신용협동조합에
서는 허용되는 범위에서 무이자로 학비를 대출해 주고, 결혼자금을
지원하고, 청년 사업비를 보조하는 등 실질적인 도움으로 경제공동
체를 이루자.

이러한 일에는 나사렛형제들의 경제공동체 의식이 절실하리라
생각되지만 불가능한 일도 아니다. 물론 여기에는 CCC맨들의 노블
레스 오블리주〈 noblesse oblige 〉 정신이 필요하다. [50] 그리고 '주는
것이 받는 것보다 복이 있다'(행 20:35)는 말씀을 실천하는 방법이기도

---

49 https://v.daum.net/v/20230821172100799

50 https://search.daum.net/search?w=tot&q=%EB%85%B8%EB%B8%94%EB%A0%88%EC%8A%A4+%EC%9
8%A4%EB%B8%94%EB%A6%AC%EC%A3%BC+%EB%9C%BB&DA=GIQ&sugo=12&o=1&sq=%EB%85
%B8%EB%B8%94%EB%A0%88%EC%8A%A4

하다.

　이처럼 적극적인 경제 공동체를 이루어 CCC맨들의 현실적인 애로사항을 함께 하는 노력을 통해 '베풂과 나눔'을 실천하자(롬12:15) 그리하여 CCC학생들은 졸업 이후에도 신협을 통해 지속적인 공동체를 이루어 영원한 CCC맨이 되게 하자(신5:29). 즉, CCC맨들의 사업비, 결혼자금, 자녀입학금은 물론 미래에 태어날 후손들 교육비 등을 적립하게 하자.

　이 모습을 지켜보는 외인들이 부러워할 것이다. 그리하여 CCC는 회원모집을 위하여 캠퍼스를 누비지 않아도 학생들이 스스로 모여드는 CCC가 될 것이다. 사실 현행법에 따르면 나사렛 신용협동조합 조합원 자격은 주민등록상 서울 시내에 거주하는 사람으로 제한되어 있다. 그러므로 전국에서 모여든 학생들이 서울에 적을 두고 있을 때 가입시키는 것도 하나의 방법일 수 있을 것이다. 즉, 서울지역 대학생들을 적극적으로 신협에 가입하게 하고 졸업 후에 혹시 지방으로 가게 된다고 할지라도 여전히 조합원으로 활동할 수 있는 방법을 모색하자.

2.4. 모델(Model)제시 사역

　CCC는 단순히 '학교에서 학생들에게 전도하는 사람들의 모임'이 아니라 학원은 물론 우리 민족전체와 지구촌의 인류를 선교 대상으로 하는 선교단체이다. CCC맨들은 이러한 의식을 가지고 있기에

EXPLO'74 희년을 맞아 Remember와 Again을 통해 성령의 불씨를 되살리고 있는 것이다. 따라서 모든 CCC맨들은 CCC와 나사렛형 제들 재건운동에 역량을 집중하여 한 점 부끄럼 없는 CCC맨이 되어야 한다. 그렇다면 어떻게 모범적인 선교를 할 수 있을까?

1) 학원사역에서의 모델

DNA미니스트리(대표:김은호 목사)에서는 '선배 목회자는 개척 노하우를 전하고, 후배 목회자들은 희로애락을 공유하는 초교파 영적 네트워크로 한국교회를 다시 살리겠다'는 목표로 3040 차세대 목회자 멘토링을 진행하고 있다. [51] 세대를 초월하고 교파를 초교월하여 모델을 제시하고 공유하자는 것이다. 이처럼 학원선교에서도 모델 사역이 지역이나 학교나 선교기관을 초월하여 공유되어야 한다. 우리나라에 400여개의 대학이 있는데 그 중 CCC 간사가 파송되었거나 CCC에서 관리하는 학교는 303개이다. 수도권에만 43개 캠퍼스에 25,000여명의 CCC학생들이 50명의 간사들과 함께 학원복음화에 헌신하고 있다.

그렇다면 그 중에서 CCC활동이 가장 모범적인 학교는 어느 학교일까? 소위 성공적인 학원복음화를 이루었다고 국내는 물론 지구촌에 모델로 제시할 수 있는 학교가 어디인가?

또, 그렇게 성공적으로 학원복음화에 탁월한 성과를 거두는 요인

---

51 https://v.daum.net/v/20240416030418188

은 무엇일까? 학원복음화에 모범적인 학교가 선정되었고 그 요인도 밝혀졌다면 다른 학교에서는 어떻게 벤치마킹〈 benchmarking 〉하고 있을까? 만일 벤치마케팅을 하지 않는다면 그 이유는 무엇일까? 황금어장이라 명명되는 학원선교를 위하여 죄(罪)가 아니라면 수단과 방법을 가리지 말고 일반화해야 한다. 즉, YM예수전도단, IVP, CAM, DFD, JDM누가회 등에서도 학원복음화의 모범적인 사례를 공유할 수 있어야 한다.

학교 당국에서 1학교 1종교단체 등록을 원칙으로 한다면 아마도 선착순의 원리로 접수받을 것이다. 하지만 전통적으로 알려졌거나 다수의 학생이 인정하고 있거나 일반인들도 긍정적으로 생각하고 알려진 일종의 '공인(公認)'된 단체가 등록하려 할 때는 배려할 여지도 있을 것이다. 그런 점에서라도 CCC의 공인을 위해서는 모든 역량을 한곳으로 집중해야 한다. 이 과정에서 있을 수 있는 '평등의 원칙'에 대한 불협화음도 있을 지도 모르겠다. 하지만 특정학교를 학원선교의 모델로 선정하여 전국(세계)에 제시하는 학원 모델 사역의 중요성을 기억하자. CCC가 자랑스럽게 제시할 수 있는 모델학교 사역을 시행해 보자.

2) 국내 선교사역에서의 모델

① 지역교회 지원사역 모델

온누리교회 인천북누리공동체에서는 고려인이 많은 지역에 월

세 아파트를 마련하고 어린이 한글교실을 운영한다. 그러자 부모들도 수업을 요청하는 형편이다. 교회가 미혼모·쪽방촌·청년창업가 멘토링을 지원하는 등 사회 선교를 통해 세상 속의 이웃을 품는 것이다.[52] 이처럼 지역사회와 지역교회를 품고 연계하는 CCC맨이 되어보자.

현재 CCC가 지역교회와 연계하여 활동하고 있다. 예를 들면, 의정부 CCC에서는 '오늘의 학원복음화로 내일의 민족복음화'란 슬로건⟨ slogan ⟩ 아래 14개의 선교 팀을 경기 북부 7개 지역으로 파송해 일주일간 국내 단기선교에 헌신한 것으로 알려져 있다. 그들은 농촌/미자립 교회의 현안문제를 돕고 교회학교를 되살리는 불씨가 되는 헌신을 한 것이다.[53] CCC가 지역교회를 도와 헌신함으로써 민족복음화에 기여하는 모델이 되고 있는 것이다. 이렇게 성공적인 모델을 한국교회에 제시하고 지속시키자. 그러나 CCC의 지역교회 봉사는 단회성이 아니라 지속적이어야 한다.

그런가하면 작은 교회연합에서의 선교 활동도 있다. 경기도 오산 광성교회(장학삼 목사) 예배당에 어린이 찬양곡을 흥얼거리며 연주하는 소리가 가득 퍼졌다. 작은교회살리기연합(작교연·대표 이창호 목사)이 주최한 제20차 워십밴드캠프(캠프)에 참석한 5명의 초등학생이 진지하게 '형아 강사'들의 수업에 집중하고 있는 것이다. 수강생보

---

52 https://m.kmib.co.kr/view.asp?arcid=1716706154
53 월간 CCC편지 뉴스

다 조금 더 나이가 든 강사들이다. 즉, 안양예술고등학교에 재학 중인 장은비(18)양의 도움을 받아 난생처음 키보드 건반을 하나씩 눌렀다.[54] 팬데믹 이후 길거리 전도는 더욱 위축됐으며 작은교회는 성장 동력을 찾기 힘들어졌다. 그러므로 CCC맨은 모여 있기보다 흩어져 직접 제자를 양성하고 교회를 지원해야 한다. 이것이 인적자원을 풍부하게 가진 CCC가 가장 유리하게 선도할 수 있는 사역이라 생각된다. 지역교회와의 연대를 체계화하여 한국교회 재건운동 모델 사역으로 제시하자.

위 두 사례에서 알 수 있듯 국내 선교현장의 작은 교회는 CCC학생들의 자원봉사를 고대하고 환영한다. 그렇다면 CCC맨들은 저들에게 무엇을 줄 수 있는지를 연구하고 기도해야 한다(행 20:35) CCC맨들의 재능기부만으로도 한국교회에 불씨가 되며 국내선교에 이바지 할 수 있는 것이다. CCC는 여러 측면에서 다양한 재능을 풍성하게 보유한 선교단체이다. 의료, 유아교육, 미술, 음악, 체육 등은 물론 전문지식으로 도울 수 있는 사람들이 풍성하다. 이러한 인적 자원을 사장(私藏)하거나 사장(死藏, hoarding)한다면 악하고 게으른 종이 될 것이다(마25:26)

만일 CCC맨들이 나누지 않고 도리어 자기들만의 교회를 세운다면 세인들은 뭐라 하겠는가?

---

54 김아영 기자 singforyou@kmib.co.kr
GoodNews paper ⓒ 국민일보(www.kmib.co.kr).

김준곤 목사가 EXPLO'74를 진행할 때 한국교회 협조 없이 가능했겠는가? 만일 김준곤 목사가 CCC맨을 중심으로 교회를 세우고 운영했다면 한국교회의 저항이 없었겠는가? CCC맨은 저들의 영역을 잠식하는 단체가 아니고 저들을 돕고 협조하여 민족복음화를 이루는 단체라는 것을 우선해야 한다. CCC맨은 저들의 영역을 잠식하거나 대립각을 세우는 사람들이 아니고 '주는 사람, 주는 단체'로 남아 있을 때 민족복음화에 기여하게 되는 것이다.

그런 점에서, 어느 지역이나 교회를 대상으로 CCC에서 단기 선교를 갈지라도 1회성으로 그칠 것이 아니라 지속적이고 항구적으로 해야 한다. 그래서 CCC와 연을 가진 후 교회가 달라진 것을 당해(當該) 교인들은 물론 비 기독교인들에게도 회자(膾炙)되게 해야 한다.

유능한 CCC맨들이 대거 투입되어 운영한 주일학교(여름수련회 등)는 비록 짧은 기간이었고 단회였지만 은혜롭게 마쳤을 수도 있다. 그리하여 CCC맨 입장에서는 간증거리를 한 아름 안고 돌아올 것이다. 그러나 CCC맨들이 떠난 다음(집회를 마친 다음)에는 교회의 빈자리를 더 크게 느껴진다. CCC맨 만큼의 역량이 교회에 없는지라 다시 처음처럼 되고 만다. 아니 남아 있는 사람들은 더 무력함, 무능함에 매몰되어 '의욕 없는 선생'으로 전락하게 되어버릴 가능성이 크다. 결국 몇 안 되는 성도들이나 학생들의 입맛(?)만 버려놓은 꼴이 되고 만다.

그러므로 지속적으로 어떤 요구에 도움을 주어서 실재적인 유익이 가시화 되고 그것을 한국교회 앞에 모델로 제시할 수 있어야 한다. 봉사자(주는 사람)의 자기만족이 아니라 수혜자에게 실질적인 도움이 되어야 한다. 그러한 모범을 보여 민족복음화의 모델로 제시되어야 한다.

② 국내 체류 외국인 사역모델

표에서 보는 바와 같이 코로나 팬데믹을 지나면서 국내 이주민이 급증하여 300만명 시대가 눈앞이다. 최근 법무부가 발표한 '연도별 인구대비 체류 외국인 현황'에 따르면 지난해 국내 체류 외국인은 250만여 명으로써 우리나라 전체 인구(5132만여명)의 약 5%를 차지한다. [55]

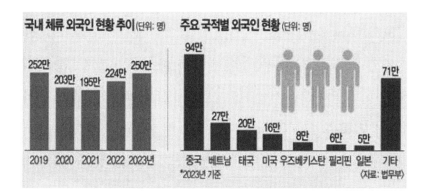

한국 교육개발원과 통계청자료에 따르면 2005년도 전국 360개 대학에 재학(재학, 휴학, 군입대 등) 재중인 학생은 2,926,622명으로 나

---

55 https://www.themission.co.kr

타났다. [56] CCC는 이들을 대상으로 학원선교를 하고 있는 것이다. 그런데 국내에 체류하는 외국인이 250만이라니 CCC가 학원선교 대상으로 하는 학생 숫자와 국내체류 외국인 숫자가 같은 것이다.

여기서 외국인 사역의 필요성이 대두된다. CCC맨들은 다양한 외국어를 가지고 있다고 해야 할 것이다. 대학에서의 전공도 그렇거니와 나사렛형제들의 사업관계에서도 세계를 파고드는 위치에 있는지라 CCC맨들은 다양한 언어를 소유한 사람들이다.

이처럼 자기에게 주어진 은사를 활용하여 국내에 체류하는 외국인들을 상대로 세계선교에 이바지하는 것도 좋은 방안이 될 것이다. 그들이 돌아가 복음을 전하면 경제적으로 시간적으로는 물론 인력에서도 크게 효과적일 것이다.

3) 자선 사역에서의 모델

자선사역에는 의료봉사, 고아원, 양로원, 장애인 돕기 등 일거리는 많다. 그러나 그런 시설들은 정부에서 잘 관리한다. 또한 우리가 아닐지도 많은 사람이 관심을 갖고 있으며 이미 잘 진행되고 있다. 따라서 우리가 그들 틈에 뛰어 들어 불협화음을 내서는 안 될 것이다. CCC가 가진 능력이나 재력을 과시하듯, 달란트를 자랑이라도 하듯이 경쟁하지 말자. 그러므로 국내 사역에만 집중하지 말고 해외 사역에서도 가시적이고 모범적인 샘플(sample)을 제시하자. 즉, CCC

---

56 https://cusee.net/2460817

맨은 시대의 흐름과 발을 맞춰야한다. 그래서 균형을 잃지 않는 선교활동으로 선교적 DNA를 제시하는 모델이 되자.

4) 해외선교에서의 모델 제안

CCC맨들이 지구촌 구석구석에서 헌신하고 있다. 매우 고무적이다. 그런데 CCC가 자랑스럽게 제시 할 수 있는 '해외선교 모델'은 무엇일까? '어느 나라 어느 지역에서 어떤 활동을 하여 어떤 결과를 이뤘을까?'하는 자문자답(自問自答)이 필요한 시점이라 생각된다.

혹시 '우리 CCC는 올해도 전 세계 몇 개국에 몇 명을 파송하여 헌신하고 돌아와 왔다.'는 물량주의 맘모니즘〈 Mammonism 〉에 도취하여 CCC맨이 다녀간 후의 긍정적인 변화를 지속적으로 제시할 수 없다면 그것은 문제일 수 있다. 그래서 지구촌의 어느 한 나라 한 지역을 집중 관리하여 그 결과를 국제사회에 모델로 제시하자는 말이다. CCC맨의 선교활동을 과시하자는 말이 아니라 모델이 되어 긍정적이고 효과적인 선교를 모색하자는 말이다. 혹자는 '나사렛 신용협동조합과 EXPLO'74는 무슨 관계냐?'라고 말하는 사람도 있을 수 있다. 또, ' EXPLO'74와 A국 현황이 무슨 관계냐? '라고 의문을 제기 할 수도 있을 것이다.

그러나 CCC는 "학원 복음화, 민족복음화, 세계 복음화!"란 표어를 가지고 선교하는 단체이다. [57] 이러한 취지를 구현하는 하나의 방

---

57 한국대학생선교회 CCC–Daum ccc란?

편으로 EXPLO'74 전도대회를 개최했다는 점에서 제기된 주제는 필요하다. 더욱이 EXPLO'74의 ' REMEMBER - AGAIN - ? '라는 명제로 보거나 '제언'이란 주제를 볼 때 당연히 등장할 소제들이라고 생각된다.

① A국(네팔)을 선교대상 국가로 선정해야 할 이유

우리 CCC맨들의 기본 정신중의 하나는 '부름받아 나선 이몸 어디든지 가오리다...아골골짝 빈들에도 복음들고 가오리다' 이다. [58] 이 정신에 맞추어 네팔을 CCC의 국제 모델 사역지로 추천하는 이유를 먼저 살피고자 한다.

a. 네팔은 지역적 아골 골짜기이다.

네팔은 동남아, 중국과 달리 한국에서 가장 먼 아시아 국가라는 점에서 방문이 쉽지 않다.

시간적으로는 물론 항공료 등에서 부담스러워 성도들 방문이 많지 않기 때문에 우리에게는 고립된 아골 골짜기이기 때문이다.

b. 네팔은 문화적 아골 골짜기이다.

네팔 국민의 80% 이상이 믿고 있는 힌두교에는 33신이 있다고 한다. [59] −'3억 3천의 신이 있다'란 설도 있음− [60] 그중 섹스〈 sex 〉를 신

---

58 개역찬송 323장
59 https://gall.dcinside.com/mgallery/board/view/?id=alternative_history&no=990005
60 https://gall.dcinside.com/mgallery/board/view/?id=alternative_history&no=990005

으로 섬기는 문화를 가진 나라이다. [61]

또한, 국토가 대부분 험악한 산지로 구성되어 외부와 차단되어 있고 문화적 교류가 힘든 나라이기 때문에 외부의 문화를 쉽게 접할 수 없는 구조로 되어 있다. 따라서 새로운 문물을 쉽게 받을 수 있는 여건이 되지 못하기 때문에 문화적 아골 골짜기인 것이다.

c. 네팔은 경제적 아골 골짜기이다.

네팔은 노동력의 9/10 이상이 농업에 종사하며 경작 가능한 땅은 국토의 1/5 정도이다. 주요산물은 쌀이며 옥수수 · 밀 · 감자 · 사탕수수 · 기장도 많이 재배한다. 히말라야 산맥 비탈면에서 자라는 의약용 약초가 주요 생산품목으로 손꼽히며 소 · 물소 · 염소 · 양 같은 가축유도 기른다. 주요산업은 임업으로써 통나무 원목 벌채가 주종을 이루는데, 이들 원목은 거의 연료로 쓰여 산림훼손이 심각하다.

네팔의 해외무역은 인도가 관할하며 네팔은 제한된 운송권만을 갖고 있다. 네팔의 주요수출품은 면의류 · 곡물 · 황마 · 목재 · 유료종자 · 기(ghee:정제 버터) · 감자와 의료용 약초 및 짐승가죽이다. 자본과 소비재 상품, 광물 연료, 화학제품은 거의 수입에 의존한다. [62]

국민 소득은 네팔 1340불, 캄보디아 1700불, 방글라데시 2820불, 케냐 2170불과 비교된다. [63]

---

61 https://blog.naver.com/doesah/223342537899

62 https://100.daum.net/encyclopedia/view/b03n4102b003

63 https://blog.naver.com/dreamseller7/223355170889

d. 네팔은 종교적 아골 골짜기이기이다.

네팔은 힌두교(81%), 불교(11%)에 이어 이슬람교와 기타 종교가 있다. [64] 1950년부터 국경을 개방하기 시작했으나 '개종금지법'으로 80%의 힌두교인들을 지키고 있지만 하나님은 네팔이 전 세계에서 기독교가 가장 빠르게 성장하는 나라가 되는 복을 주셨다.

② 네팔의 지역교회를 도울 수 있는 방법

케냐의 이한용 선교사는 2018년부터 68가정에 젖소를 분양했다고 한다. [65] 그러나 네팔에서는 지역교회 지원방법으로 염소사역을 권고하고 싶다. 힌두교는 소고기 먹는 것을 금지하고 있기 때문에 염소를 많이 먹는다. 한국에서 염소 후원금을 받아 네팔의 작은 교회 지도자에게 기증하면 그 교회에서는 자기 교회 성도에게 기르도록 한다. 그리고 새끼를 낳으면 한 마리를 선교사에게 반납한다.

이 때 주변 사람들(대부분 힌두교인)을 초청하여 커피와 간단한 다과를 나누면서 '염소를 기르는 동안 누구를 전도하려고 기도했느냐'고 묻는다. 그리고 반납 받은 염소를 그가 전도하려고 기도하던 사람(태신자)에게 거저 준다. 이 모습을 지켜보던 마을 사람들은 기독교인들의 헌신적이고 희생적인 삶을 목격하고 감동받는다. 한국의 어떤 성도가 네팔에 직접 가지 않더라도 네팔에서 염소가 전도 하는 것이

---

64 https://100.daum.net/search/entry?q=%EB%84%A4%ED%8C%94%EC%9D%98%EC%A2%85%EA%B5%90

65 https://v.daum.net/v/20240529030941443

다. 이 때 개인을 상대로 지원 하면 실패하기 쉽다. 왜냐하면 죽었다고 하거나 호랑이가 물어갔다며 연을 끊는 경우가 많기 때문이다. 그러나 실재로 호랑이가 물어가는 경우도 있고 죽는 경우도 있다. 하여튼, 교회와 교역자를 상대로 해야 관리도 되고 교회에 십일조라도 유익이 될 수 있다. 해외선교의 한 모델이 될 것이다.

③ 피선교국 지도자를 육성하자.

네팔에는 정당 숫자만 해도 40여개가 넘는다. [66] 그런데 문맹률은 성인남녀 기준 43%로 국민교육 수준은 낮은 편이다. 그래서 투표할 때도 정당 이름을 글자가 아닌 그림으로 그린 투표용지를 사용한다. [67]

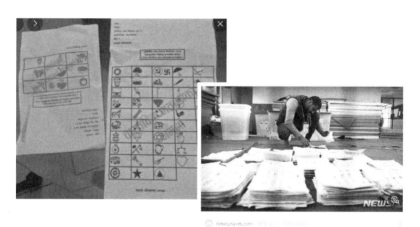

총선 후 투표지 분류하는 네팔 선관위 관계자

66 https://search.naver.com/search.naver?where=nexearch&sm=top_hty&fbm=0&ie=utf8&query=%EB%84%A4%ED%8C%94%EC%9D%98+%EB%AC%B8%EB%A7%B9%EC%9C%A8

67 https://search.naver.com/search.naver?sm=tab_hty.top&where=image&ssc=tab.image.all&query=%EB%84%A4%ED%8C%94%EC%9D%98+%ED%88%AC%ED%91%9C%EC%9A%A9%EC%A7%80&oquery=%EA%B7%B8%EB%A6%BC+%ED%88%AC%ED%91%9C%EC%9A%A9%EC%A7%80&tqi=iCdlTlpzL8wssOGaQdwsssstoK-001038&nso=so%3Ar%2Cp%3Aall%2Ca%3Aall

네팔의 학교는 공립보다 사립이 훨씬 많다. 사립학교이기에 공립보다 학비가 비싸다. 그럼에도 네팔의 부모들은 자식이 잘 되길 바라며 상당히 비싼 수업료를 내고 사립을 보내는 편이다. 심지어 공립은 학생 수 정원을 채우지 못할 정도로 불신이 가득한 상황이다.[68] 우리나라에 8도가 있듯이 네팔에도 10대 도시를 중심으로 권역이 나뉘어 발전하고 있다. [69] 따라서 우리는 한 개의 도시에 모범적인 학교 하나와 교회 하나를 개척하여 집중적으로 관리하자. 성공적인 모델이 되어 국제 사회에 제시할 수 있도록 운영하자.

네팔의 대학교는 3부제 수업을 한다(06~10, 10~14, 14~18시). 제1부 수업 10시에 마치면 학생들이 딱히 할 일이 없는 상황이다. 그러기에 각자 집으로 돌아가 자기들 방법으로 다음날 06시까지 시간을 보내야 하는 입장이다.(아르바이트 자리가 없을 뿐 아니라 개념조차 없다.)

따라서 CCC맨처럼 학원선교가 전문인 사람들은 예상외로 많은 수확을 할 수도 있는 여건이다. 즉, 그들에게 복음을 전하여 CCC센타(선교사가 세운 학교)로 데려와 숙식을 제공하며 공동체 생활을 하게 한다. 그런 식으로 신학을 공부하다가 다음날 06시에 자기들 학교에 가서 공부하는 것이다. 결국 주경야독(晝耕夜讀)하듯이 그들은 두 개의 학교를 다니게 되는 것이다.

68 https://kin.naver.com/qna/detail.naver?d1id=9&dirId=90201&docId=372158054&enc=utf8&kinsrch_src=pc_nx_kin&qb=64Sk7YyU7J2YIOq1kOycoQ%3D%3D&rank=1&search_sort=0&section=kin.ext&spq=0#answer1

69 https://ko.wikipedia.org/wiki/%EB%84%A4%ED%8C%94

그리고 졸업하게 되면 신학교에서 공부한 것을 기반으로 목회활동을 하든지, 자기네 학교에서 배운 전공으로 직업을 갖든지 하는 것이다. 그러나 네팔에는 군인, 경찰, 행정관서, 학교선생 등 직업이 극히 제한적이라서 마땅한 직장을 구하기가 쉽지 않다.

마치 우리나라 60-70년대의 상황과 비슷하다. 그래서 '하나님은 당신을 사랑하십니다.' '하나님은 당신을 위하여 놀라운 계획을 가지고 계십니다.'는 사영리를 대학생들에게 전하면 효과적이다. 그래서 신학교를 세우고 선교센타가 되게 하자는 것이다.

주경야독하듯 두 개의 학교를 다닌 학생들이 설령 일반학교에서 배운 것으로 직업을 구해 나간다고 할지라도 성토신학교에서 [70] 배운 신학과 합숙훈련의 공동체 신앙은 그리스도인으로서 하나님의 영광을 드러내는 데 큰 도움이 된다. 결국 네팔 구석구석에 그리스도인 지도자를 세우게 되는 것이다.

현재 네팔에서 목회활동을 하는 분들 중에는 신학교에서 정규적인 신학공부를 사람들이 아니라 선교사들에게 잠시(2-3개월) 배우고 지도자로 세워진 분들이 많다. 따라서 그분들의 신앙을 말할 수 없겠지만 신학이나 성경지식은 우리나라의 구역장 수준이 못된다고 해야 할 것이다. 이러한 현상은 우리나라도 예외는 아니었다. 그래서 소위 '기도원 파'라는 말도 생겼으며, 무허가 신학교에서 목사안

---

[70] 안양 초원교회(안명복 목사) 설립 10주년 기념으로 네팔에 신학교를 세우고 선교사를 파송하여 관리하며 2024년 9회졸업식을 하게 된다.

수를 남발하여 '목회자 질적 수준'이 문제되기도 했었다는 것을 참고하면 이해가 쉬울 것이다. 그러므로 현지 대학생을 대상으로 하는 신학교를 세워 지성 영성 감성이 균형 잡힌 네팔의 지도자를 양성하는 것은 바람직한 선교방법이라 생각된다.

2.5. 아이디어 뱅크(Idea bank) 사역

전통적으로 한국교회는 '성수주일'을 강조하며 주일에는 장사도 하지 않는 것으로 알려졌다. 그러나 평일에는 문을 열지 않고 주일만 여는 '교회 사진관'있다. 새로운 아이디어라고 할 수 있겠다. [71]

울진군은 공무원을 대상으로 혁신 아이디어 뱅크를 운영한다. 이는 공무원 스스로 정책에 참여하고 창의적인 제안과 새로운 군정발전 방향을 모색하고자 마련됐으며 부서 · 직렬 · 직급 제한 없이 자유롭게 회원을 모집 · 구성해 지정과제와 자율과제 중 하나를 선택해 연구 하게 된다. 이것은 복지부동(伏地不動)하기 쉬운 공무원 세계에서 새로운 아디어인 것이다 [72] 물론 '주어진 과제'라는 제한된 한계가 있지만 모든 공무원이 참여할 수 있는 아이디어라 생각된다.

사실 동서고금을 막론하고 새로운 아이디어를 가진 사람이 사회나 국가의 지도자가 되었다. CCC에서도 CCC맨을 주축으로 하되 전 국민을 대상으로 아이디어 뱅크를 운영하자. 사람은 누구에게나

---

[71] https://www.kmib.co.kr/article/view.asp?arcid=1715069438
[72] http://www.jungbunews.com/news/articleView.html?idxno=1419669

크고 작은 아이디어가 있는 것이다. 그럼에도 스스로 '별거 아니야' 라는 생각으로 사장(死藏)하는 경우가 대부분이다. 자기가 생각할 때 별것 아니고 하찮은 것이지만 누구에게는 번뜩이는 섬광이 될 수도 있을 것이다. 따라서 크고 작은 아이디어를 집약하는 앱(Application) 이나 사이트(site)를 운영하여 새로운 아이디어가 생각나면 누구든지 자기 의견을 올리고 또, 새로운 아이디어가 필요한 사람들은 누구든 지 그 곳에 들어와 이용할 수 있는 기회를 제공하자.

3. 나가는 말

EXPLO'74 전도대회 후 50년이 지나 Remember와 Again을 통하 여 기념하며 기리고 있다. 즉, 과거의 EXPLO'74 전도대회와 현재의 EXPLO'74 24 전도대회가 맥을 같이 하여 진행되고 있다. 이제 미래 의 EXPLO'74 전도대회를 준비하고 진행하는 사역을 통하여 복음의 확산과 한국교회의 재건과 하나님 나라 확장을 고민해야 할 것이다.

이런 점에서 당시 EXPLO'74 전도대회를 마치고 후속조치를 어떻 게 했던가를 생각할 필요가 있다. 사실 EXPLO'74 전도대회 이후 아 무런 후속조치가 없었다고 생각된다. EXPLO'74에 참석하여 은혜 받은 사람들을 추스르거나 한국교회에 어떤 방향을 제시하는 등 피 드백(feedback)이 없었다고 해야 옳을 것이다. 결국 방치나 무관심의 차원을 넘어 연(緣)을 끊은 상태가 되었다.

그럼에도 불구하고 50년이 지난 지금까지 그 때의 뜨거운 성령 체험을 잊지 못한 불씨가 남아 있다. 마치 오순절 마가의 다락방 사건(행2:1-)처럼 EXPO'74 전도대회는 그만큼 강한 영향력을 가진 성령 사역이었던 것이다. 따라서 EXPLO'74 전도대회는 물론 이를 기획하고 이끌었던 유성 김준곤의 신학 사상을 계승하고 유지 발전시켜야 할 필요성이 있는 것이다. 그러나 매사가 그러하듯 신앙성장도 과거에만 매달릴 수 없고 현재에만 도취될 수 없는 것이라는 점에서 새로운 도약을 구상하고 실현할 필요가 있다고 생각되어 몇가지 제언을 하는 것이다.

3.1. 인재개발 사역에 집중하자

작금의 한국교회 현실은 중직자(권사, 안수집사, 장로) 기피가 심화되어 봉사자 '가뭄' 시대에 돌입하고 있다. [73] 미래의 일꾼들을 많이 품고 있는 한국 CCC는 개인구원은 물론이거니와 인재개발 사역을 통해 사회구원에도 집중할 필요가 있다. 따라서 다음과 같은 사역에 집중하자.

1) CCC맨 칼럼 코너 개설
2) CCC맨의 소리 개설
3) 유투브(YouTube) 방송 활성화
4) 축소사회에의 대처

---

73 https://www.themission.co.kr/news/articleView.html?idxno=73622

5) 시대의 흐름에 능동적인 대처

이러한 인재개발 정책을 통해 CCC맨들을 정치가(政治家)도 탐내는 일꾼으로 발굴하고 육성하자. CCC맨으로 하여금 칼럼을 쓰고 발표하는 논객으로 활동할 수 있도록 양성하자. CCC는 전국 각지에 지구가 있고, 각 대학에 담당 간사가 파송되어 있으니 조직과 인력에서 한국 사회를 주도할 수 있는 역량이 충분하다. 각 지구별로 신문 방송 등에 고정란을 개설하여 CCC맨들이 동참할 수 있도록 기회를 제공하자. CCC맨들이 칼럼니스트〈columnist〉나 논객(論客)으로 활동하며 사회를 리드하는 사람이 될 수 있을 것이다.

순칼럼 → 예수칼럼 → 제자칼럼(칼럼쓰기대회개최)을 쓰고 유튜브, 네이버, 카카오톡 등 온라인에 관심을 갖게 하고 극동방송 기독교방송 등에 'CCC맨의 소리' 코너를 신설하여 전국 지역별로 나사렛형제들(학생)순장들이 참여하게 하자. 또, 교단신문, 국민일보 등에 개재하게 한다면 SNS 활동을 통하여 이단의 활동에 대처하고 영향력을 끼치는 결과를 가져올 것이다.

3.2. CCC맨 공동체 사역을 하자

1) 경제공동체를 조성하자

한번 CCC에 적을 둔 사람은 영원히 CCC맨(평생순장)이 되게 하자는 것이다. 이 말은 CCC맨들이 모여 교회를 설립하자는 것이 아니다. CCC에 입단하는 학생 즉, 신입생들에게 1만원이라도 적립된

'나사렛형제들 신용협동조합 통장'을 선물하자. 매년 신입 CCC 학생들을 조합원으로 등록 등록시키고 각자 수입이 있을 때마다, 기회(생일, 입학, 알바, 미팅, 장학금 등)가 있을 때마다 출자하여 적립금이 쌓이도록 도와주자. 비록 적은 금액이라도 출자하게 하고 출자금의 3배까지(최대 1000만원) 무이자로 대출하여 경제 공동체를 이루게 하자(눅12:34)

한국교회는 향후 선교사나 선교단체 등에 물질적 후원이 어려울 것이다. 저 출산 고령화로 인해 인구도 줄지만 특히 복음화 율이 낮아 한국교회가 고사할 위기에 처해졌다. 각 교회마다 유년주일학교가 없는 곳이 많고, 있다고 할지라도 성인교인 숫자의 1/10밖에 되지 않는다. 이들이 어른이 될 때까지 교회에 100%가 그대로 남아 있다고 하더라도 교인 수는 1/10로 줄어들 것이고 또 그때 주일 학생 수는 또 1/10 이하가 될 터이니 100년도 안되어 한국교회는 모두 고사하게 될 것이다. [74] 그리하여 결국 한국은 미전도 국가로 전락하고 말 것이다. [75]

일찍이(1972년) 랄프 윈터 박사는 'Evangelical Missions Quarterly'에서 "전 세계 그리스도인의 총수입의 99.9%가 자신들을 위해, 0.09%가 복음화 되었으나 비기독교적인 지역을 위해, 0.01%만이 미복음

---

[74] https://www.kscoramdeo.com/bbs/view.html?idxno=10384&sc_category=
[75] http://www.theology.ac.kr/institute/dtdata/%EC%84%A0%EA%B5%90%EC%9E%90%EB%A3%8C/%EB%AF%B8%EC%A0%84%EB%8F%84%EC%A2%85%EC%A1%B11-2.htm

화된 지역을 위해 사용되고 있다." 고 꼬집은 바 있다. [76]

따라서 우리는 이러한 오명 탈피를 위해서라도 경제공동체의 활성화를 통하여 견인차가 되어야 할 것이다. 그리스도인의 경제활동은 성경적이다(마 6:21) 뿐만 아니라 경제공동체는 선교의 기본이고 주초(柱礎)가 되기도 한다. CCC맨 공동체를 이루는 사역으로 경제공동체를 활성화하자.

2) 가정문화원(가정사역학교)을 설립하여 운영하자

CCC회원이 졸업할 때 졸업 기념으로 가정문화원에서 진행하는 1박2일 결혼세미나에 참석할 수 있도록 초청장을 선물하자. 이 때 '나사렛형제들 입단식'을 겸해도 좋을 것이다. 이 세미나에 참석한 학생들은 CCC대표에게 결혼 주례를 부탁할 자격을 부여하자. 뿐만 아니라 결혼 10주년 기념으로 다시 진새골 등에 입소할 수 있는 자격을 부여하고 초청하자. 매 10년 주기로 입소한다면 자녀세대와 부모세대가 어우러지는 공동체가 될 수 있을 것이다. 그리고 회원 중에 소천하게 되면 천국환송집례도 CCC대표에게 청할 수 있는 자격을 부여하자. 이처럼 평생을 CCC와 함께 공동체를 이루도록 기획하고 도와주자.

나사렛형제들 신용 협동조합 통장을 선물하여 경제공동체를 이루고, 결혼세미나(나사렛형제들 입단식)를 통하여 가정공동체를 이루고

---

[76] http://www.theology.ac.kr/institute/dtdata/%EC%84%A0%EA%B5%90%EC%9E%90%EB%A3%8C/%EB% AF%B8%EC%A0%84%EB%8F%84%EC%A2%85%EC%A1%B11-2.htm

(마12:50 ; 막3:35), 진새골 등을 김준곤 목사기념 스테이(Stay)가 되게 하여 10년 주기로 피드백(feed back)을 한다면 한번 CCC회원이 되면 평생 CCC맨이 될 수 있을 것이다.

3.3. 모델(Model) 제시 사역을 하자

1) 학원사역 모델 2) 국내(교회) 선교사역 모델 3) 자선 사역 모델 4) 해외선교 모델 CCC맨들의 3중 헌신−주님께 헌신, 민족의 입체적 구원에의 헌신, 형제들에의 헌신−을 생활화하는 모습을 지켜본 외부 인들은 CCC맨을 부러워할 것이다. 즉, CCC에서 칼럼리스트나 논객을 발굴하고 양성하여 지도자로 세우는 과정을 지켜보거나 또, 경제공동체와 가정공동체를 통하여 평생을 함께 하는 모습을 지켜보는 외부 인들은 CCC맨을 부러워하고 스스로 찾아오게 될 것이다. 이러한 모델 사역이 CCC성장에도 크게 도움이 될 것이다.

3.4. 미래의 EXPLO'74 희년대회를 고민하자

미래의 EXPLO'74 희년대회를 준비하는 일은 꿈이나 말잔치가 아니라 현실적인 문제로 접근해야 할 것이다. 이번 EXPLO'74 희년대회를 맞아 〈 EXPLO'74 회고와 전망 〉이란 논문집을 출간함에 있어 당시에 체험한 분들의 간증도 몇 편 개재하기로 했다. 필자는 편집 2년 전부터 원고 수집을 시작해야 한다고 주장했으나 일부에서는 '1−2p 쓰는 것이야 하룻밤이면 된다.'고 거듭 반대 했었다. 그러나 필자는 기회 있을 때마다 원고 수집을 광고해야 한다고 주장했었다.

결국 원고 90%이상 필자의 손을 거쳐 수집된 원고들이다. '하룻밤거리'라고 안일한 주장을 한 사람들은 한 두 편도 수집하지 못했다. 이권개입, 계급사회, 학생과 선생 등으로 구성된 단체운영 방법과, 헌신과 봉사를 전제로 하는 희생정신, 자발적이고 능동적인 헌신, 그 나라와 하나님 영광을 위한 신앙을 근간으로 운영되는 단체는 기본이 다르고 출발이 다른 것이다.

이것은 몸소 체험한 사람만이 실감할 수 있는 산지식이다. 그런 점에서 김준곤 목사는 체험하지 못했고 산지식을 얻지 못했지만 짧은 시간에 EXPLO'74 전도대회를 성공적으로 인도할 수 있었던 것은 그가 성령에게 사로잡힌 성령의 사람임을 입증한 사건이라 할 수 있을 것이다. 따라서 제 2회 EXPLO'74 희년대회를 준비하는 마음으로 미래를 고민하자.

1) 김준곤 연구소(EXPLO'74 연구소)를 개설하자.

현재 한국 사회는 물론 한국교회에서 EXPLO'74 전도대회의 가치나 진가를 인정하고 있을까? 이에 대한 자료조차 전무한 실정이다. 따라서 향후 EXPLO'74 전도대회를 직 · 간접적으로 경험한 세대〈 Senor 〉가 소천하고 나면 EXPLP'74 전도대회 정신이나 김준곤 선교신학은 한국교회사에서는 물론 인류 역사의 뒤안길로 사라지고 말 것이다. 김준곤은 사라지고 잊혀질지라도 김준곤을 통하여 일하신 성령님의 EXPLO'74 사역은 마가 다락방처럼 후세에 물려지길 원한다.

그러므로 김준곤 연구소를 개설하여 세계 역사에 전무(全無)했고 후무 할 것으로 예상되는 EXPLO'74 정신과 김준곤 목사를 통한 성령의 선교사역과 신학을 계승하고 발전시킬 수 있게 하자. 이에 따른 각종 인프라〈 infrastructure 〉는 시니어나사렛형제들의 인맥이나 학문이 충분하다. 또, 'CCC 발전을 위한 나의 제언' 등의 주제로 정기적인 포럼〈 Fourm 〉 프로그램을 개설하자.

2) 큰 틀의 시각을 갖고 기도하도록 하자

CCC 간사들의 노후 대책이나 CCC본부 건물의 노후화에 대한 대책이나 CCC대표의 후계에 대한 대책을 언급한다면 주제 넘는 말이라서 언급하지 않기로 하겠다. 하지만 이러한 문제를 기도하는 CCC맨이 되게 하자. 큰 틀로 문제를 접근하는 시각을 조성하자는 말이다. 사실 CCC본부의 지리적 환경적 여건과 접근성 등은 시설의 현대화와 편리한 접근성을 요구하는 현대인에게 많은 생각거리를 주는 것이 사실이다. 따라서 입지 조건이 좋은 폐교와 부지를 활용하는 방안을 연구하는 것도 큰 틀의 시각이라 할 수 있을 것이다. 즉, 현실과 발맞추는 것이다.

3) 싱크 탱크〈 THINK TANK 〉를 상설운영하자

지금까지 제안한 제반 문제를 연구하는 씽크 탱크〈 THINK

TANK 〉를 상설기구로 운영하자. CCC대표+시니어나사렛2+주니어나사렛2+ 간사2+학생2+교계지도자2+평신도2 등 15명 정도로 구성된 싱크 탱크〈 Think tank 〉를 상설 운영하자. 이상과 같이 CCC맨 칼럼 코너를 개설하고, CCC맨의 소리를 개설하고, 유투브〈 YouTube 〉방송을 활성화하고, 축소사회에 대처한다면 인재 개발사역에 소기의 성과가 있을 것으로 기대된다. 시대적 흐름에 귀를 기우리자는 말이다.

또한, 경제공동체와 가정문화원(가정사역학교)을 운영한다면 CCC맨으로서 경제적 안정과 심리적 평안을 향유하는데 도움이 될 것이다. 그리하여 지구촌에 모델〈 Model 〉을 제시하는 CCC맨이 될 것이다. 학원사역 모델을 제시하고, 국내(교회) 선교사역 모델은 물론 해외선교 모델도 제시하자. 이러한 사역을 통하여 미래의 EXPLO'74 전도대회를 준비하게 될 것이고, 김준곤 연구소〈 EXPLO'74 연구소 〉를 통하여 큰 틀의 시각을 조성함은 물론 싱크 탱크〈 THINK TANK 〉를 통하여 학문적인 뒷받침이 이루어 질 것이다.

EXPLO'74 전도대회는 REMEMBER에서 AGAIN으로 again에서 INFLUENCE(영향/影響)으로 발전해야 한다. 곧 REMEMBER ⇨ AGAIN ⇨ INFLUENCE으로 진화해야 할 것이다.

제2부(2)
나와 EXPLO'74
(간증문)

EXPLO'74를 회고하며

강명희

전주CCC

까마득한 옛날처럼 느껴지는 EXPLO'74이다. 그 당시 나는 대학 졸업 후 교직 생활 2년 차 교사였다. 우리는 EXPLO'74의 성공적인 개최를 위해서 CCC회관에 모여서 늘 기도하였고, 집회에 참석할 인원을 동원하는 일을 하게 되었다. 당시 CCC 1년 후배인 권민순(지금은 목사 사모가 되었음)과 나는 같은 교사이기 때문에 익산군 소재의 학교에 다니면서 교사들을 동원하는 임무를 부여받았다. 먼저 익산군 교육청에 가서 종교란에 '기독교'라고 쓴 교사들 명단을 받아서 각 학교를 방문하기로 하였다. (지금은 개인정보에 관한 것이라서 전혀 불가능함) 지금 기억나는데, 우리는 익산군 팔봉면에 있는 초등학교를 무조건 찾아가서 명단에 있는 교사를 찾으니, 화장품 판매를 하러 온 줄 아는 것이었다. 우리는 그런 것이 아니라며 찾아온 이유를 자초지종 말해준 후에 EXPLO'74 참석을 권유하였다.

그때 날씨가 쌀쌀한데도 다니면서 피곤하여 쉴 때에, 산모퉁이 양지바른 곳에 앉아서 '순례자의 노래'를 불렀던 기억이 난다. 또 달 밝은 밤에 인적이 드문 시골길을 걸으며 '저 멀리 뵈는 나의 시온성 오 거룩한 곳 아버지 집~' 찬양을 목청껏 높여 부르며 다녔던 기억이 난다. 우리는 이 찬양을 부르며 우리가 '정말 순례자'라는 마음을 실감하였다. 그리고 밤을 지새울 숙소를 찾아야 했다. 우리는 기도하며 눈앞에 보이는 교회에 무조건 찾아가서 목사님께 잠을 재워 달라고 했더니, 그 교회 권사님 댁으로 안내해 주셨다. 우리에게 권사님께서는 극진한 대접을 해 주시고, 그 댁에서 잠을 잤던 기억이 새롭다.

EXPLO'74가 끝나고 우리는 다시 학교 현장에 돌아와서 학생들을 대상으로 전도하기 시작했다. 당시는 학교에서 예수님을 전도하는 것이 자유로웠다. 지금은 인권침해로 상상도 할 수 없는 일이다. 권민순 선생은 수업 시작 전 기도하고, 칠판에 성경 말씀을 한 절씩, 주훈 옆에 매주 써 놓았다고 한다. 그리고 학생들을 동네별로 당번을 정해서, 식사를 제공하고, 성경 공부를 했다고 한다. 나는 우리 반 아이들에게 사영리로 전도하고, 성경 말씀을 전했던 기억이 난다. 또한 학교를 옮길 때마다 교사들과 성경공부 모임을 할 수 있도록 기도했다. 그러면 주님께서는 함께 성경공부 할 교사들을 꼭 예비해 주셔서 성경공부를 방과 후 일주일에 한 번씩 할 수 있도록 해 주셨다. 퇴직했던 마지막 학교에서는 '신구 신우회'란 이름으로 지금도 한 번씩 만난다.

할렐루야! EXPLO'74는 나의 인생에서 역동적인 그리스도인으로 살아갈 수 있도록 해 준 사건이다. 잊어버리고 살았던 EXPLO'74 추억을 오랜만에 생각나게 해 준 것에 감사드린다.

성령 폭발의 목격담

김기동

미국 세리토스 출만교회 담임목사

1. 연세대학교 CCC 대표 순장으로 EXPLO'74를 맞이하다

고등학교 2학년, 다니던 성북성결교회 여름 학생수련회 때, 성령의 역사하심과 요한 웨슬레의 전기를 통해서 판사가 되려고 했던 꿈이 목사로 부름받게 되는 계기가 되었다. 집에서의 반대로 서울신학대학은 가지 못하였지만, 연세대학교 신학과에 가는 것은 허락이 되어 들어갔다. 연세대 신학의 흐름은 진보적이었기 때문에 많은 갈등이 있었다. 그러나 연세대학교에 하나님께서 보내신 뜻을 구하다가 연세대학교를 복음화 하는 것이 사명임을 깨닫고 1학년 때부터 CCC에 들어가서 활동을 하였고, 연세대 대표순장으로 EXPLO'74를 맞이하게 되었다.

2. EXPLO'74 철야 집회 때에 찬송가를 인도하게 되다

연세대 신학과에 들어가니 성북교회 담임 목사님이신 장재혁 목사님께서 예배시간 30분 전에 찬송가를 인도하라고 하여 찬송가를 인도하기 시작하였다. 어느 날 EXPLO'74 철야 집회 마지막 날, 마지막 시간에 강사가 되신 장재혁 담임 목사님께서 EXPLO'74 철야집회 때에 자신이 설교하기 전에 30분 동안 찬송가를 인도하라고 말씀하신 것이다. 교회에서 찬송가를 인도하였지만 수많은 사람 앞에서 찬송가를 인도하는 것이 처음이었다. 나는 두렵고 떨리는 마음으로 열심히 준비하여 강대상에 오르게 되었다. 19세 나이에 수십만이 모인 강대상에 올라가니 기라성 같은 부흥강사님들이 강대상에 계시고 찬송가 인도에 대한 기대로 흥분이 되었다.

그런데 철야집회 강사님들의 설교가 점점 길어지다 보니 철야 집회 끝나는 시간이 얼마 남지 않았다고 사회를 보던 이만신 목사님이 앞에 나가더니 시간이 없으니 찬송가 인도는 생략한다고 하셨다. 강대상 뒤에서 오랫동안 자신의 차례를 기다리며 조마조마하며 기대에 부풀어있던 나에게는 청천벽력과 같은 소리였다. 그러나 한편으로 하지 않게 된 것에 안도의 숨을 돌릴 수 있게 되었다. 사회를 보던 이만신 목사님이 우리 교회 목사님에게도 시간이 얼마 없으니 인사만 하고 내려오라고 말씀하셨다. 그런데 장재혁 목사님은 강대상에 올라가셔서 40일 금식 중에 죽음의 고비를 넘기고 체험했던 부활의 신앙을 말씀하시는데 놀라운 일이 일어났다.

3. EXPLO'74 성령의 폭발을 목격하고 체험하다

그것은 EXPLO'74 마지막 시간에 일어난 성령의 폭발이었다. 오직 부활의 신앙으로 성령 충만하여 나아갈 때에 죄와 죽음과 사단을 이기며 땅 끝까지 부활의 증인으로 살아갈 수 있게 됨을 전하실 때에 놀라운 성령의 역사가 일어남을 보게 된 것이다. 마지막 시간에 비록 찬송가 인도를 하지 못하였지만, 강대상 뒤에서 담임 목사님의 설교를 통해서 역사하시는 부활 신앙을 통한 성령의 폭발, 전도폭발을 목격하며 체험할 수 있게 된 것을 감사하게 되었다. 만약에 찬송 인도를 했다면 혹 마음이 들뜨고 으스대는 마음에 진정 중요한 성령의 폭발을 체험하지 못 했을지도 모른다는 생각을 하게 되니 얼마나 감사한가!

그 후 담임 목사님은 전국적으로 부흥회를 인도하는 강사가 되어 주의 복음을 더욱 전하게 되셨다. 나는 그 후 성령의 폭발을 경험하고 그 마음이 뜨거워져서 계속해서 연세대를 졸업하고 ROTC 장교로 공수훈련 중에도 전도의 열매가 맺어지게 되었다. 제대 후 마포에서 10년 목회를 하였고, 일본에서 14년 선교사로 지냈으며, 미국에서 20여 년째 목회를 하고 있다.

지금도 EXPLO'74 철야 집회 때에 강대상 뒤에서 성령의 폭발을 목격하고 체험했던 은혜를 생각하며 '전 세계는 나의 교구다'라는 마음을 가지고 부흥 운동의 진원지와 불씨가 되어 무너진 제단을 세우고, 주님 오실 때까지 사명을 감당하기를 소원하며, CCC를 통하여 많은 차세대가 일어나고 세계 복음화에 귀하게 쓰임 받는 역사가 있기를 기도한다.

EXPLO'74와 성령의 역사

김봉길

전 CCC 간사

    나는 고3인 '73년 가을부터 나의 인생의 의미를 찾기 시작했다. 사람이 이 땅에 태어나서 어떻게 사는 것이 '가장 행복하고 가치 있고 보람된 삶'을 사는 것인가? 대학입학을 1년 미루더라도 1년의 시간을 투자하여 이 문제에 대한 해답을 찾고 싶었다. 1년간 찾고 찾은 나름대로의 결론은 '과연 예수 그리스도는 어떤 분이시며, 성경은 어떤 책인가?'였다. 내가 대학에 입학한 후에는 반드시 우선순위로 이러한 문제에 대한 답을 얻고 싶었다.

    '75년 명지대학에 입학한 후 3월 어느 날 벽보를 보고 CCC가 성경을 공부하는 단체임을 알게 되었다. 그리고 3월 24일부터 CCC 정동회관에서 5일간 진행된 '기독교 기초신앙강습회'에 참석하고, 첫날 '예수의 유일성' 강의를 통해 예수 그리스도를 '나의 주 나의 하나님'으로 영접하게 되었다. 그다음 날부터 세상이 달리 보이기 시작했다. 내가 그토록 찾고자 갈망했던 '가장 행복하고 가치 있고 보람된 삶'의 문제가 하나님이신 예수 그리스도를 영접함으로 시작된다는 것을 알게 되었을 때 너무나 기뻤다. 강습회를 마치고 또 4영리 전도책자를 사용하는 방법을 배운 후에는 이 기쁜 복음의 사실을 사람들에게 전하지 않을 수가 없었다. 하루는 등굣길 빽빽한 버스 안에서 옆에 앉은 청년에게 훈련받은 대로 4영리를 읽어 주었을 때, 기도를 따라하며 주님을 영접하기도 하였다.

    그 후 김준곤 목사님의 메시지와 간사님들과 CCC 선배들의 양육을 통해 예수 그리스도에 대한 인식이 갈수록 분명해지고, 성경의 진리들을 하나씩 깨우치게 되었다. 무엇보다도 전도 · 육성 · 파송, '민족의 가슴마다 그리스도를 심어 이 땅에 푸르고 푸른 그리스도의 계절이 오게 하자' '오늘의 캠퍼스 복음화는 내일의 세계복음화' 이러한 표어들이 나의 비전이 되기 시작했다.

김 목사님과 간사님들을 통해 1958년 한국 CCC가 설립된 후 캠퍼스 복음화와 민족복음화의 여정 가운데 기도와 믿음을 통해 주님께서 이루신 여러 가지 놀라운 일들을 듣고 알게 되었다. 그중에 한 가지 기억나는 것은 1972년 김 목사님께서 미국 달라스에서 열린 EXPLO '72에 참석하시고, 그곳에서 '한국에서도 EXPLO 대회를 열겠다'고 선포하신 후 귀국하여 이러한 결단을 알렸을 때, 개최가 불가능한 약 100가지의 이유를 들어 반대하는 의견들이 있었다. 그러나 김 목사님은, 하나님께서 기뻐하시는 일을 위하여 동심합의의 기도와 믿음으로 주님께 나아간다면, 주님께서는 그 항목 하나하나를 능히 해결하실 것이라는 확신을 심어주셨다. 그리고 과연 불가능할 것 같은 100가지의 일들이 다 해결된 것을 볼 수 있었다. 돌이켜 볼 때 CCC 활동을 통한 초기의 신앙생활에 있어서 기도와 믿음의 생활을 배운 것으로 인해 주님과 믿음의 선배들에게 매우 감사드린다.

그리고 나는 주님을 만나기 전부터 대학에 들어가면 대한민국의 한 사람으로서 여름방학을 이용하여 전국 곳곳을 다녀보고 싶었다. 그런데 주님을 만난 이후 특별히 김준곤 목사님과 CCC를 통해 민족복음화에 대한 비전을 전수받고 대학 2학년 여름방학을 이용하여 거지순례전도여행을 하기로 하였다. 학교 도서관에서 전도하여 얻은 형제와 함께 천안에서 광주를 거쳐 부산까지 25일간 완전 무일푼으로 도보로만 다니면서 다양한 사람들을 만나며 복음을 전했다. 주일날이나 그 외에도 예배당을 들릴 때면, 지역교회들 곳곳에서 EXPLO'74 집회와 30만 명 이상의 전도훈련의 결과로 흐르는 성령의 열기를 느낄 수가 있었다. 부산에 도착하기 몇 시간 전에 25일간의 일정이 파노라마처럼 지나가면서 "너는 청년의 때 곧 곤고한 날이 이르기 전, 나는 아무 낙이 없다고 할 해가 가깝기 전에 너의 창조자를 기억하라"(전12:1)는 말씀이 나의 마음속에 강하게 떠올랐다. 그러면서 대학생들을 위한 복음사역의 중요성을 더욱 인식하게 되었다.

CCC 생활을 통해 감사드리는 또 한 가지는 평생순모임에 대한 부담을 전수 받고 일곱 명의 형제들이 대학시절부터 순모임으로 모이기 시작하여 47년이 지난 지금도 함께 교제하며 모이고 있는 것이다. 군복무 중에는 CCC 간사로 주님을 섬기고 있던 박정희 자매와 결혼을 하고 첫 아들을 얻게 되었다. 4년 3개월의 군생활을 마치고 '오늘의 캠퍼스 복음화는 내일의 세계복음화'의 비전에 나의 일생을 드리고자 '83년에 GCTC 전임 간사 훈련을 받았다. 그리고 원주 CCC 책임 간사로 발령을 받아 4년간 사역을 하게 되었다.

CCC의 목표는 '교회 안에서 교회와 함께 교회를 위하여 지역을 복음화하는 것'이다. 이러한 목표에 따라 원주에서 캠퍼스에서의 복음사역과 함께 지역의 목사님들과 동역하며 지역의 복음화를 위해 수고하는 가운데 주님으로부터 그리스도의 몸인 교회의 영광스러움을 새롭게 보게 되었다. CCC를 통해 주 예수 그리스도를 만나게 하시고, 또한 그리스도의 몸인 교회의 영광스러움을 보게 해 주신 주님께 감사와 찬양을 드린다. 주님께서 처음에 나를 부르셨을 때 '사람이 이 땅에 태어나서 어떻게 사는 것이 가장 행복하고 가치 있고 보람된 삶을 사는 것인가?'의 질문에 대한 완전한 답을 얻게 하신 것이다. 그래서 나는 1988년부터 지금까지 우리의 영광의 소망이신 그리스도를 증거함과 영광스러운 그리스도의 몸인 교회 건축 사역을 나의 일생의 목표로 삼고, 주님의 다시 오심을 사모하며, 교회들 가운데 이기는 자들을 부르시는 주님의 부르심에 응답하고자 힘을 다하여 달리기를 힘쓰고 있다.

EXPLO'74를 돌아보다

김선애

부산CCC

 3대째 믿음의 가정이다 보니 유아세례 받으며 주일학교와 중등부 시절에는 당연히 교회의 모범생으로 인정받았으나 고등부 시절에는 학교 시험기간이면 주일예배도 가끔 결석하기도 했습니다. 그러다 고모네 가족이 미국으로 이민(고모부– 목사님)가는 것을 보며 저도 미국을 가기 위해 간호대학으로 진학을 했습니다만 적성에 맞지 않아 갈등을 하던 중, CCC 겨울 수련회(1972년 12월, 정동회관)에 참석하여 김준곤 목사님의 말씀을 듣고 기도하던 중에 제가 죄인임과 예수님이 구원자이심을 깨달으며 처음으로 구원을 확신하게 되었습니다. 소리내어 눈물, 콧물을 흘리며 온몸이 뜨거워지는 난생 처음 경험이었지요. 이것이 곧 참 회개요, 구원을 확신하는 순간이었음을 기억하며 4영리로 전도하는 것이 얼마나 기쁘고 힘이 되었는지 모릅니다. 정동회관이 그립고 그 주변 건물들이 하나하나 생각납니다. 그 이후부터는 부산 CCC에서의 성경공부와 순장모임, 학교 CCC 모임을 제가 출석하는 교회보다 우선시하며 CCC를 통한 은혜로 간호학도 사명감으로 마칠 수 있었습니다. CCC 여름수련회와 겨울수련회 일정이 모든 스케줄보다 최우선 순위가 되었고, 방학이면 무의촌진료(MS)와 봉사로 사영리 전도도 빠지지 않았죠. 이 순간 당시 저희 학교 교수님이셨던 부산복음병원의 외과 과장 이건오 선생님과 정신신경과 과장 박종권 선생님이 제일 먼저 떠오릅니다. 의대생들, 간호학과, 약학과 재학생들은 의사 선생님들, 간호사, 약사 선배님들과 함께 의료봉사의 도우미로, 일반학과 학생들과 선배들은 사영리로 전도하며 성경학교와 수해지역 봉사도, 그중에서도 74년 겨울은 부산에서 완행열차로 밤을 지새우면서 충남 서산에 도착하여 연대 의대생들과 무의촌진료(협진)하며 전도하고 봉사했던 서산행이 특별하네요. 기차에 난방시설이 없어서 김은자 간사님과 마주앉아 담요로 추위를 달래며 새우잠을 청했던 그림도 떠오르며 부산대 공대생이었던 심상법 교수의 '그때 그 시절 그 모습'도 그립네요. CCC를 통해 특별한 은혜를 받았던 일부회원들은 졸업 후 신학원과 유학으로 목사님이 되어 신학대학 교수님으로, 은퇴하신 총신의 김정우 교수님과 심상법 교수님, 중동지역에서의 35년 사역하시는 조용성 선교사님이 생각납니다.

또 한 가지 평생 잊을 수 없는 추억은 바로 EXPLO'74가 아니겠습니까? 부산과 경남지역 참석자들의 숙소는 마포구 공덕초등학교였는데 여의도 현장까지 마포대교를 걸어서 오가며 참석하는 코스였지요. 저는 간호대학 학생이다 보니 순장이었지만 의무부 봉사팀으로 본부석인 교실에 있으면서, 야간에는 불침번 당번으로 다른 순장들과 교실을 순찰하며 아침 기상과 저녁 취침 안내 방송을 하다 보니 잠을 거의 자지 못하고, 모두들 여의도로 출발한 걸 확인한 후 모 간사님의 숙소인 작은 호텔에 가서 샤워를 하고 여의도로 가는 일정이었지요. 이날은 8월 15일, 샤워 후 TV를 켰는데 육영수 여사의 총격사건(장충체육관에서의 8·15 해방 기념식) 속보를 보며 얼마나 놀랐던지요. 지금도 그 순간과 장면들이 생생합니다. 떨리는 마음과 몸으로 여의도 광장을 향해 마포대교를 어떻게 갔는지도 모릅니다. 지금처럼 스마트폰이나 유튜브도 없던 시절인지라 본 집회에 일찍부터 참석했던 사람들은 알 수도 없었지만 조금 후 뉴스를 통해서 알게 되었었지요. 저는 지금도 매일 새벽마다 CCC와 김 목사님의 얼굴을 떠올리며 박성민 목사님을 위하여 기도하고 있습니다. 'CCC 구호'도 한 달에 한번 이상은 꼭 외치며 기도하게 되네요. '마마기도회'에의 동참으로.

또한 우리교회 대학부와 타지에 있는 손주들에게 CCC 홍보대사 역할을 하고 있습니다. 지난 해에는 우리교회 청년회 회장이 동아대 CCC 총순장이어서 커피값으로 한턱 쏘기도 했습니다. 올해는 새가족부에서 사영리 큰책자를 구입하여 새신자들에게 전도용으로 선물도 했답니다. 'CCC는 영원하다~!' '나사렛으로 모이자!' 올 봄에는 LA에 있는 대학후배가 와서 김은자 간사님과 동문부부, 교수님들과 함께 즐거운 식사랑 티타임도 나누었지요. 50주년만이 아니라 60주년에도, 70주년에도 모두 영육간에 강건하길 소망하며 하루빨리 민족복음화, 통일의 그 날을 기도하고 기도합니다.

EXPLO'74는 인생의 분수령

김영대

헬몬산교회 담임목사

백두산 꼭대기에 떨어진 빗방울이 동쪽으로 기울면 두만강을 타고 동해바다 푸른 물결이 된다고 합니다. 그러나 서쪽으로 기울면 압록강 물이 되어 서해로 흘러들어 인당수 파도를 만든다고 합니다. 하늘에 살던 빗방울 형제가 어느 날 손잡고 내려왔지만 분수령의 갈림길에서 만날 수 없는 처지가 되는 것이지요.

1970년대의 우리나라는 정치 경제 문화 등 많은 부분에서 선택의 기로에 있었습니다. 이 때 CCC에서는 EXPLO'74라는 집회를 통하여 '민족의 가슴마다 피 묻은 예수 그리스도를 심어 이 땅에 푸르고 푸른 그리스도의 계절이 오게 하자.'라는 케치 프레이즈를 내걸고 323,419명의 성도들이 등록하여 숙식을 함께하며 전도훈련을 받았고, 밤에는 120만이 운집하는 대형 집회를 진행하고 있었습니다.

그러나 나는 Y대학 수학과에 지원하였으나 2년 연속 떨어지고 후기로 건대를 장학생으로 입학하게 되었습니다. 하지만 알량한 자존심은 1학년을 낙심과 좌절 속에서 그냥저냥 지내게 했습니다. 그러다가 1974년에 군에 입대했으니 EXPLO'74 전도대회에는 관심이 전혀 없었던 사람입니다. 마치 자기 힘으로 살려한 가인 같은 사람이었다.

나는 군복무를 필하고 2학년에 복학하니 다시 미래가 어두워 보였습니다. 마치 밤안개 자욱한 거리마냥 가야할 길이 보일 듯 말 듯 한 나날이었습니다. 그러던 어느 날 교정에서 '미루나무 숲 CCC 여름수련회' 포스터를 발견하게 되었습니다. 나는 쇠붙이가 자석에 끌려가듯 붙들리고 말았습니다. 군대에서 처음으로 교회라는 곳에 간적은 있었지만 내 삶에 변화는 없었던 차였습니다.

그렇게 CCC에 입문한 나는 수련회에 참석하여 놀라지 않을 수 없었습니다. 김준곤 목사님의 설교는 물론 참석한 학생들이 말하는 EXPLO'74의 경험담은 마치 전설과 같았습니다. 그렇게 어려운 여건과 환경에서 30만 이상이 숙식을 하며 전도요원으로 훈련하는 EXPLO'74는 출 애급 사건이후에 처음 있었던 일이라고 생각되었습니다.

도대체 EXPLO'74라는 것이 무엇이기에 해가 바뀌고 수년이 지난 지금도 그 열기가 식지 않고 저리도 생생할까? 나는 EXPLO'74가 무엇인 궁금했습니다. EXPLO'74에서 드러난 성령역사의 실재성을 내 것으로 만든다면 나로 하여금 잃었던 방향을 찾게 할 수 있을 것으로 생각되었습니다. EXPLO'74는 잃었던 나의 목표를 찾게 할 수 있고, 해야 할 일 등을 찾게 할 것이라 생각한 것입니다. 나는 EXPLO'74를 비껴간 부랑아였지만 하나님은 나를 버리지 않고 EXPLO'74를 통하여 달궈진 불덩이들을 보내시고 담금질하는 CCC 수련회에 보내신 것입니다.

수련회를 마치고 돌아온 나를 만나는 사람마다 환영하는 것처럼 느껴졌습니다. 올림픽에서 금메달을 획득한 선수가 오픈카에서 축하하는 인파에게 손 흔드는 기분이 이러할까? 나는 EXPLO'74의 불덩이들을 담금질하는 CCC여름 수련회에서 EXPLO'74의 불덩이를 통해 EXPLO'74를 간접적으로 경험하는 계기가 된 것입니다. 그리고 만나는 사람마다 손잡고 인사를 건네며 피 묻은 예수 그리스도를 전했습니다.

그리고 광화문에 있는 정음사에서 금박 성경을 사들고 정동채플에 출석하였습니다. 건대 캠퍼스에서 열심히 전도를 하고, 강순영 간사님이 지도하던, 동부

지부 모임도 참석을 하였습니다. 아차산에 있는 서울 기도원에서 기도했던 기억이 생생합니다. 이렇게 CCC와 깊숙이 연을 맺어준 것은 EXPLO'74를 비껴간 사람에게도 EXPLO'74를 통하여 불덩이가 된 사람들을 보내 피 묻은 그리스도를 심을 수 있도록 은혜를 주신 것입니다. 결국 EXPLO'74 전도대회 행사는 끝났지만 그 때 역사하신 성령님은 50년이 지난 오늘날 〈 EXPLO'74의 역사적 회고와 전망 〉으로 기념하게 하시고, EXPLO'74 24로 재현하게 하셨으니 향후 새로운 희년이 되면 어떤 형태로 어떻게 역사하실지 가슴 설레는 기대로 상상해 봅니다.

EXPLO'74는 장롱 속 면허증?

김용복

전 국제신학대학원대학교 겸임교수

1974년, 김준곤 목사는 "민족의 가슴마다 피 묻은 예수 그리스도를 심어 이 땅에 푸르고 푸른 그리스도의 계절이 오게 하자."란 전대미문(前代未聞)의 표어를 민족의 가슴마다 심어 주었다. 내 나이 이십대 초반 돌을 먹어도 소화가 될 수 있는 젊은 시절에 내 가슴 깊숙이 파고든 말이라서 장롱 깊숙이 감춘 보물처럼 가슴속 깊숙이 자리 잡았다. 하지만 속절없이 흐르는 50년의 세월 속에 추억의 한 페이지가 되어 잊혀지고 있는 시점에서 교직 생활을 함께 했던 안명복 목사로부터 '그날의 기억을 되살리라'는 전화가 왔다.

나는 EXPLO'74이후 이렇다 할 CCC 활동이 없었다. 그렇다고 EXPLO'74에 대한 미련이 남았던 것도 아니다. 또, 현실에 적용하거나 미래에 대한 별다른 생각이 있었던 것도 아니다. 그냥 저냥 신앙생활하며 80대를 바라보는 평범한 노인이 되었을 뿐이다. 그런데 EXPLO'74 간증문을 쓰란다. 내게는 마치 장롱 속 면허증을 꺼내 운전하라는 말처럼 들린다. 장롱 속 면허증은 운전할 자격은 있지만 운전할 능력이 없는 상태를 말한다면 내가 그 꼴이 된 것이다.

나는 성경말씀에 어긋나는 이혼을 권장할 수 없지만 배우자 잘못으로 인하여 결혼생활을 힘겹게 지탱해야 하는 사람들에게 태초에 주신 '하나님의 자유'를 영위할 수 있는 자유를 제한하는 것도 바람직한 것은 아니란 생각을 한다.

마찬가지로 운전할 자격은 있지만 능력이 안 되는 내게는 부담일 수밖에 없다. 그래서 나는 간증문을 쓸 수 없다고 사양했다. 그렇게 사양은 했지만 마음 속 한 귀퉁이에 자리 잡은 섭섭함은 웬일까?

나는 지난 50년 동안 깊숙이 감춰 두었기에 어디에 숨겼는지조차 찾기 어려운 그날의 추억을 더듬어 본다. 많은 사람들이 기억하고 자랑할 아름다운 추억을 끄집어 내지 못해도 EXPLO'74의 성령폭발은 앞만 보고 달려온 나를 향하여 좌우를 살피고 뒤를 돌아볼 수 있게 했으니 EXPLO'74의 성령은 지금도 여전한 가보다.

우리가 물질적으로 성공을 못했어도 자녀가 있음으로 생육하고 번성하라는 하나님 말씀에 순종하고 하나님과의 관계나 이웃과의 관계에서 성공한 사람이 된 것처럼 나는 EXPLO'74의 성령폭발을 잊고 살았지만 간증문을 계기로 새로운 관계를 형성하는 좋은 기회가 되었다. 기억이 흐려 쓸 말이 없고 자랑스럽게 내 놓을 말이 없지만 이번을 계기로 '장롱 속의 면허증'이 햇볕을 보게 되었다는 점에서 전환점이 되었다고 생각된다.

반세기 전의 EXPLO'74는 민족의 가슴마다 피 묻은 그리스도를 심어 이 땅에 푸르고 푸른 그리스도의 계절이 오게 한 것처럼 50년이 지난 오늘에는 장롱 속에서 깊이 잠들게 한 나에게 경성을 울리는 사랑의 종소리가 되었다. 종은 누가 그것을 울리기 전에는 종이 아니라고 김준곤 목사님의 설교가 생각난다. 억수가 내리는 여의도 광장에서 통곡하며 '민족의 가슴마다...'를 외쳤던 일들도, 323,419명의 참가자들에게 밥을 먹이기에 위하여 15명이 장화신고 들어가서 밥을 퍼야 했다는 스팀식 가마솥이야기나 오전에 4영리를 배우고 오후에 실제로 전도나가고 밤에는 여의도 광장에서 120만 명이 모여 '할렐루야!' 외치던 그 날들의 기억이 이제는 어디로 갔다는 말인가?

호사다마(好事多魔)라 했던가? 여의도 광장에서 CCC에서 주관하는 EXPLO'74 영적부흥회를 하는 동안 사탄도 잠잠할 수 없었던 모양이다. 우리나라에 최초로 지하철 1호선 개통식을 마치고, 8.15광복을 기념하는 식장에서 조총련 소속 문세광은 박정희 대통령을 향하여 방아쇠를 당겼다. 이것이 분단국가의 슬픔이고 복음통일의 절박함이리라. EXPLO'74 간증문을 쓰는 동안 나는 잠자던 '애국'을 깨우고 있으니 EXPLO'74의 성령폭발은 아직도 여전함을 느낀다. 하나님은 여전히 우리 민족을 사랑하심을 느낄 수 있다. "하나님 민족의 가슴마다 피 묻은 그리스도를 심어 이 땅에 푸르고 푸른 계절이 오게 하는데 쓰임 받는 늙은이가 되게 하소서!" 조용히 두 눈 감는다.

EXPLO'74 회상

김은자

전 CCC 간사

    1973년 한국대학생선교회 기획실에서 근무하면서 김준곤 목사님을 가까이서 모실 수 있었습니다. EXPLO'74 준비, 기획하면서 여러 반대에도 불구하고 해낼 수 있었던 것은 하나님이 김준곤 목사님을 사용하셨습니다. 여러 간사님들에게 하신 목사님의 질문은 "왜 불가능하다고 생각하느냐?" 불가능하다고 생각한 제목들 70여 가지를 칠판에 적어 하나하나 기도하셨던 모습이 생각납니다. 73년도에 EXPLO'74를 준비하면서 40일 금식 기도를 했는데 대표 간사, 여러 간사들과 같이 기도하면서 여자 간사로서 끝까지 동참할 수 있어서 감사했고, 금식기도 제목들이 거의 다 이루어졌음에 하나님이 기뻐하실 것입니다.

    목사님은 항상 메모하셨습니다. 30만 명을 먹일 솥을 생각하시던 중, 한번은 옹기를 굽는 가마솥을 보시면서 힌트를 얻어 가스로 밥을 쪄 먹을 수 있는 알루미늄 철판 밥솥을 만들어 해결하셨습니다. 대회 후 군부대에 기증하셨습니다. 8월 15일 육영수 여사 저격당할 때 비가 엄청나게 쏟아져서 기자들은 떠나고, 일부 간사들도 불평을 하여 철수할 분위기였지만 목사님은 "기도합시다," 한마디에 비가 옴에도 불구하고 구름떼같이 많은 사람이 몰려와서 기자들도 놀라고 하나님의 기적은 계속 일어났습니다.

    집회할 때 앞에서부터 앉아서 말씀을 계속 이어갈 때 은혜가 쏟아졌고, 이게 바로 인간이 할 수 없는, 하나님의 역사하심임을 알게 되었습니다. 마칠 때까지 사고 한 건 없었던 것도 하나님의 은혜였습니다. 감사드립니다.

EXPLO'74 참석일기

김학주

빛과소금의교회 장로

1974년부터 CCC 정동회관에 출석하고 있었다. 당시 경희대학교 정치외교학과 1학년이었다. 한 달 전에 순장 지원서 제출, 일주일 정도 순장교육 실시. 경희대학교 3학년 지리학과 조동희 순장, 2학년 가정학과 권오수 순장, 1학년 김학주. 나는 1971년 고등학교 2학년 때, 여름수련회에 처음 참석했다. 대전 충무체육관에서 고2 학년 때 김준곤 목사님을 멀리서 보다. 당시 광주에는 강순영 간사, 오순용 간사, 나중에 양경훈 간사, 김안신 간사, 광주 CCC 대표로는 양림교회 변한규 목사님이 담당하고 계셨다. 고등부 CCC는 전대 약학대학 김정엽 선배, 의대 고광진, 임영진 선배, 사범대 이종ㅇ(1973년 친구 정두헌과 함께 미국 빌리 그래함 여의도집회에 참석한 적이 있었다.) 여의도에 천막시설, 일주일 정도 순장교육 실시, 그 중간에 여의도순복음교회 둘러보다. 우리는 서울 시내 각 학교로 명단에 의해서 흩어졌다. 나는 서대문구 연희동 연희중학교에 배정되었다.

제1일 : 연희중학교에 책임자는 전순장으로 서상돈 나사렛 형제, 나를 서무순장으로 지명하다. 첫날 순장회의, 서로 소개하고 처음 만나는 사이라 어색하기 짝이 없었다. 행사 참석자로 접수된 명단을 중심으로 남녀로 나누어서, 각 교실에 반별로 20명씩 배치하고, 첫 시간에 순원기록부를 작성하도록 하였다. 매직으로 명찰을 만들고, 점심 식사를 기다리다 본부에서 보내는 밥차가 길을 잃었다고 연락이 왔다. 제시간을 한참 지나서야 드럼통 같은 플라스틱 용기 2-3개에 밥을 싣고, 같은 플라스틱 용기에 단무지 가득, 오이소박이 가득, 이렇게 배달이 되었다. 밥차가 학교를 못 찾는 바람에 오후 늦게야 단무지, 오이소박이 반찬으로 식사를 하다. 각자 가져온 식기로 밥과 반찬을 배식을 받아서 식사하다. 점심 겸 저녁 식사를 마치고, 저녁 시간은 여의도광장에서 예배하기로 되어 있었다. 여의도까지 걸어서 이동하여, 김준곤 목사님 메시지를 들었다. 그리스도와는 바꿀 수 없네, 저 멀리 뵈는 나의 시온성, 찬송을 부르면서 행진하였다. 여의도 저녁 예배에 연희동 – 신촌 – 마포대교를 통해서 여의도 광장에 집합, 가득 찼다. 여의도 집회를 마치고 연희동까지 걸어가서 점호 마치고 예배, 강의, 취침 각자 가져온 이불을 깔고 덮고 잠을 자다. 여름이라 추운 줄을 모른다. 방학기간이다.

제2일 : 다음날 아침 7시 기상, 8시까지 세수 양치, 순장 모임, 9시부터 강의- 예수의 유일성, 하나님의 사랑, 인간의 타락, 예수의 십자가, 영접하는 기도, 강의 마치고 저녁을 먹자마자 학교운동장에 모였다. 저녁 시간은 여의도에서 예배가 있다. 부름받아 나선 이 몸 어디든지 가오리다, 우리는 이기리라, 연희동에서 신촌 로타리까지 신촌을 거쳐서 여의도까지 걷고 또 여의도까지 걷는다. 저녁 집회는 여의도까지 걸어서 집합, 각자 명찰을 차고 행진했다. 저녁 예배는 2시간 정도 김준곤 목사님 설교를 듣고 나면 10시 정도 된다. 여의도에서 신촌로타리, 신촌에서 연희동 연희중학교 도착. 이틀째 잠이 들다. 각자 교실 청소, 순별 기도회, 교실 바닥에 취침, 각자 가지고 온 이불로 깔고 덮고 이야기하다가 깊은 잠에 들다. 이제야 자리가 잡히는 것 같다.

제3일 : 다음날 아침 7시 기상, 8시까지 세수 식사, 9시부터 강의, 민족의 가슴마다 그리스도를 심어, 이 땅에 푸르고 푸른 그리스도의 계절이 오게 하자. 여의도 광장이 낮 동안 데워져서 오후 늦게까지도 아스팔트가 따뜻하다. 부름받아 나선 이 몸, 안녕 친구여 안녕 형제여, 우리는 이기리라. 민족의 가슴마다 그리스도를 심어, 이 땅에 푸르고 푸른 그리스도의 계절이 오게 하자. 저녁 집회 김준곤 목사님 설교, 저녁집회 돌아와서 순별기도회다.

제4일 : 오전 역할 바꿔서 전도 연습, 오후부터 시내 전도 실습.

나는 참석했던 아현중학교 학생 2명과 아현 장로교회를 방문하고 인사를 드렸다. 시민 4~5명 정도 전도하고 돌아왔다. 여의도 저녁 집회 참석하고, 김준곤 목사님 마지막 설교를 들었다. 걸어서 여의도에서 신촌 거쳐서 연희동 연희중학교 도착.

제5일 : 마치는 순별기도회, 전국 파송, 작별 예배. 그리스도와는 바꿀 수가 없네, 저 멀리 뵈는 나의 시온성, 우리는 이기리라, 안녕 형제여. 민족의 가슴마다 그리스도를 심어 이 땅에 푸르고 푸른 그리스도의 계절이 오게 하자. 만난 지가 엊그제 같은데 벌써 4박 5일이 다 지났다. 각 학교별로 시설사용료, 청소, 쓰레기 처리비용 정산하고 연희동을 떠났다.

오후에 정동 본부에서 수입지출 정산. 등록비용 총수입에서 교재 대금, 학교 사용료, 쓰레기 비용 정산하다. 전도국장 장 익, 김 광신, 지금도 얼굴 기억이 눈에 선하다. 대회 마치고 서상돈 나사렛 형제와 순장들 모이다. 서강대 수학과 김형철, 한양대 김애경, 나머지는 가물가물하다.

그해 1974년 8·15 지하철 1호선 개통. 1974년 8·15 – 대회 3일째 육영수 여사 피격 사망을 나중에 소식을 듣다. 나사렛 서상돈 형제, 한양대 대학원 정태일 형제와 모임을 유지하다. 나는 이듬해에 연세대학교로 새로 입학을 하였다. 1977년 연세대학교 대표 순장을 맡았다.

EXPLO'74 통역관의 쓴 맛과 단 맛

나성균

미국 노스캐롤라이나 샬럿

EXPLO'74에서의 통역은 내 일생 첫 번 째 국제대회 통역이었다. 당시 총신대학교 신학대학원 학생의 신분으로 어떻게 이런 큰 일이 가능하였을까? 그것은 미국에서 공부를 마치고 수개월 전에 입국하시어 EXPLO'74의 기획실장으로 취임하신 박영관 박사 때문이었다. 그분은 나를 통역할만한 신학수업을 하였고, 웬만한 내용을 통역할 능력이 있다고 믿어주신 것이다.

그분은 나만 아니고 내가 아는 모든 통역 가능자들을 추천하라고까지 하셨다. 나로서는 영광이기도 하였으나 엄청난 부담이었지만 최선을 다했다. 그리하여 나는 나도 모르는 사이에 통역 반장이 된 것이다. 자연히 외국 강사들과 통역자들의 일대일 매칭도 책임을 져야했다. 뿐만 아니라 혹시 통역관에게 문제가 생기면 내가 책임을 져야했다. 그야말로 긴장된 일이었고, 눈코 뜰 사이도 없었거니와 소위 '땜 빵' 통역까지도 담당하는 엄청난 일을 했던 것이다. 이것은 EXPLO'74 이후에 있을 나의 사역을 위한 하나님의 특별한 훈련이었다고 생각된다.

왜냐하면, EXPLO'74 통역관으로 봉사하게 된 것이 계기가 되어 굵직한 국제대회의 통역을 많이 하였으며, 미국 침례교 선교사님을 약 2년 동안 전담통역관으로 섬길 수 있었다. 그리하여 선교사님이 총신대학교에서 영어회화를 가르치실 때도 함께 했음으로 나는 자연스레 4-5년 후배들까지도 교제할 수 있는 길이 열린 것이다. 그분들 중에는 지금까지 한국 신학계의 중심으로 활동하며 신학자와 교수들로 쓰임 받고 있으니 하나님은 귀한 분들과도 긴밀히 교제하며 오래오래 보고 배울 수 있도록 EXPLO'74 통역 자리를 주신 것이다.

내가 통역하며 경험한 것 중에는 이런 일도 있었다. 어떤 강사는 정장차림이었으나 맨발이었다. 뿐만 아니라 샌달을 신고 교회에 들어가려 했다가 제재를 받으며 신발을 벗고 들어가야 하는 난처한 상황에서 민망해 하던 모습이 떠오른다. 문화의 차이가 만든 상황이다. 그러니 우리나라 초기선교사님들이 얼마나 힘들었을까를 이해하는 계기가 된 것이다. 선교사님들께서 오로지 하나님 사랑, 복음 전파, 영혼구원을 위해 인생을 바치지 않았으면 불가능한 일을 하신 것이다. 이것은 강사를 통해 선교의 어려움을 체험하게 하신 것이다.

또, 당시 내가 섬기던 에덴 교회(김의환 총장 시무)에서 수요예배를 통역할 때다. 참 뜨거운 강사였다. 평범한 경험이라 할지 모르지만 당시 강사의 영혼 사랑과 복음의 세계화에 대한 열정이 유감없이 전달되는 예배였다. 나는 통역하면서도 '하나님께서 이렇게 세계적으로 뜨거운 하나님의 사람과 교제하게 하시어 마침내 하나님의 열심을 본받고, 그 비전으로 힘차게 전진케 하시는구나!' 하고 은혜 받는 시간이었다. 동시에 민족의 가슴마다 피 묻은 그리스도를 심는 EXPLO'74는 한국교회를 통해 우리나라를 살리려는 하나님의 섭리였음을 깨닫게 되었다.

또 다른 경험은 이중 통역을 하였던 경험이다. 내가 우리 모교회인 김제중앙교회 약 300여 성도님들 앞에서 레바논 대표를 통역할 때의 경험이다. 그 대표가 레바논 언어로 말씀한 후에 레바논 말을 영어로 통역하는 다른 레바논 대표의 영어 통역을 내가 다시 한국말로 통역하던 경험은 평생 잊을 수가 없다. 그야말로 믿음과 열정으로 성령님의 주시는 뜨거운 힘으로 하면 무엇이든지 우리를 막을 수가 없다는 경험을 하게 된 것이다. 생각해보면 얼마나 엄청난 경험인가?

다만 주님을 뜨겁게 사랑하기에 한국에 뛰어들어 왔고, 레바논 말로 전하였으며, 그것을 이중 통역을 사용해서라도 진리를 전하고 돌아갔으니 이것이 하나님 사랑으로 하나 되는 놀라운 경험이 아니고 무엇인가?

마지막으로 이동원 목사님의 통역실패 간증과 같이 나도 같은 경험을 나누며 마치려 한다. 언어의 순발력이 최고로 요청되는 국제대회 통역을 하면서 내가 얼마나 더 겸손하여지고, 얼마나 더 기도해야 하는지를 뼈저리게 느끼게 되었다. 그 뒤로 '80 세계 복음화 대성회 때에도, 한 번은 장충체육관에서 나일선 선교사님의 설교를 통역하게 되었는데 아주 쉬운 말씀이 갑자기 들리지 않고 즉시 통역을 하지 못했다. 선교사님께서 여러 번 반복하시는 것을 겨우 통역해 드렸지만 나는 얼마나 긴장되고 민망하였는지 모른다.

이 일 후 통역하게 될 경우 얼마나 많이 기도하며 하나님을 의지했는지 당해보지 않으면 모를 것이다. "하나님! 제 지식을 총동원하여 바로바로 때에 알맞은 말을 생각나게 하시고 강사님의 말씀을 가장 정확하게 통역하여 하나님의 원하시는 대로 전달하게 하시옵소서!" 그날 이후 나의 기도는 '성령보다 기도보다 앞서지 말라'는 김준곤 목사님의 가르침을 가슴에 새기게 되었다.

이처럼 EXPLO'74는 나의 일생을 통하여 쓴 맛과 단 맛을 안겨준 잊지 못할 성령폭발 사건이다. 그로부터 50년이 지난 23년 10월에 한국의 시니어 나사렛 형제들이 중심이 되어 〈 EXPLO'74 회고와 전망 〉 학술 대회로 희년을 기념했다고 들었다. 그 후 1년이지나 2024.10월에 미국에서 희년을 기념하는 EXPLO'74 24 대회를 개최할 예정이라고 한다. 한국에서 시니어 나사렛형제들이 주최가 되어 기념한 EXPLO'74 희년대회가 미국으로 번진 것이다. '민족의 가슴마다 피 묻은 그리스도를 심어 들풀처럼 번져나가 이 땅에 푸르고 푸른 그리스도의 계절이 오게 하자'는 EXPLO'74의 성령폭발이 아시아를 넘어 세계로 들풀처럼 번지고 있는 것이 우연한 사건일까?

향후 50년이 지나면 우리는 이 땅에 없겠지만 EXPLO'74의 성령폭발과 하나님의 사랑과 은혜가 어떤 모습으로 세계에 번져나갈까? 가슴 벅찬 기대가 샘물처럼 솟구친다. 그때도 EXPLO'74 전도대회가 주는 쓴맛과 단맛을 만끽하는 후손들이 있겠지!

〈 EXPLO'74의 역사적 회고와 전망 〉논문집을 출간 하는 일에 헌신하시는 편집위원장 심상법 교수님과 총괄하시는 안명복 목사님과 여러 편집위원들께 예수님의 이름으로 감사드린다.

내가 만난 EXPLO'74

라춘남

전주CCC

선배의 권유로 들렀던 CCC에서 예수님을 만났다. CCC 전주 지구 모임을 통해 성경공부를 하고 예배를 드리고 많은 사랑의 권면도 받고 있었지만, 예수님을 주님으로 모시기까지는 여러 해가 걸렸다. 갈팡질팡 긴가민가하며 지내다 만난 게 입석 수련회였다. 입석 수련회는 믿기지 않을 만큼 선배님들의 놀랍고 뜨거운 간증이 쏟아지고 있는 곳이었다. 나도 그래 봤으면 하는 간절한 바람으로 집회에 참석한 첫날 밤, 기도와 찬송으로 산속은 천둥 번개가 치는 것 같았다. 산 가장 위쪽에 있던 우리 숙소에선 더 가까이 들렸다. 먼 길을 달려갔고, 많은 사람과의 합숙에 익숙지 않았던 나는 잠들 수가 없었다. '다 좋지만 좀 너무한 것 아냐?'하는 생각도 들었다. 바람이라도 쐬고 올까 하는 마음으로 잠들어있는 후배(지금, 강명희 권사)를 깨워 숙소를 나섰다가 신발이 등걸에 걸려 넘어지면서 산등성이를 굴러내렸다. 고꾸라지고, 깨지고, 터졌다. 달려온 사람들은 나를 보고 놀라고 있었지만 나는 아프기보다 머리가 더 맑아지고 마음이 개운해졌다. 가슴에 얹혀있던 무거운 것이 떨어져 나간 것 같은 홀가분한 마음도 들었다. 상처로 집회에 참석할 수는 없었지만, 숙소에 설치된 스피커를 통해서 더 간절하게 들려진 말씀들이, 틈만 나면 찾아와 말씀으로 기도로 위로와 격려를 해주신 분들의 사랑이 얹어져 그동안 남의 일같이 생각해 왔던 주님 영접이 내 사건이 되었다. 바뀌어진 나는 빨리 커서 주님을 기쁘시게 하는 일이라면 무엇이든지 하고 싶었다. CCC 육성교재인 텐 스텝을 반복 공부하고, 4영리 전도훈련, 기도모임, 전국 수련회에도 빠짐없이 참석했다. 1971, 대전집회 준비기간에는 LTC 훈련을 받고 훈련 요원 동원에도 나섰다. 대전집회 이후 EXPLO'74, 준비를 위한 전북지역의 LTI, LTC 훈련은 쉼 없이 이루어졌고 나도 방학이나 틈이 나면 작은 심부름꾼이 되어 거들었다.

그리고, EXPLO'74, 준비가 한창이던 1973년 5월 나는 삼천포 여중고에 부임을 했다. 당시 삼천포는 진주, 사천, 남해, 충무(통영)와 함께 CCC 서부 경남 지구의 한 지역이었다. EXPLO'74를 위해 신설된 지구였고 섬지방과 산골이 많았던 이곳의 간사님들은 많이 바빠 보였다. 자전거로 산길을 돌고 겨울날 목선을 얻어 탔다가 뱃머리에서 미끄러져 바다에 빠지기도 했다는 이야기도 들었다. CCC가 없던 곳이라서 지역 목사님들이나 교회들에게 EXPLO'74를 알리는 일이 쉽지 않다는 말도 들었다. 작은 일이라도 내가 할 일은 없을까? 생각하다가 우선 내가 참석하는 교회의 중고등부를 중심으로 4영리를 전하고 전도 실습을 했다. 결과는 대단히 긍정적이어서 전교인이 LTC 훈련을 받고 다른 교회에도 전해졌다. 처음엔 내키지 않아 하는 교회들도 있었지만, 대학생선교회와 김준곤 목사님의 민족복음화 운동요원 훈련이라는 것을 알고 나선 대부분 교회들이 전도요원 훈련 교육에 앞을 다투어 나섰다. 나도 방학이나 휴일엔 먼 지역이나 섬지역 집회에도 동행했다. 전도 실습에 합류를 하고, 시간이 없어 교육을 받을 수 없다는 사람들을 찾아가서 애기도 봐주고 집안일을 거들어 주기도 했다. 처음 4영리 교육을 받을 때 같이 배웠던 또 다른 간접전도의 한 방법이던 것을 실행에 옮긴 것이었는데 모두 잘 받아주었다

주님께선 작은 일을 통해서도 놀랍게 역사하셨다. EXPLO'74 현수막 규격이 맞지 않다고 철거해 간 경찰서에, 현수막을 찾으러 갔던 간사님의 4영리 전도를 받은 경찰서장이, 기관장들 모임을 소개해서 그들에게 4영리를 전하고 결신서

를 받아내는 일도 있었고, 당시 교육청장이던 집사님은 성령 소책자를 통해 재결신을 다짐하고 EXPLO'74대회에 참석할 것을 약속했다고 했다. 서부 경남지역 간사님들의 사역은 대단한 열매를 이뤘다. EXPLO'74 대회 전날 진주역에선 우리 훈련 요원들을 태운 순환 열차 한 칸이 서울을 향해서 떠났다. 빼곡하게 들어찬 열차 안의 사람들은 예수님으로 하나가 되어 밤을 새웠다.

다음 날 아침 우리는 마포국민학교에 숙소를 배정받았다. 우리 교실엔 30명이 배정을 받았다. 집회기간 동안 대집회와 전도 실습 외의 모든 일정은 이곳에서 진행되었다. EXPLO'74, 훈련교재와 4영리 전도 교육, 성령 소책자 그리스도는 누구인가? 등을 수업했다. 연합대집회와 전도 실습이 있었던 날엔 놀랍고 뜨거운 간증들이 쏟아지곤 했다. 5박 6일 동안의 무더운 날씨와 강행군에도 크게 힘들어하는 사람도 없었다. 하나님 나라의 애국자들이 이곳에 다 모여온 게 아닌가 싶었다. 대회 마지막 날 우리들은 대회기간 내내 가슴을 울렸던 민족복음화와 푸르고 푸른 그리스도의 계절을 다짐하며 뜨거운 인사로 마무리를 했다.

EXPLO'74 이후의 모습

교회에선 더 큰 배가운동이 일어났고, 신학교가 줄지어 세워졌고, 거리마다 개척교회가 들어서고 수만 명에 이르는 새벽기도집회가 열린다는 교회도 나왔다. EXPLO'74는 모래알 같은 교회들을 예수님으로만 응집시키는 계기가 되었다는 말도 있다. 좀 우스운 이야기가 될지 모르지만 결혼 배우자 순위에도 목회자가 앞 순위를 차지하고 있다는 얘기도 들었다. 이 모든 일을 달리 생각하는 사람도 있을지 모르지만 얼마나 긍정적인 얘기인가!

EXPLO'74 이후 반백 년이 지난 지금, 엎치락뒤치락 한 날도 있었지만 CCC에서 나를 만나주신 예수님은 지금도 여전하시다. EXPLO'74를 생각하면 나는 아직도 물색 모르고 용감하기만 하던 시절의 아낙네가 된다.

나의 EXPLO'74

박수웅

부산세계선교협의회회장, 전 부산CCC 대표 간사

저는 신학교에 다니기 전부터 지역복음화와 민족복음화를 위해 기도하도록 하나님이 인도하셨습니다. 이 기도에 응답으로 캠퍼스복음화, 민족복음화, 세계 선교의 비전을 성취하는 목적으로 사역하는 CCC에 1973년 5월 1일부로 간사로 헌신하게 되었습니다. 캠퍼스복음화, 민족복음화 말만 들어도 가슴이 뛰고 기쁨과 즐거움과 행복이 느껴졌습니다. 헌신 후 배치된 곳이 교육국에 배치를 받아 1974년 1월부터 2월까지 여러 차례 초등, 중등, 고등학교 교사들을 동원하여 초급반 LTC교육과 민족복음화의 비전이 김준곤 목사님을 통해 선포되었는데, 참가자들에게 나누어 줄 교재를 서무부의 장경자 간사가 공병우 타자기로 타자하여 윤전기로 인쇄하여 50여 쪽 되는 강의안 1,000권을 제본하는 일을 혼자서 밤을 새우면서 제본하여 감사장을 받기도 하였습니다.

1974년 3월부터 EXPLO'74 훈련교재 편찬하는 일에 교육국장 김안신 목사외에 다섯 명의 간사가 구성되어 정동빌딩에서 합숙을 하게 되었습니다. 김안신 목사는 토의를 하고 나는 강의를 담당하였습니다. 그리고 5월에는 EXPLO'74 등록자들의 숙소로 사용할 마포구와 영등포구에 있는 초등, 중등, 고등학교 교실을 사용하기 위하여 문교부의 협조로 사전에 공문이 발송된 학교 교장 선생님을 만나 교실 숫자와 위치를 확인하였는데, 내가 담당한 곳은 마포구에 있는 학교들을 방문하여 교장선생님을 만나 확정하는 사역을 하였습니다. 학교 교장선생님들이 기쁨으로 수락하고 협조를 해 주셔서 벅찬 감격의 사역이었습니다. EXPLO'74의 등록 교인이 323,419명이었고, 훈련한 교육순장이 3만 명이었으며, 1974년 당시 대한민국 총 인구수는 34,600,000명 중 기독교인 수가 2,800,000명이었습니다.

한국의 교회 중 90% 교회가 EXPLO'74에 등록하였고, 전국의 교인 수의 11.2%가 등록금을 내고 참석하여 5박 6일 동안 훈련을 받고 서울 시민에게 실습을 하였으며, 저녁 집회에 최대 참석자의 숫자가 158만 명이었고, 저녁집회에 참석한 연인원이 655만 명이었습니다. 국제 CCC 총재 빌 브라잇 박사가 쓴, "그리스도의 계절이 오게 하자!"란 책에서 EXPLO'74와 관련하여 22여 개가 기독교의 최초로 사상 최대의 사건이라고 쓰고 있습니다. 하나님이 대한민국을 사랑하셔서 마지막 시대에 대한민국을 통하여 민족복음화 세계선교를 담당시키시려고 김준곤 목사님을 세우셔서 전무후무한 사역을 감당시키셨는데 이 엄청난 사역에 수종들 수 있는 기회와 은혜를 베풀어 주신 하나님께 감사를 드립니다.

마지막으로 최대의 헌신이 최대의 기쁨이었던 것은 여의도 EXPLO'74 단상 아래가 본부의 업무 담당 장소였는데 EXPLO'74 훈련교재 500,000부를 인쇄하여 323,419명의 등록자들 중 3만 명의 교육 순장들에게 나누어 주는 일과 일부 양장본은 대회 때 순서를 맡은 목사님들에게 기념으로 나누어 주는 일을 감당하느라 몇일을 김밥으로 끼니를 때우며 나가지 못하다가 교재 배부를 모두 마치고 8월 14일 오랜만에 식당에 가게 되어 햇빛이 찬란하게 비치는 밖으로 나왔을 때 "하나님 감사합니다!"라고 하였습니다. 그때 나는 하늘을 날아 천국에 까지도 날아갈 것 같은 마음이 들어 감격하기도 하였습니다. 주님의 지상명령 성취를 위하여 헌신 하였을 때 하나님의 새로운 은혜를 주심을 깊이 감사드리며 감격할 수 있었던 것이 가장 인상적인 은혜였습니다. EXPLO'74의 영향은 1975년도의 통계에 의하면 1년 동안 교인수가 33퍼센트가 성장하였고, 헌금은 64퍼센트가 늘어났고, 매년 20퍼센트가 성장하여 1980년 중반까지 매일 개척교회가 6개씩 개척되어 1980년에는 5천 교회 1,200만의 교인이 되었습니다. 이 모든 것은 하나님이 하셨습니다. 하나님께 감사를 드리며 박수를 올려드립니다.

EXPLO'74를 회고하며

박은호

전주CCC 원로이사

EXPLO'74 성화는 국내뿐 아니라, 전 세계에 널리 알려진 기독교 역사의 한 획을 긋는 하나님의 역사하심이었다. 서울 여의도 5 · 16광장 아스팔트 위에서 펼쳐진 50년 전 집회는 내 나이 43세 때였다. 세계 78개 국가에서 323,419명이 참석한 대규모 전도 합숙 훈련이었다. 전주 CCC 학생회 초대회장(총순장)을 지내고 군대를 마친 후 전주지구 스태프로 봉사하다가 전주 시내 전동(한옥마을)에서 가축병원을 시작했을 때(68년 개업)이었다.

1970.12.30.부터 1971.1.4.까지 서울 수원농대 캠퍼스 기숙사에서 전국적으로 425명의 요원들이 모여 수련회를 실시하였고, 1971.1.1 원주 첫 시간에 김준곤 목사님은 민족복음화 대선언을 CBS 기독교 방송을 통해 전국에 선포하였다. 전주에서는 15명의 요원들이 참석하였다. 이후 1971년 8월 대전 충무체육관에서 전도 강습 수련회를 실시하였다. 이어서 1972년 8월에는 춘천 성시화대회를 실시하였다.(전북에서 63명 참석)

이후 전국 시,군 및 자연부락 단위까지 예수사랑방 전도운동을 전개하며 전도훈련 및 LTC(Leadership Training Course)훈련을 전개해 나갔다. 전북에서는 지역중심교회에서 전도강습회를 했고, 간사님들과 나사렛 형제자매들이 주축이 되어 요원의 불길처럼 복음화 운동을 펼쳐나갔다. 하루 저녁 전략 기도회를 하였다. 장소는 전주 CCC 회관과 윤호영외과병원(윤호영 장로, 송금자 권사) 2

층 다락방에서 시, 군 분회장들이 직장 퇴근 후 모여 야간기도회를 실시하고 그 이튿날 각자 직장으로 출근하는 열성을 품고 열심히 모여 기도보다, 성령보다 앞서지 않는 모범을 보였다. 1971년 2월부터 시·군을 순회하며 민족복음화 운동 강습회를 각 지역교회를 중심으로 실시하였다. 주 강사는 김안신 목사, 정종원 목사, 홍정길 목사, 윤수길 목사, 김학영 목사, 채남선 목사, 나사렛 형제자매들이었다. 장소는 전주 시내교회, 예수병원 직장, 한일성경학교, 성암교회, 중부교회, 북문교회, 서문교회, 동부교회, 김제죽산교회, 남원동북교회, 고창성북교회, 김제중앙교회, 온수교회, 순창교회, 군산성광교회, 진안읍교회, 부안읍교회였다.

전주지구 EXPLO'74 운영위원회가 목사님 중심으로 조직되었다. 전주시 연합 복음화 대회는 전주 신흥중·고등학교 운동장에서 1974년 5월 20일~26일까지 진행되었고, 김준곤 목사님 주강사로, 박조준 목사, 김정호 목사, 황성수 박사가 봉사하였다. 야간에는 학교 운동장에서, 주간에는 전주 성결교회에서 교역자 중심으로 모였다.

저녁 집회에 기전여고 합창단이 찬양, 35사단 군악대원들이 반주하였다.

EXPLO'74 대회를 앞두고 전국 순장 대회가 CCC 본부 건물 건축 중인 전동에서 약 800명이 모여 6월 15일~16일까지 실시하여 이들이 EXPLO'74, 8월 대회 기간 중 훈련 교재(269페이지)를 중심으로 순모임을 인도하였다.

EXPLO'74 훈련집회 중 교역자들은 여의도 순복음교회에서 모였다. 5·16 광장에는 천막 속에 취사시설, 의료진반들이 기거하며 행사를 도왔다. EXPLO'74 국제준비위원장 빌 브라잇 CCC 국제총재, 한국명예대회장 한경직 목사, 대회장 김준곤 목사, 상임총무 장익 목사, 제2국장 김안신 목사였다.

EXPLO'74 대회 시 전북요원들은 전북시군 교회의 추천을 받아 약 2600명이 단체로 전주역에서 기차를 이용하여(할인권배부) 서울 여의도 당산중학교에 모였다. 전기, 수도, 숙박 시설이 열악한 장소였으나 모두가 인내하며 낮에는 학교 교실에서, 저녁 집회는 도보로 5 · 16 광장으로 가서 야간 집회에 참석하였다. 첫날 저녁 식사는 배달되지 않아 삼립식빵으로 대체되었고, 그 후는 천막식당에서 대형 기구 스팀방에서 밥을 지어서 각 집회 장소로 차량 배달해주었다. 60여 명의 순장들이 순모임을 인도했다.

대회 중 비가 내려 우산을 들고 저녁 집회에 참석하기도 하였고, 밤 집회는 낮에 햇빛에 가열된 아스팔트 위가 온돌 역할을 해주어서 편리한 장소가 되어 주었다. 한편 8 · 15 경축기념식장에서는 재일교포 조선족 문세광이 잠입하여서 국모 육영수 여사가 피격되는 국가적 큰 재난 슬픔을 당하였다. 그날 밤 5 · 16 광장 집회 시에는 일본 하도리아끼라 목사는 대한민국 국민 앞에 대 사죄를 비는 메시지를 전달했다. 국가적 비극이었다. 과거를 보전해야 하는 것은 미래에 봉사하기 위함이다. God did it.(everything) 모든 것은 하나님이 행하셨습니다.

고등학생이 체험한 EXPLO'74

백완종

HCCC 12기

할렐루야! 주의 이름을 찬양합니다. 1974년 8월 13일~18일까지 당시 5·16 광장 (현재, 여의도 공원 광장)에서 개최된 기독교 부흥 대성회 EXPLO'74 대회가 있었습니다. 삼십여만 명이 숙박 훈련하고, 저녁 집회에는 약 100만~150명 정도가 참석하여 성령의 제3 폭발이라는 주제로 주께 영광을 돌렸습니다. EXPLO'74 당시에는 고등학교 3학년 학생으로서 당시 HCCC 박영률 대표 간사님과 20여 분의 간사님들의 지도아래 EXPLO'74 대회 전부터 CCC 정동 회관에 합숙하며, 각각 조를 짜서 서울 시내에 있는 각 교회들로 나가 EXPLO'74참가 신청을 받았습니다. 저 같은 경우에는 당시 퇴계로 충현교회와 영락교회에서 참가 신청받는 일을 하였고, 간사님들의 지시에 따라 EXPLO'74 참석하기 위하여, 지방에서 서울로 오신 분들의 안내를 비롯하여 여의도 5·16 광장 내의 안내, 경비, 행동대 등의 일들을, 각자 맡은 임무들을 성실하게 수행했습니다.

지방에서 올라오신 분들이 당시에는 대중 교통 차편이 좋지 못해서 지방에서 서울로 올라 오신 분들이 도착하는 곳인 터미널과 기차역까지 가서 안내하는 '고등학생들' 여러 명이 EXPLO'74 안내 깃발을 들고 기다리고 있다가 어느 정도 인원이 되면 한 명씩 깃발 들고, 출발하여 걸어서 여의도 5·16 광장까지 도착하였던 것입니다. 제일 가까운 곳이 영등포역이고, 용산 시외버스 터미널 서울역 후암동 병무청 입구 = 그레이하운드 그다음이 종로 6가 = 동대문 고속 버스 터미널 마장동 시외버스 터미널 제일 먼 곳 청량리역이 있었습니다. 고등학생들이 걸어갔다가 걸어오면서 여의도 5·16 광장 안내 센터까지 안내를 했고, 등록 후에는 숙소 배정을 했던 것입니다.

여의도 5·16 광장 안내 (접수) 텐트에 근무하고 있으면, 깃발 들고 오던 학생들이 안내 텐트 가까이 오다가 쓰러져 버리는 경우도 있었습니다. 쓰러져 버리면 당시에는 앰블란스 차량이 없었고, 임시 병원이 있는 원효 대교 부근 여의도 여자 중, 고등학교로 업고 뛰어 눕혀 놓고 왔습니다. 당시 ㅎ ㅇㅇ 학생은 기간 중에 3번이나 쓰러져서 3번 업고 병원으로 뛰었으며, 몸이 호전되어 안내 텐트로 왔길래 네가 몸이 안 좋으니 "집에 가서 좀 쉬라"고 해도, 집에 안 간다고 하며 5·16 광장에서 안내를 계속 하겠다고 하여 끝날 때까지 봉사한 고등학생이 있었으며, 연성고등학교 1학년 중에 100kg이 넘는 김학건 학생이 있었습니다. 이 학생이 차량 안내를 할 때, 체중도 많이 나가지만, 덩치도 크니까 호루라기 불며, 차량을 세우면 서고, 우측으로 가라면 우측으로 가고 차를 운전하시는 기사님들도 아주 말을 잘 들었던 것을 본 기억들이 있습니다.

나중에는 덩치 큰 '김학건'도 쓰러져서 임시 병원으로 업고 갔습니다. 지금 생각하면 100kg이 넘는데 어떻게 업고 갔나 하는 생각이 듭니다. 한 마디로 EXPLO'74 당시 저와 같은 임시 엠블란스 학생들이 있었습니다. 당시, 처음에는 학생들이 배고파서, 어려움이 많이 있었는데, 이백호 간사님이 엑스플로 빵 창고 열쇠을 저에게 맡겨 주셔서 친구인 김기일과 같이 관리하며, 학생들이 배고프지 않게 잘 분배할 수 있었습니다. 그리고, 엑스플로 빵이 공장에서 싣고 나온 수량 하고, 각 도착지에 도착한 수량들이 틀린 곳들이 있었고, 취사장에서 출고한 밥도 도착지 수량이 틀린 곳이 있어서, 어려움이 있었는데, 급하게 변경되어 고등학생이 장부 들고 차량 조수석에 한 명씩 타서 확인하면서 인수하고 납품

하니까 틀리지 않고 딱 맞았습니다.

어느 날 저녁 예배 시에 모 구역으로 빨리 출동하란 지시가 떨어졌습니다. 급히 6〜7명이 출동하여 보니 여성 1명이 흡사 귀신 들린 사람처럼 소리 지르고 있어서, 급히 출동한 6〜7명이 그 사람 팔과 다리를 들어 밖으로 나가는데, 힘을 쓰고 난동을 피우는 가운데, 간신히 들고 여의도 순복음교회 앞쪽까지 나와 보니, 사람들이 우리를 빙 둘러싸고 구경하는데, 키가 작으시고, 양복 입으신 분이 오더니 왜 그러냐고 물어봐서 사실대로 말씀드렸더니, "잠잠하라!" 하고 2〜3번 말씀하시니까 라디오 소리 줄이는 것 같이 조용해지더라구요. 우리들 보고 그 여자 붙잡고 있는 손을 놓으라고, 하셔서 손을 놓으니 그분이 자세히 보니까 OOO 목사님이라고 명찰을 달고 계셨구요. 목사님이 "네 집이 어디야?" 하니까 "녹번동"이라고 하더라구요. 예배 중에 난동을 부려서 6〜7명이 힘들게 들고 메고 나왔는데, 목사님 "너, 나 따라와!" 하시니까 조용히 "끄덕 끄덕" 따라가는 이런 일들도 주님이 행하신 기적이라 생각하며 귀신 들린 여자도 그 목사님 기도로 고침을 받았을 거라고 생각합니다.

어느 날 새벽 3시경 자전거 타고 경비 순찰 중 5 · 16 광장 EXPLO'74 메인 단상 건너편 텐트 앞쪽에서 아주머니 가방을 날치기해서 마포대교 쪽으로 뛰는 사람을 발견하여, 자전거 타고 쫓아가서 날치기범을 가운데 놓고, 자전거 타며 호루라기를 불며, 빙빙 돌았습니다. 호루라기를 불며 그 사람 주위를 돌았더니 호루라기 소리에 사람들이 여기저기에서 모여 어느 정도 되었을 때 자전거에서 내려 제압하고 팔을 꺾고 있으니, 경찰 근무자들이 와서 인계해 주었습니다. EXPLO'74 기간 동안 고등학생들이 많이 걸어 다녀서 발뒤꿈치가 짓무르고 피가 나서 절뚝거리는 가운데도, 아랑곳하지 않고, EXPLO'74 끝까지 봉사한 HCCC 고등학생들이 많았습니다.

EXPLO'74 당시 고등학교 3학년, 2학년, 1학년 학생들이 주 안에서 한마음 한뜻이 되어 하나로 뭉쳐 서울 시내 각 교회 EXPLO'74 참가 접수 받는 일, EXPLO'74 참가자들을 기차역과 터미널 등에서 깃발을 들고, EXPLO'74 장소인 여의도 5·16 광장까지 걸어서 안내, 집회 기간 중, 차량 안내 통제 및 출입 비표 확인, 광장 전체 각 구역 나누어서 안내 (단상 위 안내포함), 및 광장과 천막촌 경비, EXPLO'74 반대 전단 배포하는 사람들도 출동하여 쫓아낸 일 등 (급한 일 벌어졌을 때) 행동대들이 투입되어, 해결했습니다. 주님이 함께 하셔서 HCCC 학생들이 성령 충만하여 안내, 경비 등 행동대의 일을 할 수 있었던 것 같습니다. 이 모든 일들을 주님이 하셨습니다.

EXPLO'74 HCCC 학생들을 지도하셨던, 당시 간사님들께서 당시 저희 학생들을 잘 지도 해 주셔서 감사드립니다. 박영률 간사님, 박수웅 간사님, 최금남 간사님, 이백호 간사님, 조성무 간사님, 임평환 간사님, 최원홍 간사님, 김철수 간사님, 이동 간사님, 변상혁 간사님, 김석환 간사님, (이재승 간사님), 서정숙 간사님, 김정진 간사님, 김수자 간사님, 김수희 간사님, 정혜숙 간사님, 염경선 간사님, 유OO 간사님 (염경선 간사님 남편) EXPLO'74 당시 HCCC 간사님들이 20여 분 되셨습니다.

HCCC 학생들이 예배드리던, 토요일 오후 3시 정동회관 대강당도 빈자리 없이 꽉 찼습니다. 간사님들이 저희 학생들 지도하시는 일에, 젊음을 바치신 열매로 주 안에서 성장한 저희 HCCC 동문들이 되었음을 감사드립니다. 당시 HCCC와 EXPLO'74 때를 생각하면, 고등학생들 한 사람 한 사람 마음속에 성령이 충만한 가운데 모든 순간 순간들 하나님의 은혜 가운데 역사하신 것이라고 생각합니다. 그리고, 한번 스승은 영원한 스승입니다. 저희들을 지도하셨던 간사님 존경합니다.

EXPLO'74와 나

성봉환

GMS국내외국인지부 선교사

할렐루야! 1974년은 참으로 대단한 해였다. 그 해 8월 CCC 주관으로 세계적인 전도집회가 한국의 여의도에서 열린 것이다. 나는 당시 사당동에 위치한 총신대학교 2학년이었다. 1학년 때부터 신학도로서 선교단체들에 관심이 많았고 그 단체들을 배우고 싶어하였다. 그러던 중 총신대학교 1학년 때 정동에 가서 CCC모임에 참여하곤 하였다. 평상시에 젊은이들을 위한 집회가 공개적으로 있었다. 기억에 남는 것은 얼마나 찬양이 뜨겁고 열정적이었는지... 집회만이 아니라 훈련에도 참가하였다. 그러나 계속하여 훈련을 받거나 참여하지는 못하였다. 나는 교회 중심적으로 사역을 하기에 시간적으로 잘 맞지 않았기 때문이었다.

그러나 74년의 EXPLO'74 대회 때는 순장들이 모자라서인지 나에게도 순장으로 봉사할 기회가 주어졌다. 그때가 8·15 즈음한 시기였던 것으로 기억한다. 여의도는 당시 허허벌판이었다. 비가 많이 왔다. 그 가운데서도 우리는 뜨겁게 기도하고 찬양하였다. 큰 텐트를 치고 거기서 먹고 자고 그랬다. 각 순이 하나의 텐트 속에서 지냈다. 마치 군대의 막사 같았고, 또한 이스라엘의 광야생활을 떠오르게 하는 것이었다. 식사를 받으러 나가면 양동이보다 훨씬 커다란 그릇에 국이 있는데 그것을 퍼서 식판에 담아주면 받아 온 기억이 난다. 그리고 또한 밥을 받아올 때는 누구라도 예외 없이 말씀을 암송해야만 밥을 받아먹을 수가 있었던 기억도 난다. 그 줄이 길다랗게 늘어서 있었다. 참 대단한 크루세이드 현장이었다. 우리는 나는 그 역사적인 현장에 있었다. 감개무량한 사건이 아닐 수 없다. 우리 한국교회의 자랑이요 하나님의 각별하신 축복이라 고백할 수밖에 없다. 그렇게 한국교회는 성장하였고 당시 엑스플로를 통하여 수많은 대학생들이 세계선교를 이루고자 선교사로 헌신하였고, 그들은 거의 다 선교 현장으로 나갔던 것이다. 나의 경우는 이미 대학교 1학년 때 선교사로 헌신을 한 상황이었다. 당시 EXPLO'74는 8ㆍ15를 즈음하여 여의도에서 집회를 하고 있었고, 정부에서는 8ㆍ15 경축행사를 국립극장에서 거행하고 있었다. 그런데 그 현장에 있던 박정희 대통령의 부인인 육영수 여사가 문세광이 쏜 총에 맞아 그날 생명을 잃고 말았다. 우리는 그 소식을 모른 채 집회에 열중하고 있었고 나중에야 그 소식을 알게 되었다.

그 후 나는 총신대학교 신학대학원 시절에 학교에서 CCC에서 간사로 사역했었던 윤수길 간사를 보았고, 그리고 같은 동기로 입학한 김안신 간사를 만날 수 있었다. 김안신 간사하고는 3년을 같이 신학공부를 하였다. 그는 목회를 하다가 일본으로 건너가 거기서 캠퍼스 선교를 하였다. 지금은 천국에 갔지만, 그가 쓴 일본선교에 관한 책은 참으로 감명 깊었다. 그 후로 나는 한국에서 해군해병대 군목으로 사역했었고, 제대하여 현장목회를 하다가, 2006년도에 필리핀으로 선교사로 가서 사역을 했고, 지금은 충남 공주에서 유학생과 다문화자녀들을 대상으로 선교사역을 하고 있다. 특별히 공주대학교에 유학 온 학사ㆍ석사ㆍ박사 과정의 학생들이 대상이다. 공주대학교는 국립대학교이지만, 특이하게도 음악관에서 매주 수요일 오전 8시에 교수신우회와 직원신우회와 6개 선교단체를 중심으로 약 70명 정도의 학생들이 예배를 드리고 있다. 그들 대부분의 학생들은 CCC에 속한 학생들이다. 공주의 CCC는 학생들 전도를 위하여 별도로 공간을 마련하였는데 카페공간이다. 이제는 대학생들이 젊은이들이 모두 카페로 모여 커피도 마시고, 교제도 하고, 공부도 하는 시대가 되었기에 거기에 발맞춰 이렇게 사역을 펼치는 것이리라. 이 공간의 이름이 〈크루 1959〉이다. 이름이 이러한 연유는 공주에 CCC가 시작된 것이 1959년도여서 그리하였고, CCC라는 이름이 알려지면 불신자들의 발걸음에 장애가 될 수 있어서 그러한 이름을 가진 것이라고 한다. 1959년이니 아주 오랜 역사를 가지고 있는 것이 틀림없다.

나의 공주선교사역은 〈크루 1959〉 라는 이름을 가진 현금의 CCC 간사들과 멤버학생들과의 협력을 통하여 진행을 하고 있는 중이다. 이러고 보니 나의 사역은 음으로 양으로 CCC와 관련이 있어온 셈이고, 지금도 CCC와 진행형인 셈이니 이 또한 하나님의 놀라운 섭리라고 믿는다. 아무쪼록 EXPLO'74, 50주년 희년을 맞이한 2024년도에 이 땅의 모든 방면의 묶임들이 성령님의 능력으로 말미암아 해방되고 회복되는 역사가 강력하게 일어나기를 기도한다.

할렐루야!

EXPLO'74 후 추수 일꾼 되다

신종곤

CCC 간사 (74학번)

EXPLO'74를 CCC가 주최하였기에 그때 모든 CCC 학생들과 나사렛들은 기도요원, 홍보 동원요원, 강의 및 진행 순장으로 선봉장 역할을 하였습니다. 그 당시 EXPLO'74대회 준비로 CCC학생들은 매일 회관에 모여 성경공부와 기도를 하며 훈련을 받았습니다. 저는 1974년 4월 28일에 선배님의 소개로 광주 CCC에 찾아가서 사영리로 예수님 영접하였습니다. 처음 LTC 사영리 훈련을 받고 광주공원에서 전도를 하였습니다. 5명을 전도하였는데 2명이 영접을 하였습니다. 저는 이 훈련과 실습을 통하여 배운 대로 사람들에게 적절히 접근할 때, 대부분의 사람들은 하나님의 말씀에 긍정적인 반응을 보인다는 사실을 알았습니다. 그 이후 계속 전도하면서 "성공적인 전도는 성령님의 능력 안에서 그리스도를 전하고 그 결과는 하나님께 맡기는 것이다"는 원리를 깨닫게 되었습니다. 그러므로 그 결과에 따라 자랑할 것도 또 실망할 필요도 없음을 알게 되었습니다.

EXPLO'74대회 기도분과위원회에서는 협력하는 각 교회와 또 각 지구 CCC로 "EXPLO'74 안드레 카드"(별첨)를 보내서 태신자 기도 3배가 전도운동을 시작했습니다. 이 기도 카드로 성도마다 태신자를 작정하여 기도하고 교회로 인도하며 EXPLO'74 대회에도 데려오도록 준비를 시켰습니다. 우리는 EXPLO'74 본부에서 보내준 안드레 기도카드로 기도하며 전도하고 데려갈 사람들을 기록하여 성경책에 끼워서 매일 기도하였습니다. 대회가 임박하여서는 각 교회를 찾아 다니며 홍보하며 동원을 하였습니다. 출석하였던 교회 목사님께도 EXPLO'74 전단지와 등록 신청서를 가져다 드리며 설명을 드렸습니다. 처음에는 등록비를 1,000원 받다가 대회가 가까이 다가오자 500원으로 할인(세일) 등록까지 받았던 기억도 납니다.

저희 CCC 학생 및 나사렛들 일만여 명은 대회 일주일 전 '74. 8.4~10일에 여의도 순복음 교회에 모여서 5박 6일 동안 EXPLO'74 전도요원 순장교육 훈련을 받았습니다. 주요 교육 내용은 강의 5개와 토의 5개 총 10시간의 LTC를 강의하는 방법과 진행을 돕는 지침 등 실무교육을 받았습니다. 믿음으로 성령 충만한 삶을 위한 "성령충만한 생활의 비결을 발견하셨습니까?"와 성령의 능력 안에서 믿음으로 전도하는 "사영리 소책자"를 숙지하여 활용하는 방법이 핵심 내용이었습니다.

8.13~18일까지 대회 기간에 10만여 명은 여의도 광장 주변 군용 텐트에서, 20여만 명은 마포구와 영등포구 초·중학교들에서 숙식을 하였습니다. 저는 마포구에 있는 한강 중학교에 소순장으로 배정되었습니다. 그곳에서 저는 전라남도 해남과 완도에서 참석한 이삼십대 형제 청년 삼십 명을 한 교실에서 5박 6일간 섬기도록 생활 소순장의 책임이 맡겨졌습니다. 1학년들은 소순장 역할로 합숙생활의 전반적 관리를, 2학년 이상과 나사렛들은 중순장을 맡아 10시간 LTC 교육을 담당하였고, 대순장은 학교 내에 배정된 참석자들 전체를 맡아 진행하였습니다.

당시 한강 중학교에는 LTC 교육을 담당할 중순장이 부족하였습니다. 그래서 소순장인 저도 LTC 열 강의를 하면서 5박 6일 동안 그 형제들과 숙식을 함께 하였습니다. 참석한 분 중에는 전도사님도 계셨고, 집사님, 청년 회장님도 계셨습니다. 저는 사실상 신앙생활을 3개월 정도밖에 하지 않은 상태인데 신앙경험이 오래된 분들에게 강의한다는 것이 무척 두려웠습니다. 하지만 강의 내용 중에 있는 믿음으로 성령 충만한 방법을 제게 적용하여 저의 신앙지식이나 경험이 아닌 전수받은 내용을 그대로 전했습니다. 지금 생각하면 얼굴이 붉어지는 상황이었지만 하나님이 부족한 저를 추수의 일꾼으로 사용하셨다고 고백할 수 있습니다. 대회 5박 6일 기간 중에 오전에는 강의하고 오후에는 전도하고 저녁 집회는 여의도 광장에서 전도대회로 모였습니다.

'70년대는 다수학 품종인 통일벼가 여물면 추수기에 일. 이주 지나면 벼알이 땅에 우수수 떨어져 버립니다. 그래서 추수 때는 공무원과 초등학교부터 중·고등학교, 심지어 군인까지 벼 베기에 총동원이 되었습니다. 저도 초·중학교 다닐 때에 벼 베기를 여러 번 다녔던 기억이 나는데, 낫 사용을 잘하지 못했습니다. 그렇지만 추수가 급하다 보니까 농촌의 부족한 추수의 일손을 돕기 위해 저 같은 어설픈 학생들도 참여하였습니다.

마태복음 9:37~38절에 보면 "이에 제자들에게 이르시되 추수할 것은 많되 일꾼이 적으니, 그러므로 추수하는 주인에게 청하여 추수할 일꾼들을 보내어 주소서 하라 하시니라"는 말씀처럼 '70년대는 영적 추수가 시급한 때였던 것을 알 수 있었습니다. 나중에 돌이켜 보니까 주님이 저같이 부족하고 아직 신앙경력이 미미하였던 사람도 추수의 일꾼으로 부르시고 역사적 대회에 쓰임 받을 수 있었던 기회를 주셨던 것 같습니다.

제가 기억나는 EXPLO'74대회 에피소드는 전라남도에서 참석했던 분 중 서울에 처음 온 분들이 많았습니다. 그래서 참석자 중에 오전 LTC 교육 시간에 빠지고 서울 소재 대학이나 시내 구경을 하고 온 분들이 종종 있어서 순장들이 애가 탔던 경험이 있었습니다. 또한 대회 기간 조식은 빵 속에 쏘시지를 넣어 만든 고급 빵을 공급하였는데 소시지를 처음 먹어 보는 분이 거의 대부분이었습니다. 그래서 비린내가 난다고 먹지 않고 화장실 변기통(수세식 아님)에 버려 변기가 가득 차서 나중에는 소시지 없는 빵으로 대체되는 소동이 났습니다.

아직 신앙 경력이 부족하였던 저는 EXPLO'74 대회가 민족복음화가 완성되는 줄 알고 큰 기대를 가지고 참석했습니다. 그런데 앞서 언급하였던 참석자 중 서울 구경 온 것처럼 교육을 빠지는 분들과, 대회 기간 중(8 · 15) 육영수 여사 서거, 대회 재정 적자 등 어려운 상황들을 보면서 큰 실망이 되었습니다. 그래서 대회 이후 CCC 모임에도 잘 나가지 않다가 선배 순장의 지속적인 돌봄을 통해 연말에 다시 CCC 모임에 참여하게 되었습니다. 그리고 EXPLO'74 대회가 민족 복음화의 완성이 아니라 시작이라는 것을 깨닫게 되었습니다.

군 제대 후 1979년 복학하여 학과 공부와 CCC 순장 모임, 순모임, 정기 채플과 교회 교사 봉사 등이 너무 갈등이 되었습니다. 그래서 우선 공부부터 해야겠다고 모든 신앙 모임을 소홀히 하니 순원도 다 떠나버리고, 성적도 좋지 못하게 되었습니다. 그제야 비로소 신앙도 공부도 제 자신의 노력으로 하려고 했던 잘못을 깨닫게 되었습니다. 그러면서 제가 EXPLO'74 대회 때 강의하였던 '성령 충만한 생활의 비결을 발견하였습니까?' 내용이 생각났습니다. 그래서 다시 성령 소책자를 매일 읽으며 영혼의 호흡 적용하여 성령충만의 생활을 훈련하기 시작 하였습니다. 그리고 우선순위를 하나님께 두면서 신앙과 학업의 짐을 성령님께 맡기게 되었습니다. 사실 이때가 제게는 개인적 EXPLO'74 주제인 "예수혁명, 성령의 제3의 폭발"(제1 오순절, 제2 종교개혁)을 경험하게 된 것입니다.

성령 충만을 생활에 적용하면서부터 요한복음 8장 32절 "진리를 알지니 진리가 너희를 자유롭게 하리라" 말씀처럼 성령 충만 속에 참 자유를 경험하게 되었습니다. 이제 CCC 순모임이나 교회 교사 봉사, 학과 공부, 아르바이트도 짐이 아니라 감사의 조건이 되었습니다. CCC 순장의 삶과 학과 공부도 하나님의 뜻 가운데 성령 충만을 적용하면서 성령님의 지혜와 인도 가운데 조기 졸업도 하게 되었습니다. 저는 졸업 후 교사가 되기 위해 준비하여 왔습니다. 그런데 당시 광주지구 CCC 대표이신 최학규 목사님이 "종곤 형제가 이렇게 예수님 믿고 변화되었으니 사랑의 빚을 갚는 간사가 되면 좋겠다"고 권면하셨습니다. 그 권면에 기도 응답을 받고 전남대 '74학번인 아내(김미숙)와 결혼과 동시 CCC 간사가 되어 43년째 되었습니다. 20년은 캠퍼스 사역을, 15년은 가정 사역을, 현재는 간사(선교사)부부의 '쉼과 회복'을 섬기는 사역을 하고 있습니다.

뒤돌아보면 '70년대 한국교회는 부흥사경회로 전도가 많이 되어 성도 수가 증가하는 영적 추수기였습니다. 하지만 성도들이 믿음으로 성령 충만 받는 방법과 개인전도 방법에 대해 대부분 모르는 상황이었습니다. 이때 EXPLO'74 대회가 개최되어 매일 저녁 전도 집회에 백만 명 이상씩 운집하였던 것도 큰 역사였습니다. 그렇지만 323,419명이 5박 6일간 사영리와 성령 소책자로 교육과 전도 실천을 하며 집중훈련하여 파송하였던 것이 더 큰 열매였습니다. 한국교회 10분 1(당시 한국교회 성도수 290만 추정)에 해당하는 훈련받은 30여만 명이 각 교회로 파송되어 개인전도가 확산되는 계기가 되었습니다. 이처럼 EXPLO'74 안드레 카드와 사영리 및 성령소책자는 EXPLO'74 대회 이후에도 전국 각 교회에서 기도와 전도 운동의 중요한 전략 도구로 사용되어져서 한국교회 부흥에 견인차가 되었다고 믿습니다. EXPLO'74 대회 전후에 수없이 불렀던 '그리스도와는 바꿀 수 없네'와 EXPLO'74 대회 주제가에 그 당시의 영적 분위기가 고스란히 담겨있습니다.

EXPLO'74 주제가 작사 김현승, 작곡 김동진

1. 거칠고 허무한 땅 이 삼천리에 복음의 푸른 나무 가득히 심어 겨레의 가슴마다 새-바람 이는 예수의 계-절이 임하게 하자.
2. 은총의 70년대 이 나라에서 절망과 한- 숨의 안개에 헤치고 어둠과 주-검을 내어 쫓-으며 저 넓은 온 세계로 퍼져 가는 빛

3. 성령이 폭발하는 새 역사의 빛 지상의 암-흑과 공포를 넘어 밝힌다. 오직
   한길 우리의 - 갈길 주 예수 밟고 가신 그 발에 닿은

후렴 : 성령의 계절이 오고 있다. 겨레의 가슴마다 핏줄마-다 구원의 새 - 소
   망 싹-이 트는 성령의 계절이 오-고 있다.

지금도 이 EXPLO'74 주제가 가사가 제 입에서 맴돌고 있을 정도로 그 당시
를 생각하면 가슴이 뜨거워짐을 느낍니다. EXPLO'74 대회 희년을 맞이하는
2024년 올해 CCC 학생과 나사렛 'EXPLO'74 24' 연합수련회가 준비되고 있습
니다. 또다시 CCC가 캠퍼스뿐 아니라 한국교회와 협력하여 기도와 전도 운동
을 점화하는 계기가 되리라 믿고 기도합니다. 2024년은 로잔 언약 50주년이 되
는데 한국에서 제4차 대회가 개최되면서 한국교회 속에 사도행전적인 영적 각
성의 분위기가 조성되고 있습니다. 이 같은 영적 분위기 속에서 'EXPLO'74 24
희년 대회를 전후로 캠퍼스와 한국교회 속에 다시 민족복음화의 전도 운동이
요원의 불길처럼 솟아나길 기도합니다.

"민족의 가슴마다 피 묻은 그리스도를 심어 이 땅에 푸르고 푸른 그리스도의
계절이 오게 하자"는 우리의 간절한 기도이자 표어입니다. 'EXPLO'74 24' 연합
수련회를 통하여 CCC 삼중 헌신인 "주님에의 헌신, 민족의 입체적 구원에의 헌
신, 형제들에의 헌신"이 마음 깊이 새겨지리라 믿습니다. 그래서 우리 CCC 학
생들과 나사렛형제들이 성령의 하나 되게 하심을 힘입어 "오늘의 캠퍼스 복음
화는 내일의 민족복음화, 세계복음화"의 불씨와 밀알로 재헌신하는 계기가 되
리라 믿고 기도합니다. 할렐루야, 아멘!

기억 속의 EXPLO'74

오한근
CCC 원로 간사

1. 나의 CCC 생활의 시작

나는 교회 청년회에서 봉사를 하였으나, 구원에 대한 확신도 선명한 믿음도 없었는데, 담임 목사님께서 CCC에서 대학생들을 위한 '성서대학'이 있다고 추천을 해 주셔서 참석하였다. 참석해 보니 이것은 신세계였다. 당시 교회에서는 늘 찬송가만 불렀는데 여기서는 젊은 대학생 형 누나들이 복음성가 '내게 강 같은 평화' '저 멀리 뵈는 나의 시온성' 등 복음송과 율동을 함께 하면서 앞에서 활짝 웃는 모습으로 인도하고 따라 부르는 것이 이전에는 보지도 듣지도 못한 새로운 세상의 경험이었다. 저녁 메시지 시간에는 정동 대강당에 가득 찬 대학생들에게 성경 기록의 역사적인 정확성, 그리고 강사이신 건대 물리학 교수이시며 한국 성서 공회 성경 번역 위원이신 주영흠 교수로부터 부인할 수 없는 성경의 권위에 대한 강의, 그리고 각 방 별로 소그룹으로 훈련하는 LTC 등등, 이전에 경험해 보지 못한 많은 경험을 한 주간 동안 듣고 깨닫고 훈련을 받았다. 동시에 정신없이 프로그램이 진행되었어도, 질서 있고 규모도 컸지만 잘 훈련된 선배들로부터 하나하나가 진행되는 귀한 시간들이었다. 이때부터 나는 CCC맨으로의 삶이 새롭게 시작된 것이다. 가장 의미 있었던 것은 노란 소책자 사영리의 1원리에서 '하나님이 나를 사랑하시고 나를 위한 놀라운 계획을 가지고 계신다'는 것이다. 나는 교회에서 많은 예배만을 중요하게 생각하였는데, 새로운 것을 알게 된 것이다.

2. 나에게 EXPLO'74는 어떤 집회인가?

CCC에서 들은 이야기들 중에 캠퍼스, 민족, 조국, 복음화, 순원, 세계복음화, 전도, 영생, 성령 충만 등 이런 단어들을 마치 숨쉬듯이 매일 듣거나 말하고 있었다. 이런 단어들이 매순간, 매일 반복되면서 내 생각과 마음속에서 동화되어 가는 것을 알지 못한 채로 매일매일을 함께하게 되었다. 이런 단어들은 교회에서는 듣기가 쉽지 않았던 말들이었다. 내가 누구이고, 어디서 와서 어디로 가는지, 또 내가 무엇을 하면서 살아야 하는지 등 이런 질문들을 하고, 생각 속에 많은 부분이 담겨있었던 젊은 대학생 시절이었다. 하나님과의 개인적인 관계를 사영리를 통해서 개인화된 신앙생활을 할 수 있게 되었고, 열 단계 성경공부교재를 통해서 점점 성경과 하나님에 대한 지식과 사례를 이해하게 되었고, 신앙생활의 기본 개념이 전달가능하도록 확실하게 정리해 주었다. 소책자를 통해서 다른 사람들에게 복음과 성령에 대하여 간결하지만 정확하고 확실하게 전하는 방법을 알았고, 실천을 도와주어 신앙생활에서 복음을 전하는 것의 귀함을 알게 해 주었다. 내 개인적인 성장뿐만 아니라 다른 사람들에게도 나와 같은, 예수 그리스도를 닮아가는 사람들의 생활에 대하여 어떻게 해야 할지를 쉽고도 간결하고, 이해하기 좋게 훈련을 하며 다른 사람들에게도 이와 같은 것을 할 수 있도록 훈련하고 교육시켜 준 것이 얼마나 신기하고 귀한 일인지 깨닫고 이해하고 실행할 수 있도록 도움을 주었다. 이런 일이 전국에서 집단적으로 동시에 할 수 있다니, 이런 꿈을 꾸게 하시는 것이 어찌 사람의 생각에서 나올까? 성령이 감동을 주시지 않으면 불가능, 아니 생각조차 할 수 없는 엄청난 일인 것이다.

3. EXPLO'74 때 나는 무엇을 했는가?

당시에 나는 순장도 아니었고, 73학번 학생 순원으로서, 준비하는 선배들을 도와 지시받은 것을 따라 배우는 기간이었고, 학교 모임과 기타 여러 가지 일들을 분주하게 하며 지냈지만, 이 기간 동안 무엇이 어떻게 진행되는지는 정확하게 잘 몰랐다. 방학이 되면서 전국 사랑방 지도자 강습회가 열렸다. 본부에 있었기 때문에 정동 빌딩에서 몇 주 연속 3박 4일 순장 교육이 반복되었고, 전국에서 매 강습회에 수많은 사람이 훈련을 받았다. 그 오리엔테이션 시간에 여러 가지 진행과 과정에 대한 설명을 하는데 빠지지 않고 하는 분야가 화장실을 사용하는 것이었다. 마당 한 켠에 있는 재래식(푸세식) 헛간에서 용변을 보던 농촌에서 올라온 전도사나 교인들이 현대식 건물 안에 있는 수세식(특별히 좌변기형)은 보지도 못한 터였다. 그래서 양변기에 있는 물은 절대 세수를 하거나 기타 용도로 사용하지 말고, 절대 그 위에 쪼그리고 앉지 말고 원형 받침을 내리고 거기에 앉아서 용변을 보고 마친 후 꼭 물을 내리라고 차트에 일일이 그림을 그려 설명했던 것이 기억난다.

한 방에 15명에서 20명 정도 합숙 훈련이라 침구인 매트리스와 담요를 배분하고 관리하는 일을 하였다. 당시에 교육은 대강당에서 실시하고, 순모임과 세미나는 각 방에서 간사님들이 강의를 하고, 순장들은 세미나 인도를 도우면서 훈련 조교로 열심히 내용을 암기하고 강의 내용을 반복해서 숙달하여 강의와 세미나를 준비하는 기간이었다. 그러면서 당시 순장들이었던 선배들은 그 일 외에도 매우 바쁘게 준비하던 것을 기억한다. 훈련기간 동안 수백 명을 식당에서 짧은 시간에 식사를 하기 위해서는 강당에서 5층까지 계단에 줄을 서서 기다리며 찬송을 하고, 성구를 암송해야 식당에 입장 허락을 받는다. 성구를 머뭇거리거나 확실하게 암송을 하지 못하면 우락부락하게 생긴 하영환 순장과 이필승 형제가 입구에서 매 식사 성구암송을 점검을 하여, 탈락하면 가차없이 뒤로 밀리는 어려움을 겪어 밥 먹기를 포기한다고 하는 일화가 유명할 정도로 질서와 규율이 필요한 생활 훈련도 병행하였다. 사랑방 요원 훈련을 마무리하고 학생들 모임이 학교별로 순모임을 하고, 금요일이면 정동 회관에서 채플을 하고, 저녁에 리트

릿을 하는데 한 달에 한 번은 삼각산 기도원에 올라가 철야기도를 하며 대회를 준비하였다 대학부 부장 윤수길 간사님의 인솔로 서울 대학부 간사님들과 모든 순장, 그리고 학생 순원들이 삼각산 기도원에 올라가서 기도회를 하던 때, 김준곤 목사님이 사사 기드온에 대한 설교를 하셨다. 이 기드온의 100명의 헌신자가 필요하시다며 모든 순장들과 순원들이 기드온 용사들로 헌신하라는 도전을 하셨다. EXPLO'74에 목숨을 건 기드온 100 명의 용사와 같이 헌신하는 기도를 하였고, 학생들 100명이 대회에 헌신자로 하나님 앞에서 결단을 하였다.

기드온 헌신을 한 이후 학생 실행위원들이 정동회관에 합숙을 하며 수련회를 준비하게 되었다. 매주 토요일에는 한 캠퍼스를 정해 집중 전도하는 날을 통해 전도와 양육 훈련을 하였다. 이때에는 일상이 정동회관에서 합숙하고, 학교 수업이 끝나면 간사님들을 돕고, 저녁이면 함께 기도회를 하는 일주일 스케줄이 아주 단순한 생활을 하였다. 학교에서도 빈 강의실에 홍보용 메시지로 ONE WAY JESUS!라고 칠판에 적고 다니고, 전도하고 순모임하고, 그리고 수업을 하며 학교생활이 마치 홍위병처럼 성령 충만, 오직 예수, 예수 혁명을 수행하는 온전한 영적 전사로서 마음에 불이 가득 타고 있었다.

4. EXPLO'74 대회 현장에서

지금 여의도에는 광장은 없어지고 마천루 같은 많은 빌딩들과 공원으로 잘 가꾸어졌지만, 그때에는 오직 국회의사당과 순복음교회만 큰 건물로 눈에 뜨일 정도다. 북쪽 마포대교에서부터 남쪽 서울교까지 드넓은 아스팔트 광장이었는데, 일정한 구획을 구분하고, 음향을 위해 혼 스피커를 설치하고, 각 구역마다 기도하며, 안내와 질서를 맡은 순장과 자원 봉사자들을 정해 배치하고, 강단과 그 뒤편에 연합 성가대석이 준비 되어 있었다. 광장 건너편과 영등포 쪽 공터에는 군용 천막을 세워 숙소와 강의장으로 준비가 되었는데 마치 국군의 날 열병식을 준비한 것처럼 도열하고 있었다. 나는 본 강단과 강사들만 입장하도록 질서를 담당하고 유지하도록 하는 경비역할이 주어져서 교대로 자리를 지키고 있는데, 상황실로 마포 대교와 서울교 쪽에서 수 없는 인파들이 광장으로 파도가 물 밀듯이 수많은 성도들이 광장 안으로 모여오기 시작하였다. 서울 각 지역교회에서 성도들이 버스가 통제되어 도보로 다리를 건너서 오고, 각 지방에서는 기차로, 대절 버스로, 여의도 주변에 준비된 숙소와 학교에서 짐을 풀고, 특별히 충청도에서는 자전거로 여의도까지 달려와 무릎과 얼굴이 벌겋게 달아오른 사람들도 있었다. 마치 출애굽기에 나오는 백성들이 낮에는 구름기둥, 밤에는 불기둥의 인도를 따라 광야에서 행진하는 것이 이와 같지 않았을까 하는 생각을 하였다.

5. EXPLO'74 대회의 성과

여의도 광장에서 벌어지는 한 가지 한 가지 일들이 중요하고 매우 놀랄 만한 사건이었다. 일생에 처음 있는 일이자 엄청나고 놀라운 일들을 가까이에서 경험을 하게 되었는데 당시에는 어느 정도의 사건인지를 알지 못하였다. 하지만 먼저는 내가 변했다는 것이다. (당시에는 내가 변해가고 있다는 것도 나 스스로도 미처 알지 못하였다.) 성경에서 모세가 그의 백성들을 광야 생활을 마치고 요단을 건너가기 전에 그의 백성들에게 말하기를 너희가 40년을 광야에서 지내는 동안 여호와 하나님께서 아무것도 부족한 것이 없게 하셨으므로 그들은 떨어진 옷을 입지 않았고, 신발이 없어 발이 부르트지도 않았다고 말하였다. 우리나라 군인의 물자 공급을 책임지는 병참 사령관이 동시에 한곳에서 30만 명에게 먹일 밥과 마실 물을 어떻게 감당해야 하는지 방법이 없고, 군조직에서도 현실적으로 불가능한 일이라고 보고했다는 말에 공감하였다. 한국군의 절반 가까운 수가 한곳에 모여 이들에게 먹이고, 마시고 운용할 수 있는 조직은 그 당시는 물론이고 현재의 군 조직으로도 할 수 없는 엄청난 일이었다.

그때 당시 교회는 보통 백 명 단위의 교회들이 일반적이었다. 이것도 선교사들의 수고와 복음과 교회를 위해 목숨도 아끼지 않았던 순교자들의 흘린 피의 수고와 헌신의 결과였다. 1970년대 중반 한국의 주요교단과 그 교회 수를 추정해 보면: 당시 합동 측은 한국에서 가장 큰 교단 중 하나였으며, 약 4,000개 이상의 교회. 통합 측 역시 큰 교단 중 하나였으며, 약 3,000개 이상의 교회. 감리회는 약 1,000개에서 1,500개 사이의 교회. 성결교회는 약 800개에서 1,000개 사이의 교회. 한국기독교 장로회는 약 500개에서 700개 사이의 교회. 구세군은 상대적으로 소규모 교단이었지만, 약 100개에서 200개 사이의 교회를 가지고 있었던 것으로 추정되었는데. 이 대회를 마치고 현재 한국교회 교단별 수는 대략 이렇게 많은 교회가 확산된 것을 볼 수 있다. 대한예수교 장로회 (합동) 12,000, 대한예수교 장로회 (통합) 8,800, 기독교대한감리회 6,200, 기독교대한성결교회 2,900, 한국기독교 장로회 2,000, 기독교한국침례회 1,600, 구세군 250, 예수교대한성결교회 1,300, 대한성공회 150, 하나님의 성회 (순복음) 3,200

6. EXPLO'74는 내게 어떤 의미였나?

첫째, 내 미래를 선택하는 인생 최대의 기회. 개인에게 어느 순간에 다가온 기회를 어떻게 받아들이느냐가 삶에 많은 영향을 준다. 나에게 EXPLO'74 는 미래를 선택하는 인생 최대의 기회였던 것이다. 그 순간이 하나님이 내게 주어진 삶을 살게 되는 실체가 되었던 것이다. 복음의 중요성을 이해하지 못하고 그냥 선데이 크리스천으로 살아 갈 뻔한 내게 사영리를 통해서 구체적으로 구원을 알게 되었고, 평생을 하나님의 꿈이 내 꿈이 되었고, 한 사람의 영혼에 대한 구체적인 사랑과 계획을 알게 되어, 그 삶을 살게 하는 순간의 결정이 한길로 사는 삶을 살게 하셨다.

둘째, 나의 삶과 신앙 성장에 출발점이 된 것. 한국교회 역사상 한 분기점이 되었던 EXPLO'74는 내 개인 삶과 신앙이 성장하는 출발점이 되었다. 나는 대회를 마치고 바로 군 복무를 위해 입대하여 3년간의 군 생활을 할 때였다. 판문점에서 미군이 미루나무 제거 작업 때 북한군이 도끼 만행하는 사건을 보면서, 순간적인 상황이 전쟁으로 변할 일촉즉발에 하나님께서 그 상황을 막아 주시고 어떻게 대처할 수 있는지를 경험할 수 있게 하셨다. 수많은 순간, 결정이 필요한 상황 속에서 하나님의 보호하심을 알게 하셨다.

셋째, 민족복음화의 불꽃이 세계 선교로. 하나님께서 한 사람 김준곤 목사님을 택하여 미국 교회의 부흥과 저력, 그리고 빌 브라잇과의 만남을 통해 택사스 오스틴에서 있었던 EXPLO '72를 경험케 하시고, 그때 한국교회와 민족의 구원에 대한 꿈을 주어 서울에서 EXPLO'74의 비전을 선포하시고 준비하게 하신 그 꿈에 함께 할 수 있었던 것이 내 삶에도 평생 한 길을 가게 하시었고, 15년간 캠퍼스 간사로, 20년간 선교사로, 그리고 마지막 11년을 한국에 유학 온 학생들에게 하나님의 각 개인들에게 향하신 하나님의 사랑과 계획을 알게 전하는 일을 감당하는 삶을 살게 하신 것은 모두 하나님의 은혜 속에 있는 복음에 대한 열정적인 헌신의 사역을 하게 하신 것이다.

하나님이 직접 이루신 것

원정희

전 CCC 간사

EXPLO'74를 준비하며 정말 복잡한 일들이 있었다. 내가 준비 위원장으로서 많은 일을 담당했지만, 나는 자랑할 것이 없다. 나는 사용 받은 것이고, 하나님이 나를 들어서 쓰신 것뿐이다. 역사상 그런 일을 하나님이 직접 하시지 않으면 이뤄질 수 없었다. EXPLO'74를 시작하기 몇 년 전, 1971년에 대전 충무체육관 가건물에서 1만 2천 명 민족복음화운동 요원강습회가 진행됐다. 이 사실이 미국 CCC 총재 빌 브라잇에게 보고되었고, 우리 한국이 텍사스주 달라스에서 진행된 EXPLO '72에 초청받게 됐다. 하지만 당시는 특히 재정적인 측면에서 외국으로 나가는 것이 참 어려운 시대였다. 결국 한국인 300명이 EXPLO '72에 오도록 초청을 받았지만 75명만 추출해서 다녀왔다. 그곳에서 김준곤 목사님의 EXPLO'74 개최에 대한 선포가 이뤄졌고, 이후 전국에서 뽑힌 12명의 간사님들이 필리핀 CCC Great Community Center에서 초대형 규모의 집회 진행에 대해 1년간 교육받으며 EXPLO'74를 준비했다. 인생의 전력을 바치면서, 상상도 할 수 없는 일들이 벌어지는 것을 보고, '나 같은 인간을 사용하시는구나.'라고 생각하며 많은 감사를 올려드리게 됐다.

당시 모든 순장, 간사들은 "Win the Campus Today, Win the World Tomorrow"라는 슬로건을 주제 삼아, 오늘의 캠퍼스 복음화가 내일의 세계복음화라는 것을 마음에 품고 나아갔다. EXPLO'74를 통해 얻게 된 새신자들을 각

교회에 파송하며 한국 교계에도 큰 영향을 끼쳤다. 그 과정이 참 어려웠지만 조금만 어렵다고 포기해 버리면 그 일은 불가능해지는 것이기 때문에, 'Nothing is impossible'이라는 문구를 마음에 새기며 기도했다. 청년의 때에 영악함을 버리고, 순수한 마음가짐으로 총력을 기울이는 자세가 필요하다. 그렇게 순종했을 때, 100번 실패해도 101번 생각하면 탈출구가 생기는 것을 경험했다. 정확히 말하면 '생각'하기보다, '기도'하고 '연구'해야 한다. 어려움에 부딪히면 꼼꼼히 생각하고 기도하는 너희들이 되기를 바란다. 틀림없이 해결책을 발견하게 될 것이다.

EXPLO'74가 바꾼 인생

이 달

한남대학교 명예교수

'EXPLO'74'가 있었던 50년 전의 나는 누구였으며, 무엇을 하였나? 그 당시 나는 22살의 청년 대학생으로서 3학년에 재학 중이었다. 군 입대도 졸업 후로 미루어놓고 민족복음화의 불꽃이 타오르도록 젊음을 온통 불살랐던 시절이었다. 당시의 시대적 상황은 1972년의 유신헌법 선포로 사회가 어수선하고 불안정하던 때였다. 당시 한국교회와 특히 대학생들 사이에서는 한편으로 독재를 반대하는 데모에 참여하면서 사회 정의를 구현하는 것이 우선이라는 주장과 개인이 먼저 변화되지 않고는 사회를 구원할 수 없다는 주장이 서로 충돌하고 있었다. CCC는 개인 구원을 우선시하는 입장에 서 있었으며, 나는 갈등을 겪는 가운데서도 그 노선을 따라 살았다. 가까운 학우들이 데모를 주동하거나 집회를 계획하면 나에게도 참여해 달라고 부탁을 하곤 하였다. 그때에 신앙적 노선과 사회 정의 사이에서 고민이 깊었던 시절이 있었다. 어쩌면 그 당시 이상을 좇던 젊은이들 가운데 이러한 번민이 없었다고 하면 거짓말이 될 것이다. 오늘날 교회는 어떠한가? 과연 사회 정의에 참여하고 있는가? 아니면 개인 구원에 안주하고 있는가? 개인 구원도 필요하고 사회 정의도 버릴 수 없기 때문에 깊은 생각에 잠기게 되지 않겠는가? 어느 시대를 막론하고 이러한 문제에 대하여 외면하지 않고, 적어도 고민하고 성찰하는 태도를 가지는 것이 필요할 것이다. 확인되지 않은 에피소드 하나. 한 번은 1973년 가을 학교에서 유신 독재 반대 데모를 하는데 참여하였다. 기동경찰들이 학교 안에까지 들어와서 학생들을 체포하는 일까지 벌어졌다. 나는 가까스로 벗어났지만 데모대 앞자리에 있었기 때문에 얼굴이 사진에 찍혔을 수 있었다. 후에 검거될 수도 있는 상황이 있었지만, CCC의 학생 간부라는 이유로 선처를 받게 해 주었다는 소문을 들었으나 확인할 수는 없었다. 만약 사실이라면, 그것은 CCC의 정치적 스탠스를 잘 보여주는 한 예라고 할 수 있을 것이다.

나는 고등학교 시절에 대전에서 HCCC 활동을 했기 때문에, 대학교에 입학하고 나서 서울에서도 CCC 활동을 계속하게 되었다. 함께 CCC 활동을 했던 김인중 목사님(안산동산교회 원로 목사)은 당신이 같은 학교에 다니던 나를 CCC로 인도한 줄 알고 계시지만, 반은 맞고 반은 그렇지 않다. 나는 고등학교 때 비로소 신앙을 가지게 되었지만, 대전 HCCC에서 훈련을 받았기 때문에 CCC에 대한 애정이 깊었다. 대학 생활을 하던 중, CCC 본부에서 일했던 나일스 베커(Nils Becker) 목사님과 함께 서울대학교 관악캠퍼스에서 점심시간마다 개인 전도에 나섰고, 어떤 때는 한 학기에 500명 정도에게 복음을 전하기도 하였다. 외국인과 함께 접근하니 호기심 반 진지함 반으로 마음을 열어주었던 것 같다. 그때는 그렇게 전도하는 것이 통할 때였다. 요새 같으면 이단이 접근하는 줄 알고 손사래를 쳤을지도 모른다. 대학 시절 학과 교수님 한 분이 나를 장래가 촉망되는 학생으로 본 듯하다. 그래서 학부 1학년 학생인 나에게 교수연구실에 책상을 주면서 대학원생들이나 읽을 원서를 읽게 하며 공부를 시켜 교수 요원으로 키우려고 하였다. 그러나 나는 세상적인 성공이 영원한 가치가 없다고 단정하고, 교수님의 기대를 외면한 채 CCC 활동에만 열심을 내었다. 졸업할 때 보니 대학 친구들은 모두 고시 공부(사법, 외무, 행정 등)를 하고 있었는데, 나만 순진하게(?) 전도 활동에 전념하였던 것을 알게 되어 현실감 없는 자신에게 놀란 적이 있었다. 그러나 열정적인 CCC 활동이 나의 인생의 진로를 바꾸어 놓았고, 그 결과 신학을 공부하고 평생 신학을 가르치는 사람이 되었던 것이다.

당시 젊은이들의 마음을 훔쳤던 '꿈쟁이' 김준곤 목사님은 민족복음화야말로 나라를 살리고 하나님의 말씀을 세워나가는 것이라고 설교하셨다. 우리는 김 목사님의 설교에 감동을 받아서 자연스럽게 젊음을 투신할 수 있었다. 김 목사님의 EXPLO'74의 꿈은 청년 대학생들의 헌신적인 활동을 통해 구체화되어 나갔다. 대학교 입학 이후 모든 방학을 반납하면서까지 엑스플로 준비를 위해 동분서주하였다. 엑스플로 이전에도 정동 회관에서는 많은 전도 훈련 프로그램을 진행하였다. 웃음이 저절로 나오는 에피소드 하나. 며칠씩 잠을 자며 하는 집회의 경우, 학생들이 홍정표(서울 장로회신학대학 명예교수)와 정민영(GBT 선교사 역임)을 중심으로 중창단을 조직하여 새벽에 기상나팔 대신에 화음에 맞추어 찬양을 불렀다. 그것이 얼마나 아름다운 천상의 노래처럼 들렸는지 모른다. 나는 노래는 잘못 하지만 찬양팀에 끼고 싶어 주변을 기웃거렸던 추억이 있다. 또한 평소에도 톨스토이나 도스토예프스키 등의 세계적인 명작을 읽고 토론하기 위해 새벽에 정동 회관을 찾곤 했던 순수의 시절이 떠오른다.

EXPLO'74는 32,000개의 자연부락에서 온 30만의 전도자를 훈련시켜 기하급수적인 교회의 성장을 이루기 위한 목적을 가지고 있었다. 이제까지 소규모로 이루어지던 4영리 전도훈련, LTC 훈련을 대규모로 전국적인 단위로 실시하는 야심찬 계획이었다. 이를 위해 우리들은 방학 중에 크고 작은 교회들을 방문하여 담임 목사님들께 엑스플로의 취지를 설명하고 이해시키는데 애를 썼다. 젊은 대학생들의 열정과 순수함을 보고 많은 목사님들이 좋은 마음으로 받아주셨던 것을 기억한다. 처음에는 미덥지 않게 생각했던 분들이 마음을 돌이켜 엑스플로에 참여해 주었다. 한 해 전에 빌리 그래함 목사님이 여의도에서 부흥 집회를 한 것도 영향을 주었던 것이 사실이지만, 성령의 바람이 불지 않고서는 일어날 수 없는 일이었다. 엑스플로 이후 한국교회가 크게 부흥하였다는 것은 통계적으로 증명되고 있다. 사람의 마음을 움직이는 분은 하나님이시다. 한국 사회가 불안하고 사람들의 마음이 정처를 잃었을 때, 하나님께서 한국 사람들의 영혼을 불쌍히 여기셔서 구원을 베풀어주신 것이다.

나는 EXPLO'74 때 CCC 친구들과는 다른 현장에서 참여하였다. 당시 EXPLO'74에는 많은 외국인과 수십 명의 강사들도 참여하였다. 나는 숙대 이영지 자매(미국 아주사퍼시픽대학 교수 역임)와 함께 세종호텔에서 외국인 강사들과 한국인 통역자들의 짝(매치)을 맺어주는 코디네이터(coordinator) 역할을 수행하였다. 이러한 역할을 매치메이커(matchmaker)라고 불렀다. 엑스플로가 진행되는 도중에 서울 각 교회에서 나누어 실시되던 여러 LTC 모임에 둘씩 짝지어 보내어 교육을 하는 시스템이었다. 통역이 부족할 때는 직접 현장에 가서 서투른 통역을 하기도 하였다. 당시만 해도 통역 자원이 부족했던 때라, 궁여지책이었지만 하나님께서 언어의 은사를 주셨던 것 같다. 그 기간 동안에는 꿈도 영어로 꿀 정도로 새로운 언어 환경에 빠져 있었다. 친구들은 여의도의 뙤약볕에서 구슬땀을 흘리며 고생하고 있었던 데 비해, 우리는 시원한 냉방이 되는 호텔에서 호강(?)을 하고 있었던 셈이었다. 엑스플로가 끝나고 고생담을 이야기할 때면 나는 할 말이 많지 않았다. 재미있는 에피소드 하나. 당시 세종호텔에서 잠을 자야 하는데, 두 사람에게 방을 따로 줄 수 없어서 큰 방 하나를 내주었다. 이영지 자매와 나는 한 방에서 따로 떨어져 양쪽 구석에서 잠을 잤다. 순결한 마음과 하나님의 영에 사로잡혀 생활했던 때였다고 회상한다.

EXPLO'74 당시 전국대학생연합회 조직은 김인중 총순장과 후에 나의 아내가 된 최은애 부총순장이 대표가 되어 이끌었다. 대학생들은 정말 헌신적이고 열정적으로 일했다. 엑스플로 후 내가 총순장직을 이어받았지만 기억으로 남은 것이 별로 없는 것을 보아, 엑스플로 때 얼마나 온 힘을 쏟아 일했는지가 반증된다. 엑스플로에 우리는 젊은 대학 생활을 전부 쏟아 부었다고 말할 수 있다. 그

때 나눈 고생스런 경험과 아름다운 추억은 그 이후의 우리의 삶을 지배하게 되었다. 대학 졸업 후에는 비록 '나사렛형제들'로서 함께 활동한 것은 아니었지만, 우리는 '잔디순'이라는 이름으로 50년 이상의 세월 동안 끈끈하고 지속적인 교제를 하고 있으니 말이다. 많은 이들이 목회자가 되고(김인중, 김병곤, 황영철), 선교사가 되고(정민영, 이재진, 한정국, 이경애, 박성근), 신학교 교수가 되고(김철해, 김정우, 홍정표, 이달), CCC 간사가 되고(장경희, 송기현, 황학성, 문은미), 가락재 원장(정광일)과 약사(안경숙)와 교회 봉사자(이재순, 김신애, 최은애)로서 나름대로 교회와 사회 각 분야에서 성실하게 신앙생활을 하며 살아왔다. 아무도 경제계나 정계나 관계에 진출하지 않은 것을 보면, 권력과 재물에 관심을 크게 두지 않은 삶을 산 것 같다. 대학 시절 가졌던 가치와 목적을 잊지 않고 이후의 삶에서 실천한 것이 아닌가 자평해 본다. 잔디들은 지금도 만나는데 열심이다. 특히 여성들을 중심으로 잔디순은 매달 한 번씩 만나서 영성 기도와 말씀 공부를 하는데 진심이다. 50년 전에 가졌던 신앙과 꿈과 열정을 아직도 간직하고 더욱 심화시켜 가고 있는 것을 볼 때에, 이는 명실공히 EXPLO'74의 열매라고 말하지 않을 수 없을 것이다.

EXPLO'74와 황소의 눈물

이백호

전 CCC 간사

    민족복음화의 열정이 잊혀져 가는 아쉬움에 뜻밖의 소식이 들린다. 지난 1974년 여름 "EXPLO'74 성령대폭발" 라는 복음화 운동이 폭발하였다. 그 후로 50년, EXPLO'74를 기념하는 희년 대화방을 열어 그때의 사건과 자료를 수집하고 있다고 한다.

    EXPLO'74는 한마디로, 불가능한 일을 기도와 열정으로 준비하여, 성공시킴으로 한국교회와 하나님께 무한한 영광을 돌렸다. 그때 모든 간사님과 민족복음화를 위하여 생명까지도 바칠 비장한 각오로 도전했고, EXPLO'74에 참석한 많은 사람들도 예수에 미쳤다. 내게 맡겨진 사명은 EXPLO'74 모든 영상 기록과 HCCC 형제들의 활동을 돕는 것이었다. 대회 시작 이튿날 밤, 황소 같던 백완종 형제가 눈물을 펑펑 쏟으며 ㅎ○○ 자매가 어제도 쓰러지고 오늘도 쓰러져 병원으로 업고 갔다 왔다고 했고, 다른 학생들도 많이 쓰러져서 병원으로 업고 갔다 왔다고 말하며 눈물을 펑펑 쏟았다. 그래서 "왜 무슨 일 있어?"하고 물어보니 학생들이 EXPLO'74 빵도 조금밖에 먹지 못해 배가 고파서 막 쓰러진다고 하여, 담당자에게 빵 창고 열쇠를 받아다가 백완종 형제와 김기일 형제에게 열쇠를 주며 "나는 너희들을 믿는다 관리 잘 하라"고 말했다. 대회 기간 중에 비도 많이 오고 어려움이 많았지만, 영상 기록하는 모든 일들도 기적처럼 잘 진행될 수 있어 감사했다.

　EXPLO'74 대회가 끝나고 우리들은 이렇게 외쳤다. "민족의 가슴마다 피 묻은 예수를 심어 푸르고 푸른 그리스도의 계절이 오게 하자." "오직 믿음"

나와 EXPLO'74

이상규
CCC 원로 간사

저는 56학번으로 한국 CCC가 고고(呱呱)의 소리를 내며 탄생한 1950년대 후반에 대학을 다녔기에 대학 재학 중에는 CCC도 그리스도도 알지 못하고 졸업했습니다. 1967년 10월 서울 성심여자고등학교 교사로 재직 중에 그리스도를 영접하였고, 그후 고향인 삼척에서 삼일중학교 교감으로 재직하던 중, 〈삼척군 민족복음화요원 훈련강습회〉를 통해 처음으로 만났던 CCC 간사님들의 비전과 삶에 매료(魅了)되어 강릉 CCC(대표 박영률 간사)의 협동 간사와 나사렛형제들 삼척군 지회장으로 민족복음화운동에 열심히 참여하게 되었습니다. 1973년 2월 말에 결국 학교를 사임하고 3월에 CCC의 전임 간사로 임명을 받게 됩니다.

강릉 CCC 협동 간사를 하면서 1971년 겨울 〈사랑방성서학교 요원강습회〉에서 김준곤 목사님의 주옥같은 메시지를 들으며 펑펑 울었지요. '영점(零點)하의 인간 지점에서 만난 예수님', '베드로의 후예(後裔)들', '부활 신앙과 성령과 민족', '예수님과 우리와의 신비로운 사랑의 절대 관계', '민족사(民族史)의 강은 어디로 흐르는가?' 등의 메시지는 저를 완전히 사로잡았습니다. 1972년 8월 〈춘천성시화대회〉 때는 춘천봉의국민학교 대순장을 맡아서 수고할 때 김 목사님께서 학교에 들르셔서 저를 보자 "이 선생, 수고 많소. 저희 CCC로 와서 같이 일합시다." 그러시는 거예요. 저는 얼른 "저는 강원도 교육감 하겠습니다."하고 대답했습니다. 그런데 김 목사님께서 "이 선생, 기다릴게요." 하고 가셨습니다.

저는 그 후 학교에서 〈민족복음화 전략과 순론 노트〉의 원리에 따라 학교를 운영하려고 하다가 벽에 부딪혀서 절망에 빠져 학교에 사표를 내고, 1973년 2월 정동화관에서 열리고 있는 〈사랑방성서학교 요원강습회〉에 참석해 방(房)순장을 하고 있다가 박영률 간사의 안내와 김 목사님의 부르심을 받고 대표실로 갔더니 김 목사님께서 자리에서 일어나셔서 반갑게 맞으시면서 "이 선생, 내가 오랫동안 기도하며 이날이 오기를 기다렸소. 오늘부로 대학부 간사로 임명하겠소."라고 하시더니 인터폰으로 서무부장 임만호 간사(현재 남서울 은혜교회 원로 장로)를 불러 간사 임명장을 만들어 오라고 하셨습니다. 그날 이후 2003년 3월, 70세로 전임 간사직을 정년 은퇴(隱退)하기까지 만 30년 동안 민족복음화 운동의 고비 고비마다 그분과 고락(苦樂)을 함께해 왔습니다. 저는 1973년 3월에 간사 임명을 받고 당시 서울남지구 대표와 교육부장을 맡고 있던 김안신 간사의 트레이니(수습훈련생 간사)로 서울대학교 사범대학(용두동 캠퍼스)와 공과대학(공릉동 캠퍼스)에서 전도와 양육의 실습훈련을 받았습니다. 또 EXPLO'74 훈련교재를 김 간사와 함께 편집했고 훈련을 마치고 1974년 1월 1일 자로 춘천 CCC 대표 간사로 발령을 받았습니다.

춘천에 부임하자 그때부터 EXPLO'74 홍보와 동원 순장훈련에 돌입했습니다. 일주일에 4일 동안은 강원도 서북부 지역인 춘천시, 춘성군, 홍천꾼, 화천군, 양구군, 인제군, 철원군의 마을 마을을 순례하며 교회마다 들러서 EXPLO'74 전도훈련집회에 대해 설명하며 참석을 권면했습니다. 문전박대도 많이 당하기도 하고, 이단이라는 비난도 당하였습니다. 강원도 지도와 쏘니 카세트테이프를 넣은 가방을 메고 걸어 다니면서 김준곤 목사님의 메시지를 듣고, CCC의 애창곡들인 '주 예수보다 더 귀한 것은 없네', '저 멀리 뵈는 나의 시온성', '오직 믿음' 등을 부르며 다니다가 목요일 오후에는 춘천 회관으로 돌아와서 순장 모임을 하고, 금요일 저녁에는 정기채플을 했습니다. 토요일에는 다시 EXPLO'74 때 각 교실과 텐트에서 교육순장으로 수고할 대학생 및 나사렛 순장들을 훈련하고 점검했습니다.

EXPLO'74 대회 기간 중의 나의 임무는 강원도 전역에서 올라온 약 5,000여 명의 집회 참석 교인들을 영등포 지역의 3개의 초등학교 교실에 수용해서 관리하는 일이었습니다. 낮에는 대학생 혹은 나사렛 순장들의 인도로 각 교실에서 전도훈련을 하고, 오후에는 순장들의 인솔로 시내 각지로 흩어져서 전도 실습을 하였고, 돌아와서는 전도 실천 간증을 나누었습니다. 저녁 식사 후에는 줄을 지어서 찬송을 부르며 여의도 광장까지 걸어가서 저녁 집회에 참석하고 밤 10시경에 다시 학교로 돌아와 잤습니다. 참으로 대단한 강행군(强行軍)이었지요. 그래도 성도들은 사영리로 전도해서 생전 처음 결신자를 얻는 경험을 하면서 피곤하고 힘든 줄 모르고 신이 났지요. EXPLO'74에서 폭발된 성령과 전도의 불길은 요원의 불길처럼 전 세계에 퍼져 나갔습니다.

EXPLO'74와 나

이영호

부산CCC (72학번)

EXPLO'74는 불가능을 기도와 성령으로 가능케 만든, 이후 '80 세계복음화대성회, 그리고 거의 5년마다 열린 우리나라 기독교 주요행사들의 시발점이었다.

1. 내가 대학 3학년 때에 EXPLO'74에 참가하였다. 나는 마포구의 공덕국민학교에서 숙식을 하며 전도훈련을 받았다. 5박 6일 행사의 등록금이 1,500원이었다. 교실 마룻바닥에서 각자 가지고 온 담요나 이불을 덮고 잤다. 한번에 7,000명분의 밥을 한다는 큰 찜통에서 만든 푸석한 밥을 먹었고, 새우젓 단무지 무말랭이가 반찬이었다. 일주일 강습을 받은 대학생들이 교육순장으로, 방마다 20–30 명 순원들에게, 교재를 그대로 읽어 주거나 돌아가며 읽는 식의 전달 교육이었다. 한 교실에 중고등학생부터 글 읽기를 더듬는 나이 많은 장로님들도 있었다.

저녁에는 40분을 걸어서 마포다리를 건너 집회장소인 여의도광장으로 갔다. 백만이 넘는 인파가 80만 평 광장에서 집회를 갖는 것이 이후 교계행사로 자주 반복되었다. 당시 기독교 인구의 십분의 일인 30여 만 명에게 전도훈련을 실시한 결과 폭발적 교회성장이 일어났다. 나라 일로는 엑스플로 기간 중에 최초의 지하철 서울역–청량리 구간이 개통되었다.

2. 1980년 8월, '80 세계복음화 대성회는 폭발적으로 성장하여 성도 천만을 헤아리게 된 교회에 세계복음화의 비전을 불어넣는 계기가 되었다. 대회 끝날

저녁집회에서, "생의 1년 이상 해외 선교에 헌신하는 평신도 선교사 10만 명"의 도전에 여의도 광장에 운집한 청중들 거의 모두가 일어섰었다. 당시 100명 남짓 했을까 한 한인선교사가 오늘 수만을 헤아리게 된, 30배 60배 100배로 성장하는 기폭점이었다. 연말에 TV방송이 흑백에서 컬러로 바뀌었다.

3. 1985년 연초에 대통령이 "세계화선언"을 하였고 지구촌이라는 단어가 등장했다. 12월의 엑스플로 '85는 전 세계 50여 개국 60여 개의 주요 도시를 위성 방송으로 연결하여, 매일 동시 전체 집회를 가지면서 도시별로 전도대회를 가진 행사였다. 전 세계에 동시에 복음을 전하는 것이 기술적으로 가능하며, 지구가 하나의 촌락처럼 동시 생활이 가능하다는 것을 여실히 보여 준 대회였다. 빌 브라잇 CCC 총재 일행이 4일간의 집회기간 중, 세계를 일주하면서 저녁집회마다 서울, 마닐라, 런던, 멕시코시티에 나타나 메시지를 전하는 것을 보고 참가자들이 지구촌을 실감하였다.

4. 1990년 7월과 8월의 마닐라 선교대회는 국제 CCC가 'New Life 2000 계획'의 전략 시험 대회로서, 전 세계에서 1만 명의 간사와 학생들을 마닐라 지역에 3개월간 투입하여 800만 인구 전체에게 복음을 전하려는 행사였다. 이 대회에 한국에서 3000여 명이 참가하였다. 88올림픽 이후 89년의 해외여행 자유화로 가능했던 일이었다. 이후 우리나라 단기선교운동의 물꼬가 터지고 해외배낭 여행시대도 열렸다.

5. 1995년 5월, '95 세계 선교대회 (GCOWE '95)는 단기선교 운동이 5년여 계속된 뒤에 온 새로운 도전이었다. 전 세계의 기독교 지도자 4000여 명이 서기 2000년을 목표로 전략과 기도를 모으는 행사였다. 우리나라의 젊은이들에게 마게도니아인의 환상을 보게 하는 계기가 되었다. 대회의 하이라이트는 'Student Mission 2000'이었는데 전국 각지에서 온 8만여 명의 대학생들이 잠실의 올림픽 경기장에서 세계 각국의 4000여 지도자들과 상면하였다.

"와서, 우리를 도와주시오!"

"내가 여기 있나이다. 나를 보내소서!"

그날 토요일의 오후는 하나님께서 환상적인 이슬비로 신비로운 은혜의 분위기를 연출하셨다. 이후 우리나라는 세계선교의 주력국으로 부상하여 사도행전 29장의 역사가 계속되고 있다. 스무 살 청년 때부터 CCC와 함께 우리나라 교회의 성장에 헌신하고, 동시에 우리나라의 기적적인 부흥을 내 눈으로 보았다. 주님께 감사드린다.

EXPLO'74와 나의 신앙

이요섭
부산CCC나사렛형제들 회장

지금 나의 신앙의 뿌리가 어디인가를 생각해 보면 할머니의 믿음이 이어져 내려오고 있음을 봅니다. 교회에 머물러 있는 평범한 교회 청년이었습니다. EXPLO'74는 청년 시절 분위기에 서 있었던 것 같아 그렇게 와 닿지는 못했습니다. 엑스플로에서 김준곤 목사님의 메시지는 교회에서 듣는 메시지와 다른 가슴에 스며드는 충격적인 것이었습니다. 평소 감동이 적었고, 분위기 적응이 늦어 실수가 많이 있었으나 지나고 보니 주변에서 기도 같이 하고, 모여 강의 듣고, 성경공부하고, 이렇게 한 것이 대학생이 된 후 처음으로 교회에서 배우지 못한 것을 경험하게 되었습니다. 말로만 듣던 죄인이라는 것이 나와 관련 없는 것이 아니라 나에게 하는 말씀으로 죄인이었음을 고백하고 거듭난 삶을 살게 한 것이었습니다.

이 과정이 한꺼번에 이루어진 것이 아니라 CCC에서 계속 훈련을 받음으로 내 신앙이 성숙되어 감을 느끼고 있습니다. 교회에서 느낄 수 없는 것이었습니다. 엑스플로 전에 사영리 전도와 성령충만 소책자를 간사님이 외우라 하여 외우면서, 그리고 전하면서 믿음의 확신을 가지게 되었습니다. CCC가 이 땅에 미친 영향은 정말 엄청난 것입니다. 이후로 계속 나사렛 활동을 하였으며 교회 장로(구세군에서는 정교)로 임명되어 연합활동을 하며 여러 교회를 방문할 기회를 가졌는데, 가는 곳마다 CCC 출신 장로, 권사, 집사, 목사님들을 만날 수 있었고, 교회의 리더들이 되어 있어 CCC 출신, 나사렛 형제 명칭이 자랑스럽습니다.

EXPLO'74를 통해 믿음이 굳건히 서고 CCC맨이 되었습니다. 계속해서 '80 세계복음화 대성회, '95 세계선교대회, Student Mission 2000을 거치면서 CCC 가 세계선교의 발판이 되었다고 생각합니다. 김준곤 목사님은 한국교회를 선교 한국으로 만들었습니다. 이러한 과정들을 거치면서 하나님께서 대한민국을 집 중적으로 축복해 주셔서 교회는 엄청 성장하였지만, CCC는 여전히 대학생을 제자화하는 나룻배 역할을 감당하고 있습니다. 간사님들의 수고와 헌신에 감사 하고 존경합니다. 지금도 함께하는 믿음의 동지 나사렛형제들이 있어 행복합니 다.

출산 6개월 된 아이와 함께

이평숙

나사렛형제들 어머니순

EXPLO'74는 까마득한 옛날로 오십 년 전의 일이지만 되돌아보니 너무나 감동과 은혜의 시간이었음에 감사가 넘치는 사건이었다. 대학 2학년 때 CCC란 선교단체를 선배님께서 저희 강의실에 와서 소개하며 초청하는 일로 찾게 되었는데, 김준곤 목사님의 설교 말씀에 완전히 매료되어 우리 과 학생 삼분의 이가 참석할 정도로 우리를 주님께로 부르심에 행복했다. 더구나 입석 수양회를 통해 사영리를 전수받고 시험까지 치르면서 전도대상자를 찾아 전도할 때 이를 듣고 영접하는 것을 볼 때, 전한 우리가 더 놀라움을 경험하는 시간이었다. 그러면서 EXPLO'74를 계획하는 과정에서 정말 많은 우여곡절 끝에 여의도 광장에서 개최되는 놀라운 역사가 일어났다.

하나님께서 김 목사님께 지시한 계획으로 주님의 인도하심과 철저한 계획과 기도에 저도 둘째 아이가 6개월이 된 상황에도 참여하지 않을 수 없는 열정을 주셔서 여의도 고아정 본부에서 각 곳에서 오신 분들의 상담과 요청 요구사항에 눈코 뜰 새 없이 바쁜 시간이었다. 그중에 여의도 주변 학교에 콘티빵에서 제공한 빵을 나누어 주는 차량이 사라져 버리는 바람에 다들 금식하게 되어 아우성을 치고, 또 광장에서 설치한 굉장한 밥솥에서 한 밥과 반찬으로 나온 단무지, 새우젓이 생각나는데 외국인이 와서 이것이 무엇이냐 묻는데 갑자기 나온 영어가 picked radish와 salt shrimp라고 대답하고 웃던 생각이 나며, 더위에도 더운 줄 모르게 여기저기서 들어오는 불평, 문의사항으로 출애굽 시절에 모세가 어떻게 그들은 이끌고 갔을까 생각해 보기도 했었다. 그러나 저녁 집회에 광장을 꽉 채우는 인파와 말씀에 많은 간사님과 김 목사님의 민족복음화를 이루시는 현장에 감동의 물결은 지금도 생생히 기억되고 어서 속히 이 땅이 복음으로 통일되는 날을 기대하며 기도합니다.

EXPLO'74를 준비하며

이희녕

전 이화여대 대표순장

한창 허무주의가 만연하던 1970대에 심히 영향을 받고 자살까지 미화하여 오직 죽음만이 내 삶의 출구로 여기던 어둡고 추웠던 대학교 1학년 시절에 내가 그리도 경멸하던 기독교에 심취한 친구의 생명을 건 기도덕분에 기적적으로 예수님을 영접하고, 온 인생을 던진 사마리아 여인이 바로 나였다. 진솔한 기도의 힘은 참으로 위대하다. 그리도 극렬히 반대하던 기독교였는데? 나무기둥 뿌리를 뽑았다는 기도의 힘에 완강하던 심령에 혹시나 내가 찾고 찾는 살아야 할 의미를 찾을지도 모른다는 미미한 희망의 마음을 불러일으켜서 그 친구의 간곡한 부탁 덕분에 읽어 내려간 성경 말씀이 마치 내게 직접 말씀하시듯 눈에 들어오고 성경 속으로 빨려 들어갔다.

물 길러 온 사마리아 여인이 예수께서 네 남편을 데려와라 하실 때 "나는 남편이 없어요." 대답하니 "남편이 없다는 네 말이 맞도다. 너에게 남편이 다섯이 있었고 지금 있는 자도 네 남편이 아니니 네 말이 참되도다." 그 여자의 정곡을 찌르는 답을 해주시니 놀라서 예수님과 대화를 이어간다. 내 숨겨진 사실을 정확히 알아보시는 당신은 선지자이시군요. 답하니 예수님은 참되게 신령과 진정으로 예배할 때가 올 것이다. 하나님은 진실로 하나님을 예배하는 자를 찾으신다 답해 주시니 여자가 진실에 눈뜨고 메시아 그리스도가 오시면 우리에게 알려주실 것이라 답하니 예수께서 네게 말하는 내가 그라 말씀에 주시니, 여자가 물동이를 버려두고 동네에 들어가 내가 행한 모든 일을 내게 말해주신 이분이 그리스도라 증거한다.

　사마리아 여인의 구원 받는 과정 가운데 온 사방을 찾아다니며 삶의 의미를 찾았으나 갈수록 암담해 생을 마감하려던 내가 보였고, 사마리아 여인의 치부를 모두 알며 그를 구원해주신 예수님을 나의 주님으로 영접하니 그전에는 내게 전혀 없었던 나를 모든 고뇌를 아시는 메시아를 내가 만났네! 만나는 모든 이에게 전도라는 단어조차 모르는 내가 예수님이 내 구세주임을 증거하고 다녔다.

　나도 모르는 사이에 내게 성령이 임하시어 성경이 이해되고 알게 되는 진리를 도저히 혼자 가지고 있기가 힘들었다. 학교에서도, 길거리에서도, 버스 안에서도 만나는 모든 이에게 내가 만난 예수님에 대해 기뻐서 외쳤다. 내게 살 이유를 주신 분이 주 예수님입니다. "예수 믿으세요. 예수 믿고 삶의 목적과 기쁨을 찾으세요." 열심히 성경 읽으며 진리를 알아갈수록 그 진리를 학교 공부는 뒷전이고, 학교 친구들에게 전하고 나누었다. 하도 열심히 전하니 아이들이 나만 보면 멀리 피해가기도 하고 어떤 친구는 진지하게 들어주며 나와 함께 말씀 사랑을 나누기도했다. 그때 전도하며 돌보던 친구 중에 54년이 지난 지금도 피붙이 같이 마음을 나누며 삶을 동행하는 친구가 어제 만났듯 기쁨의 관계를 돈독히 하며 함께함은 내게 임한 성령 안에서의 기적 중의 하나이다.

　기독교에 맹물인 내가 홀로 성경 읽으며 터득하기엔 여전히 성이 안 차던 차에 내 열심을 보고 함께 가자며 한 과 친구가 대학교 2학년 초에 나를 CCC로 인도하였다. 여전히 전통적인 교회를 진부하다 여기던 내게 김준곤 목사님의 해박하신 설교 말씀에 놀라고, 공부 벌레였던 나는 목사님 말씀에 매료되어 목사님이 주도하시는 모든 모임에 따라다니며 설교 노트를 공부하듯 그리 열심을 내었다. 성경은 물론 목사님이 언급하시는 모든 책들을 빠짐없이 섭렵하고 CCC의 모든 훈련을 철저히 임하고, 짧은 시간 안에 나는 초신자를 넘어 사역자 수준의 순장으로 CCC의 붙박이 순장이 되어있었다.

대전집회

그러던 중에 CCC에서 대전집회를 열게 되었다. 그때까지는 중형 교회 정도
였다면 대전집회는 만 명 집회를 목표하는 대형 단체로 옮겨가는 전환기의 큰
집회였다. 한 참 전도의 영이 붙었던 내가 처음부터 너무도 참석하고 싶어서 여
전히 기독교라면 극렬히 반대하시던 아버님의 방해를 피하기 위해 학교에서 학
점 따야 하는 여름 봉사라고 둘러대고 대전집회가 시작되기전인 이틀 전에 간
사님들에게 부탁해 허락받고 집회 준비팀에 끼여서 대전에 도착하였다. 아직
잘 곳이 제대로 마련되지 않았던 터라 어느 대전 간사님 댁에 끼여서 모든 준비
모임에 참석하게 되었다. 내게는 이 모든 것이 생소한 첫 경험이었다. 그곳의 모
든 분들이 초신자가 그리 열심인 것에 감동하시고 다들 엄청 예뻐해 주셨다.

도착한 다음 날 아침 식사 후에 집회 장소에 도착하였다. 엄청나게 큰 운동장
에 앉을 곳들을 마련하고 한창 집회 준비에 여념이 없었다. 여전히 한 영혼이라
도 구하고파 전도에 골몰하던 때인지라 사방을 둘러보며 전도대상자를 찾아 나
서서 말을 걸 수 있는 남녀노소 모든 이들에게 다가가 사영리를 나누고 결신
기도를 하였다. 함께 머물렀던 어느 간사님이 시키지도 않는데 열심히 알아서
전도에 몰두하는 내가 신통해 보이셨던지 그때 찍어주신 사진이 남아있다. 아직
도 그 사진을 보면 마치 어제 일어났던 일같이 한 영혼을 찾아다니며 건지는 기
쁨이 넘쳐 흐르던 그 시간에 선교 심장이 뜨거워지곤 한다.

집회 일정보다 일찍 도착한 탓에 그 오후부터 집회 뒷바라지, 특히 식사 준비
팀에 배당이 되었다. 커다란 가마솥을 걸고 새우젓을 부삽으로 푸며 식사를 나
누는 식사 준비 현장은 또 다른 문화 쇼크였다. 그때 식사 준비를 총 지휘하시
던 진공열 간사님의 열정적인 헌신이 아직도 눈에 선하다. 그때 집회를 준비하

는 모든 분들의 열정적인 헌신은 내게 후일에 헌신은 어찌하는 것인지를 몸소 보여준 헌신의 바로미터가 되었다. 그리고 그다음 날에 비로소 집회가 시작되었다. 지적이면서도 뜨거운 김 목사님의 메세지가 전부였던 내게 열변을 토하시는 홍정길 목사님의 메세지는 영적인 지진을 일으켰다. 그 말씀들이 얼마나 시원하고 달고 오묘했던지? 그렇게 김 목사님과 새로 발견한 홍 목사님의 메세지에 은혜를 푹 받고 나는 아예 CCC 붙박이가 되어 모든 훈련, 모든 모임에 빠지지 않고 충성되이 형제자매들을 아끼고 사랑하며 평생 순장의 길을 힘차게 걷게 되었다. 대전집회는 내게 평생 사명자의 길을 가도록 지표가 된 영적 디딤돌이다.

호사다마라고 어찌 좋은 꽃길만 걸을 수 있나? 대전집회 이후 홍정길 목사님이 CCC의 앞 선 리더로 부상한 이후 CCC 리더십에 지각 변동이 생겼다. 영적 대 지진이 터진 것이다. 진실은 오직 하나님만이 아시니 누가 그 책임의 돌을 던질 것인가? 대전집회의 인기몰이로 리더십의 최 상좌로 밀려 올라가게 된 홍 목사님과 그분의 영향을 받던 이들이 밀려서 리더십에서 총 사퇴를 하게 되는 초유의 리더십에 지진이 터졌다. 아무 영문을 모르던 순장들조차 그 지진이 속절없이 흩어지는 디아스포라 사건이 터졌다. 모든 사람이 이리저리 몰려다니며 이 말, 저 말하며 우왕좌왕할 때, 하나님께서는 제게 어느 편에도 가담 말고 판단은 내게 있으니 내게 맡기고 믿음의 중심을 지키라는 마음을 주셔서 모든 소리에 귀 닫고 다만 모든 리더들의 심령을 위해 엎드리고 기도에 힘썼다.

마침 그때가 대학을 막 졸업하고 남편 목사님이 미국 유학차 떠나던 인생의 중요시기여서 CCC의 과도기를 개인 중대사에 묻혀 감사로 넘기게 되었다. CCC에도 새로운 간사님들로 리더십이 채워지고 소규모의 단체에서 대규모의 단체로 변신이 이루어졌다. 격랑의 소용돌이 후에 대 규모로 안정이 되어가며 김 목사님의 한국 복음화의 기폭제가 되는 EXPLO'74 프로젝트가 시작되며 CCC는 민족복음화의 새로운 역할로 돌입하게 된다.

바울과 바나바 간에 문제가 터져 서로 갈라지나 그로 인해 디아스포라 교회로 교세가 예루살렘에서 온 유대, 사마리아에서 땅끝까지 퍼져나가듯, 홍 목사님 사건은 생겨서는 안 될 아픔이었으나 그로 인해 CCC가 작은 가정적 모임에서 대 선교단체로 성장하는 기회가 되었고, 그로 인해 작은 우리에서 소꼽놀이하는 모임에서 흩어서 각자 성장시켜 흩어진 곳에서 한국 복음화의 알곡 사명자들로 사용해주셨으니 하나님의 경륜은 가히 놀랍고 놀랍다. EXPLO'74 준비가 한참일 때 남편 강세대 목사님은 이미 유학차 떠나셨고 홀로 남은 나는 그래도 대회 준비 모임 때 순장훈련을 섬길 수 있어서 미미하나마 EXPLO'74 대장정에 벽돌 한 장이라도 쌓을 수 있은 듯하여 감사하다.

디아스포라 미국 내 이민교회 사명순장 현장

CCC 경험이 전부이고 현장 교회 경험이 부재였던 우리에게 순수한 신앙은 있었으나 인간 심리나 인간관계의 미묘하고 복잡한 것엔 맹물이었기에 기상천외의 일들이 여기저기에서 터지는 이민교회는 우리의 영적 성숙을 이뤄내는 모판이 되었다. 5개의 개척교회의 2개의 묵은 닭 교회를 섬기며 하나님께서는 우리의 모자라고 모난 숨은 육의 성질을 드러내시고 깍아내어 '나죽예사'가 체질이 되는 성숙한 사명자 순장으로 키워내셨다. 모진 풍파와 거친 세월을 거치며 내면 깊은 곳으로부터 하나님에 대한 사람과 헌신이 순화되고 오직 믿음, 오직 말씀, 오직 기도, 오직 예수와 오직 성령의 사람으로 빚어내시었다.

모진 이민교회 사역자 훈련을 거쳐 가며 2024 성령행전을 해내기까지 전도, 양육, 교회 세우기에서 알곡 순장 찾아 세우기로 진화되어 간 사명자의 삶을 되돌아보며 성령님의 장구한 세월에 걸친 택하신 백성에서, 왕 같은 제사장에서, 거룩한 나라에서 하나님께 진정으로 속한 그분의 사람으로 순화되기까지 모든 환경과 사건들을 통해 우뚝 알곡 사명자 순장으로 빚어 가시는 성화 작업에 놀라고 감동하며 찬양을 드린다.

　EXPLO'74에 깊이 관여는 하지 못했으나 디아스포라 평생 CCC 사명 순장으로 미국 이민교회 사모로 50년을 아직도 한국을 출발해 미국에서, 세계 각 곳을 다니며 선교로, 다시 한국의 알곡 순장들을 세워주는 사명자 순장으로 오늘도 이 세상 땅끝까지 내가 만난 주 예수님의 피 묻은 복음으로 들고 충성하며 완주할 것을 확신하며 함께하는 동료 순장님들, 후배들에게 말씀의 언약은 세상 끝까지 예만 되고 이루어지니... 설령 오늘 고달프더라도 손을 늘어뜨리지말고 성령께서 주를 찾는 자에게 함께 하시며 상 주심을 믿고 믿음 위에 굳게 서서 함께 성령님의 행전을 각자 써 내려가자.

　"오직 성령이 너희에게 임하시면 너희가 권능을 받고 예루살렘과 온 유대와 사마라아와 땅끝까지 이르러 내 증인이 되리라" 하시니라. (행 1:8)

EXPLO'74 진행을 준비하며

임만호

크리스찬서적대표, 전 CCC 간사

제가 모태신앙이지만, 당시는 민족복음화가 무엇인지도 몰랐을 때였어요. 당시 총무 간사였던 제 죽마고우 홍 목사님과 짧은 대화를 나눈 후, 김준곤 목사님과 조선호텔 커피숍에서 만나 두 시간 정도 대화할 시간이 있었습니다. '민족복음화, 푸르고 푸른 그리스도의 계절이 오게 하자.' 그것이 그분의 가슴에 꽉 차 있는 것을 느꼈습니다. 그게 제 눈에도 탁 보일 정도였어요. 저도 그 비전에 동화가 되었다고 해야 할까요? 목사님과 만나서 이야기했을 때, 우리의 마음이 변화됐습니다. 예수님과 우리가 어떤 관계인지, 예수님이 이 땅에 왜 오셨는지에 대해 이야기하실 때, 살아계신 예수님이 느껴졌습니다. 그때 저는 CCC에서 일하면 좋겠다는 생각을 했고, 집회 진행도 맡게 됐습니다.

우리나라, 우리 국민을 사랑하시는 하나님 민족복음화는 CCC가 안 했어도 하나님이 이루셨겠지만, 그때 당시 대학생들에게 복음을 전한다는 것은 메리트 있는 일이었습니다. 당시 엘리트였던 대학생들이 하나님을 올바르게 알도록 하셨고, 하나님께서는 그들을 복음을 전하는 귀한 통로로 사용하셨습니다. 복음이 전해지면서 한국교회도 부흥하고, 봄에 굶어 죽는 사람들이 있을 정도로 힘들었던 한국이 이렇게 발전한 것입니다. 그것을 기억하고, 지금도 자부심을 갖고 도전해 나갔으면 좋겠습니다.

여의도에 많은 사람들이 한 번에 모이려면 교통 문제도 해결되어야 하고, 여름이라 아픈 사람도 생길 것이라고 예상해서 병원도 만들어야 했습니다. 화장실도 많이 만들어야 하고, 스팀으로 몇만 명 분의 밥을 지을 어마어마한 시설이 필요했습니다. 이것 외에도 해결할 문제가 많아서 걱정되었습니다. 하지만 그럴 때마다 하나님께서는 우리에게 지혜를 주셨습니다. 안 된다는 생각을 절대 버리게 하시고, 우리 CCC 멤버들에게 하나님께서 복을 주셨습니다. 기도했더니 하나님이 그냥 꼼짝 못하게 하시더라고요. 그래서 "이거 이렇게 합시다." 하면 "예"라고 하지, "아이고 그건 안 됩니다."라고 말하는 사람이 없었어요. 김준곤 목사님은 "다 이루어진 것처럼 기도합시다."라고 말씀하셨습니다. 하나님의 영광을 위해서 하는 일이면 뭐든 다 됩니다. 그 증거로 나와 같은 증인들이 있어요. 청년 여러분도 다 되어버린 것처럼 기도를 하세요. 기도를 하며 EXPLO'74 30만 명 집회, 이거 기도하면 된다고 생각했고, 지금도 나는 그 생각을 이어받아 우리 출판사 직원들한테도 '안 된다고 생각하기'보다 '된다고 생각하고 연구하자.'라고 말합니다. 그것이 중요해요. 성경이 우리 손에 쥐어진 것은 큰 복입니다.

'내가 예수를 믿었다. 나는 천국 갈 건데 너희는 지옥 가든 말든 알아서 해라.'라는 생각은 버려야 합니다. 내가 절대적으로 하나님을 신뢰하고, 나 대신 예수 그리스도가 십자가에 돌아가셔서 다시 날 데리러 오신다고 확신한다면, 그것을 세상에 표현해야 합니다. 그럴 때 신앙이 더 굳어지는 거예요. 지금은 우리나라가 경제적, 문화적으로 발전하니까 '우리의 삶에 예수님이 별로 필요 없다.'라고 느끼는 것 같습니다. 우리는 하나님께서 우리나라에게 주신 것과 나에게 주신 것을 기억해야 해요.

74년도 대한민국에 우리와 함께하신 하나님은 지금도 동일하십니다. 하나님은 변함이 없어요. 하지만 내가 변화해야 합니다. "나는 변할 수 있다!"라고 가능성을 크게 생각하고, 변할 수 있다고 말해야 합니다. 우리나라는 지금 물질적인 풍요만 채워졌지, 정신적으로 풍요로워지지 않았습니다. 공허한 삶 가운데 우리가 풍요로워지고자 하는데, 그때 꼭 '예수'가 들어가야 합니다. 알맹이가 있어야합니다. 첫째는 예수 믿고 구원 얻는 것이고, 둘째도 예수 믿고 구원 얻는다는 것을 가르쳐 줘야 돼요. 우리가 전도한다고 하면 "헛된 소리한다."라고 말하겠지만, 그래도 우리는 "당신이 나같이 되기를 바랍니다. 구원 얻기를 바랍니다."라고말해야 합니다. 성경이 우리 손에 쥐어진 것은 큰 복입니다. 이것을 귀하게 여기고 세상에 전하는 것은 우리의 책임입니다.

EXPLO'74 회고

조달운

광교 좋은나무교회 집사

고1 때 학교 선배가 선교단체에 가지 않겠냐는 권유에 정동에 있는 CCC에 가서 보니 고등부 CCC가 있었다. 그때에는 명문고등학교 8개 학교만 모여 활동을 해서 저희가 들어가면서 규모가 확대되었다. 지금의 고등부 CCC가 정식으로 예배를 드리고 전국적인 조직을 갖고 고등학교의 복음화를 외쳤어요. 지금 정동에 있는 센터가 강당과 1층 집회 장소가 두 곳이 있었고, 옆에 20층 세계센터가 건축 중이었는데, 임시로 3개 층을 사용허가를 받아 엘리베이터 가동 없이 사용하여 금식기도회도 개최하고 각종 모임을 하였다. 그때는 젊어서...6층은 힘이 안 들었다. 선교의 현장에는 HCCC가 있었다. 최근 동문 모임('13.06.25)에서 우리 참석자들이 6층에 모여 세계 지도를 놓고 기를 만들어 세계를 복음화하겠다는 표현을 했는데 지금 보면 목사와 평신도 선교사, 사업가로 국내·외에서 각자의 기도 제목으로 세계 속으로 퍼져나가 그때의 기도 제목처럼 열심히 복음을 전하고 있는 큰 계기가 되었다.

정동 CCC 강당에 1200명 정도 들어가는데 매주 정기모임에는 서울에 있는 거의 전 고등학교 회원들이 와서 빽빽이 앉아 예배를 드렸다. 그리고 예배가 끝나면 지역별로 모여 복음화에 대한 토의와 말씀 공부를 하고 지역을 나누어 전도를 매주하였다. CCC는 전국의 복음화와 세계복음화를 위하여 1974년

EXPLO'74를 개최하기로 결정하고 '73년부터 준비를 시작했다. 사실 교회보다 정말 재미있었다. 모임도 순수했고 우리 기수가 최고 기수로 모든 모임에서 대표를 맡고 열심히 준비했다. 지금 생각해 보면 최고의 활동 기간이며 최고의 신앙생활이었다. 지금도 40년을 바라보고 있는데 그때 그 모습으로 만나 60살이 다 되어도 그때 이름과 선배 후배로 만나 회상하며 삶을 이야기하는데 시간이 모자랄 정도이다. 우리 기수의 친구들은 제가 보기에도 모두가 열심히 해서 그런지 목사님으로 사역하시는 분, 장로님, 집사님, 사업가, 그리고 세계선교로 열심히 하는 모습은 늘 감동적이다. 모일 때마다 그 사역하는 이야기를 들으면 우리가 그곳에 가 있는 착각을 할 정도로 생생한 뉴스가 모두가 기쁨의 시간이 되었다.

나를 조금이나마 안정적인 삶으로 만들어 준 곳이 HCCC였다. '74년에 EXPLO'74가 개최되는데 저희로서는 상상도 못할 큰 행사였다. 전국단위의 회의가 준비되어 있고, 각 교단과의 연대 모임, 또한 취사와 숙박, 교통, 날씨에 따른 대비, 운송수단, 전화, 화장실, 텐트준비 등 특히 취사가 가장 문제였죠. 숙박하는 사람(지방에서 온 학생, 일반인 등)이 먹어야 할 밥솥과 국그릇, 개인 그릇, 젓가락, 숟가락, 앉을 자리, 이불 등등 저희는 특히 같은 11, 12기와 간사님들이 주축이 되어 식사문제를 해결하는데 전체가 한마음으로 임했으며 서울시에 협조를 얻어 여의도에 건설 중인 지역난방공사에서 나오는 열(증기)을 아파트는 건설 중이었으며 여름철이라 열이 필요 없고, 그 열을 이용하여 밥을 하기로 결정되어 정말 큰 찜통에 열(증기)을 이용하여 밥을 찌는 광경은 아마 우리 세대에는 볼 수 없을 듯합니다. 그렇게 만들어진 밥은 큰 삽으로 떠서 중간 그릇에 옮겨 트럭으로 각 숙소로 배달되었습니다.

7월 들어 지방에서 오는 중, 고등학생과 대학생, 일반인을 위한 반을 만들고 그 반을 운영할 순장 제도를 만들어 교육과 생활지도를 함께 했습니다. 저도 순장으로 열심히 교육도 받고 특히 중. 고등학생 중에 하나님을 모르는 사람들에게 복음을 제시하고 영접하게 하여 진정한 하나님의 자녀로 거듭나는 체험을 하는 아주 중요한 일을 맡았죠. 그리고 8월이 되었습니다. 행사는 5박 6일 정도인데 저희는 준비 모임을 위해 일주일 전에 그곳으로 갔고 계속해서 행사 준비와 교육이 진행되었다.

그곳에서 대회 이틀째 아침에 집에 다녀오려고 가는 데 전파사에 켜 놓은 TV에서 광복절 기념식을 하는데 갑자기 불이 꺼지고 탕탕하는 소리가 났어요. 대통령은 탁자 뒤에 숨고 육영수 여사는 그냥 소파에 앉아 있었는데 조금 후에 보니까 옆으로 살짝 쓰러지는 모습, 그리고는 TV는 중계를 멈추었어요. 오후 뉴스에 육영수 여사가 돌아가셨다는 소식이 들렸어요. 너무 안타깝고 황당한 사건이었습니다. 다시 집에 온 저는 다시 옷을 갈아입고 그날 개통되는 지하철 1호선 열차를 타보기 위하여 시청 앞으로 나갔습니다. 사람은 엄청 많았어요. 짧은 거리(서울역에서 청량리역)에 사람이 몰려왔지요. 그날 공짜였어요.... 1974년 8월 15일 우리나라도 지하철 시대가 찾아왔다.

저녁이 되었지만 아직도 모래밭은 덥고 앉을 곳이 없도록 바닥은 뜨겁고 그늘을 찾아다니는 모습이 사막의 개미들이랄까? 우리는 다시 저녁을 먹고 긴 저녁에 다시 대회 준비를 위해 말씀을 배우고 학생들 관리에 대한 교육을 받고 늦은 밤 하나둘씩 텐트로 갑니다. 텐트는 하루종일 햇빛에 달궈진 텐트에서 아직도 열을 발산하여 잠을 이루지 못하고 밤하늘의 별을 세어가며 잠을 청해 봅니다. 잠깐 자고 일어났는데 아침 해는 왜 그렇게 빨리 뜨는지 가까이 없는 세면장으로 가서 열심히 씻고 다시 텐트로 옵니다. 아침을 먹고 나면 왜 이리 할 일이 많은 지 여기저기서 불러서 이것도 하고 저것도 하자는 소리 행복한 일이죠. 텐트 보수, 바람 대비, 우기 대비, 안전대비, 밤에 불침번, 외부인 통제, 식수 조달, 예배 장소 확보 등 많은 일이 기다리고 있고 진행 중입니다. 이렇게 일하고 나면 저녁이 오고 밤이 오는데 간단한 저녁 기도회가 있고 함께 찬양하며 기도했다. 모든 대회 일정이 차질 없이 안전하게 많은 젊은이가 와서 하나님을 만나도록 열심히 마음을 다해 기도했다.

이제 D-day 일주일 전 모든 스탭들이 모여 함께 예배하며 기도하며 이어서 총진행을 맡은 분의 개괄적인 설명과 각 팀의 팀장들이 나와 전국적인 참여자들에 대한 숙소준비, 연락관계, 교통편, 집회시간 도로통제, 버스, 승용차 등 주차장 관리, 화장실 준비, 음료수대 준비, 지역별 구역별 좌석배치, 헌금위원 배치, 예배진행자 준비, 성가대 준비, 설교자, 통역, 특송자 준비, 통신사 관리, 각 방송사 중계준비, 집회 후 청소, 낮 시간 참가자 교육일정, 숙소별 식사 배달계획, 사진촬영, 유관기관과의 연계(구청, 경찰서, 보건소, 구급차운영, 식수차 운영 등), 텐트대여, 현수막 관리, 피복관리, 책자관리, 순서지 배부, 방송시설 관리, 안정적 전기공급을 위한 한국전력공사, 전화 등 통신을 한국통신공사 등과 긴밀한 협조 등 많은 사항이 소개되고 소관별 담당자의 설명이 있었다. 이렇게 하루하루가 지나고 대회 전날 우리는 이 모든 것을 위해 마지막 점검을 하고 준비가 미비된 것은 바로 다시 한번 준비상황을 점검하고 저녁시간부터 기도회를 하며 내일 대회를 기다렸다.

대회 날 오전 우리지역에 배치 된 멀리 대구에서 오는 학생들을 기다렸다. 오후 3시 지나 학생들이 도착했다. 사실 나도 어렸지만 도착한 학생들은 중학생들이었다. 경북사대부속중학교 2학년 여학생으로 이루어져 있으며 많이 앳되게 보였다. 학생들이 와서 우리는 교육할 장소를 알려주고 주위의 시설들을 소개하고 집회 시작 후 다음날 교육할 때 준비사항을 알려주고 다시 버스로 숙소인 마포의 중학교로 보내주었다. 첫날 저녁 집회기간이 다가오니 여의도 끝 마포대교 쪽에서 많은 사람들이 걸어서 다리를 건너오고 있었다. 아마 여태까지 이렇게 많은 사람이 모이는 것은 제가 태어난 이후 처음 보는 것 같았다. 사실 여의도광장은 모두 아스팔트라서 낮의 뜨거운 햇빛으로 달궈진 바닥은 저녁이 되어서도 식지 않고 더운 기운을 발산하고 있었다. 우리는 가까이에 있었기 때문에 조금 일찍 걸어가서 본부석 근처에 앉아서 대회가 은혜 가운데 성공적으로 이루어질 수 있도록 열심히 기도했다. 그리고 준비 찬송을 하고 전체가 합심하여 기도했다. 복음화와 민족통일, 안전하게 대회가 이루어질 수 있도록.

세계선교와 EXPLO'74

조용성

북사이프러스선교사, 전 CCC 간사

프롤로그(prologue)

고향: 부르심과 헌신

"여호와께서 아브람에게 이르시되 너는 너의 고향과 친척과 아버지의 집을 떠나 내가 네게 보여 줄 땅으로 가라"(창 12:2) 조국 대한민국의 70년대는 격동의 한 시대였다. 계속되는 데모로 대학생활은 삶의 의미가 없었다. 한 친구의 권유로 CCC을 만났다. 열단계성서교재를 통해 인생의 BC와 AD가 갈라졌고, 주님을 인격적으로 만났다. 바로 EXPLO'74 여의도대회는 세계선교에 부르심과 헌신의 계기가 되었다. 주체할 수 없는 눈물을 흘리며 EXPLO'74 대회에서 세계선교에 헌신했다. 유성 김준곤 목사는 젊은이들에게 도전했다.

프랑스에 한 노인의 외동딸이 있었다. 그녀는 주님을 너무 사랑해 아프리카 선교사로 떠났다. 선교사로 떠난 외동딸을 향해 노인은 정신 잃은 사람처럼 절규한다. "로마의 사형수여! 그대는 산 사람인가? 죽은 사람인가? 그대는 나에게서 심장 같은 딸을 앗아갔구나?" '민족의 가슴마다 피 붙은 그리스도를 심어 이 땅에 푸르고 푸른 그리스도 계절이 오게 하자! 오늘은 민족복음화. 내일은 세계선교! ' 이 절규를 외치며 국토를 순례하며 거지전도를 다녔다. 아브람을 부르신 하나님은 한 선교사를 불러 '오늘은 민족복음화. 내일은 세계선교' 장으로 초대해 주셨다.

꽃다운 젊은 날(33살)

타향: 생명의 복음, 무슬림 대학생들에게 먹을 것을 주어라!

"너희가 먹을 것을 주어라"(마14: 16) 1987년 5월, 한국 CCC 간사로 파송받아 중동지역(튀르키예) 첫 선교사로 갔다. 한 나라의 심장부 대학에 들어가 학생신분으로 사역을 했다. 당시 국제 CCC 와 함께 캠퍼스 사역을 시작했다. 캠퍼스에서 사영리로 주님을 영접한 현지대학생들을 중심으로 제자화했다. 그후 현지인 간사와 함께 교회개척을 했다(1994년). 아내는 지역교회를 중심으로 어린이 디모데 협회(2006년) 기독교 교육기관을 세웠다. 계속 성장하는 현지교회의 필요에 의해 현지인 연합신학교(현재 토움신학교 2006년)을 세워 지금도 계속되고 있다.

본향: 본향 가는 순례자

"그들이 이제는 더 나은 본향을 사모하니 곧 하늘에 있는 것이라"(히11:16)

2012년 7월, 튀르키예에서 26년의 사역을 마무리하고 GMS 선교사무총장(예장합동, 2012년-2018년)으로 부르심을 받았다. 전 세계 선교사들을 섬겼다. 본부사역을 마치고 다시 북사이프러스(성경지명, 구브로)로 들어갔다. 지구상 분단국가가 두 나라가 있다. 조국대한민국과 사이프러스 공화국(1974년 분단, 남 사이프러스 그리스, 북사이프러스 터키)이다. 아직도 정전상태로 남북이 대치하고 있다. 놀라운 사실은 이곳에 아프리카 유학생들이 10만여명이 있다. 주님이 이들을 위해 보내신 줄 알고 아프리카 유학생들을 섬기고 있다.

에필로그(epilogue)

필자는 EXPLO'74 희년 대회와 함께 선교사 은퇴를 앞두고 있다. CCC을 통해 주님을 만나고 선교에 헌신했다. 고향을 떠나 타향에서 본향으로 가는 순례 길에 서있다. ' 한번 해병이면 영원히 해병인 것처럼, 한번 선교사이면 영원히 선교사이다.' 한 선교사 고백이다. 꽃다운 젊음을 선교지에서 보낸 것이 행복했다. EXPLO'74여의도 대회를 통해 선교사로 헌신해 끝까지 달려올 수 있어 행복했다. 이 모든 영광을 주님께 드린다!

EXPLO'74 내 인생의 전환점

진형철

주사랑교회 목사

1974년 8월13일-8월 18일 5박 6일 동안 서울의 중심인 여의도 광장에서 EXPLO'74 대회가 은혜가운데 개최되었습니다. 나는 마침 여수 한 초등학교에 근무 중이었는데 큰 기대와 부푼 꿈을 안고 서울로 상경하여 13일부터 집회에 참석했습니다. 그동안 캠퍼스에서 CCC활동과 이후 나사렛 활동을 조금 이어갔지만 차지도 아니하고 덥지도 아니하는 미지근한 신앙의 소유자였습니다. 그러나 이번 EXPLO'74 대회에 은혜를 받기 위해 당시 여수CCC 간사님이셨던 강순영 간사님로부터 사전 교육을 받고 순장으로 참석하였습니다. 여수에서 기차를 타고 상경하여 숙소를 배치 받은 곳이 한강변 근처의 신용산초등학교로 기억됩니다. 지금 생각하기로는 한 교실에 30여명 정도 배정 되었으며 1,500명 정도 모인 것으로 생각됩니다. 대회기간 동안 숙식을 같이하고 순모임과 기도회 전도 훈련 등 여러 가지 활동이 이루어졌으며 특별히 대회 기간 중 집회 참석자들을 위하여 제작한 EXPLO'74 교재를 통하여 순원들의 성경공부, 전도훈련, 찬송과 예배에 대한 다양한 교육이 이어졌습니다. 며칠 동안 순원들과 함께한 시간은 은혜의 시간이었습니다. 교실마다 울려 퍼지는 은혜스러운 찬송, 통회 자복하는 기도의 함성, 전도 훈련하는 모습 등은 한 마디로 초대교회 오순절 마가의 다락방을 연상케 했습니다.

대부분의 저녁시간은 여의도 광장의 저녁집회에 참석했습니다. 매일 밤

130만 여명의 성도가 운집했다는 당시의 보도가 있었습니다. 국내뿐만 아니라 해외의 84개의 나라에서 여의도 대성회에 함께 참석했다고 전해집니다. 우리 일행은 매일 일찍 저녁을 먹고 1시간 30분을 걸어서 여의도광장에 모였으며 집회가 끝난 후 숙소로 다시 걸어오곤 했습니다. 가고 오는 길이 무척 힘들고 덥고 목마름도 심했지만 이스라엘 광야 백성처럼 원망 불평하는 사람은 거의 없었습니다. 모두 받을 은혜를 생각하며 기쁜 마음으로 찬송하며 집회에 참석했습니다.

EXPLO'74 저녁 집회기간 동안 한국교계를 움직이시는 유명 목사님들의 설교가 이어졌습니다. 한경직 목사님, 조용기 목사님, 신현균 목사님, 최복규 목사님, 오관석 목사님, 강달희 목사님의 설교는 심금을 울렸습니다. 어느 날 저녁 집회 기간에는 비가 많이 쏟아졌는데도 한 사람도 흩어짐이 없이 예배에 열중하는 모습에 큰 감동을 받았습니다. 드디어 대회의 하이라이트인 대회장님이신 김준곤 목사님의 "민족의 가슴마다 피 묻은 그리스도를 심어 이 땅에 푸르고 푸른 성령의 계절이 오게 하자"란 메시지는 결단과 헌신을 다짐하는 시간이 되었습니다. "누가 저 북녘 땅에 그리스도의 복음을 전하는 선교사로 가겠습니까?" "누가 복음을 접해보지 못한 땅 끝의 사람들에게 복음 전하는 선교사로 가겠습니까?" 제가 가겠습니다. 손들고 일어난 사람들이 10만 여명 되었습니다. 감동이 밀려오는 순간이었습니다. 김 목사님께서는 선교사로 자원하여 헌신을 결단한 우리들에게 간절히 축복기도해 주시었습니다. 그때 마침 앞뒤 눈치 보지 않고 자리에서 벌떡 일어난 한사람이 저입니다. 저는 집회 기간 중 큰 은혜를 받고 바울의 고백처럼 복음에 빚진 자의 심정이 되었습니다. "그래 맞아 나는 믿지 않은 모든 자에게 복음의 빚을 진 자야 그러므로 내 가족 친지 직장동료 이웃 및 사랑하는 제자들에게 뿐만 아니라 할 수만 있으면 저 북녘 동포와 아프리카 원주민에게도 복음을 전할거야, 왜냐하면 복음은 모든 믿는 자에게 구원을 주시는 하나님의 능력이기 때문이야" 이런 선교와 전도에 대한 강렬한 비전이 제 마음을 지배하기 시작했습니다.

그 후 EXPLO'74 대회가 끝나고 일상으로 돌아왔습니다. 거의 3년 동안 그 때 받은 은혜의 감격과 선교사 헌신에 대한 열정은 식지 않아 많은 사람들에게 4영리로 열심히 전도하여 상당한 결실을 거두었습니다. 그러나 시간이 흐를수록 선교사로 나가겠다는 헌신의 결단이 점점 시들해졌습니다. 가장으로서의 무게가 실리고 가정을 책임져야 한다는 경제적 압박감 때문에 쉽사리 안정된 직장을 버리고 선교사로 파송 받아 목숨 걸고 현지에 투입된다는 것은 어떻게 보면 무모하게 생각되었습니다. 그 후 평신도로서 교회에서 목사님과 성도님들을 열심히 섬기며 교회에 충성하였고 속절없이 많은 세월이 흘렀습니다. 그동안 CCC와 나사렛활동도 멈추었습니다. 그러나 늘 마음속에 EXPLO'74 여의도광장에서 주님과 약속했던 그 서약이 뇌리에서 사라지지 않았습니다. 조금이라도 그 약속을 지키기 위하여 15년 전 신대원에 입학했습니다. 그후 목사 안수 받은 후 서울 도봉구 창동에 주사랑교회를 개척하여 12년의 세월이 흘렀습니다.

지금껏 선교사로 나가지 못했지만 저를 대신 할 선교사 두 분을 북인도지역과 캄보디아에 파송하여 지금껏 후원하고 있으며 월드비전을 통하여 아프리카의 많은 아이들에게도 후원하고 있습니다. EXPLO'74는 저에게 있어서 오직 십자가 예수로만 선교 비전을 품게 하는 인생의 대전환점이 되었습니다. 목회 비전도 오로지 민족복음화와 세계선교입니다. 오늘날 갈수록 쇠퇴해 가는 교회의 현실을 보면서 50년 전의 EXPLO'74와 같은 민족적 대각성 회개운동이 전개되어 저들의 가슴마다 피 묻은 그리스도의 십자가 복음을 심어 푸른 그리스도의 계절이 속히 임해야 한다고 생각합니다. 지금의 저를 흔들리지 않은 믿음의 터 위에 굳건하게 서게 한 것은 CCC와 나사렛 활동 때 정동채플에서의 신년원단 금식기도회, 충북 영동의 심천 미루나무 섬에서의 여름수련회에서 들려 주셨던 김준곤 목사님의 창세기강해, 요한복음강해, 로마서강해와 또한 순모임에서 열 단계 성경공부가 확고한 기틀이 되었음을 부인할 수 없습니다. 저는 지금도 교회에서의 수요성경공부는 열단계 성경교재를 사용하고 있습니다. 교재가 말씀 중심적이고 너무 체계적이어서 성도님들의 반응이 뜨겁습니다. 저에게 주님이 주신 시간이 얼마나 남아있는지 모릅니다. 그러나 바울처럼 내가 달려갈 길과 주 예수께 받은 사명 곧 하나님의 은혜의 복음을 증언하는 일을 마치려 함에는 나의 생명조차 조금도 귀한 것으로 여기지 않으려고 다짐해 봅니다.

EXPLO'74 간증

최공열

늘푸른교회 장로

저는 1973년도에 EXPLO'74 대회를 준비하면서 제 인생에서 잊지 못할 일을 경험했습니다. 골조만 있는 건물에 벽을 합판으로 임시로 만들어 숙소로 사용하면서 CCC의 사영리 교육을 받았습니다. 당시 저는 마포에 있는 서부성결교회 청년부 회장이었고 일주일 동안 신앙교육을 받기 위해 청년들 이십여 명을 통솔해서 갔습니다. 교육을 받을 때, 매끼 식사를 하러 가면 성경을 암송해야 밥을 먹을 수 있었습니다. 그렇게 강도 높은 신앙교육을 받았고 사영리 전도방법을 배웠습니다. 청년 중에는 불신자였다가 처음으로 교회를 나온 사람도 있었습니다. 이 청년을 데리고 가서 그 교육을 받게 했는데, 주일에는 오후 예배에 신도들 앞에서 간증하고 기도하는 은혜로운 일도 있었습니다.

저 역시 이 교육을 통해 도전받고 성숙해지는 계기가 되었습니다. 저는 3대째 이어지는 신앙인의 집안에서 태어나 믿음생활이 늘 익숙했는데, CCC 사영리 교육을 통해 영적으로 뜨거워지고 간절해지는 경험을 했습니다. 당시 김안신 CCC 간사님은 교육을 다 마친 이후 우리 교회의 전교인을 상대로 해서 일주일 동안 밤낮으로 교육을 또 진행하셨습니다. 1973년 4월 18일이 토요일이었는데 사영리 교육의 마지막 날이기 때문에 전도실습을 나가야 한다고 강하게 말씀하셨습니다. 저는 선뜻 동의할 수 없었습니다. 왜냐하면 그날은 저의 결혼식 날이었기 때문입니다. 그 날짜는 한참 전에 잡은 것이고 시골에 계신 부모님과 친척들에게도 이미 말씀드리고 일정을 잡아놓은 상태였습니다.

그런데 저의 이유가 통하지 않았습니다. 간사님은 반드시 전도실습을 나가야 교육이 완료되고 의미가 있다고 단호하게 말씀하셨고, 저는 그 말씀이 하나님의 뜻이라고 믿고 실습을 나가기 위해 결혼식 날을 연기했습니다. 토요일로 예정되었던 결혼식 당일날을 맞추기 위해 부모님과 큰아버님, 큰어머님, 친척분들은 시골에서 올라와 계셨습니다. 갑자기 결혼식 일정이 바뀌었다고 말씀을 드리자 모두들 난감해하셨습니다. 저는 그때 총각집사였고, 김안신 간사님과 변경순 담임 목사님이 의논하신 끝에 제 결혼식을 일요일로 연기하기로 결정했습니다. 토요일 날 하려고 했던 걸 주일날 오후로 연기하니 여러 가지로 불편한 상황이 이어졌습니다. 결혼식에 참석하지 못한 친척분들도 계셨고, 안식일에는 일을 해서는 안 된다는 아버님의 가르침도 따르지 못했습니다.

사영리 전도실습을 위해서 결혼식 날짜까지 미뤘던 이 사건은 저에게 지금까지도 인생의 강력한 도전이 되고 있습니다. 개인사, 가정사, 관습과 신념보다 중요한 것이 하나님 나라를 확장하는 전도임을 깊이 느끼게 되었습니다. 그때 사영리 교육을 가르치셨던 김안신 선교사님은 전주의 교회에서 담임 목사로 섬기시다가 일본 선교사로 파송되셨습니다. 김 선교사님을 다시 만나게 된 것은 2001년이었습니다. 제가 2002년 월드컵 시민운동 협의회를 조직해서 활동하고 있을 때, 일본 도시와 자매결연을 맺었고, 세미나를 위해서 출국했습니다. 전 국무총리이셨던 이영덕 장로님과 모임의 대표회장이셨던 김준곤 목사님을 비롯해서 교계 지도자들 30여 명을 모시고 일본에서 세미나를 하던 중에 김안신 선교사님을 만나게 된 것입니다. 그때 선교사님을 만나 뵈면서 1973년의 에피소드를 말씀드렸습니다. "저는 선교사님을 절대 잊지 못합니다. 왜냐하면 우리 교회에 오셔서 사영리 교육을 진행하시면서 꼭 전도실습을 나가야 된다고 하셔서 결혼식까지 연기한 사람이 저이기 때문입니다." 선교사님은 환하게 웃으시며 저의 손을 꼭 잡아주셨습니다.

 그렇게 준비했던 EXPLO'74 대회는 강력한 영적 각성을 일으켰습니다. 빌리 그레이엄 목사님이 오셔서 설교하셨고, 통역은 김장환 목사님이 하셨는데 옥외 광고사업을 하고 있던 저는 그 대회를 위해서 플래카드를 만들어서 의미와 보람이 있었습니다. 단군 이래 최대 행사이자 세계 최대 전도 집회, 한국교회의 역사의 한 획을 그었던 EXPLO'74 대회, 그 생생한 현장에 참석했던 것이 내 인생에도 큰 은혜라고 생각합니다. 특별히 대회를 준비하면서 CCC 사영리 교육을 받고 전도실습을 나가기 위해 결혼식 날짜까지 미뤘던 일은 앞으로도 잊지 못할 은혜로운 추억으로 남을 것입니다.

EXPLO'74 경험담

최근희

전주CCC나사렛

하나님 아버지! 제가 평생에 할 일을 찾았습니다. 1974년 8월 13-18일 여의도 5·16 광장에서 한국대학생선교회(CCC) 주최로 민족복음화 'EXPLO'74 대성회'가 열렸다. 이 대회를 준비하기 위하여 1974년 1월에 서울 CCC 정동회관에서 순장 교육이 있었다. 그때 나는 순장교육에 참석했다. 약 1,700명쯤 참석했던 것으로 생각이 된다. 우리 순은 17명이었는데 내가 나이가 제일 많아서 순장이 되었다. EXPLO'74 준비를 위한 집회가 월요일 오후부터 토요일 오전까지 열렸다. 그런데 수요일 밤에서 목요일 아침 사이에 그 집회에 참석한 많은 사람들이 집단적으로 '확!' 변했다. 마치 집단 체면에 걸린 듯했다. 목요일 아침에 보니 어젯밤 사람들이 아니었다. 사람들이 기쁨과 사랑과 감격에 넘쳐 있었다. 얼굴들이 빛이 났다. 질병을 고침받았다는 사람들도 많았다. 그때 나는 이런 생각을 했다. 이 교재를 가지고 학교에 가서 아이들에게 그대로 한번 해보자. 겨울방학이 끝나고 개학을 했다. 교장 선생님께 집회 계획을 말씀드렸더니 다른 학급에 방해가 되지 않도록 조심해서 해도 좋다는 허락을 받았다. 다음 주 월요일 아침부터 시작해서 저녁에는 호롱불을 들고 와서 밤늦게까지 집회를 했다. 저녁에는 복도로 향한 유리창 문을 떼어내고 교실에서 복도까지 입추의 여지 없이 아이들이 모였다. 250명 정도 모였다. 강사는 나 혼자였지만 성령님께서 강하게 역사하셨다. 목요일 날 아침이었다. 아침 식사를 막 하려는데 학교에서 일하는 아저씨가 오셨다. "선생님 큰일 났어요. 교실에 가보세요."

내가 관사 방에서 나와서 보니까 우리 반 창문에 다른 반 아이들이 올라서서 뭔가를 구경하고 있었다. 교실에 들어와 보니 아이들이 자기들끼리 붙들고 울고 있었다. 서로 잘못했다며 용서를 구했다. 회개 운동이 일어났다. 나도 눈물이 나서 같이 울었다. 내가 찬송을 부르니까 아이들이 따라 불렀다. 잠깐 기도하고 아이들을 밖으로 다 내보내고 돌아와서 아침을 먹었다.

하나님 아버지! 아이들의 언어 속에서 욕이 사라졌어요. 1965년 9월 27일 자로 초임 발령을 받아서 아이들을 처음 만났을 때 두 가지 인상 깊은 일이 있었다. 하나는 선생님들은 감방의 간수 같고, 아이들은 죄수 같았다. 또 하나는 아이들이 입만 열면 욕이 쏟아져 나왔다. 그래서 욕을 하지 않도록 하기 위하여 내가 할 수 있는 일은 다 해보았다. 그런데 소용이 없었다. 그런데 성령께서 임하시자 아이들의 언어 속에서 욕이 완전히 사라진 것이다. 할렐루야! 그때 나는 하늘을 향하여 중얼거렸다.

'하나님 아버지! 제가 평생에 할 일을 찾았습니다.

이 목숨이 다할 때까지 이 복음 전하며 살겠습니다.'

그날부로 4년 동안 공부해오던 사법고시 공부를 때려치웠다. 나와 어릴 적 한 동네 살았던 외가로 동생 되는 사람이 1970년 서울 법대를 다니고 있었는데 나를 설득해서 고시공부를 같이 하자고 했다. 그 후 나는 틈나는 대로 법전에 관한 책들을 열심히 읽었다. 법관이 되어서 세상을 좀 더 좋은 세상으로 만들어봤으면 하는 생각을 가지고 틈나는 대로 열심히 공부했다. 그런데 집회를 통하여 아이들이 변하는 모습을 보면서 내 생각이 확 달라졌다. 내 사명이 분명해졌다. 며칠 후에 책방에 가서 성경 주석들을 사다가 법전 대신 시간 나는 대로 열심히 읽기 시작했다. 지금도 필요할 때 읽는다.

그런데 참으로 안타까운 일이 생겼다. 1974년 1월에 순장 교육을 받고, 2월 학교 현장에서 성령으로 사람이 변하는 것이 재현되는 것을 경험하고도 순장을 못하고 순장을 돕는 일을 하다가 8월 17일 날 예비군 훈련이 있어서 16일 밤에 전주로 내려온 것이 천추에 한이 된다. 그냥 예비군 훈련을 빼먹고 징벌을 받아도 순장을 끝까지 완주했어야 했는데… 완주를 못 하고 내려온 것이 지금도 못내 아쉽다.

1974년 2월 그날의 결심이 오늘도 나를 이끌고 간다. 내 나이 80인데 요즈음도 어디서 오라고 하면 선약이 없는 한 어디든 간다. 2024년 6월 3일 오늘도 조그마한 기도원에서 오라고 해서 어젯밤에 말씀 전하고 오늘 새벽에도 말씀 전하고 오후에 집에 와서 이 글을 써서 보낸다. 주하! (주님이 하셨습니다), 주하! (주님이 하십니다). 주님 다시 오실 때까지 나는 이 길을 가리라. 노래를 부른다. 하나님 아버지! 감사합니다.

EXPLO'74를 회고하며

최낙범

총신대 조직신학 교수

1971년 1월 1일 김준곤 목사님이 "민족의 가슴마다 피 묻은 그리스도를 심어 이 땅에 그리스도의 계절이 오게 하자"라는 구호 아래 민족복음화 운동을 공식 선언하였다. 그 후 1974년 8월 13일부터 8월 18일까지 5박 6일 동안 한국 기독교 역사상 대성회인 EXPLO'74 성회가 5 · 16 광장(현 여의도 광장)에서 개최되었다. EXPLO'74 성회는 단순히 서울지역만의 성회가 아니라 전국에서 몰려온 32만 3,419명의 신자들이 등록한 성회였다. 이들은 일주일 동안 함께 먹고 함께 자며 하나님의 은혜를 받았다. 낮에는 전도훈련을 받았다. 밤에는 100만여 명이 모여 부흥성회를 하고, 은혜받은 말씀을 가슴에 안고 모두가 한마음이 되어 철야기도를 하였다.

그 당시 숙박시설은 수십 명이 잘 수 있도록 여의도 광장에 설치된 텐트와 서울시내 학교의 5,000개 교실에서 참석자들이 잠을 잤으며, 식사는 보일러 스팀을 활용한 대형 밥솥을 통하여 해결하였다. 이런 점에서 EXPLO'74 성회는 한국 교회사에서 무시할 수 없는 민족 대성회임에 틀림없다고 본다.

여기서 주목할 점은 두 가지이다. 하나는 내가 믿음의 가정에서 태어나 습관적으로 교회를 다니며 신앙생활을 하던 중에 친구들과 함께 EXPLO'74 성회에 참석한 것이다. 그때 나는 예수 믿는다는 것이 무엇인지 잘 모르고 가정의 신앙 분위기 때문에 그냥 교회에 습관적으로 다녔고, 또 그러던 중에 EXPLO'74 성회에 참석한 것이다.

또 하나는 그 당시에 신자들이 교회 중심으로 신앙생활을 하는 분위기이었는데, 선교단체인 CCC가 주최한 민족 대 성회에 참석한 것이다. 즉 그동안 교회와 선교단체는 무관하다고 보고 있었는데, CCC가 주최한 민족 대성회에 많이 참석하므로 성황을 이룬 것이다. 이로써 교회와 선교단체가 서로의 약한 부분을 채워 주는 성회가 되었다.

참석 동기

여기서 내가 EXPLO'74 성회에 참석하게 된 동기를 나누려고 한다. 어느 주일날 대학부 선배들로부터 접하게 된 김준곤 목사님의 설교문 때문이었다. 그 설교문은 1970년에 하셨던 내용인데, 그 당시 그 어떤 목사님으로부터 듣지 못했던 말씀이었다. 그 당시 설교제목은 "민족의 대 혁명론"으로 기억하고 있다. 그 내용은 대략 이렇다. "지금의 젊은이들이 이념적으로는 막시즘에 매몰되어 있고, 삶에서는 섹시즘에 빠져 있습니다. 그런데 이것은 나라를 망하게 하는 것입니다." "또 자유주의 신학자들은 복음을 통해 사회구조를 변화시키는 것이 급선무라고 합니다. 하지만 이것은 잘못된 생각입니다. 그러므로 사회를 변화시키려면 인간의 변화가 먼저입니다. 그것은 개인이 복음을 통해 사람이 변화되면 가정이 변화되고, 개인이 변화되면 민족이 변화됩니다."

나는 김준곤 목사님의 설교문을 통해서 시대적으로 공산주의와 섹스주의 등 다양한 사상과 이념들이 난무하다는 말씀에 그 당시의 시대 배경과 상황을 비로소 알게 되었다. 또 신학적으로 자유주의 신학의 혁명이론이 그럴듯하게 교회 안에 들어와 있다고 하셨을 때, 이것이 큰 문제임을 알게 되었다. 하지만 문제는 이런 것들을 어떤 방법으로 타파하고 이것들로 인해 사람들이 방황하지 않고 바른 삶을 살 수 있겠느냐는 것이다. 그런데 김준곤 목사님이 제시한 대안은 오직 한 가지, 예수님뿐이라고 하셨다. 이어 목사님은 우리가 예수를 잘 믿고 그 예수님의 복음을 전할 때만이 우리의 사회가, 우리의 민족이, 우리의 국가가 변화될 수 있다고 말씀하셨다. 그 당시 나는 그 설교문에 큰 감동을 받았다. 그러던 중에 EXPLO'74 대회가 여의도에서 개최된다는 포스트와 광고물을 접하고 기도하면서 친구들과 함께 참석하게 되었다.

성회 회고

나는 EXPLO'74 민족 대성회가 1974년 8월13일-8월18일까지 5박 6일 동안 여의도 광장에서 개최되었는데, 나는 만사를 제쳐놓고 참석하였다. 이때 EXPLO'74 성회의 주제는 "예수혁명-성령폭발"(부제: 민족의 가슴마다 피 묻은 그리스도를 심어 이 땅에 그리스도의 계절이 오게 하자)이었다. 이것은 그 당시의 시대적 배경에 적합한 주제이었다. 그 이유는 예수님 당시에 그를 따르던 제자들을 보면 알 수 있었다. 그 당시의 제자들은 예수님이 십자가에서 죽으실 때 예수님의 곁을 다 떠났다. 하지만 죽음을 이기시고 부활하신 주님은 그들을 통해 하나님 나라 사역을 계승해야 하기에 그들을 일일이 찾아가 소명을 새롭게 하셨다. 그 후 그들은 구속의 대가로 이 땅에 오신 성령을 충만히 받자 상황이 달라졌다. 그들은 로마의 권세 앞에서 조금도 두려워하지 않고 복음을 담대하게 전했다. 그 결과 세상이 변화되었다. 이런 점에서 예수혁명-성령폭발(부제: 민족의 가슴마다 피 묻은 그리스도를 심어 이 땅에 그리스도의 계절이 오게 하자)이라는 주제는 너무나 좋은 주제이었다.

말씀

나는 1974년 8월 13일-18일까지 여의도 광장에서 하나님이 세우신 여러 강사 목사님들로부터 은혜로운 설교말씀을 듣게 되었다. 그때 수고하신 한경직 목사님, 조용기 목사님, 김준곤 목사님, 윌리엄 브라이트 목사님, 아키라 하토리 목사님, 찬두레이 목사님, 필립 뎅 목사님 등 많은 목사님들이 설교하셨지만 그 중에 몇 분의 설교가 기억에 남아 있다.

〈김준곤 목사님의 설교〉

김준곤 목사님은 "예수 그리스도는 누구신가?"라는 제목으로 설교를 하셨는데, 이 말씀은 그 누구보다 바로 나에게 주시는 말씀으로 들렸다. 그것은 내가 어머니의 뱃속에서부터 교회를 다닌 사람으로서 영적 감각 없이 6일 동안 학교생활을 하고, 주일에는 교회에 가서 형식적으로 예배를 드리며, 고등부 학생회 활동하는 것이 전부였기 때문이었다. 이런 내게 김준곤 목사님이 예수님은 하나님의 아들로서 피조물의 존재 방식을 취하신 후 나를 사랑하사 나의 죄를 구속하기 위하여 십자가에서 피 흘려 죽으시므로 내 죄가 다 제거됐다는 사실에 처음으로 감격의 눈물을 흘리며 예수님을 만나는 은혜로운 시간을 경험하게 되었다. 따라서 나는 교회 다니는 것도 중요하나, 그보다는 예수님을 나의 주, 나의 하나님으로 믿고 신앙생활을 하는 것이 더 중요함을 깨닫게 되었다. 그래서인지 몰라도 지금도 담백한 김준곤 목사님의 설교음성이 내 귀에, 내 마음에 메아리치고 있는 것 같다.

〈빌 브라이트 목사님의 설교〉

빌 브라이트 목사님은 '구원의 확증'이라는 제목으로 설교를 하셨는데, 이 말씀 역시 나에게 주시는 말씀으로 들렸다. 그것은 구원받았는지, 구원받지 못했는지, 그것도 중요하지만, 만약 구원받았다고 하면 그것을 내가 어떻게 알 수 있는지에 대해 늘 궁금했는데, 빌 브라이트 목사님의 설교를 통해서 그 답을 확인받았기 때문이다. 그 내용을 저는 다음과 같이 기억하고 있다. "예수 그리스도가 나를 위해 십자가에 피 흘리심을 믿을 때 죄 사함을 받고 구원받았음을 아는 것은 지금 내가 십자가를 바라보면서 그를 의지하고 사는 그 자체가 구원의 확증이라는 것이다. 더 나아가 예수님을 내 마음의 의자에 내 자신의 주인으로 모실 뿐 아니라 그분에게 늘 순종하며 살아가는 것이 구원의 확증이라고 하셨다." 이런 점에서 흔들리지 않는 신앙생활을 위해 구원의 확증이 너무 필요하다는 사실을 알게 되었다.

〈한경직 목사님의 설교〉

한경직 목사님은 '네가 어디 있느냐?'라는 제목으로 설교하셨는데 한 목사님은 이북에서 내려와 영락교회를 세운 영적 거목으로서 한국기독교에 많은 영향력을 끼친 분이시다. 그런 한경직 목사님이 수만 명이 모인 그곳에서 '네가 어디 있느냐?'는 제목으로 말씀하셨다. 이 말씀은 선악과를 따 먹고 하나님께 불순종한 언약의 대표자인 아담에게 던진 질문이다. 문제는 그의 불순종이 자신만의 문제가 아니라 그에게 연합되어 있는 전 인류의 문제라는 것이다. 그 결과, 온 인류가 저주와 죽음의 노예가 되어 신음하고 있다는 것이다. 그런데 하나님이 이렇게 '네가 어디 있느냐?'고 말씀하신 것은 비참한 현실 속에서도 회개하라는 말씀이라는 것이다. 하나님을 떠난 자리에서 돌아오라는 것이다. 하나님께 경배하라는 것이다. 하나님을 잘 섬기라는 것이다. 하나님이 주신 사명을 잘 감당하라는 것이다.

그러나 이 질문은 아담에게만 던진 질문이 아니고 여기 모인 우리에 던진 질문이라고 하셨다. 따라서 자신의 죄를 지금 회개하고 하나님이 부르신 본래의 자리로 돌아오라는 것이다. 한경직 목사님의 이런 말씀은 나의 심령을 흔들어 놓은 말씀이었다. 아니 내 인생의 목표를 흔들고, 아니 내 인생 자체를 흔들어 놓은 말씀, 은혜의 말씀, 사명의 말씀이었다. 이에 오늘도 그분의 음성을 듣고 싶은 마음 간절하다.

〈빌 브라이트 목사님의 설교〉

빌 브라이트 목사님이 '성령 충만의 비결'(행1:1–9)이라는 제목으로 설교를 하셨다. 그런데 빌 브라이트 목사님의 이 말씀은 그리스도를 믿음으로 죄와 죽음으로부터 구원받고 생존하는 데 급급하지 말고, 성령 충만 받아 복음을 전하라는 것이다. 그것은 우리가 사는 가정, 직장, 그리고 공산주의와 온갖 잘못된 사상, 또 섹시즘이 온 세상에 만연되어 있기 때문이라고 하셨다. 특히 대한민국의 현실은 심각하다고 하셨다. 이런 현실을 극복하려면 우리 모두가 성령 충만 받아 복음을 전하는 길밖에 없다고 말씀하셨다. 다시 말해 우리가 성령 충만을 받아 복음을 전할 때, 비로소 내가 살고, 내 가정이 살고, 내 나라가 살고, 내 민족이 사는 역사가 반드시 일어난다고 하셨다. 이런 말씀을 들으면서 나는 공산주의와 잘못된 사상이 난무한 이 민족을 복음으로 살리는 거룩한 전사가 되겠다는 결심을 하였다. 그리고 기도했을 때 성령을 충만히 받았다. 그 결과 '나'라는 동굴에서 영적 눈을 뜨고 민족을 사랑하는 사람이 되었다.

전도훈련

나는 "예수혁명-성령폭발"(부제: 민족의 가슴마다 피 묻은 그리스도를 심어 이 땅에 그리스도의 계절이 오게 하자)이라는 거룩한 꿈이 대한민국에 실현되기 위해 전도훈련을 받았다. 우리는 "사영리에 대하여 들어 본 일이 있습니까?"라는 소책자를 가지고 그리스도를 믿지 않는 자들에게 제시할 영적 원리 4가지를 훈련받았다.

제1 원리는 "하나님은 당신을 사랑하시며 당신을 위해 놀라운 계획을 가지고 계십니다." 제 2 원리는 "사람은 죄를 지어 하나님에게 떠나 있으므로 하나님의 사랑을 체험할 수 없고 그의 계획을 알 수 없습니다." 제3 원리는 "오직 예수 그리스도만이 사람의 죄를 해결할 수 있는 유일한 길입니다. 당신은 그를 통하여 하나님의 사랑을 체험하고 그의 계획을 알 수 있습니다." 제4 원리는 "우리는 각자가 예수 그리스도를 나의 주 나의 주님으로 영접해야 합니다. 그러면 우리는 각 사람에 대한 하나님의 사랑과 계획을 알 수 있고 그것을 체험할 수 있습니다."

나는 사영리를 통해 전도훈련을 구체적으로 받으면서 깨달은 것이 있다. 그것은 그냥 "교회 다닙시다." "예수 믿어야 구원받습니다." "예수 믿으면 복 받습니다."라고 하는 것이 일반적인 전도법인데, 'EXPLO'74' 민족 성회에서 특별히 훈련받은 사영리 전도법은 복음의 핵심을 논리적으로, 또 인격적으로 전하는 전도법으로서 누구나 쉽게 할 수 있고, 또 누구나 수용할 수 있도록 잘 만들어진 체계 있는 전도원리였음을 알게 되었습니다.

성회 이후

나는 5박 6일 동안 여의도 광장에서 설교 말씀과 전도훈련을 받으면서 많은 은혜를 받았고, 또 귀한 훈련을 받았다. 그 후에 나에게 일어난 두 가지 변화가 있다. 하나는 세상을 보는 눈이 달라진 것이다. 그 이전에는 인간적인 눈으로 세상을 보고 사람을 보았는데, 이제는 하나님의 눈으로 세상과 사람을 보게 된 것이다. 이 말은 '나'라는 좁은 동굴에 사로잡혀 '나' 중심으로 그동안 신앙생활을 했는데, 이제는 하나님이 나의 영적 눈을 열어주셔서 '하나님 나라'라는 관점에서 나를 보고 민족을 보며 세상을 보게 되었다는 것이다.

또 하나는 민족복음화는 주변의 친구들에게 복음을 전하므로 시작된다는 것이다. 나는 EXPLO'74 민족 성회에서 은혜를 충만히 받고 나서 우리 민족에게 그리스도의 계절이 오게 하는 비결은 내가 속한 학교 친구들에게 복음을 전하므로 가능하다는 것이다. 이에 나는 내가 속한 학교 친구들에게 복음을 전하기로 결심하였다. 그러자 예수 믿지 않는 친구들의 모습이 불쌍하게 여겨졌다. 그 이전에는 외모가 잘 생겼는지 못생겼는지 혹은 공부를 잘하는지 못하는지, 있는 집 아인지 없는 집 아이인지에 관심을 갖고 살았는데, EXPLO'74 민족성회를 통해 예수 믿지 않는 친구들의 영혼을 보게 되었고 그들이 불쌍하게 여겨졌다.

그래서 학교 수업시간이 끝나고 10분 쉬는 시간이 되면, 점심시간이 되면, 수업이 다 끝나고 가는 길에서 믿지 않는 친구들에게 사영리를 가지고 전도하는 일에 열심을 다하였다. 이렇게 사영리를 들고 복음을 전하자 불교신자이었던 수학선생님이 나의 전도를 받고 예수 믿기로 결심하는 역사가 일어났다. 또 학교 친구들도 사영리를 통해 복음을 전하자 예수님을 영접하는 자들이 많아졌다. 특히 수요일 점심시간에는 목사님을 모시고 정기적으로 예배드리는 역사도 일어났다. 결국 이 모든 일은 성령 하나님이 우리를 사용하심이라고 믿는다.

특히, 나는 우리 민족의 성회인 EXPLO'74를 통해 본래 미술공부를 하면서 미대를 지망하려고 준비하고 있었지만, 그 꿈을 포기하고 사역자가 되기로 마음을 먹었다. 그 후 나는 중앙대학교에서 철학을 전공하였고, 총신대신학대학원에서 최고의 학문인 신학을 전공하고 목사가 되었다. 그 후 총신대학교 일반대학원에서 조직신학(Th.M)을 전공하고 미국의 Graduate School of Kenel University에서 조직신학 박사 학위(Th.D)를 마친 후 후진을 양성하는 교수로 헌신하고 있다. 이런 점에서 EXPLO'74 민족성회야말로 내 인생의 터닝 포인트였다고 말할 수 있다. 결국 나는 이렇게 EXPLO'74 민족성회를 통해 지교회에서 경험할 수 없는 강력한 하나님의 임재와 성령 충만을 받으므로 이 나라, 이 민족의 구석구석에 자리 잡고있는 사회주의 이념과 불신사상, 그리고 잘못된 이데올로기 등의 뿌리가 뽑히기를 간절히 소망한다. 또 하루속히 이 민족이 복음화되는 그날이 도래하기를 바라는 거룩한 꿈을 꾸며 거룩한 행진을 하고 있다. 끝으로 지금은 하늘나라로 가셨지만 김준곤 목사님에게 감사를 드린다. 또 그때 여러 가지로 수고하신 목사님들과 민족복음화라는 거룩한 열정으로 무장된 대학생선교회 순장들과 순원들, 또 한국교회 이름도 빛도 없이 그날을 충성스럽게 섬기신 무명의 일꾼들에게 감사를 드린다.

민족복음화의 분수령 EXPLO'74

최재민

멕시코 선교사

아스라합니다. EXPLO'74가 1974년 8월에 있었으니 벌써 50년이 되었네요. 당시 저는 고등학생이었습니다. EXPLO'74 참석을 위해 고향 군산의 교회에서 많은 성도와 함께 새벽에 출발하여 도선장에서 배를 타고 장항으로 갔고, 장항역에서 완행열차를 탔습니다. 이미 군산과 장항쪽 교회들에서도 EXPLO'74에 가기 위해 모인 많은 교인으로 장항역도 만원이었습니다. 멈추는 역마다 EXPLO'74 참석을 위해 계속 많은 사람이 타므로 8월의 한여름 무더위에 완전 콩나물시루처럼 변했었습니다. 하여튼 장항을 출발하여 8시간이면 도착하여야 하는데 계속 지연되어 10시간인지 12시간을 달려 영등포역에 도착했었습니다. 여기서 우리 교회가 정해진 학교로 갔다가 다시 여의도광장 텐트촌으로 가서 거기에서 광야 생활을 하며 교육도 받고, 저녁에는 전체 집회에 참석했었습니다. 정말 어마어마한 인원이 모여들었습니다. 언젠가 LA에서 장익 목사님(당시 CCC 총무)의 증언에 의하면 엄청 많은 사람이 EXPLO'74에 참석하기 위해 마포대교인가를 걸어올 때 너무 많은 사람이 한꺼번에 건너다보면 다리가 붕괴할지도 몰라 안전에 대한 대책회의도 있었다고 합니다.

대전 쪽에서는 무리를 지어 자전거로도 올라왔습니다. 아무튼, 전국에서 엄청나게 모여들었습니다. 물론 해외 기독교 지도자들도 많이 참석했었습니다. 서울에서 참석한 사람들은 대중교통을 이용해 집에서 다닐 수도 있었겠지만, 전국에서 올라온 참석자들은 당시 영등포의 모든 초 · 중 · 고 학교 교실을 숙소로 사용하며 신앙교육과 전도훈련을 받았습니다. 물론 당시 여의도 드넓은 공터에 쳐진 텐트촌에서도 같은 교육과 훈련이 이루어졌습니다. 당시 정말 많은 학생 순장들이 엄청나게 수고했습니다. 당시 열악한 텐트촌 환경에서 학생들과 어른들로 이루어진 수많은 사람을 교육하고 훈련하고, 사영리 전도법을 가르치느라 엄청난 수고했습니다. 이 많은 사람을 다 먹여야 하는데 이 또한 얼마나 어려운 일이었겠습니까? 그때 주식은 꽁보리밥에 새우젓 조금과 단무지 몇 쪽이 전부였습니다. 어쩌다 콩나물국 같은 것도 나왔을 텐데 기억이 나지 않습니다. 그리고 간식처럼 빵이 나왔는데 그렇게 맛있을 수가 없었습니다. 아무튼, 여의도 광장 텐트촌만이 아니고 영등포 전역의 학교에 흩어져 있는 몇십만의 참석자들에게 어떻게 밥을 먹였는지 이해가 안 됩니다. 아무튼, 얼마나 많은 요구사항이 있었을까요? 이러한 모든 요구사항을 받아들여야 했던 사람들이 바로 순장님들이었습니다. 아무튼 EXPLO'74하면 "순장님"들의 엄청난 수고가 떠오릅니다. 정말이지 남자 순장님들이야 그렇다 하더라도 연약한(?) 여자 순장님들은 울기도 많이 울었을 것입니다. 그 당시 엄청난 수고를 하셨던 남녀 순장님들에게 큰 박수를 보냅니다. 저녁 집회 등 다른 부분의 회고는 다른 분들의 글에 나타나리라 생각하여 저는 생략합니다.

　마지막으로 EXPLO'74의 결과 또는 영향은 무엇일까요? 이에 대한 제 생각을 피력하고자 합니다. 솔직히 그 당시까지 불교 · 유교 · 미신 등 어둠의 세력들이 우리나라에 깊이 깔려있었습니다. 아마 김준곤 목사님의 영적 시각으로는 우리나라가 마치 에스겔서 37장에 나오는 해골 골짜기 같았는지도 모릅니다. 예를 들어 어떤 체육관에 나쁜 가스가 가득 차 있다면 보통 선풍기 몇 대를 틀어서는 효과가 거의 없을 테고 강력한 초대형 선풍기를 틀어서 나쁜 가스를 몰아내어야 할 것입니다. 아마 김 목사님은 이 짙고 어두운 안개를 걷어 내거나 몰아내기 위해서는 전국의 크리스천들을 모아 초대형 집중전도훈련이 필요하고 이 훈련을 받은 전도자들이 자기 마을에서, 학교에서, 직장에서의 연속 폭발을 구상하셨을 것입니다. 이러한 생각의 압축된 표현이 바로 엑스플로(EXPLO, EXPLOsion)였고, 부제처럼 예수혁명·성령폭발이었을 것입니다. 물론 김 목사님께서 EXPLO'74를 준비하시며 그 몇 해 전부터 전국의 크리스천 리더들을 CCC 회관으로 모이게 하여 '민족복음화를 위한 전도요원훈련'을 계속했습니다.

그 훈련 수료생들이 EXPLO'74 동원 요원이자 리더가 되었을 것입니다. 그리하여 EXPLO'74 이후 전국에 계속 교회가 세워지고, 교인들이 배가되고, 신학교마다 지원자가 많아졌다고 생각합니다. 그 영향력은 적어도 1970년대를 지나 1980년대 중후반까지 계속되었다고 생각합니다. 정말이지 EXPLO'74는 가히 혁명적이었고, 폭발적이었다고 표현할 수 있겠습니다. 즉 계속하여 예수혁명, 전도폭발, 성령폭발이 일어났습니다. 분명히 EXPLO'74는 민족복음화의 분수령이었다고 생각합니다. 그리고 1970년대와 1980년대에도 CCC에서 "오늘의 학원복음화는 내일의 민족복음화, 오늘의 민족복음화는 내일의 세계복음화"라는 구호도 많이 외치며 기도했었습니다. 오늘날 전 세계에서 수많은 한인 선교사들이 세계복음화의 일원으로 사역하고 있는데 이 역시 김 목사님과 CCC의 기도 제목이 이루어지고 있는 것이 아닌가 합니다.

EXPLO'74, 그리고…

최향숙

전 CCC 간사

   대학 재학 중에 고향 논산제일교회 친구의 소개로 CCC에 대해서 듣게 되고 숙명여대 CCC를 내 발로 찾아가서 성경공부와 기타 모임에 참석하게 된 것이 숙명여대 2학년 때였다. 그러다가 CCC 회관 전체 모임과 기타 모임에 참석하게 되고 점차 정동 채플에도 참석하게 되었다. 내 생애 처음으로 김준곤 목사님을 알게 되고 그분의 설교에 찐한 감동을 받게 되었다. 때로는 눈물로 설교하시는 그분의 설교를 들으며, 그분의 나라사랑이 대단하심을 느꼈고, 성경속의 예언자 같다는 생각이 들었다. 얼마 후, 정동회관에서 LTC (Leadership Training Class) 훈련이 있다고 참석하라는 우리 담당 간사님의 권면을 받고 참석하게 되었다. 여러 강사님들의 강의를 들으면서 많은 것을 배우게 되었다.

   나의 어머니께서 나를 임신 하시고부터 신앙 생활을 시작하셔서, 평생 교회를 다닌 셈이다. 어렸을 때부터 교회 열심히 다녔고, 내 친구들을 교회로 인도하기도 하며, 주일학교에 안 빠졌을 뿐만 아니라, 우리 엄마 따라 저녁예배, 새벽기도, 구역예배 등도 따라다녔던 열심 파였다. 예수님 믿으면 천국 간다는 설교를 많이 들었고, 성가대, 주일학교 교사로 봉사도 많이 했지만 구원의 확신은 좀 부족한 편이었다. 그러나 LTC 참석하면서 예수님의 유일성, 죄 용서받는 방법, 성령충만 받는 방법 등에 대해서 강사님들의 강의(김안신, 윤수길, 조기철 간사님 등등)를 들으면서 많은 깨달음을 얻게 되었다. 물론 구원의 확신도 확실히 얻게 되었다. 그렇게 성경공부, 수련회, 금요 기도회, 금식 수련회 등을 참석하면서 말씀의 은혜를 받고 있던 중, 1974년 초부터 EXPLO '74에 대한 이야기들이 나오면서 많은 기도회, 철야기도회, 금식기도회 등이 이어졌다. 정말 그렇게 많은 사람들을 한꺼번에 훈련시킬 수 있을지 의문도 들었다. 하지만 모두 열심히, 정말 열심히 기도하는 것을 보면서 나도 조금씩 믿음이 생겼다.

대학 3학년 여름방학에는 집에도 못 가고 서울 자취집에서 지내면서 CCC 정동 회관에 거의 매일 출근하다시피 했다. 기도회 참석, 봉투 붙이기, 그 밖의 여러 가지 일들을 자원봉사자로 섬기면서 수련회 준비에 작은 도움이 되기를 바라며 열심히 참석했다. 그러던 중, 김준곤 목사님께서 학생들을 이삼 명씩 짝을 지어 서울시내 여러 교회들로 찾아가라고 하셨다. 찾아가서 목사님들을 만나고 EXPLO '74에 대한 전단지를 드리고, 교회 성도들을 동원시켜 달라는 부탁 말씀을 드리라는 임무를 맡기셨다. 매일 내 짝꿍과 서울 시내 곳곳을 시내버스를 갈아타고, 땀을 뻘뻘 흘리고, 많이 걷기도 하면서, 물어 물어 교회들을 찾아다닌 기억이 지금도 새롭다. 어떤 목사님들은 알겠다고 하시면서 수고한다고 격려해 주셨다. 하지만 어떤 목사님들은 우리를 문전박대 하시면서 '학생들이 공부나 할 것이지 쓸데없이 시간 낭비하고 다닌다'고 야단을 치시면서 우리를 박대 하셨다. 그럴 때는 나도 모르게 눈물이 쏟아졌다. 더욱이 CCC를 이단 취급할 때는 더욱 속상했다.

때로는 우리 학생들이 여의도 광장으로 가서 맨바닥에 앉아서 삼삼오오 통성으로 부르짖으며 기도한 것들이 생각난다. 한번은 이재순 언니 랑 기도 짝이 되어서 여의도 콘크리트광장 옆 모래 바닥에 앉아서 기도하는데, 그 언니가 얼마나 열심히 기도하던지 여장부 같다는 생각이 들었다.

드디어 EXPLO '74가 시작되었을 때 나는 노량진에 있는 한 초등학교에서 순원들과 함께 바닥에서 자면서 낮에는 LTC강의 하고, 저녁에는 모두 걸어서 여의도광장에서 열리는 전체 집회에 참석했다. 가는데 한시간 이상 걸리는 먼 길을 어떻게 걸어서 다녔는지 상상이 안 된다. 그때는 젊어서 그럴 수 있었나 보다. 하루는 비가 억수로 쏟아졌다. 그러나 아무도 일어나지 않고 계속 메시지를 들었다. 정말 그것을 보는 것 만도 큰 감동이었다. 하루는 박정희 대통령 영부인 육영수 여사가 피살당했다는 소식이 전해졌다. 대통령을 살리기 위해서 영부인이 대신 몸으로 총알을 맞았다고 했다. 8.15 경 축사 행사에서 일어난 일이었다. 너무나도 기가 막히고 놀라운 일이었다.

EXPLO'74 집회는 저녁 집회뿐만 아니라 매일 철야 기도회까지 있었다. 연일 100만 명이 넘는 인원이 모였다고 한다. 평생 잊지 못할 시간들이었다. 하나님께서는 100가지도 넘는 기도 제목들을 다 들어주신 그야말로 기적의 시간들이었다.

김준곤 목사님께서는 1972년도 미국 달라스(Dallas, Texas)에서 열린 EXPLO'72에 다녀오셔서 EXPLO'74의 꿈을 꾸시게 되었다고 한다. 대한민국에서의 EXPLO'74는 김 목사님과 CCC 간사님들과 학생들만의 기도 뿐만 아니라 그것을 위해 기도하고 도와주신 많은 한국교회와 성도들의 기도로 이루어진 집회였다. 대한민국 최고 최다가 모인 집회 없고 세계 82개국에서 3,000여 명이 넘는 인원이 참석한 세계적인 집회였다. 시골뜨기인 내가 친구 소개로 CCC에 가게 되고 대학 3학년 때 내 일생 최대의 집회를 위해서 수없이 많이 기도하고 또 순장으로 참석했다는 것은 믿어지지 않고, 잊히지 않는 경험이었고 특권이었다. 너무나도 감사한 일이다. EXPLO'74에 참석한 덕분에 은혜를 받고, 대학 졸업 후, 세상에 나가 일하기전에 먼저 간사로 헌신하여 모교에서 CCC 간사로 섬기는 경험도 하게 되었다.

간사로 살면서 그 첫해 간사 수련회 때 모든 간사님들이 설악산 대청봉까지 올라가서(여자 간사들은 중턱의 산장에 머물라고 하셨는데 끝까지 올라간 것)

기도하며 대청봉에서 밤을 보낸 것은 잊을 수 없는 추억이다. 그 이튿날 아침에 김 목사님이 우리 간사들의 발을 다 씻어 주신 것(신기하게도 대청봉 꼭대기 바로 밑에서 시원한 샘물이 솔솔 솟아나고 있었다)과 그 아침에 구름이 저 아래에 깔린 그 산봉우리에서 너무나 은혜로운 말씀을 전해주신 것, 그런데 그 메시지를 레코딩을 못해서 안타까워했던 것 등등 추억이 새롭다. 모두가 하나님의 크신 은혜이다.

EXPLO'74로 한국교회가 크게 부흥한 일이나 그 밖에 한국교회에 얼마나 많은 영향을 끼쳤는지는 이미 자료가 많이 있을 것이므로 더 말할 것도 없다. 이처럼 큰 꿈을 꾸시고 여러가지 반대를 무릅쓰고 기도와 헌신으로 이 일을 끝까지 추진하신 김준곤 목사님과 CCC 간사님들, 그리고 이것을 계속 응원, 후원해 주신 Bill Bright 박사님과 국제 CCC의 모든 간사님 들에게 감사할 뿐이다. 무엇보다도 이 일이 이루어지도록 우리들의 수많은 기도를 들어주신 하나님께 감사, 감사드린다! 덕분에 나의 어린 믿음도 더 커진 것을 나는 안다. EXPLO'74이후로 나는 계속해서 전도하는 삶을 살기로 헌신했고 실천하며 살려고 노력했다. 그때 그 헌신 때문에 나는 또한 다른 나라로 갈 꿈을 꾸었고 하나님께서는 이 시골뜨기를 인도하셔서 결혼 후 남편과 함께 미국에 가게 하셨다. 미국에서 남편이 공부를 끝낸 후, 나 에게도 공부할 수 있는 기회도 주시고, 남편과 목회하는 기회도 주셨다.

더욱이 올랜도 플로리다의 국제 CCC 본부(World Headquarters of Cru in Orlando Florida)에서 간사훈련도 받게 해 주시고, 남편이 국제 CCC 신학교 (The Orlando Institute)에서 가르치는 사역을 하게 되어 신학교 학장님(Dr. Steve Clinton)으로부터 9개월 동안 GCTC (Great Commission Training Curriculum) 훈련도 받게 되었다. 신학교에서 가르치려면 그 훈련을 받지 않으면 안된다 해서 학장님이 우리를 훈련시키신 것이다.

요즘도 CCC 간사님들 만나면 나도 CCC 간사였다고 하면 GCTC 몇 기냐고 묻는다. "저는 무기수입니다. 하지만 국제본부에서 GCTC 훈련은 받았지요." 라고 대답한다.

국제 CCC가 EXPLO'74를 위해서 많은 재정 지원을 해서 그로 인해 국제 CCC에 큰 재정적인 어려움이 있었고, 국제 CCC 간사님들이 몇 달 동안 월급을 받지 못하고 고생했다는 이야기는 내가 국제 CCC에서 오랫동안 근무하면서 재정 담당자에게 직접들은 이야기들이다. 또한 그로 인해 빌 브라이트 박사님 (Dr. Bill Bright)께서 어려움을 당하셨다는 이야기도 그곳에서 직접 들었다. 참으로 미안하기도하고 참으로 감사한 일들이었다. 그런데 하나님께서 그후에 국제 CCC를 얼마나 많이 축복해 주셨는지도 또한 현장에서 많이 보고 들어서 하나님께 감사를 드리지 않을 수 없었다. 더구나 국제 CCC에 있으면서 EXPLO'74에 참석했던 간사님들을 직접 만나고 그분들의 경험담을 듣는 것도 정말 귀한 일이었다.

국제 CCC에서 근무하면서 세계 여러 나라들을 위해서 구체적으로 더 기도하게 되었고 세계를 가는 꿈을 꾸고, 기도하며 모금하여, 국제 CCC의 다양한 사역들에 참여하게 되었다. 여러가지 단기 선교들 중에 예수영화 사역, Macedonia Project (중국 등 복음 전하기 어려운 나라들에 가서 기도하고 복음 전하는 사역), 런던 브릿지 (London Bridges Ministry 즉 런던에서의 노방전도 사역), 좌시 맥도웰 사역 (Josh McDowell Ministry: CCC 국제본부의 수십가지 사역 중 하나)의 오퍼레이션 케어리프트(Operation Care-Lift Ministry 벨라루스, 러시아의 여러 도시에서 고아원, 감옥, 학교 등을 방문하여 전도하고 옷, 신발, 학용품, 외투, 의약품 등을 나누어 주는 사역), Operation Transit Ministry (스페인과 이탈리아, 프랑스 등의 항구도시 들에서의 노방 전도 사역들)등등의 단기사역들에 참여하며 세계 여러 나라들에 직접 가서 복음을 전하는 큰 은혜들을 경험하였다.

목회 현장에서도, 국제 CCC에 있으면서도, 35년만에 한국에 역 이민하여 대안학교 교장으로 섬길 때도, 지금도 여전히 복음 전하며 살려고 노력하고 있다. 그래서 스마일 전도지(www.on-tract.com 간단한 100여 개의 언어로 번역된 스토리 텔링 전도지, 올랜도 국제공항에 토요일마다 가서 나누어 준 1장짜리 전도지)를 늘 가지고 다닌다. 물론 4영리도 사용한다.

이 시골뜨기를 사랑하셔서 우리 어머니의 믿음을 통하여 예수님 믿게 하시고, 서울로 유학(?)가서 외롭게 신앙생활 하던 내게 고향친구를 통하여 CCC로 인도해 주시고, 거기서 훈련받아 믿음이 권고해지며 더 구체적으로 복음 전하게 하시고, 국제 CCC까지 인도하시며, 그곳에서 세계 여러 나라들을 기도로 품고 직접 전도하러 가게하신 하나님께 감사와 찬양을 드린다. 하하하, 하나님, 탱큐!

EXPLO'74를 그리워하며

허양

전 CCC 간사

여의도 동쪽 당시는 위용을 자랑하던 여의도 고층아파트 그 옆에 모래사장 위에 30만 명의 식사 공급을 위한 거대한 취사장의 위용이 생각난다. 옆에 있는 여의도아파트의 지하 보일러실에서 연결해서 공급되던 굵은 스팀 파이프도 당시에는 대단한 위용이었다. EXPLO'74는 30만 명 민족복음화요원 훈련이 우선적인 중심 목적이었다. 기억에 각인된 저녁 메머드 집회는 큰 위엄과 감동을 주었지만, 실제적 목적은 여의도 주변 영등포구 마포구에 있는 수십여 초·중·고를 빌려서 진행된 낮 시간의 LTI였다.

나는 당시 간사님들이 지역을 순회하며 실시한 순장훈련에 참석해서 LTC 훈련을 수료하고 엑스플로 3일 전에 소집되어 재훈련하는 여의도 천막촌 순장훈련에 참석하고 영등포의 한 초등학교(확실치는 않지만 영신국민학교로 기억된다.)에 배치되어 순장으로 봉사했다. 여름 한낮의 작열하는 태양 아래 천막 속은 정말 소나기 같은 땀방울을 흘리게 하는 혹독한 더위였다. 그래도 민족복음화의 일익을 담당한다는 사명감에 버틸 수 있었다. 그래도 본 대회 중 진행된 민족복음화 요원훈련은 기존 학교 건물 안에서 진행되었기에 견딜 만했다.

저녁을 먹은 후 학교에 모든 참석자들이 줄줄이 도보로 저녁집회장인 여의도광장으로 걸어서 이동하는 모습은 또 하나의 장관이었다. 식사로 배달된 밥은 떡밥이고 반찬은 새우젓 한 가지 뿐이었지만 크게 불평하는 사람은 없었다. 당시에는 밥만 먹는 것도 감지덕지해야 할 때였으니... 그리고 밥 대신 배달되었던 삼립 소시지 빵, 소시지는 빼고 빵만 먹는 사람들도 있었다. 첫날엔 배달차에 운전기사만 혼자 오더니 다음 날부터인가는 고등학생 한 명씩 배달차에 동승해서 누군가 했었는데 HCCC였다고 밥이나 빵이나 배달 사고가 생겨서 세운 대책이었다는 이야기는 후에 들었다.

8월 15일 들려온 서울지하철 1호선 개통 소식은 새로운 대중교통을 시작하는 기쁜 소식이었으나, 당일에 들려온 다른 슬픈 소식은 국민의 사랑과 존경을 받던 영부인 육영수 여사의 서거 소식이었다. 이 복된 은혜의 축제에 무슨 일인가? 오묘한 하나님의 뜻, 나로선 이해할 수 없었던 일이다. 낮 동안 훈련에 지치고 수 km를 걸어서 여의도 광장까지 왔지만, 빌 브라잇 설교와 박조준 목사님의 통역을 통해 광장 전체를 가득히 덮어오는 성령의 임재와 은혜로 피로를 몰랐다. 오직 기쁨과 감사와 은혜 감격만 충만했다. EXPLO'74 그 후 한국교회는 300만으로 성장했다. 성도들 모두를 전도자로 만들겠다는 당찬 목표는 교회성장으로 나타났다. 그 멋진 광장이 대부분 공원으로 바뀌고... 그때가 그립다.

인생을 송두리째 바치게 된 EXPLO'74

허인석

네팔 선교사

지금도 그날 밤을 생생하게 기억한다. 1974년 8월 15일 한여름 밤, 장대 같은 소나기가 쏟아지는 여의도 광장 아스팔트 바닥, 폭포수처럼 힘차게 외치는 김준곤 목사님의 말씀에 우리 모두는 빨려가고 있었다. 너무 많은 사람이 촘촘히 앉아 있는 자리라서 소나기 물이 빠져나가지 못하여 엉덩이까지 흥건히 젖어 들고 있었다. 그러나 우리 모두는 아랑곳하지 않으며 오로지 성령님께 사로잡혀 있었다. 사도행전에서 수천 명이 복음을 듣고 회개하는 장면이 바로 이러했으리라.

고등학교 시절부터 나는 정서적인 방황 속에서 하루하루 어렵게 살고 있었다. '인생은 무엇인가?'라는 질문으로 깊은 고민에 빠진 날들이었다. 인생의 참 목적과 진정한 의미를 알기 위하여 몸부림치며 살았다. 나에게 성장 배경이 되었던 유교의 사상도, 열심히 뒤적이던 그 어느 책 속에서도, 그리고 밤을 새우며 토론하던 친구들과의 대화 속에서도 나는 그 해답을 찾을 수가 없었다. 그러던 어느 날 대학 시절에, 친구 따라 처음으로 교회에 발을 디뎠다. 그리고 성경을 접하게 되었다. "태초에 하나님이 천지를 창조하시니라"는 성경의 첫 줄에서부터, 나는 그 권위에 놀랐다. 그 어느 곳에서도 듣지 못했던 선포였다. 성경을 계속 읽으며 드디어 나는 내 인생 문제에 대한 해답을 발견하였다. 나는 예수님을 구주로 영접하고, 평생 주님을 위하여 살기로 작정하였다. 방황은 끝나고 주님이 주시는 깊은 평화와 사랑을 누리게 되었다.

구원의 확신 속에서 열심히 신앙생활을 하였다. 예배와 찬송은 나에게 깊은 감격을 주었다. 신앙생활을 시작한 지 얼마 안 되었지만, 교회에서 기쁨으로 봉사를 하며 마냥 행복하였다. 그리고 CCC에서 실시하는 훈련과 수련회에 참석하며 신앙은 성장하였다. 그리스도 안에서의 귀한 형제 사랑도 배우게 되었다. 순장과 순모임은 내 신앙의 길잡이가 되었다. 이러한 분위기 속에서 대학 2년 여름 EXPLO'74에 참여하게 되었다. 간절한 마음으로 성령 충만을 사모하였다. 그리고 내 인생을 송두리째 드리게 된 은혜를 경험하게 되었다.

수백 명 성가대의 할렐루야 합창이 끝나며 김준곤 목사님의 설교는 이어졌다. 그리고 나는 귀를 의심케 하는 말씀을 들었다. '앞으로 소련과 중공이 열리면 많은 선교사가 필요합니다. 이제 하나님께서는 여러분들을 그곳에 부르시고 계십니다. 주님을 사랑하고 선교에 삶을 바치기로 작정하는 사람들은 자리에서 일어나시기 바랍니다.' 나는 꿈을 꾸는 듯 혼미하게 되었다. "소련과 중공이 열린다"고! 당시는 소련과 중공이 공산국가로서 우리 한국과는 전혀 교류가 없었고 마치 북한에 갈 수 없는 것처럼 문이 닫혀 있었다. '소련과 중공에 선교사로 들어간다'는 말은 정말 허황된 말이다. 그런데 여기저기서 많은 사람들이 일어나기 시작하였다. 내 눈을 의심할 만한 상황이 일어났다. 정말 이해하기 힘든 일이 벌어지고 있었다. 이 일은 그 뒤 많은 세월이 지나고 선교지에서 만난 선교사들을 보며 비로소 이해하게 되었다. '나도 그날 밤 그 자리에 있었어요. 그리고 나도 그때 일어났습니다. 그래서 지금은 선교지에서 살고 있게 되었습니다.' EXPLO'74! 그날 밤에 성령님께서 우리들에게 세계 선교의 꿈을 갖게 하였고 헌신하게 하셨던 것이다.

그런데 그날 밤 그 자리에서 나는 결코 일어설 수 없었다. 나는 예수님을 영접하고 감동 속에서 신앙생활을 하고 있기는 하였지만, 나는 결코 선교사가 될 수 있는 위인이 아님을 잘 알고 있었다. 부족하기 이를 데 없는 나는 그저 지역 교회에서 봉사를 하며 사는 것이 충분하다고 생각하였다. '선교사는 슈바이처와 리빙스톤 같은 사람들이지... 나는 아니야!' 정말로 나는 아니라고 생각했다. 그러나 그때, 선교의 부르심 속에서, 많은 사람들이 선교에 헌신하며 일어날 때, 성령님의 역사가 내 속에서도 일어났다. 김준곤 목사님은 말씀을 이어가셨다. "예수를 믿는 우리는 모두 주의 군사입니다. 대한민국의 젊은이는 3년간 군대를 가야 하는 의무가 있듯이 주의 군사 된 우리는 평생이 어려우면 3년 단기라도 선교에 헌신하기를 바랍니다." 나는 내가 주의 군사가 된 것을 받아들였다. 그리고 잠시 망설임 뒤에 내 인생 중 한 번쯤은 꼭 '단기 선교사로 봉사하겠다'고 하나님 앞에 다짐하였다. 나는 하나님 나라의 군사로서 '3년 단기 선교 의무'를 하나님께 약속하였다.

그 뒤로 나의 신앙생활은 감동 속에서 이어졌다. 군에 입대하여서는 기독 장교 모임의 일원으로 활동하며, 병사들의 신앙생활을 돕기도 하였다. 그 후 나는 고등학교 교사로서, '교사가 변화되어야 학생도 변화를 받는다'는 생각 속에 동료 교사들과 함께 성경공부를 시작하였다. 신우회를 조직하여 학생 전도에 힘썼다. 또한 나사렛형제들 모임을 통하여 직장 복음화에 힘썼다. 그러나 자신의 부족함과 하나님 앞에 다짐했던 '단기 선교'의 약속은 늘 마음속에 부담이 되었다.

EXPLO'74에서의 결단 후, 15년이 지난 시점에서 나는 또 다른 결단이 필요했다. 3년 단기 선교의 약속을 더 이상 늦출 수 없기 때문이었다. 당시 나는 결혼 생활 8년 차, 우리 부부는 맞벌이를 하면서 자녀 둘을 낳고 행복하게 살고 있을 때, 이 시점이 3년 단기 선교의 의무를 채워야 할 마지막 기회라고 생각했다. 그러나 우리 부부가 10년째의 직장생활을 접고, 여유롭게 살고 있는 보금자리(집과 차)를 떠나는 것도 큰 결단이었다. 나는 아내와 함께 오랜 상의와 기도 끝에 선교지로 떠나는 결단을 내렸다. 초등학교에 다니기 시작한 아들과 아장거리며 걷기 시작한 딸을 데리고 필리핀으로 떠나는 것은 우리 가정의 운명이 되었다. 선교사에게는 소명이라지만 우리 가족에게는 숙명이 된 셈이다.

네팔에서 평생 선교사로

필리핀에서는 CCC 협력 선교사로서 선교 및 신학 훈련을 받으면서 캠퍼스 팀사역을 하게 되었다. 한편 필리핀에서 나는 어느 네팔 목사님을 만났다. 그 목사님을 통해서 우리는 어려움 가운데 있는 네팔 교회에 대하여 듣게 되었다. 당시 힌두교 왕국인 네팔은 헌법으로 개종이 금지되었다. 따라서 전도하거나 가르치다가 붙들리면 2년 내지 최고 6년 형의 감옥살이를 하여야 했다. 그래서 당시에 네팔의 수많은 기독교인들이 감옥에 갇히는 등 어려움을 겪고 있었다. 내가 필리핀에서 만난 네팔 목사님도 6년의 징역형을 받게 될 상황에서 도망을 나온 셈이다. 죄목은 '예수 믿으라고 전도하고 가르쳤다'는 것! 그래서 우리는 네팔의 교회와 교인들을 위하여 열심히 기도하였다. 하나님의 은혜로 이듬해인 1990년 네팔에 민주화 운동이 일어났고, 공식적인 체포와 구금을 중지하였다. 부분적으로나마 종교의 자유가 선포되었다. 감옥에 갇혔던 크리스천들이 모두 풀려나게 되었다. 하나님께서는 네팔에 복음의 문을 활짝 여신 것이다. (그러나 강한 힌두교 사회와 이로 연결된 정부는 아직도 교회와 교인들에게 어려움을 주고 있다.)

그 이듬해인 (1991년), 나는 필리핀에 왔던 네팔 목사님과 함께 네팔을 방문하였다. 한 달 동안 리서치를 하는 동안에 나는 커다란 감동을 받았다. 삶의 열악한 상황은 내가 어렸을 때 겪었던 상황과 비슷하였다. 1960년대, 먹는 것이 힘들고 중요하게 여겼던 시절과 흡사하였다. 더욱이 힌두의 우상 숭배에 붙잡혀 있는 모습은 우리가 미신에 찌들어 살았던 당시의 시절을 상기하게 되어 무척 안타까웠다. 그러나 교회에서의 예배는 매우 뜨거웠다. 3시간 가까이 지속되는 예배는 성령 충만하였다. 예수 믿고서 집에서 쫓겨나고 동네에서도 따돌림을 받는 아픔 속에서도 성도들은 기쁨이 충만하였다. '저여 머시!' 인사말로 성도들은 서로 위로와 격려에 힘을 얻는 모습이었다. '저여 머시'는 '예수 승리'라는 뜻의 네팔 기독교인들 사이의 인사말이다. 어느 날 나는 네팔 기독교인의 가정에 식사 초대를 받았다. 초대한 주인은 함께 식탁에 앉지 않은 채 시중을 들었다. 나는 다소 불편한 마음이었지만 더 많이 먹도록 음식을 권하고 또 식었다고 덥혀 오는 등... 흡사 우리가 자랐던 시대의 풍습을 보는 듯해서 좋았다. 길거리에서 아이들이 구슬치기, 자치기, 제기차기, 고무줄놀이, 그네뛰기 등을 하는 것을 보면서 우리가 자랐던 시절로 나의 생각이 돌이켜지기도 했다. 여자들이 멍석에 앉아서 서로 머리의 이를 잡아주고 있는 모습을 보며 나는 깜짝 놀랐다. 혹시 오래 전에 우리 민족이 네팔 사람들과 함께 살았던가?!

그날 식사 초대를 한 가정에서 나눈 대화를 나는 지금도 잊을 수 없다. 그 가족이 나에게 마치 한 가족처럼 친근감을 느끼게 했다. 그 가족도 나와 함께 마음을 나눴다. 분명 처음 만났지만 '오래 전부터 함께 지낸 친구처럼 느껴진다'고 말했다. 나도 동감이었다. 네팔 형제는 한 마디 덧붙였다. '우리와 함께 주님을 위하여 교회를 섬기며 이곳에서 살지 않겠는가?' '우리는 당신 같은 사람이 필요하다.' '다음에는 꼭 가족이 함께 와서 이곳에서 살자.' 그 순간 나의 마음속에서도 성령님의 감동을 느낄 수 있었다. 나는 '아내와 함께 상의하고 기도한 뒤에 준비하여 다시 오겠다'고 말했다. '비록 나는 슈바이처와 리빙스턴 같은 사람이 아니라서 선교사가 될 수 없다'고 생각했지만, '내가 필요로 하는 곳에 주님이 나를 보내시면 마땅히 주님을 위하여 살 수 있다'는 생각을 했다. 한국에서도 집사로 교회에서 여러 봉사를 하며 살았는데, 네팔에서도 주님과 교회를 위하여 살 수 있겠다는 생각이 들었다. 그 뒤로 나는 선교 훈련과 여러 과정을 거치며 준비하여, 1994년 1월에 가족과 함께 네팔 선교사로 떠났다.

'3년 단기 선교의 의무'는 마쳤지만, 그리스도의 군사인 우리에게 선교의 부르심은 평생 마칠 수 없는 과업인 것이다. 네팔에서의 30년의 삶은 내 인생을 통째로 주님께 드린 삶이 되었다. 1974년 EXPLO'74, 장대같이 쏟아붓던 장마비 속에서 "누가 주님의 부르심에 응답하겠는가?" "주여 제가 여기 있습니다. 내가 가겠습니다." 선교는 부르심과 응답 속에서 일하시는 우리 주님의 역사이다.

제3부
연구 논문

EXPLO'74에 대한 역사적 이해*

강경규 **

1. 들어가는 말

EXPLO'74는 1974년 8월 13일부터 18일까지 6일 동안 서울 여의 도광장에서 개최되었고 연인원 655만 명이 참석했다. 국내외에서 323,419명이 등록하여 5박 6일 동안 합숙하면서 민족복음화를 위한 민족복음화 요원훈련을 받았다. EXPLO'74의 주제는 예수혁명과 성령폭발이었으며 민족복음화를 위한 대중전도대회였다. 유성(遊星) 김준곤 목사는 일제강점기와 6·25전쟁을 겪으면서 민족복음화에 대한 기도를 시작했고 민족복음화의 꿈을 성취하기 위해 한국교회 전체 신자를 전도요원으로 훈련하려고 했다.[1] EXPLO'74는 유성 김준곤의 민족복음화운동 부흥기이며 정점이었다.[2] EXPLO'74에는

---

* 이 글은 강경규, "EXPLO'74의 한국교회사적 평가와 의의," 「역사신학논총」 제44권 (2024)에 게재한 것을 수정 보완했다.

** CCC 간사, 역사신학 박사

[1] 유성 김준곤은 1925년 3월 28일 전남 신안군 지도읍 봉리에서 태어나 민족복음화의 사명을 감당하고 2009년 9월 29일 11시 11분에 84세의 일기로 소천했다. 유성(遊星)은 예수 그리스도의 빛을 받아 오직 그분만 높이고 전하셨던 발광체의 삶을 의미한다.

[2] 강경규, "유성 김준곤의 민족복음화운동에서 민족과 복음 관계 연구," (박사학위논문, 총신대학교, 2022), 32-196. 유성의 민족복음화운동은 태동기, 발전기, 부흥기, 확장기, 완성기를 향한 시기로 구분할 수 있다.

1974년 7월 16일부터 25일까지 10일 동안 스위스 제1차 로잔세계복음화대회에 참가했던 3,407명의 주요 강사들이 초청되어 대회를 진행하였고 역사상 최대 규모의 사람들이 모인 세계기독교대회였다.[3]

2024년은 EXPLO'74가 개최된 지 50주년 되는 해이다. 그동안 학술지와 EXPLO'74 희년학술대회를 통해 EXPLO'74의 역사와 의미, 가치를 평가하는 논문들이 발표되었다.[4] 그렇지만 EXPLO'74에 대한 역사적인 시각에서 총체적으로 이해하고 평가하는 부분은 미흡하다고 생각된다. 이 글의 목적은 EXPLO'74에 대한 역사적 이해를 통해 총체적으로 살펴보고 평가하여 한국교회의 부흥과 성장 방안을 찾는 데 의의를 둔다. EXPLO'74를 평가하기 위해 그 당시의 1차 자료와 학술지 등에서 발표한 자료들을 분석하여 EXPLO'74의 역사적 배경, 홍보와 진행, 주제와 설교, 훈련교재, 전도방법에 대해 살펴보고자 한다.

2. EXPLO'74의 역사적 배경

2.1. 전국복음화운동(1965년 이후)

---

3 "「익스플러'74」 기독교세계대회 74년 8월 서울에서 개최," 「주간종교」, 1973년 6월 13일; "엑스플로'74 서울서 개최," 「조선일보」 1973년 9월 7일; "백36만 「신앙인파」 운집 사상 최대 「엑스플로'74」 엑스플로'74 개막," 「조선일보」 1974년 8월 15일. 본 논문에서 EXPLO'74로 표기했다. 1차 자료에 엑스플로'74로 되어있는 것과 인용문에 엑스플로'74로 되어있는 것은 그대로 사용했다.

4 박용규, "대중전도운동과 민족복음화운동 1970-1980," 「역사신학논총」 제30권 (2017): 8-56; 김요섭, "민족복음화 사상과 1970년대 한국교회 전도대회들의 의의," 「역사신학논총」 제43권 (2023): 152-185; 이상규, "EXPLO'74와 민족복음화운동," 「EXPLO'74 Remember(회고와 전망)」 2023년 10월 21일, 11-13; 박용규, "엑스플로'74와 한국교회사적 의미," 「EXPLO'74 Remember(회고와 전망)」 2023년 10월 21일, 10-13; 조귀삼, "원심적 선교구조와 내재된 EXPLO'74의 민족복음화와 세계선교 동력," 「EXPLO'74 Remember(회고와 전망)」 2023년 10월 21일, 1-26.

EXPLO'74 이전부터 한국교회에서 전국을 복음화하고자 하는 크고 작은 복음화운동들이 일어났다. EXPLO'74는 1960년대부터 한국교회에 일어나고 있었던 전국복음화운동을 하나로 묶을 수 있는 구심점이 되었다. 기도원, 교회, 가정 기도처에서 전국을 복음화하고자 하는 기도가 일어나고 있었다.[5] 1964년 11월부터 한국교회 안에서 전국복음화 움직임이 일고 있었다. 1965년 12월 3일에 각 교파 대표들이 전국복음화운동위원회를 구성하여 전국복음화운동을 전개했다.[6] 이상규 교수는 한국교회에서 민족복음화와 같은 운동이 있었지만, "김준곤 목사는 처음으로 '민족복음화' 혹은 '민족복음화운동'이라는 용어를 사용했다."[7]라고 말했다. EXPLO'74를 통해 유성은 한국교회 이곳저곳에서 산발적으로 일어난 전국복음화운동을 한 곳으로 합쳐서 집약화, 조직화, 에너지화하는 계기를 만들었다. 한국교회의 민족복음화운동을 주도적으로 이끌었다고 평가할 수 있다.

2.2. EXPLO'72(1972년)

EXPLO'74의 공식적 기원은 1972년 텍사스 달라스(Texas Dallas)에서 열린 EXPLO'72였다. EXPLO'74는 EXPLO'72로부터 시작되었

---

5 김준곤, 『김준곤 문설집 1 민족의 예수 혁명론』(서울: 순출판사, 1984), 443-444.
6 박용규, "대중전도운동과 민족복음화운동 1970-1980," 10-12; 박용규, 『한국기독교회사 III(1960-2010)』(서울: 한국기독교사연구소, 2018), 236-237.
7 이상규, "김준곤 목사와 민족복음화운동," 『크리스천 경남』 2023년 11월 8일.

다.[8] EXPLO'72는 국제CCC의 빌 브라이트(Bill Bright, 1921-2003)[9]가 계획하고 진행했다. 그는 1969년 미네아폴리스(Minneapolis) 시민회관에서 열린 전도대회에 참석하면서 대형전도대회에 대한 비전을 보았다. 그 대형전도대회의 설교자는 빌리 그래함(Billy Graham, 1918-2018)이었고, 빌 브라이트는 빌리 그래함의 설교를 듣는 중에 "일주일 동안 복음화와 부흥사의 훈련을 위해 10만 명의 사람들을 모으라"[10]는 하나님의 비전을 보았다. 빌리 그래함은 빌 브라이트의 비전을 듣고 나서 "내가 돕겠네"[11]라고 약속했다. EXPLO'72는 1972년 6월 12일에서 17일까지 6일 동안 텍사스주(Texas) 달라스시(Dallas)에서 열렸으며 8만 5천 명이 예수 그리스도께로 돌아왔다. 마지막 날에는 약 20만 명이 참석했다.[12] EXPLO'72에는 세계 70여 국가의 대표들이 참가했다.[13] 한국에서도 CCC 간사들과 나사렛형제들을 포함하여 60여 명이 참석했다.[14] 명예 대회장이었던 빌리 그래함은 EXPLO'72를 다음과 같이 평가했다. "세계의 위대한 사건들은 모두 학생들로부터 일어났다. 나는 EXPLO'72에 이렇게 많은 학생들

---

8 EXPLO'72는 1972년 6월 12-17일에 텍사스주 달라스시에서 국제CCC 주최로 열렸다. EXPLO는 폭발이라는 뜻으로 다이나믹한 하나님의 능력, 즉 문자 그대로 예수혁명을 말한다. 미국의 영적 분위기를 배경으로 일어난 예수혁명 운동이었다.

9 빌 브라이트의 본명은 William Rohl Bright이지만 Bill Bright로 알려져 있다.

10 Vernon K. McLellan, *Billy Graham: a tribute from friends,* 한혁 역, 『빌리 그래함: 친구들이 말하는 빌리 그래함의 찬사』(서울: 도서출판 멘톨, 2005), 29.

11 Vernon K. McLellan, *Billy Graham: a tribute from friends,* 한혁 역, 『빌리 그래함』, 29.

12 Vernon K. McLellan, *Billy Graham: a tribute from friends,* 한혁 역, 『빌리 그래함』, 30.

13 Bill. Bright, *Come Help Change Our World* (San Bernardino: Here's Life Publishers, 1979), 135.

14 김준곤 목사제자들 엮음, 『나와 김준곤 목사 그리고 CCC』(서울: 순출판사, 2005), 119.

이 참가한 데 놀랐다."[15] 빌 브라이트는 EXPLO'72에 대해서 영감과 도전과 훈련받는 기간이었으며 잠자는 세계에 영적 각성을 일으키는 대회였다고 평가를 했다. "역사상 이 이상 많은 나라에서 많은 수의 젊은 사람들이 그리스도의 이름으로 합숙 훈련을 받은 예는 없었다."[16]라고 말했다.

영적 각성이 일어난 EXPLO'72 마지막 날에 많은 사람이 깜짝 놀랄만한 선언이 있었다. 유성은 1974년에 대한민국 서울에서 30만 명이 참가하는 EXPLO'74를 개최할 것인데 누구나 환영한다고 선언했다.[17] 폭탄 같은 EXPLO'74에 대한 선포는 절친한 친구이며 동역자였던 빌 브라이트도 몰랐던 것이었다. 유성은 빌 브라이트와 EXPLO'72에서 도전받고 배운 것을 대한민국의 서울 여의도광장에서 열린 EXPLO'74의 모델로 삼았다.[18]

2.3. 빌리 그래함 서울전도대회(1973년)

EXPLO'74는 1973년 5월 30일부터 6월 3일까지 5일 동안 서울 여의도광장에서 열린 빌리 그래함 서울전도대회의 영향으로 성공적인

---

15 김준곤, 『김준곤 문설집 1 민족의 예수 혁명론』, 441. 이 대회의 참석자 85,000명 가운데 학생이 60,000명이었다.

16 김준곤, 『김준곤 문설집 1 민족의 예수 혁명론』, 441.

17 Richadson, Michael. *Amazig Faith: The Authorized Biography of Bill Bright, Founder of Campus Crusade for Christ International* (Colorado Springs: WaterBrook Press, 2000), 157.

18 김준곤, "세계 대학에 혁명적 바람이 불고 있다(예수칼럼)," 『CCC편지』 제390호 (2007년 8월호), 52; CM2007 한국준비위원회, "7월 2일(일) 저녁 메시지 김준곤," 『CM2007 백서』 (서울: 한국대학생선교회, 2007), 391-395.

개최를 할 수 있었다. 1973년 빌리 그래함 서울전도대회가 1974년 EXPLO'74 개최에 직접적인 영향은 아니었다. 그렇지만 대중전도운동의 좋은 모델이었고 EXPLO'74를 준비하는데 실제적인 도움이 되었다.[19] 박정희 대통령은 서울 여의도광장에서 1973년 빌리 그래함 서울전도대회를 할 수 있도록 국가 행사와 같이 전폭적으로 지원했다.[20]

유성과 EXPLO'74 준비팀은 서울 여의도광장에서 100만 명이 참가하는 1973년 빌리 그래함 서울전도대회의 현장을 보면서 100만 명 이상의 대중전도대회를 할 수 있는 실제적인 모델을 보았고 EXPLO'74를 할 수 있다는 자신감을 얻었다. 그리고 빌리 그래함 서울전도대회를 통해 대중전도대회를 성공시키기 위해 정부와의 관계 속에서 지원받는 방법, 언론홍보 방법 그리고 빌리 그래함 서울전도대회팀이 주님께 기도하며 준비하는 방법을 배우며 구체적으로 EXPLO'74를 준비할 수 있었다.

EXPLO'74를 통해 유성은 1965년부터 한국교회에서 일어난 전국복음화운동을 민족복음화운동으로 주도성 있게 이끌었고, 1972년 EXPLO'72와 1973년 빌리 그래함 서울전도대회를 EXPLO'74의 실제적인 모델로 삼았다고 평가할 수 있다.

---

19 강경규, "빌리 그래함과 대중전도운동," (석사학위논문, 총신대학교, 2018), 51.
20 박용규, "대중전도운동과 민족복음화운동 1970-1980," 12-19.

3. EXPLO'74의 홍보와 진행

유성은 1972년 미국에서 열린 EXPLO'72에 참석했고 그곳에서 1974년 EXPLO'74를 대한민국에서 개최하겠다고 선포했다. 그때 모두가 기립 박수를 치며 축복했지만, 그 당시의 한국 교계와 정치 상황은 쉽지 않았다. 비방하며 모략하는 사람들도 있었고 간사들까지도 회의적이었다.[21]

1973년 8월 29일부터 9월 2일까지 5일 동안 경기도 입석수양 관에서 CCC 간사기도회가 있었다.[22] 전국에서 참석한 간사들은 EXPLO'74를 개최하는 것에 대해 반대 의견을 말했다. 유성은 간사 기도회 3일째 밤에 분위기가 어두운 것을 느꼈고 전국에서 모인 71명의 간사들에게 EXPLO'74를 대한민국에서 개최할 수 없는 이유를 전지 두 장에 적게 했다. 날씨, 수송, 식사, 교육, 재정, 시설, 교계의 반대, 김일성의 비난, 행정당국의 집회 불허, 교통 마비, 주민 반대 등으로 불가능한 이유를 전지 두 장에 적었을 때 74가지 항목이나 되었다. 간사들에게 다음과 같이 질문했다. "지금까지 1만 명, 8천 명, 1천 명, 5백 명 집회에 참석한 자들은 다 변화되었다. 한국교회 전 성도의 10분의 1인 30만 명을 훈련 시키는 것이 하나님의 뜻이

---

21 장익, "엑스플로'74는 하나님의 섭리였어요." 「CCC편지」 제406호 (2008년 12월호), 43.
22 장익, "엑스플로'74는 하나님의 섭리였어요." 「CCC편지」 제406호, 43; 한국대학생선교회, 「CCC 사역자료집 1.0」 (서울: 순출판사, 2016), 599.

겠는가?"[23]라고 물었을 때 모두가 "하나님의 뜻"[24]이라고 말했다. 그리고 요한일서 5장 14-15절을 읽게 했다. "하나님의 뜻대로 구하면 들어주실까?"[25]라고 물었을 때 "들어주신다."[26]라고 말했다.

간사들은 질문에 긍정적으로 대답을 했지만, 여전히 불가능한 일이라고 생각했다. EXPLO'74 전도훈련 규모가 너무 커서 골리앗처럼 생각되었다. 유성과 간사들은 74가지 항목을 기도제목으로 삼고 한 사람이 한 가지씩 붙잡고 철야기도를 했다.[27] 그 이후부터 EXPLO'74는 주님의 인도로 준비되었다. 어려운 문제들에 대해 하나님께서 지혜를 주셨다. '취사를 어떻게 할 것인가?'에 대한 어려움이 있었는데 어느 날 유성이 벽돌과 기와 굽는 곳을 지나가다가 증기로 밥 짓는 아이디어가 떠올라서 샘플을 만들어보았다. 보일러를 사용하여 50분 정도 지났을 때 성공적으로 밥을 만들 수 있었다.[28] EXPLO'74 준비를 위한 시설과 장비의 규모는 기록적이었다. 등록자 323,419명이 합숙하면서 전도요원 훈련을 받았기 때문에 숙박시설과 밥을 짓기 위한 장비가 필요했다. 잠자는 시설로는 여의도 일부 지역 4만 평에 천막 5백 채를 설치하여 10만 명을 수용했고, 여

---

23 김준곤, "제3의 성령폭발 「엑스플로'74」를 조명한다!," 「CCC편지」 제273호 (1997년 11월호), 30.
24 김준곤, "제3의 성령폭발 「엑스플로'74」를 조명한다!," 「CCC편지」 제273호, 30.
25 김준곤, "제3의 성령폭발 「엑스플로'74」를 조명한다!," 「CCC편지」 제273호, 30.
26 김준곤, "제3의 성령폭발 「엑스플로'74」를 조명한다!," 「CCC편지」 제273호, 30.
27 한국대학생선교회, 「CCC사역자료집 1.0」, 599-600.
28 김준곤, "71명의 간사기도회," 「한국CCC 역사의 뿌리를 찾아서(녹취록)」 (서울: 한국대학생선교회 자료실, 1995년 8월 29일-9월 1일 녹취), 78; 한국대학생선교회, 「민족의 밤하늘을 비쳐온 한국CCC 56년(미간행)」 (서울: 한국대학생선교회 자료실, 2014), 44.

의도 주변에 있는 76개 학교의 3천 개 교실에 22만 명을 수용했다. 밥을 만들기 위해 쌀 7천 가마를 사용했고 5천 명분용 대형 스팀 솥 20개를 준비했다. 밥이 만들어졌을 때 물통 5천 개와 2백 명이 먹을 수 있는 밥통 1,200개를 삼륜차 63대로 각 천막과 학교에 배달했다. 부족한 밥량에 대해서는 빵 130만 개를 제공했다. 하루에 400명 정도가 취사를 담당했다.[29]

정부도 EXPLO'74가 잘 진행될 수 있도록 적극적인 지원을 했다. 큰 규모의 본부석, 1만 명의 찬양대 좌석, 군사용 텐트 500채, 여의도 주변에 있는 76개 학교의 3천 개 교실을 준비했다.[30] 여의도 광장의 조명시설, 음향시설, 의료 안전, 1만 명을 수용하는 취사 시설을 마련했다. 체신부는 EXPLO'74 기간에 EXPLO'74 기념 우표로 10원짜리 2종을 240만 장 발행했다.[31] 교통 편의를 제공하기 위해 EXPLO'74 대회장까지 버스노선 일부를 연장하여 운행했다. EXPLO'74 대회장으로 가는 버스 앞창문 오른쪽에 가로 10cm, 세로 30cm 크기의 '여의도전도대회장행' 표지판을 붙일 수 있게 했다.[32] EXPLO'74가 잘 진행될 수 있도록 철야기도와 새벽기도를 위해 서울 여의도광장 주변에 통행 금지도 해제했다.[33] 유명인사들이 많이

---

29 이준우, "기독교 정신사의 분수령," 「조선일보」 1974년 8월 20일; CCC편지 편집실, "'74년 8월, 그 뜨겁던 신앙의 고향, 「엑스플로'74」," 「CCC편지」 제274호 (1997년 12월호), 32.

30 박용규, "대중전도운동과 민족복음화운동 1970–1980," 26.

31 박용규, 『한국기독교회사 III(1960–2010)』, 251.

32 "엑스플로'74 교통편의 위해 일부 버스 노선연장," 「경향신문」 1974년 8월 10일.

33 "여의도 광장 통금해제 엑스플로'74 행사 동안," 「동아일보」 1974년 8월 12일.

참여했기 때문에 일간 언론들은 1년 전부터 기독교 행사에 깊은 관심을 가지고 지속적으로 진행 상황을 보도했다.[34] EXPLO'74는 자체적으로 뉴스레터지 「엑스플로'74 뉴스」를 만들어서 적극적으로 홍보했다.[35]

EXPLO'74는 수원의 서울농대에서 민족복음화운동 요원강습회(1970.12.31-1971.1.3)와 대전충무체육관에서 1만 명 민족복음화운동 요원강습회(1971.8.1-5) 때부터 준비되었고, EXPLO'72에서 EXPLO'74를 대한민국 서울에서 개최할 것이라고 선포되면서부터 시작되었다. 유성은 EXPLO'74를 위해 하나님의 절대주권을 신뢰하고 구체적으로 기도하며 준비했고 적극적으로 홍보하며 진행했다고 평가할 수 있다.

4. EXPLO'74의 주제와 설교

EXPLO'74는 1972년 빌 브라이트가 이끌었던 EXPLO'72의 도전과 1973년 빌리 그래함 서울전도대회에서 100만 명이 모이는 대중전도의 모델과 한국교회에 일어나고 있었던 민족복음화운동의 힘이 한곳으로 모이면서 구체적으로 계획되고 전략적으로 준비되었다. 대회의 주제는 예수혁명과 성령폭발[36]이었다. 유성은 이 주제에 대

---

34 "엑스플로'74 서울서 개최," 「조선일보」 1973년 9월 7일.
35 "충만에 그리스도의 계절이 오게 하자," 「엑스플로'74 뉴스」 1974년 5월 15일.
36 엑스플로'74 준비위원회, "엑스플로'74 등록 안내서," 1974; 김준곤, 「김준곤 문설집 1 민족의 예수 혁명론」, 437.

해 다음과 같이 소개했다.

> 인류에게 남아 있는 단 하나의 최후의 운동, 최후의 이데올로기, 최후의
> 혁명은 영의 혁명, 즉 예수혁명밖에 없다고 믿는다. 미지근한 것은 안된
> 다. EXPLO'74는 기독교 구미가 아닌 기독교의 처녀지인 아시아의 한국에
> 서 인간과 역사를 죽음으로부터 생명으로 부활시키는 영의 혁명, 즉 예수
> 혁명의 폭발점을 만들려는 것이다. 예수혁명 운동은 증오와 보복의 마르
> 크스 혁명보다 강렬한 것이다. 사랑과 성령에 의한 혁명의 개념을 혁명한,
> 인간의 중심을 혁명하는 근본 혁명이다.[37]

유성은 EXPLO'74가 교회사적으로 성령의 제3 폭발로 불려지
길 원했다. 제1 폭발은 오순절, 제2 폭발은 종교개혁, 제3 폭발은
EXPLO'74였다.[38] 예수혁명(성령의 제3 폭발)이 기독교 국가인 유럽과
미국이 아니라 기독교 처녀지인 아시아의 한국에서 일어나길 소원
했다. 사도행전의 오순절 성령충만이 대한민국에서 예수혁명으로
일어나 민족복음화와 세계복음화로 확산되길 간절히 원했다. 대회
장이었던 유성은 EXPLO'74 개회사를 통해 다음과 같은 감사의 말
을 전했다.

> 이 모임을 인도하신 하나님께 찬송과 감사를 돌립니다. 80여 나라에서
> 3,000여 대표가 엑스플로'74와 한국을 찾아 주셔서 감사합니다. 또한 전국

---

37 김준곤, 『김준곤 문설집 1 민족의 예수 혁명론』, 444-445.
38 김준곤, 『김준곤 문설집 1 민족의 예수 혁명론』, 446.

방방곡곡에서 정성껏 엑스플로'74에 참가해 주신 여러분을 진심으로 환영합니다. 우리가 여기 모인 단 한 가지 큰 목적이 있습니다. 주님의 지상명령을 쫓아 천하 만민에게 복음을 전하는 일과 그 복음을 전할 보다 많은 사람을 효과적으로, 보다 전략적으로, 보다 집중적으로 훈련시키기 위함입니다.[39]

EXPLO'74 개최의 목적이 주님의 지상명령 성취를 위해 만민에게 복음을 전하는 일이며 이 복음을 전하기 위해 많은 사람을 보다 효과적, 전략적, 집중적으로 훈련하려고 했다는 것을 밝혔다. 빌 브라이트는 EXPLO'74의 국제준비위원장을 맡았고 한국교회 그리스도인들에게 이 세대에 지상명령을 성취할 수 있도록 동참을 요청했고 다음과 같이 도전하였다.

세계 어느 나라보다도 바로 이 한국이 전도의 지상명령을 거국적으로 수행하고 있다고 봅니다. … 수십만의 한국인들이 이번 주간에 훈련을 받아 그리스도의 복음으로 이 땅을 완전히 변화시키고자 하는 이 전도전략의 핵심요원이 되실 것입니다. … 이번 대회는 참석한 모든 남녀들로 하여금 이 세대에 전도의 지상명령을 성취하는 데 동참하도록 성령님께서 결단시키는 기회가 되기를 기원합니다. … 오늘 우리는 전 세계를 통해 근 2천 년 만에 일어난 최대의 영적 부흥을 지켜보고 있습니다. 우리는 이 풍성한 결실의 시기를 놓쳐서는 결코 안 되겠습니다.[40]

---

39 김준곤, 『CCC와 민족복음화운동』(서울: 순출판사, 2005), 111.
40 엑스플로'74 본부, 『엑스플로'74 훈련교재: 예수혁명 · 성령폭발』(서울: 엑스플로'74 본부, 1974), 4.

김준곤과 함께 빌 브라이트, 한경직 등이 주 강사로 설교와 강연을 맡았다. 1974년 8월 14일(수)에 김준곤과 빌 브라이트는 '그리스도는 누구인가?'와 '구원의 확증'이라는 주제로 각각 말씀을 전했다. 1974년 8월 15일(목)에 일본의 빌리 그래함이라고 불리는 하도리 아끼라가 간증했고 한경직은 '네가 어디 있느냐'라는 주제로 말씀을 전했다. 1974년 8월 16일(금)에 싱가포르 출신의 찬두 레이(Chan Du Ray)가 간증했고 홍콩의 필립 탱(Philip Tang)이 '세계를 변화시킨 힘'이라는 주제로 설교했다. 1974년 8월 17일(토)에 김준곤과 빌 브라이트가 사도행전 3장 1–10절로 '성령혁명(인류의 최후 혁명)'과 사도행전 1장 1–9절로 '성령충만의 비결'이라는 주제로 각각 설교했다. 마지막날 1974년 8월 18일 주일 오후에 민족복음화운동과 세계복음화운동에 대하여 말씀을 선포했다.[41] EXPLO'74 때 매일 저녁 전체집회에 100만에서 160만 명의 사람들이 모였다.[42] CBS, NBC, ABC 등 8개국에서 한국을 찾아온 외국 언론 기자들은 깊은 관심을 가지고 취재하여 보도했다.[43]

EXPLO'74의 주제와 설교를 통해 볼 때 유성의 메시지는 예수 그리스도의 복음전도와 함께 사도행전의 오순절 성령충만이 한국에서 예수혁명으로 일어나서 민족복음화와 세계복음화로 이어지길 기대

---

41 엑스플로'74 본부, "엑스플로'74 주강사 프로필," 엑스플로'74 판플랫, 1974; 한국대학생선교회, 『CCC사역자료집 1.0』, 595.
42 한국대학생선교회, 『김준곤 목사가 한국교회에 끼친 영향(미간행)』(서울: 한국대학생선교회 자료실, 2014), 6; 박용규, "대중전도운동과 민족복음화운동 1970–1980," 25.
43 박용규, 『한국기독교회사 III(1960–2010)』, 250.

하는 것이었다. EXPLO'74는 성경적이며 복음적인 대중전도운동이
었다고 평가할 수 있다.

5. EXPLO'74의 훈련교재

『엑스풀로'74 훈련교재: 예수혁명 · 성령폭발』은 EXPLO'74 전도
훈련 교재였다. 그 안에 있는 강의, 토의 그리고 기타 자료들을 중심
으로 EXPLO'74 전도훈련을 분석해 보고자 한다.[44]

5.1. 훈련교재의 강의

『엑스풀로'74 훈련교재』의 강의는 전체 5개로 구성되었다. '강의
1 예수의 유일성'은 예수 그리스도를 구체적으로 소개하고 인류 구
원자는 예수 그리스도가 유일하다는 구체적인 복음을 제시한다(요
14:6; 행 4:12). 믿음으로 예수 그리스도를 영접하는 기도문을 소개하
며 구원의 확신을 가질 수 있도록 한다. '강의2 죄 씻음을 받는 방법'
은 세 종류의 사람(자연인, 성령의 사람, 육에 속한 사람)을 소개한다(고전
2:14-3:3). 자연인은 예수 그리스도를 믿음으로 죄 사함을 받고 하나
님과의 관계가 회복된다. 그렇지만 죄를 범할 때 육에 속한 그리스
도인이 된다. 요한일서 1장 9절 말씀에 따라 죄를 고백하면 성령충
만한 그리스도인이 된다. '강의 3 성령충만을 받는 방법'(엡 5:18; 요일

---

44 엑스풀로'74 본부, 『엑스풀로'74 훈련교재: 예수혁명 · 성령폭발』, 11-270.

5:14-15)에서는 성령을 구체적으로 소개한다. 믿음으로 구원받았듯이 믿음으로 성령충만을 받을 수 있다(갈 3:14). "오직 성령으로 충만함을 받으라"(엡 5:18)고 하는 명령과 "그의 뜻대로 무엇을 구하면 들으심이라"(요일 5:14-15)고 하는 약속에 근거하여 믿음으로 성령충만을 받고 성령의 지배를 받으며 살아갈 수 있다. '강의 4 성령 안에서 살아가는 방법'(요 15:5, 10)에서는 그리스도인이 승리하는 생활의 비결은 성령 안에서 살아가는 것이고 풍성한 열매를 맺는 전도의 8단계를 소개한다. '강의 5 그리스도의 지상명령'(마 28:18-20; 행 1:8)은 "가서 모든 민족을 제자로 삼아"(마 28:19)와 "내 증인이 되리라"(행 1:8)는 예수 그리스도의 지상명령을 소개한다. 기본 전략으로 사람을 얻는 전도(Win), 말씀으로 육성(Build), 그리고 또 다른 사람을 얻기 위한 파송(Send)을 소개한다(딤후 2:2).[45]

5.2. 훈련교재의 토의

『엑스폴로'74 훈련교재』 토의도 강의와 같이 5개로 구성되었다. '토의 1 사영리'는 전도요원 강습회의 목적, 사영리의 소개와 시범과 단계적 설명, 영접기도 권면 방법과 구원의 확신 방법을 소개하며 사영리 장점과 실제적 권면을 소개한다. '토의 2 사영리'는 사영리의 짝 연습, 접촉문 소개, 효과적인 사용방법, 각기 다른 반응 질문을 다루는 방법을 구체적으로 소개한다. '토의 3 전도준비와 자료'는

---

45 엑스폴로'74 본부, 『엑스폴로'74 훈련교재: 예수혁명 · 성령폭발』, 11-32.

"성공적인 전도는 성령님의 능력 안에서 그리스도를 전하고 그 결과를 하나님께 맡기는 것입니다."라고 한다. 전도의 동기부여, 전도하는 태도, 전도의 도구로 사영리, 성령 소책자, 사랑하는 형에게(봔 듀젠 편지), 개인 신앙간증 등을 소개한다. '토의 4 성령 소책자'는 성령 소책자 소개와 소개하는 방법, 시범, 연습하는 것을 다루고 있고 방언 문제도 잠시 다룬다. '토의 5 기초육성'은 육성의 정의와 육성하는 순장의 마음 자세를 소개한다. 기초육성을 위한 여섯 단계적 만남과 육성 자료들로 쉽게 전수할 수 있는 신앙개념과 열 단계 성서교재 및 교범을 소개한다.[46] 훈련교재의 강의와 토의들은 단지 예수 그리스도를 아는 것만을 목표로 하는 것이 아니라 예수 그리스도를 믿고 전하는 전도자훈련 교재였다.

5.3. 훈련교재의 기타 자료

『엑스풀로'74 훈련교재』의 기타 자료들은 '사영리, 성령 소책자, 신앙안내, 봔 듀젠 편지, 이의와 답변, 육성편지 예문'으로 구성되었다.[47] 이러한 것을 통해 간단명료하게 전도할 수 있고 전도한 사람을 육성할 수 있도록 했다. 메시지는 (1) 성서는 하나님의 말씀인가?, (2) 사랑의 하나님이 왜 악과 고통을 허용하셨는가?, (3) 도덕적으로 선한 생활이 천국 가는 길이 아닌가?, (4) 하나님은 과연 그리스도에

---

46 엑스풀로'74 본부, 『엑스풀로'74 훈련교재: 예수혁명 · 성령폭발』, 34–58.
47 엑스풀로'74 본부, 『엑스풀로'74 훈련교재: 예수혁명 · 성령폭발』, 59–96.

대해 들어본 일이 없는 사람을 정죄할 것인가?, (5) 반대와 핑계들, (6) 그리스도 누군가?, (7) 예수의 기적을 믿을 수 있는가?, (8) 그리스도의 부활은 확실하며 믿을 수 있는가?, (9) 기도하는 방법, (10) 믿음으로 사랑하는 방법을 소개한다. 신앙생활에서 궁금점을 해결하며 전도할 때 기초적인 변증법을 다룰 수 있도록 기초적인 신학지식을 제공한다. '순론 노트'에서 민족복음화의 개념과 전략과 순, 혁명적 개념과 방법, 순의 개념, 순장과 순, 교회를 순 체제로 전환, 순의 구조원형, 증인으로서의 순 회원, 순례 전도와 순회원 훈련, 민족복음화를 위한 전도전략을 소개한다. '순론 노트'는 유성이 몇 년에 걸쳐서 완성한 것이며 민족복음화와 영적 승법번식(Spiritual Multiplication)을 위한 구체적인 전도전략을 소개한다. 민족복음화운동을 위해 함께 부를 수 있는 '순례자의 노래'와 EXPLO'74를 구체적으로 진행할 수 있도록 순장지침, 강의지침, 토의지침, 순별기도회지침, 개인전도실천지침을 소개한다.[48] 그 외 개인신앙간증문, 순원기록부, 순원점검표, 개인전도보고서를 담고 있다.[49]

『엑스풀로'74 훈련교재』를 분석해 볼 때 예수 그리스도를 믿음으로 구원받고 의롭게 된다는 이신칭의 복음이 분명하게 나타난다. 그리스도인이 성령충만으로 성화의 삶을 살아가며 세상에서 승리하는 그리스도인으로 살아갈 수 있도록 분명하게 제시하고 있기 때문에『

---

48 엑스풀로'74 본부, 『엑스풀로'74 훈련교재: 예수혁명 · 성령폭발』, 97-254.
49 엑스풀로'74 본부, 『엑스풀로'74 훈련교재: 예수혁명 · 성령폭발』, 263-270.

엑스폴로'74 훈련교재』는 성경적이며 개혁신학적이고 복음주의적인 전도훈련 교재라고 평가할 수 있다.

6. EXPLO'74의 전도방법

6.1. 대중전도

EXPLO'74는 하루 평균 100만 명 이상 6일 동안 연인원 655만 명이 참석한 전도대회였다.[50] EXPLO'74 기간에 저녁마다 예수 그리스도의 복음을 증거하고 성령충만을 받기 위한 대중전도대회를 열었다.

표 1: EXPLO'74 종합 통계[51]

	8/13	8/14	8/15	8/16	8/17	8/18	계
참가 총인원	750,000	1,360,000	680,000	1,530,000	1,580,000	650,000	연 6,550,000
철야기도	110,000	200,000	20,000	600,000	500,000	–	연 1,430,000
성가대	10,000	10,000	8,000	10,000	10,000	12,000	연 60,000
전도요원훈련	323,419	323,419	323,419	323,419	323,419	323,419	연 1,940,514
헌금위원	–	–	–	6,500	6,500	6,500	연 19,500
안 내	3,600	3,800	3,900	4,100	4,200	4,240	연 23,840
순 장	20,105	20,105	20,105	20,105	20,105	20,105	연 120,630

---

50 한국대학생선교회, 『김준곤, 그 아름다운 발자취』(서울: 순출판사, 2010), 46.
51 한국대학생선교회, 『CCC사역자료집 1.0』, 598–599; "EXPLO'74 종합 통계," 1974년 8월 19일 기준, 한국대학생선교회 자료실.

빌 브라이트는 "낮 집회도 그렇지만, 철야기도회에 이런 인파가 모인 것은 세계 어느 곳에서도 볼 수 없었다."[52]라고 말했다. 참가자 150여만 명 중에 70% 이상이 성령충만을 확신했다. 마지막 날 대중전도대회에 참석한 65만 명 중에 90%가 헌신했고 이는 한국교회의 폭발적인 성장 불씨가 되었다.[53] 박용규 교수는 "엑스플로'74대회는 전도의 중요성, 전도의 필요성을 한국교회에 강하게 심어주었다. 예수를 믿고 구원받은 이들은 열심히 전도를 했고 실제로 많은 결실을 맺었다."[54]라고 평가했다.

6.2. 개인전도

EXPLO'74는 대중전도대회에 많은 사람이 참여하여 예수혁명과 성령폭발의 시간을 경험함과 동시에 개인전도에도 집중하여 전도와 제자훈련으로 전도자훈련을 진행했다. 유성은 민족복음화를 성취하기 위해 전도훈련을 통하여 지속적으로 전도하는 일에 총력을 다해왔고 EXPLO'74를 민족복음화를 위한 기폭제로 삼고자 했다.[55] EXPLO'74 기간에 민족복음화를 위한 구체적인 실천방법으로 개인전도를 실시했다. 하루 420만 명 이상에게 사영리로 개인

---

52 이준우, "기독교 정신사의 분수령," 「조선일보」 1974년 8월 20일; CCC편지 편집실, "74년 8월, 그 뜨겁던 신앙의 고향, 「엑스플로'74」," 「CCC편지」 제274호, 31.

53 한국대학생선교회, 「김준곤, 그 아름다운 발자취」, 46.

54 박용규, "대중전도운동과 민족복음화운동 1970-1980," 28.

55 한국대학생선교회, 「CCC사역자료집 1.0」, 597.

전도를 했고 그중에 274만 명 이상이 예수 그리스도를 영접했다.[56]
EXPLO'74는 일회성 전도행사로 끝나지 않고 전도자훈련에 개인전
도를 실시함으로 한국교회가 지속적으로 전도할 수 있도록 도왔다.
EXPLO'74는 서울 여의도광장에서 본 대회가 열렸고 계속해서 후속
대회가 지방에서도 열렸다. EXPLO'74를 통해 전도의 열기가 어느
때보다도 강하게 일어났다.[57] '사영리' 전도지를 들고 민족의 구석구
석으로 찾아가서 예수 그리스도의 복음을 전했다. 사영리 전도지는
EXPLO'74 이후에도 계속해서 한국교회에서 대표적인 전도지로 사
용되었고 개인전도의 탁월한 도구로 사용되어졌다.

6.3. 승법번식(Multiplication)전도

EXPLO'74가 한국교회에서 일어난 민족복음화운동과 특별하게
구별되는 점이 있다면 전도자가 전도자를 낳는 승법번식전도라고
할 수 있다.[58] EXPLO'74는 처음부터 민족복음화를 위한 전도요원을
훈련하기 위해 323,419명을 합숙시키며 훈련을 진행했다. 조병호는
EXPLO'74에서 '전신자 정예화훈련'을 강조한 것을 주목하면서 전
도요원 훈련에 집중한 면을 다음과 같이 말했다. "비록 이 짧은 기간

---

56 한국대학생선교회, 『김준곤, 그 아름다운 발자취』, 46.
57 박용규, "대중전도운동과 민족복음화운동 1970~1980," 27.
58 단순히 전도훈련을 받은 전도자가 전도만 한다면 가법번식(Addition) 전도이고, 전도훈련을 받
은 전도자가 또 다른 사람들을 전도하여 전도자로 세우면 전도자가 전도자를 낳는 승법번식
(Multiplication)전도이다. 한국대학생선교회, 『LTC 초급과정(Leadership Training Class)』 (서울: 순출
판사, 2011), 35.

동안, 과연 얼마나 전도훈련 효과가 있었겠는가라는 의문이 남긴 하지만 그래도 엑스플로'74 대회가 전도를 위한 교인훈련에 비중을 두었던 데엔 큰 의미가 있다."[59]라고 긍정적으로 평가했다.

EXPLO'74 전도훈련은 강의실에서 단순하게 강의나 세미나만 한 것이 아니라 전도훈련을 받은 사람들은 전도현장을 찾아가서 전도실천을 했고 또 다른 전도자를 세울 수 있도록 전도훈련이 진행되었다.[60] 훈련받은 전도자가 또 다른 전도자를 세우는 승법번식전도는 한국교회 민족복음화운동에서는 찾아볼 수 없는 특별한 차이점이라고 높이 평가할 수 있다.

6.4. 순(筍)과 사랑방전도

EXPLO'74는 평신도를 전도자로 훈련하려고 했고 생명력 있는 소그룹을 통해서 전 성도를 전도자로 세우려고 했다. 이것을 잘 표현한 것이 '순과 사랑방전도'였다. 유성은 생동적인 조직으로서 순모임을 통해 '사랑방성서학교운동'을 발전시켜 5만 9천여 농어촌 자연부락에 예수 세포를 만들려고 했다. 순과 사랑방전도의 효과에 대해서 "사랑방에서 함께 먹고 자면서 함께 공부하는 것은 밀봉 교육, 세뇌 교육과 같은 빈틈없는 교육 효과가 있다. 따라서 사랑방 순 교육은 빈틈없이 계속되어야 한다. 개인이 전도하는 것보다 순이 하면 훨

---

59 조병호, 『한국기독청년학생운동100년사산책』(서울: 땅에 쓰신 글씨, 2005), 127.
60 한국대학생선교회, 『CCC사역자료집 1.0』, 598.

씬 잘 된다. 그 이유는 집단역학 때문이다."[61]라고 했다. 순과 사랑방 전도를 통해 세워진 순장들이 EXPLO'74에서 많은 역할들을 감당했다. 특별히 합숙 훈련할 때 순장들의 섬김은 훈련에 참석한 사람들에게 큰 감동을 주었고 훈련받은 자들이 전도자로 세워질 수 있도록 큰 영향을 끼쳤다. 하나의 이상이나 이론이 아니라 현실적이며 구체적인 모범이 되어 도전을 주고 결단할 수 있도록 도와주었다.

이러한 순과 사랑방전도 훈련은 EXPLO'74가 끝난 이후에도 계속되었다. 40년간 약 250만 명이 전도자훈련을 받았다.[62] 전도훈련을 받은 사람이 또 다른 사람들을 전도훈련 시켰다(딤후 2:2). 유성의 순과 사랑방 전도전략은 성경적이었으며 성경적 원칙을 한국적인 상황에 잘 맞게 토착화시켜 전도훈련을 극대화할 수 있었다고 평가할 수 있다.

6.5. 간접전도

EXPLO'74는 대중전도와 개인전도를 통한 직접전도와 더불어 대중 매체와 의료선교 등을 통해 간접전도를 병행했다. 기독교 언론과 함께 일반 언론, 학교 신문, 외국 잡지, 극장, 포스터 광고 등을 적극적으로 활용하여 대중 매체를 통해 간접전도를 했다. EXPLO'74 기간에 의료선교도 처음부터 계획했다. EXPLO'74 대회장에서 진료

---

61 김준곤, 「순론 노트」(서울: 순출판사, 1971), 18.
62 김준곤, "제3의 성령폭발 「엑스플로'74」를 조명한다!," 「CCC편지」 제273호, 30.

를 했고 전국에 103개 병원에서도 무료 진료를 했다. EXPLO'74 기간에 대회장에서 의사 474명과 간호사 288명이 참여하여 2,743명을 진료했다.[63] 자체적인 511개 운영, 대회장 진료 본부 1곳과 대회장 진료소 76곳에서 진료를 했다. 이러한 직접전도와 간접전도의 동시 진행으로 전도운동의 효과를 극대화시켰다.[64] EXPLO'74 후에 유성의 민족복음화운동에서 복음전도와 함께 사회적 책임을 감당하는 의료선교가 계속해서 나타난다. 복음전도와 더불어 의료선교를 통해 하나님 사랑과 이웃사랑을 실천했다고 평가할 수 있다.

7. EXPLO'74의 성과

첫째, EXPLO'74는 한국교회의 부흥과 성장을 이끌었다. EXPLO'74 준비위원회는 EXPLO'74 개최 한 달 전에 전국에서 1천 개의 교회 주보를 임의 무작위로 수집했다. 1년 후 1975년 7월에 1천 개의 교회 주보를 또다시 수집하여 비교 분석했다.[65] EXPLO'74 이전까지 교회들이 연평균 7-8% 성장했다면 EXPLO'74 후에는 교회 출석률이 33% 증가했고, 헌금도 64% 증가했다.[66] 1974년 한국교회의 교인 수는 290만 명이었지만, 1975년 7월에는 110만 명이 증가

---

63 한국대학생선교회, 『CCC사역자료집 1.0』, 597.
64 한국대학생선교회, 『CCC사역자료집 1.0』, 597-598: 한국대학생선교회, 「민족의 밤하늘을 비쳐 온 한국CCC 57년(미간행)」(서울: 한국대학생선교회 자료실, 2015), 72.
65 이 분석 방법은 갤럽(Gallup)통계조사 원칙에 따라 조사하여 비교 분석한 것이었다.
66 김준곤, 『성시화운동 편람』(서울: 순출판사, 2005), 25: 한국대학생선교회, 『CCC사역자료집 1.0』, 599.

여 400만 명이 되었다.[67] EXPLO'74 이후에 한국교회는 해마다 20%씩 성장했으며 1980년 초에 한국교회 성도 수가 1,000만여 명으로 성장했다.[68] EXPLO'74는 1970-1980년대 한국교회 부흥의 결정적 도화선이었고[69] 한국교회 성장을 이끌었다고 평가할 수 있다.

둘째, EXPLO'74는 한국 복음주의운동에 많은 영향을 끼쳤다. 유성은 미국 유학을 통해 빌 브라이트와 빌리 그래함을 만나면서 성경적 보수 개혁신학에서 복음주의 신학으로 사역의 지평이 넓어졌다.[70] EXPLO'74를 통해 한국 복음주의운동에 많은 영향을 끼쳤다. EXPLO'74는 1973년 빌리 그래함 전도대회, 1974년 아세아연합신학대학(ACTS) 설립, 1974년 로잔세계복음화대회, 1978년 한국복음주의협의회 조직, 1981년 한국복음주의신학회 조직과 함께 한국의 복음주의 신학과 신앙의 확산에 기여했다.[71]

셋째, EXPLO'74는 복음전파라는 예수 그리스도의 지상명령에 따라 교파와 교단을 초월하여 한국교회가 협력하는 계기를 마련했고 한국교회 연합운동에 큰 영향을 끼쳤다. 한국교회는 초기 선교사들의 좋은 신앙과 유산을 가지고 있었다. 그중에 하나가 바로 순수

---

67 한국대학생선교회, 『CCC사역자료집 1.0』, 599.

68 김준곤, 『성시화운동 편람』, 25-26; 김준곤, "제3의 성령폭발 「엑스플로'74」를 조명한다!," 「CCC편지」 제273호, 28-31.

69 CCC편지 편집실, "사진으로 보는 한국CCC 60주년: 1968-1977 캠퍼스복음화를 넘어 민족복음화로," 「CCC편지」 제525호 (2018년 11월호), 14.

70 강경규, "유성 김준곤의 민족복음화운동에서 민족과 복음 관계 연구," 19-22.

71 이상규, "EXPLO'74와 민족복음화운동," 「EXPLO'74 Remember」, 12.

하고 보수적인 복음전파와 연합운동이었고[72] EXPLO'74는 한국교회 초기 선교사들의 순수한 복음전파와 연합운동을 계승하여 발전시켰다고 할 수 있다. EXPLO'74 대회 조직을 살펴보면 20개 교단이 참여했다.[73] EXPLO'74 이후 전개된 1977년 민족복음화대성회, 1980년 '80세계복음화대성회, 1984년 한국기독교100주년선교대회는 한국교회 연합운동을 계승하고 발전시킨 대중집회라고 평가할 수 있다.[74]

넷째, EXPLO'74는 한국 민족복음화운동을 넘어 세계복음화운동을 일으켜 갈 수 있도록 세계선교의 동기를 제공했다. EXPLO'74는 세계기독교복음화대회였고 전체 등록인원 323,419명 중에 국내 320,012명과 국외 3,407명이 등록했다.[75] 유성은 '개회사'에서 한국이 제2의 이스라엘로서 세계선교에 헌신해야 한다는 사명의식을 강조했다.[76] EXPLO'74 이후 진행된 1980년 '80세계복음화대성회는 유성이 준비위원장이었고, "오늘의 민족복음화는 내일의 세계복음화"라는 주제로 8월 11일(월)부터 16일(토)까지 여의도광장에서 진행되

---

72 정희수, 「영원한 청년, 김준곤 목사가 걸어온 길(미간행)」(서울: 한국대학생선교회 자료실, 2017), 75.

73 "엑스풀로'74 조직 · 구성," 엑스풀로'74 본부. 참여 교단은 구세군대한본영, 기독교대한감리회, 기독교대한성결교회, 기독교대한하나님의성회, 기독교한국오순절교회, 대한기독교나사렛교회, 대한성공회, 대한예수교 장로교(고신), 대한예수교 장로회(대신), 대한예수교 장로회(통합), 대한예수교 장로회(합동), 예수교대한감리회, 예수교대한성결교회, 한국그리스도교회(Christian Church), 한국그리스도교회(Church of Christ), 한국기독교연합총회, 한국기독교 장로회, 한국루터교회, 한국연합오순절교회, 한국침례회연맹으로 20개 교단이었다(가나다순).

74 박용규, 「한국기독교회사 III(1960-2010)」, 256-271.

75 "EXPLO'74 종합 통계," 1974년 8월 19일 기준, 한국대학생선교회 자료실.

76 김준곤, 「CCC와 민족복음화운동」, 111-116.

었다. 이 대회에서 우리 민족이 이스라엘과 같은 제사장 나라가 되어 전 세계에 있는 모든 민족들에게 복음으로 하나님 나라를 세우기 위해 10만 선교사를 헌신시켰고, 한국 주도의 세계선교를 열어 갈 수 있도록 했다.[77] 세계선교에 헌신한 많은 사람들은 선교훈련을 받고 세계 선교지로 나갔고, 한국교회는 20세기 말 세계선교에 중추적 역할을 담당하는 교회로 성장했다.[78]

다섯째, EXPLO'74는 한국교회의 전도와 제자훈련에 많은 영향을 끼쳤다. 『엑스플로'74 훈련교재』는 전도와 제자훈련으로 전도자를 세우는 훈련이었다. 유성은 전도자가 전도자를 낳는 전도와 제자훈련으로 민족복음화운동을 이끌어 가려고 구상을 했다. EXPLO'74 당시에 한국의 그리스도인 수는 3백만 명 정도였다. 한국교회 그리스도인 10%인 30만 명을 전도자로 훈련하려고 했다. 전도와 제자훈련을 받은 30만 명을 통해 300만 명의 신자들을 훈련하고, 300만 명의 신자들을 통해 3,000만 민족을 태신자로 품어서 민족복음화를 이루고자 구상했다.[79] 민족의 입체적 복음화를 구상했기 때문에 한국교회 목회자뿐만 아니라 한국 사회의 각계 계층에 복음주의적인 지도자를 양성했다.[80] 복음의 4인방이라고[81] 불리는 옥한흠, 이동원, 하용조, 홍정길 목사는 유성에게 많은 영향을 받았다. 하용조와 홍

---

77 강경규, "유성 김준곤의 민족복음화운동에서 민족과 복음 관계 연구," 125
78 김요섭, "민족복음화 사상과 1970년대 한국교회 전도대회들의 의의," 174.
79 강경규, "유성 김준곤의 민족복음화운동에서 민족과 복음 관계 연구," 103.
80 이상규, "EXPLO'74와 민족복음화운동," 「EXPLO'74 Remember」, 12.
81 박용규, 『한국기독교회사 III(1960-2010)』, 689-697.

정길은 CCC 간사 출신이었고 옥한흠과 이동원은 직, 간접으로 영향을 받았다고 할 수 있다.

여섯째, EXPLO'74는 복음전도와 함께 사회적 책임을 감당하면서 하나님 사랑과 이웃사랑을 시도했다. 유성 김준곤의 민족복음화운동은 하나님 사랑과 이웃사랑의 시도였고,[82] EXPLO'74는 민족복음화운동의 부흥기이며 정점이었다. 김요섭 교수는 한국교회가 가져야 할 사회적 책임의식을 고취하는데 EXPLO'74가 공헌을 했고 "김준곤의 민족복음화 사상은 개인의 구원에 머무르는 것이 아니라 사회적 변혁을 포함한 사상이었다."라고 평가했다.[83] 사회적 책임은 거지순례전도를 통한 농어촌 봉사활동과 의료선교를 통해 구체적으로 나타났고, 민족복음화운동 완성기를 향하는 시기에 북한통일운동을 통해 구체적으로 실현되었다. 10만 기독교대학생통일봉사단, 식량은행, 북한젖염소보내기운동은 믿음을 구체적으로 실천하는 사례였다.[84] 복음전도와 함께 민족적 책임을 감당하는 것은 하나님 사랑과 이웃사랑을 실천하는 시도였다고 평가할 수 있다.

8. 나가는 말

EXPLO'74를 총체적으로 살펴볼 때 민족복음화운동을 이끌었고

---

82 강경규, "유성 김준곤의 민족복음화운동에서 민족과 복음 관계 연구," 1.
83 김요섭, "민족복음화 사상과 1970년대 한국교회 전도대회들의 의의," 174.
84 강경규, "유성 김준곤의 민족복음화운동에서 민족과 복음 관계 연구," 173–193.

한국교회의 부흥과 성장에 기폭제 역할을 감당했다고 할 수 있다. EXPLO'74를 진행할 때 많은 기대와 우려가 있었지만, 성공적으로 진행할 수 있었던 요인은 강사들의 복음전도 설교, 전도와 제자훈련 교재, 전도실천의 3가지 요소가 조화를 이루었기에 때문에 가능했다고 평가할 수 있다. EXPLO'74의 주제는 예수혁명과 성령폭발이었고 이것은 3가지 요소를 통해 잘 구현되어 나타났다. EXPLO'74에 대한 역사적 이해를 통해 한국교회의 부흥과 성장 방안을 찾아보면 다음과 같이 제언할 수 있다.

첫째, 목회자들의 복음전도 설교이다. EXPLO'74의 주제는 예수혁명과 성령폭발이었다. 이 주제에 맞게 강사들은 예수 그리스도의 복음을 선포했고 예수 그리스도의 증인이 되기 위해 성령충만을 받아야 한다는 설교를 했다. 오늘날 한국교회 목회자들도 복음전도 설교를 통해 성도들이 예수 그리스도의 증인으로 살아가며 성령충만한 삶을 통해 세상에서 영향력 있는 삶을 살아갈 수 있도록 해야 한다. 한국교회는 다시금 복음전도 설교를 통해 부흥하고 성장해야 한다.

둘째, 전도자를 낳는 전도와 제자훈련이다. EXPLO'74 대중전도대회가 다른 훈련과 특별히 다른 점이 있다면 5박 6일 동안 합숙하면서 『엑스폴로'74 훈련교재』를 통해 전도자훈련을 시켰다는 것이다. 성경 말씀을 살펴볼 때 전도는 제자훈련까지 포함하는 전도자훈련이었다(마 28:18-20; 딤후 2:2). 한국교회는 양적 성장을 넘어 질적 성장을 위해 전도와 제자훈련으로 부흥하고 성장해야 한다. 성도들의 영적 필요를 채우기 위해 필요한 교재를 개발하여 양육하며 영적 리더십을 개발시키고 예수 그리스도의 제자로서 민족복음화를 넘어 세계복음화를 주도해 갈 수 있도록 해야 한다.

셋째, 하나님 사랑과 이웃사랑을 실천하는 총체적 복음전도이다. EXPLO'74 후에도 거지순례전도를 통해 농어촌 봉사활동과 의료선교를 이끌면서 복음전도와 함께 사회적 책임을 감당했다. 유성 김준곤의 민족복음화운동은 북한 동포도 포함하는 것이었고, 통일운동과 북한복음화운동은 10만 기독교대학생통일봉사단, 식량은행, 북한젖염소보내기운동 등으로 나타났다. 유성이 생각한 복음은 하나님 사랑과 이웃사랑을 실천하는 것이며 복음전도와 함께 사회적 책임을 감당하는 총체적 복음전도였다. 한국교회는 하나님 사랑과 이웃사랑을 실천하는 총체적 복음전도로 부흥하고 성장해야 한다.

참고문헌

강경규. "빌리 그래함과 대중전도운동." 석사학위논문. 총신대학교, 2018.
_____. "유성 김준곤의 민족복음화운동에서 민족과 복음 관계 연구." 박사학위논문. 총신대학교, 2022.
김요섭. "민족복음화 사상과 1970년대 한국교회 전도대회들의 의의." 「역사신학논총」 제43권 (2023): 152-185.
김준곤. 『김준곤 문설집 1 민족의 예수 혁명론』. 서울: 순출판사, 1984.
_____. 『성시화운동 편람』. 서울: 순출판사, 2006.

_____. "세계 대학에 혁명적 바람이 불고 있다(예수칼럼)." 「CCC편지」 제390호 (2007년 8월호): 52.

_____. 『순론 노트』. 서울: 순출판사, 1971.

_____. "제3의 성령폭발 「엑스플로'74」를 조명한다!." 「CCC편지」 제273호 (1997년 11월호): 28-31.

_____. 「한국CCC 역사의 뿌리를 찾아서(녹취록)」. 한국대학생선교회 자료실, 1995년 8월 29일-9월 1일 녹취.

_____. 『CCC와 민족복음화운동』. 서울: 순출판사, 2005.

김준곤 목사제자들 엮음. 『나와 김준곤 목사 그리고 CCC』. 서울: 순출판사, 2005.

박용규. "대중전도운동과 민족복음화운동 1970-1980." 「역사신학논총」 제30권 (2017): 8-56.

_____. 『한국기독교회사 III(1960-2010)』. 서울: 한국기독교사연구소, 2018.

박응규. "엑스플로'74와 한국교회사적 의미." 「EXPLO'74 Remember(회고와 전망)」, 2023년 10월 21일: 1-14.

이상규. "김준곤 목사와 민족복음화운동." 「크리스천 경남」 2023년 11월 8일.

_____. "EXPLO'74와 민족복음화운동." 「EXPLO'74 Remember(회고와 전망)」 2023년 10월 21일: 1-14.

이준우. "기독교 정신사의 분수령." 「조선일보」 1974년 8월 20일.

엑스플로'74 본부. 『엑스플로'74 훈련교재: 예수혁명 · 성령폭발』. 서울: 엑스플로'74 본부, 1974.

"엑스플로'74 조직 · 구성." 엑스플로'74 본부

엑스플로'74 준비위원회. "엑스플로'74 등록 안내서." 1974.

장익. "엑스플로'74는 하나님의 섭리였어요." 「CCC편지」 제406호 (2008년 12월호): 42-43.

정희수. 「영원한 청년, 김준곤 목사가 걸어온 길(미간행)」. 서울: 한국대학생선교회 자료실, 2017.

조귀삼. "원심력적 선교구조와 내재된 EXPLO'74의 민족복음화와 세계선교 동력." 「EXPLO'74 Remember(회고와 전망)」 2023년 10월 21일: 1-26.

조병호. 『한국기독청년학생운동100년사산책』. 서울: 땅에 쓰신 글씨, 2005.

한국대학생선교회. 『김준곤, 그 아름다운 발자취』. 서울: 순출판사, 2010.

_____. 「김준곤 목사가 한국교회에 끼친 영향(미간행)」. 서울: 한국대학생선교
회 자료실, 2014.

_____. 「민족의 밤하늘을 비쳐온 한국CCC 56년(미간행)」. 서울: 한국대학생선
교회자료실, 2014.

_____. 「민족의 밤하늘을 비쳐온 한국CCC 57년(미간행)」. 서울: 한국대학생선
교회자료실, 2015.

_____. 『CCC사역자료집 1.0』. 서울: 순출판사, 2016.

_____. 『LTC 초급과정(Leadership Training Class)』. 서울: 순출판사, 2011.

"백36만 「신앙인파」 운집 사상 최대 「엑스플로'74」 엑스플로'74 개막." 「조선일보」
1974년 8월 15일.

"엑스플로'74 교통편의 위해 일부 버스 노선연장." 「경향신문」 1974년 8월 10일.

"엑스플로'74 서울서 개최." 「조선일보」 1973년 9월 7일.

"여의도 광장 통금해제 엑스플로'74 행사 동안." 「동아일보」 1974년 8월 12일.

"「익스풀러'74」 기독교세계대회 74년 8월 서울에서 개최." 「주간종교」 1973년 6월
13일.

CCC편지 편집실. "'74년 8월, 그 뜨겁던 신앙의 고향, 「엑스플로'74」." 「CCC편
지」 제274호 (1997년 12월호): 30-33.

CM2007한국준비위원회. 『CM2007 백서』. 서울: 한국대학생선교회, 2007.

"EXPLO'74 종합 통계." 1974년 8월 19일 기준, 한국대학생선교회 자료실.

Bright, Bill. *Come Help Change Our World.* San Bernardino: Here's Life
Publishers, 1979.

McLellan, Vernon K. McLellan, *Billy Graham: a tribute from friends.* 한혁 역.
『빌리 그래함: 친구들이 말하는 빌리 그래함의 찬사』. 서울: 멘톨, 2005.

Richadson, Michael. *Amazig Faith: The Authorized Biography of Bill Bright, Founder
of Campus Crusade for Christ International.* Colorado Springs: WaterBrook
Press, 2000.

EXPLO'74와 민족복음화운동[*]

이상규 [**]

1. 시작하면서

1970년대 한국교회는 활력과 변화, 부흥과 성장의 시기였다. 이
런 변화와 성장을 이끌어간 중요한 동인은 1970년대의 대형 전도
집회였다고 할 수 있다. 1973년 빌리 그래함 전도집회, 1974년의
EXPLO'74, 1977년의 민족복음화대성회, 1980년 세계복음화 대성
회 등이 그것이다. 이런 대형 집회 기간, 일일집회에서 100만여 명
이상이 참석하고, 집회기간 연인원 500-600만 명이 참가한 일은,
설사 이 통계가 과장되었다는 주장을 고려한다할지라도, 교회역사
에서 유례가 없는 일이었다. 1세기 당시 전도자 바울이 이동한 거리
는 약 2만 km에 달하는데,[1] 이는 지구의 둘레의 절반 거리로서 그 시
대로서는 상상할 수 없는 원(遠)거리였고 장(長)거리였고, 그 이후에
도 바울만큼 먼 거리를 여행한 이들이 많지 않다. 1970년대 한국에

---

[*] 이 원고는 2023년 10월 21일 분당 지구촌교회에서 개최된 EXPLO'74희년대회, 나사렛형제들, 세계
성시화운동본부가 주최한 '엑스폴로74 희년기념 학술대회'에서 발표한 논문을 일부 수정한 것임.

[**] 백석대학교 석좌교수, 역사신학

[1] Mehmet Taslialan, "The Journeys of St. Paul to Pisidian Antioch," Society for the Study of Early
Christianity, Macquarie University, Newletter, 37(June, 2000), 4. 이상규, "바울의 전도여행과 복음의
확산," 「기독교연합신문」, 2020. 3. 1.

서 단일 집회에 1백만 명 이상이 회집했다는 사실 또한 상상할 수 없는 초대형 집회였고, 이런 집단 회집은 앞으로는 상상하거나 기대하기 어려울 것이다. 이렇게 볼 때 1970년대 한국교회는 여러 부정적인 비판에도 불구하고 생명력(fertility)과 활력(dynamics), 그리고 무한한 잠재력을 가진 교회였다고 평가할 수 있을 것이다.

1970년대의 대형 집회 가운데서 EXPLO'74는 특별한 의미를 가진 집회라고 할 수 있다. 우선 '민족복음화'라는 선명한 기치를 내걸고 시작되었고, 이 집회를 위해 조직적이고도 체계적으로 준비와 훈련을 거쳐 개최되었다는 점에서 일회성 집단 회집과는 다른 의미가 있었다고 볼 수 있다. '민족복음화'라는 용어는 김준곤 목사가 처음 사용한 용어로서, 그는 '민족'의 개념을 명시적으로 제시하지는 않으나, 인종적 종족주의를 의미하기 보다는 국가적 개념으로 보아 한국복음화라는 의미로 사용한 것으로 이해할 수 있는데, 우선 남한을 그리고 종국에는 북한까지 기독교 신앙으로 통일하려는 의지의 표현이라고 할 수 있을 것이다.

이 글에서는 표현은 달리했을지라도 민족복음화를 위한 이전의 시도에 대해 정리한 후, EXPLO'74의 개최에 대해 기술하고, EXPLO'74가 갖는 (신학적) 의의에 대해 필자의 관견(管見)을 정리해 둠으로서 'EXPLO'74' 50주년을 기념하고자 한다.

2. 한국교회의 민족복음화운동

한국교회는 1900년대부터 비록 이름은 달리했지만 '민족복음화'를 의도하고 대중 전도운동을 전개했는데, 이는 "온 천하에 다니며 만민에게 복음을 전하라"는 명령에 대한 응답이었다. 그 첫 번의 경험이 1909년의 '백만인구령운동'이었다.

2.1. 해방 이전의 전도운동

한국교회는 1907년 평양대부흥을 경험한 이후 1909년에는 '백만인구령운동'(A Million Souls for Christ)을 전개한 바 있고, 1915년 박람회 기간에 전국적인 전도운동을 실시한 바 있다. 백만인구령운동이란 1909년 9월부터 1911년 3월까지 한국 기독교계에서 100만 명 신자를 확보해 보자는 의도로 전국적으로 전개한 초교파적 전도운동이었다. 1903년 원산부흥과 1907년의 평양 대부흥 이후 헤이해진 현실에 대한 타계책으로 추진되어 백만 구령의 목표는 달성하지 못했지만 대중전도의 주요성을 인식시켜 주었다. 이 전도운동에 대해서는 널리 알려져 있으므로 여기사 다시 언급할 필요가 없을 것이다.

일제는 조선 병탄 5년째인 1915년 9월 11일부터 10월 30일까지 서울의 경복궁 일대에서 전국의 물품을 수집하고 전시하는 대대적인 '조선물산공진회'(박람회)를 개최하였다. 조선의 진보와 발전을 한국인에게 전시하려는 의도로 시정(施政) 5년을 기념한다는 명목으로 이 행사를 개최한 것이다. 이 때 농민들까지 강제 동원하여 관람하게 했는데, 약 216만 명이 관람했다고 한다. 그런데 당시 교회는 이 박람회 기간을 이용하여 전국적인 전도운동을 전개하였다. 이때 박람회장 근처에 대형 천막을 설치하고 박람회에 오는 관람객들에게 박람회 기간 전후 50일 간 복음을 전했다. 이때 10만 명의 사람들이 천막으로 찾아왔는데 이중 1만1천 명이 복음에 대해 더 알고 싶다며 이름과 주소를 남겨두었다.[2]

그로부터 5년이 지난 1920년에는 한국교회가 중심이 되어 전국적으로 전도운동을 실시한 바 있다. 장로교회는 이를 '진흥운동'(the Forward Movement)이라고 불렀고, 감리교회는 '백년 전진'(the Centenary Advance)이라고 불렀다. 장로교회의 전도운동을 주도한 이는 길선주와 김익두 목사였다.[3] 이 운동의 결과로 1920년 장로회는 5,603명의 새신자를 얻었고, 장,감의 주일학교 학생 수가 1만 명에서 1만4천 명으로 늘어났다. 1895년 이후 1910년 이전까지는 교회가 급성장하였으나 1910년 이후 교회가 완만한 성장을 보이거나 마이너스 성장을 보여주었는데, 1917-1919년에는 신자수가 많이 줄었다. 그러다가 1920년부터 24년까지는 교인수가 다시금 급성장하였다. 이것은 3,1운동 이후 교회에 대한 신뢰가 높아진 탓이기도 하지만 진흥운동의 결과라고 할 수 있다.

---

2 김영재, 『뒤돌아보는 한국기독교』(수원: 합동신학대학원 출판부, 2008), 127.
3 김양선, 『한국기독교사연구』(서울: 기독교문사, 1971), 124.

1930년부터 3년간 다시 전도운동을 실시한 바 있다. 장로교 총회가 3개년 전도운동을 추진한 것이다. 이때의 전도운동은 첫해에는 성경공부에 치중한다. 둘째 해에는 성경말씀 공급에 주력한다. 셋째 해에는 교회에서 이탈한 이들을 다시 교회로 인도하는 일에 중점을 두기로 하였다. 이 전도운동 기간 동안 『예수의 생애』라는 소책자 140만부를 배포하였다.[4] 그 결과 다시 교인수가 증가하였다. 알렌 내한 50주년이 되는 1934년 당시 교회수는 4,949개, 신자수는 307,403명이었다. 이상과 같은 일련의 활동이 민족복음화운동이었다고 할 수 있다. 그러다가 해방 이후 다시 민족복음화운동이 시작되었는데 그 첫 번째 경우가 김치선 박사의 '3백만구령운동'이었다.

2.2. 김치선과 3백만부흥운동

해방 이후 민족복음화운동의 선구적 인물은 김치선(金致善, 1899-1968) 박사였다. 1899년 함경남도 함흥군 흥남읍(興南邑) 서호리(西湖里) 어촌에서 출생한 김치선은 서당에서 한문을 공부하던 중 훈장 김응보 영수의 영향으로 기독교 신자가 되었고, 캐나다 장로교 영재형(Luther L. Young) 선교사의 배려로 함흥의 영생(永生)중학교, 연희전문학교를 거쳐 평양신학교에 입학했다. 그러나 1년간 수학하고 영재형 선교사의 인도로 일본으로 유학하여 1926년 9월 고배중앙신학교 2학년에 편입했다. 이 학교에서 수학하면서 김치선은 영재형과 함

---

4 G. T. Brown, *Mission to Korea*, 147.

께 일본 여러 지역을 순회하며 한국인들에게 전도했는데, 당시 일본에는 40만 명의 한국인들이 살고 있었다. 1930년(소화 6년) 3월 24일 고베중앙신학교(神戶中央神學校)를 졸업한 김치선은 재일(在日)조선 장로교회에서 목사 안수를 받았다. 다시 영재형의 주선으로 1931년 9월 웨스트민스터신학교에 입학하였는데, 그는 이 학교에 입학한 첫 번 째 한국인이었다. 이 학교에서 신학석사(ThM) 학위에 준하는 과정을 이수한 이후 달라스의 복음주의신학교(Evangelical Theological College, 후일 달라스신학교로 개칭된다)로 옮겨 가 구약학을 전공하고 1936년 5월 12일, "오경의 모세 저작권 연구 The Mosaic Authorship of the Pentateuch"라는 논문으로 신학 박사 학위를 받았다. 일본으로 돌아간 그는 영재형 선교사와 60여개 처에 달하는 재일한인교회를 도왔고, 후에는 고베(神戶)중앙교회, 동경의 신주꾸(新宿)중앙교회에서 사역하던 중 니시노미아(三宮)교회, 효오고(兵庫)교회, 아가이시(明石)교회 등을 설립하기도 했다.

그러던 중 영재형 선교사가 캐나다로 귀국하게 되자 김치선 목사도 귀국하였고, 1944년 5월 서울남대문교회 담임 목사로 부임하게 된다. 이때부터 1950년 6월까지 6년간 이 교회를 담임하게 되는데, 이 교회에서 시무하는 동안 '3백만 구령운동'을 전개했는데 이것이 사실상 해방 후 최초의 민족복음화운동이었다.[5]

김치선은 해방된 조국에서 영적 각성과 부흥이 필요하다고 보아

---

5 이상규, "김치선 박사의 한국교회사적 의의," 「대한논총」 2호(2009), 305, 314.

'3백만 부흥전도회'를 조직하고, 전국적인 부흥운동을 시작하게 된 것이다.[6] 당시 한국인구 3천만 명의 십일조인 300백만 명을 구원한다는 취지로 '3백만 부흥운동'을 시작한 것이다. 이를 위해 개인전도, 특별 집회, 부흥회, 라디오 방송, 기관지 발행 등 구체적인 계획을 추진했다. 또 남대문교회 내에 야간 신학교를 설립하고, 1947년 6월에는 〈부흥〉이라는 기관지를 창간했다. 또 이때부터 전국을 복음화하기 위해서는 2만 8천개의 우물을 파야 한다며 전도운동을 전개했다. 2천8백이라는 수는 당시 행정구역상 2천8개의 리(里)를 기준한 것이다. 이 일에 동조하고 전도운동에 동참했던 이들이 강준의, 박재봉, 손양원, 이성봉, 이의완 목사 등이었다.

해방 후 한국교회에서, 한상동 목사는 회개운동을 통한 교회쇄신을 제창했다면, 한경직은 복음과 함께 구제와 복지를 제창했고, 김치선은 전도 혹은 구령운동을 통해 민족복음화운동을 시작한 것이다. 이 민족복음화운동은 1950년 초까지 계속 추진되었으나 6.25 전쟁으로 사실상 중단된다. 이 때의 부흥운동 결과에 대해서는 자료가 없으나 해방 이후의 최초의 거국적인 민족복음화운동이었다는 점에

---

6 '3백만부흥운동' 선언문을 보면 이 운동의 의도와 정신을 헤아릴 수 있다.
  "목적: 신앙의 부흥과 구령부흥(단3백만 기독교인을 목적으로 함)
  위치: 전국 3천 교회를 단위로 하여 각 교회에 부흥운동 지부, 후원회를 설치하고 중앙에 부흥사와 후원회를 설치한다.
  헌장: 성경
  주재(主宰): 하나님(지배자), 그리스도(구속자와 중계자), 성신(인도자와 성결)
  대행자: 사원(復興社員) 사원 자격: 16세 된 남녀로 그리스도의 속죄로 구원을 받아 참으로 믿는 자로서 하나님의 지시를 절대순종하고 3백만부흥운동의 일원으로 활동키로 결심하고 의무금을 헌납하는 자." 이종전, 『한국 장로교회사』 (서울: 아벧서원, 2015), 337.

서 의의가 있다.[7]

2.3. 1950년대의 전도운동

1950년대 장로교, 감리교 성결교는 전도운동을 전개하면서 민족 복음화를 시도한 바 있다. 장로교회는 6.25 전쟁의 와중에서도 1952년을 심령부흥의 해로 정하고 개인전도와 단체 전도를 강조하였고, 같은 해 성결교회도 그러하였다. 감리교회는 존 웨슬리탄생 250주년을 기념하여 1953년 특별 전도대회를 개최했다. 1954년에는 장, 감 합동으로 선교70주년 기념사업으로 장로교회는 무교회지역 490곳에 교회를 세우기로, 감리교는 100개 교회를 개척하기로 그대로 실행하였다.[8]

1955년에는 밥 피얼스가 내한하여 여러 도시를 순방하며 전도집회를 개최하여 약 2만 명의 결신자를 얻었고, 빌리 그래함은 1952년 12월과 1956년 2월 두 차례 내한했는데, 1952년 12월 15일에는 부산에서, 1956년 2월 26일에는 서울에서 각각 전도 집회를 개최하였다.

2.4. 1960년대의 전도운동

1960년대에도 민족복음화에 대한 이상을 잃지 않았고 선교 80주

---

[7] 이종전은, 김치선이 주도한 3백만 부흥운동은 "1910년의 백만인구령운동에 이은 민족구원을 위한 부흥운동의 역사를 잇는 사건이었다."고 평가하고 있다. 이종전, 『한국 장로교회사』, 343.
[8] 채은수, 『선교의 이슈들』(부산: 광야, 1988), 130.

년이 되는 1965년을 복음화운동의 해로 정하고 초교파적인 조직을 갖추고 전도운동을 추진하였다. 이 운동을 주도한 인물이 김활란 여사였다.[9] 1964년 10월 16일 이화여자대학교에서 75인의 교계인사들이 모여 남미에서 전개되는 복음화운동에 대한 보고를 듣고 한국에서도 이런 복음화운동을 추진하기로 결의하였다. 이때는 개신교만이 아니라 천주교도 동참한 일은 특별한 경우였다. "3천만을 그리스도에게로"라는 표어를 내걸고 전국 주요도시 4만개의 부락에 복음을 전하기로 한 것이다.[10] 이 복음화 운동은 다섯 가지 목표를 제시했는데, 1. 삼천만 모두가 그리스도의 복음을 듣게 한다. 2. 삼천만 모두가 그리스도의 복음서를 갖게 한다. 3. 전국 주요도시와 4만여 부락에 복음이 전파되게 한다. 4. 재일교포와 북한 동포들에게도 복음을 전한다. 5. 신자는 각각 배가운동을 한다.

준비위원회는 수차례의 모임을 가지고 각 교단 대표 300여명으로 구성된 복음화운동 전국위원회를 구성하였다. 위원은 천주교회 35명, 장로교의 통합, 합동, 기장측이 각각 30명, 고신측 10명, 성경장로교 5명, 감리고 32명, 구세군 15명, 기독교성결교 5명, 성공회 8명, 정교회 5명, 침례교 5명, 오순절교회 5명, 그리스도교회 5명, 루터교 5명, 나사렛교회 5명, 복음교회 15명, 기타기관 20명으로 구성했다.[11]

---

9 조선출 편, 『복음의 대향연』 (서울: 대한기독교서회, 1973), 56.
10 김영재, 『한국교회사』 (수원: 합동신학원 출판부, 2007), 379.
11 김영재, 『한국교회사』, 380.

그해 12월 3일 모인 복음화운동 전국위원회는, 중앙위원으로 명예회장 한경직, 김활란, 위원장에 홍현설, 부위원장에 강신명, 김창석, 김창근, 김윤찬, 이해영, 장운용, 조광원, 차광석, 황철도 등 12명으로 하고, 13개 분과위원, 평신도대표 15명, 기관대표 12명으로 위원회를 구성했다. 이런 조직을 통해 1965년 한 해 동안 도시와 농어촌, 군과 학원 등에 개인과 구룹별로 전도하도록 추진하였다. 1965년 5월에는 중국인 부흥사 조세광(趙世光) 박사를 초청하여 전국을 순회하면서 부흥집회를 개최하였다.[12] 내국인으로 한경직 목사를 비롯하여 400여명의 지도자들이 전국 각 도시와 지방에서 부흥집회를 전도하였다. 또 1965년 10월 4-8일, 서울 영락교회에서는 '농촌부흥으로 조국부흥 이룩하자'는 주제로 전국농어촌지도자 수련회를 개최했다. 대회장은 한경직 목사, 총무는 김활란 여사였다.[13]

2.5. 빌리 그래함 전도집회(1973)

1973년 5월 말과 6월 초의 빌리 그라함 전도집회는 민족복음화를 위한 보다 조직적이고 실재적인 집회였다. 복음화운동추진위원회는 대중 집회를 통한 전도 집회를 구상하고 빌리 그래함 목사를 초청하여 전국의 주요 도시와 서울에서 집회를 개최하기로 하고 한 결

---

[12] 조세광 박사는 한경직과 김활란이 주도하는 전도집회 초청으로 1969년 10월 다시 한국을 방문하고 장춘체육관과 서울운동장에서 전도집회를 개최한 바 있다. 개회식은 시민회관에서, 폐회식은 이화여자대학교 대강당에서 실시되었다.

[13] 박용규, 『한국기독교회사3』, 242.

과였다. 빌리 그라함 집회를 개최하게 된 계기는 1966년으로 거슬러 올라가게 된다. 그해 11월 빌리 그라함전도회와 크리스차니티 투데이 공동주최로 베르린에서 세계전도대회가 개최되었는데, 이 때 한국 대표가 한경직과 김활란 박사였다. 이때 두 사람은 다른 한국인과 협의하고 빌리 그라함 목사에게 한국에서 전도대회를 개최하도록 구두 요청하였는데, 1952년 12월과 1956년 2월 한국을 방문했던 빌리 그라함은 한국에 대한 호감을 가지고 있었다. 두 차례의 한국 방문에서 한국인들의 열정과 헌신을 보았기 때문이기도 하지만,[14] 자신의 부인 루스 벨(Ruth Bell, 1919-2007)이 평양외국인학교 출신이었음으로 한국에 대한 애정이 있었다. 1970년 11월 20일 한경직 목사는 빌리 그라함 목사에게 전도 집회에 초청하는 서한을 보냈는데,[15] 이것이 시작이 되어 복음화추진위원회는 1971년 3월 9일 준비위원회를 조직하였고, 1972년 9월에는 초교파적인 전국위원회를 조직하기에 이르렀다. 위원장은 한경직 목사였다. 위원회는 1974년 5월 빌리 그라함 목사를 초청하여 전국 주요도시에서 전도 집회를 개최하기로 결의했다. 이렇게 되어 빌리 그라함 한국전도대회를 개최하게 된 것이다. 대회장은 한경직 목사, 부대회장은 김옥길, 김윤찬, 조향록, 홍현설 목사, 총무는 오재경 장로였다. 전도 집회 개최에 큰 관심을 가지고 관여했던 김활란 여사는 1970년 2월 10일 소천

---

14 빌리그라함의 부산 방문에 대해서는, 이상규, "빌리 그라함 목사의 부산에서의 집회" 「한국기독신문」 869호(2020. 8. 12), 870호(2020. 8. 19)를 참고할 것.

15 박용규, 『한국기독교회사3』, 244.

했기 때문에 위원으로 활동하지 못했고, 대신 김옥길 여사가 부대회장으로 봉사하게 된 것이다.

전도집회는 대전(5. 16-23, 대전충무체육관)을 시작으로 대구(5. 18-25, 경북 실내체육관), 춘천(5. 20-27, 강원체육관), 전주(5. 20- 27, 신흥중고등학교 교정), 광주(5. 20-27, 광주공원광장), 부산(5. 20-27, 부산공설야구장)을 거쳐 5월 30일부터 6월 3일까지 서울 여의도 5.16 광장에서 개최되었다. 이때의 집회는 유례가 없는 전도집회로서 연인원은 452만 4천 명이 참가하여 대 성황을 이룬 집회였다. 지방에서 저녁 집회에 참석한 인원은 총 1,313,958명이었는데 이를 지역별로 보면 아래와 같다.

지역	〈저녁 전도집회〉		〈분야별 집회〉	
	참석자	결신자	참석자	결신자
대전	83,500	1,251	17,550	2,400
대구	140,660	2,394	42,258	6,270
춘천	37,150	1,339	5,140	1,000
전주	270,000	3,452	10,200	1,000
광주	320,000	3,092	15,500	
부산	326,000	10,200	46,000	3,500
총계	1,177,310	18,636	136,598	14,179

(총 참석자 1,313,958명, 총 결신자 32,815명)

서울에서 모인 집회에 참석한 인원은, 5월 30일 51만, 5월 31일

46만5천, 6월 1일 48만5천, 6월 2일 65만, 6월 3일 주일 오후 3시의 마지막 집회에는 110만 명이 모였다. 참석자 연인원은 321만 명에 달했고, 이 때 결신자는 4만 명에 달했다.[16] 빌리 그라함 집회에 대하여 부정적이었던 진보적인 일부 교단 안사들, 그리고 빌리 그라함을 신복음주의 혹은 타협주의자로 간주했던 ICCC계는 집회를 반대고 동참하지 않았지만, 빌리 그라함 전도대회는 이전에 보지 못했던 거교회적인 집회였다.

정리하면, 참석자 연인원은 지방 130만, 서울 321만 총 450만, 결신자 지방 3만3천, 서울 4만, 곧 약 7만5천 명을 얻는 기록적인 집회 되었다. 봉사자 중 카운슬러 1만5천 명, 성가대원 7천명−1만 명에 달했고, 당시 서울의 1,600개 교회 중 1,200여 교회가 적극적으로 가담하였다.[17] 민족복음화 운동 차원에서 이루어 진 이 집회는 실제로 민족복음화에 기여하였고 한국교회 성장의 계기가 되었다. 이 때의 집회는 이런 대형집회가 특별한 사고 없이 산회한 일은 경찰 역사에서 유례가 없는 일이었다고 한다. 이런 대전도대회가 EXPLO'74의 배경이 된다.[18]

---

16 조선출 편, 『복음의 대향연』, 99, 268.
17 조선출 편, 『복음의 대향연』, 61.
18 1974년의 엑스폴로74 이후에는 1977년 한국부흥사협회 주최로 '민족복음화대성회'가 1980년에는 '세계복음화 대성회'가 8월 11일부터 15일까지 개최되었다. 김준곤 목사는 이런 대형 집회를 이끌었던 중심인물이었다. 예컨대 '80복음화 대성회 대회장으로 전도집회를 주도했다. 1984년 5월에는 세계기도성회(International Prayer Assembly)가, 1985년 9월에는 엑스폴로'85 인공위성 세계대회가, 1994년 6월의 세계기도성회가, 1995년 5월의 '95세계선교대회(GCOWE: Global Consultation On World Evangelization)가 개최되었다.

3. 엑스폴로74와 민족복음화 운동

3.1. EXPLO'74 개최의 배경

한국 대학생선교회(CCC)가 주최한 EXPLO'74는 1974년 8월 개최 되지만 이 행사는 한국 대학생선교회의 조직(1958)과 김준곤 목사의 민족복음화에 대한 이상(1962)이 가져온 결실이라고 할 수 있다. 이 런 점에서 한국에서의 대학생선교회의 조직과 활동에 대해 정리해 두는 것이 필요할 것으로 보인다.

'대학생선교회'(CCC: Campus Crusade for Christ)는 미국의 빌 브라이트 (Bill Bright)에 의해 1951년 창립된 선교단체인데, 1957년 미국 풀러 신학교에 유학하게 된 김준곤 목사가 빌 브라이트 목사를 만나게 된 것이 한국대학생선교회 창립의 배경이 된다. 김준곤은 풀러신학교 에 입학하여 로키산맥에 있는 포레스 홈(Fores Home)의 수양관에서 전 국에서 모인 수백 명의 목회자 들 앞에서 자신이 살아 온 삶을 간증 하게 되었을 때 감동을 받은 빌 브라이트 목사는 김준곤에게 자신과 함께 "미래의 소망인 대학생들에게 복음을 전하자"고 제안하였고, 이 제안에 응하여 귀국한 김준곤은 1958년 한국대학생선교회를 조 직하게 된다. 그 동안 CCC는 미국 내에서만 활동하고 있었으나 이 때 처음으로 한국에 해외지부를 설립하게 된 것이다.

1925년 3월 28일 전남 신안군 지도읍(新安郡 智島邑) 봉리(鳳里)에서 출생한 김준곤(1925-2009) 목사는 7살 무렵 문준경(文俊卿, 1891-1950)

의 전도로 복음을 받고 신자가 되었다. 무안농업실수학교(현 무안중학교)를 졸업하고 만주 목단강성 목능에 있는 만주척식회사(滿洲拓殖會社)에 근무하면서 신앙생활에 정진하였고, 박형룡이 교장으로 있던 만주 봉천신학교에 입학허가를 받았으나 그날 일본 관동군에 강제 징용되어 끌려가던 중 탈출하여 숨어 지내던 중 해방을 맞았다.

해방 후 귀국한 김준곤은 남한에서의 유일한 장로교신학교였던 조선신학교에 1946년 3월 입학했으나 김재준 송창근 정대위 교수 등의 진보적 신학에 반대하여 동료 50명과 함께 조선신학교를 떠났다. 만주에 체류하던 박형룡 교장이 귀국하여 고려신학교 교장으로 취임하게 되자 조선신학교를 떠난 박창환 정규오 한석지 등 30여명과 함께 고려신학교로 이적하여 한 학기 공부했다. 그 후 박형룡 박사가 고려신학교 교장직을 사임하고 상경하여 1948년 7월 서울 남산에서 장로교신학교를 개교했을 때 김준곤도 이 학교로 이적하고 1948년 9월 제1회로 졸업했다. 동료들이 후일 한국교회 형성에 기여했던 박영창 박창환 신복윤 엄두섭 정규오 차남진 등 24명이었다.[19] 신학교육을 이수한 그는 1951년 9월 대한예수교 장로회 전남노회에서 목사안수를 받았다. 그 후 조선대학교 문학과에서 수학하고 광주 숭일중,고등학교 교목(1953. 4–1955. 10)과 교장(1955. 4–1956. 10)으로 봉직했고, 1957년 미국으로 가 9월부터 1년 간 풀러신학교

---

19 동료 24명은 다음과 같다. 김덕수 김동수 박영창 박요한 박창환 박충락 박치복 박치순 백운기 손두환 손치호 신복윤 엄두섭 윤광섭 이노수 이양배 장세용 전상성 정규오 정희찬 조원곤 차남진 최석홍 하종관 등이었다.

에서 공부했다. 그후 한국으로 돌아와 1958년 10월에는 광주 지구 개척을 시작으로 한국대학생선교회(CCC)를 조직하게 된다. 1958년 11월 2일에는 정동제일감리교회에서 한국대학생선교회 창립예배를 드렸는데, 이것이 CCC의 첫 해외지부의 설립이었다.[20]

이때부터는 대학생선교회를 이끌며 본인 스스로 학원을 찾아다니며 전도하던 김준곤은 1962년 민족복음화에 대한 이상을 갖게 된다. 1962년 2월 중순 서울 삼각산 능력봉 아래의 민족기도원에서 전국 간사수련회를 인도하던 기간 매일 산 동굴에서 기도하던 중 민족복음화의 이상을 갖게 된다.[21] '민족복음화'라는 말도 그가 처음 사용한 말이었다. 이 때 작성한 기도문은 아래와 같다.

> "어머니처럼 하나밖에 없는 내 조국, 어디를 찔러도 내 몸 같이 아픈 조국,
> 이 민족 마음마다 가정마다 교회마다 사회의 구석구석, 금수강산 자연환
> 경에도 하나님의 나라가 임하게 하시고, 뜻이 하늘에서처럼 이 땅에 이루
> 어지게 하옵소서.
> 이 땅에 태어나는 어린이마다, 어머니의 신앙의 탯줄 기도의 젖줄 말씀의
> 핏줄에서 자라게 하시고, 집집마다 이 집의 주인은 예수님이라고 고백하
> 는 민족, 기업주들은 이 회사의 주인은 예수님이고, 나는 관리인이라고 고
> 백하는 민족. 두메마을 우물가의 여인들의 입에서도, 공장의 직공들 바다

---

20 한국대학생선교회, 『CCC사역자료집 1.0』, 14.
21 김준곤, "성시화운동은 전복음(Whole Gospel)운동입니다," 「CCC편지」 352호, 16. 김안신, "김준곤의 삶과 사역과 영성" *Jesus Army* 98호(2018. 9), 25.

의 선원들의 입에서도, 찬송이 터져 나오게 하시고, 각급 학교 교실에서 성경이 필수 과목처럼 배워지고, 국회나 각의가 모일 때에도 주의 뜻이 먼저 물어지게 하시고, 국제시장에서 한국제 물건은 한국인의 신앙과 양심이, 으레 보증수표처럼 믿어지는 민족.

여호와로 자기 하나님으로 삼고 예수 그리스도를 주로 삼으며, 신구약 성경을 신앙과 행위의 표준으로 삼는 민족, 예수의식과 민족의식이 하나 된 지상 최초의 민족, 그리하여 수십만의 젊은이들이, 예수의 꿈을 꾸고 인류 구원의 환상을 보며, 한 손에는 복음을 다른 한 손에는 사랑을 들고, 지구촌 구석구석 누비는 거룩한 민족이 되게 하옵소서!

공산혁명이 휩쓸고 간 폐허의 땅 북한에도 죄악과 비리와 불의가 난무하는 남한 땅에도 혁명의 개념을 혁명한 예 수의 혁명으로, 이 수년 내에 대부흥이 일어나(합 3:2) 니느웨 성처럼 회개한 민족, 해골 떼가 생명의 군대로 부활한(겔 37장) 민족, 성민 코리아 되게 하시옵소서."

이때 김준곤 목사는 "내 손으로 500명의 대학생을 전도하면 그때부터 민족복음화운동을 위한 사역을 시작하겠다."고 다짐했다고 한다. 결국 1960년대 초에 민족복음화에 대한 이상을 보여주었고, 이 정신은 1965년 2월에 그가 시작한 '국회조찬기도회', 1966년 3월 8일 시작한 '국가조찬기도회'를 통해 보다 구체화된다. 이 국회 및 국가조찬기도회는 미국의 책임자 로빈슨과 하버슨 박사의 권면에 따른 것이라 할지라도 아시아에서 처음 있는 일이었고 미국보다 9년

늦게 시작되었는데, 전적으로 김준곤 목사의 민족복음화의 열정이 가져온 결실이었다.

1968년 8월에는 '나사렛형제들'을 조직했는데, 주님에의 헌신, 형제들에의 헌신과 더불어 민족복음화에의 헌신을 주요 과제로 제시했다. 그러다가 1969년에는 '비전2020'이라는 표어로 전군신자화운동을 시작하였는데, 매년 20만 명의 장병들에게 복음을 전하고 세례받게 하면 2020년까지 군복음화가 이루어진다는 확신으로 시작한 일이었다.[22]

이런 단계를 거쳐 1970년 12월 31일에는 기독교방송(CBS) 5개 채널을 통해 "민족의 가슴마다 피 묻은 그리스도를 심어 이 땅에 그리스도의 계절이 오게 하자"라는 표어를 제창하며 민족복음화운동을 선언했다. 본격적으로 민족복음화운동을 전개하기 시작한 것이다.[23] 이렇게 볼 때 EXPLO'74는 급조된 행사가 아니며, 빌리 그라함 전도집회를 경험한 이후 이 행사를 모방한 것도 아니었다. 도리어 1962년 이후 열망했던 '민족복음화'를 위한 원대한 이상의 실현이었다.

3.2. EXPLO'74의 개최

EXPLO'74는 오랜 기간의 기도와 준비를 거쳐 실행되었는데,

---

22 김안신, 27.
23 http://m.newspower.co.kr/4021. 접속일 2023. 10. 2.

1970년 12월 30일부터 1971년 1월 3일까지 서울농대 수원캠퍼스에서 민족복음화 지도자 요원 강습회를 실시하였고, 1971년 8월 1일부터 5일까지는 대전 충무체육관에서 1만 명의 청장년들이 참석한 가운데 민족복음화운동 전도요원 강습회가 개최되었다. 이후 면단위 교회학교 교사강습회와 읍면단위300개 시범교회에서 전도훈련을 실시하였다. 이런 과정에서 김준곤 목사는 미국 달라스에서 개최된 'EXPLO72'에 참석하였는데, 이 대회가 한국에서의 전도대회 개최의 자극과 도전이 되었다. 1972년 7월 31일부터 8월 4일까지는 춘천에서 8,600여 명이 모여 춘천을 거룩한 도시로 만들자는 취지의 춘천성시화운동 전도요원 훈련 강습회가 개최되었다.[24] 이런 기도와 준비, 훈련과 교육 과정을 거쳐 1973년 11월 29에는 서울 서대문구 정동의 한국대학생선교회 회관에서 EXPLO'74 개최를 위한 시무 예배를 드렸다. 그 이후 기도회, 준비위원회와 각종 회의, 1974년 6월 이후에는 각 지역별 기도회와 보고회, 그리고 준비 대회를 개최했다. 8월 1일까지 16만 명이 사전 등록을 완료하였고, 8월 9일에는 서울시가 집회 참석 인원을 위해 버스노선을 5.16 광장까지 연결시키는 조치를 취했다. 또 정부는 대회 기간 동안 영등포구 여의도동에 한하여 통행금지를 해제하였다. 이런 가운데 8월 13일부터 EXPLO'74를 개최하게 된 것이다.

EXPLO'74 대회는 1974년 8월 13일부터 18일까지 여의도광장에

---

24 김안식. 28. http://m.newspower.co.kr/4021. 접속일 2023. 10. 2.

서 개최되었다. '예수혁명,' '성령의 제3폭발'이라는 주제와 '민족의 가슴마다 그리스도를 심어 이 땅에 성령의 계절이 오게 하자' 라는 구호 아래 개최되었다. 이 때 부른 "삼천리에 복음의 푸른 나무 가득히 심어 겨레의 가슴마다 예수의 계절이 임하게 하자"로 시작되는 EXPLO'74 주제가는 김현승 시인이 쓴 시였다.[25]

국제대학생선교회 빌 브라이트 총재와 한경직, 김준곤 등이 주강사로 설교와 강연을 담당하였는데, 김준곤 목사는 준비위원장이자 대회장이었고 강사였다. 이때 3가지 기도지침을 제시했다. 모이게 하소서(삼상7:5, 행2:1), 배우게 하소서(마11:29, 딤후3:14), 전하게 하소서(행1:8, 마28:19-20)가 그것이었다. 이 대회를 위해 주최 측은 10만 명을 수용할 수 있는 천막촌을 설치했고, 대형 밥솥 20개를 설치하여 한번에 10만 명이 식사할 수 있도록 준비했다. 이 대회에 참석했던 필자는 이런 시설을 보았고 놀랍기도 했지만 그 철저한 준비를 목격하고 감동을 받았다.

8월 13일 첫날 집회는 오후 8시, '등록자 헌신의 밤'을 시작으로 공식 개막하고 오후 11시부터는 첫째 날 철야기도회가 시작되었다. 경찰은 이 대회를 위해 광장에 임시 파출소와 임시 소방서, 미아보호소

---

25 〈엑스폴로74 주제가〉 전문은 아래와 같다. "1. 거칠고 허무한 땅 이 삼천리에 복음의 푸른나무 가득히 심어 겨레의 가슴마다 새 바람이는 예수의 계절이 임하게 하자. 2. 은총의 칠십년대 이 나라에서 절망과 한숨의 안개 헤치고 어둠과 주검을 내어 쫓으며 저 넓은 온 세계로 퍼져가는 빛. 3. 성령이 폭발하는 새 역사의 빛 지상의 암흑과 공포를 넘어 밝힌다 오직 한 길 우리의 갈 길 주 예수 밟고 가신 그 발에 닿은. 후렴: 성령의 계절이 오고 있다. 겨레의 가슴마다 핏줄마다 구원의 새소망 싹이 트는 성령의 계절이 오고 있다." http://www.newspower.co.kr/sub_read. html?uid=56724. 접속일 2023. 10. 3.

를 설치하고 여의도 부근 한강에 경비정 10척을 대기시켰다. 첫날 집회에 경찰 추산을 따라 70만 명이 모였다는 기록도 있지만,[26] 75만이라는 기록도 있다. 회집인원에 대해서는 좀 더 세심한 검토가 필요하지만 주최 측은 통상 매 저녁 100만 명에서 150만 명이 모여 대회기간인 4박 5일 간 연인원 655만 명이 참석했던 것으로 알려져 있다.[27]

〈엑스폴로74 참석자 통계〉

	8월 13일	14	15	16	17	18	계
참가인원	750,000	1,360,000	680,000	1,530,000	1,580,000	650,000	6,550,000
철야기도	110,000	200,000	20,000	600,000	500,000		1,430,000

『CCC사역자료집 1.0』, 598-599.

참석자 중에는 84개국에서 온 3천4백 명의 지도자들도 있었다. 대회 기간 중 323,419명이 합숙훈련을 받았고, 매일 밤 50만에서 80만에 이르는 이들이 철야하면서 기도했다. 또 대회 기간 중 CCC의 4영리 전도책자로 423,000명에게 복음을 전하여 273,000명이 주님을 영접했다고 한다. EXPLO'74는 8월 18일 오후 3시부터 5시까지 폐회예배를 끝으로 5일 간의 집회를 마감했다. 대회 기간 중 설교 기도회 인도 등 강사로 참여한 이들로는, 김준곤 목사, 빌 브라이트 박사 외에도, 강달희, 계용익, 신현균, 하토리 아키라(羽鳥 明, 일본), 오

26 김영재, 『한국교회사』, 381
27 김안신, 28, 박용규, 256. 1974년 8월 20일자 『경향신문』은 "우리나라의 복음 인파는 655만 명"이라고 보도하였다.

관석, 이만신, 이호문, 장재혁, 주선애, 정석홍, 조용기, 조희각, 필립 뎅(Philip Tang, 홍콩), 찬두 레이(Chandu Ray, 싱가폴), 최복규, 한경직 목사 등이었다. 체신부는 8월 15일 자로 10원짜리 'EXPLO'74' 기념 우표 250만 장을 발행한 일 또한 특별한 일이었다. 이 집회가 개최되는 8월 15일자로 청량리역과 서울역을 연결하는 서울 지하철 1호선과 수도권 전철이 개통되었고, 국립극장에서 열린 8.15 기념행사 도중 영부인 육영수 여사가 재일교포 문세광의 총에 맞아 서거하는 사건이 발생하였다.

3.3. 민족복음화 운동

EXPLO'74는 전적으로 김준곤 목사의 민족복음화에 대한 의지의 결실이었다. 그가 말한 '민족'은 앞에서 제시했듯이 인종적 종족주의가 아니라 한민족 전체를 일괄하는 통합적 개념으로서 한반도에 사는 한국인 전체를 기독교화하려는 의지, 곧 전국복음화 운동을 의미하는 것이었다. 기록에 근거해 볼 때 김준곤 목사는 1962년 이후 이런 의지로 살아왔고, 그 정신은 민족복음화의 꿈속에 반영되어 있다. "집집마다 이 집의 주인은 예수님이라고 고백하는 민족, 기업주들은 회사의 주인은 예수님이고, 나는 관리인에 불과하다고 고백하는 민족. 두메마을 우물가의 여인들의 입에서도, 공장 직공들, 바다의 선원들의 입에서도 찬송이 터져 나오고, 각급학교 교실에서 성경이 필수 과목으로 가르쳐지고, 국회나 각의가 모일 때에도 주의 뜻이 먼저 묻는" 그런 나라를 꿈꾸고 살았다. 그래서 대한민국 국민의 "마음과 가정과 교회, 사회의 구석구석, 그리고 자연환경에도 하나님의 나라가 임하여 뜻이 하늘에서처럼 이 땅에 이루어지는" 나라를 꿈꾼 것이다. 이것이 그가 말하는 민족복음화였다. 이와 관련하여 몇 가지 측면에 대해 고려하고자 한다.

첫째, 민족복음화 운동은 중세적 크리스첸덤(christendom)의 형성이 아니라 전도와 기도를 통해 개개인이 그리스도를 주로 고백하고 회심과 중생으로 변화된 그리스도인들의 삶을 사는 그런 나라를 꿈꾼 것이다. 이것이 그의 기도문의 정신이었다. 이 일을 위해 그는 국회 및 국가조찬기도회를 시작하고, 나사렛형제회를 조직하여 민족복음화에 헌신하게 하고, 59,521개 자연부락에 사랑방성서학교를 개설하는 운동을 전개한 것이다. 또 1969년부터는 '비전2020'이란 이름으로 전군신자화운동을 전개하고, 1970년 말부터는 민족복음화전도요원 훈련강습회를 실시하고, 1972년 춘천을 시작으로 성시화운동을 전개한 것이다. 또 개인전도, 사랑방전도, 대중전도, 간접 전도 등 다양한 전도방식을 제시하고 이를 위해 기도하고 기도운동을 전개한 것은 민족복음화를 위한 작업이었다. 이렇게 볼 때 EXPLO'74는 김준곤 목사와 한국대학생선교회가 추진한 민족복음화운동의 정점이었고, 그 결실이었다.

둘째, 빌리 그라함 전도대회는 빌리 그라함이라는 세계적인 전도자의 명망이 대형 집회를 가능하게 했고, 소수의 진보계 교회와 극단적인 ICCC계를 제외한 거 교회적 협력이 있었기 때문에 성공적으로 수행될 수 있었지만, EXPLO'74는 이와는 다른 상황이었다. 이 당시까지만 하더라도 김준곤 목사는 한 선교단체의 수장에 불과했고, 랄프 윈터의 용어를 따르면, 대학생선교회는 특정한 계층, 특수한 사명을 지닌 교회 밖의 운동(sodality)이라는 점에서 보수적인 교회와 진보적인 교회 양측으로부터의 오해와 부정적인 시각이 없지 않았다. 그럼에도 불구하고 빌리 그라함 전도대회를 능가하는 성공적인인 집회를 개최하게 된 것은 민족복음화에 대한 열정이 가져온 결실이라고 할 수 있다.

셋째, 1970년대 박정희 군사독제 상황에서 민주화를 요구하는 한국사회 일각의 저항과는 달리 김준곤 목사와 대학생선교회는 친정부적이며 민주화에 대한 국민적 요구에 무관심하다는 비판이 있어왔다. 즉 기독교인들로 하여금 사회현실을 외면하게 하는 집회라는 비판이었다. 이런 비판은 빌리 그라함 전도대회 때도 동일하게 제기되었다. 정부나 서울시 차원에서의 집회 지원은 이런 비판에 힘을 실어 주었다.[28] 실제로 정부는 빌리 그라함 전도집회 만이 아니라 EXPLO'74와 같은 집회를 통해 보수적 기독교회의 지지를 이끌어내고 정부에 대한 비판을 희석하거나 완화시키려는 정치적 의도가 없

---

[28] 정부가 여의도5.16광장을 집회장소로 허가한 점이나, 박정희 대통령이 빌리 그라함 목사와 50여 분 동안 면담한 점, 서울시 버스노선을 조정하여 여의도를 경유하게 조치한 점, 군 장비로 시설 설치를 돕거나 군악대를 동원한 점, 경찰이 집회 개최를 후원해 준 점, 집회 기간 중 여의도 ㅇ리대의 야간통행금지를 해제한 점 등을 그 사례로 지적하고 있다.

지 않았을 것이다.

김준곤 목사나 대학생선교회 관계자들이 이런 점에 무지했다고 볼 수 없다. 그럼에도 불구하고 이런 집회를 개최한 것은, 한국사회 일각의 부정적이 시각에도 불구하고 민족복음화라는 보다 우선하는 가치를 실현하기 위한 것이었다. 그는 군사정부에 대한 비판보다는 민족복음화가 우선이었고 그것이 종교지도자로서의 우선하는 사명으로 인식했다고 볼 수 있다. 자유민주주의를 헌법적 가치를 수용한 나라에서 잠정적인 독제정권이 있을 수 있으나, 그것이 북한과 같은 공산주의 체제보다는 낫다고 인식했다. 이런 점에서 박정희 정권과의 대결보다는 일정 부분 양해 하에서 민족복음화를 이루려고 노력했고, 민족복음화가 이루어지면 모든 문제는 자연스럽게 해소 될 수 있다고 보았다.

김준곤 목사의 이런 입장은 한경직 목사의 경우와 동일하다. 한경직은 일단 자유민주정부가 수립된 이상 복음화운동이 기독교적 건국이상을 실현하는 길이라고 인식했고, 복음화운동은 현실 문제를 해결할 수 있는 기초라고 보아 복음 전파를 제일의 사명으로 강조했다.[29] 10.26 이후 12.12군사 구데타로 집권한 전두환과 군부세력이 1980년 조찬기도회 개최를 요구했을 때 이에 응하고 설교한 일로 한경직 목사는 비난을 받았으나, 한경직 목사는 군사쿠데타로 집권한 그들을 비난하는 일은 쉬운 일이지만 그들에게도 복음을 전해야 하

---

29 이상규, "한경직의 유산," 『한경직 목사와 한국교회』 (서울: 대한기독교서회, 2015), 323.

고 그것은 나에게 주어진 특별한 기회이다 라고 답했다고 한다. 공산주의의 실체를 경험했던 한경직은 군사 구테타라라는 방식으로 권력을 잡았다하더라도 북한의 김일성 정권보다는 낫다는 생각을 했을 것이다.

정리해 볼 때, EXPLO'74는 민족복음화라는 과제를 위한 달성하기 위한 집회였고, 그것이 이 시대 한국교회에 주어진 사명으로 인식했음 알 수 있다. 김준곤 목사와 한국대학생선교회의 그 이후의 활동, 곧 크메르와 베트남의 공산화 직후인 1976년 12월과 1977년 1월의 김준곤 목사와 27명 간사들의 40일 간의 '금식기도회,' 1984년 6월의 '국제기도세미나'와 '금식 기도회', 1990년 말부터의 북한과 통일 문제에 대한 관심, 1995년 5월 7만5천명이 참석하여 결성한 '대학생통일봉사단 입단헌신서약식,' 2000년 7월의 굶주린 북한 동포를 위한 '젖염소보내기 운동,' 그리고 1999년 8월 4일 북한에 젖염소 450마리를 보낸 일이나, 2000년 7월 CCC 전국대학생여름수련회에서 10,352마리의 젖염소 보내기 작정과, 황해북도 봉산군 은정리에 32만 평의 은정CCC젖염소 목장 건설 등은 민족복음화 운동의 연장이라고 할 수 있다.

4. EXPLO'74의 역사적–신학적 의의

그렇다면 EXPLO'74가 갖는 의의는 무엇일까? 필자는 다음의 몇 가지로 정리하고자 한다.

첫째, 민족복음화에 결정적인 역할을 감당했다. 앞에서 언급했듯이 김준곤 목사의 신념체계, 행동양식을 결정한 중요한 삶의 지향점은 민족복음화였다. "민족의 가슴마다 그리스도를 심어 이 땅에 성령의 계절이 오게 하자"는 주장은 그의 민족복음화에 대한 열망의 표현이었다. 그는 이런 주장 아래 "모이게 하소서, 배우게 하소서, 전하게 하소서" 라고 외치며 EXPLO'74를 이끌었고, 그 정신은 민족복음화를 위한 것이었고, 그 결실은 한국교회의 수적인 성장이었다. 'EXPLO'74' 대회가 끝난 후 한국교회의 기독교인 수는 700만을 상회하게 되었다. 그는 "한강의 기적을 일으킵시다. 서울을 성시로 만듭시다. 조국을 제2의 이스라엘로 만듭시다. 민족의 가슴마다 그리스도의 계절이 오게 하자"고 외쳤는데, 그가 말하는 예수 혁명, 성령 폭발은 민족복음화를 위한 캐치프레이즈였다.

EXPLO'74 대회에 이어 1977년의 민족복음화대회, 1980년의 세계복음화대회를 통해 그는 1907년 전후의 대부흥을 능가하는 1970년대 이후의 교회 성장을 이끌었다. 그가 발의한 국가조찬기도회, 전군신자화 운동, 성시화운동, 그리고 그가 주도한 EXPLO'74는 민족복음화를 위한 줄기찬 시도였고 이런 노력이 1970년대 이후 한국교회 성장을 이끌었다.

둘째, EXPLO'74는 한국의 청년대학생 전도와 복음화에 기여하였다. 1958년 한국대학생선교회가 조직된 이후 선교회를 거쳐 간 연인원은 50만 정도로 파악되는데, 이는 한국의 군 병력과 맞먹는 숫자이고, 적어도 1990년대 중반까지 한국교회가 젊음을 유지할 수 있었던 것은 청년대학생 전도의 결과였다. 김준곤 목사는 수많은 젊은 이들의 가슴에 피 묻은 복음과 하나님 나라의 비전을 심어 주었고, EXPLO'74를 전후한 대학생선교회의 활동은 우리나라 청년 대학생 전도에 결정적인 기여를 했다고 판단된다. 집회 기간 훈련에 참가한 청년대학생이 32만에 달했다. 이런 점을 고려할 때 EXPLO'74는 교회나 다른 선교단체와 비교할 수 없을 정도의 청년 대학생 전도에 기여했다고 평가된다.

셋째, EXPLO'74는 한국에서의 복음주의 운동에 심대한 영향을 끼쳤다. 김준곤 목사는 복음주의자였고, 그가 '신앙동지회 51'의 한 사람으로 조선신학교를 나와 고려신학교를 거쳐 장로교신학교에서 수학한 사실과 그 이후의 활동에서 보여주었듯이 그는 철저한 복음주의자였다. 그의 복음주의 신학이 대학생선교회와 EXPLO'74의 신학적 기반이었다. EXPLO'74는 성경의 권위와 완전성, 전도와 기도, 회개와 중생, 그리스도의 대속적 죽음을 강조하는 복음주의 신학과 신앙을 표방했는데, 데이빗 베빙턴(David Bebbington)이 말한 복음주의의 네 가지 특색을 포함하는 것이었다.[30] EXPLO'74는 기도운동, 전도운동

---

30 베빙톤은 복음주의 신학은 4가지 특징을 갖는데, 첫째, 회심(conversionism), 곧 성령에 의한 회심의 경험을 강조한다. 둘째, 성경주의(biblicism), 성경을 하나님의 말씀으로서 받아드리고 성경의 유일한 권위를 인정한다. 셋째, 행함(activism), 전도와 선교를 강조한다. 넷째, 십자가중심사상(crucicentrism), 곧 예수의 십자가상의 희생과 대속을 구원의 유일한 근거로 본다.

을 전개하고 전도자를 양성했고, 전도지 '사영리 四靈理'는 복음주의 신앙을 보여주는 표준전도지로 전도운동에 커다란 영향을 끼쳤다. 그래서 EXPLO'74는 1973년의 빌리 그라함 전도대회와 1974년의 로잔 대회, 1974년 5월의 아세아연합신학대학의 설립, 1978년의 한국복음주의 협의회 조직, 1981년의 한국복음주의 신학회 조직과 더불어 한국에서의 복음주의 신학과 신앙의 확산에 기여하였다.

넷째, EXPLO'74는 많은 복음주의적인 지도자를 양성했다. EXPLO'74를 통해 많은 이들이 회심하고 그리스도를 영접했는가 하면 이때 은혜 받은 많은 이들이 국내외 목회자 혹은 선교사로 활동하고 있고 있다. 또 많은 이들이 교계와 학계, 관계 혹은 법조계에서 지도자로 활동하고 있다. EXPLO'74는 한국교회 지도자 양성에 기여하였다. 1980년대 이후 한국교회를 대표하는 김인중 박영률, 옥한흠 이동원 하용조 홍정길 목사 등과 같은 목회자들, 정운찬 이광자 김정우 김철해 심상법 주도홍 주수일 조귀삼 같은 학자들, 박세환 장군, 안창호 전용태 주수일 황우여 같은 법조인, 김철영 같은 언론인 등은 대학생선교회가 배출한 인물들이다. (필자가 아는 범위에서 기록한 것임으로 많은 이들이 누락된 점에 대하여 양해를 구함). 이들의 헌신이 오늘의 한국교회 형성에 적지 않는 영향을 끼쳤음을 부인할 수 없을 것이다.

다섯째, 건실한 사회이념 형성에 기여하였다. 1970년대 한국에서는 저급한 세속주의, 포스트모더니즘, 사회주의 혹은 공산주의적인 이데올로기, 성적 해방과 도덕적 상대주의, 그리고 물질주의적 성공주의 등과 같이 정신적으로 혼란한 시기였다. 이런 상황에서 EXPLO'74는 건실한 사회이념 형성에 기여하였다. 김준곤 목사는 1970년 12월 15일 CCC요원들을 훈련하는 기간에 '민족의 예수혁명론'이라는 제목으로 설교하면서 이 시대를 '혁명의 시대'라고 규정하고, 정치적으로는 막스의 공산주의 혁명이, 생활 측면에서는 프로이드의 섹스혁명이 일고 있다. 오늘의 젊은이들이 정치적으로는 막시즘에 매몰되고, 개인의 생활에서는 섹시즘에 빠져 있는데, 이것은 나라를 망하게 하는 길이라고 설교했다. 그리고 이런 현실에서 벗어날 수 있는 유일한 길은 예수혁명 밖에 없다고 설교했다.[31]

김준곤 목사가 관찰한 바와 같은 1970년대 상황에서 EXPLO'74년 예수 혁명을 통해 기독교적 삶의 가치를 제시하고 건실한 사회문화 형성에 토대를 제시했다. 오늘 한국사회에는 주사파들이 활동하고 있고 언필칭 진보라는 이름의 좌파들이 활동하고 있지만 이 정도라도 건실한 의식을 가진 이들이 많다는 것은 김준곤 목사와 대학생선교회, 그리고 EXPLO'74가 끼친 선한 열매라고 생각된다.

5. 맺는 말

이상에서 한국에서의 전도 혹은 민족복음화 운동 과정에서의

---

31 김준곤, 『CCC와 민족복음화운동』(서울: 순출판사, 2005), 70~82.

EXPLO'74의 개최와 그 의의에 대하여 필자의 소견을 정리하였다. 종합적으로 고찰할 때, 김준곤 목사는 복음주의 신학에 근거하여 청년 대학생들을 복음화하고 이를 기초로 민족복음화라는 거룩한 비전으로 일생을 사신 한국교회의 영적 지도자였다고 할 수 있다. 그에 의해 주도된 엑스포로74는 오직 한 가지 목표, 곧 민족복음화를 위한 대형 전도집회였고, 결과적으로 민족복음화에 기여하여 한국교회가 크게 성장하였고, 한국의 청년대학생 전도와 복음화에 기여하였을 뿐만 아니라, 한국에서의 복음주의 신앙운동에 심대한 영향을 끼쳤다. 또 EXPLO'74를 통해 많은 복음주의적인 지도자를 양성하였고, 1979년대 이후 건실한 사회이념 형성에 기여하였다고 평가할 수 있을 것이다. 이를 통해 한국대학생선교회(CCC)는 단순한 학생선교단체라는 범주를 뛰어넘어 한국교회 전도와 성장, 변화와 각성을 이끌어간 동력원(power station)이었음을 보여주었다.

오늘 우리 사회에서 경험하는 좌파적 네오막시즘, 포스트모더니즘, 도덕적 상대주의, 종교적 혼합주의, 진보를 가장한 친북사상으로부터 한국교회를 지키고, 이런 정도의 건실한 사회 국민 도덕 의식을 견지하게 된 것은 김준곤 목사와 한국대학생선교회와 EXPLO'74의 영향이라고 생각한다. 결국, EXPLO'74는 1970년대 이후 한국교회의 재생(Rebirth)을 견인하는 역할을 했다고 생각된다.

참고문헌

김안신. "김준곤의 삶과 사역과 영성" *Jesus Army* 98호(2018. 9), 24-34.

김양선. 『한국기독교사연구』. 서울: 기독교문사, 1971.

김영재. 『한국교회사』. 수원: 합동신학원 출판부, 2007.

_____. 『뒤돌아보는 한국기독교』. 수원: 합동신학대학원 출판부, 2008.

김준곤. 『CCC와 민족복음화운동』. 서울: 순출판사. 2005.

박용규. 『한국기독교회사3』. 서울: 한국기독교회사연구소, 2018.

EXPLO'74본부. 『엑스풀로 '74훈련교재: 예수혁명 · 성령폭발』. 서울: EXPLO'74
　　　본부, 1974.

이상규. "한국교회사에서 김준곤 목사" *Jesus Army* 98호(2018. 9), 35-44.

이종전. 『한국 장로교회사』. 서울: 아벨서원, 2015.

조선출 편. 『복음의 대향연: 비릴 그래함 한국전도대회 전말』. 서울: 대한기독교
　　　서회, 1973.

한국대학생선교회. 『CCC사역자료집 1.0』. 서울: 순출판사, 2016.

Becker, N. W. *Fireseeds from Korea to the World: Focusing on God's Miraculous
　　　Work in Korea*. Orland: Campus Crusade for Christ, 2007.

Brown, G. T. *Mission to Korea*, Board of World Mission, PCUS, 1962.1

EXPLO'74와 한국교회사적 의미 *

박응규 **

1. 여는 말

1970년대 한국은 정치와 경제 그리고 모든 분야에서 도약을 위한
진통을 겪으면서 미래를 개척하던 시기에 놓여 있었다. 남북분단의
긴장 국면에서 6.25 전쟁의 상흔이 가시지 않은 상태에서 군부 통치
시대 속에서 경제 발전이라는 구호 아래 거의 모든 분야에서 근대화
라는 과제를 시행하고 있었다. 서구에서 이룬 경제 발전과 민주화는
한국이라는 상황에서 그대로 진행될 수는 없었고 한국화의 과정을
거쳐야만 했다. "1970년대 한국은 경제와 정치의 총체적 문제를 안
고 미래를 개척하던 시기였다"고 특징화 할 수 있다.[1] 이 시기에 한
국교회에 일어났던 EXPLO'74 대회는 급격한 변화와 위기를 경험하
던 상황을 잘 극복하고 한국 민족과 교회가 어떤 방향으로 나아가야
할지를 잘 보여준 역사적 사건이라 할 수 있다. 본고는 EXPLO'74의
역사적 배경을 1970년대 한국 사회와 교회의 상황을 중심으로 살펴

---

* 이 논문은 2024학년도 아신대학교 학술저서 연구비에 의해 지원된 논문임.
** 아신대학교 교수.
1 이영관, "미국 신문을 통해 본 1970년대 한국- Los Angeles Times와 New York Times를 중심으로,"
「韓國思想과 文化」 71 (2014): 141.

보고, 이 대회에 미친 김준곤 목사의 영향력을 고찰하며, EXPLO'74 의 한국교회사적 의미를 찾아보고자 한다.

2. EXPLO'74의 역사적 배경

2.1. 1970년대의 한국 사회

1970년대 초 한국의 정치적 상황은 매우 심각하였다. 월남전에 시달린 미국은 주한미군을 철수하기를 원했고, 또한 미국은 월남전 에서도 승리를 거두지 못하고 있었다. 여기에 북한은 계속 남침의 기회를 엿보고 있었고, 한국에서는 반정부 운동이 강하게 일고 있었 다. 소수의 진보적 기독교인들은 한국의 민주주의를 걱정했지만, 대 다수의 한국 기독교인들은 한국의 안보를 염려하고 있었다.[2]

또한 현재의 한국 사회와 교회의 특성을 이해하려면, 1970년대의 정치·문화적 상황을 이해하는 것이 필수적이다. 이 시대를 미국의 주요 언론보도를 중심으로 객관적인 입장에서 연구한 이영관은 이 렇게 언급하였다.

> 1970년대는 대한민국의 현재를 이해하는 매우 중요한 시기이다. 리처드 닉슨 Richard Nixon) 대통령에 이어 지미 카터 (Jimmy Carter) 대통령까지 주한미군 감축을 추진하면서 안보에 대한 위협은 물론 미국에 대한 신뢰

---

2 박명수, "민족복음화운동과 한국교회, 1965-1974," 「성결교회와 신학」 34 (2015): 134.

에 더 이상 절대적으로 의존할 수 없는 상태가 되었다. 동시에 6 · 25 전쟁 이후 칩거하던 북한의 김일성이 베이징과 동유럽국가들을 방문하면서 외교적으로도 위협을 받고 있다고 인식하던 시기였다. 경제력 역시 1970년대 초반에는 북한에 뒤지는 상황에서 대한민국의 안전은 보장받을 수 없는 상황이었다.[3]

북한의 남침 위협 속에서 안보가 불안한 상황이었지만, 6.25 전쟁으로 폐허가 된 땅에서 생존을 위해 하루하루를 살아갔던 1970년대 한국인들에게 경제발전이야말로 최대의 열망이었고 또한 필수적인 과제였다. 저임금제도에 기반한 경제구조를 통해 추구하는 경제발전 정책은 비민주적 인권유린을 비롯한 수많은 정치 · 사회적인 문제들을 양산하였다. 미국을 비롯한 우방국들도 이 시기에 급속도로 발전해 가는 경제적 상황에 대해 긍정적인 평가를 하면서도, 동시에 한국의 비민주적 처사들에 대한 비판적 견해도 많았다. 한국은 많은 위험성을 안고 있지만, 머지않아 저개발국가에서 개발도상 국가가 되리라는 전망이 우세했고, 북한의 위협과 경제발전에 대한 열망으로 비민주적인 정치체제를 묵인하려는 사회적 분위기도 존재했음을 인정하지 않을 수 없다. 외국인의 눈에 비친 그 시대의 한국은 "민주주의가 파괴된 암울한 시기만이 아닌 생동감 넘치고 희망 또한 공존

---

3 이영관, "미국 신문을 통해 본 1970년대 한국— Los Angeles Times와 New York Times를 중심으로," 144.

했던 시기였음을 알 수 있다."[4]

1972년 유신이라는 반민주적 체제로 한국에 대한 이미지는 매우 부정적으로 변화하기 시작했고, 경제발전과 민주주의는 함께 가야 하는 가치인데도 불구하고 한국에서는 그렇지 아니했다. 세계 경제 가 침체기에 들어서 어려움을 겪고 있었던 상황에서도 한국은 1974 년 전반기에 15%라는 경이적인 경제 성장률을 기록했다. 오히려 빠 른 경제성장으로 인한 성장통이 정치보다 한국 내에서는 더욱 심각 한 문제였고, 급격한 인플레이션, 구조조정 등이 사회문제가 되었 고, 이런 고통이 정치적 이슈로 변화하고 있었다.[5]

이러한 가운데 한국에서 중산층의 형성에 있어서 새로운 요소가 부각되고 있었다. 한국은 전통적으로 사회계층을 구분할 때 자신의 가족이나 교육 배경이 주요한 잣대였으나, 1970년대 중반에 이르러 서 개인의 수입이 사회계층을 구분하는 잣대로 자리 잡기 시작했다. 바야흐로 "한강의 기적"을 경험하면서, 한국인의 의식 속에는 자신 의 노력과 교육을 통해 중산층으로 진입할 수 있다는 변화하는 한국 의 사회상을 잘 보여주고 있다. 한국의 경제발전이 개인에게도 영향 을 미치고 있었으며, 사회적으로도 한국은 더 이상 농업국이나 저개 발국가가 아님을 보여주었다.[6]

---

4 이영관, "미국 신문을 통해 본 1970년대 한국 ‒ Los Angeles Times와 New York Times를 중심으로," 148.

5 이영관, "미국 신문을 통해 본 1970년대 한국 ‒ Los Angeles Times와 New York Times를 중심으로," 153.

6 이영관, "미국 신문을 통해 본 1970년대 한국 ‒ Los Angeles Times와 New York Times를 중심으로,"

6.25 전쟁의 폐허를 딛고 생존을 위해 하루하루를 이어가던 한국인들에게 경제발전은 가장 중요한 과제였고, 이것을 추진하는 군사정부에 대한 신뢰와 민주주의 파괴라는 심각한 문제를 어떻게 해결해 나갈지에 대한 사회적 과제가 심각하게 부상하고 있었다. 경제적 발전에 대한 강렬한 열망과 헌신이 한강의 기적을 가능하게 했지만, 비민주적 인권유린이 1970년대 중반의 한국의 국가적 이미지를 대변하고 있었다.[7] 그러나 1970년대 후반에 이르게 되면, 급속한 경제적 발전은 한국에 대한 인식을 새롭게 하는 주요한 요인이 되었다. 당시 미국 「뉴욕 타임스」를 비롯한 외국 언론들에 비쳐진 한국의 모습은 부정적이고 비판적인 내용도 많았지만, 대체로 획기적인 경제발전으로 새롭게 인식되고 있었음을 부인할 수 없다.

> 한국의 위상은 경제발전과 함께 재인식되고 있었던 것이다. 30년 전 잿더미에서 시작해 기적을 이루어낸 국가로 인식되기 시작했다. 물론 미국의 시각이었지만 당시 냉전시대의 분위기에서 미국의 위상을 볼 때 한국에 대한 인식은 매우 중요하다. 더 이상 원조를 받아 연명하는 국가가 아니라 모든 저개발국가는 물론 개발도상국에도 모델이 되는 국가로 변모했다.[8]

어느 시대나 사회와 같이, 1970년대 한국은 부정적인 면과 긍정

156.

7 이영관, "미국 신문을 통해 본 1970년대 한국– Los Angeles Times와 New York Times를 중심으로," 158.

8 이영관, "미국 신문을 통해 본 1970년대 한국– Los Angeles Times와 New York Times를 중심으로," 160.

적인 면 모두를 갖고 있었다. 그러나 무엇보다도 한국인들이 미래에 대한 희망을 갖고 있었던 매우 생동감이 넘치는 역동적인 시기가 1970년대였다고 말할 수 있으며, 이 시기가 현재 한국의 틀을 제공한 시기라는 점을 부정할 수 없다. 또한 미국의 한국에 대한 시각이 시기와 상황에 따라 변화했지만, 이 시기에 한국의 위상에 대한 재정립의 과정이 전개되고 있었다. 급속한 경제발전으로 인하여 한국은 6. 25전쟁 후 원조로 연명하던 국가에서 무역의 파트너로 성장했고, 미국의 중요한 외교적 파트너로 성장하는 발판을 제공한 계기도 이 시기에 만들어졌다.[9]

그럼에도 불구하고, 1970년대 중반에 들어서면 유신체제로 인해 한국의 경제발전보다는 정치적 상황에 더 큰 관심을 보이는 경우가 많았고, 미국의 시각에서는 유신체제 같은 반민주적 정부 체제에서 경제발전이 지속되기는 어려울 것으로 보고 있었다. 민주주의와 인권, 자유시장경제를 대변하는 미국으로서는 한국에 대해 원조를 삭감하거나 압력을 가해 한국정부의 정치개혁을 촉진해야 한다는 여론도 다분하였다. 그러나 이러한 상황 속에서도 한국에서의 경제발전은 1970년대 중반에 본격적으로 지속되었고, 그 영향으로 중산층이 태동하면서 한국의 전통적인 사회구조에 변화가 뚜렷하게 드러났다. 다시 말하면, "민주주의 태동인 사회변화가 정치적이 아닌 경

---

9 이영관, "미국 신문을 통해 본 1970년대 한국— Los Angeles Times와 New York Times를 중심으로," 160–161.

제적인 현상에서 시작되고 있었던 것이다."[10] 중산층의 형성과 확산은 1980년대에 활발하게 일어난 민주화 운동에도 영향을 미쳤다고 볼 수 있다. 이러한 중산층의 태동과 확산은 한국교회 내의 평신도들에게 활발하게 전도 운동에 참여할 수 있는 배경이기도 했으며, 다양한 신앙 운동에 적극적인 참여로 이어졌다.

2.2. 1970년대의 한국교회

1970년대는 한국교회 100주년을 앞두고 각 교단이 경쟁적으로 교세 확장 운동을 펼친 시기였고, 이에 따라 교회 성장이 획기적으로 일어났던 때이기도 했다. 장로교 합동 측은 1만 교회운동을 전개했으며, 통합 측은 연 300 교회 개척운동을 펼쳤다. 또한 감리교와 성결교도 교세확장에 적극적으로 나섰다. 1973년 하나님의 선교 원칙을 채택하여 사회구원에 관심을 보였던 장로교 기장 측도 다른 교단들이 교세 확장에 나서자 양적 성장에 관심을 가지지 않을 수 없었다. 각 교단은 전도와 교세 확장을 효과적으로 수행하기 위해 교단 조직도 개편했으며, 교인들에게 전도훈련을 실시하였고, 부흥전도대회를 대대적으로 개최하였다.[11]

이 시기 한국교회의 가장 큰 관심은 양적인 성장이었으며, 각 개교회, 지방회나 노회, 그리고 교단들이 경쟁적으로 다양한 부흥전

---

10 이영관, "미국 신문을 통해 본 1970년대 한국– Los Angeles Times와 New York Times를 중심으로," 162.
11 한국기독교역사학회 편, 『한국 기독교의 역사 III』 (서울: 한국기독교역사연구소, 2009), 128.

도집회를 열었다. 또한 초교파적인 대규모 집회도 서울과 지방에서 개최되곤 했다. 1973년 5월 16일부터 6월 3일까지 지방 주요 도시와 서울에서 "5천만을 그리스도에게"라는 주제로 개최된 빌리 그래함(Billy Graham) 전도대회와 1974년 8월에 열린 대학생선교회(Campus Crusade for Christ/이하 CCC) 주최의 EXPLO'74, 그리고 1977년 8월에는 32개 교단이 연합하여 600여 명의 강사를 동원했던 77 민족복음화성회는 각각 참가자가 연인원 수백만 명에 달한 대규모 집회였다. 1980년의 80 세계복음화대회는 한국교회의 성장 속도가 최고조에 달했을 때 열린 집회들로서, 1970년대를 거치며 크게 성장한 한국교회의 자신감과 힘이 표출된 인상적인 사건들이었다. 그 후 한국교회 선교 100주년을 기념하기 위한 1984년의 다양한 군중집회도 이와 같은 대형집회의 전통을 이어가며 한국교회의 성장세를 견인해 갔다.[12]

특히 빌리 그래함 전도대회는 우선 전국적인 조직을 만들고, 범교단적인 조직을 만들며, 전도훈련을 시키고, 개 교회에 그 사람들을 연결시켜 주도록 조직화하였다. 이러한 조직화의 구체적인 열매는 바로 나타났다. 먼저 이 집회는 전국적인 규모로 전개되었으며, 1973년 5월 16일부터 전국의 9개 도시를 순회하며 집회를 열었는데 연인원 120만 명이 동원되었다. 그리고 5월 30부터 6월 3일까지 여의도 5.16 광장(현 여의도 공원)에서 대대적인 집회가 열렸다. 마지막

---

12 한국기독교역사학회 편, 『한국 기독교의 역사 III』, 128–129.

날엔 110만 명이 운집했고, 4일동안 연인원 320만 명이 참석하였다. "이것은 한국 교회의 역사상 처음 있는 일일 뿐만이 아니라 세계 교회사에 있어서도 특별한 사건이다."[13] 이 집회야말로 대중들의 필요를 파악하고 효율적인 광고를 통해 기획되고 조직화된 대중 집회의 효시(嚆矢)라 할 수 있다.

그런 면에서 1973년 빌리 그래함 전도대회야말로 교파와 교단을 초월한 한국의 거의 모든 교회들이 참여한 대중전도집회의 본격적인 시작이었으며, 100만 명이 넘는 인파가 처음으로 여의도 광장에 모인 대규모 집회였다. 그래함은 1949년에 열린 로스앤젤레스 전도대회를 통해 미국 전역에 널리 알려졌으며, 1954년 런던 대 전도대회를 통해서 그는 세계적인 명성을 얻었다. 그리고 20년이 지난 1974년에 이르게 되면 로잔 세계 복음화 대회(Losanne Congress on World Evangelism)와 EXPLO'74를 통해서 그는 "세계 기독교의 대변인"(statesman)이 되었고, 각 개인들과 운동들을 통합시켜 하나님의 영광을 위하여 새로운 길을 잘 닦은 촉매자의 역할을 감당하였다.[14] 이렇게 세계적인 영향력을 미치고 있었던 미국의 복음주의운동의 대표적인 지도자이자 부흥사인 빌리 그래함 목사의 능력 있는 말씀 선포와 한국 교계를 대표해 전체 조직 위원회를 맡아 지도력을 발휘한 한경직 목사, 미국 CCC 창설자 빌 브라잇(Bill Bright) 총재와 함께 초

---

13 박명수, "민족복음화운동과 한국교회, 1965-1974," 132.

14 키드 하드먼, 『부흥의 계절: 미국의 전도와 부흥운동 역사』, 박응규 옮김 (서울: CLC, 2006), 384; John Pollock, *To All Nations: The Billy Graham Story* (San Francisco: Harper and Row, 1985), 124.

교파 선교단체들이 동참할 수 있도록 견인차 역할을 했던 김준곤 목사, 그리고 통역을 맡아 빌리 그래함 목사와 빌 브라이트 총재의 설교의 영향력을 드높여 준 김장환 목사와 박조준 목사 등의 역할도 1970년대 부흥운동과 대중전도집회의 긍정적인 기대감을 증폭시키는 데에 크게 기여하였다. 이렇게 시작된 대중전도운동의 열기는 단회적으로 그치지 않았다.

1974년 김준곤 목사가 CCC를 중심으로 한국교회를 결집하여 추진한 EXPLO'74는 빌리 그래함 서울전도대회를 통해 촉발된 부흥의 열기를 더 한층 고조시키고, 한국교회의 교회들과 선교단체들이 연합하여 대중전도운동과 함께 교회성장의 기운을 확실하게 자리 잡게 한 역사적 사건이었다. 이 집회에 대한 소식은 한국 교계뿐만 아니라, 일반 언론계의 집중적인 조명을 받기도 했다. 이렇게 시작된 대중전도집회는 그 이후의 교회부흥을 견인하며 "대중전도운동은 한국교회를 근대화시킨 원동력이었고, 놀라운 교회성장의 촉매 역할을 했으며, 복음주의운동을 발흥시킨 결정적인 사건이었으며, 해외선교운동의 기폭제가 되었다."[15]

특히, 1973년 빌리 그래함 전도대회는 한국교회사와 세계 교회사에 있어서도 유례를 찾아볼 수 없는 대성공을 거두었고, 한국 교인들에게 한국교회에 대한 자부심을 심어 주었으며, 더 이상 한국사회의 변두리가 아니라 주류가 되었다는 의식을 갖게 해 주었다. 이 집

---

15 박용규, 『한국교회사 III, 1960-2010』 (서울: 한국기독교사연구소, 2018), 235.

회를 통해서 한국교회는 일치를 보여 주었고, 한국인 및 한국 교인들의 저력을 보여준 계기가 되었다. 일련의 대형집회를 가지면서도 아무런 사고 없이 질서정연하게 치러진 것에 대한 일반 매스컴들의 평가도 매우 긍정적이었다. 또한 이 집회를 통해 한국 기독교가 공산주의에 맞설만한 반공의 보루라는 사실을 확실하게 보여주었고, 북한과 체제경쟁을 벌이고 있었던 상황에서 기독교야말로 대한민국의 체제를 수호할 수 있는 주체세력이 될 수 있음을 확실하게 각인시켰다. 이 집회를 통해서 한국은 미국을 비롯한 민주 우방과 하나라는 것을 보여 주었을 뿐만 아니라, 세계에 한국 기독교의 저력을 유감없이 과시하였으며, 정치적으로 한미관계는 긴장과 위기에 처할 때도 있었지만, 양국관계가 상당히 공고해지는 계기가 되었다. 무엇보다도 이 대회를 계기로 한국 기독교회가 기독교 세계의 일원으로 세계 선교에 대해 큰 관심을 갖고 협력하기 시작했다. 그러나 이러한 대형집회를 준비하고 이끌어가면서 한국교회는 정부의 협력을 받으면서 비판의 빌미도 제공했지만, 이 시기에 한국교회는 반공을 매개로 정부와 서로 협력했다.[16]

3. EXPLO'74와 김준곤 목사

김준곤은 1970년대를 맞이하면서, 무엇보다도 민족복음화에 대

---

16 박명수, "민족복음화운동과 한국교회, 1965-1974," 134-135.

한 강력한 소망을 선포하면서 한국의 모든 기독교인 한 사람, 한 사람이 이러한 시대적 소명을 위해 함께 헌신할 것을 촉구하였다.[17]

> 저는 한국의 기독교인의 한 사람으로서 한국의 복음화가 앞으로 기어이 이루어진다고 믿고 그렇게 기도하고 그렇게 힘쓸 것을 결심하고 선언합니다. 70년대가 가기 전에 한국의 정치와 한국의 경제와 한국의 교육과 한국의 문화가 입체적으로 복음화하기 위해서 먼저 농촌 마을에 수천 명의 학생 전도대를 훈련시켜 파송할 것입니다.[18]

민족복음화를 효과적으로 감당하기 위해서는 한국의 초·중·고등학교들과 대학들이 복음의 황금어장임을 인식하고 학원복음화를 통해 이러한 사명을 구현해 나가자고 외쳤다: "추수할 곡식이 익어 있습니다…. 한국의 70년대는 그리스도의 시대가 되게 해야 하겠습니다. 그리고 남북통일도 예수의 혁명으로 이룩하도록 우리는 이 원단에 엄숙하게 결심하고 기도해야 하겠습니다."[19]

이러한 원대한 민족복음화의 비전을 실현해 나가기 위해 김준곤은 EXPLO'74를 개최하는데 주도적인 역할을 감당하였다. 그는 개회사에서 그 목적을 이렇게 밝혔다.

---

17 3장의 내용은 박응규, "유성(遊星) 김준곤 목사의 민족복음화운동과 역사·신학적 의미," 「ACTS 신학저널」 42 (2019): 31-38을 참고하여 재진술 했음을 밝힌다.
18 김준곤, 『CCC와 민족복음화운동』, 89.
19 김준곤, "민족복음화의 선언"(1971년 1월 1일), 김준곤, 『CCC와 민족복음화운동』 (서울: 순출판사, 2005), 89.

우리가 여기 모인 단 한 가지 큰 목적이 있습니다. 그것은 주님의 지상명령을 좇아 천하 만민에게 복음을 전하는 일과 그 복음을 전할 보다 많은 사람을 보다 효과적으로, 보다 전략적으로, 보다 집중적으로 훈련시키기 위함입니다. 지금은 복음 전도의 최후 최대의 도전적 기회입니다. 인류 운명의 시간은 묵시론적 종말의 시점에 왔습니다.[20]

김준곤은 이 시대에 주어진 복음화라는 과제를 단지 한국 민족만을 전도하는 데에 초점을 맞춘 것이 아니라, 시대적 광기와 정신적 암흑의 정도가 사상 최악의 상황임을 부각시키면서, 이것이야말로 "복음전도의 도전적 기회"로 포착하고 종말론적 차원의 사명임을 힘주어 강조하였다. 또한 이러한 사명 완수가 교회사적인 차원에서도 매우 의미 있는 일임을 역설했다: "종교개혁의 주제가 믿음으로 구원받는 것이었다면, 이번 주제는 믿음으로 성령 충만을 받는다는 것입니다. 이것은 현대의 종교 개혁적 주제입니다. 하나님의 말씀의 명령과 약속 조건만 순종하면 확실히 가능합니다."[21]

어떤 의미에서 본다면, 1907년도에 일어났던 대부흥운동이 한민족을 중심으로 한 회개운동과 전도운동이었다면, 1974년에 일어난 EXPLO'74를 통해서 "한국교회의 오순절"이 세계 각국에 복음화의 씨앗을 널리 퍼뜨리는 계기가 되기를 간절히 소망했고, 그 꿈과 기도가 훗날 이렇게 평가받기를 염원했다.

---

20 김준곤, 『CCC와 민족복음화운동』, 111.
21 김준곤, 『CCC와 민족복음화운동』, 115.

이것은 우리의 꿈이고 우리의 기도이기 바란다. 한국은 제2의 이스라엘이 되었다. 서울시는 제2의 예루살렘처럼 성시화가 되었다. 한국에서는 사도 행전이 연장되고 있다. EXPLO'74에 세계 각국과 한국 각처에서 모였던 사람들이 믿음으로 성령에 충만함을 받아 모든 나라의 문화와 사상과 종 교적 장벽을 깨뜨리고 복음의 증인이 되어 일본과 인도와 공산 진영까지 복음 전도의 불이 퍼져갔다. 한국은 공산주의를 신앙으로 완전히 극복하 였다. 그 사건은 정신사의 분수령이었다. 영의 시대를 향한 새 장을 열 었다. 한국은 세계 사상 전례 없는 최초의 이상적 국가가 되었다. 미국은 민주주의를 수출하고 일본은 상품을 수출하고 프랑스는 자유를 수출하고 영국은 산업혁명을 일으켰고 러시아는 공산혁명을 일으켰고 중공은 문화 혁명을 일으켰고 서유럽의 사회는 섹스 혁명을 일으켰는데 한국은 예수혁 명, 성령의 혁명을 일으켰다. 한강변의 기적은 예수의 기적이었다. 그들이 민족의 가슴마다 그리스도를 심어 성령의 계절이 그 땅에 왔다.[22]

이것이 김준곤의 간절한 염원이었고, 또한 기도였다. 이러한 잠 재적 가능성을 실현하기 위해 그는 한국의 참가자들을 향하여 민족 복음화를 위하여 기도와 헌신과 그리고 결속을 다짐해야 함을 촉구 하였다. 이 과업을 위하여 우리 모두가 책임져야 함을 강조하면서, 이렇게 독려하였다: "이것은 클라이막스가 아닙니다. 점화요 봉화 요 서곡이요 출발입니다. 폭풍의 눈입니다. 신호의 폭발입니다. 선

---

[22] 김준곤, "EXPLO'74 개회사"(1974년 8월 13일), 김준곤, 『CCC와 민족복음화운동』, 115-116.

언입니다. 계속 각 교회마다 각 나라마다 연쇄폭발을 일으킬 것입니다. 우리는 그 불씨가 되어야 하겠습니다. 자기 마음, 자기 도시, 자기 나라의 복음화를 책임져야 하겠습니다."[23]

EXPLO'74는 한국 기독교계에 전도의 중요성을 다시 한번 강하게 심어준 영적 대각성 집회였으며, 학원복음화 운동의 방향성이 민족복음화와 더불어 세계선교로 전이(轉移)될 수 있는 계기를 마련한 역사적 사건이었다. 1973년에 열렸던 빌리 그래함 전도대회에 이어 열린 EXPLO'74 대회는 1977년의 민족복음화대성회의 터전을 마련하면서, 1970년대 한국교회의 성장의 기폭제 역할을 했고, 민족복음화와 세계선교의 비전을 명확하게 제시하였다. 이 대회로 말미암아 학원선교와 평신도 선교운동이 결합되어 민족복음화운동과 세계선교로 승화된 흔적이 뚜렷하게 나타났다. 다시 말하면 교회성장을 견인해 가면서 그 방향과 목적을 바르게 세워주었다고 할 수 있다.

무엇보다도, 미국에서 개최되었던 EXPLO'72와 더불어, EXPLO'74는 CCC운동에 "국제적인 정당성"(international legitimacy)을 부여해 주었다는 면에서도 그 역사적 의미가 지대했다.[24] 하지만 비판적인 보도도 있었는데, 주로 빌 브라잇이 여의도 광장에 모인 EXPLO'74대회 참석자들의 숫자를 과장했다는 점과 보다 예리한

---

23 김준곤, "EXPLO'74 개회사"(1974년 8월 13일), 김준곤, 『CCC와 민족복음화운동』, 116.
24 John G. Turner, *Bill Bright & Campus Crusade for Christ: The Renewal of Evangelicalism in Postwar America* (Chapel Hill: The University of North Carolina Press, 2008), 152.

비판은 그가 박정희 정권에 대해 취한 우호적인 태도에 대한 것이었다. 당시 김준곤을 비롯한 한국의 대부분의 복음주의 지도자들은 유신정권을 지지하는 입장을 보였는데, 그 주된 이유는 "반공에 대한 공유의식"(a mutual commitment to anticommunism) 때문이었다고 볼 수 있다. 1970년대 중반은 유신헌법이 제정되고 남한에서의 정치적이고 종교적인 상황이 심각한 긴장과 갈등 국면으로 치닫고 있었는데, 브라잇은 1965년 한국을 방문하는 일정 중에 김준곤과 함께 박정희 대통령을 만나 그의 정치적 업적을 치하한 바도 있었다.

그리고 1971년 빌리 그래함에게 보낸 편지에서는, 김준곤이 국무총리를 비롯한 여러 정치 지도자들에게 그리스도를 전하기 위해 수년간 노력했으며, 박 대통령에게도 영적으로 자문하고 그를 위해 기도했다고 언급하였다. 브라잇과 김준곤이 박 정권에 대해 우호적인 자세를 지니고 있었던 배후에는 한국의 정치적 상황에 대한 냉전(Cold War)적 시각에서의 이해와 반공주의에 대한 공감대가 크게 작용하고 있었음을 부인할 수 없다. 그리고 그들은 예수 그리스도의 복음을 선포하고 전도하는 데에 자유가 보장되는 한, 정권을 굳이 비판하고 반대할 이유가 없다는 입장이었다.[25]

EXPLO'74대회를 성공적으로 마무리한 김준곤은 민족복음화운동에만 머물지 않고, 1978년부터는 세계복음화대성회를 준비하면서 한국교회가 세계선교의 비전을 꿈꿀 수 있는 작업을 구체적으로

---

25 John G. Turner, Bill Bright & Campus Crusade for Christ, 152-154.

추진하였다. 그런 면에서, 1980년 8월 여의도에서 열렸던 세계복음화대회는 한국교회가 세계선교에 눈뜨게 한 새로운 전기를 마련해 주었다고 평가할 수 있다.[26] 1980년대를 기점으로 수많은 선교단체들이 결성되었고, 각 교단들마다 선교부가 조직되고 강화되어 수많은 선교사들이 파송되었다. 또한 김준곤은 선교는 반드시 외국에 나가야만 가능하다는 고정관념을 깨뜨리고 국내에서도 외국인들에게 복음을 전하며 선교할 수 있다는 사실을 수많은 제자들에게 일깨워 주었다. 그리고 선교는 선교단체나 선교사를 통해서만 이루어지는 것이 아니라, 크리스천이라면 누구나 언제, 어디서라도 선교할 수 있다는 새로운 선교개념을 한국교회에 도입하였다.

또한 대학생들과 평신도들로 구성된 단기선교의 활성화를 통해 한국교회와 여러 기독학생들에게 신선한 선교도전을 주었고, 1990년대 이후 단기선교 여행이 전국적으로 확산된 배후에는 김준곤과 한국CCC의 선교운동이 자리 잡고 있음을 부인할 수 없다.[27] 그런 면에서, 김준곤의 생애와 사역의 주기는 한국교회의 전도와 선교운동과 궤를 같이 하면서 전개되었다고 할 수 있다. 정정섭의 회상대로, 김준곤은 1960년대는 학원복음화에 정진하였고, 1970년대는 민족복음화에 심혈을 기울였으며, 1980년대는 한국교회에 세계선교의 불을 붙였고, 1990년대는 평신도 선교시대를 활짝 여는 데에 줄

26 김준곤 목사 제자들 엮음, 『나와 김준곤 목사 그리고 CCC』(서울: 순(筍)출판사, 2005), 256.
27 김준곤 목사 제자들 엮음, 『나와 김준곤 목사 그리고 CCC』, 257-259.

곧 헌신해왔다고 할 수 있다.[28]

CCC는 철저한 전도요원들을 개인전도와 민족복음화에 헌신하도록 철저하게 훈련하였으며, 전도훈련의 대상은 특정대상을 넘어 모든 교인을 전도요원으로 삼는 것을 목표로 하였다. 특히 EXPLO'74대회 이후, 한국교회는 전도훈련을 통한 성장의 추세가 뚜렷하게 나타났다. 전도훈련 요원들을 훈련하여 전도를 한 결과 교회 출석인원이 33% 증가했고, 목회자들도 개인 전도를 본격화했으며, 한국교회 성장의 결정적 계기가 되었다. CCC와 함께 전도전략을 함께 사용하고 도움을 받은 합동측 교단에서는 1976년부터 1978년 2년 사이에 교회수가 2,484개에서 3,684개로 약 1,200개의 교회들이 개척되었고, 신자의 수도 이 기간 동안 68만 명에서 100만 명으로 증가하였다.[29]

또한 CCC는 미국 복음주의 운동과 밀접한 관련이 있는 대중전도집회를 성공적으로 개최함으로 한국의 교회들과 신자들이 소속된 교파나 교단을 초월하여 복음주의 신앙으로 정체성을 확립하고 연합하여 국내전도와 해외 선교에 지대한 관심을 갖도록 하였다. 세계복음화를 위해 노력하고 있었던 세계교회의 복음주의 운동이 자연스럽게 CCC를 통해 한국에 접목됨으로, 대중전도집회를 통해 한국교회의 회개의 역사와 부흥운동이 일어남으로 결과적으로 한국교회

---

28 김준곤 목사 제자들 엮음, 「나와 김준곤 목사 그리고 CCC」, 260.
29 전석재, "CCC가 한국교회 성장에 미친 영향에 대한 연구," 「선교신학」 27(2011): 326-327. 당시 CCC는 합동교단의 유관기관이었다.

의 성장으로 이어졌다.[30]

김준곤과 한국CCC는 이러한 과정에서 한국 상황에 적합한 순(殉) 조직을 통한 성장방법인 사랑방 전도를 널리 보급하여 새로운 신자의 회심뿐만 아니라, 사랑방 조직을 통해 제자훈련을 받고 불신자를 전도할 수 있는 신자로 양육해 나갔다. 순 조직은 예수 그리스도의 전도대사명을 소명으로 받아 민족을 완전 복음화 한다는 비전을 가지고, 설정한 기한에 성취하려는 조직적이고 집약적인 전략으로 만들어졌으며, 순장은 처음부터 복음화의 사명을 위한 소명에 투철함을 전제로 출발한다. 김준곤은 순의 목적으로 전도, 육성, 파송으로 보았으며, 순은 불신자들을 전도하는 그물이며, 또한 민족복음화 운동의 성취를 위한 전도와 육성과 파송의 작은 발전소라고 했다.[31]

이러한 순 전도방법은 철저히 개인화된 육성법, 사랑의 모성법으로 사도행전적 분위기 속에서 육성하며, 순은 어머니 태처럼, 나룻배처럼, 학교처럼 많은 사람이 그곳을 거쳐 가는 동안 생산되고 키운다. 그리고 순은 사랑과 친교의 장소이며, 교육의 장소이기도 하다. 순은 반드시 세포처럼 무한히 번지고 들풀처럼, 고구마 순처럼 뻗어가는 생리와 힘을 가졌다.[32] 이와 같은 전도방법을 통하여 CCC의 순모임 운동은 한국에 복음의 토착화에도 지대하게 기여했다. 사

---

30 박용규, "한국교회 복음주의 운동과 김준곤 목사," 김준곤 목사 제자들 엮음, 『나와 김준곤 목사 그리고 CCC』, 562–564.
31 김준곤, 『순론노트』(서울: 순출판사, 2004), 3, 32–33.
32 김준곤, 『순론노트』, 36.

회가 계층화되어가고, 인간적인 정이 상실되어가는 시대적 상황 속에서, 순이라는 작은 모임을 통해서 사람들을 모으고, 복음을 전하며, 성경을 가르치고 배우는 전당으로 만들어 나갔다. 그리하여 복음을 교회의 건물에 국한시키지 않고 사랑방으로 옮겨서 기독교 신앙을 한국인의 문화와 심성에 잘 맞도록 체화시켜 나갔다. 사랑방 전도는 사랑방 성경학교 운동으로 발전되어 전국 5만 9천여 개의 농어촌 부락에 예수의 혁명이 일어나도록 하였다.

김준곤 목사가 EXPLO'74를 통해 한국교회에 미친 영향은 다음과 같이 평가할 수 있다. 먼저, 김준곤은 무엇보다도 1970년대 청년 대학생 전도와 한국교회의 전도와 부흥운동이 활성화하는 데에 지대한 영향을 끼쳤다. 그가 1958년 한국대학생선교회를 창립하고 청년대학생들에게 복음을 열정적으로 전한 것은 결과적으로 한국교회의 성장으로 이어지는 데에 크게 기여했다. 적어도 1990년대 중반까지 한국교회가 역동성을 유지할 수 있었던 배경에는 청년대학생들의 전도의 결과였다고 할 수 있다. 특히 그는 수많은 젊은이들의 가슴에 피묻은 복음과 하나님 나라의 비전을 심어 주었고, EXPLO'74를 전후한 대학생선교회의 활동으로 청년 대학생 전도에 결정적인 기여를 하였다. 이러한 공헌에 대해 이상규 박사는 다음과 같이 평가하였다.

당시 훈련에 참가한 청년대학생이 32만에 달했다. 우리나라의 60만 군대가 조국의 영토를 지키는 외적 방위 세력이었다면, 대학생선교회는 청년 대학생들의 정신을 지키는 내적인 방위군이었다. 비록 1990년대 이후 우리나라에서 사회적 변화를 겪기도 했지만, 그럼에도 불구하고 좌파적 네오막시즘, 포스트모더니즘, 종교적 혼합주의로부터 한국교회를 지키고, 이런 정도의 건실한 사회 국민 도덕의식을 견지하게 된 것은 대학생선교회의 기여라고 생각한다.[33]

다음으로, 김준곤은 민족복음화 운동에 결정적인 역할을 감당하였다. 그의 신념체계, 행동양식을 결정한 중요한 삶과 사역의 지향점은 민족복음화였다. EXPLO'74의 표어였던 "민족의 가슴마다 그리스도를 심어 이 땅에 성령의 계절이 오게 하자"는 주장은 그의 민족복음화에 대한 간절한 열망의 표현이었으며, "모이게 하소서, 배우게 하소서, 전하게 하소서"라고 외치며 강력하게 이끌어 갔다. 결국 EXPLO'74의 기본정신은 철저하게 민족복음화를 위한 것이었으며, 그 결실은 한국교회의 수적인 성장으로 이어졌다. 또한 그가 그토록 외쳤던 "예수 혁명과 성령 폭발"은 민족복음화를 위한 핵심 표어였다. EXPLO'74에 이어 1977년의 민족복음화대회, 그리고 1980년의 세계복음화대회를 통해 김준곤 목사는 "1907년 전후의 대부흥을 능가하는 1970년대 이후의 교회성장을 이끌었다. 그가 발의한 국가조찬기도회, 전군신자화운동, 성시화운동, 그리고 그가 주도한

---

[33] 이상규, "한국교회사에서 본 김준곤 목사," (故 김준곤 목사 10주기 기념 학술발표회 논문집, 2019, 9, 28), 67.

대형집회는 민족복음화를 위한 줄기찬 시도였고, 이런 노력이 1970년대 이후 한국교회 성장을 이끌었다."[34]

셋째로, 김준곤은 복음주의자로서 한국에서의 복음주의 운동에 심대한 영향을 끼쳤다. 그의 신앙적 배경이나 신학교육의 여정을 고찰해 보면, 그는 누구보다도 철저한 복음주의자였다.[35] 그가 박정희와 전두환 등 군사정권 하의 시절을 살아가면서, "정치적 변혁보다 복음에 의한 변혁을 우선시했고, 제도의 개선보다 심령의 변화를 우선시했다. 그는 기도운동, 전도운동을 전개하고 전도자를 양성했다. 그가 개발한 전도지 '사영리'(四靈理)는 복음주의 신앙을 보여주는 표준 전도지였다고 할 수 있다."[36] 그는 교계 지도자들과 함께 자유주의나 진보주의를 배격하고, 소위 민주민중운동, 진보주의 운동의 와중에서도 한국교회를 건실한 복음주의 교회로 세우는데 상당한 기여를 했다.

넷째로, 김준곤은 복음주의 신앙에 근거한 반공주의 형성과 통일운동에도 크게 기여하였다. 그와 그의 가족은 해방과 6.25 동란을 겪으면서 공산주의자로부터 숱한 고난을 당하였다. 그의 부친이 전쟁 중에 공산주의자에 의해 죽임을 당했고, 그의 아내도 24세의 나이에 피살당하는 비극을 경험했다. 그 자신도 기독교 신자라는 이유로 수없는 죽음의 고비를 넘기면서 체험적으로 공산주의 유물론과 기독교

---

34 이상규, "한국교회사에서 본 김준곤 목사," 67.
35 박응규, "유성(遊星) 김준곤 목사의 민족복음화운동과 역사·신학적 의미," 11–22.
36 이상규, "한국교회사에서 본 김준곤 목사," 68.

는 병립할 수 없음을 절감하였다. 그는 남북을 가르는 38선을 "영적 분계선"으로 이해하여 유물론적인 무신론 공산주의와 유신론적인 기독교 신앙을 대칭적으로 이해했다. 북한 공산주의 김일성 정권을 가장 악랄한 반신적(反神的) 집단으로 간주하였다.[37] 그는 반공주의야말로 기독교 신앙을 수호를 위해 필요한 가치로 여겼으며, 복음화 운동을 통해 현실의 문제를 해결할 수 있는 기초라고 인식하고 복음전파를 가장 중요한 사명으로 간주하였다. 사회현실의 개혁은 복음화 운동을 통해 이룩될 수 있다고 믿고 군부정권이라도 종교의 자유를 억압하지 않는 한 일정 거리를 두고 우호적인 관계를 유지하려 했다.

또한 국제정세를 주시하면서, 지속적인 공산주의의 위협에·대해서도 경고하면서 한국 사회에서 제기될 수 있는 좌파 이데올로기에 대해 경종을 울리기도 했다. 특히 베트남과 캄보디아가 공산화 직후에는 금식기도회와 구국기도회를 개최하면서, 우리나라가 복음국가로 건설하며 구국운동으로 극대화될 수 있기를 염원하였다. 그는 공산주의와의 싸움을 단순한 이데올로기의 대립으로 보지 않고 영적 싸움으로 인식했고, 공산주의를 극복할 수 있는 능력은 오직 복음밖에 없다는 확신과 민족복음화에 대한 이상으로 분단 시대를 살아갔다. "김준곤 목사는 한경직 목사와 더불어 이 시대의 대표적인 기독교 반공주의자였고, 우리나라 반공주의와 자유민주주의 형성

---

[37] 이상규 외, 『한경직 목사와 한국교회』 (서울: 대한기독교서회, 2015), 322. 이상규, "한국교회사에서 본 김준곤 목사," 69에서 재인용.

에 기여한 인물로 평가될 수 있다. 어떤 점에서 한국교회, 특히 한국의 복음주의 교회가 남긴 가장 중요한 공헌 중 하나는 반공주의와 자유민주주의 체제의 보루가 되었다는 점이라고 할 수 있을 것이다."[38] 그는 반공사상에 철저하면서도, 예수 사랑에 근거한 통일운동을 지향하였다. 그의 다양한 통일을 위한 행동은 이데올로기를 배제한 인도주의에 기초한 사랑이었고, 민족 간의 화해시도이자, 궁극적으로는 민족복음화운동의 일환이었다고 할 수 있다. 그런 면에서 김준곤 목사는 분단 이후의 상황에서 민족 통일을 예견하면서 민족복음화를 통한 기독교 건국론도 제시했다고 할 수 있다.[39]

4. EXPLO'74가 한국교회사와 선교운동에 미친 영향

4.1. 한국교회 평신도운동의 토대와 교회연합운동의 발판 마련

EXPLO'74에 대한 최초의 역사적 평가는 김의환 박사에 의해 내려졌다. 그는 이 대회를 "획기적인 교회사적 사건"으로 주장하면서, 그 역사적 의미에 대해 세 가지로 언급하였다. 먼저, 주최 측의 계획, 조직, 진행, 홍보 등의 성과가 일익을 담당했음을 인정하면서, 극단의 보수주의자들이 혼합주의라는 비난을 퍼붓고, NCC가 반대 성명을 내는 상황 속에서도 한국교회의 평신도들의 잠재력을 동력

---

38 이상규, "한국교회사에서 본 김준곤 목사," 70-71.
39 이상규, "한국교회사에서 본 김준곤 목사," 71.

화한 의의가 크다고 강조하였다. 둘째, 이번 대회를 계기로 한국교회는 적어도 전도나 선교 문제에 있어서는 연합운동을 펼쳐야 한다는 당위성을 증명했으며, 셋째, 이번 대회를 통해서 만인제사장이라는 위대한 종교개혁 유산을 계승하여 평신도운동이 본격적으로 일어나는 전기(轉機)를 마련했다는 것이다.[40] 이러한 배후에는 1970년대 한국 사회의 중산층 확산과 이들에 대한 효과적인 전도와 훈련과도 밀접한 관계가 있다고 본다.

1973년 빌리 그래함 서울전도대회를 기점으로 시작해서 EXPLO'74를 거쳐, 1984년 한국선교 100주년대회까지 일련의 대중전도운동은 연합운동의 기폭제가 되었으며, 한국교회에 해외선교운동을 촉진시키는 전기를 마련했고, 국내에서 하나의 복음주의 운동이 역사에 등장할 수 있는 실질적인 토양을 제공했다. 그 결과 통일찬송가, 100주년기념사업회, 한국 장로교총연합회, 한기총과 같은 연합운동의 결실이 맺혀졌고 복음주의운동이 하나의 거대한 운동으로 한국교회 역사에 등장했으며, 국내선교와 해외선교 운동이 활발하게 진행될 수 있었다. 신학적으로도 한국복음주의신학회와 한국복음주의협의회가 결성되고 아세아연합신학대학원(ACTS)이 설립되어 한국교회 안에 근본주의와 자유주의 양립 구도 속에서 복음주의 세력이 신학적으로 교회적으로 하나의 거대한 흐름을 형성할 수 있는 틀을 다져주었다. 미국에서 근대복음주의 부흥운동의 일환

---

40 정진홍 · 김준곤 · 안병무 · 김의환, "EXPLO'74를 말한다," 「기독교사상」 197 (1974, 10): 83–84.

으로 대중전도운동이 일어난 것처럼 한국의 대중전도운동도 서구의 복음주의운동과 초교파 학생운동 그리고 로잔운동의 영향으로 부상한 일종의 근대부흥운동이었다.[41]

4.2. 대중전도운동과 교회성장의 기반 조성

한국교회 선교 100주년을 맞이하는 즈음에, 당시 한국 교계의 대표적인 선교신학자들과 목회자들, 그리고 지도자들의 논문들을 노봉린 박사와 말린 넬슨(Marlin L. Nelson) 박사가 편집하여 『한국교회 성장폭발』(*Korean Church Growth EXPLOsion*)이라는 영문 저서를 출판하였다. 이 저서에서, 김준곤 목사는 EXPLO'74를 비롯하여 민족복음화운동에 대해 영문 논문으로 자세히 작성하여 세계교회에 알리는 데에도 적극적이었다. 그의 논문은 여러 논문들 중에서도 가장 대표적인 논문이었고, 이 책은 한국교회의 획기적인 성장의 과정과 방법, 특징들을 밝혀 세계 여러 나라의 교회들의 목회자들과 평신도들이 자신들의 상황에 적합하게 적용케 하기 위한 목적으로 출판되었다. 1980년대 초반에 이르게 되면 한국 내의 기독교인들의 비율이 약 20%에 이르고 있었으며, 특히 18세부터 24세까지의 청년들의 비율은 30%에 이르렀다는 것은 그만큼 1970년대의 다양한 전도대회와 복음화운동을 통한 전도의 결과가 아닐 수 없었다.[42]

---

41 박용규, "대중전도운동과 민족복음화운동 1970-1980," 「역사신학논총」 30 (2017): 47.

42 Joon-Gon Kim, "Korea's Total Evangelization Movement," in *Korean Church Growth EXPLOsion* 한국교회 성장폭발: *Centennial of the Protestant Church(1884-1984)*, edited by Bong-Rin Ro and Marlin

이러한 사실은 1970년대의 민족복음화운동과 전도운동은 한국 선교역사에서뿐 아니라, 세계 선교역사에서도 주목받는 대상이 되었음을 강력하게 반증하고 있으며, 그러한 배후에는 김준곤 목사를 비롯한 수많은 지도자들이 협력하여 진행한 EXPLO'74의 영향이 가장 지대했음을 잘 보여주고 있다. EXPLO'74 대회는 이전의 전도대회의 결과를 흡수하여 이후의 1977년 민족복음화대성회와 1980년 세계복음화대성회의 기반이 되었고, 한국교회의 성장과 세계선교의 동력을 제공했다. 그 결과 한국교회는 평양대부흥운동 이후 또한 차례 놀라운 교회부흥과 획기적인 교회성장을 맞이하였다. 이와 같은 획기적인 성장은 빌리 그래함 전도대회나 EXPLO'74 대회가 민족복음화라는 기치를 내걸고 복음전도에 초점을 맞추어 모든 행사가 진행되었기 때문이었다. 김준곤 목사는 전도 없는 부흥은 존재할 수 없다는 분명한 철학을 가지고 있었으며, 이 대회가 폭발적인 교회 성장으로 이어진 것은 단순히 집회로만 끝나지 않고 전도 요원들에게 철저한 전도훈련을 실시하고 또한 적극적으로 그리고 지속적으로 전도를 실천할 수 있도록 인도한 결과였다.

EXPLO'74 전도대회 후에 1년간 1,000 교회 주보를 모아 분석한 결과 대회 이전까지는 연평균 7-8% 성장했던 교회들이 대회 후에는 출석수가 33%로 증가했고 헌금도 64% 증가했다는 분석이 나왔

L. Nelson (Seoul: Publishers Word of Life Press and Asia Theological Association, 1983), 17-50. Cf. Bong-Rin Ro and Marlin L. Nelson, "Preface," 3-4.

다. 교회도 하루에 6개씩 생겨났고, 전도의 열풍이 교회의 급성장으로 이어졌음을 확인할 수 있다. 또한 1970년대부터 80년 중반까지 한국의 경제도 급성장하여 비슷한 시기에 교회의 영적 부흥과 국가의 경제적 부흥이 함께 이루어졌는데 상관성이 있는지는 고려해 볼 필요가 있다.

4.3. 김준곤 목사의 한국교회 결집과 민족복음화운동 및 세계선교운동의 저변확대

김의환 박사에 의하면, 박형용 박사가 "신학교육에 가장 [큰] 교회사적 업적"을 남겼다면, 김준곤 목사는 "지성 복음화 및 민족복음화에 가장 큰 교회사적 업적"을 남겼다고 평가한 바 있다.[43] 김준곤의 영향력은 수많은 대학생들에게 민족복음화에 대한 확고한 비전과 예수 그리스도의 복음의 유일성에 대한 열정적 신앙을 품게 하였다.[44] 그리고 한국 CCC의 중심된 구호가 된 "민족의 가슴마다 피 묻은 그리스도를 심어 이 땅에 푸르고 푸른 그리스도의 계절이 오게 하자"는 구호를 그들의 마음에 새기며 국가적 구원관을 형성케 하였다.[45] 그런 면에서, 김준곤 목사야말로 한국의 지성인에게, 특히 대학생들에게 지난 50년 동안 한국 캠퍼스와 복음주의에 가장 큰 영향

---

43 김의환, "내가 만난 김준곤 목사," 김준곤 목사 제자들 엮음, 『나와 김준곤 목사 그리고 CCC』(서울: 순출판사, 2005), 361.

44 백종구, "한국대학생선교회의 민족복음화운동: 신학과 실천(1960–1980년대)," 『성경과 신학』 64(2012): 191–218.

45 김준곤 목사 제자들 엮음, 『나와 김준곤 목사 그리고 CCC』, 177.

을 끼친 설교가요 기독교 사상가라는 점은 결코 과언이 아니다.[46]

김준곤은 EXPLO'74 전도대회를 교회사적으로 성령의 제3폭발이라고 표현한 바가 있는데, 제1폭발은 오순절 성령강림 사건(행 2장)이고, 제2폭발은 종교개혁(Reformation)이라고 했다. 빌리 그래함도 EXPLO'74가 열리기 직전에 이 대회를 가리켜 한국교회의 "정신혁명의 큰 횃불," "기독교 역사상 획기적인 성회이며 아시아와 세계복음화를 위한 총진군의 시발점"이 될 것이라고 언급하였다. 그리고 한경직도 이 대회를 통해 "한국과 아시아와 전 세계에 큰 빛"을 던지는 사건이 되리라는 전망도 피력하였다. 실로 EXPLO'74는 산발적으로 일어났던 한국 민족복음화 운동을 결집하여 한국교회가 연합하여 본격적으로 세계선교운동으로 나아가는 결정적인 계기가 되었다. 이 대회는 민족복음화운동에 있어서 핵심전략이 되었고 한국교회와 사회에도 매우 긍정적인 영향을 미쳤으며, 캠퍼스복음화운동이 더욱 가속되었고, 민족의 입체적 구원, 즉 교회의 사회적 책임에 대해 복음주의적 관심을 증대하는 계기를 마련하게 되었다. 또한 민족복음화운동의 핵심역할을 하게 된 EXPLO'74대회를 평가하면서 김준곤은 세계복음화운동의 꿈을 가지고 도전하면서 춘천성시화운동, 80세계복음화대성회, '84세계교회기도대성회, 뉴라이프2000마닐라대회 등을 주도해나가면서 한국교회의 선교운동을 보다 강력하

---

46 김준곤 목사 제자들 엮음, 『나와 김준곤 목사 그리고 CCC』, 193.

게 확산시켜 나갈 수 있었다고 언급했다.[47]

이와 함께, EXPLO'74에 대한 비판적인 신학적 평가는 진보적 신학자들을 통해 제기되었다. 먼저 안병무 박사는 이 대회가 가장 많이 강조하는 대전제가 성령인데 현대사회가 사용하는 대중의 동원방법 전략을 사용하는 것과 어떻게 연결되며, 매스콤을 통한 홍보와 성령에 절대의존한다는 것과 어떻게 연결되느냐고 지적한 바 있다. 또한 기독교에서 말하는 죄와 구원 등의 개념들이 현대문화와 상황 속에 사는 청중들의 마음속에 얼마나 구체적으로 인식되고 수용되었는지에 대해서도 의문을 제기하였다. 그리고 개인 영혼 구원에만 초점을 두고 사회구원에 대해서는 소홀히 하지 않았는지 비판하였다.[48] 이러한 비판에 대하여 김준곤 목사는 폭발이나 혁명이라는 단어는 이미 미국에서 예수 혁명이니 영적 혁명이니 하며 1960년대후반부터 매스콤을 통해 확산된 용어이고 이것을 빌려다 사용했다고 언급했다. 그리고 혁명에는 내적인 인간적인 혁명도 있고 사회혁명도 있지만 우리는 "인간혁명을 통해 사회혁명이 가능"하다는 것을 한국에서 학생운동을 해본 경험을 토대로 했음을 밝혔다. 그리고 웨일즈의 부흥운동에서 예를 찾아 볼 수 있듯이, 부흥운동을 통해 도덕적이고 사회적 변화가 수반되는 것이며, 토착화에 대한 용어에 대해서도 "개인적으로는 토착화는 그리스도에게 뿌리를 박을뿐더러

---

47 정경호, "유성 김준곤 목사의 신학세계로 본 한국교회의 세계선교운동," 「김준곤 목사 선양 학술 심포지엄 자료집」(2022, 8, 29), 157–167.

48 정진홍 · 김준곤 · 안병무 · 김의환, "EXPLO'74를 말한다," 84–85.

문화 속에도 뿌리를 내려야 한다"는 자신의 견해를 밝히며, "복음이
인간의 마음에 영접되고 이해되고 그리스도와 인격적인 관계가 성
립된다면 그것이 곧 토착화의 방법"이라고 했다.[49]

5. 닫는 말

1970년대의 시대적 상황과 김준곤 목사의 민족복음화에 대한 갈
망, 그리고 미국에서 일어났던 EXPLO '72와 1973년의 빌리 그래함
전도대회 등이 연계되어 일어났던 사건이 바로 EXPLO'74 대회라고
할 수 있다. 이 대회의 주제는 "예수 혁명, 제3의 폭발"이었다. 그가
소개한 이 대회의 취지문을 읽어보면, 인간성의 부패와 문화의 파국
을 절감하면서 "인류는 시한폭탄 같은 파국적 종말을 향해 줄달음치
고 있다"고 절규한다. 과연 이러한 상황에서 인류에게 남아 있는 단
하나의 최후의 운동, 최후의 이데올로기, 최후의 혁명은 영의 혁명,
즉 예수 혁명밖에 없다고 단언한다. 이러한 그의 절박한 시대 인식
은 민족복음화운동을 더욱 집약화, 조직화, 그리고 동력화하는 계기
를 만들고자 EXPLO'74 대회를 기획하고 준비하며 진행해 나갔다.
김준곤은 언제나 예수 그리스도의 복음을 "피 묻은 복음"으로 강조
하였다. "그것은 예수 그리스도의 피 흘림의 희생으로 우리가 복음을
받았으며, 그 복음을 위해 피 흘리는 정신으로 살아야 하며, 그 복음

---

49 정진홍 · 김준곤 · 안병무 · 김의환, "EXPLO'74를 말한다," 86.

을 전하기 위해서는 피 흘리는 희생이 있어야 함"을 외치며 평생을 살아갔다.[50] 그는 "살아있는 순교자"의 한 사람으로 순교적인 각오와 자세로 민족복음화운동에 매진해 왔으며, 오늘날 한국교회가 피 묻은 복음을 전하지 아니하고, 값싼 복음을 전한다면 교회가 세상의 빛과 소금이 되지 못하고 값싼 그리스도인이 양산되고, 교회가 부패하고 타락할 것이라고 경고했던 시대적 선지자의 역할도 잘 감당하였다.

현재 한국교회가 당면하고 있는 여러 가지 위기들을 극복할 수 있는 길은, 그가 그토록 외쳤던 순수한 복음, 즉 그리스도의 피 묻은 복음을 증거하고 그리스도인의 가슴마다 피 묻은 복음이 심겨져 그 정신으로 삶을 살아가는 것임을 몸소 가르쳐 주었다. 이 길만이 살아 있는 그리스도를 만나는 일이요, 침체되고 성장이 둔화되는 오늘날의 한국교회에 새로운 부흥의 길임을 그는 민족복음화운동을 통해 우리에게 각인시켜 주었다. 김준곤 목사는 "민족복음화를 위해 하나님이 보내신 전도자요," 또한 한 교회의 목사가 아니요, 어느 교파에 속한 교단의 목사가 아닌 "오직 민족의 목사요, 한국교회의 목회자요, 이 역사를 살려내기 위해 세우신 예수님의 사도"였다.[51] 그는 예수 그리스도의 이름으로, 그리고 성령의 능력으로 지역감정을 초월한 진정한 신자였으며, 개교회주의와 교권주의를 극복하며 민족복음화를 위해 부단히 노력한 한국교회의 지도자이자 "목회자들

---

50 김준곤 목사 제자들 엮음, 『나와 김준곤 목사 그리고 CCC』, 423.
51 김준곤 목사 제자들 엮음, 『나와 김준곤 목사 그리고 CCC』, 427.

의 목회자"였다.[52]

　김준곤 목사의 생애와 사역은 민족복음화운동을 위한 일관된 헌신으로 이루어져 왔다. 그는 누구보다도 한국교회의 복음주의적인 선교정신을 지난 반(半)세기 동안 가장 잘 계승해 왔으며, 또한 초기 한국교회의 복음주의적 신학전통을 가장 잘 구현하고 적용한 인물이다.[53] 초기의 귀한 신앙적인 특성과 전통을 해방과 6. 25전쟁 이후에도 한국교회와 사회에 효과적으로 실현하기 위해 혼신의 힘을 다한 구국적 교회 지도자였다. 초기의 선교사들과 한국교회 지도자들이 참여한 개화와 민족운동, 복음전도를 강조하며 부흥을 이루어 나가면서도 사회 참여를 통해 한국사회에 지대한 공헌을 했던 아름다운 유산들을 김준곤은 그의 민족복음화운동에 담아 새로운 시대와 상황에 적용하기 위해 자신의 삶을 드린 것이다. 그런 면에서, 김준곤 목사의 민족복음화운동은 하나님께서 우리에게 주신 문화명령(창 1:28)과 선교 · 전도대사명(마 24:18-20)을 한국교회사 속에서 가장 잘 구현한 운동 중의 하나이며, EXPLO'74는 그러한 좋은 역사적 실례라고 할 수 있다.

---

52 김준곤 목사 제자들 엮음, 『나와 김준곤 목사 그리고 CCC』, 472.
53 김준곤 목사 제자들 엮음, 『나와 김준곤 목사 그리고 CCC』, 448-449, 475.

참고문헌

김준곤. 『CCC와 민족복음화운동』. 서울: 순출판사, 2005.

김준곤. 『순론노트』. 서울: 순출판사, 2004.

김준곤 목사 제자들 엮음. 『나와 김준곤 목사 그리고 CCC』. 서울: 순(筍)출판사, 2005.

박명수. "민족복음화운동과 한국교회, 1965-1974." 「성결교회와 신학」 34 (2015): 118-146.

박응규. "유성(遊星) 김준곤 목사의 민족복음화운동과 역사 · 신학적 의미," 「ACTS 신학저널」 42 (2019): 9-52.

박용규. "대중전도운동과 민족복음화운동 1970-1980." 「역사신학논총」 30 (2017): 8-56.

백종구. "한국대학생선교회의 민족복음화운동: 신학과 실천(1960-1980년대)." 「성경과 신학」 64 (2012): 191-218.

이상규. "한국교회사에서 본 김준곤 목사," (故 김준곤 목사 10주기 기념 학술발표회 논문집, 2019. 9. 28).

이상규 외. 『한경직 목사와 한국교회』. 서울: 대한기독교서회, 2015.

이영관. "미국 신문을 통해 본 1970년대 한국- Los Angeles Times와 New York Times를 중심으로." 「韓國思想과 文化」 71 (2014): 141-166.

웨커, 그랜트. 『빌리 그래함: 한 영혼을 위한 발걸음』. 서동준 옮김. 서울: 선한 청지기, 2021.

세계성시화운동본부, 「김준곤 목사 선양 학술심포지엄 자료집」. 서울: 세계성시화운동본부, 2022.

전석재, "CCC가 한국교회 성장에 미친 영향에 대한 연구," 「선교신학」 27(2011): 313-336.

하드먼, 키드. 『부흥의 계절: 미국의 전도와 부흥운동 역사』. 박응규 옮김. 서울: CLC, 2006.

정진홍 · 김준곤 · 안병무 · 김의환. "EXPLO'74를 말한다." 「기독교사상」 197 (1974, 10): 83-84.

한국기독교역사학회 편. 『한국 기독교의 역사 III』. 서울: 한국기독교역사연구소, 2009.

Kim, Joon-Gon. "Korea's Total Evangelization Movement." in *Korean Church Growth EXPLOsion* 한국교회 성장폭발: *Centennial of the Protestant Church(1884-1984)*. Edited by Bong-Rin Ro and Marlin L. Nelson (Seoul: Publishers Word of Life Press and Asia Theological Association, 1983), 17-50.

Pollock, John. *To All Nations: The Billy Graham Story*. San Francisco: Harper and Row, 1985.

Turner, John G. *Bill Bright & Campus Crusade for Christ: The Renewal of Evangelicalism in Postwar America*. Chapel Hill: The University of North Carolina Press, 2008.

EXPLO'74의 세계선교에의 동력

조귀삼 *

1. 들어가는 말

유성¹은 EXPLO'74의 개회사를 통해서 "주님의 지상명령을 쫓아 천하 만민에게 복음을 전하는 일과 그 복음을 전할 보다 많은 사람을 보다 효과적으로, 보다 전략적으로, 보다 집중적으로 훈련 시키기 위함"이고, EXPLO'74를 후대의 역사가 들이 "한국은 예수 혁명, 성령의 혁명을 일으켰다. 한강변의 기적은 예수의 기적이다. 그들은 민족의 가슴마다 그리스도를 심어 성령의 계절이 그 땅에 왔다"² 라고 평가할 것이라는 말을 남겼다.

EXPLO'74는 민족복음화의 방향을 설정하고 실행해 나가는데 분수령과 같은 전환점의 사역이었다. 이는 다른 말로 표현하면 역사적 사건이었다. 역사는 공시성과 통시성을 통해서 목적을 이루는 함의점이 내재되어 있다. 그리고 그 중심축을 이루고 있는 한 사람이 있다 그가 바로 유성 김준곤 목사 이다.

---

* IESUS 부총장

1 유성(流星)은 김준곤 목사님의 아호(雅號) 이다. 따라서 이 글에서 유성이라고 기술된 것은 김준곤 목사님을 가리킨다.

2 김준곤, "EXPLO'74" 『김준곤 문설집 1: 민족의 예수 혁명론』, (수원: 순출판사, 1984), 433~436.

필자는 몇 년전 "한국 CCC의 민족복음화운동 전략"[3]을 기술 하였다. 이 글은 CCC의 민족복음화 운동이 한국교회에 미친 영향에 대한 글이라면 이번에 새롭게 연구될 글은 CCC를 통해서 진행된 EXPLO'74가 가진 세계선교의 동력에 대해서 살펴볼 것이다. 유성이 기도했던 민족복음화의 열망은 성취되었다고 말할 수 있겠다. 기독교는 국내 최대의 종교가 되었고, 성령을 강조한 여의도순복음교회는 세계최대의 교회가 되었고, 선교 파송은 세계 2위의 국가가 되었다. 한강의 기적은 산업화를 통한 세계 제 10위의 경제 대국이 되었다.

한국 CCC 시작은 유성과 국제 CCC 총재인 브라잇과의 만남을 통해서 시작되었다. 그리고 국제 CCC의 최초 해외 지국이 되었다.[4] 1958년 유성에 의해서 학원복음화를 목적으로 시작된 한국 CCC는 초장기의 학원사역의 틀을 벗고 1970년대에 접어들면서 EXPLO'74를 통해서 "민족복음화"운동을, 1990년 New Life 2000 Manila 이후에는 "세계선교 운동"으로 사역을 확산시켜 나갔다. 이를 선교 구조적으로 원심력적 선교라고 말할 수 있다.

---

3 조귀삼, "한국 CCC의 민족복음화운동 전략 연구" 『성경과 신학』 (2005):218~252.
4 Bill Bright, *Come Help Change the World* (Old Tappan, New Jersey: Fleming H. Revell Company, 1970), 162 see also Ki Tae Song, "Seulpeun Jeonseoleui Saseum, Yeongwonhan Daehaksaeng, "Bitkwa Sokeum 37 (April 1988): 19 (hereinafter referred to as "Seulpeun Jeonseolui Saseum, Youngwonhan Daehaksang"), Jeong, "Kukei Bonbu Sayeok, Geu Jinwongwa Yeonsay Buheung," 9: Gang Hee Ahn, "Hankook CCC Undongkwa Bizyeon(I), "CCC Pyeonji 154 (October 1987): 18 (Hereinafter referred to as "Hankook CCC undongkwa Bizyon(I), quoted in Seok Hwan Kim "*The Present Theology of Mission of Kora Campus Crusade for Christ*", ST.D Dissertation, Asia Baptist Graduate Theological Seminary, 1991, 11.

유성의 선교구조 가운데 나타난 중요한 용어가 있다. 그것은 "오늘의 학원 복음화는 내일의 민족복음화, 오늘의 민족복음화는 내일의 세계복음화!" 였다. 이와 같은 주장의 원심력적 선교는 CCC 의 선교전략을 통해 순환적이고, 통합적이고, 연속성의 요소들을 지니고 사역 되어졌다. 그리고 오늘도 캠퍼스와 민족복음화 현장 그리고 세계복음화 사역 속에서 역동성을 지닌채 행해지고 있다.

따라서 필자는 성경을 통해서 실증 되어진 원심력적 선교구조의 틀을 통해서 유성의 사역인 EXPLO'74의 민족복음화 운동을 중심축으로 하여 세계선교의 동력을 기술하고자 한다.

2. EXPLO'74의 선포적 선교와 민족복음화 운동

민족복음화 운동은 모판인 캠퍼스에서 배양된 이삭을 복음의 터에 확산시키는 것과 같은 원리이다. 1970년 12월 31일 밤 기독교방송(CBS)을 통해 민족복음화운동을 선언하고 "민족의 가슴마다 피묻은 그리스도를 심어 이땅에 푸르고 푸른 그리스도의 계절이 오게 하자"는 슬로건을 내세우면서 선포적 선교(proclamation mission)를 통한 민족복음화운동에 전력했다.

2.1. EXPLO'74의 준비과정의 다양한 집회와 모임들

EXPLO'74의 민족복음화 운동 이전에도 다양한 집회들이 있었다. 예를 들면 의대학생 수련회는 1964년 7원 25일에서 6박7일의 일정으로 경기도 입석 수양관에서 658명이 참석한 가운데 진행되었다.[5] 그 다음해인 1965년은 각 지구 별로 혹은 도 별로 분산 개최되었다.[6] 1967년 수련회는 7월 31일부터 8월 5일까지 5박 6일 동안 "어둠에서 빛을 발하라!"라는 주제로 전국에서 온대학생 3백 명이 모였다. 이 대회의 특징은 수련회를 마치고 복음과 함께 의료봉사, 농촌봉사 등 봉사활동에도 주력을 하게 되었다.[7] 1968년은 지구 별 혹은 지방 별로 분산 개최되었다.[8] 이러한 신앙 수련회를 통해서 유성은

---

5 이 집회에는 남녀 대학생 구도자와 기신자 삼사백 명이 각자 백미 여섯 되와 부식비 삼백 원씩 지참하고 담요가 들어있는 큰 보따리들을 메고 참가했다. 강사는 미국 Drew Princeton Union 신학교에서 공부하고 Drew New York Stanford 대학에서 강의한 당시 서울대학교 대학원 종교학과 주임교수인 신 사훈 박사가 로마서를 강의 하였고, 일본인 철학 박사 Aoki Hideo 박사는 근대를 극복하는 힘, 불안의 극복, 위기의식의 극복, 현대정신 상황과 복음의 위력, 기독교와 실존주의 등을 강의했으며, CCC 대표인 김준곤 목사는 기독교 사상, 요한복음을 강해하였다. 그 밖에도 다수의 전임 간사들에 의해 열 단계 성경 공부가 설강되었다. 그리고 사영리 시험을 치러서 지도자로 키우기도 했다. 유정희, "해를 거듭한 우리들의 수련회" 『CCC 편지』 1987년 6월호, 11.
6 서울은 입석 수양 관에서 5박 6일 간, 대전, 전주지구는 공주갑사, 광주지구는 무등산 기도원, 부산, 대구지구는 대구 주암산에서 각각 수련회를 가졌다. 대부분의 경우 아침 일찍 잠을 깨우는 순회 성가대의 찬양 소리에 일어나 주님과 나만의 시간을 갖고 그룹별기도회 시간을 갖는다. 언제든지 기도회 시간이면 각자 데리고 온 친구들이 주님을 영접하게 해 주시라고 부르짖으며 기도한다. 여기저기서 친구들이 영접의 결단을 내렸다고 기뻐하며 감격해 하고 기도하며 찬송과 감사를 드린다. 강의 시간에는 옆자리에 앉아 성경을 찾아 주기도 하며 도움말을 주기도 한다. 그의 손을 붙잡고 영접할 것을 애타게 권하기도 한다. 서로가 서로를 위하여 뒤엉켜 눈물로 기도하며 큰 소시로 간구한다. 시작도 끝도 없는 회개와 간증 그리고 말씀의 시간들이었다. 유정희, "해를 거듭한 우리들의 수련회" 『CCC 편지』 1987년 6월호, 11.
7 이 수련회의 강사는 일본 수도 신학교 교수이신 이 기준 박사와 차 남진 박사(중앙위원장) 원 남중 목사(본회 대표 서리)의 강의가 있었다. 유정희, "해를 거듭한 우리들의 수련회" 『CCC 편지』 1987년 6월호, 11.
8 서울, 충청(대전, 청주, 공주)지방은 대전 대학(혁 한남대학) 캠퍼스에서 김준곤, Nils Becker, 김 성진, 윤 두혁, 윤 남중 목사의 강의와 Aoki Hideo 박사의 특강이 있었다. 또 한 부산, 대구지구는 이 근삼 박사를 강사로 부산 고려신대에서, 그리고 전주지구는 최 석홍, 임 창희 목사, 박주황 교수를 강사로 전북대 기숙사에서, 광주지구는 김준곤, 변 한규 목사를 강사로 무등 기도원에서 가졌다. 유정희, "해를 거듭한 우리들의 수련회" 『CCC 편지』 1987년 6월호, 11.

민족복음화 운동을 위한 기반 조성을 했다.

　최초의 대형집회는 1971년 8월 2일부터 6일까지 대전 충무체육관에서 전국에서 모인 12,000명의 청·장년, 대학생, 일반성도들, 교회의 목회자를 포함한 지도급 인사들을 참가시킨 가운데 대규모의 전도요원훈련(Leadership Training Institute) 집회를 실시하였다. 이 집회에 참가한 목사 및 전도사는 426명이며, 훈련받은 총 수는 10,653명, 전도에 투입된 사람이 9,162명, 전도하여 예수님을 영접한 삶의 숫자는 15,352명이었다.[9] 대전의 집회 이후에 전도요원훈련프로그램은 전국적으로 확산되었다.

　계속해서 1972년 7월 31일부터 8월 4일 까지 춘천성시화운동을 진행하였다. 강원체육관에서 민족복음화의 비젼과 주님의 전도전략과 훈련 및 강의가 있었다.[10] 이 춘천성시화대회는 민족복음화 운동의 한 모델이 되었다. 이 대회 이후에 이어서 1972년 12월부터 1973년 2월까지 10회에 걸쳐 서울 CCC 중앙회관에서 평신도, 교역자, 부녀자들을 민족복음화 요원으로 훈련시켰다.

　직장에서는 직장복음화 운동이 일어났다. 직장복음화 가운데 간과할 수 없는 운동이 교사 복음화 운동이다. 1972년에는 전국의 5,000여명의 교사들을 훈련시키자는 계획아래 1971년 12월 27일부

---

9 Official Report of the Leadership Training Institute for the Evangelization of the Nation of Korea Held in Taejon, Aughst 2-6, 1971.

10 춘천대회는 5,000명이 등록하고 8,000명이 대집회에 참석하였다. 이 대회에 기간 중 8월 3일을 춘천시 복은전도의 날로 선포하고 참가자 모두가 "사영리"를 통한 개인 전도를 하였다. 한국대학생선교회 「CCC 편지」 1972년 9월호, 3.

터 1972년 2월15일까지 12차례에 걸쳐서 민족복음화훈련을 실시하였다. 이 집회를 통해서 2,000여명을 일차적으로 훈련시켜나갔다." 또한 경제인, 체육인, 과학자들의 성경공부 모임이 직장들 속에서 만들어졌다. 오늘날 대학의 크리스챤 과학부 교수들로 구성된 "창조과학회"도 한국 CCC의 정동회관에서 한동대 전총장으로 사역하였던 고 김영길 박사가 주축이 되어 시작되었다.

2.2. EXPLO'74를 위한 민족복음화 요원 훈련

유성은 민족복음화요원들을 훈련 시키기 위해서 지역별로 순회하면서 강의를 하였다. 필자는 전남 광주에서 유성이 직접 분필을 들고 흑판 위에 판서를 하면서 민족복음화의 필요성과 요원들을 훈련 시킨 것을 보았다. 이와 같은 유성의 사역은 교회 교육에 있어서도 중요한 이벤트가 되었다. 당시 교회에서의 교육은 설교가 전부인 때에 녹색의 "민족복음화 요원훈련"이란 교재는 신선한 충격의 강의라고 볼 수 있다.

유성의 민족복음화요원 훈련은 정동회관에서도 이어졌다. 당시에는 완성되지도 않는 건물 이었지만 숙소를 만들어 합숙하면서 집회와 강의가 진행 되었다. 전국에서 선발된 민족복음화 교육 훈련생들에게 교통비를 지급하기도 하였다. 한국 CCC의 민족복음화 운동의 과정에서 전도요원 훈련의 전략을 사용하였다. 먼저는 민족복음

---

11 한국대학생선교회, "본궤도에 오른 복음화" 『CCC 편지』 1972년 2월호, 2.

화 요원들을 면단위 별로 확보하고, 소집하여 훈련을 시켰다. 그리고 그들 면단위의 요원 밑에 3,4명 정도의 보조자가 마을을 책임짐과 아울러 3개월 이내에 동단위의 책임자를 만든다. 각 동 단위별로는 2명 정도가 먼저 시작하여 12명 단위의 순을 만들어 대학생선교회 발행의 교재를 사용하여 사랑방 속에서 성서화 운동을 전개하였다.

민족복음화 요원훈련은 결코 단회적인 이벤트가 아닌 지속적인 운동이었다. 이 운동을 "사랑방성서학교운동"이라고 불렀다. 이 운동은 복음의 터를 닦는 운동, 혹은 복음전도의 예비작업(Pre evangelism)이라고 볼 수 있다. 즉 교회 이전에 복음의 씨를 심는 씨알 심기 운동(Pre Church)이다.[12] 이 운동을 지속시켜주는 연결고리가 '사랑방 성서학교 운동'교재[13]였다. 한국 CCC는 민족복음화 운동의 초창기에 요원으로 참여하여 훈련받은 사람들에게는 숙식비 일체를 제공 하였다.

한국 CCC가 사랑방성서운동을 전개하게 된 것은 '사랑방'이라는 민족고유의 사랑방을 성서학교로 만들자는 아이디어에 의해서 시

<hr>

12 "사랑방 성서학교운동 면단위지도요원 훈련 강습회 초청"브르서. 1976년 2월 23일(월) – 27일(금) 4박 5일 동안 있을 초청브르서, 1975년 12월.

13 이 운동은 첫째로, "민족복음화 운동 면단위 책임요원"을 훈련시키는데에 목표를 두었다. 둘째, 민족복음화 요원들이 알아두어야 할 사항들을 12가지로 설명하고 있는데 그 가운데 "... 사랑방 성서학교 요원은 민족적, 역사적, 차원으로 점차 전개될 민족복음화 운동의 면단위 책임요원이다."라고 기록되어 있다. 셋째, 교회와의 관계이다. "우리는 교회운동이 아니며, 교육중심의 기독화운동으로서 교회를 받들며 성직자를 도우며 순종하고 교회를 부흥시키는데 협조하며 교회와 더불어 일한다는 사실을 교회의 지도자들에게 설명해 주고 요원들은 결코 교회가 상처를 입은 언동을 해서는 안된다. 김준곤, 『사랑방성서학교운동』 (서울: 한국대학생선교회, 1972), 2~3.

작된 것이다. 훈련된 요원들이 59,000여 자연부락에 십자군처럼 적극적으로 활동하기를 열망했다. 즉 공산당의 선전원, 창가학회, 신흥종교의 포교원보다도 더 많이 힘쓰는 전도꾼을 주창했다. 사랑방운동은 그 목표에서 "민족복음화운동은, 첫째로 개인의 심령이 변화를 받게 하는 일을 본질적 사명으로 삼으며 나아가서 민족생활과 역사 전폭을 기독화 시키고자 하는 궁극적인 목표"[14]를 추구하였다.

이 운동은 1973년에 전국에서 모인 14,000여명에게 1차적인 훈련[15]을 실시하였다. 한국 CCC 의 특징적인 것은 이러한 운동이 연속성을 가지고 지속적으로 추진된다는 것이다. 김준곤 목사는 "사랑방성서학교운동은 비정치적[16]이며, 자비량 선교방법인 네비우스 선교의 정책[17]을 따르고 있다"고 말했다. 민족복음화 운동 초창기의 한국 CCC의 대형 집회는 모두 민족복음화 요원들을 훈련시키는 집회라 해도 과언이 아니었다.

2.3. EXPLO'74 집회를 통한 민족복음화 자원의 확보

EXPLO'74는 민족복음화를 위한 대규모 집회였다.[18] 그리고 이 대

---

14 김준곤, 『사랑방성서학교운동』 2.
15 "사랑방 성서학교운동 면단위 지도요원 훈련 강습회 초청의 건" 1975년 12월 브발셔
16 이 운동은 간접적 방법을 통한 신앙운동이지 정치운동이 아니므로 정치적 발언을 잘못하여 당국의 오해를 사는 일이 없도록 주의 하라. 김준곤, 『사랑방성서학교운동』 4.
17 이 운동을 하면 미국에서 원조가 온다던지, 많은 혜택이 있다 던지 하는 식의 인식은 민족 거지화를 초래하므로 본 운동의 이미지를 심을 때에 자립적, 자치적, 자조적 운동을 일으키는데 대학생 선교회가 후원 지도한다고 설명하라. 『사랑방성서학교운동』 4.
18 집회의 목표는 '민족복음화를 위한 제자화 훈련을 목표'로 하고 있다. 30만명을 5박5일 동안 합숙훈련을 시켜서 훈련을 시키되 낮에는 200여개의 세미나를 개최하고, 저녁에는 대형집회로하여

회를 통해서 유성이 꿈꾸던 민족복음화 자원을 얻었다. 이는 CCC 사역의 효용성을 사회는 물론 종교계에 영향을 주었다. 그리고 기독교회사 속에서 교회와 성도들에게 민족복음화 운동을 깊이 각인시키는 분기점이 되었다. EXPLO'74는 2년 전 미국에서 있었던 EXPLO 72에서 국제 CCC의 의결에 따라서 한국에서 유치하게 되었다. 이 대회는 한번 모여서 말씀을 듣고 흩어지는 것이 아닌 35만 명 이상이 1주일 동안 합숙전도훈련을 받았으며, 저녁 집회를 통해서는 참가자 모두에게 영적 부흥을 경험하게 하는 대회였다. 당시 필자도 순장으로 참여하여 서울의 아현 초등학교에서 합숙을 하면서 구례제일교회에서 온 평신도들을 훈련시켰다. 당시 실시된 CCC의 훈련은 '전달가능한 기법'[9]을 사용한다. 그렇게 함으로서 복음증거가 한사람이 아닌 다중 전도자에 의해서 지상명령 성취를 앞당길 수 있다고 보았다. 이는 다른 말로 적극전도법 이라고 부르기도 한다. 적극전도법(aggressive evangelism)은 EXPLO '74를 통해서 제자화 훈련을 통해서 실증되었다. Plowman은 말하기를 "30만명의 등록자는 당시 한국 그리스도인의 10%이다. 이 훈련생을 통하여 성도들의 효과적인 믿음생활과. 제자화, 그리고 개인전도 훈련을 시킬 수 있다"

5.16광장(현재 여의도 광장)에 함께 모여 연합집회를 하였다. 이 집회를 통해서 323,400명이 등록하여 1주동일 동안 훈련을 받았다. Joon Gon Kim, *"Stage Set for Awakening,"* World-Wide Impact, September 1974,.8. Seok Hwan Kim , *The Availability of and Demand for Korean Short-Term Cross-cultural Selfsupporting Missionaries Within Campus Christ for Christ,* International School of Theology─Asia, 1984, 25.

19 Bill, Bright, *Come Help Change the World,* 55─56.

"12,000여 교회의 10,000여명의 목회자 가운데 6,000명이 참석하여 여의도순복음교회에서 훈련을 받았다"[20]라고 말하고 있다. 이 훈련은 즉각적인 반응과 함께 자신의 가족과 이웃, 사회 관계자, 그리고 마을을 다니며 증거 하는 훈련이었다.

EXPLO'74는 민족복음화의 기폭제가 됨과 아울러 세계선교를 위한 초석으로 자리 잡았다. 당시 국제 CCC의 대표였던 빌 브라잇은 엑스폴로 74와 관련한 새로운 기록 24가지 중에서 몇 가지를 다음과 같이 기록하고 있다.

첫째, 일주일 동안 전도와 제자 훈련을 위한 그리스도인의 최대의 합숙훈련 이었다. 즉 78개국에서 323,419명의 등록자가 훈련에 참가하였다. 둘째는, 하루저녁의 짧은 집회 기간동안에 최대의 결신자가 생겼다. 세 번째, 교회사상 최대의 철야기도집회였다. 철야기도는 6일 동안 저녁때에 열렸는데 매일 밤 100만명의 기도자들이 운집하여 기도하였다. 넷째, 사상 최대의 개인전도 실천이 이루어졌다. 하루 오후에 420만명 이상에게 복음을 전하여 274만명이 결신하였다. 다섯째, 한 번에 사상최대의 그리스도인들이 성령충만을 받다. 150만여명의 참가자들 가운데에서 70%이상이 성령충만을 확신하였다. 여섯째, 한 번에 사상 최대의 그리스도인들이 지상명령성취를 위해서 그들의 삶을 헌신하였다. 마지막 집회의 모임 65만명 중에서

---

20 Edward E. Plowman, "EXPLO '74 'Christianizing' Korea, "Christianity Today 18 (Sep., 1974): 81. Kim, Seok Hwan, p. 74.

90%가 헌신하였다.[21]

EXPLO'74를 진행시키는 과정에 HCCC 공헌이 지대하였다. 당시 고등학생들을 중심으로 결성된 HCCC 회원들은 대회의 진행 과정에 있었던 다양한 일들을 처리하는데 크게 일조를 하였다. 당시 HCCC 간사를 역임한 박영률은 "HCCC 회원들이야말로 EXPLO'74라는 전쟁 상황 속에서 소년 병사의 역할을 톡톡히 담당했던 전사"[22]라고 비유적으로 표현하였다.

EXPLO'74는 한국 CCC의 본래 사역인 학원복음화의 단계를 넘어서 민족복음화에로의 변환하는 전략의 선교를 가져왔음은 물론 복음주의 이상을 한국교계에 널리 확산시키는데 중요한 역할을 하였다. 세계복음주의 운동의 선구자인 빌리 그래함 목사가 이 EXPLO'74를 한국교회의 "정신혁명의 큰 횃불", "기독교 역사상 획기적인 성회이며 아시아와 세계복음화를 위한 총진군의 시발점이 될 것"[23]이라고 평가한 것은 옳은 말이다.

3. EXPLO'74를 통해 실증된 열매들

EXPLO'74를 통한 한국의 사회, 정치, 경제, 문화 그리고 신앙계에는 엄청난 일들이 일어났다. 제 2의 이스라엘과 같은 성민의 국가

---

21 Bill Bright, *Come Help Change the World*,, 128.
22 박영률, 경기도 분당, 지구촌 교회, 2023년 10월 21일.
23 박용규, 『한국교회를 깨운 복음주의 운동』 (서울: 두란노서원, 1998), 118.

를 이룩하는 삶의 현장에서, 교육계는 기독인들의 복음적 가르침을 통해서, 정치적으로는 국가조찬기도회의 현장에서, 실업계는 선교 기업의 육성 현장에서 서서히 새순이 되어 민족과 세계를 덮고 있다. 이제 필자는 EXPLO'74 이후에 나타난 실증적 요소들을 요약하여 기술하고자 한다.

3.1. 성시화운동

한국 CCC는 민족복음화 운동을 전개하는 과정 가운데 EXPLO'74 대성회와 같은 대형 집회와 일년에 두 번씩 모이는 수련회 그리고 지방을 순회하면서 진행된 수많은 성시화 집회들을 통해서 얻어진 자원들을 민족복음화에 동기를 부여했고, 요원들을 훈련시켰으며, 모든 자원을 결집시켰다.[24]

유성이 주창한 성시화운동은 EXPLO'74 이전인 1972년 7월 31일부터 8월 4일까지 진행된 춘천성시화운동을 기획하고 춘천실내체육관에서 춘천기독교연합회 소속 교회들과 전국의 CCC 간사와 학생들이 참석하여 낮에는 전도훈련을 받고 오후에는 춘천시내에서 전도실천을 했다. 그리고 저녁에는 전도집회를 열었다. 성시화운동은 전교회가 전복음을 전시민에게 전하여 행복한 시민, 건강한 가정, 깨끗한 도시를 만드는 운동으로 한국 시도 시군을 비롯해 유럽과 미국, 호주, 일본 등 전 세계 도시에서 한인교회를 중심으로 성시화운

---

24 김안신, 『돈키호테와 산초들』(서울: 순출판사, 2000), 34-48.

동 사역을 전개하고 있다. 이는 기도운동, 전도운동, 사회책임사역을 핵심사역으로 전개하고 있다

성시화운동의 집회는 국내와 국외에서 진행 되고 있다.[25] 최근 한국에서의 성시화운동은 동성애 동성혼 차별금지법 반대운동과 투표참여캠페인, 코로나19 돕기 켐페인 등 사회적 책임을 감당하는 사역으로 전개하고 있다.

이 단체를 이끌고 있는 전용태와 김철영은 정부의 동성결혼의 합법화에 대해서 "국가 사회적으로도 창조질서 도덕질서와 현행 헌법(헌법 제36조 1항 등)에 반하는 동성애 동성결혼을 합법화 하며 남•녀의 성 외에 50여 가지 성을 만들어 국민들로 하여금 자유 선택케 하는 이른바 성혁명(sexual revolution)의 입법화, 행정화, 사법화가 성적지향을 차별금지사유의 하나로 삽입한 국가인권위원회법을 근거로 한창 진행 중에 있다. 목회자가 강단에서 성경대로 설교하는 것이 금지되는 악한 시대로 향하고 있다."라고 비판하고 있다.[26] 이처럼 성시화운동은 사회의 악성을 제거하는 것도 중요한 사역이 되었다. 이와 같은 성시화의 캠페인은 존 칼빈이 소원했던 제네바의 성시 운동과 방

---

25 2010년에는 아산 성시화운동 전도대회를 시작으로 당진, 충남, 경남, 횡성, 대구를 비롯한 전국 시군에서 성시화운동 전도대회를 개최했다. 2009인천국제성시축전, 2010과테말라국제성시화대회, 2011서산국제성시화대회, 2012유럽순회성시화대회, 2013서울국제성시화대회, 2014베를린성시화대회, 2015베를린국제성시화대회, 2016유럽성시화대회, 2017우크라이나국제성시화대회, 2018유럽성시화순회대회, 2019당진국제성시화대회 등 국제대회를 개최했다. http://m.newspower.co.kr/50956 "성시화운동이란?" 2023년 9월 7일.

26 https://www.christiandaily.co.kr/news/117807, "한국 성시화운동 50주년의 의미"(20" 2023년 9월 7일.

향을 같이 하고 있다.

3.2. 나사렛형제들 창시

한국 CCC는 민족복음화 운동의 효과적인 달성을 위해서 "나사렛 형제들"이라는 단체를 결성하였다. 그들을 통해서 민족복음화 요원 들을 훈련시켜서 한국 전체에 소제한 52,000여개의 자연부락의 네 트워킹을 위해서 도, 군, 면, 동 단위의 지도자를 임명하여 직임을 주는 전략을 가졌다.[27] 특히 민족복음화를 위한 복음의 특공대처럼 편성된 나사렛형제들은 삼중헌신과 사대 행동강령을 가지고 실행하 였다. 즉 삼중헌신은 "주님에의 헌신, 민족복음화에의 헌신, 형제들 에의 헌신"이었다 그리고 사대 강령은 "절대 헌신, 절대 순종, 절대 훈련, 절대 행동"이다.[28] 삼중헌신과 사대 강령을 뒷받침할 이론적 토 대는 독특한 구조의 "순론"[29]이다.

나사렛형제들을 통하여 평신도 전도요원들을 활용하였다. 한국

---

27 한국 CCC 편집부, "한국기독화운동 요원 강습회" 『CCC편지』 1970년, 12월, 4. 이 강습회는 지속 적으로 1970년대 발행된 『CCC편지』의 "민족복음화 훈련 요원 강습회"란 이름으로 소식란에 활동 사항들을 소개하고 있다.

28 Joon Gon Kim, "*LTI Manual for Korea Christianization*," 1974, 179. (Printed), quoted in Seok Hwan Kim, "*The Availability of and Demand for Korean Short-Term Cross cultural Self-supporting Missionaries within Campus Crusade for Christ*", M.Div Dissertation, International School of Theology − Asia, 1984, 24.

29 순론은 다음과 같은 내용으로 엮어져 있다. 첫째, 민족복음화의 개념과 전략과 순. 둘째, 혁명적 개념과 방법. 셋째, 순의 개념. 넷째, 순장과 순. 다섯째, 순의 목적. 여섯째, 교회를 순 체제로 전 환. 일곱째, 순의 구조 원형. 여덟째, 증인으로서의 순회원. 아홉째, 순례전도와 순회훈련. 열 번째, 민족복음화를 위한 전도전략. 한국대학생선교회, "순론 노우트" 『전도요원훈련교재』 (서울: 한국대학생선교회, 1974), 158−199.

CCC는 민족복음화 운동의 확산을 위해서 "나사렛형제들"을 만들어 활용하였다. 나사렛형제들은 한국 CCC 가 창립 된지 10년만인 1968년에 조직되었다. 나사렛형제들 회원은 1980년대에 215,000명의 나사렛형제들 회원으로 가입되었고, 그들을 통해서 훈련시킨 요원들이 180만명에 이른다.[30]

나사렛형제들이 주축이 된 평신도 운동은 다방면에서 민족의 입체적 복음화 운동으로 확산되어갔다. 영적인 차원에서는 "원단금식기도회"를 실시하였다. 매년 한해를 시작하기 전에 하나님의 능력과 은혜를 구하는 기도회는 지금까지 지속해 오고 있다. 또한 사회 지도층을 위해서 크리스챤 엠버시 운동[31], 전군 신자화 운동, 향목, 경목, 원목 제도들이 생겨나도록 만들었다. 또한 정치적으로는 국회조찬기도회 운동이 실시되었다. 이는 정치를 하는 국회의원들이 국사를 논의하기 이전에 함께 기도하면서 하나님께 나라의 경영을 맡기는 기도운동이다. 유성은 국회조찬기도회에 대해서 다음과 같이 언급하고 있다. "제가 국회조찬기도회를 만든 취지는 국회의원들이 복음화가 되고 정치 속에서 소금과 빛이 되라는 뜻이었습니다"[32]라고

---

30 Seok Hwan Kim, *The Availability of and Demand for Korean Short-Term Cross-cultural Selfsupporting Missionaries Within Campus Christ for Christ*, 42.

31 Christian Ambassy는 국제 CCC의 빌 브라잇 박사가 워싱턴 DC에 있는 전치지도자들에게 "사영리"를 사용하여 전도하는 계기로 시작했다. 1975년 Christian Ambassy or Executive Ministry을 발족시켜 워싱턴 DC 의 상하의원 외교사절 및 정부 관료들을 대상으로 사역하게 되었다. 3년 후에는 UN 대사들에게도 전파되어 UN의 대사들을 대상으로 사역을 시작하게 되었다. 한국의 Christian Ambassy운동은 1987년에 시작하게 되었다. 장석진, "나사렛형제들 지도층 복음화, 크리스챤 엠버시" 『CCC 편지』 1988년 7월, 28.

32 김준곤, "교회는 민족복음화를 이룰 수 있습니다" 『교회성장』 2004년 10월호, 21.

말하고 있다. 그러나 "초창기의 활발한 활동처럼 지금 현재도 역동적인 생명체로 움직이는가"에 대한 질문을 하지 않을 수 없다. 만약 부족하다면 원인과 대책을 간구 해야 할 것이다.

3.3. 나사렛형제들신용협동조합을 통한 경제공동체 육성

유성은 재물의 청지기직에 대해서 "돈은 분명 축복이고, 힘이고, 하나님이 바르게 쓰시기 위해서 내게 맡긴 것이니 나는 그 청지기라는 생각이 성경적입니다."라고 언급하면서 "돈은 소유(所有)가 아니고 소여(所與)입니다."[33]라고 하였다. 신용협동조합의 근본 목적은 조합원들의 상오간에 삶을 증진 시키는 목적이 있다. 나사렛형제들은 유성이 말한 소여(所與) 실천을 위해서 경제 공동체를 만들게 되었다.

나사렛형제들신용협동조합의 설립 목적은 "형제들의 헌신과 사랑을 실천하여 경제공동체를 이룩하여 민족복음화의 일익을 담당"하기 위해서 설립되었다.[34] 1978년 9월 23일 독바위교회에서 민족복음화와 신협운동 이라는 특강 이후에 자금의 불씨를 모으면서 출발하게 되었다. 이후 1년이 시간이 흐른 1979년 10월 26일 정동의 CCC 회관 현숙 기도실에서 임의조합 발기인 모임(위원장 신준옥, 23명 참석)을 갖고 몇일 후인 29일에 임의 조합을 창설(이사장: 김광신, 출자

---

33 김준곤, "'크리스챤 실업인의 새 이미지를 구축하자'『김준곤 문설집 5: 기도의 최우선 전략』, 482~484.

34 https://nbrothers.cu.co.kr/subList/20000035340, "나사렛형제들신용협동조합" 2023년 8월 22일.

금 65,000원)하였다. 이후 1982년 2월 5일 재무부장관의 인가(제 1-167호)를 받고 11일 제 1차 정기총회를 갖고 고 정정섭을 이사장으로 추대하였다. 그해 4월 21일 법인설립에 따른 사업자 등록(서대문세무서 110-82-03372)을 마치고 공적인 금융기관으로 CCC공동체의 경제 공동체를 발족하였다. 이렇게 시작된 신용협동조합은 시산이 흘러 금년에 42차 총회를 맞이하였다. 그동안 놀랍게 발전하여 2022년 2월을 기준으로 하여 조합원 1,619명과 총 자산 5,474,624,118원의 규모로 성장하였다.[35]

결국 나사렛형제들신용협동조합은 구성원 모두의 경제적인 문제 해결을 통해서 유성이 말한 소여(所與)를 실천하고 있다.

3.4. 사회와 기독교계의 리더그룹 형성

EXPLO'74가 진행 되어진 과정 속에서 수없이 많은 동역자들이 형성되었다. 그리고 시간이 흐르면서 사회와 기독교계 속에서 오피니언 리더자로 성장하였다. 필자가 인용한 자료는 유성의 사역 업적과 선교에 대한 각계 지도자들의 글인 2005년 5월 스승의 날에 김준곤 목사님의 제자들 일동으로 출판된『나와 김준곤 목사 그리고 CCC』을[36] 토대로 하였다. 지면 관계로 자료에 언급된 모든 분들을

---

35 "나사렛형제들 신협 42차 정기총회" 서울 한양교회에서 열린 정기총회 회의록, 2023년 2월 21일.
36 김준곤 목사 제자들,『나와 김준곤 목사 그리고 CCC』(서울: 순출판사, 2005). 이 저서는 총 5부로 되어 있다. 1부는 위대한 인격, 위대한 만남. 2부는 한국교회의 영원한 비저너리. 3부는 순교의 흔적을 지닌 그리스도인. 4부는 한국교회 복음주의 운동과 김준곤 목사. 5부는 민족복음화 운동 연표, 김준곤 목사 프로필. 이 저서는 각계각층의 지도자들이 유성이 주장하고 외쳤던 메시지

소개한다는 것은 불가능함을 이해해 주시기 바란다.

첫째는 교계의 지도자들에 대해서 언급하고자 한다. 젊은 시절에 한국CCC를 통해서 신앙생활을 하던 많은 분들이 목회자나 선교사로서 사역을 하는 경우를 찾아볼 수 있다.

목회자로서 활발하게 활동하고 있는 홍정길, 고 하용조[37], 김인중[38] 조기철[39], 안명복[40] 김호성[41] 목사들이 한국CCC에서 간사나 순장으로 활동했던 인물들이다. 홍정길은 유성과의 철학적 논쟁을 통하여 1965년 7월 24일 주님을 영접하였다. 그는 "유성으로부터 가장 큰 영향은 사람이 꿈을 갖는다는 것이 얼마나 인생을 풍요롭게 만드는가 하는 것이다. 꿈을 가지면 임생이 힘 있어지고, 긍정적인 생각으로 삶 전체가 변화 된다"라고 말한다.[42]

와 자신과의 관계성에 대해서 기술하고 있다.

37 지금은 고인이 되신 하용조 목사는 한국 CCC 간사를 역임했으며, 지금은 서울시 용산구 서빙고동 241-96과 양재동 햇불회관내에 있는 온누리교회의 담임 목사였다. 또한 두란노서원 원장으로 기독교문화 사업에 많은 유익을 주고있다. 특히 젊은이들을 위한 경배와 찬양의 도입은 한국교회에 새로운 영적 분위기를 조성하기도 했다. 필자 주.

38 김인중 목사는 1948녀 7월 7일 경기도 시흥에서 태어났다. 독학으로 서울사대부속중학교, 경복고등학교를 졸업하고 서울대학교 불어과에 입학하였다. 서울대학교 시절 예수님을 체험하고 CCC 활동을 하던중 그의 타고난 열정이 인정되어 CCC 총순장으로 뽑혀 봉사하기도 했다. 경기도 안산시 본오동 968-1에 안산동산교회를 개척하고 은퇴할 때까지 교회성장을 통해서 대형교회 목회를 감당하였다. 특히 동산고등학교를 설립하여 많은 인재를 양성하였다. 필자 주.

39 CCC 나사렛형제들 책임 간사를 역임하고, 풍성한 교회를 개척하여 은퇴할 때까지 성공적인 사역을 감당하였다. 필자 주.

40 신성고등학교 교사, 총신대대학원을 졸업하고 목회자와 네팔에 신학교를 창설하여 이사장을 겸직하고 있다. 특히 EXPLO'74 희년 학술대회의 준비위원장으로 섬기고 있다. 필자 주.

41 김호성 목사는 CCC 간사로서 미국에서 111 기도 운동을 설립하여 사역하고 있다. 필자 주.

42 홍정길 목사는 한국 CCC 간사로서 춘천지구를 개척하고, 인천지구를 시작한 후에 전국 총무를 수행하였다. 이후 남서울교회를 담임 하던 중에 장애인 시설인 밀알학교의 사역을 위해서 반포의 큰교회를 사임하였다. 지금은 서울시 강남구 수서동 750-1 밀알학교내에 남서울은혜교회를 개척하여 사역하고 있다. 그의 사역은 한국 성도들에게 많은 귀감을 주고 있다. 홍정길, "내 생애 가장 큰 사건" 「나와 김준곤 목사 그리고 CCC」, 306.

둘째는 실업인 집단이다. 대표적으로 두상달, 주수일, 서일영, 김광신 장로 등을 들수 있겠다. 두상달은 유성과 함께 EXPLO72 미국 달라스 카튼볼에 함께 참여 하였다. 그 집회에서 유성은 2년 후 한국에서 30만명이 동시에 합숙하는 EXPLO'74 유치를 선언했는데, 이는 돈키호테적 발상이며 공상처럼 들리는 현상이었다고 고백하고 있다.[43] 주수일은 ㈜칠성섬유 이외에 5개의 기업을운영하고 있는데 서울공대 재학시절에 유성을 만났다고 했다. 그는 "어려운 여건 속에서도 40년 가까이 사업을 하면서 기업을 일으키고 돈을 벌어서 세상적 으로 남부럽지 않는 삶"을 살게 된 것은 CCC에서 학생 때부터 꿈과 인생관, 가치관을 키워 왔기 때문이다는 고백을 하고 있다.[44]

셋째는 의료 집단이다. 대표적으로 이건오, 방충헌, 이무석[45], 박국향, 최영택, 황성주 등을 들 수 있겠다. 이건오는 '유성은 CCC 안에서 의료선교대회를 열게 하셨고 그것이 동기가 되어 지금의 한국기독교의료협회에서 시행하는 의료선교대회가 전국적인 규모로 열리게 되었다'라고 증언하고 있다. 특히 유성은 국내 의료의 장을 넓혀 한국아가페의료선교팀을 파키스탄으로 피송하여 카라치 근교의

---

43 두상달 장로는 나사렛형제들 중앙화장 및 나사렛형제들신용협동조합 이사장을 역임하였다. 지금은 ㈜ 칠성산업과 ㈜ 에스디 대표로 있다. 두상달, "꿈은 이루어 졌다"「나와 김준곤 목사 그리고 CCC」, 119.

44 주수일" "나룻배 같은 삶"「나와 김준곤 목사 그리고 CCC」, 273.

45 이무석 박사는 전남대 신경정신과 교수이며, 광주동명교회 장로, 광주기독정신과의사회 회장, CCC 광주 이사장을 엮임하였다. 그는 유성의 주례를 통해서 결혼 하였는데, '마을 동구 밖의 느티나무 같은 가정을 만들어 달라'는 말을 평생 간직한다고 증언하고 있다. 이무석, "느티나무가 되어 달라시던 당부"「나와 김준곤 목사 그리고 CCC」, 224.

오랑기타운에 선한사마리아병원을 개원하여 의료선교를 실행하게 만들었다.

넷째는 교육계 집단이다. 윤여표, 김윤희, 정인수[46], 한혜정 총장, 김철해, 김인애, 심상법, 조귀삼, 장성용 교수 같은 무수한 학자들을 들 수 있겠다. 윤여표는 유성과의 관계속에서 1977년 서울대학교 2학년 때 였으며 이후 10여년 동안 CCC 이 정도 채플을 통해서 메시지를 담았다고 하였다. 채플에 참여하는 동안에 유성의 설교는 물론 10단계 성경공부, 매년 여름수련회, 거지전도순례등을 통해서 깊은 영향을 받게 되었다는 글을 남겼다.[47]

다섯째는 사회단체 집단이다. 이는 고 정정섭을 들수 있다. 국제적으로 기아 문제를 해결하기 위해서 설립된 단체가 "국제기아대책기구"이다. 한국기아대책기구는 1989년 창립되었다. 이 단체의 한국 책임자로 윤남중 회장이 담당하던 중에 고 정정섭이 국제개발원원장으로 자리를 잡으면서 활발한 NGO 기관이 되었다. 이후 이 단체의 회장이 되면서 질적인 리더십을 발휘하게 되었다. 고 정정섭의 간증을 소개하면 "나는 유성을 만나고 예수님을 알게 된 후로 변화되었습니다. 유성은 주님을 뜨겁게 사랑하는 방법을 가르쳐 주셨고

---

46 정인수 총장은 공주사대를 졸업하고 고등학교 교사를 하던 중 협동 간사가 되어 CCC에서 사역하였다. 이후 CCC 기획실장, 비서실장, 국제국장, 총무, 부대표 등을 거쳐서 CCC 동아시아 대표, 국제 CCC 속의 동아시아 신학대학원 총장을 역임하였다. 필자 주.

47 윤여표는 서울대학교 약학대학을 졸업하고, 충북대학교 약학대 교수, 한국식약청장을 역임하고 지금은 충북대학교 총장으로 있다. 윤여표, "오늘은 성령 안에서" 『나와 김준곤 목사 그리고 CCC』, 203.

예수님을 전적으로 의지하는 방법을 알려 주셨습니다. 별 볼일 없는 사람이지만 제 속에 계신 주님은 온 세계 만물보다, 우주보다 크시고 모든 세계와 인류를 만드신 창조주이시기 때문입니다."라고 고백을 하였다.[48] 그리고 방송계에에서 활동 했던 민산웅을 빼 놓을 수 없다. 그는 극동방송의 사장으로 활동하였고 나사렛형제들신용협동조합의 이사장을 엮임하기도 하였다.

이상에 열거한 이름들 외에도 수없이 많은 사역자들이 목회, 선교, 의료인, 언론, 연예, 스포츠 등등에서 활발하게 활동하고 있다. 그들 모두를 소개할 수 없는 것을 다시 한번 이해를 구하고 싶다. 한국에서의 민족복음화 운동의 결과를 볼 수 있는 것은 기독교인들의 숫적 통계에 의해서도 알 수 있다. 한국 CCC가 민족복음화 운동을 일으킨 당시인 1973년의 한국교회 전 성도는 약 300만명 이었다. 그러나 10년 후에는 약 3배로 증가한 1000만명이 되었다.[49] 이와 같은 놀라운 성장은 EXPLO'74가 세계교회로부터 찬사를 받기에 충분한 결과였다.

4. EXPLO'74 이후 전개된 세계복음화 운동

민족복음화 운동의 결실은 세계선교를 위한 교두보를 마련하였다. 한국 CCC의 모토인 "오늘의 캠퍼스 복음화는 내일의 한국복

---

48 고 정정섭, "누구든지 언제 어디서나" 『나와 김준곤 목사 그리고 CCC』, 256.
49 김준곤, "38선상의 1984년과 한민족의 엑소더스" 『CCC 편지』 1984년 3월호, 4.

음화! 오늘의 한국 복음화는 내일의 세계복음화!"[50]의 표어는 한국 CCC의 기도와 비전의 뼈대였다. 1980년대 들어서 한국CCC는 단순히 국내뿐만이 아니라 아시아 11개 지역 학생운동과 복음화를 선도하는 단체로 발돋음 하였다.[51] 따라서 한국 CCC 회원들의 기도는 민족복음화의 지속성과 아울러 세계선교에 맞추어졌다.

4.1. 해외 선교를 위한 선교 동력화 대회

EXPLO'74대회가 국내의 모든 영역에 복음이 확산되는 계기를 마련하였다면 이후에도 다양한 집회를 통해서 세계선교를 위한 전략을 수행하여 민족복음화의 열매를 맺기 시작하였다. 즉 '80 복음화 대성회('80 World Evangelization Crusade), 국제기도성회(The International Prayer Assembly for World Evangelization '84, '85) 등등 이다. 유성은 이런 집회들을 통해서 원심력적 구조의 선교를 수행하였다.

유성이 주도한 80복음화대성회는 그동안 국내의 전도와 사역에 치중한 사역을 넘어서 세계선교를 위한 이정표를 세우는 기회가 되었다. 80복음화 대성회는 EXPLO'74 이후 2여년 동안의 철저한 준비를 마치고 1980년 8월 12일부터 15일까지 진행하였다. 이 대회는 5일간 연인원 1천6백35만명이 참가하는 기록을 세웠다. 유성은 대

---

50 Joon Gon Kim, *"Report for National Director Conference,"* Baguio City, Philippines, January 1984. Seok Hwan Kim, *The Availability of and Demand for Korean Short-Term Cross-cultural Selfsupporting Missionaries Within Campus Christ for Christ*, 24.
51 박용규, 「한국교회를 깨운 복음주의 운동」, 119.

회 마지막 날 10만 선교사의 파송을 선포하고 "선교에 동참하실 성
도는 그 자리에서 일어나라!"고 외쳤다. 그 외침 속에 수 없이 많은
선교후보자들이 일어남과 아울러 자신의 생애를 선교를 위해서 헌
신하겠다는 각오를 하였다. 정경호는 "이 대회는 한국교회가 세계선
교에 눈을 뜨게 되었고 교회마다 세계선교에 관심을 갖게 되었다"라
고 논증하였다.[52] 지금도 해외 선교지를 방문할 때에 수없이 많은 선
교사들을 만나게 되는데 간증을 들어보면 그 때에 일어선 것이 계기
가 되어 선교사로 헌신하고 있다는 소리를 많이 듣게 된다.

　유성의 선교동력화의 시도는 1984년 6월6일부터 9일까지 진행된
세계기도성회로 이어진다. 해외에서 824명이 참석한 이 대회의 슬
로건은 '기도보다 성령보다 앞서지 말자!' 와 '기도의 불씨를 모아 성
령의 핵폭탄이 터지게 하자!' 였다.

4.2. 단기선교운동의 시작으로서 New Life 2000 마닐라

　유성의 세계복음화의 꿈은 New Life 2000 마닐라 대회를 통해서
해외단기선교의 첫걸음을 걷게 되었다. 이 대회는 1990년 4월 5일
부터 약 4개월 동안 세계 100개국에서 1만여명의 그리스도인들이
참석하여 필리핀의 마닐라시를 8개 MPTA권역(Million Population Target
Area: 인구 100만 단위)에서 개인전도와, 예수영화 상영, 스포츠 등을 통

---

52 정경호, "유성 김준곤 목사와 신학세계로 본 한국교회의 세계선교선교와 전략" 『복음과 선교』,
　343.

해서 복음을 전하고 결신자를 얻고, 그들을 육성하여 현지 교회에
연결시켜주는 입체적인 전도전략이었다. 당시 유성의 비서실장으
로 사역 중이던 정인수 실장과 현지 책임자인 김석환 박사의 지도
아래 1990년 7월 6일부터 8월 13일 까지 3,150여명의 한국의 CCC
대학생, 직장인, 목회자등으로 나누어서 마닐라에 도착하여 100여
개의 현지교회 지도자들과 함께 사역을 하였다.[53]

New Life 2000 선교대회는 단순한 단기선교가 아니었다. 이는 확
실한 선교전략에 의한 프로젝트였다. 이 대회의 진행위원으로 참여
하여 처음부터 끝까지 프로젝트를 지켜본 필자는 지금도 당시 사역
의 효용성을 잊을 수 없다. 먼저 4영리를 통해서 예수님을 소개한 다
음 각종 그룹 전도로 이어졌다. 즉 예수 영화나 농구, 태권도 등의
스포츠와 발레 등의 예술 공연이었다. 대회 이후 한국 CCC의 평가
자료를 통해서 얻어진 통계는 다음과 같다. 총접촉자수 24,282명,
결신자 수 16,453명으로 67.8%의 영접율을 나타냈고, 육성 만남에
연결된 수는 4,576명이었다. 한편 한국팀이 마닐라에서 복음을 증
거 하여 얻어진 결신자는 총 53,259명으로 집계되었다.[54] 당시의 한
국팀 현장 책임자로 사역을 총지휘했던 김석환은 다음과 같이 10가
지 면에서 '한국 주도 세계선교'의 가능성[55]을 언급했다.

---

53 조귀삼, "필리핀선교를 위한 사도바울의 선교원리와 방법의 적용에 관한 연구" (신학석사 논문,
  아세아연합신학대학교 신학대학원, 1995), 15-22.
54 김성래, "위대한 여름, 위대한 사람들" 『CCC편지』 1990년 9월호, 13.
55 첫째, 한국 CCC주도의 세계선교 시대를 국제본부속에 각인 시켰다. 둘째, 10만 평신도 단기선교
  사 파송 비젼의 현실화를 체험했다는 것이다. 셋째, CCC에서 개발한 자료로 효과적인 선교메세

New Life 2000 Manila의 선교 무기는 사영리[56]였다. 그러나 영어 사용이 중심을 이루고 있는 필리핀 현지에서 단기 선교에 참여한 학생들은 의사 소통이 원활 하지 못했다. 이를 극복 할 수 있었던 비결은 영문 사영리를 처음부터 끝까지 읽어 주는 일이었다. 두사람씩 짝을 지어서 거리에 나가서 전도하는 가운데 한사람은 기도하고, 다른 한사람은 사영리를 읽어 주므로 복음을 증거할 수 있었다.

한국 CCC 의 New Life 2000 Manila 프로젝트는 필리핀 현지 사역자들에게도 엄청난 도전을 주었다. 예를 들면 장대비가 퍼부어 입고 있는 옷이 비에 흠뻑 젖는데도 불구하고 "예수 영화"영사기를 끌고 사역지로 달려가는 열정적인 모습을 지켜본 필리핀 현지의 성도들은 감동을 주어 필리핀 사역자들에게 복음의 열정을 각인시켰다.

새생명 2000 마닐라 선교대회는 한국 CCC 가 그동안 민족복음화를 부르짖었던 사역의 패턴에서 세계선교를 위한 실험대에 올려

지 전달이 가능함을 확인했다. 넷째는, 전세계가 한국교회의 선교사를 원하고 있음을 확인했다. 다섯째는, 일사불란한 조직을 만들어 팀사역이 가능한 단체인 것이 입증되었다. 여섯째, 세계선교를 위해서 다양한 인적자원이 있음을 입증하였다. 일곱 번째, 한국인의 국제적 위상을 높임으로 이미지 개선에 기여하였다. 여덟 번째, 종말론적인 시급함의 보수적 선교신학을 갖고 있음을 입증했다. 아홉번째, 자비량 선교사들을 단시간내에 일으킬 수 있다는 가능성을 발견했다. 열번째로는 선교는 성령님의 최대 관심사역이고 기도없이 안됨을 체험하는 계기였다. 김석환, '한국 주도 세계선교의 열린문' 『CCC 편지』 1990년 9월호, 6-7.

56 International Campus Crusade for Christ, *"Four Spiritual Laws?"* 이 전도 소책자는 네가지 영적 원리에 대해서 소개하고 예수 그리스도 안으로 초청하여 영접 시키는 전도 소책자이다. 참고로 네가지 영적 원리를 당시 사용했던 사영리를 영어 문장으로 소개하면 다음과 같다. Law one, "God Loves you and has a wonderful plan for your life". Law two, "Man is sinful and separated from God, therefore, he cannot know and experience God's love and plan for His life. Law three, Jesus Christ is God's only provision for man's sin. Through Him you can know and experience God's love and plan for your life. Law four, We must individually receive Jesus Christ as Savior and Lord; Then we can know and experience God's love and plan for our lives.

진 시간이라고 평가해도 틀린 말은 아닐 것이다. 이 대회 이후에 필리핀에는 많은 교회들이 힘을 얻어서 전도사역에 힘썼으며 필자는 산타메사 새생명교회(Sta Mesa New Life Alliance Church)를 창립하여 사역하였다.[57] 한국 CCC는 "새생명 2000 마닐라 선교대회"이후로 방학을 통해서 수련회를 마치고 일본, 대만 등을 포함한 해외의 단기선교 프로젝트를 지속해 오고 있다.

4.3. GECOWE 95 과 SM2000의 미전도종족 세계복음화 운동

유성이 기독교21세기운동의 일환으로 진행된 GECOWE 95 대회 (1995년 5월17일~26)를 언급하지 않을 수 없다. 이 대회 이전에도 1994년 6월 25일 '세계기도의 날' 대형행사를 통해서 선교의 동력을 모기 시작하였다. 이후에 열린 GECOWE 95 대회는 세계의 미전도 종족을 복음화 하자는 목표로 186개국에서 4,000여명의 기독교지도자들이 10여일간 머물면서 미전도종족을 포함한 세계선교의 전략을 수립하였다. 미전도종족복음화 운동은 1974년 로잔 세계복음화 대회 때에 랄프 윈터에 의해서 미전도종족(unreached people)이라는 용어와 함께 시작되었다. 이 운동의 목표는 세계선교를 위한 정보와 전략, 선교의 효율적인 배분, 미전도종족을 위한 입양운동(adopt a people)이 었다. 참고로 미전도종족 수를 12,000으로 보고 있다.[58]

---

57 졸고, "필리핀선교를 위한 사도바울의 선교원리와 방법의 적용에 관한 연구", 19-22.
58 조귀삼, 『사도 바울의 선교신학』(안양: 세계다문화미디어, 2009), 293.

유성은 GECOWE 95 대회 참가자들 가운데 경제력이 열악한 국가 지도자들의 항공료와 체재비 20억원을 모금으로 충당하여 지원하기도 하였다.[59] 특히 대회 기간 중 잠실 올림픽주경기장에 모였던 SM2000 집회에서는 8만 명의 기독청년들과 기도하는 어머니들이 한 자리에 모여 세계복음화를 위해 기도하며 헌신. 그리고 이런 대학생 대상의 SM2000 세계복음화 운동은 전세계 교회 기독청년들에게 확산되는 열매를 가져다 주었다.[60]

이후에 Campus Mission 2007(2007.7.2.-6)선교운동이 부산의 벡스코대회장에서 개최되었다. 이는 미전도캠퍼스개척선교전략(A6project)으로서 전 세계 128개국에서 7천 여명의 대학생들과 한국대학생 1만 명을 포함하여 1만7천여명이 모였다. 유성은 전 세계 32,000개 대학의 자료를 분석하고 그중에 미전도 캠퍼스 6,000개를 선정하여 10%인 600개 캠퍼스를 개척한다는 전략을 세웠다. 이는 전 세계 대학중에 80%가 미개척상태에 있기 때문이다.[61] 비록 유성의 은퇴 이후의 프로젝트이지만 지금도 CCC를 통해서 진행 되어지고 있다.

지금 현재에도 세계선교를 위한 전략의 일환으로 연례적으로 열렸던 대학생집회는 계속 되어졌다. 금년에도 2023 CCC 전국대학생

---

59 정인수, 『인생 만남』(파주: 국민북스, 2023), 118.

60 http://torchcenter.org/03_world/world_0101.html, "GCOWE'95 소개" 2023년 9월 28일.

61 정경호, "유성 김준곤 목사와 신학세계로 본 한국교회의 세계선교선교와 전략"『복음과 선교』, 348.

여름수련회가 전북 무주 덕유산리조트에서 열렸다(6.26~30). 'JESUS COMMUNITAS'(롬 12:1~2)라는 주제처럼 이번 수련회는 전국 각 지구, 모든 캠퍼스의 씨맨들이 한자리에 모였다는 점에서 공동체의 비전과 사랑을 확인하고 나눈 뜻깊은 시간이었다. 전국 40여 개 지구 350여 개 캠퍼스, 세계 9개국 400여 명의 해외 참가자들을 포함해 총 8천여 명이 모여 우리 인생의 모든 질문의 해답 되신 '예수 그리스도'를 외치며 '같은 비전으로 하나되어 생명을 낳고 삶을 변화시키는 공동체'(JESUS COMMUNITAS)라는 정체성으로 하나된 뜨거웠던 은혜의 현장 이었다.[62] 이와 같은 수련회를 통해서 국내외의 선교를 감당하는 자원을 발굴하여 선교의 동력을 창출 하였다. 이후 훈련과 동시에 선교지로 파송하여 원심력적 선교를 지속 하고 있다.

4.4. 지속적인 선교사 훈련 및 파송 관리

유성은 이미 고인이 되었다. 그러나 그가 부르짖었던 학원복음과, 민족복음화와 그리고 세계복음화의 비젼관 전략을 후손들에 의해서 지속 되고 있다. Kccc 의 자료에 의하면 2007년 CM2007 이후에 전 세계 6,000여 개의 미전도 캠퍼스 개척을 목표로 한국교회와 국제 CCC가 협력하여 장, 단기 선교사를 지속적으로 파송하는 선교 전략을 가지고 있다. 한국 CCC는 선교사 훈련원(AIT)을 통해 선교에 필요한 다양한 훈련을 제공하고 있으며, 2010년까지 29개국에

---

62 http://nh.kccc.org/ "한국 CCC", 2023년 9월 7일.

401명의 간사들을 해외 선교사로 파송하여 캠퍼스, 교회, 병원 등 다양한 곳에서 사역하고 있다.[63] 참고로 파송된 국가를 보면 다음과 같다.[64]

유성은 선교지도자로 훈련 받기 위해서 간사들을 국제적인 교육 기관을 통해서 훈련 시키는 사역도 감당하였다. 현재 국제 CCC 산하의 교육기관 중에서 필리핀에 있는 IGSL(International Graduate School of Leadership)이나 싱가폴에 있는 East Asia School of Theology 등에서 사역 지도자를 양성하고 있다. 필자를 포함한 많은 CCC 간사들이 이 기관을 통해서 훈련받고 신학과 신앙의 지도력을 발휘하고 있다.

현재 KCCC를 통해서 훈련되고 사역 되어진 해외 사역을 위한 프로그램은 다음과 같다.

첫째는 STINT(자비량 선교훈련) 사역이다. 이는 "Short Term International"의 약어로, 주님의 지상명령성취를 가속화하기 위해 6개월-3년간 해외에서 언어/타문화 적응 훈련 등과 함께 현지 사역(캠퍼스/커뮤니티)을 섬기는 CCC의 단기선교 프로그램이며 지원자는 단기선교사 이다[65] 이는 행정 모임, 합숙훈련, 타문화권 현지에서의 훈련, Re-entry(선교지에서 돌아와서 본국에서 다시 적응) 같은 일을 한다.

---

63 http://nh.kccc.org/ "한국 CCC", 2023년 9월 7일.

64 CCC에서 파송한 일본, 싱가포르, 대만, 몽골, 파키스탄, 카자흐스탄, 키르기스스탄, 터키, 러시아, 호주, 필리핀, 베트남, 캄보디아, 태국, 코스타리카, 남아공, 미국, 인도네시아, C국, N국, 파나마, 스리랑카, 레바논, 오만, 24개국 선교사 78가정. http://m.newspower.co.kr/50956 "성시화운동이란?" 2023년 9월 7일.

65 https://sites.google.com/kccc.org/stint/stint, "자비량선교훈련" 2023년 9월 7일.

둘째는 A6(Acts 6000 Campus Pioneering Project)이다. 이는 네가지 목표를 갖고 활동을 전개하고 있다. 대학생 운동, 연합선교 운동, 캠퍼스 개척 운동, 단기선교 운동이다. 세 번째는 커넥션스쿨 이다. 커넥션스쿨은 40여 년간의 CCC 선교 노하우와 비전을 담아 한국교회와 함께 선교운동을 가속화하는 것을 돕기 위해 2019년 6월부터 CCC에서 시작한 선교훈련 이다. 네 번째는 HeWeGo 이다. "He and we go"의 약어로 비전을 찾아 하나님과 함께 떠나는 비전트립이며, HeWeGo 참여자들을 Faith Crew라 부른다.[66] 다양한 선교지와 국가들을 방문하며 참가자들의 삶의 관점을 넓혀주어 비전과 미션을 찾아가는 비전트립 프로그램이다. 이와 같은 단기선교 프로그램 이외에도 타문화권에 파송된 선교사들이 무수히 많다. 예를 들면 김종식은 남아공의 CCC 대표로서 유성의 영성과 리더십을 선교지에서 발휘하고 있다.

4.5. 민족복음화의 극점으로서의 북한 선교

유성의 민족복음화와 세계선교의 개념 속에는 북한의 영역까지도 포함되어 있다. 북한을 위한 기도문 속에는 "한해 동안 날마다 어디를 찔러도 아프지 않는 곳이 없는 사랑하는 우리 조국과 한반도의 아픔을 안고 기도한다면 주님이 얼마나 기뻐하실까?"[67]라는 문구가

---

66 https://gsm.kccc.org/hewego.html, "he we go" 2023년 9월 7일.
67 한반도 기도 달력, CCC 제공.

있다. 이 기도문은 남북한의 지역과 상황에 따른 기도 요청이 열거되어 있다.

한국 CCC의 북한염소보내기운동은 단순한 구제의 기능을 넘어서 민족화해와 남북의 민간교류의 장이 되고 있다. 2004년도 북한 젖염소보내기운동사역의 개관을 살펴보면 다음과 같다. 사업의 주체는 민족화해협의회와 북한의 조선농업과학원이다. 2002년 2월 27일 320두를 보내는 것으로부터 시작하였다. 지금까지 18차에 걸쳐서 총 14억원어치의 물자를 지원하였다. 북한에서의 협력사업지역은 황해북도 봉산군 은정리의 염소원정목장이다. 축사는 1,000평방미터 이며 젖염소 662마리를 방목할 계획이다. 이를 위해서 필요한 2004년도의 예산은 약 5억원 정도로 잡고 있다.[68]

한국 CCC의 북한염소보내기운동은 포괄적인 의미의 선교로 보아야한다. 비록 정치적으로는 분리된 상태에 있지만 북한도 엄연히 우리의 동족이다. 죤 스토트는 포괄적 의미에서의 선교[69]를 언급했다. 유성은 북한의 염소보내기 운동을 민족복음화의 연장선상에서 언급하고 있다 "공산 혁명이 휩쓸고 간 폐허의 땅 북한에도, 죄악과 비리와 불의가 난무하는 남한 땅에도 혁명의 개념을 혁명한 예수의 혁명으로, 이 수년 내에 대부흥이 일어나(합 3:2) 니느웨 성처럼 회개

---

68 한국대학생선교회, 2003년 사역보고서 및 2004년 사역계획서, 80-83.

69 로잔 언약 제 6장에서 선교의 개념설명을 복음의 사회적 책임을 포함한다고 규정하였다. 그렇다고 복음의 우선성을 포기한 말은 아니다. 이를 뒷받침하는 것이 로잔언약이다. "희생적 봉사라고 하는 교회의 선교에 있어서 복음화가 제일 중요하다. John R. W. Stott, *Christian Mission in the Modern World*, (Illinois: Inter Varsity Press, 1975), 35.

한 민족, 해골 떼가 생명의 군대로 부활한(겔 37장) 민족, 성민 코리아가 되게 하옵소서!"[70]라고 기도하였다.

특히 북한 선교를 언급하면서 임현수의 공헌을 빠뜨릴 수 없다. 그는 필자가 수학했던 CCC 국제 교육 기관인 IGSL(International Graduate School of Leadership)에서 공부하던 중에 캐나다에 가서 목회를 하였다. 이후 북한 선교를 필생의 과업으로 여기고 헌신하던 중에 그는 조선민주주의인민공화국에서 구호 활동을 벌이던 중 당국에 의해서 체포되어 949일을 감옥에서 보낸 후 2017년 8월 9일 석방 되었다.[71] 사실 임현수의 북한 사역도 EXPLO'74가 가져온 선교의 동력 가운데 하나라고 보아야 한다.

5. 결론

유성이 EXPLO'74를 통해서 한국의 사회, 종교, 문화, 정치, 종교의 모든 영역에서 핵폭탄과 같은 영적 혁명을 수행했다고 평가해야 한다. 유성의 비서실장으로 사역 하였던 정인수는 "그 분은 많은 사람에게 지대한 영향력을 끼치셨다. 내게는 가장 많은 영향을 남기신 영적 스승이다"라고 언급하면서 "하나님께서 그분(유성)을 위대하게 사용하셨다. 그리고 그분은 진심으로 주님을 사랑하셨다"[72]라고 고백

---

70 한국대학생선교회 젖염소보내기 운동본부, "젖염소 모금 활용 노트", 2.
71 https://www.google.com/search?gs_ssp, "임현수" 2024년 7월22일.
72 정인수, 「인생 만남」, 120.

하였다.

이러한 말을 할 사람이 어디 한둘이겠는가? 유성은 2009 년 9 일 29 월 하나님의 부름을 받았다. 마지막 가시기 전의 상황을 정인수는 "병실에 20분 정도 머무는 동안 목사님은 계속 우시기만 했다. 이제 본향으로 가실 준비를 하시며 마지막 하시고 싶은 말을 하였다"[73] 라고 기록하고 있다. 그가 마지막 흘린 눈물의 의미는 무엇이겠는가? 사실 필자는 정확히 알 수 없다. 그러나 분명한 것은 그가 남긴 민족복음화와 세계선교의 유산은 우리에게 넘겨진 사명이다. 이제 우리 모두가 민족의 가슴마다 그리스도를 심어 이 땅에 푸르고 푸른 그리스도의 계절이 오게 하여 세계선교를 온전히 이룰 수 있기를 기대하면서 글을 마친다.

참고문헌

서적
김안신. 『돈키호테와 산초들』 서울: 순출판사, 2000.
김준곤. "EXPLO · 74" 『김준곤 문설집 1: 민족의 예수 혁명론』 수원: 순출판사, 1984.
김준곤. "크리스챤 실업인의 새 이미지를 구축하자" 『김준곤 문설집 5: 기도의 최우선 전략』 수원: 순출판사, 1984.
김준곤. 『사랑방성서학교운동』 서울: 한국대학생선교회, 1972.
김준곤 목사 제자들. 『나와 김준곤 목사 그리고 CCC』 서울: 순출판사, 2005.
두상달. "꿈은 이루어 졌다" 『나와 김준곤 목사 그리고 CCC』 서울: 순출판사,

---

[73] 정인수, 『인생 만남』, 120.

2005.

박용규. 『한국교회를 깨운 복음주의 운동』 서울: 두란노서원, 1998.

윤여표. "오늘은 성령 안에서" 『나와 김준곤 목사 그리고 CCC』 서울: 순출판사, 2005.

이무석. "느티나무가 되어 달라시던 당부" 『나와 김준곤 목사 그리고 CCC』 서울: 순출판사, 2005.

조귀삼. 『사도 바울의 선교신학』 안양:세계다문화미디어, 2009.

주수일. "나룻배 같은 삶" 『나와 김준곤 목사 그리고 CCC』 서울: 순출판사, 2005.

정인수. 『인생 만남』 파주: 국민북스, 2023.

정정섭. "누구든지 언제 어디서나" 『나와 김준곤 목사 그리고 CCC』 서울: 순출판사, 2005.

피터 와그너. 『기독교 선교전략』 전호진 역, 서울: 생명의 말씀사, 1990.

한국대학생선교회. "순론 노우트" 『전도요원훈련교재』 서울: 한국대학생선교회, 1974.

한국대학생선교회. 『CCC 편지』 1972년 9월호.

한국대학생선교회. "본궤도에 오른 복음화" 『CCC 편지』 1972년 2월호, 2.

홍정길. "내 생애 가장 큰 사건" 『나와 김준곤 목사 그리고 CCC』 서울: 순출판사, 2005.

소책자

김성래. "위대한 여름, 위대한 사람들" 『CCC편지』 1990년 9월호.

김준곤. "교회는 민족복음화를 이룰 수 있습니다" 『교회성장』 2004년 10월호.

김준곤. "38선상의 1984년과 한민족의 엑소더스" 『CCC 편지』 1984년 3월호.

나사렛형제들 신협 42차 정기총회. 서울 한양교회에서 열린 정기총회 회의록, 2023년 2월 21일.

유정희. "해를 거듭한 우리들의 수련회" 『CCC 편지』 1987년 6월호.

장석진. "나사렛형제들 지도층 복음화, 크리스챤 엠버시" 『CCC 편지』 1988년 7월.

Kim, Joon Gon. *"Stage Set for Awakening,"* World-Wide Impact, September 1974.

Kim, Joon Gon. *"LTI Manual for Korea Christianization,"* 1974.

Kim, Joon Gon. *"Report for National Director Conference,"* Baguio City, Philippines, January 1984.

학술지

정경호. "유성 김준곤 목사와 신학세계로 본 한국교회의 세계선교선교와 전략" 『복음과 선교』, 17~358.

조귀삼. "한국 CCC의 민족복음화운동 전략 연구"『성경과 신학』(2005): 218~252.

영문

Bright, Bill. *Come Help Change the World* (Old Tappan, New Jersey: Fleming H. Revell Company, 1970.

Kim, Seok Hwan. *The Present Theology of Mission of Korea Campus Crusade for Christ,* Asia Baptist Graduate Theological Seminary STD 1991.10, 14.

Plowman, Edward E. "*EXPLO '74 'Christianizing' Korea, "Christianity Today 18* Sep., 1974.

Stott, John R. W. *Christian Mission in the Modern World,* Illinois: Inter Varsity Press, 1975.

포털 사이트

http://m.newspower.co.kr/50956 "성시화운동이란?" 2023년 9월 7일.

http://nh.kccc.org/ "한국 CCC", 2023년 9월 7일.

https://nbrothers.cu.co.kr/subList/20000035340, "나사렛형제들신용협동조합" 2023년 8월 22일.

https://www.christiandaily.co.kr/news/117807, "한국 성시화운동 50주년의 의미 (20" 2023년 9월 7일.

http://torchcenter.org/03_world/world_0101.html, "GCOWE'95 소개" 2023년 9월 28일.

https://www.google.com/search?gs_ssp, "임현수" 2024년 7월22일.

https://sites.google.com/kccc.org/stint/stint, "자비량선교훈련" 2023년 9월 7일.

https://gsm.kccc.org/hewego.html, "he we go" 2023년 9월 7일.

기타

조귀삼. "필리핀선교를 위한 사도바울의 선교원리와 방법의 적용에 관한 연구" 신학석사 논문, 아세아연합신학대학교 신학대학원, 1995.

인터뷰

박영률. 경기도 분당, 지구촌 교회, 2023년 10월 21일.

EXPLO'74를 위한 기도와 기도운동

손세만*

1. 들어가는 말

EXPLO'74는 1974년 8월 13일부터 18일까지 6일간 여의도광장에서 323,419 명의 기독교인에게 합숙으로 전도요원훈련을 하였으며, 매일 저녁 전도집회에서는 100만 명 이상(최대참여자가 있은 날은 158만명)이 참여하였다. 예수 그리스도를 영접했거나 일생 동안 처음으로 자신의 구원을 확신하였다고 일어서서 표시한 사람이 100만 명이 넘은 교회 사상 최대의 하나님의 역사였다. 교회 사상 가장 놀라운 이 사건 이외에도 EXPLO'74와 관련해서 24가지의 '사상최대'들을 기록을 세운 집회였다. 그 중에 어떤 것은 5년 후에도 그 기록이 깨어지지 않았다.[1] EXPLO'74의 전도요원훈련으로 인해 1년 만에 100만 명의 교인이 증가하였으며, 다른 요인도 있겠지만 4년 만에 300만의 기독교인이 700만 명으로 성장하였다.[2] 그러나 EXPLO'74를 기획하여 추진하려고 할 때 74가지의 골리앗과 같은 불가능한 장벽

---

* CCC 원로 간사, 선교학 박사

1 김준곤 목사 제자들. 「나와 김준곤 목사 그리고 CCC」, (서울:순출판사, 2005), 510~511.
2 김준곤. 「CCC와 민족복음화운동」(서울: 순출판사, 2005), 227~228.

들이 있었다.

필자는 EXPLO'74가 골리앗과 같은 장벽들을 돌파하고, 사상 최대의 성공적인 대회가 된 것은 무엇보다 김준곤 목사가 기도의 중요성을 알고 자신이 기도에 전념하였을 뿐만 아니라, 기도최우선전략으로 기도운동을 추진하여 하나님께서 응답하시고 놀랍고 비밀한 일을 이루신 것이라고 믿는다.

성경에서 기도는 하나님 아버지께서 기도의 주체이시며, 성부 하나님은 자신의 영광을 위하여 기도를 만드셨다.[3] 성부 하나님의 사랑이 기도의 응답을 보장한다.[4] 우리의 기도의 힘은 하나님의 능력으로부터 비롯된다.[5] 성부 하나님께서는 그의 계획을 이루시기 위하여 세 중보기도자를 사용하신다. 첫 중보기도자는 성령하나님이다. 성령님은 기독교인 안에서 말할 수 없는 탄식으로 기도하실 뿐만 아니라 기독교인들에게 소원을 주시고 하나님의 뜻대로 기도하도록 도우신다.[6] 둘째 중보기도자는 기도하는 기독교인이다. 중보기도하는 기독교인이 성자 예수 그리스도의 이름으로 기도하면 셋째 중보기도자인 성자 예수 그리스도께서는 하나님아버지 보좌 우편에서 우리를 위하여 중보하시며 간구하신다.[7] 그러면 성부 하나님은 그 아들을 통하여 자신의 영광을 위하여 기도하는 자들에게 역사하신

---

3 요 14:13
4 롬 8:32
5 엡 6:10,11
6 롬 8:26
7 롬 8:34

다.[8] 그래서 하나님의 계획을 이루기 위하여 믿음으로 기도하는 기독교인들은 삼위일체 하나님과 긴밀하게 연결되어 있다[9]. 그리고 소수의 기도도 중요하지만 무한하신 하나님께 합심하여 기도하면 참가자들의 잠재력이 극대화되어 기도운동이 성장하게 되며, 하나님으로부터 더 초자연적인 역사를 기대할 수 있다.[10]

필자는 EXPLO'74를 위한 김준곤 목사의 기도와 기도운동를 추진한 기도의 사람들과 기도운동의 내용과 전략, 그리고 하나님의 기도응답과 역사하심에 대한 간증들을 살펴보고, 민족복음화를 비롯한 영적 운동을 추진하기 위한 기도운동의 원리들을 찾아보고자 한다.

2. EXPLO'74를 위한 기도와 기도운동

2.1. 김준곤 목사의 '민족복음화의 환상과 기도'와 민족복음화 선언

EXPLO'74 민족복음화의 비전은 12년 전 하나님께서 김준곤 목사에게 민족복음화라는 소원을 주셨다. 김준곤 목사는 일제 강점기와 6.25시대를 거치면서 공산당에 의해 그의 아버지와 아내가 죽어가는 현장에서 자신도 21번 이상 죽음의 고비를 넘겼다. 김준곤 목사는 하나님께서 살려만 주시면 민족을 위해 살겠다는 기도를 했

---

8 요 14:13
9 렘 33:2,3.
10 레 26:8

다.[11] 하나님께서는 1962년에 민족복음화라는 소원을 김준곤 목사에게 주셨고, 그 소원을 위해 매일 기도하게 하셨다.[12]

김준곤 목사는 1962년 2월 서울에 있는 모 기도처에서 매일 민족복음화를 위해 기도하면서, 지구상에 일찍이 완전한 기독교 국가란 존재하지 않는데, 세상의 종말이 오기 전에 한 민족쯤은 단 한 번만이라도 그들의 모든 것이 송두리째 그리스도께 바쳐지고 쓰여질 수 있도록 기도했다. 그때 기도했던 내용을 정리한 것이 '민족복음화의 환상과 기도'이다[13]. 또한 '민족의 가슴마다 피묻은 그리스도를 심어 푸르고 푸른 그리스도의 계절이 이 땅에 오게 하자'라는 구호는 민족복음화의 구호가 되었다. 이 기도와 구호는 교회마다 성도들의 입가에 유행처럼 번졌고, CCC 간사들과 대학생들과 나사렛형제들이 민족복음화의 꿈을 갖고 기도하였고, 민족의 입체적 구원을 위한 기도와 간절한 염원이 성령의 바람이 되어 누룩처럼 번져갔다.[14]

김준곤 목사는 1971년 1월 1일 CBS방송을 통해 민족복음화의 선언문을 발표하였다. 김준곤 목사는 그 선언문에서 "한국교회와 함께 지상과제(마 28:18-20)인 민족복음화를 위하여 비상한 헌신과 결심을 하고 싶다. 그리고 200만 기독교도가 총동원되어 전도로 민족의 혁명을 이룩하는 일보다 빠르고 좋은 남북통일의 길과 민족이 잘 사

---

11 강경규. "빌리 그래함과 대중전도운동" (석사학위, 총신대학교 일반대학원, 2018), 49-50.
12 김준곤. 『CCC와 민족복음화운동』 (서울: 순출판사, 2005), 496.
13 김준곤. 『CCC와 민족복음화운동』, 431-432.
14 김준곤. 『나와 김준곤 목사 그리고 CCC』, (서울: 순출판사, 2005) 118.

는 길은 없다고 생각한다"고 선언하였다. 그리고 "민족의 입체적 복
음화를 위하여 직장이나 기관에서 기도하는 그룹을 수만 개를 만든
다."[15]고 하였다. 민족복음화의 궁극적 목표인 민족의 입체적 복음화
를 위해 직장과 각 기관에 기도그룹을 만드는 것이 최우선 전략임을
알게 된다.

2.2. EXPLO'74를 위한 김준곤 목사의 믿음과 하나님의 뜻대로 기도하기

김준곤 목사가 미국 텍사스주 달라스시에서 개최된 EXPLO'72에
서 기독교인 30만 명에게 전도요원훈련을 하는 EXPLO'74를 한국
에서 개최하겠다는 선언을 하였다. 선언을 하게 된 배경에는 김준곤
목사의 하나님에 대한 믿음이 있었다. 민족복음화에 대한 비전을 품
고 기도해 왔던 김준곤 목사는 1971년 8월 1일부터 5일까지 대전 충
무체육관에서 한국 사상 최초, 최대 규모의 청년, 학생 1만 명에게 '
민족복음화운동 요원강습회'를 가진 바 있었다.[16] 이 대회를 통해 김
준곤 목사는 초자연적이며 전능하신 하나님에 대한 믿음을 갖게 되
었다. 그리고 미국 텍사스주 달라스시에서 개최된 EXPLO'72에서
배운 것을 한국에서 EXPLO'74때 적용할 준비가 되어 있었던 것이
다.

---

15 김준곤, 『CCC와 민족복음화운동』, 83-89.
16 김준곤, 『CCC와 민족복음화운동』, 501.

김준곤 목사는 1973년 늦은 가을에 EXPLO'74를 위한 기도와 전략을 모으기 위해 70 명의 CCC 간사들과 함께 리트릿(퇴수회)을 가졌다. 그런데 김준곤 목사로부터 전도훈련계획을 들은 간사들은 그 자리에서 골리앗과 같은 불가능한 이유 74가지를 말하였다. 김준곤 목사는 간사들의 반응을 듣고 그 순간 낙심과 실의에 빠졌다. 그때 성령께서 그에게 지혜를 주셔서 간사들에게 "여러분은 하나님께서 30만 명의 그리스도인을 훈련시키는 것을 기뻐하시리라고 믿습니까?"라고 물었다. 간사들은 "그렇습니다"라고 답변했다. 김준곤 목사는 "그 훈련이 하나님의 뜻이라면, 우리가 그의 말씀대로 무엇이든지 구하면 그가 들으신다는 것을 정말 믿습니까?"[17]라고 다시 물었다. 그리고 나서 김준곤 목사와 간사들은 잠깐 동안 하나님의 뜻과 그들의 믿음과 기도와 성령의 능력에 대해서 생각하는 시간을 가졌다. 그리고 그들이 믿음 없음을 회개하였다. 그리하여 70명의 간사들은 각각 하나씩 골리앗을 떠맡아서 기도하고 승리를 위해 싸우기로 하였다. [18]

2.3. 김준곤 목사의 민족을 향한 선지자적 안목과 부담의 기도

김준곤 목사는 느헤미야와 에스라선지자처럼 민족이 처한 영적, 정신적, 사회적 현상들과 사람들이 처한 형편들을 내다보는 선지자

---

[17] 요일 5:14,15
[18] 김준곤, 『CCC와 민족복음화운동』, 227.

적인 영적 안목을 가졌다.[19] 그리고 민족에게 미칠 위기와 고통을 내다보았다. 김준곤 목사는 예수 그리스도가 민족의 모든 영역과 직장과 개인의 모든 문제와 남북한 통일도 근본적으로 해결하는 길이요 진리요 생명임을 믿었다. 그는 민족복음화운동을 선언할 때 "민족의 가슴마다 피묻은 그리스도를 심어 이 땅에 푸르고 푸른 그리스도의 계절이 오게 하자!"라는 구호를 외쳤다. 그는 모든 사람이 예수 그리스도를 믿음으로 영생을 얻고 풍성한 삶을 살게 될 것을 믿었다[20]. 그리고 성령의 능력을 힘입어 새로운 예수 그리스도의 증인이 되어 예루살렘과 유대와 사마리아와 땅 끝까지 증거함으로 하나님의 나라가 도래 하리라 믿고 기도하였다.[21]

2.4. EXPLO'74를 위한 기도문과 기도목표를 위한 기도

1) 김준곤 목사의 EXPLO'74를 위한 기도문

김준곤 목사는 EXPLO'74를 위한 기도문을 만들어 자신이 기도하였을 뿐만 아니라 많은 사람들이 기도하게 하였다. 김준곤 목사의 EXPLO'74를 위한 기도문은 영문으로도 번역되어 국제 CCC 본부와 각 국가에서, 그리고 해외 참가자들이 기도하는데 사용되었다.

이 기도는 성경 시 33:2, 마 28:18~20, 겔 37장, 민 28:18~20, 행 1:8, 신28장을 근거로 하고 있으며, 김준곤 목사는 이 기도문을 다

---

19 느 1:2~11; 6:15; 8:1~18.
20 요 10:10
21 행 1:8

음과 같이 요약하였다. 1) 민족의 전 신도가 한자리에 한마음으로 모여 기도할 때 전원이 믿음으로 특별하게 성령충만을 받는 민족성회로 삼으소서(제2의 오순절). (2) 전 신도 정예화 수련과 전도하는 제자훈련을 받는 기회가 되게 하소서. (3) 전 신도 총동원 단합하여 서울시를 총집중 전도하게 하소서. (4) 전 민족 신자화운동이 전략, 단합행동개시의 기회로 삼게 하소서(제2의 이스라엘화) (5) 한국에서 폭발하는 아시아 주도의 제2의 사도행전이 시작되게 하소서. 6) 크리스천 사랑과 봉사의 정신을 몸으로 실천하는 기회로 삼으소서.

2) EXPLO'74 사무국의 15가지의 사업 계획과 기도목표[23]

EXPLO'74 사무국(국장 전규대)에서 세운 15가지 사업 계획은 EXPLO'74 대회를 위한 중요한 필요들이었다. 이것은 하나님께 구하는 중요한 기도의 목표가 되었다. 기도의 목표가 분명하고 구체적일 때 우리는 하나님의 응답을 측정할 수 있다.

1) 참가인원: 핵심요원 10만 명과 일반 참가자 20만 명, 2) 참가범위: 전국에서 선정된 자, 일반 참가자 및 외국인. 3) 교육방법: 대학생선교회에서 시행하는 엘.티.아이(L.T.I) 4) 숙소방법: 핵심 요원 10만 명은 여의도에 집중 수용 방법과 절반씩 나누어 여의도와 인근 학교 분산 수용 방법을 택할 것이며, 일일 참가자는 자가 숙소를 원칙으로 한다. 5) 교육교재: 엘.티.아이(L.T.I) 교재를 사용하고 교

---

22 김준곤 목사의 "EXPLO'74를 위한 기도문"은 당시 기도제목이 적힌 문서를 참고한 것이다.
23 이 사업계획은 EXPLO'74 사무국에서 작성한 것이다.

육 교재대는 실비로 징수한다. 6) 수송방법: 철도, 버스 및 기타 교통수단을 이용한다. 7) 동원계획: 본 간사가 핵심 요원을 신청하며, 교회, 학교 등을 통하여 일반 참가자도 동원한다. 8) 이동방법: 시내 이동은(대회장) 시내버스, 일반 승용차 및 전세 버스로 이동하며 근거리는 도보로 이동한다. 9) 출판방법: 위탁 인쇄 배부한다. 10) 홍보계획: 신문, 라디오, 텔레비전 및 브로슈어로 홍보하며 추진 계획을 세운다. 11) 외국인: 호텔에 집중 수용하고 호텔 별로 집단행동 교육한다. 12) 참가자 대우: 모든 참가자는 교통, 숙식 및 교재는 각자가 부담한다. 단, 핵심요원 10만 명은 숙식만을 제공한다. 13) 진료봉사: 전 서울 지역을 대상으로 집중 진료 봉사활동을 실시한다. (국내 진료반, 외국인 진료반) 14) 금식운동: 이웃돕기 운동의 하나로 금식운동으로 이웃을 돕는다. 15) 가두행진: 마지막 전날 밤에는 가두 대 행진을 실시한다.

2.5. EXPLO'74 기도분과위원회 조직과 전략적인 기도 사역

김준곤 목사는 1973년 서울 여의도 광장에서 100만 명이 모이는 빌리 그래함 대중전도운동의 준비위원장으로서 현장을 보면서 빌리 그래함의 기도와 기도운동을 배우게 된다. 빌리 그래함은 하나님의 말씀을 붙잡고 기도하는 기도의 사람이었다. 빌리 그래함은 부흥의 비결과 성공적인 사역을 하기 위해 첫째도 기도, 둘째도 기도, 셋째도 기도라고 했다. 그는 기도의 중요성을 알았고 대중전도운동을 준

비하면서 철저하게 기도했으며 중보기도를 부탁했다.[24]

그래서 김준곤 목사는 EXPLO'74의 성공적인 열매를 거두기 위하여 기도를 최우선전략으로 삼고, 더 많은 기도와 기도운동으로 준비하였다. 김준곤 목사는 EXPLO'74 대회 준비분과위원회를 조직하면서 34개의 분과위원회 중 기도분과위원회를 첫 번째로 두어 활동하도록 하였다. 기도분과위원회의 조직과 사업계획 및 구체적으로 실행한 사역들은 다음과 같다.

1) 기도분과위원회 조직: 위원장은 이기혁 목사이며, 10명의 실행위원들과 50명의 기도분과위원 총 61명으로 구성하였으나 그 후 121명으로 확대되었다.

2) 기도분과 위원회의 사업 계획은 네 가지를 중점 추진하였다. 첫 번째 사업은 위원회 조직이었으며 '73년 9월20일부터 10월10일까지 추진하였다. 조직으로는 위원장 1명, 실행위원 10명, 위원 50명이다. 조직방법은 서울을 30구역으로 분담하고, 매 구역에 2명을 선정하며, 교인수 비례하여 선정한다. 임원회는 조찬 기도회 1회, 임원회 3회, 실행 위원회 7회 개최한다.

기도분과위원회의 첫 실행위원회는 1973년 11월 12일 (월요일)에 한국대학생선교회 회관에서 개최되었다. 기도분과위원들은 EXPLO'74의 역사적 사명을 인식하고, 살아계신 하나님께 기도할 때 하나님께서 응답하시고 역사하실 것을 믿고, 교회를 순회하면서

---

24 강경규, "빌리 그래함과 대중전도운동" (총신대학교 일반대학원 석사학위논문, 2013), 75.

기도회를 개최하고, 그 기도회의 강사로 섬기며, 기도를 동원하였다.

둘째 사업은 대회를 위한 "기도"후원을 요청하는 공문발송을 '73년 10월 20일까지 하는 것이다. 공문 발송은 대회장 명의로 하고, 공문 작성은 위원장 협력 하에, 각종 기도회 협조를 요청하며 주보에 요청 기도문을 싣도록 한다.

이 계획에 따라 1974년에 6.25를 상기하면서 EXPLO'74를 위해 기도운동을 전개해 줄 것을 요청하는 공문을 각 지구위원장과 각 지구 담당 간사에게 보냈다.

또한 '74년 2월 23일 부흥사를 통한 기도운동 추진을 의뢰하는 공문을 발송하였다. 그 내용은 EXPLO'74 집회 기간 중 하루를 택하여 민족복음화 메시지를 전하고, 부흥회를 개최하는 교회의 일정을 알려 주면 그 일정을 EXPLO'74광고지에 광고해 주기로 하였다. 부흥사는 부흥회를 인도하는 교회에서 EXPLO'74 메시지를 전하여, 성도들이 기도작정서를 작성하게 하고, 정한 시간에 기도하도록 하였다.

셋째 사업은 각종 기도회를 '74년 2월부터 4월까지 실시하는 것이다. 기도회 종류는 가정, 구역, 직장, 학교, 주일예배, 3일 예배, 교회 각 기관에서 하며, 기도 카드를 2월말까지 제작, 전국 성도 및 기독학생과 기독 장병에게 배부하고, 성경 갈피에 잘 소지 할 수 있게 제작하며, 기도 했다는 점검을 하는 것이다.

넷째 사업은 개 교회별 순회 기도회를 300교회 목표로 '74년 5월부터 6월까지 한다. 이를 위해 서울을 30구역으로 분담하며, 1구역에 10교회를 선정 순회하며, 선정된 교회를 중심으로 하여 인접된 교회 연합 기도회로 모인다. 강사는 기도 분과위원으로 하며, 주제는 "EXPLO'74 헌신의 밤", 기도회 모임은 목요 기도회를 한다.

2.6. EXPLO'74 교역자분과위원회의 서울시 각 구별 조, 석찬기도회

EXPLO'74를 위해 서울시는 대회 개최지이며 수도였다. 서울시 소재 교회의 목회자들은 전도와 동원을 위해 전략적으로 중요하였다. 교역자분과 위원회 위원장 황금천 목사 (간사 김용해)는 EXPLO'74의 교역자 분과위원회의 사업계획을 수립하였다. '73년 9월부터 '74년 8월까지 10개월에 걸친 사업 계획에서 기도회가 주요 활동이었다. 기도와 관련된 활동 계획을 보면 첫째, 부흥사 조찬기도회 준비를 돕는 공문을 발송한다. 둘째, 교역자분과위원회는 교역자들이 아침 식사시간과 저녁 시간을 활용하여 조, 석찬 기도회를 가진다. 중앙위원 조찬기도회 1회, 서울시내 교역자 조, 석찬 기도회는 구별로 조직하여 기도하였다(용산구, 마포구, 동대문구, 성북구, 도봉구, 종로구, 중구, 서대문구). 여교역자 석찬기도회는 영등포구, 관악구에서 가진다. 이처럼 목회자들은 각 교회의 목회활동이 있음에도 연합하는 정신으로 EXPLO'74를 위해 조찬 또는 석찬시간을 내어 기도에 헌신하였다.

2.7. EXPLO'74 전도대회장에서의 합심기도회, 현장기도회 및 철야기도회

EXPLO'74 대회 전날에는 전국에서 모인 10만 명이 현장에서 합심기도회를 가졌다. 이중에 2만 명이 철야기도에 참여했다.[25]

매일 대회 순서가 진행되는 동안에는 대회 무대 뒤에서 현장 기도회가 진행되었다. 중보기도자들이 그곳에 모여 순서를 맡은 자들을 위해, 하나님의 임재와 역사하심을 위해 간구하였다.

EXPLO'74 대회 기간에 매일 철야기도회가 밤 10시부터 익일 오전 4시까지 진행되었다. 철야기도회 참가자는 연 143만 명이다.

표1: 철야기도 참가인원[26]

8/13	8/14	8/15	8/16	8/17	8/18	계
110,000	20,000	20,000	600,000	500,000	–	연1,430,000

이 철야기도회는 한국부흥사협회 70 여명의 부흥사들이 합숙하면서 인도하였다.[27] 매일 철야 기도회에 기도의 폭탄이 터졌다. 폭우가 쏟아지는 여의도광장에서 수십만 명의 사람들이 여섯 시간 동안 선 채로 주님 앞에 기도를 드렸다. 사람들마다 "나의 기도의 제단에 불이 꺼졌습니다."라고 회개와 성령의 불을 사모하며 간구하였다.

---

25 강경규, "빌리 그래함과 대중전도운동", (석사학위, 총신대학교 일반대학원, 2018), 54.

26 강경규, "유성 김준곤의 민족복음화운동에서 민족과 복음 관계연구" (박사학위, 총신대학교 일반대학원, 2022), 104

27 김준곤, 「나와 김준곤 목사 그리고 CCC」 (서울: 순출판사), 353.

2.8. 유성 김준곤의 민족복음화운동에서 민족과 복음 관계 연구

기도에 대한 관심은 하나님이 기도를 통하여 일하시는 것을 볼 때 자라난다. 사도행전에는 교회가 기도하고 있는 동안 하나님이 베드로를 갇혀 있는 감옥에서 풀어 놓으셨고, 베드로는 교회에서 기도하는 사람들에게 찾아가 기도의 결과를 알게 한다.[28] 지도력의 중요한 역할 가운데 하나는 기도하는 사람들에게 기도의 결과를 알리는 것이다.[29]

김준곤 목사는 EXPLO'74를 통해 전도의 열매와 교회 성장을 측정하려는 의도를 가지고 있었다. EXPLO'74 전과 후에 교회가 얼마나 성장하게 되었는지 그리고 전도의 열매를 파악하기 위해 1,000명의 학생조사요원을 보내어 조사하였다. 이를 통해 구체적인 교회 성장을 측정하였다. 또한 EXPLO'74의 사업별 목표를 위한 기도에 대한 결과도 통계상으로 측정하였다. 이런 기도에 대한 응답과 결과를 추적 측정함으로써 하나님께 찬양과 영광을 돌렸으며, 아울러 대회 참여자들과 기도했던 교회와 성도들이 하나님께 영광과 찬양을 돌렸으며, 기도의 힘과 중요성을 깨닫게 하였다.

1) 김준곤 목사의 EXPLO'74의 하이라이트에 대한 간증

1995년 5월 17일~5월 25까지 서울에서 있은 세계선교대회 '95

---

28 행 12:1~10
29 한국대학생선교회. 기도운동지도자세미나. (서울: NLTC) 103

(GCOWE II)는 전 세　계 165개국 4,500여 명의 지도자가 참석하였

는데. 김준곤 목사는 대표단 환영사에서 EXPLO'74에 관해 다음과

같이 간증하였다.[30] "EXPLO'74의 하이라이트를 말씀드리겠습니

다. 1974년 8월 13~18일 까지 여의도광장에서 개최되었는데, 1) 우

리는 50만 권의 전도 훈련 교재를 배포했고, 2) 323,419명이 리트

릿 훈련에 등록을 했습니다. 그들은 5,000개의 공립학교 교실과 가

정집에서 먹고 잤습니다. 8만 명은 여의도 광장 천막에서 잤습니

다. 우리는 (세계 역사상 가장 큰) 밥솥 20개를 사용했습니다(한 솥에 사람

이 40명 한꺼번에 들어갈　만큼 큰 밥솥). 3) 우리는 TV를 포함한 모든 대

중 매체를 동원했습니다. 74년 한국의 10　대 뉴스 가운데 하나로

EXPLO'74가 선정되었습니다. 4) 우리는 남한 전역을 422개 지역으

로 나누었으며 거의 90%의 교회가 참여했습니다. 5) 여의도 광장은

한국의 20세기 영적 부흥을 위한 오순절 스타일의 영적 초점의 자

리가 되었습니다. 6) 저는 EXPLO'74의 영향력을 조사해 보았는데,

교회 출석은 334퍼센트가 증가되어 100만 명의 성도가 늘어났습니

다. 헌금은 64퍼센트가 증가되었는데, EXPLO'74 전에 교회는 매년

10~12퍼센트 정도 성장하고 있었습니다. 7) 2년간의 준비 기간 동

안 철야기도 금식기도 24시간 연쇄기도가 계속되었습니다. 18만 명

의 기독교인들이 기도순을 조직해 기도했습니다. 8) 31,000명의 순

장들이 훈련 간사 및 동원가가 되었습니다. 9) 기도로 극복해야 할

---

30 김준곤, 『한국 기독교 21세기 운동 비전과 계획』(서울: 순출판사), 465-467

장애물(우리의 골리앗과 홍해)이 74개가 있었습니다. 10) 시골 기독교인들은 (안드레운동) 서울의 불신자들을 위해 서울의 기독교인들은 시골의 불신자들을 위해 기도하며 자신들의 집으로 초대했습니다. 참가자들은 자신들이 기도해 온 불신자들을 입양했습니다. 11) 다목적 집회 ⑴ 밤에는 철야를 해가며 50만~70만 명의 사람들이 전 민족 구원을 위해 기도했습니다. ⑵ 낮에는 31,000명의 사람들이 323,419명의 등록한 순원들을 훈련시켰습니다. ⑶ 저녁 시간에는 전도 집회를 개최했는데 100만에서 160만의 사람들이 참석했습니다.

2) 빌 브라잇 박사의 간증 (기록을 세운 집회)

EXPLO'74 주강사였던 빌 브라잇 박사는 EXPLO'74가 교회 사상 가장 놀라운 최대 사건이었다고 말하였다. 그는 김준곤 목사께서 24가지의 또 다른 '사상 최대'들을 말해 주었다고 말한다. 1) 하루 저녁에 최대의 결신자가 생겼다. 2) 교회 사상 최대의 철야기도 집회였다(철야기도회가 6일 밤 계속되었는데, 매일 밤 수십만 명이 참석했다). EXPLO'74 전야에 열린 부녀자 기도회에서는 약 100만 명의 여성들이 기도하기 위해 모였다. 이날 밤 에 아내 보넷이 말씀을 증거하였다. 3) 한 번에 사상 최대의 그리스도인들이 성령 충만을 받았다(150만 명의 참석자 가운데 대략 70퍼센트가 성령 충만을 확신하였다). 4) 한 번에 사상 최대의 그리스도인들이 지상명령 성취를 위해서 그들의 삶을 헌신했다(마지막 날에 모인 65만 명 가운데 90퍼센트가 헌신을 표시하였다). 어떠한 사람들도, 어떤 단체들도 EXPLO'74에서 일어난 것들을 결코 이룰 수는 없을 것이다. 모든 영광과 찬양은 오직 하나님께 돌려야만 합니다.[31]

3) EXPLO'74에서 예상치 못한 문제들을 만난 사역자들의 간증

(1) 김준곤 목사: 강사 겸 국제대회장으로 빌리 그래함에게 위촉하여 승인을 받았는데, 갑자기 강사로 오는 계획이 취소되었다는 통보를 받고 크게 당황하였다. 1973년 빌리 그래함 전도대회의 준비위원장으로 섬겼던 김준곤 목사는 빌리 그래함 목사에게 EXPLO'74대회의 주강사로 섬겨 주도록 요청하여 허락을 미리 받았던 것이다. 그런데 무슨 이유인지 강사를 취소한다는 통보를 받았던 것이다. 그리하여 크게 당황하고 낙심했던 김준곤 목사는 하나님께 기도하였을 때, 하나님은. "너는 나를 의지하느냐? 빌리 그래함을 의지하느냐?"라고 책망하셨고, 그때부터 김준곤 목사님은 오직 하나님만을 전적으로 의지하였다.

(2) 두상달 장로: 그가 EXPLO'74 배식과 숙소 배정을 담당하였는데, 밀려오는 군중 속에서 인간의 한계를 절감했다고 한다. 모두가 여의도에 가까운 장소를 달라고 아우성이었다. 대회 첫날 구름 떼처럼 밀려드는 군중들 속에서 인간의 한계를 느껴 두 손을 들고 하나님 앞에 목 놓아 통곡했다. 학교별로 배당된 빵들을 운전수들이 빼

---

31 김준곤 목사와 그의 제자들. 『나와 김준곤 목사 그리고 CCC』, (서울: 순출판사), 510~511.

돌려 팔아먹고 배달을 안 하므로 참가자들이 지치고 배고파 쓰러져 누워있는데 볼 수 없다고 캠퍼스의 총순장들이 진행본부에 항의하였다. 여의도광장에 비가 많이 내려 천막촌은 완전히 물바다가 되어 난리를 치르기도 했다. [32] 수천 개의 텐트가 땅바닥(그 당시에는 포장이 안 되어 있는 상태)에 쳐졌으나 물이 차올라 그 안에 들어갈 수가 없었다. 전 순장들은 진행본부에 둘러서서 폭우 속에서 하나님께 울부짖으며 큰 소리로 기도하였다. 드디어 비는 그치고 집회는 순조롭게 진행되었다. [33]

(3) 서일영 장로: 여의도 천막촌에서 물도 준비되지 않았다는 등 거의 데모가 일어날 정도로 간사들의 신경이 극도로 악화되어 불평하는 간사들의 이야기를 들으면서 김준곤 목사는 괴로워했다. 그러나 서일영순장은 실제로 95퍼센트는 준비가 되어 있으니 마무리만 속히 하면 될 것이라고 하여 분위기가 반전되었다. [34]

(4) 김장환 목사: 김준곤 목사가 EXPLO'74를 준비하면서 집회 장소로 여의도광장을 당국에 신청을 했으나 거부당하였다. 당시 군사정권으로 여의도광장에서 대규모 집회가 열리면 데모로 이어질 염려가 있어 사용허락이 불가능했던 것이다. 정말로 다급해진 김준곤 목사는 김장환 목사에게 부탁을 하였고, 김장환 목사는 안기부에 있

---

32 김준곤 목사와 그의 제자들, 『나와 김준곤 목사 그리고 CCC』, (서울: 순출판사), 120.
33 김준곤 목사와 그의 제자들, 『나와 김준곤 목사 그리고 CCC』, 265~266.
34 김준곤 목사와 그의 제자들, 『나와 김준곤 목사 그리고 CCC』, 165.

는 선배로서 교분이 있는 분에게 연결하여 김준곤 목사가 직접 설명을 함으로써 사용 허가를 받을 수 있었다.

(5) 정인수 목사: EXPLO'74대회가 진행되던 8월 15일 정부에서 거행한 8.15광복절 행사에서 육영수 대통령 영부인께서 재일교포 문세광의 흉탄에 저격당하였다, 8월 18일에는 저녁집회를 마치고, 신문지를 덮어쓰고 비를 맞으며 기도하던 80여세 되는 할머니가 청소차에 치여 사망하는 교통사고가 발생하였다. 이 사고는 당시 EXPLO'74를 비난하는 언론들로부터 비판받을 것으로 우려하였다. 그런데 할머니의 가족들이 언론과 인터뷰를 하면서 "우리 어머님은 평소에 기도하는 중에 하나님 앞에 가는 것이 소원이었어요. 하나님께서 어머니의 기도를 들으시고 이렇게 기도하시면서 하나님께 가신 것 같아 감사합니다"라고 말하여 언론이 잠잠하였다."고 한다.[35]

29. EXPLO'74 기도운동의 원리들

1) 하나님 아버지께서 한국에서 그의 문화명령과 지상명령인 민족복음화를 성취하시려고 김준곤 목사와 같은 하나님의 사람들을 섭리하시어 민족복음화와 세계복음화의 비전을 주시고 성령의 역사하심을 좇아 기도하게 하신다.

---

[35] 정인수 목사는 EXPLO'74 당시에는 충남지역의 한 고등학교 교사로 근무하면서 참가자 동원에 힘썼으며, 후에 CCC전임 간사로 지원하였고, 김준곤 목사의 비서실장을 역임하기도 하였다.

2) 골리앗과 홍해와 같은 수많은 불가능한 장벽들도 하나님의 뜻대로 기도하면 돌파하도록 응답하신다. 성경에서 기도에 대한 하나님의 약속들을 믿고 기도하면 전능하시고 무한하신 하나님께서는 어떤 불가능도 가능케 하신다.

3) 영적 지도자 또는 기도운동지도자는 하나님의 관점과 마음으로 민족과 사람들이 처한 형편을 보고 금식하며 기도하는 것이 필요하다. 사람의 근본적인 변화는 예수의 생명으로 거듭나야 하며, 이는 성령의 역사로 되는 것임을 확신하고 하나님께 합심하여 기도하며 전도운동을 전개할 때 가능하다.

4) 전도요원훈련 목표와 EXPLO'74사업목표 등을 구체적으로 세워 간구하였듯이 기도 할 때 기도의 목표를 분명하게 정하고 구체적으로 간구하여야 한다.

5) EXPLO'74 기도분과위원회를 조직하여 다른 분과보다 최우선으로 두었으며, 전국적으로 전략적인 기도운동을 추진하였다.

(1) 기도사업을 위해 목회자를 중심으로 기도위원회를 조직하여 운영하였다.

(2) 기도동원을 위해 기도문, 기도카드, 기도목표 및 기도제목들을 만들어 참여하는교회와 성도들, CCC네트워크에 배부하여 기도하게 하였다..

(3) 한국부흥사협회와 협력관계를 맺어 70여명의 부흥사들이 부흥회를 개최하는 교회마다 중보기도를 하게 하였고, 대회 진행기간 동안 철야기도를 인도하게 하였다.

(4) CCC 각 지구에서 6.25를 기념하여 민족을 위한 기도와 EXPLO'74를 위해 기도하도록 지도하였다.

6) 교역자 기도회, 직장 및 일터 소그룹 기도, 연쇄기도, 금식기도, 합심통성기도, 철야기도, 조.석찬 기도회, 교회 순회 기도회 등 다양한 종류의 기도방식을 통하여 기도함으로 기도하는 자와 교회와 대회 현장에 성령의 임재와 역사하심으로 큰 열매를 맺게 되었다.

7) 기도한 제목에 대한 응답 추적과 간증들을 수집하여 하나님께 영광과 찬양을 돌렸다. 이를 통해 기도한 성도와 교회 및 사역자들에게 기도의 힘을 깨닫게 하고 믿음의 기도를 강화시켰다.

3. 맺는말

EXPLO'74를 통해 하나님께서 한국교회와 우리 민족에게 엄청난 영적 부흥과 성장을 부어주셨다. 하나님께서는 그의 은총과 역사하심을 간절히 사모하며 기도를 했던 한국교회에 부흥 성장은 물론 한국 사회의 모든 영역에서 하나님의 나라와 뜻이 임하도록 하셨다.

하나님께 모든 영광과 찬양과 감사를 드리자!

2024년은 EXPLO'74 희년의 해이다. 민족복음화운동을 주창하셨던 유성 김준곤 목사가 소천하신지 15주년이 되는 해이기도 하다. 유성 김준곤 목사가 온 마음을 다하여 추진하였던 민족복음화운동과 세계선교운동은 하나님의 은혜와 역사로 한국교회와 사회 영역뿐만 아니라 국제적으로 선한 영향을 미치고 있다.

그러나 안타깝게도 1990년대부터 성장하던 한국교회는 쇠퇴하고 있으며 위기를 맞고 있다. 2015년의 정부 인구통계조사결과 개신교인수는 890여만 명이었으나 2023년 한국기독교목회자협의회가 한국갤럽에 의뢰해 2023년에 2월부터 11월까지 조사한 발표에 의하면 개신교인수는 771만 명(인구 5,143만 명의 15.0%)으로 약 200만 명이 감소하였다.[36] 그 중 교회 출석자는 545만 명이며, 교회에 출석하지 않고 있는 기독교인(가나안성도)은 226만 명으로 29.3%를 점한다. 이는 코로나 19 이전에도 가나안성도가 있었으나 코로나 19 팬데믹 기간에 실시한 비대면 예배로 인해 가나안성도가 더 증가하였다. 특히 청년들과 청소년들의 출석이 크게 감소하고, 예장 통합교단은 주일학교가 없는 교회가 전체 교회의 65%를 점하고 있다.

한국 사회도 경제와 군사와 문화 등 각 방면에서는 세계적인 강국으로 성장하였다. 그러나 지금 지구촌과 한국의 사회에서는 교회와 하나님을 대적하는 사탄 마귀의 지배를 받고 있는 각종 세력들 (마르

---

36 기독일보. 한국 개신교인 수 771만 명 추정...'가나안성도'226만 명. 2023년 3월 3일자

크스-레닌주의, 세속적 인본주의, 이슬람교, 뉴에이지, 포스트모던주의 등이다)과 생·사가 걸린 영적 전쟁, 세계관 전쟁을 하고 있다.[37]

우리 사회는 지금 정치권의 이념적인 충돌, 남북한 간의 군사적 대립과 긴장, 차별금지법과 동성애 합법화 추진, 미혼모 증가와 낙태 증가, 세계 제1의 저조한 출산율과 결혼 기피현상, 이혼율 증가, 각종 범죄지수의 증가와 도덕 윤리의 저하, 마약과 알콜 중독, 이단들의 발흥 등으로 영적, 사회적, 윤리적으로 어두운 사회가 되고 있다.

한국의 4500만 불신자들과 북한의 2400만 주민들은 창조주요 구원자이시며 심판자이신 삼위일체 하나님을 모른 채 방황하고 있다. 하나님의 사랑과 성자 예수 그리스도의 대속과 부활 영생의 복음, 하나님과 화목과 하나님의 자녀가 되는 특권을 주시는 복음을 모른 채 사탄과 죄와 죽음과 세상의 종노릇을 하고 있으며 영원한 지옥으로 가고 있다. 세상을 변화시켜야 할 교회와 기독교인은 세속적인 세계관과 사상의 영향을 받아 영적으로 침체되고 있으며, 사람들의 신뢰를 높게 받지 못하고 있다.

EXPLO'74를 준비하면서 유성 김준곤 목사와 기도분과위원들과 수많은 교회 목회자들과 기독교인들이 기도와 기도운동을 추진함으로 하나님께서 사상유례가 없는 놀랍고 비밀한 역사를 보이셨으며, 우리에게 중요한 기도와 기도운동의 원리들을 가르쳐 주셨다.

---

37 데이빗 A. 노에벨, 『충돌하는 세계관』, (서울: ㈜더씨티와이북스, 2017). 17.

하나님께서는 지금 이 민족과 세계와 사람들이 처한 형편을 하나님의 안목으로 보고 부담을 갖고 기도하는 한 사람을 부르신다.[38] 하나님께서 기독교인들을 그의 자녀요,[39] 택하신 족속이요, 왕 같은 제사장이요, 거룩한 나라요, 그의 소유된 백성으로 삼으시고 그리스도의 아름다운 덕을 선포하도록 하셨다.[40] 창조주시며 전능하신 하나님 아버지께서는 그의 영광을 위하여, 이 땅에 그의 나라와 뜻이 이루어지도록 기도하면 응답하여 주신다.[41]

이 시대 한국교회의 목회자들과 기독교인들은 민족의 영적 부흥과 복음화와 복음통일, 나아가 세계복음화를 위해 기도하고 금식하며 헌신하는 결단이 필요하다. 그리고 기도와 믿음의 사람이 되고, 기도최우선전략으로 기도운동을 추진할 때 하나님께서 신실하게 응답하시고 놀랍고 비밀한 일들로 역사하실 것이다.

그리하여 이 시대의 목회자들이 다음 세대에게 위기와 침체를 극복한 새로운 영적 부흥과 그리스도를 닮은 성숙한 한국교회의 모습, 세상 모든 영역에 주님이 다스리는 하나님 나라가 이루어지고, 열방을 섬기는 제사장직을 수행하는 선교적 나라를 물려주게 될 수 있기를 간절히 소망한다.

---

38 느 1장
39 요 1:12
40 벧전 2:9
41 마 6:33

참고문헌

강경규. "빌리 그래함과 대중 전도운동". 석사학위논문, 총신대학교 일반대학원, 2018.

강경규. "유성 김준곤의 민족복음화운동에서 민족과 복음 관계 연구", 2022.

김준곤. 『CCC와 민족복음화운동』. 서울: 순출판사, 2005.

김준곤. 『리바이벌–금식기도의 실제적 지침서』. 서울: 순출판사, 1998.

김준곤 목사 제자들 엮음. 『나와 김준곤 목사 그리고 CCC』, 서울: 순출판사, 2005.

데이빗 A. 노에벨. 『충돌하는 세계관』, 서울: ㈜더씨티와이북스, 2017.

벤 제닝스. 『기도의 아레나–세상에서 가장 큰 특권의 비밀–기도를 배우기』, 서울: 순출판사 2022.

한국대학생선교회. "기도운동지도자세미나–참석자용". 서울: 새생명훈련센터 (NLTC)

EXPLO'74 희년대회. CCC나사렛형제들 세계성시화운동본부. "EXPLO'74 회고와 전망". 서울: 2023.

EXPLO'74와 대학복음화 운동

정봉현 [*]

1. 서론

김준곤 목사는 1958년 11월 정동 제일감리교회에서 한국대학생선교회 창립 예배를 드리며 한국대학생선교회(Campus Crusade for Christ, CCC)를 설립했다. 1970년 서울대학교 수원 캠퍼스에서 열린 '민족복음화 운동요원 강습회'를 기점으로 CCC는 민족복음화 운동을 시작했다. 1971년 1월 1일 0시 제야의 종소리가 울리자, 김준곤 목사는 기독교방송(CBS)을 통해 "민족의 가슴마다 피 묻은 그리스도를 심어 이 땅에 그리스도의 계절이 오게 하자"라는 민족복음화 운동의 목표를 공식 선언했다.[1]

1972년 김준곤 목사는 미국 댈러스에서 열린 EXPLO' 72에 참석하여 EXPLO'74 대회의 한국개최 의견을 동역자인 윌리엄 브라이트 박사에게 전달했다. 그는 귀국 후 CCC에 결단을 알렸지만 반대 의견이 나왔고, 일부 사람들은 'EXPLO'74를 개최할 수 없는 100가지 이유'를 제기하며 반박했다. 하지만 김준곤 목사는 모든 반대 이유

---

[*] 전남대학교 명예교수, CCC 전문인 간사.
[1] https://ko.wikipedia.org/wiki/엑스폴로_74

에 공감을 표시하고, 세상의 이유보다 '오직 하나님께서 행하신다'라는 믿음으로 진행하자고 주장했다. 결국 CCC를 중심으로 진행하려는 뜻을 말했고, CCC 구성원들이 동의하여 1973년에 EXPLO'74 준비 과정에 들어갔다.

EXPLO'74는 1974년 8월 13일부터 8월 18일까지 5.16 광장(현 여의도공원)에서 개최된 한국 기독교 역사상 최대규모의 부흥 대성회였다.[2] '예수혁명 · 성령의 제3폭발'이라는 제목으로 세계 CCC 총재인 빌 브라이트 박사를 위시한 국내외 저명인사들이 강사로 초빙되었다. 대회에는 세계 90여 개국으로부터 3천여 명이 참가하는 등 세계적 전도 집회였다. EXPLO'74는 일회성 집회가 아니었고, 전도요원 훈련 합숙 프로그램이 진행되었으며 대회 후에, 한국교회에 크게 활용되었다. 이를 계기로 소그룹 성경공부(Group Bible Study. GBS)가 대학생 선교단체와 교회로 확산하였고, 대형집회와 함께 일대일 성경공부와 소그룹 성경 공부가 통상적인 교회 선교 활동으로 정착했다. 교회 청년부와 대학생 선교단체들이 GBS를 주도하여 대학복음화의 토대를 구축했다. KCCC가 발간한 사영리와 성령 소책자는 캠퍼스 선교의 중요한 도구였고, 이를 이용해서 전도 훈련을 하며 순모임을 통하여 GBS를 대학에서 발전시켰다. EXPLO'74 대회 기간에 1일 420만 명 이상에게 전도하여 274만 명 이상 결신하는 최대 전도 결실이 있었다. EXPLO'74 대회 150만 명의 참석자 중에 약 70%가 성

---

2 https://ko.wikipedia.org/wiki/엑스폴로_74

령 충만을 확신했다.[3]

상기한 EXPLO'74는 한국교회 평신도 운동의 토대를 제공하고 교회연합운동의 발판을 마련했다. 국내외적으로 대중전도운동과 교회 성장의 기반을 조성했고, 한국교회를 결집하여 민족복음화 운동과 세계 선교 운동의 저변을 확대하는 결과를 가져왔다.[4]. 따라서 EXPLO'74는 한국 대학복음화 운동의 기반을 제공하고, 캠퍼스 선교운동의 저변을 확대하며, 대학생 대중전도운동과 세계 단기선교를 확장하는 계기를 마련했다. 따라서 논문의 목적은 대학 복음화를 기본적으로 고찰하고, EXPLO'74 대회를 전반적으로 파악하여 EXPLO'74가 대학복음화에 미친 내용과 영향들을 전반적으로 제시하는 데 있다. 중요한 논문 내용들은 대학복음화의 기본 이해, EXPLO'74의 전반적 개요, EXPLO'74와 한국의 대학복음화 운동 등으로 구성되고 있다.

2. 대학복음화의 기본 이해

2.1. 대학복음화의 개념

대학은 고등교육을 베푸는 기관이다. 대학에서는 국가와 인류사회 발전에 이바지하는 학술이론과 응용 방법을 교수하고 지도자적

---

3 한국컴퓨터선교회: http://kcm.kr/dic_view.php?nid=39832
4 박응규, 엑스폴로 74와 한국교회사적 의미, 엑스폴로 74 희년 학술대회 발표논문집, CCC 나사렛 형제들 · 세계성시화운동본부, 분당 지구촌교회, pp.10~12, 2023.10.21

인격을 완성한다. 이러한 대학은 전문학교, 교육장소 및 연구기관의 기능이 있다. 대학에서는 학문의 전당, 고급 인력의 양성 장소, 비판적 사고능력의 배양 장소 및 지도자적 인격의 양성 장소의 사명들이 있다.[5]. 대학의 중요한 구성원들은 교원, 직원과 학생들이나, 학생들은 대학 교육의 기본대상이며 교수는 대학 운영의 핵심 주체이다.

복음(Gospel)은 '좋은 소식'으로 특히 예수 그리스도를 통한 구원의 기쁜 소식을 의미한다. 복음은 헬라어 '유앙겔리온(euaggelion)'에 해당하는 단어로서 원래 '전쟁의 승리를 알리는 자에게 주어진 보상, 승리 자체의 메시지를 의미하는 좋은 소식'이었다.[6] 사도 바울은 '복음은 유대주의를 규정하는 규례나 율법과 독립되는 예수 그리스도의 죽음을 통하여 주어진 하나님의 구원'을 뜻한다고 보았다. 기독교의 가르침을 보면, 예수님의 탄생, 삶, 죽음, 부활과 가르침 자체가 기쁨이며 복음이다. 사도 바울은 '자기 사명이 하나님 은혜의 복음을 증거하는 일'이라 고백했다.[7] '복음이 모든 믿는 자들에게 구원을 가져다주는 하나님의 능력이며, 하나님의 공의가 나타난다'고 말했다.

복음화란 복음이 선포되어 대상 및 공간이 복음으로 정복되고 지배되는 상태를 뜻한다. 복음화는 하나님께서 죄인 된 인간을 구원하기 위하여 예수 그리스도의 죽음과 부활을 통하여 인류를 구원했다

---

5 정봉현, 심고 거두며 빛을 발하라, 광주: 전남대학교 출판부, pp.30~34, 2013.
6 https://namu.wiki/w/복음
7 사도행전 20:24; 로마서 1:1; 고린도전서 1:17

는 소식을 전파하여 구원의 역사가 발생하는 생명 운동이다.[8] 복음화는 예수 그리스도의 지상명령으로 예수님이 승천하시기 전 제자들에게 세계 복음화(세계 선교)를 부탁하셨다. 대학복음화는 민족복음화 및 세계복음화의 중요한 구성요소로서 대학을 복음화하고 선교하는 것이다. 대학복음화의 장소는 학부나 대학원생이 공부하는 대학 공간과 시설이며, 대학복음화는 세계복음화의 대명을 부여받은 대학교의 모든 구성원에 의하여 달성된다. 따라서 대학복음화는 대학의 구성원이 예수 그리스도를 영접하게 하여 구원에 이르고, 교회로 인도하여 성화 된 신앙생활을 도모하게 하며, 민족과 세계복음화에 이바지하는 캠퍼스선교 운동이다.[9]

2.2. 대학복음화의 필요성과 중요성

대학교는 전도의 현장이며 아주 중요한 대상으로 대학생의 생활 터전이며, 가장 많은 영향을 받는 공간이다. 대학복음화와 선교는 대학이 세상의 세속적인 문화에 존재하지만, 하나님은 현장에서 활동하시며 창조적인 질서로 변혁하고 계신다.[10] 대학복음화는 대학 내 기독인이 전체 대학 구성원에게 복음을 전파하여, 대학의 모든

---

8 김미희, 학원복음화와 제자양육에 따른 기독교사의 자질 연구, 연세대 교육대학원 석사논문, pp.11~13, 2005.

9 김미희, 학원복음화와 제자양육에 따른 기독교사의 자질 연구, 연세대 교육대학원 석사논문, pp.11~13, 2005.

10 정봉현, 캠퍼스선교를 위한 기독교수의 역할증대 방안, 전주대 선교신학대학원 석사논문, pp.15~16, 2014.

영역에서 그리스도의 정신이 실천되는 것이다. 대학복음화는 대학의 모든 기독인과 기독 단체가 대학 전반에 그리스도의 선한 영향을 끼칠 때 올바르게 이루어진다. 이를 위하여 대학의 기독 구성원들은 주님이 재림하실 때까지 대학에서 구성원과 함께 복음을 전파하고 가르치며 그리스도의 제자로 육성해야 한다. 대학복음화는 대학공동체에서 적극적인 선교와 전도의 형태가 구체화하는 것이다. 대학 안에서 집단인격, 공동의 장으로 부르시는 그리스도의 부름에 응답하여 하나님의 구원을 선포하는 것이다. 대학 구성원이 하나님을 알고 예수 그리스도를 초대하도록 인도하며, 진리와 만나고 그 진리를 구현하게 하는 것이다.[11]

서구 문명의 거대한 산물인 대학교는 모든 사회계층의 전문인을 배출하여 사회구조 전체에 영향을 미치며, 세계를 직·간접적으로 지배한다. 대학이 사회에 미치는 영향은 어느 국가든지 대단하다. 그것은 대학이 국가 및 사회의 미래 지도자를 양성하는 교육과 연구의 중심지이기 때문이다. 지도자는 국가 및 사회발전을 위해서 주도적인 역할을 담당하고 책임감이 강하다. 한국의 장래는 대학의 발전에 달려있으며, 사회발전은 대학의 성장·발전과 밀접한 관계를 맺고 있다. 따라서 대학복음화는 한국 사회의 발전과 변화에 많은 영향을 끼친다. 대학복음화는 민족 및 세계 복음화를 추진하는 가장 중요한 근간이며 토대이다. 만약 대학이 복음화되지 못하면, 국가의

---

11 은준관, 교회 선교교육, 서울: 전망사, pp.275~276, 1982

미래 희망도 없고 기독교도 쇠퇴하게 된다. 따라서 대학복음화에 관심을 두는 것은 당연하고 중요한 선교적인 과제이다.[12]

대학생은 국가사회를 책임지는 미래의 지도자로 성장하고 활동하기 때문에, 국내외적으로 환영받는 대상이다. 대학생은 진리 탐구의 공동체로서 역사적으로 개혁과 갱신의 주체적인 세력이었다. 대학생은 신분이 자유로워 하나님께 헌신하며 모험과 도전정신이 강한 집단이다. 대학생은 엘리트 집단으로 우수한 능력을 소유하고, 전문인 선교에 중요한 존재이다. 대학생은 미래에 국가 및 사회의 지도자가 될 인재이기 때문에 대학생에게 복음을 전파하는 것은 당연하고 중요하다. 이를 통하여 대학생이 주안에서 구원받고 그리스도의 제자로 육성 및 파송하여 그리스도의 영향력을 끼치는 하나님의 대사로 길러야 한다. 대학복음화는 대학의 모든 기독인이 수행해야 할 그리스도의 지상명령이며, 대학교는 캠퍼스의 모든 기독인이 복음을 전파하는 최대의 선교 공간이다.[13]

2.3. 대학복음화 운동의 서구 역사

서구에서 대학은 기독교의 토대에서 설립되어 기독교와 밀접한 연관성을 갖고 있었다. 유럽에서 최초의 대학은 이탈리아의 볼로냐 대학으로 법학과 의학부가 설립되고 1360년에 신학부가 설립되었

---

12 이준경, 대학선교를 위한 지역교회의 역할, 총신대 대학원 석사논문, p.57, 1997.
13 정봉현, 캠퍼스선교를 위한 기독교수의 역할증대 방안, 전주대 선교신학대학원 석사논문, pp.15~16, 2014.

다.[14] 기독교 대학들은 역사적으로 복음 전파를 부흥시키는 역동적인 임무를 수행했다. 초대 및 중세교회 수도원 중심의 복음 운동은 종교개혁 이후 18세기 대학가의 기독 학생운동과 복음화 운동으로 성장했다. 대학복음화 운동은 18세기 영국 옥스퍼드 대학에서 시작되었고, 챨스 웨슬리(Charles Wesley)는 1729년에 영국의 홀리 클럽(Holy club)을 창설했다. 죤 웨슬리는 홀리 클럽을 도왔고 성화론을 주장하고 감리교도를 연합하여 영국 및 세계교회의 부흥 운동에서 중심적인 역할을 했다. 홀리 클럽은 영적 각성 운동으로 성경적 성화 이론의 정립, 영적 지도자의 양성, 성경적인 사회참여, 평신도 연합 학생 운동이 특성이었다.[15]

미국의 영적인 선교단체인 '건초더미 기도운동-(그룹)'은 사무엘 밀즈(Samuel G. Mills)가 1806년 윌리엄스 대학교에서 모인 세계선교 소명을 다지는 '형제단(Society of the Brethren)'의 기도회에서 비롯되었다. 그 후 앤도버 신학교(Andover Seminary)에서 몇 명의 회원과 공부하고, '선교주제 연구회(Society of Inquiry on the Subject of Mission)를 구성하여 세계 선교의 열의를 다짐했다.[16] 이에 따라 1810년 6월에 회중 교회 목회자를 중심으로 해외선교회(Foreign Mission Board)가 결성되어 성장했고, 자발적 학생운동(Student Volunteer Movement, SVM)으로 발전했다.

---

14 정준기, 기독교 학생 운동사, 서울: UBF 출판부, p.81, 2001.
15 정준기, 기독교 학생 운동사, 서울: UBF 출판부, pp.119~123, 2001.
16 J. Herbert Kane, A Concise history of the Christian World Mission, Michigan: Baker Book House, p.87, 1982.

1880년에 프린스턴대학 졸업생 '로버트 윌더(Robert P. Wilder)', 19C의 위대한 전도자 '무디(D. L. Moody)'와 코넬대 학생 '죤 모트(John R. Mott)' 는 SVM 운동을 시작했다. 1886년 매사추세츠 헬몬산(Mount Hermon) 의 하계수련회에서 무디와 100명의 대학생은 세계 선교사를 다짐한 프린스턴 서약(the Princeton Pledge)과 더불어 1888년 미국 뉴욕에서 '해외선교를 위한 자발적 학생운동'이란 공식 기구로 발전했다.[17] 영국과 미국의 캠퍼스에서 발생한 선교 운동은 당시에 대학복음화 및 지역교회 성장에 큰 영향을 미쳤다. 지역교회의 부흥과 영적인 대각성을 수반하여 국가적으로 교회를 성장시키고 세계 선교의 비전을 갖게 되었다. 따라서 대학생 신앙운동은 국내·외 전도 현장에서 부흥과 역동성을 가져오는 능력을 발휘하였다.[18]

3. EXPLO'74에 대한 전반적 개요

3.1. EXPLO'74의 개최 배경

1974년 8월 13일 ~ 8월 18일 동안 서울 여의도 광장에서 개최된 EXPLO'74는 한국 민족사와 정신사를 횡단하는 예수혁명과 성령폭팔의 잔치였다.[19] 김준곤 목사가 대회장을, 한경직 목사가 명예대회

---

17 J. Herbert Kane, A Concise history of the Christian World Mission, Michigan: Baker Book House, p.103, 1982.
18 조귀삼a, 한국 CCC의 민족복음화운동 전략 연구, 성경과 신학, pp.221~222, 2019.
19 한국대학생선교회, 김준곤, 그 아름다운 발자취, 서울: 순출판사, p.46, 2013.

장을 맡았고, 분과위원장에는 이원설, 김용기 외 6명이 분과위원장으로 참여했다. EXPLO'74에는 1974년 7월 16일~24일 동안에 스위스 로잔에서 있었던 세계 복음화대회 주요 강사인 한경직(명예대회장), Billy Graham(EXPLO'74 북미 명예대회장), Bill Bright(EXPLO'74 국제준지 위원장) 외 8명이 국제 발기위원으로 초청되었고, EXPLO'74는 역사상 최대규모의 세계기독교 대회가 되었다.[20]

EXPLO'74의 개최 배경을 역사적, 시대사적 관점에서 3가지로 구분하여 설명한다.[21] 첫째, 1972년 미국 텍사스 댈러스에서 거행된 EXPLO' 72가 EXPLO'74의 공식적인 개최 기원이었다. 당시에 미국 청년층에는 히피족, 섹스족, 환각제족 등이 확산하여 허무주의 정신이 난무했다. EXPLO' 72는 당시 사회적인 영적 분위기에 하나님의 사랑을 강조하고 성경과 성령의 생동성과 순수성을 추구하는 예수혁명 운동이었다.[22] 1969년 빌 브라이트는 1969년 미니애폴리스(Minneapolis) 시민회관에서 개최된 빌리 그레함(Billy Graham) 대형전도대회에서 '10만 명의 선교사를 육성하라'는 하나님의 비전을 받았다. EXPLO' 72는 1972년 6월 12일~17일 동안에 텍사스주 댈러스시(Dallas)에서 개최되어 무려 85,000명이 예수님을 영접했고, 대회 마지막 날에 약 20만 명이 참석했다. 빌리 그레함은 EXPLO' 72의 명

20 조선일보(1974.8.15.)
21 강경규b, 유성 김준곤의 민족복음화운동에서 민족과 복음 관계 연구, 총신대학교 대학원 박사논문, pp.87~90, 2022.
22 김준곤a, 김준곤 문설집1 민족의 예수혁명론, 서울: 순출판사, p.441, 1984.

예대회장으로 '세계 위대한 사건은 모두 학생들이 시작했고 EXPLO' 72에 많은 학생이 참석해서 놀랐다고' 말했다. EXPLO' 72는 잠자는 세계에 영적 각성을 일으켰고 많은 참가자가 그리스도에게 헌신을 결단했다. EXPLO' 72에는 세계 70개국에서 대표들이 참석했고 KCCC도 간사와 나사렛형제들 60명이 참석했다.[23] 대회 현장에서 김준곤 목사는 30만 명 규모의 EXPLO'74를 서울에서 개최할 것을 독단적으로 갑자기 선언했고, EXPLO' 72가 EXPLO'74 개최의 모델이 되었다.

둘째, EXPLO'74는 1973년 5월 30일 ~ 6월 3일 기간에 서울에서 개최된 빌리 그레함 전도대회 영향을 받았다. 빌리 그레함 서울 전도대회는 대중전도운동의 모델로서 EXPLO'74의 준비에 실제 도움이 되었다.[24] 당시 정부는 빌리 그레함 전도대회 개최에 큰 도움을 주었고, 대중매체의 홍보도 활발했다. 빌리 그레함 서울 전도대회에 5일 동안 약 325만 명이 참석했고 6월 3일 마지막 날에 100만 명이 여의도 광장에 모였다. EXPLO'74 준비팀은 서울 전도대회를 통해서 세부적인 대회진행과 운영 방법 등을 배웠고 기도하며 준비했다. 김준곤 목사도 대중전도운동의 현장에서 EXPLO'74행사에 대한 자신감과 실제적인 모델을 목격하고 경험했다.

셋째, 한국 교계에서 다양한 민족복음화 기도회와 운동들이 산

---

23 김준곤 목사제자들 엮음, 나와 김준곤 목사 그리고 KCCC, p.119, 서울: 순출판사, 2005.
24 박용규b, 한국기독교회사 Ⅲ(1960-2010), 서울:한국기독교사연구소, pp.240-241, 2018.

발적으로 일어났다. 1964년부터 민족복음화 움직임 이후로 민족복음화 운동을 전개했다.[25] KCCC는 1962년 2월에 서울 은평구 불광동 수양관에 있었던 간사 수련회에서 민족복음화 제목으로 기도하기 시작했다. 1971년 1월 1일에 기독교방송(CBS)을 통해서 민족복음화 운동이 선언되었다. KCCC가 대전 충무체육관에서 1971년 8월 1일~5일 동안에 개최한 청년대학생 1만 명 이상이 참가했다. 민족복음화 요원 충무 강습회는 EXPLO'74 개최의 기폭제가 되었고 민족복음화 운동이 실제로 시작되었다.[26] 전국적으로 민족복음화 운동 전체 강습자가 30만 명을 넘었으며, 교회마다 전도 불길이 확산하였다.

3.2. EXPLO'74의 준비 · 홍보 활동

1972년 미국에서 김준곤 목사의 EXPLO'74 개최선언에 일부 기독교계는 비방했고, KCCC 간사들도 회의적으로 반응했다.[27] KCCC 간사들은 1973년 8월 29일 ~ 9월 3일 동안의 경기도 입석수양관에서 있었던 기도회에서 간사 71명은 EXPLO'74 개최를 반대했다. 그러나, 김준곤 목사의 EXPLO'74 개최 의지는 확고하여 개최 반대 이유인 74가지 항목을 놓고 밤샘 기도를 했다.[28] KCCC 간사들은 여전히 대규모의 훈련대회가 불가능한 하다는 반응을 나타냈으나, 성령의 역사와

25 박용규b, 한국기독교회사 III(1960-2010), 서울: 한국기독교사연구소, pp.236-237, 2018.
26 김준곤b, CCC와 민족복음화운동, 서울:순출판사, pp.111-112, 2005.
27 장익, 엑스 플로' 74는 하나님의 섭리였어요, CCC 편지 제406호, p.43, 2008.12.
28 김준곤c, "제3의 성령폭발'EXPLO'74,를 조명한다!," CCC편지 제273호, p.30, 1997.

기도로 간사들도 EXPLO'74를 이해하고 준비하기 시작했다.

EXPLO'74를 개최하려면, 대규모 시설과 장비들이 필요했고, 32만 명의 전도요원 훈련 참가자의 숙박시설도 준비해야 했다. 여의도 4만 평에 5천 개의 천막을 설치하여 10만 명, 여의도 주변 76개 학교 교실에 22만 명을 수용했다.[29] 밥을 제공하려고 7천 가마의 쌀과 5천 명을 위한 대형스팀 솥 20개를 사용하여 하루 400명의 취사 요원이 밥을 지었다. 밥통 1,200개를 63대의 삼륜차로 천막촌 및 학교로 운반했고, 부족한 밥은 130개의 빵으로 제공했다. 한국의 민족사와 정신사를 가르는 예수혁명과 성령 잔치인 EXPLO'74에 외국 대표들이 78개국에서 3,407명이 참석했고, 약 323,420명이 합숙 훈련에 등록했다. 1974년 8월 13일 ~ 8월 18일 동안의 EXPLO'74에 연인원 655만 명이 참석했고, 하루 420만 명 이상에게 복음을 전하여 274만 명이 결신했다. 대회 150만 명의 참석자 중에서 약 70%가 성령 충만을 체험했으며, 대회 마지막 날에 약59만 명이 헌신하여 한국교회 급성장의 토대가 되었다.[30]

당시에 유명 인사들이 EXPLO'74 대회에 참석하게 되어 국내 대중매체들은 1973년부터 기독교 행사에 관심을 두고 보도했다. EXPLO'74 준비위원회는 자체 소식지인 'EXPLO'74 뉴스'를 제작하여 적극적으로 외부에 홍보했다. EXPLO'74의 개최에는 정부 당국

---

29 https://ko.wikipedia.org/wiki/엑스폴로_74
30 한국대학생선교회, 김준곤, 그 아름다운 발자취, 서울:순출판사, p.46, 2013.

의 적극적인 도움과 지원들이 있었다. 지원 내용에는 대회 본부석, 1만 명의 찬양대 좌석, 군사용 텐트 500개, 3천 개의 학교 교실 등이 포함되었다. 이 외에 EXPLO'74 기념우표가 약 240만 장 발행되었고 버스노선을 변경하여 여의도 행사장에 연결했다. EXPLO'74의 개최 기간에 철야 및 새벽기도 참가자 편의를 위하여 여의도 광장 주변에 통행금지도 해제되었다.[31]

3.3. EXPLO'74의 주제와 설교내용

김준곤 목사는 EXPLO' 72의 개최선언과 1973년 빌리 그래함 서울 전도대회의 대중전도 모델과 교계의 민족복음화 운동을 연합하여 EXPLO'74 전도대회를 구체적으로 준비했다. EXPLO'74 전도대회의 주제는 '예수혁명과 성령폭팔'이었으며, 교회사의 관점에서 '성령의 제3 폭발'로 명명되길 희망했다. 김준곤 목사는 '예수혁명'이 서구의 구미 제국이 아닌 아시아의 한국에서 발생하길 간구했다. 사도행전에 기록된 오순절 성령 충만의 역사가 한국에서 '예수혁명'으로 발생하여 민족과 세계복음화로 확산하길 소원했다.

EXPLO'74의 7대 목적들은 전도, 교회 부흥 및 학생 청소년 신앙운동의 폭팔점, 모든 신자의 정예화 훈련, 예수 혁명운동의 세계화, 사랑의 새물결 운동, 크리스천 힘의 총화와 집약 등이었다.[32] 이것

---

31 동아일보, 여의도 광장 통금 해제 엑스폴로' 74 행사 동안, 1974년 8월 12일.
32 조병호, 한국기독청년 학생운동 100년사 산책, 땅에쓰신글시 출판사, p.127, 2005.

은 EXPLO'74가 초대교회 오순절과 종교개혁을 이어서 예수 혁명인 '제3의 성령폭발'이 되길 간구했다. 그리고 민족복음화를 넘어 세계 복음화는 물론, 하나님과 이웃사랑의 실천을 담은 사랑의 물결 운동으로 연관되고 있다. EXPLO'74의 중요한 3가지 기도의 기조들은 '모이고(삼상 7:5; 행 2:1), 배우고(마 11:29; 딤후 3:14), 전하게(행 1:8; 마 28:19~20) 하소서'였다.

김준곤 목사는 중요 일간지인 조선일보, 중앙일보, 서울신문에 EXPLO'74 개막에 대한 특집기사를 게재했고, 10일 동안 산에서 집중적으로 기도했다. 그는 기도의 불씨와 심장을 모아 사랑과 성령의 용광로를 만들고 예수 혁명을 민족과 세계적 차원으로 폭발시키자고 강조했다. EXPLO'74의 전날 1974년 8월 12일에 전국에서 10만 명이 모여 기도했고, 약2만 명은 밤샘 기도를 했다. EXPLO'74의 개최 목적은 대략 주님의 지상명령 성취를 위한 만민에게 복음 전파와 효과적, 전략적, 집중적인 전도요원의 제자화에 있었다.[33]

EXPLO'74의 국제 준비 위원장인 빌 브라이트 박사는 8월 13일 첫날 저녁 집회에서 130만 명을 대상으로 '구원은 믿음으로 받는 하나님의 선물임(엡 2:8~9)'을 설교했고, 끝에 참석자들에게 예수님을 초청하고, 구원을 확신하게 된 사람들을 기립하도록 요청했다. 당시에 약 130만 명의 80%가 일어나서 예수님을 영접하거나 생애 최초

---

33 김준곤b, CCC와 민족복음화운동, 서울:순출판사, p.111, 2005.

로 구원의 확신을 갖게 되었다.[34] 빌 브라이트는 하나님의 초자연적이며 기적적인 역사를 경험하고 고백했다. 1974년 8월 14일에 김준곤 목사는 '예수 그리스도는 누구인가'를, 빌 브라이트는 '구원의 확증'이란 제목으로 설교했다. 8월 15일에는 한경직 목사가 '네가 어디 있느냐?' 제목으로 설교했고 일본의 하또리 아끼라가 간증했다.

8월 16일에는 홍콩의 필립 탱(Philip Tang)이 '세계를 변화시키는 힘'의 제목으로 설교했고, 싱가포르에서 온 챤두 레이(Chandu Ray)가 간증했다. 8월 17일에는 김준곤 목사와 빌 브라이트가 각각 '성령혁명'(행 3:1~10)과 '성령 충만의 비결'(행 1:1~9)를 제목으로 설교했다. EXPLO'74의 마지막 날인 8월 18일, 오후에 민족복음화 운동과 세계 복음화 운동에 대하여 말씀을 선포했다.[35] EXPLO'74의 북미 명예대회장인 빌리 그레함은 예수 그리스도의 복음을 전 세계에 증거하는 일꾼이 될 것을 격려했다. 1974년 8월 13일 ~ 8월 17일 동안에 있었던 EXPLO'74의 저녁 전체집회에 100만~160만 인원들이 참석했다. CBS, NBC, ABC 등 8개국의 외국 언론사들은 깊은 관심을 두고 취재하고 보도했다.

3.4. EXPLO'74의 전도요원 훈련

EXPLO'74의 전도요원 훈련은 'EXPLO'74 훈련 교재: 예수혁명 ·

---

34 Bill Bright, Come Help change Our World, 1, USA: CCC, p.1, 1999.
35 한국대학생선교회, CCC사역자료집 1.0, p.595, 2014

성령폭발의 강의, 토론과 기타 자료를 참고하여 진행되었다.[36]

첫째, 훈련교재 강의는 전체 5개로 구성되었다. 'EXPLO'74 훈련교재 강의들은 '예수 그리스도를 믿음으로 구원받는다'라는 복음을 구체적으로 설명했다. '영접기도'를 통해 실제로 예수 그리스도를 영접하는 방법을 알려주고 구원의 확신을 심어주었다. 크리스천이 세상에서 승리하는 성도의 삶을 살도록 성령충만 받는 방법을 제시했다. 영혼의 호흡운동을 통하여 죄의 고백이 '내심'이고 성령충만이 '들이심'으로 '성령 충만을 받아라.'라는 하나님의 명령과 '구하면 주신다'라는 기도의 약속을 소개했다. 육에 속한 크리스천도 죄의 고백과 사함을 통하여 성령으로 충만하고 승리하는 열매 맺는 전도의 삶을 영위한다. 그리스도의 지상명령 성취에 도움이 되는 기본전략들이 설명되었다. 훈련교재 강의들은 단지 예수 그리스도를 아는 것과 알게 하는 구체적인 방법도 제시했다.

둘째, 훈련교재의 토의도 5개로 구성되었다. 구체적인 내용들은 "토의 1 사영리(네 가지 영적 원리), 토의 2 사영리(네 가지 영적 원리), 토의 3 전도의 준비와 자료, 토의 4 성령 소책자, 토의 5 기초육성 등이었다.[37] 'EXPLO'74 훈련교재'의 토의에서 효과적인 복음 전도 방법이 구체적으로 제시되었다. 일상 현장에서 자연스럽게 전도하는 '사영리' 짝 연습, 자연스럽게 사람들과 접촉하는 방법, 사영리 낭독 시

---

36 EXPLO'74 본부, EXPLO'74 훈련교재: 예수혁명 · 성령폭발, pp.11-270, 1974.
37 엑스폴로' 74 본부, 엑스폴로' 74 훈련교재: 예수혁명 · 성령폭발, p.33, 1974.

다양한 반응들에 대한 효과적 대처법, 구체적 영접방법과 구원의 확신까지 알려주었다. '성령 소책자'를 통해 성령 충만으로 세상에서 승리하는 크리스천의 삶을 유지하게 설명했다. 구원의 확신이 있는 순원이 순장의 기초적 양육 교육을 하도록 도와주며, 쉽게 전수하는 신앙개념도 가르쳤다.

셋째, 전도 훈련의 기타 자료가 활용되었고, 이것들은 다른 전도자를 육성하는 훈련 방법을 다루었다. 'EXPLO'74 훈련교재 자료들은 사영리, 성령 소책자, 신앙 안내, 반듀젠 편지, 이의와 답변, 육성 편지 예문 등으로 구성되었다.[38] 자료들은 간단명료하게 전도하는 효과가 있었고, 새 신자의 기초육성에 도움이 되었다. 신앙생활에서 궁금증을 해결하고, 전도할 때 기초적 변증 질문을 다루도록 기초적인 신학지식을 제공했다. 순론노트는 민족복음화와 영적 승법 번식을 위한 구체적인 전도 전략을 소개했다. 기타 훈련 교재는 다른 전도자를 세워가는 훈련 방법이었다.

3.5. EXPLO'74의 전도방법

EXPLO'74는 KCCC가 한국교회의 전 성도를 전도요원으로 훈련하여 민족복음화를 달성하기 위한 토대가 되었다. 김준곤 목사는 1974년 한국의 기독교인 약 3백만 명의 10%에 해당하는 30만 명의 신자를 전도요원으로 훈련할 생각이었다. 이를 위하여 대중전도, 개

---

[38] 엑스폴로' 74 본부, 엑스폴로' 74 훈련교재: 예수혁명 · 성령폭발, pp.59-96, 1974.

인전도, 승법 번식 전도, 순과 사랑방 전도와 간접전도 등 방법들이 동원되었다.

첫째, EXPLO'74는 최대의 대중 전도였다. 1974년 8월 13일~18일 사이에 해외 78개국 3,407명의 외국 대표가 참석했고, 전체 전도 요원 훈련에 323,419명이 등록했다. EXPLO'74는 6일 동안에 여의도 광장에 연인원 655만 명이 참석했던 기독교 최대의 대중 전도 집회였다. 대회 저녁 집회를 보면, 8월 14일에 약 1,360 천명, 8월 16일에 1,530천 명, 8월 17일에 1,580천 명이 참가했다. EXPLO'74의 철야기도 총인원은 1,430천 명으로 조사되었다. 150여만 명의 참석자 중의 70% 정도가 성령 충만을 확신했고, 마지막 날 전도대회에서 약59만 명이 헌신하여 한국교회의 폭발적 성장의 불씨가 되었다.[39]

둘째, EXPLO'74는 개인 전도에도 집중하고, 전도훈련과 제자화 훈련으로 전도자 훈련을 시행했다. EXPLO'74는 한국 교계에서 개인전도 훈련의 기폭제가 되었고, 민족복음화를 위한 구체적인 실천 방법이 개인 전도였다. EXPLO'74 기간에 하루 420만 명 이상에게 '사영리'로 전도했고, 274만 명이 예수님을 구주로 영접했다.[40] 개인 전도의 지속성을 확보하기 위해서 EXPLO'74 후속 대회가 지방에서 계속되어 전도 열기가 확산하였다. 셋째, EXPLO'74의 승법 번식은

39 한국대학생선교회, 김준곤, 그 아름다운 발자취, 서울:순출판사, p.46, 2013.
40 한국대학생선교회, 김준곤, 그 아름다운 발자취, 서울:순출판사, p.46, 2013.

전도자가 다른 전도자를 낳은 전도 훈련이다. 전도 훈련의 참가자가 전도하여 전도자로 육성하고 전도하게 만드는 전도 방식이다.[41] EXPLO'74는 시초에 민족복음화 전도요원을 훈련할 목적으로 30만 명 이상이 합숙 훈련을 받고, 실제로 전도 훈련을 실습했다. 승법 번식은 한국교회 민족복음화 운동의 특징이었고, 한국교회에서 평신도 전도자를 지속해서 육성하는 데 큰 도움이 되었다.[42]

넷째, 순과 사랑방 전도 방식이었다. 이것은 평신도를 전도자로 육성하여 생명력 있는 소그룹으로 만들고 전체 성도를 전도자로 육성하는 것이다. 이를 위하여 생동적인 순모임을 조성하고, 사랑방 성서 학교 운동을 농어촌 자연부락에 적용하여 예수 세포를 만들려고 했다. 개인전보다도 순과 사랑방 전도는 집단역학 때문에 잘 운영되고 전도 효과도 좋았다. EXPLO'74 기간에 합숙 훈련을 통해서 순장의 섬김과 배려는 순원에게 큰 감동을 주었고 참가자가 전도자로 키워지는 데 도움이 되었다. 순과 사랑방 전도는 EXPLO'74 후에도 지속되어 과거 40년 동안에 약 250만 명이 전도 훈련을 받았다.[43]

다섯째, EXPLO'74에 대중매체와 의료선교 등을 통한 간접전도가 병행되었다. EXPLO'74는 기독교 대중매체는 물론, 모든 일반매체와 선전 수단을 모두 활용하여 홍보했고, 각종 광고매체와 수단을

---

41 영적 승법 번식은 예수 그리스도를 영접한 새신자를 성도로 훈련하고 제자로 육성하여 다른 사람을 전도해서 영적 재생산을 하는 전도훈련 방식이다(딤후 2:2).
42 조병호, 한국기독청년 학생운동 100년사산책, 땅에쓰신글시 출판사, p.127, 2005.
43 김준곤c, 제3의 성령폭발'EXPLO'74,를 조명한다!, CCC편지 제273호, p.30, .

총동원하여 광고하며 간접적으로 전도했다. EXPLO'74 기간에, 대회장에서 진료하고, 전국 103개 병원에서 무료 진료가 시행되었다. EXPLO'74 기간 여의도 광장에서 2,743명이 진료받았고, 의사 474명, 간호사 288명이 511개 진료반을 운영했고 대회장에 76개 진료소가 설치되었다. 대중매체와 의료서비스를 이용한 간접선교가 활용되었다. 이것은 직접 전도의 효과를 증대하고, 민족복음화 운동에서 기독교의 공공성을 확보하며 이웃사랑을 실천하는 좋은 사례였다.[44]

4. EXPLO'74와 한국의 대학복음화 운동

4.1. EXPLO'74와 대학복음화 운동

EXPLO'74의 주제는 '예수혁명, 성령의 제3폭발'이고 구호는 '민족의 가슴마다 그리스도를 심어 이 땅에 성령의 계절이 오게 하자'였다. EXPLO'74를 계기로 사영리를 통한 도시 노방전도에서 복음 청취자의 절반가량이 예수님을 영접하는 마음을 나타냈고, 농촌에서는 전도 대상자의 80%가 예수님을 믿겠다고 반응했다.[45] 고등학교와 대학마다 복음의 문이 개방되어 목사 혹은 성경 공부 강사를 보내 달라고 요청했다.

---

[44] 강경규b, 유성 김준곤의 민족복음화 운동에서 민족과 복음 관계 연구, 총신대학교 대학원 박사논문, p.107, 2022.
[45] 전석재, CCC가 한국교회 성장에 미친 영향에 관한 연구, 선교신학 제27집, p.321~323, 2011.

EXPLO'74 대회 기간에 보통 매일 저녁 100만 명에서 150만 명이 모여서 4박 5일 동안 연인원 655만 명이 참석했다. 참석자 중에는 84개 3천4백 명의 외국 지도자들이 있었고, 대회 기간에 323,419명이 합숙 훈련을 받았다. EXPLO'74는 전도집회와 합숙훈련이 전 세계적으로 최대규모였으며, 철야기도에 연인원 50만 명 ~ 80만 명이 참가했다. 대회 기간에 '4영리' 전도 책자로 423,000명에게 복음을 전파하여 273,000명이 예수님을 구주로 영접했다.[46] EXPLO'74 기간에 합숙한 전도 훈련 교육자의 96%가 구원을 확신했고, 97%가 민족복음화 운동을 성공시키기 위해서 적극적으로 참여하겠다고 의견을 표시했다.[47] EXPLO'74에서 인생의 영적 변화를 체험한 사람이 93%였고, 참석자의 1%가 EXPLO'74의 생활 여건이 나쁘다고 불만을 표시했다. EXPLO'74는 전체 신자의 정예화 훈련을 강조하는 전도 훈련에 집중하여 대학복음화의 기조를 유지했다.

EXPLO'74는 민족복음화의 과제를 달성하기 위한 중요한 성령 집회였고, 한국교회에 주어진 사명으로 인식했다. 대학복음화는 민족복음화를 완성하기 위한 구성요소였고, 대학복음화를 통하여 민족복음화는 가속화되었다. 따라서 EXPLO'74는 역사적 및 신학적인 입장에서 대학복음화 및 민족복음화의 지속화에 이바지한 의의들을

---

46 박용규c, 엑스폴로 74와 한국교회사적 의미, 엑스폴로74 희년학술대회 발표논문집, KCCC 나사렛형제들 · 세계성시화운동본부, 분당 지구촌교회, p.9, 2023
47 전석재, CCC가 한국교회 성장에 미친 영향에 대한 연구, 선교신학 제27집, p.321~323, 2011.

갖고 있다.[48] 첫째, EXPLO'74는 민족복음화에 결정적인 임무를 수행했다. 김준곤 목사의 대학 및 민족복음화에 대한 강한 주장과 열망으로 EXPLO'74 대회가 개최되었고 한국교회 성장에 크게 이바지했다. EXPLO'74 대회 이후 한국의 총 기독교 신자는 700백만 명을 넘었고, '예수혁명, 성령폭팔'은 민족복음화를 위한 구호였다. 둘째, EXPLO'74는 한국의 대학복음화 및 캠퍼스선교의 활성화에 기여했다. 1958년에 한국 KCCC가 창설된 이후로 약 50만 명의 대학생들이 KCCC에서 활동했으며, 한국 교계가 1990년대 중반까지 젊게 부흥하도록 도왔다. EXPLO'74 대회 전후로 KCCC의 사역 활동은 대학생 전도에 결정적으로 이바지했다. EXPLO'74 대회에 대학생들이 32만 명 참가했으며, 이를 통하여 대학복음화의 기폭제가 되었다. 셋째, EXPLO'74는 한국 복음주의 운동에 심대한 영향을 미쳤다. 김준곤 목사의 복음주의 신학은 KCCC 사역과 EXPLO'74의 신학적인 기반이었다. EXPLO'74는 성경의 권위와 안정성, 전도와 기도, 회생과 중생, 예수님의 십자가 죽음을 강조하는 복음주의 신학·신앙을 표방했다. 이것은 KCCC에 의해 지속된 대학복음화를 위한 전도와 선교 활동에 신학적인 토대였다. EXPLO'74는 기도 운동과 전도 운동을 전개하고 지도자를 양성했으며, '사영리' 소책자는 복음주의 신앙을 보여주는 한국의 표준 전도지로 정착하여 대학생 선교에 큰

---

48 이상규, 엑스폴로 74와 민족복음화운동, 엑스폴로 74 희년학술대회 발표논문집, KCCC 나사렛형제들·세계성시화운동본부, 분당 지구촌교회, pp.10~11, 2023.10.21

도움이 되었다. 넷째, EXPLO'74는 많은 기독대학생을 민족복음화의 지도자로 육성했다. EXPLO'74를 통해 회심한 많은 기독대학생이 예수님을 영접하고 은혜를 받아 국내외 목회자와 선교사로 활동하고, 학계, 관계, 실업계 및 법조계에서 지도자로 성장하여 대학 및 민족복음화를 위해서 활동했다.

다섯째, EXPLO'74는 당시에 한국 캠퍼스에 만연된 세속주의, 포스트모더니즘, 사회주의 이데올로기, 물질주의, 성공주의 및 성적해방 등 정신적 혼란기에 건강한 사회이념을 전파했다. EXPLO'74는 '예수혁명, 성령폭팔'을 통하여 기독교적 삶의 가치와 의미를 제시하고 건강한 사회문화의 형성에 일조했다. 따라서 EXPLO'74는 한국 기독교계에 전도의 중요성을 강조하고 확산시킨 영적 대각성 집회였고, 대학복음화 운동이 민족복음화 및 세계 선교로 전이되는 한국 기독교 역사 사건이었다.[49] EXPLO'74 대회를 계기로 대학복음화와 평신도 선교 운동이 결합하여 민족복음화 운동과 세계 선교로 승화되었다.

4.2. CCC와 대학 · 민족복음화 운동

한국대학생선교회(Campus Crusade for Christ, KCCC)는 김준곤 목사가 1958년 11월 2일 정동제일교회에서 창립 예배를 드리며 설립되었

---

49 박응규b, 엑스폴로 74와 한국교회사적 의미, 엑스폴로74 희년학술대회 발표논문집, CCC 나사렛 형제들 · 세계성시화운동본부, 분당 지구촌교회, pp.6~7, 2023.10.21

다. 김준곤 목사는 미국 플러신학교에 유학하며 CCC 설립자인 빌 브라이트 박사를 만나서 CCC는 세계에서 2번째로 설립되었고, 선교사역이 활발하게 전개되었다. CCC는 과거 50년 동안에 40여만 명의 대학생들과 350여만 명의 평신도를 전도요원으로 훈련했다.[50] CCC는 1970년 12월 31일 제야의 종소리와 함께 CBS를 통하여 민족복음화 운동을 선언하고 활동하기 시작했다.

　1971년 1월 수원에 있는 서울농대 캠퍼스에서 민족복음화 요원 강습회, 1971년 대전 충무체육관에서 1만여 명 전도훈련과 1972년 춘천 성 시화 운동을 전개했다.[51] CCC는 서울 여의도 광장에서 1974년 8월에 EXPLO'74 대회를 주관했고, 5박 6일 동안에 32만 3,419명이 민족복음화 요원 훈련 강습을 받았다. EXPLO'74의 영향으로 과거 1년 동안에 한국 대학교와 교회에서 당시 총출석자의 33%인 110만 명이 증가했고, 교회 헌금액도 64% 증가했다. EXPLO'74는 1977년 민족복음화 대성회의 터전을 마련했고, 1970년대 한국 캠퍼스선교의 활성화와 교회 성장에 기폭제가 되었으며, 민족복음화와 세계 선교의 비전을 명확하게 제시했다. EXPLO'74는 CCC가 캠퍼스 전도 활동에서 국제적인 정당성을 부여받은 통로가 되어 역사적, 신앙적인 의미가 컸다.[52]

---

50 전석재, CCC가 한국교회 성장에 미친 영향에 관한 연구, 선교신학 제27집, p.315, 2011.

51 교회연합신문, 한국대학생선교회(KCCC) 창립 50주년 회고와 전망, 2008.10.24.

52 John G. Turner, *Bill Bright & Campus Crusade for Christ: The Renewal of Evangelicalism in Post America*, Chapel Hill: The University of North Carolina Press, p.152, 2008.

1974년 CCC는 EXPLO'74 대회의 성공적인 개최 이후 대학복음화 운동에 국한하지 않고, 민족복음화 운동을 한국 사회에 확산시켰다. 1978년부터 CCC는 세계 복음화 대성회를 준비하면서 한국 교회가 세계 선교의 비전을 구상하는 작업을 구체적으로 진행했다. 1980년 8월에 여의도 광장에서 열렸던 '80세기 복음화대회'는 한국 교회가 세계 선교의 비전을 지향하는 전기를 마련했다. 이를 토대로 1980년대에 많은 선교단체가 생겨났고, 교단마다 선교부가 확대되어 해외에 선교사들을 파송하기 시작했다. CCC는 대학생들과 평신도로 구성된 해외 단기선교를 활성화해 기독대학생들과 한국교회에 신선한 선교 도전 의식을 심었다. EXPLO'74와 CCC의 선교 운동은 1990년대 이후 단기선교 여행이 전국 캠퍼스와 교회에 확산하는 실마리를 제공했다.

CCC와 EXPLO'74는 1960년대 대학복음화에 정진하였고, 1970년대에 민족복음화에 집중했으며, 1980년대에 한국교회에 세계 선교의 불을 붙였고, 1990년대에 평신도 선교 시대를 크게 개방했다.[53] EXPLO'74 대회에서 개인전도 와 민족복음화에 헌신하도록 철저히 전도요원들을 훈련했으며, 전도 훈련 대상은 모든 교인이었다. EXPLO'74 이후 한국교회의 출석자가 33% 증가하는 급격한 성장세를 기록했다. 이를테면, CCC 전도 전략을 적용했던 예장합동 교단은 교회 수가 1976년 2,484개에서 1978년 3,684개로, 교회 출석자

53 김준곤 목사 제자들 엮음, 나와 김준곤 목사, 그리고 KCCC, 서울:순출판사, p.260, 2005.

는 1976년 68만 명에서 1978년 100만 명으로 많이 증가했다.[54]

CCC는 EXPLO'74를 계기로 대학복음화의 기초를 만들었고, 민족복음화가 확산하는 계기를 마련했다. CCC는 1980년에 8월 12일 ~ 8월 15일 기간에 '80 세계 복음화 대성회('80 World Evangelization Crusade)를 주관하여 국내 전도사역에서 한국 대학교와 교계에 세계 선교를 세우는 이정표를 만들었다. 5일 동안의 대회에 연인원 1,635만 명이 참가했으며, 대회 마지막 날에 10만 명의 선교사 파송을 선언하고 많은 후보자가 세계 선교에 헌신하겠다고 다짐했다. 1984년 6월 6일 ~ 6월 9일 동안 진행된 세계 기도성회에 824명이 참가해서 선교 동력이 강화되었다.

CCC는 1990년 4월 5일부터 'New Life 2000' 마닐라대회를 통해 전 세계 100개국 1만여 명의 기독인들이 참석해서 해외 단기선교의 첫걸음을 시도했고, 이것은 선교전략에 의한 입체적인 전도 프로젝트였다.[55] New Life 2000의 주된 선교 수단은 '영문 사영리'였으며, 이 대회는 필리핀 현지 목회자와 선교사들에게 큰 도전과 복음 열정을 각인시켰다. CCC는 1995년 5월 17일~26일 사이 세계 선교대회(GEC OWE) 95를 열어 186개국 4,000명의 기독 지도자가 미전도 종족의 복음화 전략을 연구했다. 대회 기간 중 잠실경기장에서 열린

---

54 전석재, KCCC가 한국교회 성장에 미친 영향에 관한 연구, 선교신학 제27집, pp.326~327, 2011.
55 조귀삼b, 원심력적 선교구조에 내재된 EXPLO'74의 민족복음화와 세계선교 동력, 엑스폴로 74 희년 학술대회 발표논문집, CCC 나사렛형제들 · 세계성시화운동본부, 분당 지구촌교회, pp.19~23, 2023.10.21

'SM 2000' 세계 복음화 집회에 8만 명의 기독대학생과 어머니가 세계 복음화를 위해 헌신했고, 이것은 전 세계 기독 청년층에게 크게 확산하였다. 'Campus Mission 2007' 선교 운동이 2007년 7월 2일 ∼ 7월 6일 동안에 부산에서 개최되어 전 세계 128개국의 7천 명 대학생 및 한국 대학생 17,000여 명이 모여서 전 세계 미전도 캠퍼스 600개를 개척하는 선교전략을 수립했다. CCC는 지금까지 대학(학원)복음화, 민족복음화와 세계 선교의 전략을 계승하고 지속하는 실정이다.

4.3. EXPLO'74와 대학복음화 전도전략

성경에서 선교는 구심력적 선교와 원심력적 선교를 포함하며, 바울의 원심력적 선교는 선교지의 지리적인 확산은 물론, 예수 그리스도가 복음의 중심이 되고 성령에 순종하며 문화에 적응하고 종말론적 재림신앙을 강조한다.[56] CCC 선교는 대학복음화 및 민족복음화의 현장성 및 세계 복음화의 역동성을 지향한다. CCC의 비전은 '오늘의 학원 복음화는 내일의 민족복음화, 오늘의 민족복음화는 내일의 세계복음화'라였다. CCC 선교전략은 원심력 적 성격이 강하고 순환성, 통합성 및 연속성의 요소들을 가졌다.[57] 오늘날 CCC는 '대

---

[56] 조귀삼c, 사도바울의 선교신학, 안양:세계다문화미디어, pp.85∼118, 2009.

[57] 조귀삼b, 원심력 적 선교구조에 내재된 EXPLO'74의 민족복음화와 세계선교 동력, 엑스폴로 74 희년 학술대회 발표논문집, CCC 나사렛형제들 · 세계성시화운동본부, 분당 지구촌교회, p.2-3, 2023.10.21

학복음화를 넘어 민족복음화와 세계 복음화'라는 하나님의 비전을 실현하는 공동체를 실현하려고 한다. CCC 사역의 모토는 전도, 육성과 파송이며 대학은 민족복음화와 세계 복음화의 모판으로 그 전략들은 몇 가지 제시하려고 한다.[58]

첫째, 사영리를 통한 설득 전도이다. 사영리는 4가지 영적 원리를 전달하는 효과적인 전도 방법과 소책자이고, 단순하게 복음을 전달하고 설득하는 방법이다. CCC는 사영리 전도를 위해 반복훈련을 하며, 전도 후 육성·만남과 제자화 교육훈련으로 이어갔다. 둘째, 순모임을 통한 신앙육성이다. 김준곤 목사는 '순을 살아있는 생명체이고 박해를 뚫고 나가는 강력한 세포'로 표현했다.[59] CCC 순모임은 동고동락하는 소그룹 생명공동체로서 대학복음화 및 교회 성장에 크게 이바지했다.

셋째, 육성과 훈련을 통한 제자화이다. 제자는 예수님께 헌신하여 따르고 사람이고, 순종하는 종이며 배우는 학생이다. 제자 훈련은 구주 되시고 주님 되시고 선생 되신 그리스도와의 올바른 관계성을 의미한다. 제자화 사역의 핵심은 캠퍼스 선교 현장에서 헌신하는 간사의 역할에 있다. 넷째, 거룩한 거지 순례 전도이다. CCC는 대학생 여름수련회 후에 거룩한 거지가 되어 개인 전도를 떠나는 신앙

---

58 조귀삼b, 원심력적 선교구조에 내재된 EXPLO'74의 민족복음화와 세계선교 동력, 엑스폴로 74 희년 학술대회 발표논문집, CCC 나사렛형제들·세계성시화운동본부, 분당 지구촌교회, p.5-9, 2023.10.21

59 김준곤d, 순론 노트, 김준곤 문설집1: 민족의 예수 혁명론, 서울: 순출판사, pp.123-124, 1984.

훈련 과정이 있다. 순례 전도는 어떠한 상황의 전도 현장에도 적응하는 선교 정신이 있었고, 순례 전도의 참가 대학생들은 용기와 자긍심을 얻었다.

4.4. EXPLO'74와 대학 · 민족복음화 영향

CCC와 EXPLO'74 대회는 대학복음화 및 민족복음화 운동에 여러 가지 이바지했다.[60] 첫째, 교파를 초월한 대학생 선교단체가 성경을 공부하고, 비 기독 청년들에게 복음을 전파하며, 방황하는 청년 세대에 삶의 가치와 의미를 일깨워 주었다. CCC에서 훈련받은 대학생들이 말씀 묵상과 경건의 시간을 통해서 하나님 말씀을 생활에 적용하고 실천하는 모습을 보여왔다. 둘째, CCC와 EXPLO'74 대회에서 시행된 전도요원과 제자화 훈련을 통하여 육성된 지도자들이 대학 및 민족복음화 운동에서 소중한 역할을 감당했다. 기독교계에서 민족복음화 운동을 견지하고 교회 부흥을 주도한 목회자와 선교사 상당수가 대학선교단체 출신이었다.

셋째, CCC와 EXPLO'74 대회는 대학생에게 개인의 구원을 확신시키고, 말씀과 교재로 양육하고 제자화하여 캠퍼스와 직장에서 역동적인 증인의 삶을 살게 했다. 기존 교회가 개인의 영혼 구원에 치중했지만, EXPLO'74 대회는 복음 생활에 적용하고, 직장과 사

---

60 박용규c, 한국교회 복음주의 운동과 김준곤 목사, 나와 김준곤 목사 그리고 KCCC, 서울:순출판사, pp.553-557, 2005.

회에서 복음을 삶으로 증명하는 사명을 갖게 했다. 넷째, CCC와 EXPLO'74 대회는 대학생들에게 복음주의 신앙을 심어주고 하나님을 위한 제자도의 인생을 추구하게 했다. EXPLO'74 교재에 수록된 '성서는 하나님의 말씀인가? 란 메시지는 대학생과 참가자에게 하나님의 영감으로 기록된 성경은 '정확무오한 하나님의 말씀'이란 사실을 밝혔다.

다섯째, KCCC와 EXPLO'74 대회는 한국교회에 자연스럽게 대학복음화 및 민족복음화의 필요성과 중요성을 일깨워 주었다. 초교파 중심의 CCC와 EXPLO'74에서 이루어진 평신도대학생 성경 공부를 통해서 평신도의 중요성이 교계에 확산하였다. CCC에서 체계적인 성경 공부를 시행하여 '만인 제사장의 근본 원리'를 시대에 바로 인식시켰다. 이것은 대학생과 평신도가 교회와 사회에서 고유한 사명을 감당하며 대학·민족복음화 운동의 중추적인 임무를 수행하게 했다.

5. 결론

논문의 목적은 대학복음화를 기본적으로 고찰하고, EXPLO'74 대회를 전반적으로 파악하여 EXPLO'74와 대학복음화의 내용과 영향들을 고찰하는 데 있다. 논문의 중요내용에는 대학복음화의 기본이해, EXPLO'74의 전반적 개요, EXPLO'74와 한국의 대학복음화

운동 · 영향 등이 포함된다.

대학은 국가와 인류사회의 발전에 이바지하는 학술이론과 응용 방법을 교수하고, 지도자적 인격을 완성하는 고등교육 기관이다. 복음화는 복음이 선포되어 대상 및 공간이 복음으로 정복되고 지배되는 상태를 의미한다. 대학복음화는 민족 및 세계 복음화의 중요한 구성요소로서 대학을 복음화하고 선교하는 것이다. 대학생은 국가 사회를 책임지는 미래의 지도자로 대학복음화는 당연히 중요하고 절실하다. 대학교는 복음 전파의 최대 장소이고, 대학생은 최고의 전도 대상으로 대학복음화는 그리스도의 최대 지상명령이다. 이미 대학복음화 운동들은 영국의 홀리 클럽, 미국의 건초더미 기도 운동과 자발적 학생운동(SVM)으로 시작되었다. 영국과 미국 등의 대학복음화를 위한 캠퍼스선교 운동은 지역교회의 부흥과 영적 재 각성을 통한 세계 선교의 확장에 크게 기여했다.

EXPLO'74는 1974년 8월 13일~8월 18일 동안 서울 여의도 광장에서 개최된 한국 민족사와 정신사를 횡단하는 예수 혁명과 성령 폭발의 대잔치였다. EXPLO'74는 EXPLO' 72에서 개최선언, 1973년 빌리 그레함 전도대회의 영향, 한국교회 민족복음화 기도운동 등을 배경으로 개최되었다. EXPLO'74의 개최에는 대규모 시설, 인원과 장비들이 동원되었고, 전도요원 훈련 강습회도 많았다. EXPLO'74 대회에 수많은 외국 대표가 참석했고, 당시 대중매체를 이용하여 EXPLO'74를 크게 홍보했다. 정부 당국의 부대 시설 제공과 행정지원은 물론, 다양한 관리 대책들도 마련되었다. EXPLO'74 대회의 주제는 '예수 혁명과 성령 폭발'이었고, 개최 목적은 주님의 지상명령 성취를 위한 만민에게 복음 전파 및 효과적, 전략적인 전도요원의 제자화에 있었다. 주요 강사들은 김준곤 목사, 빌 브라이트 박사, 한경직 목사, 필립 탱과 찬듀 레이였고, 설교 내용들은 예수 그리스도의 존재, 구원의 확신, 성령충만, 민족 및 세계 복음화 운동 등에 주안점을 두었다. 전도요원 훈련에 32만여 명이 참석하여 강의, 토론과 기타 자료 이용으로 훈련을 받고 제자로 육성되었다. EXPLO'74의 전도 방법들은 주로 대중 전도, 개인전도 와 전도자 훈련, 승법번식 전도, 순과 사랑방 전도와 간접전도 등이 포함했다. EXPLO'74에 연인원 655만 명이 참석했고, 하루 420만 명 이상에게 복음을 전하여 274만 명이 결신했다. 대회 150만 명의 참석자 중에서 약 70%가 성령의 충만을 체험했고, 약 59만 명이 세계 선교에 헌신하게 되었다.

대학복음화는 민족복음화를 완성하기 위한 구성요소였고, 대학복음화를 통하여 민족복음화는 더욱 가속화되었다. EXPLO'74는 민족복음화에 결정적인 소임을 수행되었고, 대학복음화의 활성화에 이바지했다. EXPLO'74는 한국교회 평신도 운동의 토대를 제공하고 교회연합운동의 발판을 마련했다. 국내외적으로 대중 전도 운동과 교회 성장의 기반을 조성했고, 한국교회를 결집하여 민족복음화 운동과 세계 선교 운동의 저변을 확대했다. EXPLO'74는 한국 복음주의 운동에 심대한 영향을 미쳤고, 기독대학생을 민족복음화의 지도자로 육성했으며, 한국 사회에 건강한 사회이념을 확산시켰다. KCCC와 EXPLO'74는 1970년대에 대학복음화의 활성화 및 민족복음화에 집중했고, 1980년대에 한국교회에 세계 선교의 불을 붙였으며, 1990년대에 평신도 선교 시대를 크게 확장했다. EXPLO'74 이후 한국교회의 출석자 수가 33% 증가하는 급격한 성장세를 기록했다. KCCC는 EXPLO'74를 계기로 대학복음화의 기초가 만들어졌고, 민족복음화를 입체화는 계기를 마련했다. EXPLO'74와 대학복음화 전략들은 사영리를 통한 설득 전도, 순모임을 통한 신앙육성, 육성과 훈련을 통한 제자화 및 거룩한 순례 전도를 포함한다. EXPLO'74가 대학·민족복음화 운동에 미친 영향들은 청년세대에 삶의 의미 부여, 기독 지도자의 육성에 의한 대학복음화의 활성화, 캠퍼스 및 사회에서 증인된 삶의 영위, 기독대학생의 제자화인생 도모, 대학·민족복음화의 중요성 부각 등으로 제시할 수 있다. EXPLO'74는 한국 대학복음화 운동의 기반을 제공하고, 캠퍼스 선교 운동의 저변을 확대하며, 대학생 대중 전도 운동과 세계 단기선교를 확장하는 계기를 마련했다.

참고문헌

강경규a, 빌리 그래함과 대중전도운동, 총신대학교 대학원 석사논문, 2019.

강경규b, 유성 김준곤의 민족복음화운동에서 민족과 복음 관계 연구, 총신대학교 대학원 박사논문, 2022.

교회연합신문, 한국대학생선교회(KCCC) 창립 50주년 회고와 전망, 2008.10.24.

김미희, 학원복음화와 제자양육에 따른 기독교사의 자질 연구, 연세대 교육대학원 석사논문, 2005.

김사무엘, 김준곤 목사의 통일신학과 개혁주의 평가, 총신대학교 대학원 석사논문, 2015.

김준곤a, 김준곤 문설집1 민족의 예수혁명론, 서울: 순출판사, 1984.

김준곤 목사 제자들 엮음, 나와 김준곤 목사 그리고 KCCC, 서울: 순출판사, 2005

김준곤b, CCC와 민족복음화운동, 서울: 순출판사, 2005.

김준곤c, 제3의 성령폭발「엑스플로' 74」를 조명한다!, CCC편지 제273호, p.30, 1997.

김준곤d, 순론 노트, 김준곤 문설집1: 민족의 예수 혁명론, 서울: 순출판사, 1984.

박명수, 민족복음화운동과 한국교회, 1965-1974, 성결교회와 신학, 제34호, pp.118~146, 2015.

박용규a, 대중전도운동과 민족복음화운동 1970-1980, 역사신학논총 제30집, pp.8~56, 2017.

박용규b, 한국기독교회사 3 (1960-2010), 서울:한국기독교사연구소, 2018.

박용규c, 한국교회 복음주의 운동과 김준곤 목사, 나와 김준곤 목사 그리고 CCC, 서울:순출판사, 2005.

박응규a, 유성 김준곤 목사의 민족복음화운동과 역사신학적 의미, ACTS 신학저널, 제42집, pp.9~52, 2019.

박응규b, 엑스플로 74와 한국교회사적 의미, 엑스플로' 74 희년학술대회 발표논문집, CCC 나사렛형제들 · 세계성시화운동본부, 분당 지구촌교회,

pp.1~14, 2023.10.21

백종구, 한국대학생선교회의 민족복음화운동: 신학과 실천 (1960-1980년대), 성
    경과 신학 64집, pp.191~218, 2012.

심상법, 김준곤 목사의 영성과 설교세계에 대한 이해, 성경과 신학 제91집,
    pp.49~76, 2019.

엑스폴로' 74 본부, 엑스폴로' 74 훈련교재: 예수혁명 · 성령폭발, 1974.

은준관, 교회 선교교육, 서울: 전망사, 1982

이경선, 민족복음화운동의 전도학적 분석과 적용에 관한 연구-빌리그레함 전
    도대회와 엑스폴로 74를 중심으로, 서울신학대학교 대학원 석사논문,
    2012.

이상규, EXPLO'74와 민족복음화 운동, 엑스폴로 74 희년학술대회 발표논문집,
    KCCC 나사렛형제들 · 세계성시화운동본부, 분당 지구촌교회, pp.1~14,
    2023.10.21.

이준경, 대학선교를 위한 지역교회의 역할, 총신대 대학원 석사논문, 1997.

장익, 엑스폴로' 74는 하나님의 섭리였어요, CCC편지 제406호, 2008.12

전석재, CCC가 한국교회 성장에 미친 영향에 대한 연구, 선교신학 제27집,
    pp.313~336, 2011.

정경호, 유성 김준곤 목사의 신학 세계로 본 한국교회의 세계 선교와 전략, 복음
    과 선교 제48집, pp.317~358, 2019.

정봉현, 심고 거두며 빛을 발하라. 광주: 전남대학교 출판부, 2013.

정봉현, 캠퍼스선교를 위한 기독 교수의 역할증대 방안, 전주대 선교신학대학원
    석사논문, 2014.

정준기, 기독교 학생운동 사, 서울: UBF 출판부, 2001.

조귀삼a, 한국 CCC의 민족복음화 운동 전략 연구, 성경과 신학, pp.218~252,
    2019.

조귀삼b, 원심력적 선교구조에 내재된 EXPLO'74의 민족복음화와 세계선교 동
    력, 엑스폴로 74 희년학술대회 발표논문집, CCC 나사렛형제들 · 세계성
    시화운동본부, 분당 지구촌교회, pp.1~14, 2023.10.21.

조귀삼c, 사도 바울의 선교신학, 안양: 세계다문화미디어, 2009.

조병호, 한국기독청년 학생운동 100년사 산책, 땅에쓰신글씨 출판사, 2005.

홍완표, 21세기 캠퍼스 선교전략 모델 -바울의 선교 방법을 중심으로-, 한세대
   학교 유니버설예수선교회, pp.1~358, 2017.

한국대학생선교회(CCC), 김준곤-그 아름다운 발자취, 서울: 순출판사, 2013.

한국대학생선교회, CCC 사역 자료집 1.0, 2014.

Bill Bright, *Come Help Change the World*, USA: CCC, 1999.

J. Herbert Kane, *A Concise history of the Christian World Mission*, Michigan: Baker
   Book House, 1982.

John G. Turner, *Bill Bright & Campus Crusade for Christ: The Renewal of
   Evangelicalism in Post America*, Chapel Hill: The University of North
   Carolina Press, 2008.

https://ko.wikipedia.org/wiki/엑스폴로_74

http://kcm.kr/dic_view.php?nid=39832

EXPLO'74의 공공신학적 과제

황경철 *

1. 들어가며

올해는 EXPLO'74가 50주년이 되는 해이자, 4차 로잔대회가 한국에서 개최되는 해이다. EXPLO'74를 통해 약 270만 명으로 추산되던 한국교회는 1년 후 새 신자가 110만 명 늘고, 하루에 6개씩의 교회가 개척되었다.[1] 정경호는 유성 김준곤 목사는 지칠 줄 모르는 열정과 기도로 주님의 지상명령 성취를 위해 캠퍼스 복음화, 민족복음화, 세계 복음화에 온전히 헌신하였다고 평가한다.[2] 이상규는 엑스폴로74가 민족복음화에 결정적 역할을 담당했고, 청년대학생 전도와 복음화에도 기여했으며, 한국 복음주의 운동에 심대한 영향을 끼쳤다고 설명한다.[3] 이은선은 민족복음화 운동이 각 도시의 지도자 훈련과 성경 공부, 기도 운동을 전개하여 지역사회의 변화를 추구했

---

* CCC 간사, 국제복음과 공공신학 연구소장, 합동신학대학원 조직신학 박사.

1 류재광, "김준곤 목사의 연도별 주요 사역", 크리스천투데이 2009년 9월 20일 기사, https://www. christiantoday.co.kr/news/204485 024년 5월 30일 접속.

2 정경호, "유성 김준곤 목사의 신학세계로 본 한국교회의 세계선교와 전략", 「복음과 선교」 48 (2019): 349.

3 이상규, "EXPLO'74와 민족복음화운동", 크리스천투데이 2023년 10월 23일 기사, https://www. christiantoday.co.kr/news/357640 2024년 5월 30일 접속.

다는 점에서 칼빈의 제네바 개혁과 같은 성격을 띠었다고 말한다.[4]

민족복음화를 위한 EXPLO'74의 지대한 공헌에도 불구하고, 작금의 한국교회는 포스트모더니즘이라는 거대한 시류 한복판에서 다양한 도전에 직면해 있다. 교회는 줄고, 기독교 인구는 감소하였다. 교회에 대한 사회의 신뢰도는 하락하였고, 기독교에 대한 불신자의 반응은 반감을 넘어 무관심이 팽배하다.[5] 코로나 이후 이러한 추세는 더욱 뚜렷해졌고, 지역 간, 이념 간, 계층 간, 빈부 간, 남녀 간, 세대 간 갈등은 심화되었다. 스마트폰과 OTT 사용은 초개인주의 사회로 진입을 앞당겼다.

EXPLO'74를 통하여 한국교회가 폭발적 부흥과 성장을 누린 것은 분명하다. 하지만 그 이면에는 목회자의 윤리적 타락, 교회의 세속화, 성도의 이원론적 신앙 등 어두운 그늘도 공존한다. 개혁파 신학자로서 네덜란드 총리를 지낸 아브라함 카이퍼는 "인간 존재의 전 영역 중에서 만물의 주권자이신 그리스도께서 '내 것이라'고 주장하지 않으시는 곳은 단 한 치도 없다"라고 옳게 지적했다.[6] 이는 김준곤 목사가 설교한 회사마다, 공장마다 그리스도의 주권이 드러나고, 가정에서 학교에서 국회에서 주의 뜻이 물어지는 민족복음화의

---

4 이은선, "김준곤 목사의 민족복음화 운동의 토대로서의 성시화운동", 「한국개혁신학」 78 (2023): 184-88.

5 목회데이터연구소, "지난 1년간 코로나19를 겪으면서, 한국교회 신뢰도 32%에서 21%로 급락", 「넘버즈」 82 (2021. 1): 1-10.

6 Abraham Kuyper, *Antirevolutionaire Staatkunde*, 최용준 · 임경근 공역, 「반혁명 국가학 Ⅰ 원리」 (서울: 국제제자훈련원, 2023), 18.

꿈과 일맥상통한다. 복음은 개인적이고 인격적이지만(personal), 사적
(private)인 것만이 아니다. 피터 버거는 현대 사회에서 종교가 공적 영
역에서 후퇴하여 개인의 영역에 머물게 되는 현상을 두고 종교가 개
인의 선택과 선호의 문제로 사사화(privatization)되었다고 진단한다.[7]
십자가의 복음은 개인의 영혼을 구원할 뿐 아니라, 삶의 전 영역을
갱신한다(엡 4:13). 나아가 만물을 회복하고, 새롭게 한다(골 1:20). 헤
티 랄레만 윈켈은 살아있는 종교적 전통이 공적 영역 즉, 일상의 정
치, 경제, 문화 영역을 관여해야 한다는 복음의 공공성을 강조한다.[8]
이승구는 공공신학을 온 세상에 대한 하나님의 통치를 증언하는 교
회의 신학으로 정의한다.[9]

논자는 EXPLO'74를 지나간 50년의 기념비만으로 추억하는 것에
그치지 않고, 향후 50년 한국교회를 건강하게 세워가는 운동으로 이
어져야 한다고 생각한다. 이를 위해 EXPLO'74의 사회적, 역사적 의
의와 기여에 대한 다양한 연구가 진행되어왔다. 또, EXPLO'74의 명
암(明暗)을 객관적으로 논의하려는 시도도 있어왔다. 하지만, 어떻게
미진한 점을 보완하고 실천적 과제를 수행할지 전향적으로 제시한
연구는 아직 없는 실정이다. 이글은 EXPLO'74 50주년에 즈음하여
한국교회가 성장을 넘어 성숙으로 나아가기 위한 공공신학적 실천

---

7 Peter L. Berger, *The Sacred Canopy*, 이양구 역, 『종교와 사회』 (서울: 종로서적, 1982), 151–52.
8 Hetty Lalleman de Winkel, "The Old Testament Contribution to Evangelical Models for Public Theology,"
EuroJTh 14 (2005): 87.
9 이승구, 『광장의 신학』 (수원: 합동신학대학원 출판부), 22–46.

과제를 논의한다. 첫째 목회자의 설교면에서, 둘째 지역교회 차원에서, 셋째 성도 개인의 측면에서 구체적 방안을 제시할 것이다.

2. 한국교회의 공공신학적 실천과제

2.1. 목회자의 설교적 측면

세상이 어두워지고, 사회가 혼란스러워질 때, 그에 대한 하나님의 대안은 무엇인가? 성경은 주저 없이 "교회는 그의 몸이니 만물 안에서 만물을 충만하게 하시는 이의 충만함"이라고 선언한다(엡 1:23). 교회가 공공신학의 주체라고 할 때, 여기서 교회는 물론 건물 자체를 가리키는 것이 아닐 것이다. 교회는 신자들의 모임이요, 그 모임을 구성하는 신자 개개인이 몸된 교회의 본질적 요체이다(고전 1:2; 3:16). 이들이 예배당 안은 물론 예배당 바깥인 가정, 직장, 시민사회에서 복음의 풍성함을 드러내는 삶을 살기 위해서는 무엇이 필요할까? 성경적 가치관이 신자에게 깊숙이 체화될 때, 보내신 세상에서 그 역할을 수행할 수 있을 것이다(요 17:18; 엡 4:13). 목회자는 은혜의 방편인 말씀, 곧 강단에서 선포하는 설교를 통해 이러한 가치관을 전달하여 성도를 온전하게 세운다(엡 4:12). 그렇다면 한국교회의 공공신학적 실천과제로 목회자는 어떻게 설교를 준비해야 할까?

1) 이미 시작된 하나님 나라를 선명히 드러내는 설교

목회자가 성도들에게 공공신학을 가르치기 위해 모든 설교를 공공신학적으로 할 필요는 없다. 아니 현실적으로 불가능할 것이다. 오히려 기존의 설교를 하나님 나라와 구속사적 맥락에 정위치 시키려는 거시적 접근이 요구된다. 목회자는 지금까지 해오던 설교의 내용과 방식으로 청중에게 설교할 수 있다. 하지만 성도들이 설교를 통해 그리스도의 십자가와 함께 이미 시작된 '하나님 나라'의 위대한 이야기에 자신의 삶이 포섭되어 있음을 깨닫고, 일상에서 하나님 나라가 구현되도록 폭넓은 시야를 열어주는 설교자의 의도적 노력이 요구된다.

설교자는 성도에게 단순히 공공신학적 삶을 촉구하는 것이 아니라, 성도 한 사람 한 사람이 창조로부터 종말로 펼쳐지는 하나님 나라의 길목에 서 있음을 설교할 필요가 있다. 성도는 그 길목에서 하나님 나라 백성으로서 '정체성'과 '사명'을 발견한다. 그는 설교를 통해 예배당을 넘어 일상에서, 주일을 넘어 주중에도 복음을 살아낼 수 있는 로드맵과 동력을 공급받아야 한다. 설교자가 선포한 하나님 나라의 관점으로 성도는 시공간을 초월해 계시는 하나님을 일주일 168시간 동안 코람데오로 동행한다. 일상은 예배의 현장이자, 주일 예배의 연장이다. 성도는 먹든지 마시든지 무엇을 하든지 하나님께 영광 돌리는(고전 10:31) 거룩한 산 제물임을 자각한다(롬 12:1).

설교자는 성경의 중심 주제인 '하나님 나라'라는 거대한 우산 아래서 세상의 창조, 타락, 구원, 종말(새 창조의 완성)로 요약되는 '구속사'(redemptive history) 한복판으로 성도를 초대한다. 하나님 나라라는 거대한 우산 아래와 구속사라는 든든한 토대 위에서 성도는 자신의 정체성과 현 위치를 파악한다. 이미 성취된 하나님 나라 안에서 위로와 안식, 담대함과 소망을 얻는다. 이처럼 하나님 나라 개념은 성경적 공공신학을 논의하기 위한 신학적 토대가 된다. 아쉽게도 지금까지 한국교회에서 '천국 또는 하늘나라'에 대한 이해는 성도가 죽은 후에 비로소 가게 되는 미래의 천당 정도로 간주되어 왔다.[10] 이러한 이해는 성도로 하여금 천국의 현재성(마 12:28)을 간과하는 편향된 시각을 초래했다. 그 결과 '지금 여기서' 하나님의 통치를 드러내고 천국을 살아내기보다는 죽음 이후의 천국만을 고대하는 내세적 신앙을 부추겼다.

요컨대, 목회자는 하나님 나라에 대한 큰 그림을 강단에서 선포함으로써 성도가 매일의 일상에서 하나님 나라 백성으로 살아가도록 이끌어야 한다. 복음이 신자 개인의 삶이나 교회 안에서만의(수요예배, 금요기도회, 구역모임, 교사, 헌금 및 다양한 봉사 등) 헌신이 아니라 신자와 연결된 시간, 재정, 취미, 건강, 연애, 가정, 학교, 직장, 사회, 생태계 모든 영역과 총체적으로 연동된다는 사실을 알려 주어야 한다. 하나님 나라의 관점은 공공신학을 실천할 수 있는 안목과 지평을 열어주기 때문이다. 김광열은 웨스트민스터신학교의 클라우니와 하

---

10 송영목, 『하나님 나라 복음과 교회의 공공성』 (서울: SFC, 2020), 76.

비콘의 총체적인 복음 전도를 인용하며, 거듭난 사람의 신앙은 개인의 내면적 차원에 머물지 말고, 재창조 중인 세상 속에서 회심의 열매를 맺어야 한다고 주장한다.[11] 윌리엄 버클레이는 하나님 나라 관점에서 성도의 일상적 삶의 중요성을 다음과 같이 강조한다.

> 우리의 기독교는 계산대 건너편의 점원을 어떻게 대하느냐에 있어서, 식당에서 음식 주문을 하는데 있어서, 우리의 종업원을 어떻게 대하고 고용주를 어떻게 섬기느냐에 있어서, 게임을 어떻게 하고 오토바이를 어떻게 몰고 어떻게 세우는지에 있어서, 매일의 언어 사용과 매일의 읽을거리에 대한 취사 선택에 있어서 드러나야 한다. 그리스도인은 교회에서뿐 아니라 공장, 일터, 조선소, 광산, 강의실, 수술실, 부엌, 골프 코스, 야외 경기장 등에 있을 때에도 그리스도인이어야 한다.[12]

신자가 이미 시작된 하나님 나라에 대한 이해가 부족할 때, 그의 신앙은 일상적 삶과 유리된 이원론적 신앙으로 흐르기 쉽다. 하나님 나라를 죽은 다음에 가는 곳으로 오해하니 현실 세계에서 세상의 쾌락을 좇아간다. 때로는 불신자와 똑같이, 때로는 불신자보다 교묘하게, 때로는 불신자보다 강렬하게 추구한다. 이것이 우리 시대 한국 교회가 마주한 슬픈 자화상이다. 목회자는 이 점을 고려하여 하나님 나라의 '현재성'과 이미와 아직 사이의 '긴장성'을 설교에 반영할 필

---

11 김광열, "제2장 총제적 복음사역의 성경적 접근", 『총체적 복음사역연구소 연구지』 4 (2007), 81, 97.
12 William Barclay, *The Gospel of Matthew*, Vol. 1, ed. (Phildelphia: The Westminster Press, 1975), 123.

요가 있다. 강단에서 선포되는 하나님 나라에 대한 말씀을 통해 성도는 복음이 사사화(私事化, privatization)될 수 없는 공적이고, 우주적이라는 사실을 확신한다. 이미 시작되었으나 아직 임하지 않은 하나님 나라의 긴장성 속에서 정치 경제 사회 문화 모든 영역에서 하나님의 통치를 성령의 능력에 힘입어 실천한다. 설교자가 하나님 나라의 빛 아래 드러난 복음의 풍성한 현존과 총체적 갱신을 제시할 때, 성도는 일상에서 복음의 부요함을 누릴 뿐 아니라 '지금 여기서' 지상명령과 함께 문화명령을 실천하도록 격려받는다. 다시 말해, 공공신학에 부합된 삶을 살게 될 것이다.

2) 칭의와 성화를 균형있게 강조하는 설교

한국교회는 일제 강점기와 한국전쟁을 겪으면서 이생보다 내세에 대한 신앙이 강화되었고, 그와 맞물려 영혼 구원을 향한 전도와 회심이 강조되었다.[13] 이것은 매우 고무적인 일이지만, 의도치 않은 부작용도 발생하였다. 전도와 회개를 통한 영혼 구원 자체도 중요하지만, 회심 이후 성화의 삶, 개인 구원과 함께 사회변혁, 교회의 공적인 책임이 충분히 강조되지 못하였다. 1970년 13,007개의 교회와 3,235,475명이던 교인 수가 1980년에는 21,243개의 교회와 7,180,627명으로 늘어나 교인 기준 230%의 폭발적 성장을 경험했

---

13 김요섭, "'민족복음화' 사상과 1970년대 한국교회 전도대회들의 의의", 「역사신학논총」 43 (2023): 152.

다.[14] 많은 교회가 세워지고, 수백만의 신자들이 모이는 대중 집회가 성공을 거두자, 교회는 말씀 중심의 설교보다는 회중의 관심을 끄는 데 초점을 두면서 대형집회와 수적인 확장에만 관심을 기울이기 시작하였다.[15] 그 자체가 나쁜 것은 아니지만, 그로 인하여 성도의 균형있는 성장과 성숙이 간과되었다. 교회성장주의가 한국교회를 지배하면서 교단과 교세 확장에만 치중한 나머지, 교회의 대사회적 책임과 공적인 역할은 소홀해지고 말았다.

오늘날 기독교 인구가 감소하고, 교회에 대한 적대감과 무관심의 증가하는 것은 예수님이 말씀하신 세상에서 빛과 소금으로 살라는 복음의 공공성과 대사회적 책임을 교회가 충분히 강조하지 않은 것과 무관하지 않다. 그 일차적 책임으로 성도를 말씀으로 세우는 목회자의 책무를 언급하지 않을 수 없다. 그러면 구체적으로 어떻게 이 부분을 설교에 반영할 수 있을까?

세계관이란 세계와 인생 전체를 바라보는 일관되고 통일성 있는 안목이다. 그리스도의 복음은 우리의 영혼만을 구원하는 탈출 장치가 아니라, 만물을 속량하고 피조물을 갱신하는 샬롬의 침투라는 제임스 스미스의 지적은 회심한 신자가 새롭게 갖게 된 세계관이 무엇인지 보여준다.[16] 목회자는 설교를 통해 성도에게 회심과 칭의 이후에 펼쳐지는 성화의 여정과 그 속에서 하나님 나라 백성으로서 어떻

---

14 오덕교, 『장로교회사』 (수원: 합신대원출판부, 2010), 371.
15 오덕교, 『장로교회사』 (수원: 합신대원출판부, 2010), 371.
16 James Smith, *Awaiting the King*, 박세혁 역, 『왕을 기다리며』 (서울: IVP, 2019), 159-60.

게 살아가야 할지를 제시해 주어야 한다. 신자 한 사람의 구원의 여정에는 회심 사건 하나만 있는 것이 아니다. 창세 전에 그를 택하신 예정, 때가 차매 복음으로 그를 부르시는 소명, 복음에 반응할 수 있도록 새 생명의 원리를 심겨주신 중생(重生, 혹은 거듭남), 복음에 대한 회개와 믿음, 값없이 의롭다 불러주시는 칭의, 아버지라 부를 수 있게 자녀 삼아주시는 입양, 성령의 능력으로 죄와 싸우도록 돕는 성화, 마침내 영화에 이르기까지 장구한 구원의 서정(ordo salutis)에 진입했음을 설교자는 알려 주어야 한다.

설교자가 칭의와 성화를 균형있게 설교한다고 할 때, 은혜로 의롭게 되었으니 이제 힘써 열심히 성화를 이루어가자는 율법적 설교가 되지 않도록 주의해야 한다. 칼빈은 설교자의 이러한 난제를 예견하듯이 칭의와 성화가 '그리스도와 연합'을 통해 동시에 주어지는 이중은혜(duplex gratia)라고 힘주어 말한다.

> 믿음으로 그리스도를 소유한 우리가 그리스도에게 참여함으로 받는 이 이중은혜는, 첫째 그리스도의 의(義)로 말미암아 우리가 하나님과 화목됨으로써 하나님께서 재판관이 아니라 자비하신 아버지가 되신다는 것이요, 둘째 그리스도의 영으로 말미암아 성화되어 생활의 흠 없음과 순결을 좇는다는 것이다.[17]

칭의와 성화는 구별되지만 분리될 수 없다(distinct but not separate). 그

---

17 Calvin, Institutes, 3. 11. 1.

리스도와 연합으로 주어지는 칭의와 성화는 동전의 양면과도 같은 이중은혜이다. 칭의만을 강조할 때, 성도는 이미 거듭나고 구원을 받았다는 생각에 성화의 책임을 놓치기 쉽다. 성화를 강조하되 성도의 종교적 열심을 자극하는 인본주의적이거나 세미펠라기안적 설교가 되지 않도록 하려면 어떻게 해야 할까? 칼빈이 강조한 바와 같이 성화 역시 그리스도와 연합을 통해 주어지는 구원의 은택임을 분명하게 강설해야 한다. 설교자는 성도의 모든 선행과 수고 역시 그리스도와 연합 가운데 주어진 은혜의 산물임을 설교해야 한다. 칭의는 성화의 토대이고(엡 2:8, 10), 성화는 칭의의 열매임을 강조해야 한다(마 7:17). 참된 믿음으로 그리스도와 연합된 사람은 선행이라는 감사의 열매를 맺지 않을 수 없다.[18]

로날드 사이더는 신자에게 요구되는 칭의와 성화의 균형을 자신의 신학적 방황을 술회하며 다음과 같이 말한다.

이제 나는 그분이 나와 생명의 인격적 관계를 맺고자 하신다는 사실과 나를 친구로 부르신다는 사실을 발견했다. 나는 이 사랑의 구원자께서 의로우신 하나님이라는 사실도 알게 되었다. 나는 그분이 억압, 불의, 포악, 인종차별, 그리고 환경파괴를 싫어하신다는 사실을 배웠다. 놀랍게도 하나님은 나를 그의 선한 청지기로 부르시고 그의 창조를 훼손시키고 그의 백성들을 짓밟는 억압적 구조와 체제들을 바로잡으시는 사역에 내가 동참하

---

18 하이델베르크 요리문답, 제 64문.

기를 원하신다.[19]

한국교회가 구령의 열정과 회심의 강조로 지금껏 성장과 부흥의 은혜를 경험하였음을 부인할 수 없다. 그러나 복음이 들어온 지 140여 년의 시점에 한국교회는 성장기를 넘어 성숙기로 나아가느냐, 쇠퇴기로 주저앉느냐의 중대한 기로에 서 있다. 설교자는 회심과 전도를 지속적으로 강조하되, 회심 이후 성숙한 그리스도인, 공공신학적 감수성을 갖춘 매력적인 그리스도인으로 세상에서 살아가도록 가르쳐야 한다. 자신이 목양하는 성도가 신실한 교인은 물론, 책임있는 시민으로 살아가도록 한국교회가 의인을 방출한다면 어떤 결과가 펼쳐질까? 지역교회가 공공신학적 소양이 깊어짐에 따라 교회에 대한 대사회적 신뢰도는 회복될 것이다. 이것은 다시 복음 전도의 문턱을 낮추는 목회 생태계를 구축하는 선순환으로 작용할 것이다(행 2:47).

3) 지시하는 설교가 아닌 공감하는 설교

코로나가 한국 사회에 미친 가장 근본적인 영향 하나를 꼽는다면 "초개인화"이다. "격리", "거리 두기"가 방역과 안전을 이유로 정당하게 강요되었고, 국민은 타당하게 수용하였다. 결과는 "코로나 블루"라는 말이 등장할 정도로 사회적 우울감 수치는 올라갔고, 국민 가

---

19 Ronald J. Sider, *Good News and Good Works*, 이상원 · 박현국 공역, 『복음전도와 사회운동』(서울: CLC, 2013), 184.

운데 우울증 치료환자도 급증하였다. 사람들은 외롭고, 고독하며, 우울하고, 예민해졌다. 그러한 감정을 지닌 사람들에게 설교는 어떻게 전달되어야 할까? 앞서 두 가지 항목이 설교의 내용과 관련된 것이라면, 세 번째 항목은 설교의 방식 또는 자세와 관련된 것이다.

아무리 옳은 내용을 전해도 그 전달방식이 지시나 강요라면 청중은 마음을 닫게 될 것이다. 청중에게 무엇을 지시하기 앞서, 청중의 마음을 살피고 돌보는 공감적 설교기 필요한 이유가 여기에 있다. 이것을 꼭 청중의 구미를 맞추는 인본주의적 설교로 받아들일 필요는 없다. 복음의 본질을 훼손하지 않으면서도 얼마든지 그들을 배려하고 공감하며 복음을 전달할 수가 있다. 예수님도 죄인 된 우리를 공감하시기 위해 높은 하늘 보좌를 버리시고 육신을 입어 종의 몸으로 오셨다(빌 2:6-8). 그분은 하나님이시므로 죄가 없으시지만, 우리의 모든 연약함을 공감하고 체휼하는 분이시다(히 4:15). 성도들이 고압적, 권위적 태도에서 벗어나 복음을 공감이라는 그릇에 담아 전달하는 설교자에 목말라하는 시대가 되었다.

공감적 설교를 하기 위해서는 어떻게 해야 할까? 목회자는 예수님의 모본을 따르는 성육신적 노력을 설교문 작성뿐 아니라 심방과 회의, 의사결정 전반에 반영할 필요가 있다. 논자가 아는 한 목회자는 성도들의 상황을 좀 더 이해하기 위해 자살 예방과 상담을 돕는 "생명의 전화" 상담교육을 의도적으로 받는다고 하였다. 목회자와 성도의 관계를 나와 너, 설교자와 청중의 구도로 구분하기보다 "우리"라는 마음으로 같은 편이 되어주고 참여자, 지지자, 동반자의 자세를 가진다면 좀 더 가능해질 것이다.

성도는 강단에서 선포되는 설교가 고통과 절망의 바닥에서도 복음이 경험되는 자리요, 소망이 갱신되는 자리이길 기대한다. 하지만 안타깝게도 복음이 설교라는 매개를 통해 전해질 때, 회중 저마다의 힘겨운 일상이 고려되지 않은 채 다소 성급히 복음의 논리가 완성되었다고 여겨지는 경우가 있다.[20] 복음 그 자체는 완전하나, 복음이 선포되는 대상에게는 그들이 견뎌야 할 삶의 자리가 있다. 목회자가 이들의 시련과 아픔을 공감하는 내용과 방식으로 설교할 때, 그 설교는 청중의 마음에 닿을 것이다. 설교자의 머리에서 나온 설교는 청중의 머리에만 닿지만, 설교자의 가슴에서 나온 설교는 청중의 가슴에 와 닿을 것이다.

2.2. 지역교회의 대사회적 측면

1) 지역사회와 호흡하는 교회

통계청 발표에 따르면 우리나라의 1인 가구 비율은 2021년 700만을 넘어 전체 가구의 33.4%에 육박한다. 욜로(YOLO, You Only Live Once)족[21]으로도 대변되는 MZ 세대의 개인주의는 더욱 심화되는 추

---

20 주교돈. "공감적 설교학에 관한 연구 : 성토요일(Holy Saturday), 그 일상 속에서의 설교", 「선교와 신학」 57 (2022): 481.

21 YOLO란 미래나 타인을 위해 희생하지 않고, 현재 자신의 행복을 가장 중시하여 소비하는 라이프 스타일을 말한다.

세다. 김난도는 소득의 양극화는 정치, 사회 분야로 확산되어 갈등과 분열이 전 세계적인 현상이 되었다고 진단한다.[22] 우울증 환자는 증가하고, 자살률도 증가하였다. 한국의 경우 10대~30대 연령층의 사망원인 1위가 자살인 것으로 밝혀졌다. 안타깝게도 한국은 OECD 회원국 중 자살률 1위인데, OECD 평균 11.5명(인구 10만 명당 자살 수)보다 2.1배나 높은 24.7명이라는 충격적인 수치이다.[23] 산술적으로 계산하면, 매일 37명이 극단적인 선택을 하는 상황이다. 가족이나 이웃도 모르게 혼자서 앓다가 죽는 이른바 '고독사'도 지난 5년간 2,735명에 달한다고 한다.[24] 기술 문명은 발달하고 경제는 성장했지만, 현대인이 느끼는 실존적 고독의 무게를 이 지표들은 반증한다.

이러한 현실을 인식하며 하나님이 교회를 만물을 충만케 하는 충만으로 세우셨다는 사명을 되새긴다면 교회의 공공신학적 실천과제가 분명해진다. 그것은 지역사회와 호흡하는 교회가 되어야 한다는 것이다. 예수님은 선한 사마리아인의 비유를 통해 곤경에 처한 사람의 필요를 채워주고, 이웃이 되어주라고 말씀하셨다. 제사장도, 레위인도 강도 만난 사람을 '보고 피하여 지나갔다'(눅 10:31-32). 그들은 성전에서 예배를 인도하는 종교지도자들이었다. 우리가 강도 만난 사람이었다면, 그러한 종교지도자가 출석하는 예배당에 가고 싶

---

22 김난도, 『트렌드 코리아 2023』 (서울: 미래의 창, 2022), 22.
23 목회데이터연구소, "한국인 1일 37명 자살", 「목회데이터연구소」 16 (2019. 10).
24 윤우성, "4050 중년남 덮치는 고독사···5년간 2735명 고립속 생 마감", 「연합뉴스」, 2022. 2. 21.

은 마음은 별로 내키지 않을 것이다. 이 시대의 교회가 지역사회를 향해 어떤 모습으로 비치고 있는지 진지하게 돌아볼 일이다. 예배당 내부의 업무와 봉사에 헌신하는 것은 옳은 일이요, 귀한 일이다. 그러나 그것에만 치중한 나머지 예배당 바깥의 강도 만난 사람, 자살을 고민하는 청소년, 송파 세 모녀와 같이 생활고를 겪는 사람, 미혼모, 독거노인, 외국인 노동자, 탈북민들의 신음을 듣지 못하고, 아픔을 돌보지 못한다면 예수님의 기대를 빗나간 헌신이 아닐까?

칼빈은 제네바 목사회의 의장으로서 목사회 전체의 의견을 시의회에 전달하는 역할을 했다. 그는 제네바의 컨시토리움에 깊이 관여하여 제네바 정부가 사회적, 경제적 삶을 위한 최소한의 것들을 제공할 의무가 있다고 주장했다.[25] 그는 정부를 향하여 가난한 시민을 위해 무료 진료를 해줄 것과 빵, 와인, 그리고 고기의 가격을 통제할 것과 노동시간 규제와 임금인상 그리고 실직자의 재교육에 관한 조례를 제정할 것을 빈번하게 요청하였다.[26] 또한, 칼빈은 교회법으로 교회 수입을 네 부분으로 나누었는데, ① 성직자들, ② 빈민들, ③ 교회 건물 수리, ④ 타지방과 본 지방의 불쌍한 사람들을 위해서 각각 한 몫을 마련했다.[27]

지역교회의 목회자와 당회 장로들은 교회의 성장과 부흥에도 힘

---

25 Robert M. Kingdon, "Church and State," 헤르만 셀더하위스, 『칼빈 핸드북』, 김귀탁 역 (서울: 부흥과개혁사, 2013), 699.

26 Dolf Britz, "Politics and Social Life," 헤르만 셀더하위스, 『칼빈 핸드북』, 김귀탁 역 (서울: 부흥과개혁사, 2013), 854.

27 *Institutes*, 4.4.7.

을 쏟아야겠지만, 하나님께서 그 교회를 세우신 지역의 필요와 아픔과 현안에도 진지한 관심을 기울일 수 있어야 한다. 가령, 어느 동네에서 자살 사건이나 묻지마 폭행 사건이 발생했다면, 그것은 관할 경찰서나 구청에서만 관심을 쏟을 일이 아니라, 지역교회가 긴급 당회를 열 수 있어야 한다. 그것이 지역사회와 호흡하려는 교회의 공공신학적 실천 모습이다. 요점은 교회가 자기 교회 중심성에서 벗어나 도움을 절실한 강도 만난 자를 지나치지 말고, 그들의 신실한 이웃이 되어주어야 한다는 것이다. 그리스도인들이 아무리 노력해도 완벽히 새로운 세상을 만들지는 못할 것이다. 하지만 타인을 위해 신실한 함께함으로 이웃이 되려고 할 때, 더 나은 세상을 만드는 데 도움을 줄 수 있고, 충분히 가능하다는 제임스 데이비슨 헌터의 주장은 그런 면에서 타당하다.[28]

2) 상식이 통하는 교회

하나님은 이사야 선지자를 통해 이스라엘 사회의 부패와 타락을 지적하시며, 정의와 공의의 회복을 촉구하신다. 그런데 흥미로운 점은 이 징계와 심판이 하나같이 지도자들을 일차적으로 겨냥하고 있다는 것이다. 최윤갑이 제시한 이사야서에 나타난 다섯 가지 공공신학 항목을 보면 이 점이 뚜렷하게 드러난다. ① 약자에 대한 부자의 부당한 처우에 대한 질책, ② 정치 고관들의 사회 · 경제적 횡포 금

---

28 제임스 데이비슨 헌터, 『기독교는 어떻게 세상을 변화시키는가』, 배덕만 역 (서울: 새물결플러스, 2014), 422.

지, ③ 재판관들의 부당한 판결에 대한 질책, ④ 타락하고 게으른 영적 지도자들에 대한 질책, ⑤ 정치인들의 불신앙적 정치 외교에 대한 질책이다.[29] 국가를 쇄신하기 위해서는 지도자가 먼저 솔선해야 하고, 교회가 갱신되기 위해서는 영적 지도자가 먼저 돌이켜야 한다. 에스겔서에서도 하나님은 이스라엘의 회복을 예언하시면서(33장~39), 그 시작 지점인 33장에서 회복 예언을 전할 도구로 부름 받은 에스겔에게 파수꾼으로서 여호와의 경고의 말씀을 전할 책임을 주셨음을 거듭하여 주지시키신다. 소경이 소경을 인도할 수 없기 때문이다(마 15:14).

공공신학의 주체인 교회는 세상을 향해 공공신학을 외치기 전에 먼저 자신이 속한 교회공동체 내에 공공신학적으로 거침이 되는 부분이 없는지 성찰이 필요하다. 소자에 대한 사랑과 약자에 대한 존중을 가르치기 전에 교회 안에서 이러한 가치가 건실하게 구현되고 있는가? 담임 목사와 부교역자의 관계, 당회 장로와 부교역자의 관계가 세상의 갑질 문화로 오염되어 있지는 않은가? 종교세 신고나 기부금 영수증 등 재정이 투명하게 기획, 집행, 결산, 보고되고 있는가? 교회 안에서조차 세상에서 사회적 경제적 지위를 가진 자가 은근히 대접받고 약자가 무시당하는 안타까운 일은 없는가? 세상에서 일어났다면 대서특필될 일이 교회 안에서 은혜와 헌신이라는 이름

---

29 최윤갑, "구약성경에 나타난 공공신학", 「교회와 문화」 51 (2024 겨울, 성암 이승구 박사 정년 퇴임 기념 논문집): 161.

으로 묵인되는 경우는 없는가? 상식(common sense)이 통하는 교회란 바로 이런 의미이다.

교회학교 아이들이 진화론이나 유신진화론에 대해 물어올 때, 청년들이 동성애나 페미니즘에 대한 설명을 요청할 때, 3040 젊은 부부가 정치적 이슈를 질문할 때, 목회자는 어떻게 해야 할까? 목회자가 모든 질문에 시원한 답을 제시하기는 어려울 것이다. 그렇더라도 '믿음'이라는 명목으로 덮어놓고 믿게 하기보다는 좀 더 공부해서 알려주겠다든지, 그에 적실한 특강이나 세미나를 제공하려는 유연한 자세는 필요하다. 적어도 다음 세대가 일상에서 겪는 고민과 질문들을 교회로 들고 왔을 때, 해답은 주지 못하더라도 질문을 할 수 있는 안전한 공간과 분위기를 마련해 주는 것이 절실하다. ARCC가 발표한 "청년들이 교회를 떠나는 이유"를 보면, "청년들은 이래야 한다, 저래야 한다는 식의 대화의 내용은 일방적이고 존중받는다는 느낌을 갖지 못한다"며, "기성 세대가 워낙 신앙적으로 뜨거웠고 일구어낸 것이 많기 때문에 이해하지만 청년들이 볼 때 강압적이고, 소통이 안 되는 것 같다"고 토로했다.[30]

의심은 불신앙이 아니라 더 견고한 신앙으로 나아가는 징검다리가 될 수 있다. 의심과 질문을 던지는 사람들에게 교회가 어떻게 대응하느냐에 따라 결과는 달라질 수 있다. 중세의 신학자 안셀무스는

---

30 이인창, "청년들, 그들은 왜 교회를 떠나는가", 기독교연합신문 아이굿뉴스, 2021년 4월 20일 기사, https://www.igoodnews.net/news/articleView.html?idxno=66157, 2024년 5월 26일 접속.

"이해를 추구하는 신앙(*fides quaerens intellectum*)"을 통해 우리 신앙의 대상은 살아계신 하나님이며, 인간이 다 파악할 수 없는 신비이시기에 참된 신앙인이라면 끊임없이 질문하고, 탐구하고, 성찰함으로 진리를 추구해야 한다고 역설했다.[31] 사람마다 처한 상황과 환경이 다르기에 질문들이 다를 수 있다. 교회는 그러한 의심과 질문을 불신앙으로 간주하기보다 공감하고 경청하는 한편, 그들이 알아듣도록 이중언어 구사의 노력을 기울여야 한다.

3) 복음의 공공성과 공동체성을 교육하는 교회

한국교회의 공공신학적 실천과제로서 지역교회의 교육과 훈련을 빼놓을 수 없다. 오늘날 교회 교육은 교회에서 잘 봉사하는 충성된 일꾼을 세우는 데로 초점이 맞추어져 있다. 모두가 그런 것은 아니겠지만, 대체로 공예배에 빠짐없이 참석하고, 헌금 생활과 봉사에 충실하면 소정의 교육과 절차를 거쳐 직분자로 세운다. 논자가 지적하고 싶은 것은 이러한 교육 자체가 문제라는 것이 아니라, 교회 교육이 추구하는 방향에 대한 재고가 필요하다는 것이다.

하나님 나라의 관점과 복음의 공공성에 동의한다면, 교회는 목회자에 충성하는 리더, 교회 일에만 열심인 직분자를 키우는 것이 아니라 세상에서 영향을 끼치는 전인적 제자, 성숙한 시민으로 세우는 데 교회 교육의 초점이 맞추어져야 할 것이다. 교회와 세상, 주일과

---

31 김영철, "성 켄터버리 안셀무스의 '이성과 신앙(ratio et fides)'", 「철학논총」 36 (2004): 222-23.

주중을 구분 짓는 성속 이원론적인 사고를 극복하고, 하나님을 아는 것과 믿는 것에 하나가 된 온전한 성도를 길러내야 할 것이다.

몇 가지 구체적인 방안을 제시한다면 다음과 같다. 첫째, 공공신학이나 기독교 세계관에 대한 강좌를 개설하거나 이를 주제로 오후예배, 수요예배 및 교사 교육과 수련회 때 실행할 수 있을 것이다. 다양한 사회적 이슈들에 대하여 성도들이 그리스도인으로서 어떻게 바라보고, 입장을 가져야 할지 그 분야의 전문가를 초대하는 것도 좋은 방법이다.

둘째, 성도들이 공공신학적 소양을 갖추도록 비신자에 대한 존중, 공감과 경청, 이중언어의 중요성에 대해 가르칠 필요가 있다. 목회자가 의도하든 하지 않았든 적지 않은 성도들이 자신의 신앙을 지키기 위해 세상과 분리되는 반문화적 태도를 견지하려고 한다. 세상에 빛과 소금이 되려면, 그들을 존중하고 그들과 소통하는 방식을 익혀야 함에도 세상과 담을 쌓고 교회 안에만 매몰된 형국이다. 결국, 복음은 비신자들에게 아무런 영향을 주지 못한 채 고립된 섬과 같이 교회 안에만 머물게 된다. 교회는 성도들이 복음의 본질은 훼손하지 않으면서, 소통과 공감을 통해 비신자의 눈높이로 전달할 수 있도록 이중 언어능력을 배양해야 한다.[32]

셋째, 공동체성의 훈련이다. 복음의 사사화는 복음의 공공성을

---

32 김민석, "하인리히 베드포드−슈트롬이 제시한 공공신학의 특징", 「한국조직신학논총」 63 (2021): 46.

약화시켰다. 복음의 공공성을 성도들에게 실제적으로 가르친다고 할 때, 공동체성의 회복은 그것의 필연적 기초가 된다. 지하철이나 버스를 타면, 열의 아홉은 스마트폰을 보고 있다. 거기에 이어폰까지 낀 모습은 초개인주의화된 우리 사회의 단면을 보는 것만 같다. 스마트폰과 SNS의 과용으로 인하여 통계에 따르면, 5-14세 주의력 결핍 과다 행동 장애인 ADHD 환자가 2017년 3만 6,960명에서 2021년 5만 6,115명으로 5년 새 무려 51.8%가 증가하였다.[33] 이들은 수업에 집중하기 힘들어할 뿐 아니라, 일대일로 눈을 맞추며 대화하는 것에도 심각한 어려움을 겪고 있다. 그리스도를 머리로 한 영적 가족이라고 할 수 있는 교회는 이에 대한 효과적인 대안이 될 수 있고, 되어야 한다. 내적 공허와 고독에 지친 그들은 SNS를 통해 가상공간에서 친구를 찾고, 공감을 추구한다. 지역교회마다 위치와 규모도 다르고, 공동체의 분위기와 상황도 다르기에 일률적인 방안을 제시하기는 어려울 것이다. 그럼에도 교회학교 아이들, 청년들이 가상공간이 아니라 현실 세계에서 인격적인 교제를 통해 정서적 교감을 나누도록 도와야 한다. 인간은 공동체를 통해 자신의 정체성을 발견하고, 안정감과 소속감을 느끼며, 서로가 성장하는 존재이기 때문이다. 공동체성의 회복은 한국교회가 사사화된 신앙을 극복하고 복음의 공공성으로 나아가는 밑

---

33 보건의료빅데이터개방시스템, https://blog.naver.com/raonmedi2022/223238838596 2024년 5월 26일 접속.

거름이 된다.

2.3. 성도 개인의 일상적 측면

목회자의 설교나 강의를 통해 공공신학에 대해 배웠다면, 이제 성도 개인은 각자의 삶에서 어떻게 공공신학을 실천할 수 있을까? 논자는 무엇을 해야 하고, 하지 말아야 한다는 실천의 내용보다는 실천의 태도와 원리를 중심으로 서술하고자 한다. 성도가 일상에서 공공신학적 삶을 실천할 때, 기억해야 할 원리를 제시함으로써 이 글의 취지인 '성도 개인의 측면에서 공공신학적 실천과제'를 달성하고자 한다.

1) 듣는 데서 시작하자

지금은 고인이 되었지만, 팀 켈러는 뉴욕 리디머 교회를 목회하면서 지역사회를 위한 성도들의 공공신학적 실천은 그들의 이야기를 듣는 데서부터 시작하였다고 서술한다.

"동네 사람들이 가장 고질적이고 심각한 걸림돌로 여기는 문제는 무엇입니까? 살기 좋은 마을로 만들기 위해 무얼 해야 한다고 보십니까?" 글을 쓰고 있는 지금 이 시점은 대답을 듣기 시작하는 단계에 지나지 않지만, 반응은 지극히 만족스럽다. 백이면 백, 교회에서 찾아와 그런 질문을 던진다는 사실 자체를 놀라워했다. 교회를 포함한 종교단체들은 대부분 지역

사회에 뭐가 필요한지 잘 안다는 자세를 보이기 일쑤였기 때문이다.[34]

상대에게 진정한 그리스도의 사랑을 전달하고 싶다면, 내가 생각한 것을 주기 전에 상대가 필요한 것이 무엇인지 물어야 한다. 예수님도 도움을 청하러 온 자들에게 곧바로 필요를 채워주신 것이 아니라, 먼저 물으셨다. "네게 무엇을 해주기를 원하느냐?"(막 10:41). 성전에서 선생들과 얘기할 때도 예수님은 듣기도 하시고 묻기도(말하기도가 아닌!) 하셨다(눅 2:46). 그분은 상대의 이야기를 들으셨고, 그 이면의 내용까지 듣기 위해 물으셨다. 진정한 경청의 모본이다.

청년사역네트워크가 '기독교에 대한 청년들의 인식 조사' 결과를 발표한 것에 따르면, 기독청년 79%와 비기독청년 80%가 개신교의 배타성이 높다고 답했다.[35] 기독교가 믿는 진리는 양보하거나 타협할 수 없는 배타적 진리임이 분명하다. 그러나 그것을 전달하는 방식은 온유와 겸손, 상대에 대한 존중과 경청이 요구된다(벧전 3:15). 이러한 자세가 결여될 때, 기독교는 대화의 종결자나 승리주의적 인상을 비신자에게 남겨 그들의 마음을 닫히게 할 것이다. 세상을 변혁하기 전에, 상대에게 도움을 주기 전에 먼저 상대의 필요를 들어야 한다. 귀로 들을 뿐 아니라, 눈으로 응시하며 듣고, 마음으로 공감하며 들어야 한다.

---

34 Tim Keller, *Generous Justice*, 최종훈 역, 『정의란 무엇인가』 (서울: 두란노, 2022), 195.

35 이한승, "청년사역네트워크, '기독교에 대한 청년들의 인식 조사' 결과 발표", CTS 뉴스, 2018년 10월 4일 기사, https://www.cts.tv/news/view_card?dpid=239977 2024년 5월 26일 접속.

2) 있는 데서 실천하자

비즈니스 선교사(BAM, Business As Mission)로 '핸즈커피' 기업을 운영하는 진경도는 "대표님 이 비즈니스를 해서 뭘 하고 싶으신가요?"라는 질문에 다음과 같이 대답했다.

"저는 이 비즈니스 자체가 본질적 가치이고, 제 인생의 목표입니다. 정직하게 일하면서 직원들과 함께 성장하고, 고객들을 섬기는 것이 그 자체로 의미 있지, 비즈니스의 결과물로 더 중요한 일을 해보고 싶다는 생각은 해보지 않았습니다."[36]

사람들에 따라 노동을 바라보는 관점이 다양하다. 노동을 저주로 보는 사람이 있는가 하면, 다른 목적을 이루기 위한 방편으로 이해하는 사람도 있다. 거듭난 신자가 견지해야 할 성경적 노동관은 노동(직업) 자체를 소명으로 이해한다. 이것은 칼빈의 직업소명설에 잘 드러난다. 마르틴 루터도 "하나님은 소젖 짜는 하녀의 직업을 통해 하나님께서 친히 우유를 짜고 계신다"고 말했다.[37] 모든 직업이 하나님의 영광을 드러내는 무대요, 이웃사랑을 실천하는 현장이다. 그동안 한국교회 안에는 세상 일, 직장 일 조금 덜 하더라도 교회에 충성 봉사하라는 분위기가 강했다. 이러한 분위기는 성도들로 하여금

---

36 한현구, "직원들을 실망 시키며 밖에서 전도하겠다는 '비즈니스 선교'는 모순", 아이굿뉴스, 2024년 4월 25일 기사, https://www.igoodnews.net/news/articleView.html?idxno=76221 2024년 5월 26일 접속.

37 Tish Harrison Warren, *Liturgy of the Ordinary: Sacred Practices in Everyday Life*, 백지윤 역, 『오늘이라는 예배』, (서울: IVP, 2019), 141.

열심히 번 돈으로 선교나 구제를 힘쓰도록 은근히 조장하였다. 결국 노동과 직업 자체가 하나님이 보내신 사역지요, 소명이라는 인식은 희미해지고, 주의 일과 세상일을 구분짓는 성속 이원론을 부추겼다. 직업 자체를 이웃사랑을 향한 하나님의 부르심이라는 관점을 가진 다면, 훨씬 주도적이고 활발하게 공공신학적인 실천을 수행할 수 있을 것이다.

성도 개개인이 공공신학을 실천하기 위해 신학교를 가거나 이직할 필요는 없다. 선교지에 가야 하거나, 거창한 프로젝트, 막대한 재정을 헌금해야 하는 것도 아니다. 자신이 있는 자리, 자신이 출근하는 회사, 그곳이 하나님의 통치를 드러내는 현장이요, 매일 부대끼는 동료들, 그들이 복음의 공공성을 증거 해야 할 이웃이다.

3) 균형감을 유지하자: 은혜, 정의, 지혜

공공신학을 작동하게 하는 핵심가치는 은혜와 정의다. 언뜻 보기에 상호 대치되거나 모순되는 개념 같지만, 사실은 하나님은 신비 안에서 놀랍게 통합된다. 팀 켈러는 신명기 15장을 주해하면서 가난한 자를 위한 채무탕감이나 선택적 복지와 같은 하나님의 강력한 공공정책이 가난한 이들에게 너무도 관심이 깊은 하나님의 은혜에서 출발하였다고 말한다.[38] 즉, 정의의 기초가 값없이 베푸시는 은혜라는 것이다.

---

38 Tim Keller, *Generous Justice*, 최종훈 역, 『정의란 무엇인가』 (서울: 두란노, 2022), 60-79.

신자는 자신의 삶에서 공공신학을 실천할 때, 어느 한쪽으로 치우치지 않도록 하나님의 균형적 모본을 따를 필요가 있다. 하나님이신 예수님은 그 안에 은혜와 진리가 충만하셨다(요 1:14). 공정과 정의만을 강조한 나머지 은혜와 자비가 메마르지 않도록 주의해야 한다. 역으로 풍성히 베푸는 은혜가 수혜자의 자존감을 손상하거나 자립을 저해해서는 안 된다. 로버트 룹튼은 서구 교회의 지혜롭게 베풀지 못한 공공신학적 호의가 어떻게 아프리카 사람들에게 도리어 해악을 끼쳤는지 다음과 같이 지적한다.

> 지난 50년 동안 1조 달러의 자선기금이 아프리카에 들어갔지만 결과는 50년 전에 비하여 훨씬 나빠졌다. 기독교적 동기에서 시작된 자선이 가끔 가장 무책임한 자선으로 되고 있다. 우리의 무료 급식과 무료 의복이 가난한 사람들의 자존감은 무너뜨리고, 그들의 의존도는 높였다. 그러한 행동에 대하여 니카라과 한 지도자는 '우리를 거지로 만드는 것'이라고 표현했다. 그들 스스로 할 수 있는 것을 도와주는 것은 가장 친   절하게 그들을 무너뜨리는 방법이다. 우리의 좋은 의도가 이렇게 되는 이유는 우리의 자선을 받는 사람의 입장에서 심각하게 생각하지 않아서이다.[39]

우리는 공공신학을 실천할 때, 최소한 3가지를 고려해야 한다. 그

---

39 Robert D. Lupton, *Toxic Charity: How Churches and Charities Hurt Those They Help, And How to Reverse It,* (NY: HarperOne, 2012), 28.

것은 은혜롭게, 정의롭게, 지혜롭게 실천하라는 것이다. 우리는 도움이 필요한 수혜자의 목소리에 귀를 기울여야 한다. 장애인은 말한다. "우리에게 필요한 것은 도움이 아니라 자립입니다."[40] 탈북자는 말한다. "돈 이전에 우리의 이야기를 들어주었으면 좋겠습니다."[41] 이러한 경청은 신자의 공공신학적 실천이 보다 지혜롭고 성숙하게 이루어지도록 이끈다.

3. 나가며

EXPLO'74가 한국교회에 미친 영향과 공헌은 지대하다. 74년 여의도에서 합숙한 323,419명이 전국으로 흩어져 실천한 전도와 밤집회 때 백만여 명의 뜨거운 기도는 한국교회는 성장의 불씨가 되었다. 그 정신과 유산은 하나님의 섭리 가운데 역사를 따라 계승되었다. 80년 복음화대성회를 통해 십만여 명의 선교 헌신자자 나왔고, 88년 올림픽 이후 해외여행의 문이 열리면서 90년 마닐라 단기선교에 3천여 명이 참가하였다. 73년도 10개국에 30명의 선교사를 파송했는데, 2023년 169개국에 22,204명의 선교사를 파송하여 선교사 파송국 2위를 자리매김하게 되었다.[42] 조선 땅에 복음을 받은 지 불

40 이예림, "장애인에게 경제적 자립이 필요한 이유요? 우리와 같죠", 오마이뉴스, 2023년 12월 4일 기사, https://www.ohmynews.com/NWS_Web/View/at_pg.aspx?CNTN_CD=A0002982455 2024년 5월 26일 접속.

41 김효정, "탈북자 창업: 자본주의 모르던 탈북자들 남한서 창업에 관심을 두는 이유", BBC코리아, 2018년 11월 23일 기사, https://www.bbc.com/korean/news-46313334 2024년 5월 26일 접속.

42 임태순, 『변화하는 세계 기독교와 선교』 (서울: GMF), 211-21.

과 140여 년, 하나님의 놀라운 은혜가 아닐 수 없다.

엑스플로 50주년을 맞는 지금, 변화하는 시대 속에서 그 정신을 어떻게 적용해야 할지 우리 앞에 과제로 남아 있다. 기독교 인구는 감소하고, 객관적 진리를 부정하는 포스트모더니즘과 각자의 의견을 존중받기 원하는 다원주의가 심화되었다. 이러한 흐름에 대한 대응책으로 논자는 한국교회에 공공성의 회복을 제시하였다. 교회가 지역사회와 호흡하기를 힘쓸 때, 복음은 사적인 영역에서 공론장으로 확장될 것이다. 교회의 지도자는 복음의 총체적 범위와 하나님 나라의 현재성을 성도에게 가르쳐야 한다. 공정과 투명, 존중과 배려를 요구하는 세상 앞에 교회는 성숙한 성도, 책임 있는 시민을 길러내야 한다. 성도는 예배당을 넘어서 일상에서 비신자와 소통하기 위해 이중언어 능력을 함양하고, 그들의 기댈 어깨와 안길 품이 되어주어야 한다. 그럴 때, 세상은 교회가 선포하는 복음의 진정성에 귀 기울이게 될 것이다. 교회의 사명은 망가진 세상의 회복과 변혁이다. 그러나 그 방식은 강압과 아니라 섬김이고, 지시가 아니라 공감이며, 승리주의가 아니라 자기부인이어야 한다.

EXPLO'74때 믿음의 선배들이 뜨거운 기도와 성령의 능력으로 위기를 극복했듯이, 오늘날 한국교회도 신앙과 삶을 통합하고, 복음의 공공성을 회복하며, 일상 가운데 이미 시작된 하나님 나라를 드러낼 책임이 있다. 그럴 때 EXPLO'74는 기념비적(monument) 화석으로 그치는 것이 아니라, 줄기찬 영적 운동(movement)로 이어질 것이다. 개혁된 교회는 항상 개혁되어야 한다(*Ecclesia reformata, semper reformanda est*)!

참고문헌

민경배. 『한국기독교사 연구』. 서울: 연세대학교출판부, 1993.

송영목. 『하나님 나라 복음과 교회의 공공성』. 서울: SFC, 2020.

송인규. 『일반은총과 문화적 산물』. 서울: 부흥과개혁사, 2012.

오덕교. 『장로교회사』. 수원: 합신대원출판부, 2010.

이승구. 『광장의 신학』. 수원: 합동신학대학원 출판부, 2011.

임성빈 외 13인. 『공공신학』. 서울: 예영 커뮤니케이션, 2009. 기윤실 엮음.

황경철. 『어서와, 공공신학은 처음이지』. 서울: 세움북스, 2023.

Berger, Peter L. *The Sacred Canopy*. 이양구 역. 『종교와 사회』. 서울: 종로서적, 1982.

Hetty Lalleman de Winkel. "The Old Testament Contribution to Evangelical Models for Public Theology." *EuroJTh* 14 (2005): 87–97.

Hunter, James Davison. *To Change the World*. 배덕만 역. 『기독교는 어떻게 세상을 변화시키는가』. 서울: 새물결플러스, 2014.

Keller, Tim. *Generous Justice*. 최종훈 역. 『정의란 무엇인가』. 서울: 두란노, 2022.

Kuyper, Abraham. *Antirevolutionaire Staatkunde*. 최용준 · 임경근 공역. 『반혁명 국가학 I 원리』. 서울: 국제제자훈련원, 2023.

Lupton, Robert D. *Toxic Charity: How Churches and Charities Hurt Those They Help, And How to Reverse It*. NY: HarperOne, 2012.

Selderhuis, Herman. *The Calvin Handbook*. 김귀탁 역. 『칼빈 핸드북』. 서울: 부흥과개혁사, 2013.

Sider, Ronald J. *Good News and Good Works*. 이상원 · 박현국 공역. 『복음 전도와 사회운동』 서울: CLC, 2013.

김광열. "제2장 총제적 복음사역의 성경적 접근". 『총체적 복음사역연구소 연구지』 4 (2007): 4–6.

김민석. "하인리히 베드포드-슈트롬이 제시한 공공신학의 특징". 『한국조직신학논총』 63 (2021): 37–75.

김요섭. "'민족복음화' 사상과 1970년대 한국교회 전도대회들의 의의". 『역사신학논총」43 (2023): 152-185.

박영돈. "오늘날 교회의 구원과 성화". 『구원 이후에서 성화의 은혜까지』 서울: 이레서원, 2005.

이은선. "김준곤 목사의 민족복음화 운동의 토대로서의 성시화운동". 「한국개혁 신학」78 (2023): 184-88.

임희국. "한국교회는 대부흥운동을 어떻게 바라보고 있는가?". 「한국기독교와 역 사」26 (2007): 117-36

정경호. "유성 김준곤 목사의 신학세계로 본 한국교회의 세계선교와 전략". 「복음 과 선교」48 (2019): 317-58.

최윤갑. "구약성경에 나타난 공공신학". 「교회와 문화」51 (2024 겨울, 성암 이승구 박사 정년 퇴임 기념 논문집): 158-84.

목회데이터연구소. "지난 1년간 코로나19를 겪으면서, 한국교회 신뢰도 32%에 서 21%로 급락". 「넘버즈」82 (2021. 1): 1-10.

류재광. "김준곤 목사의 연도별 주요 사역". 크리스천투데이. 2009년 9월 20일 기 사. https://www.christiantoday.co.kr/news/204485 2024년 5월 30일 접속.

이상규. "EXPLO'74와 민족복음화운동". 크리스천투데이 2023년 10월 23일 기사. https://www.christiantoday.co.kr/news/357640 2024년 5월 30일 접속.

이인창. "청년들, 그들은 왜 교회를 떠나는가". 기독교연합신문. 2021 년 4월 20일 기사. https://www.igoodnews.net/news/articleView. html?idxno=66157 2024년 5월 26일 접속.

이한승. "기독교에 대한 청년들의 인식 조사 결과 발표". CTS 뉴스. 2018년 10월 4일 기사. https://www.cts.tv/news/view_card?dpid=239977 2024년 5월 26일 접속.

한현구. "직원들을 실망시키며 밖에서 전도하겠다는 '비즈니스 선교'는 모순". 아이굿뉴스. 2024년 4월 25일 기사. https://www.igoodnews.net/news/ articleView.html?idxno=76221 2024년 5월 26일 접속.

EXPLO'74의 역사적 회고와 전망

초판 1쇄 발행 2024년 8월 17일

발 행 인 : 두상달
편집위원장 : 심상법
편 집 위 원 : 강경규, 김철해, 손세만, 안명복, 이선상, 정봉현

펴낸곳 ㅣ 세움북스
등 록 ㅣ 제2014-000144호
주 소 ㅣ 서울시 종로구 대학로 19 한국기독교회관 1010호
전 화 ㅣ 02-3144-3500
이메일 ㅣ cdgn@daum.net

ISBN : 979-11-93996-13-3 (03230)
책값 : 40,000원

디자인 : 참디자인